동몽골의 가치와 미래

동몽골의 가치와 미래

단국대학교 몽골연구소 편

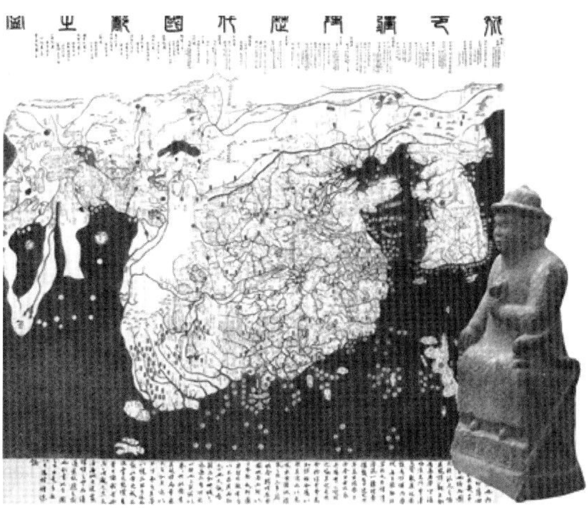

단국대학교출판부

발간사

동몽골은 지리적으로 러시아의 바이칼호 이동지역, 몽골국의 동부지역, 중국의 내몽골자치구 동북지역을 말한다. 이 지역은 한국과 몽골의 고대역사가 겹치는 지역이며 통일한국의 북방진출 등 미래 우리 민족의 생존이 걸린 지역이다. 노태우 정부의 "북방정책(Nordpolitik: Northern Policy)", 노무현 정부의 "동북아시아 중심국가론(Northeast Asian Cooperation Initiative)", 이명박 정부의 "신아시아 외교(New Asia Initiative)", 박근혜 정부의 "유라시아-이니셔티브(Eurasia Initiative)" 등 그동안 한국에서 추진했거나 추진중인 북방정책도 이 때문이라 할 수 있다.

그러나 이 지역은 역사와 문화가 충돌하는 지역이다. 따라서 이 지역에 대한 진출 논리 구축 및 현상에 대한 연구가 필요하다. 왜냐하면 21세기 국제사회의 신질서 확립 과정에서 미국 및 이 지역의 역내 국가 간의 역사 인식의 차이가 그대로 정치 및 문화의 충돌로 나타날 수밖에 없기 때문이다. 북방외교나 정책은 민족 원류와 북방민족사에 대한 건강한 역사 인식이 필요하다.

동몽골의 핵심 지역인 몽골은 축적된 문화 설득력의 힘이 가장 강력하게 반영되고 또 효과를 거둘 수 있는 유라시아-알타이문화권 지역이다. 실제 몽골은 노태우 정부의 북방외교가 실질적으로 시작된 지역이자 1990년 3월 26일 수교 이후 유일하게 국가연합의 개연성까지 검토될 정도로 민족적, 역사적, 문화적 특수성을 가지고 있는 나라이다. 따라서 이 지역에 대한 연구는 한 · 몽 역사문화 공동체를 가능케 하는 미래지향적 연구라는 특징을 지니고 있다. 동몽골 프로젝트는 바로 이러한 배경에서 출발하였다.

현재 몽골과 한국을 둘러싼 주변 정세는 급변하고 있다. 몽골과 한국 두 나라는 이러한 격변의 시대에서 변하지 않는 가치와 변하는 가치를 냉철히 구분하여 양국 및 주변국과의 교류에 적용할 필요가 있다. 변하지 않는 가치란 역사 · 문화적인 관계이며 변하는 가치란 정치 · 경제적 관계이다. 몽골과 한국은 역사 · 문화적 관계를 바탕으로 한 새로운 교류 및 협력 이론을 모색할 필요가 있다. 동몽골 프로젝트는 한국과 몽골의 역사 · 문화적 정체성(Identity)에 기초한 '한 · 몽 역사문화 공동체' 구축에 최종 목적을 두고 있다. 양국민이 심정적으로 동의하고 공유할 수 있는 학술 연구 성과는 그 자체가 양국 간에 통합의 논리로 작동하게 될 것이며, 본서가 제시한 동몽골의 가치는 바로 그러한 계기가 될 것이다.

본서의 내용은 크게 역사문화와 정치경제 두 분야로 이루어져 있다. 역사문화 분야는 동몽골에 대한 역사 · 문화적 가치 연구를 통해 한국의 북방 진출 논리 구축 기반에 목적을 두고 있다. 이번에 수록된 주된 내용은 고대 동몽골 지역과 한민족의 역사 · 문화적 관계에 관련된 것들이다. 특히 동몽골 코리족의 실체 연구에 중점을 두었다. 정치경제 분야는 현실적으로 남북한 · 몽골의 경제공동체 구성과 거시적으로는 통일한국의 북방 진출 방안에 대한 정치경제적 고찰과 교류 방식 창출에 목적을 두고 있다. 이번에 수록된 연구의 주된 내용은 GTI(Greater Tumen Initiative)를 활성화시켜 동몽골 지역과 북한의 나진 · 선봉, 한국을 잇는 새로운 교류 및 협력 이론을 모색하는 데 모아져 있다.

본 프로젝트에 참여한 어학, 민속, 역사, 경제, 정치 분야 등 총 12명의 연구자들에게 감사를 올린다. 이들은 모두 몽골 연구나 해당 분야의 최고 전문가들이다. 또 본 출판물에는 게재하지 못했지만 본 프로젝트의 제1차, 제2차 한 · 몽 국제학술세미나에서 귀중한 옥고를 발표해주신 몽골의 바이샤흐(Ж.Баясах), 체렌도르지(Ц.Цэрэндорж), 에르든볼드(Л.Эрдэнэболд), 촐몬(С.Цолмон) 교수를 위시한 많은 발표자들에게도 감사를 올린다. 특히 본 프로젝트에 협조를 아끼지 않은 몽골아카데미 역사고고연구소(ШУА-ийн Түүх, Археологийн хүрээлэн) 촐로(С.Чулуун) 소장에게 고마움을 표한다.

또한 이 프로젝트의 성립은 물론 진행 과정에도 물심양면으로 도움을 주시고 계시는 설훈 의원, 조성준 전 의원, 인명진 목사님에게 감사를 올린다. 특히 설훈 의원은 2004년 북경대학에서 『1963년 6월 28일, 주은래 총리의 중국-조선관계 대화』라는 공식문서를 발굴하여 당시 중국 정부의 주도 하에 이루어지는 동북공정이 억지라는 것을 국내외에 입증한 학구파 정치인이다. 설훈 의원이 제시한 "고구려와 발해의 역사는 조선의 역사이다. … 역사의 진실성 회복을 위해서는 유적, 유물과 문헌을 통한 과학적이고 객관적인 방법을 취해야 한다."라는 주은래 총리의 말은 오늘날에도 여전히 유효하다.

끝으로 이 책의 출간을 위해 힘써 주신 단국대 장호성 총장님, 이성규 몽골연구소장, 이재석 출판부장과 정진형 팀장, 성두현 선생에게 감사를 드린다.

2016. 10. 30.

동몽골프로젝트 연구책임자 박원길

2015년 동몽골 프로젝트 1차 국제학술대회(2015. 5. 26. 동북역사재단)

2015년 동몽골 프로젝트 2차 국제학술대회(2015. 7. 7. 몽골국 역사연구소)

목차

제2부 정치경제: 두만강개발계획(GTI)-나선 경제특구

부록(답사기)

제1부 역사문화

동몽골 고대 코리족의 실체

코리국의 실체와 남방 이동로

박원길(칭기스칸연구센터 소장)

1. 머리말

우리 민족은 신석기시대서부터 만주 및 한반도에 거주해 왔거나 또 주변에서 1C까지 이곳으로 끊임없이 이주해 온 다른 문화권의 종족들이 서로 접촉과 혼혈을 거치면서 하나의 역사-문화공동체를 이룬 사람들이라고 해도 무리는 아니다. 그러나 구체적으로 한민족의 기원과 형성에 관한 탐구는 오늘날까지도 논의만 분분한 채 그 어떤 뚜렷한 결론이 나오지 않고 있는 상태이다.

이러한 원인은 그간 고고학, 체질인류학, 민속학, 역사학, 언어학, 신화학 등 각 분야에서의 연구 성과가 그것을 충분히 밝힐 만한 단계에 와 있지 않다는 것과도 무관치 않다. 종전 고고학계의 일부에서는 신석기 시대 시베리아 지역과 한반도의 토기문화가 한 뿌리에서 기원된 것으로 간주하고 있고[1], 또 바이칼 호수 주변일대의 고대유적이 우리 고대문화와 유사하다는 지적도 꾸준히 제기하

1) 한영희, 「한민족의 기원」, 『한국민족의 기원과 형성(상)』, 소화, 1997, p.91.

고 있지만[2] 유적발굴을 통한 구체적인 검증이 결여되어 있어 민족의 기원을 밝히는데 큰 도움을 주지 못했다.

그러나 근래 의학의 발달로 한민족의 'Gm ab³st' 유전형을 분석해 볼 경우 현재 바이칼호수 주변일대의 호리-보리아드(Хорь Буриад)인과 가장 가깝다는 주장이 나오고 있다.[3] 아울러 중국에서 만주지역의 고고학적인 발굴결과 고대시기에 바이칼에서 만주에 이르는 문화연결로들이 서서히 나타나고 있다.

필자는 1987년부터 『몽골비사』를 연구하면서 13C의 몽골인들이 자신들의 기원을 밝히는 시조설화가 중국이나 한국의 역사서에 기록된 고구려나 부여의 시조설화와 내용이나 나라이름 등 구조적인 면에서 매우 유사하다는 점에 주목하고 있었다. 이러한 유사성은 근래 자연과학에서 제시한 한민족의 유전형 분석결과로 인해 무언가의 연결고리가 있다는 확신을 가지게 되었다. 또 근래 『몽골비사』나 돌궐비문, 바이칼 지역을 포함한 동몽골의 구전설화나 고고유적 등 북방에 대한 관심확대를 통해 고구려에 대한 연구는 종래 가지지 못한 유목민적인 이동관점 즉 지리적인 확장시각을 지니게 되었다. 본고는 바로 이러한 입장에서 고구려 즉 고려(高麗)와 『몽골비사』에 등장하는 코리(Khori) 부족의 실체가 무엇이며, 역사지리학적으로 고대 바이칼에서 만주에 이르는 이동로를 고찰해 본 것이다.

---

2) 바이칼 호수 주변일대의 고대유적 소개와 우리 고대문화와의 유사성에 대한 제기는 김동훈, 「시베리아동부 바이칼 일대의 고고유적과 문화 -프리바이칼 소해협과 자바이칼 울란우데의 주요유적을 중심으로-」, 『러시아연구』 21권 2호, 2011 및 p.276 〈참고 문헌〉에 인용된 한국학자들의 연구 논저를 참조.
3) 이홍규, 『한국인의 기원』, 우리역사연구재단, 2010, p.126.

2. 고려와 코리(Khori-Tümed)부의 실체

1) 고려의 출현에 대한 최초의 문헌기록

고려(高麗)나 맥족(貊族)의 명칭이나 실체에 관한 연구는 정약용 이래 오늘날에 이르기까지 이미 오래 전부터 문헌을 중심으로 이루어져 왔으며, [4] 근래 홍산문화의 유적 발견과 연구에 따라 그 주인

---

4) 高麗나 貊族에 관한 연구 성과 중 주목되는 것만을 소개해 보면 다음과 같다. 丁若鏞, 「濊貊考」, 『疆域考』卷2; 那珂通世, 「貊人考」, 『史學雜誌』 5-5・6, 1894; 白鳥庫吉, 「穢貊(Huimo)は果して何民族と見做すべきか」, 『史學雜誌』 44-7, 1933; 上同, 「濊貊民族の由來を述べて, 夫余高句麗及び百濟の起源に及ぶ」, 『史學雜誌』 45-12, 1934; 三上次男, 「新羅の王室と北族(穢貊)との關係について」, 『史學雜誌』 57-2, 1948; 上同, 「東北アジアの古代文化と穢人の民族的性格」, 『古代東北アジア史研究』東京, 1966; 三品彰英, 「濊貊小考—民族關係文獻批判に因んで—」, 『朝鮮學報』 4, 1953; 池內宏, 「佟佳江流域の先住民と貊・濊貊・濊の稱」(「眞番郡の位置について」의 附設), 『滿鮮史研究(上世編)』京都, 1951; 和田淸, 「周代の蠻貊について」, 『東洋學報』 29-3・4, 1944; 孟建仁, 「肅愼・穢貊・東胡族系習俗比較研究」, 『古民俗研究』長春, 1990; 文崇一, 「濊貊民族文化及其史料」, 『民族學研究所集刊』 5, 1958; 孫進己, 「穢貊源流考」, 『松遼文物』 2, 1986; 芮逸夫, 「韓國古代民族考略」, 『中韓論集』 1, 1955; 許憲范, 「濊貊遷徙考」, 『民族硏究』 1985-4; 金貞培, 「濊貊族에 關한 研究」, 『백산학보』 5, 1968; 金庠基, 「韓・濊・貊移動考」, 『史海』 1, 1948; 上同, 「東夷와 淮夷・西戎에 對하여」, 『東方學志』 1・2, 1954-1955; 金廷鶴, 「韓國民族의 起源에 對하여」, 『民族文化研究』 1, 1964 ; 尹武炳, 「濊貊考」, 『백산학보』 1, 1966; 李玉, 『高句麗 民族形成과 社會』, 1984; 池炳穆, 「高句麗 成立過程考」, 『白山學報』 34, 1987; 윤내현, 『고조선 연구』, 一志社, 1994; 上同, 「高句麗의 移動과 建國」, 『白山學報』 45, 1995; 愼鏞廈, 「한국민족의 기원과 형성」, 『韓國學報』 100, 2000. 高句麗(Khori)의 명칭과 소릿값에 대한 연구는 白鳥庫吉, 「高句麗の名稱についての考」, 『朝鮮史研究』東京, 1970; Б.Сумъябаатар, 『Монгол солонгос туургатны угсаа гарал』УБ, 1975, pp.50~55; 鄭早苗, 「『漢書』・『後漢書』・『三國志』の高句麗と句麗の名稱について」, 『朝鮮學報』 89, 1978; 서길수, 「高句麗'와 '高麗'의 소릿값(音價)에 관한 연구」, 『고구려연구』 20, 2007 등이 있지만 아직 정설로 확정된 것은 없다.

공과 연계되는 연구가 이루어지고 있다.[5] 그러나 아직까지 고려(高麗)나 맥족(貊族)의 실체나 상호 연관성에 대해서는 학자마다 의견의 일치를 보지 못하고 있다. 이러한 이유는 이옥(李玉)의 지적처럼[6] 근본 사료인 중국 역사문헌에 나타난 견해들이 다양하고 모순된 데서 생긴 것이라 할 수 있다.

고려나 맥족의 최초 출현 시기에 대하여 연구한 논저 중 중국측 문헌 사료를 정리한 학자가 윤내현과 이옥이다.[7] 그들은 『일주서(逸周書)』권7 「왕회해(王會解)」에 고이(高夷)가 보이는데, 4세기 때 진(晋)나라의 학자인 공조(孔晁)가 "고이(高夷)는 동북의 이(夷)로서 고구려다."[8]라고 주석한 것을 근거로 고구려는 중국의 서주(西周) 초기인 B.C.11C에 이미 존재하고 있었다고 주장하고 있다. 그러나 노태돈은 고이(高夷)가 고구려를 지칭한다는 것에 대해 "高夷에 대한 注는 孔晁의 것이 유일하며, 이의 사실성을 뒷받침할 어떤 근거도 없다."[9]고 부정적으로 보고 있다.

윤내현은 『상서정의(尙書正義)』권18 「주관(周官)」의 "성왕(成王, B.C.1055-1021)이 동이(東夷)를 정벌하니 숙신(肅愼)이 와서 축하하였다."[10]라는 기록에 전한(前漢) 시대의 학자인 공안국(孔安國)이 주석을 붙인 "해동(海東)의 여러 이족(夷族)인 구려(駒麗), 부여(扶

---

5) 이러한 경향을 대변하는 대표적인 연구가 愼鏞廈, 『古朝鮮 國家形成의 社會史』, 지식산업사, 2010 및 우실하, 「홍산문화의 곰토템족과 단군신화의 웅녀족」, 『고조선단군학』 27, 2012 등이다.

6) 李玉, 『高句麗 民族形成과 社會』, 교보문고, 1984, p.32.

7) 윤내현과 이옥이 제시한 사료는 윤내현, 『고조선 연구』, 一志社, 1994, pp.446~451 및 「高句麗의 移動과 建國」, 『白山學報』 45, 1995, pp.7~8; 李玉, 『高句麗 民族形成과 社會』, pp.25~47에 소개되어 있다.

8) 晋 · 孔晁 注: "高夷, 東北夷高句麗"

9) 노태돈, 『한국고대사』, 경세원, 2014, p.59

10) 『尙書正義』 卷18 「周官」 第22: "成王既伐東夷, 肅愼來賀"

餘), 간(馯[韓]), 모(貌[貊]) 등과 같은 족속인데, 무왕(武王)이 상(商)을 정복하니 모두 길을 통하였다."[11]라는 기록을 근거로 B.C.11세기 무렵 즉 고조선 시대에 고구려가 이미 존재했으며, 이 고구려는 『삼국사기』에 보이는 37년에 건국된 고구려와는 성격이 다른 고구려로서 고조선의 거수국이라고 간주하고 있다.[12]

또 그는 B.C.7C에 이미 중원의 제후국과 맞먹는 세력으로 등장하고 있다는 것을 보여주는 증거로 『시경(詩經) · 대아(大雅)』의 「한혁(韓奕)」에 수록된 "커다란 저 한(韓)나라의 성은 연(燕)나라 사람들이 완성시킨 것이다. 선조들이 받으신 명을 받들어 [북방지역]의 수많은 만족(蠻族)들을 다스린다. 천자께서는 한후(韓侯)에게 [북방의 두 민족인] 추(追)나라와 맥(貊)나라까지도 내려주셨다. 북쪽 나라들을 모두 다 맡아, 그곳 제후들의 우두머리가 되었다."[13]라는 기록도 들고 있다.

위의 기록들은 윤내현 등 학자에 따라 B.C.11C-B.C.7C부터 고려(高麗)나 맥족(貊族)이 등장하고 있다는 근거로 되지만 아직 학문적으로 입증되어 확정된 것은 아니다. 그러나 이들의 주장은 고려나 맥족의 실체에 접근하기 위해서 기존의 관점[14]이나 사료를 보

---

11) 孔安國 注 : "海東諸夷駒麗, 扶餘, 馯貌之屬, 武王克商, 皆通道焉"

12) 윤내현, 「高句麗의 移動과 建國」, 『白山學報』 45, 1995, pp.7~8.

13) 『詩經 · 大雅』 「韓奕」: "溥彼韓城, 燕師所完, 以先祖受命, 因時百蠻, 王錫韓侯, 其追其貊, 奄受北國, 因以其伯"

14) 貊族의 해석에 대한 기존의 관점 중 여호규는 『史記』 단계까지의 貊은 중국 대륙 북방의 족속을 지칭하는 명칭이며, 고구려의 모체를 이룬 주민집단인 원고구려인은 고조선이나 부여와 마찬가지로 본래 濊族의 일원이었다가 그로부터 분화해 '句麗'라는 주민집단을 형성했고, 기원을 전후하여 漢人에 의해 貊으로 불렸다고 간주하고 있다. 그리고 이러한 입장에 의거하여 고구려를 貊 중심의 다원족설을 주장하는 간주하는 중국 학자들의 견해(孫進己, 「高句麗族的起源」, 『高句麗渤海硏究集成(1)』 哈爾濱出版社, 1997; 楊保隆, 「高句麗族族

다 넓혀 해석할 필요성을 제기해 준다는 점에서 나름대로의 의미를 지니고 있다.[15)]

2) 중원왕조의 고구려왕 봉작에 대한 분석

고구려는 광개토대왕 비문의 추모(鄒牟) 관련 기록에서도 나타나듯이 북방에서 이동해 온 민족이다. 이러한 것은 중원왕조가 고구려왕에게 내려준 봉작(封爵)에서도 입증된다. 봉작이란 제후(諸侯)로 봉하고 관작(官爵)을 준다는 뜻이다. 중원 왕조가 고구려를 어떠한 민족이나 정치세력으로 인식하고 있는 가를 중국 정사(正史)의 기록을 중심으로 시대별로 정리하여 도표로 제시하면 다음과 같다. 아래는 중원왕조가 고구려 왕에게 내려준 봉작 및 관직표를 정리한 도표이다.[16)]

源與高句麗人流向」, 『民族硏究』 1998-4; 楊軍, 「高句麗族源溯源」, 『社會科學戰線』 2002-2; 劉子敏, 「高句麗族源硏究」, 『社會科學戰線』 2002-5)도 모두 부정하고 있다(여호규, 「『삼국지』 「동이전」夫餘傳과 高句麗傳의 비교검토」, 『삼국지 동이전의 세계』, 성균관대학교출판부, 2013, pp.173~174 및 여호규, 「고구려 건국설화의 종족기원」, 『고구려 초기 정치사 연구』, 신서원, 2014, p.85).

15) 『詩經』 이후 貊이 등장하는 先秦時代 문헌 기록에 대해서는 조영광의 논문에서 잘 정리되어 있는데(「초기 고구려 종족 계통 고찰 - 예맥족을 중심으로-」, 『동북아역사논총』 27, 2010, p.176), 先秦 시기의 貊은 三品彰英의 지적처럼(三品彰英, 「濊貊小考—民族關係文獻批判に因んで—」, 『朝鮮學報』 4, 1953, pp.4~6), 北方民族의 汎稱이라고 보는 편이 합리적이다.

16) 이 표를 만들 때 도표에 대한 기존의 연구 성과인 박대재, 「고대 '동아시아 세계론'과 고구려사」, 『고대 동아시아 세계론과 고구려의 정체성』, 동북아역사재단, 2007, pp.42~43; 김종완, 「고구려의 조공과 책봉의 성격 -정체성과 관련하여-」, 『고구려연구』 18, 2004, p.603; 이전복, 「中原郡의 高麗碑를 통해 본 高句麗 國名의 變遷」, 『고구려연구』 10, 2000, p.399도 참조했다.

〈표 1〉 고구려의 왕(봉작 및 관직표)

왕호	수여국	봉작
東川王 (227-248)	吳	(高句麗)單于【三國志】
故國原王 (331-371)	前燕	[355]營州諸軍事, 征東大將軍, 營州刺史, 樂浪公, 高句麗王【晉書】
廣開土大王 (391-413)	後燕	[397]平州牧, 遼東王, 帶方王【梁書】【北史】
長壽王 (413-491)	東晉	[413]使持節, 都督營州諸軍事, 征東將軍, 高句驪王, 樂浪公【宋書】【南齊書】【南史】
	宋	[420]使持節, 都督營州諸軍事, 征東大將軍, 高句驪王, 樂浪公【宋書】 [420]征東大將軍을 加號, 餘官並如故【南史】 [422]散騎常侍, 督平州諸軍事를 加號【宋書】【南史】 [463]車騎大將軍, 開府儀同三司를 加號하고 持節, 常侍, 都督, 王, 公如故【宋書】【南齊書】【南史】
	北魏	[435]都督遼海諸軍事, 征東將軍, 領護東夷中郎將, 遼東郡開國公, 高句麗王【魏書】【北史】 [491]車騎大將軍, 太傅, 遼東郡開國公, 高句麗王으로 추증하고 시호를 강(康)이라 하사【魏書】【北史】
	南齊	[480]驃騎大將軍을 加號【南齊書】
文咨明王 (491-519)	北魏	[492]使持節, 都督遼海諸軍事, 征東將軍, 領護東夷中郎將, 遼東郡開國公, 高句麗王【魏書】【北史】 [519]車騎大將軍, 領護東夷校尉, 遼東郡公, 高麗王으로 追贈【魏書】【北史】
	南齊	[494]使持節, 散騎常侍, 都督營平二州諸軍事, 征東大將軍, 高麗王, 樂浪公【南齊書】【梁書】 [496]車騎將軍을 加號【三國史記】
	梁	[502]車騎大將軍을 加號【梁書】 [508]撫東大將軍, 開府儀同三司를 加號, 持節, 常侍, 都督, 王並如故【梁書】

安藏王 (519-531)	梁	[520]襲爵, 持節, 督營平二州諸軍事, 寧東將軍【梁書】【南史】
	北魏	[520]鎭東將軍, 領護東夷校尉, 遼東郡公, 高麗王【北史】 [520]安東將軍, 領護東夷校尉, 遼東郡開國公, 高句麗王【魏書】
安原王 (531-545)	梁	[526]襲爵【梁書】【南史】
	北魏	[532]使持節, 散騎常侍, 車騎大將軍, 領護東夷校尉, 遼東郡公, 高句麗王【魏書】【北史】
	東魏	[534]侍中, 驃騎大將軍를 加號, 餘悉如故【魏書】【北史】
陽原王 (545-559)	東魏	[550]使持節, 侍中, 驃騎大將軍, 領護東夷校尉, 遼東郡開國公, 高麗王【北齊書】
	梁	[548]寧東將軍, 高麗王, 樂浪公, 襲爵【梁書】
	北齊	[550]使持節, 侍中, 驃騎大將軍, 領東夷校尉, 遼東郡公, 高麗王【北史】
平原王 (559-590)	北齊	[560]使持節, 領東夷校尉, 遼東郡公, 高麗王【北齊書】【北史】【三國史記】
	陳	[562]寧東將軍, 高句麗王【陳書】
	北周	[577]上開府儀同大將軍, 遼東郡開國公, 遼東王【周書】 [577]上開府, 遼東郡公, 遼東王【隋書】
	隋	[581]大將軍, 高麗王【隋書】
嬰陽王 (590-618)	隋	[590]上開府儀同三司, 遼東郡公【北史】 [591]高麗王【北史】 [598]黜官爵【北史】
營留王 (618-642)	唐	[624]上柱國, 遼東郡王, 高麗王【舊唐書】【新唐書】
寶藏王 (642-668)	唐	[643]遼東郡王, 高麗王【舊唐書】【新唐書】
	唐	[677]開府儀同三司, 遼東都督, 朝鮮王【舊唐書】 [677]遼東都督, 朝鮮郡王【新唐書】

男生 (634-679)	唐	[666]特進, 遼東大都督, 兼平壤道安撫大使, 玄菟郡公【舊唐書】【新唐書】 [668]使持節, 遼東大都督, 上柱國, 玄菟郡開國公, 餘官如故【泉男生墓誌銘】
寶元(?-?)	唐	[686]朝鮮郡王【舊唐書】 [698]左鷹揚衛大將軍, 忠誠國王【舊唐書】
德武(?-?)	唐	[699]安東都督【舊唐書】

위의 도표에서 가장 주목되는 것은 보장왕 이후 요동 지역에서 고려왕의 칭호가 존재하지 않는다는 사실이다. 아마 고구려 사람들에 대한 대규모의 이주 정책도 이러한 칭호의 소멸과 관계를 지닐지도 모른다.[17] 그러나 중원왕조와 적대적이었던 고려왕의 명칭이 사라진 근본적인 이유는 중요한 것은 이 지역에 대한 중원왕조의 인식에 있다고 보인다. 요동에 대한 중원왕조의 인식을 잘 보여주는 사례가 다음과 같은 당나라 고조나 태종의 말이다.

> 고조가 주위 신하들에게 "명분과 실제는 모음지기 서로 [이치가] 부응하여야 되는 법이다. 고려가 비록 수(隋)에 칭신을 하였으나 끝내 양제(煬帝)에게 저항하였으니, 어찌 신하라고 할 수 있겠는가. 짐이 힘쓸 바는 인민을 평안히 하는 것인데, 무엇 때문에 반드시 신하로 받아 들여야 되겠는가."라고 하니, [시중(侍中)] 배구(裴矩, 557-627)와 [중서시랑(中書侍郎)] 온언박(溫彦博, 573-637)이 간하기를, "요동은 본래 기자(箕子)의 나라이며, 위진(魏晉) 때까지는 봉역 안에 있었으니 칭신하지 않는 것은 불가합니다. 중국과 이적은 태양과 열성(列星)과의 관계와 같으니, [나라의 격을] 낮추어서는 안 됩니

17) 고구려 사람들의 당나라 각 지역으로의 이주와 유민에 대해서는 지배선, 『고구려 · 백제 유민 이야기』, 혜안, 2006을 참조.

> 다."라고 하였다. 이에 그만 두었다. … 상리현장(相里玄奬)이 "지나간 일을 논할 것이 있겠습니까. 요동은 본시 중국의 군현이지만, 천자께서는 그래도 취하지 않으시었습니다. 고려가 어찌 조명(詔命)을 어길 수 있겠습니까."라고 하였다. [연개소문은] 듣지 않았다. … 이에 태종이 친히 군사를 거느리고 토벌하고자 장안(長安)의 노인들을 불러 모아 위로하며, "요동은 옛 중국의 땅이며, 도적 막리지가 그 군주를 죽였으므로 짐이 친히 경략하려 한다."[18)]

이러한 중원왕조의 요동인식은 임진왜란 때인 1598년 명나라 병부주사(兵部主事) 정응태(丁應泰)가 조선이 일본과 연합하여 요동을 수복하고 명나라를 공격하려 한다고 본국에 보고한 "정응태(丁應泰)의 무주(誣奏) 사건"의 문장에서도 잘 나타난다.

> 만력(萬曆) 20년(1592)에 마침내 그들 나라에 세거(世居)하고 있던 왜호(倭戶)로 하여금 여러 섬의 왜노(倭奴)를 불러들여 군사를 일으켜 함께 천조(天朝=明)를 침범하여 요하(遼河) 이동 지방을 탈취해 고려(高麗) 옛 강토를 회복하여 하였다.[19)]

즉 이러한 중원왕조나 지식인들의 요동 인식에서도 보이듯이 고구려왕을 요동공으로 인정한 것은 정세 때문이지 그들이 그곳의 원

---

18) 『新唐書』 卷236 「東夷列傳 · 高麗」: "帝謂左右曰, 名實須相副, 高麗雖臣於隋, 而終拒煬帝, 何臣之爲, 朕務安人, 何必受其臣, 裴矩, 溫彥博諫曰, 遼東本箕子國, 魏晉時故封內, 不可不臣, 中國與夷狄, 猶太陽於列星, 不可以降, 乃止…[相里]玄奬曰, 往事烏足論邪, 遼東故中國郡縣, 天子且不取, 高麗焉得違詔, 不從…於是帝欲自將討之, 召長安耆老勞曰, 遼東故中國地, 而莫離支賊殺其主, 朕將自行經略之"

19) 『宣祖修正實錄』 「三十一年(1598) 九月一日(癸未)」: "萬曆二十年, 遂令彼國世居倭戶, 往招諸島倭奴, 起兵同犯天朝, 奪取遼河以東, 恢復高麗舊土"

주민이었기 때문은 아니다. 따라서 고구려의 멸망은 요동에서 고려왕 명칭의 소멸로 종결되고 있음이 나타난다. 그리고 중원왕조의 한 제후국으로 간주되었던 조선왕이 그 대체로서 등장하고 있음을 볼 수 있다.

3) 튀르크 비문에 나오는 Bökli의 실체

오늘날 몽골국 아르항가이 아이막(Архангай аймаг) 하샤아트 솜(Хашаат сум)의 허셔어 차이담(Хөшөө Цайдам)에 퀼 테긴(Kül-Tegin, ?-731) 비문과 빌개 카간(Bilgä Qaγan, 680-734) 비문이란 2개의 튀르크 비문이 존재하고 있다. 이 비문에는 학자들 간에 고구려를 가리킬 가능성이 높다는 Bökli라는 문자가 적혀 있는데, 그 부분을 소개하면 다음과 같다.

> [부믄카간(Bumïn Qaγan), 이시태미 카간(Ištämi Qaγan)이] 승하하였다고 한다. (그들의 장례식에) 문상객(으로서) 동쪽에서는 해 뜨는 곳으로부터 뷔클리 쵤 백성, 중국, 티베트, 아바르, 비잔틴, 크르그즈, 위치 쿠르칸, 오투즈 타타르, 거란, 타타브 이 만큼의 백성이 와서 울었다고 한다. 애도하였다고 한다. 그들은 그렇게 유명한 카간이었다고 한다(kärgäk bolmiš yorčï sïgïtčï öŋrä küün tuγsïqda Bükli čöllüg el, Tabgač, Töpöt, Apar, Purum, Qïïrqïz, Üč Quurïqan, Otuz tatar, Qïïtan, Tatabï, bunča bodun kälipän sïgtamiš yoγlamiš antaγ külüg Qagan ärmiš anta kisrä inisi qaγan).[20]

20) 위에 인용된 퀼테긴 비문 [E4]의 번역과 전사는 Talât Tekin(이용성 옮김), 『돌궐비문연구(Orhon Yaz ı tla ı)』, 제이앤씨, 2008, pp.90~91에 따랐다. 이

이 비문이 적힌 Bökli가 어느 국가나 민족을 뜻하는가에 대한 그간의 논쟁은 김병호의 논문에 잘 요약되어 있는데 그것을 소개하면 다음과 같다.

> Bökli를 어느 민족 · 국가로 특정하려는 시도로는 일본인 학자의 1930년대 연구가 주목받을 만하다. 이 두 비문의 4 · 5행 'Bökli čiölgl · čölgil'과 8행 'Bökli' 카간의 해석과 관련, 튀르크어에서 b와 m이 서로 바뀔 수 있는 현상, 그리고 비잔틴 역사학자 테오필락투스 시모카타테스(Theophylact Simocatta, *Θεοφύλακτος Σιμοκάτ(τ)ης*)가 전하는 Moukri(*μουκρι*) 가 高句麗일 수 있겠다는 추측, 突厥과 고구려의 관계 및 고구려의 境域 등을 살펴본 후, 岩佐精一郎은 그의 遺稿에서 bökli의 b를 m으로 바꾸어 bök(kük)li〉mök(kük)li로 貊句麗 '貊족의 句麗'로 읽을 수 있다고 Bökli 단어 하나만으로 고구려와 연계시켰다. 그의 1930년대 연구를 우리 학자들을 포함하여 대체적으로 받아들이는 추세로 보인다. 비잔틴 역사가 테오필락투스 시모카타테스의 역사서에 나오는 突厥에 패한 Avar(柔然의 잔여무리) 중 일부가 타브가치(拓拔, 魏) 근처에 살고 있던 호전적인 민족 'Murki'에게로 도망갔다는 기술의 Mukri를 헝가리인 Karoly Czegléedy는 고구려로 여겼지만 Edouard Chavannes는 이를 勿吉로 보았고 勿吉을 靺鞨에 연관시켰다. 이러한 해석에서 보다 발전된 입장이 티베트어 문서 인용에서 나왔다. 敦煌에서 Pelliot가 발견하였고 프랑스로 가져한 문서 중의 하나로 파리 국립도서관 소장 분류 1283 문서(일명 Pelliot의 티베트 문서, Pelliot tibétan 1283)에 대한 펠리오의 제자 Bacot의 연구 및 이후 G. Clauson, L. Ligeti, 森安孝夫 등의 연구가 있다. 이에 따르면 "Dru-gu(突厥)의 Bugčuhor(默啜可汗의 12部)

와 같은 내용이 빌게카간 비문 [E5]에도 기록되어 있다(Talât Tekin(이용성 옮김), 『돌궐비문연구』 pp.134~135).

의 서방에 티베트인들이 He라고 중국인들이 Hetse(奚)라고 하는 Drug인 Dad-pyi라고 부르는 종족이 있고 그(奚) 동방을 보면 Dru-gu인이 Mug-lig로, 중국인이 Ke'u-li로 부르는 나라가 있다"는 내용인데, 岩佐精一郎의 mökli → bökli = 고구려에 동조한다. 이러한 주장에 대해 渤海와 연계시키는 주장도 나오고 있다.[21]

김병호는 각 설의 논쟁과 의문점을 분석하면서 한국학자들의 공감을 얻고 있는 이와사 세이이치로(岩佐精一郎, Iwasa Seiichiro)의 貊句麗 mök(kük)li〉bök(kük)li 로의 학설은 b가 오히려 m으로 바뀐 것이 논리적이며[22] "옛 튀르크어 비문에 고구려를 특정하는 'Bök(kök)l 인지 아니면 Bökö' (강력한) 같은 옛 튀르크어에서 나온 Bök '뵉 · 뵉+句麗(구리)'의 Bökli인지는 더 살펴보아야 하겠지만, 옛 튀르크 비문에 Bökli를 새겨 넣으면서 옛 튀르크인은 '뵉퀼 · 클리'라는 음을 생각하며 새겼던 것으로 보인다."[23]고 언급하고 있다.[24]

---

21) 김병호, 「오르혼 옛 튀르크 어 비문과 한반도인의 옛 이름- 퀼 테긴 碑와 빌게 카간 碑에 나타나는 'Bökli' 해석-」, 『동북아역사논총』 42, 2013, pp.21~24.

22) 김병호, 앞의 논문, p.27 주(65)

23) 김병호, 앞의 논문, p.33.

24) 김병호는 Bökli가 고구려를 이은 渤海를 포함한 한반도 국가 · 민족일 가능성이 높다고 결론짓고 있는데(김병호, 앞의 논문, p.36), 당시의 역사적 상황을 고려할 때 Bökli는 노태돈의 추론처럼(노태돈, 『고구려사연구』, 사계절, 2003, p.535; 노태돈, 「고구려의 대외관계와 북아시아 유목민 국가」, 『東洋學』 58, 2015, p.198) 고구려를 가리키고 있다고 보인다. 참고로 Bökli에 대한 몽골학자들의 해석과 견해가 Ц.Баттулга(МУИС-ийн Түрэг судлалын төв)의 「Эртний Солонгос улсын тухай Руни бичгийн сурвалжийн нэгэн мэдээ хийгээд сүүлийн жилүүдэд олдсон бичгийн дурсгалуулын тухайд」(고구려연구회, 몽골 역사학자 협회 주최 한 · 몽 공동학술회의 논문집, 『Түүхийн үнэн ба Хятадын түүх бичлэгийн асуудал(역사적 진실과 중국의 역사기술 문제)』УБ, 2007, pp.24~25)에 실려 있는데, 모두 그 대상을 고구려(Когүрйө)나 그

필자는 김병호의 추론에서 b가 m으로 전변된다는 것에 공감하며, 위 인용문에 등장하는 학자들 이외의 학설도 참조할 경우[25] 이와사 세이이치로(岩佐精一郞)의 Bökli(=Mökli, 貊句麗), 모리 마사오(護雅夫, Mori Masao)의 Bök-eli(貊國), 이용성의 Bök(kü)li(貊句麗)나 Bök(kö)li(貊高麗), 티베트 문서에서 고구려를 뜻하는 돌궐어 Mug-lig, 『범어잡명(梵語雜名)』의 畝俱理(Mukuri=高麗) 등의 표현은 모두 맥족(貊族)의 고대명칭과 관계를 가지고 있다는 점에 주목하고 있다.

4) 요사의 고리 및 금사 건국설화에 나오는 고려의 실체

거란의 요나라(Kitay, 916-1125)와 여진의 금나라(Anchun Gurun, 1115-1234)는 K.위트포겔(Wittfogel, 1896-1988)이 주창한 정복왕조

뒤를 계승한 발해(Пархай, Боохай)로 간주하고 있다.

25) 그 밖의 논저들은 W.B. Henning, "A Farewell to the Khagan of the Aq-Aqataran", Bulletin of the School of Oriental and African Studies, 14, 1952, pp.501~522; Yong-sŏng Li, "Zu QWRDNTA in der Tuńuquq-Inschrift", CAJ, 47/2, 2003, pp.229~241; M.Tezcan, "The Ethnonym Apar in the Turkish Inscriptions of the 8th Century and Armenian Manuscripts.", M.Compareti, P.Raffetta, G.Scarcia eds., Ēran ud Anērān, Studies Presented to Boris Il'čMaršk on the Occasion of His 70th Birthday, Venezia, 2006, pp.603~620; Lyazzat Ayanovna Nakhanova, "Lexical-Semantic Analysis of the Ancient Turkic Place Names", World Applied Sciences Journal 26 (4), 2013, pp.475~483; 護雅夫, 「いわゆるbökliについて」, 『江上波夫教授古稀記念論集(民族・文化篇)』東京, 山川出版社, 1977 및 「How should bökli or bükli be transcribed and interpreted?」, 『Memoirs of the Research Department of the Toyo Bunko』 42, 1984; 森安孝夫・オチル(編), 『モンゴル國現存遺蹟・碑文調査研究報告(Provisional Report of Researches on Historical Sites and Inscriptions in Mongolia from 1996 to 1998)』 中央ユ-ラシア學研究會, 1999 등이 있다.

론(Conquer Dynasty)의 전형적인 사례로 거론될 만큼 민족이나 사상, 정치조직 면에서 중원왕조와는 다른 북방민족 왕조계열에 속한다. 또 이들은 모두 이전 고구려의 영토를 근간으로 삼고 있다는 특징을 지니고 있다. 따라서 이들은 고구려에 대해 중원왕조와는 다른 느낌과 인식을 가질 수밖에 없다. 이러한 것을 보여주는 것이 『요사』에 기록된 고리(槀離)의 땅과 『금사』의 건국설화에 등장하는 고려이다.

거란은 고구려의 후계제국인 고려를 삼한이나 신라를 칭하는 경우가 종종 나타난다.[26] 그리고 자신들은 "요나라는 본디 조선의 예전 영토였으며, 기자(箕子)의 팔조(八條)에 의한 교육으로 그의 유풍(流風)과 유속(遺俗)이 보존되어 있었다. 그 상세(上世)로부터 인정에 따라 제도를 마련했으므로 은연중에 본질을 숭상하는 풍습이 남아 있다."[27]처럼 조선의 옛 땅에서 발원했으며, 933년 서희(徐熙, 942-998)와 소손녕(蕭遜寧)의 담판처럼 고구려의 땅을 거의 다 계승했다는 의식을 지니고 있다.[28] 이러한 관점에서 주목되는 것이

---

26) 『遼史』에는 고려를 三韓, 고려의 왕을 三韓國公으로 부르는 예가 많이 보이는데 그 실례를 들면 "[八年(1108)]夏四月丙申, 封高麗王俁爲三韓國公, 贈其父顒爲高麗國王"(『遼史』卷27 「天祚皇帝紀」); "論曰, 高麗, 西夏之事遼, 雖嘗請婚下嫁, 烏足以得其固志哉, 三韓接壤, 反覆易知"(『遼史』 卷115 「二國外記 · 高麗, 西夏」)등이다. 고려를 신라로 칭하는 예는 "[天顯三年(928)]時人皇王在皇都, 詔遣耶律羽之遷東丹民以實東平, 其民或亡入新羅, 女直, 因詔"(『遼史』 卷3 「太宗本紀」)인데 금나라와 대청제국에서도 이러한 경향이 보인다. 뒤 인용문의 東平[郡]은 지금의 요녕성 遼陽市이다.

27) 『遼史』 卷49 「禮志一 · 古儀」: "理自天設, 情由人生, 以理制情, 而禮樂之用行焉 … 遼本朝鮮故壤, 箕子八條之教, 流風遺俗, 蓋有存者, 自其上世, 緣情制宜, 隱然有尙質之風"

28) 『高麗史』 卷94 「徐熙列傳」: "遜寧語熙曰, 汝國興新羅地, 高句麗之地我所有也, 而汝侵蝕之, 又與我連壤, 而越海事宋, 故有今日之師, 若割地以獻, 而修朝聘, 可無事矣, 熙曰, 非也, 我國卽高句麗之舊也, 故號高麗, 都平壤, 若論地界, 上國

『요사』「지리지」에 수록된 고리국(槀離國)에 관한 기록으로 고리국은 후대 고구려의 전신을 가리키고 있음이 분명하다. 즉 거란은 고구려의 후계제국이 아니라 주변민족으로서 고리국(槀離國)과 고구려를 바라보고 있음을 알 수 있다.

이러한 거란의 태도에 비하여 여진의 금나라는 고구려의 후계제국으로 자임하고 있는데, 그것을 보여주는 대표적인 말이 장행신(張行信)[29]의 "시조실록(始祖實錄)을 살피건대 다만 고려로부터 왔다고 일컬었을 뿐이고 고신(高辛)에게서 나왔다는 것은 아직 듣지 못하였습니다."[30]라는 말처럼 금나라의 시조설화이다. 장행신의 말은 선종(宣宗) 정우(貞祐) 4년(1216) 2월 요동선무부사(遼東宣撫副使) 완안해노(完顔海奴) 및 참의관(參議官) 왕회(王澮)가 금나라의 정통을 고신(高辛)과 황제(黃帝)로 하자고 주장할 때 나온 반박이다. 금나라의 시조설화에 대해서는 종래부터 주목을 받아 왔는데[31]

之東京, 皆在我境, 何得謂之侵蝕乎, 且鴨綠江內外亦我境內)". 이러한 소손녕의 말은 영토적으로 볼 경우 고려가 신라의 후예라고 보는 거란이나 금나라, 대청제국 사람들의 시각을 보여주고 있다.

29) 張行信(1163-1231)은 莒州 日照 사람으로 字는 信甫이며 張行簡의 아우이다. 大定 28년(1188)에 進士가 되었다. 明昌 원년(1190)에 監察禦史, 泰和 3년(1203)에 山東西路轉運使, 河東路按察司, 崇慶 2년(1212)에 左諫議大夫, 貞祐 3년(1215)에 武安軍節度使兼冀州管內觀察使가 되었다. 이후 吏部尙書, 戶部尙書, 禮部尙書, 兼同修國史를 거쳐 正大 원년(1224) 尙書左丞으로 관직을 마쳤다. 1231년 2월 병으로 사망했다.

30) 『金史』 卷107 「張行信傳」: "按始祖實錄, 止稱自高麗而來, 未聞出於高辛"

31) 금나라의 시조설화는 『高麗史』에도 "庚子御宣政殿南門引見裛弗史顯等六人宣問來由, 裛弗等奏曰, 昔我太師盈歌嘗言, 我祖宗出自大邦, 至于子孫義合歸附, 今太師烏雅東亦以大邦爲父母之國)"(『高麗史』 卷13 睿宗 4年(1109) 6月) 이나 "是月, 生女眞完顔阿骨打稱皇帝, 更名旻, 國號金 … 或曰, 昔我平州僧, 今俊遁入女眞, 居阿之古村, 是謂金之先, 或曰, 平州僧金幸之子克守, 初入女眞阿之古村, 娶女眞女, 生子曰, 古乙太師, 古乙生活羅太師, 活羅多子, 長曰劾里鉢, 季曰盈歌, 盈歌最雄傑得衆心, 盈歌死劾里鉢長子烏雅束嗣位, 烏雅束卒, 弟阿骨打立)"(『高麗史』卷14 睿宗 10年(1115) 春正月)처럼 수록되어 있으며, 宇文懋昭

『금사』에 수록된 시조설화의 내용을 소개하면 다음과 같다.

금나라 시조의 이름은 함보(函普)이다. 고려에서 처음 올 때 나이가 이미 60여 세에 이르렀다. 형 아고내(阿古迺)는 불교를 신봉했으며, 고려에 남아 따라오지 않았다. 아고내는 말하기를 "후세 자손이 유능하다면 반드시 서로 만날 것이다. 나는 떠날 수 없다."라고 하였다. 오직 아우 보활리(保活里)만이 시조와 행동을 함께 하였다. 시조는 완안부(完顔部)의 복간수(僕幹水) 물가에 거주했고, 보활리는 야라(耶懶)에 거주했다. 그 뒤 호십문(胡十門)이 갈소관(曷蘇館)을 태조에게 바치면서 귀부하였다. 그는 말하기를 조상 세 분 형제가 서로 헤어져 떠나갔는데 자신은 아고내의 후손이라고 하였다. 석토문(石土門)과 적고내(迪古乃)는 보활리의 후손이다.[32]

의 『大金國志』, 洪皓의 『松漠記聞』, 徐夢莘의 『三朝北盟會編』, 李心傳의 『建炎以來朝野雜記』, 陳均의 『九朝編年備要』, 宋 · 저자 불명의 『續編兩朝綱目備要』, 馬端臨의 『文獻通考』, 『欽定滿洲源流考』 등에도 여러 행태로 소개되어 있는데, 모두 금나라 시조가 한민족과 연관성을 가지고 있다는 공통점을 지니고 있다. 종래 중국이나 일본 학계에서는 이러한 연관성에 대해 긍정보다는 부정적인 면이 강했는데, 현재까지 나온 금나라 시조설화에 관계된 논문은 內藤虎次郎, 「女眞種族の同源傳說」, 『民族と歷史』 6-1, 1921; 池內宏, 「金史世紀の研究」, 『滿鮮地理歷史研究報告』 11, 1924; 田坂興道, 「完顔氏三祖傳說に就いて」, 『歷史學研究』 8-6, 1933; 小川裕人, 「三十部女眞に就いて」, 『東洋學報』 24-4, 1937; 三上次男, 「金室完顔家の始祖說話について」, 『金史研究(3)』, 東京, 1973; 金庠基, 「金의 始祖에 대하여」, 『국사상의 제문제』 5, 1959; 金渭顯, 「完顔部의 女眞統合策」, 『遼金史研究』 서울, 유풍출판사, 1985; 李東馥, 「金의 始祖傳說에 대한 一考察」, 『東國史學』 15 · 16합, 1981; 尹勝俊, 「金太祖 및 先代 帝王 說話에 대한 考察 - 설화적 형상과 『金史』의 편찬의식을 중심으로 -」, 『아시아문화연구』 29, 2013 등이 있다.

32) 『金史』 卷1 「本紀 · 世紀」: "金之始祖諱函普, 初從高麗來, 年已六十餘矣, 兄阿古乃好佛, 留高麗不肯從, 曰, 後世子孫必有能相聚者, 吾不能去也, 獨與弟保活里俱, 始祖居完顔部僕幹水之涯, 保活里居耶懶. 其後胡十門以曷蘇館歸太祖, 自言其祖兄弟三人相別而去, 蓋自謂阿古乃之後, 石土門, 迪古乃, 保活里之裔也"

이 시조설화는 금나라의 공인된 시조설화로 한반도에 세워진 고려(918-1392)보다 요동지역에 세워진 금나라가 명실상부하게 고려[고구려]의 계승 세력임을 보여주고 있다. 이 시조설화는 고려에서 나온 아고내(阿古迺), 함보(函普), 보활리(保活里)라는 3형제가 대금제국의 주체로서 등장하고 있으며, 그들의 주요 근거지는 "시조는 완안부(完顔部)의 복간수(僕幹水) 물가에 거주했고, 보활리는 야라(耶懶)에 거주했다. 그 뒤 호십문(胡十門)이 갈소관(曷蘇館)을 태조에게 바치면서 귀부하였다."라는 기록으로 미루어 볼 때 아고내의 경우 오늘날의 심양 일대, 함보는 목단강 일대의 완안부 지역, 보활리는 러시아 연해주인 우수리스크 일대로 나타난다.

그리고 이 시조설화에 등장하는 고려는 아래와 같은 『금사』「완안합주(完顔合住)전」의 기록으로 미루어 볼 때 고구려를 지칭하고 있음이 분명하다.

> 합주(合住)라는 사람이 있었는데 또한 시조의 형의 후예라고 하였다. 그러나 그와 호십문(胡十門)과의 관계가 어느 정도인지는 알 수가 없다. 합주(合住)는 갈소관(曷蘇館) 필리해수(苾里海水)의 사람이다. 요나라에서 벼슬을 하여 진주(辰州)와 복주(復州)의 두 개 주의 한인과 발해인을 다스렸다. 아들 포속월(蒲速越)은 아버지의 직위를 세습 받았으며, 정강중정군절도사(靜江中正軍節度使)로 승진하여 금패를 패용하고 갈속관여진부(曷速館女眞部)의 수령이 되었다. 아들 여리야(余里也)와 호십문(胡十門)이 동시에 귀순하였다. 이들은 고영창(高永昌)과 고려(高麗)와 신라(新羅)를 토벌하는데 자주 곡식을 지원하였다.[33]

33) 『金史』 卷66 「完顔合住傳」: "有合住者, 亦稱始祖兄苗裔, 但不知與胡十門相去幾從耳, 合住, 曷速館苾里, 海水人也. 仕遼, 領辰, 複二州漢人, 渤海, 子蒲速越,

위 기사에는 고려(高麗)와 신라(新羅)가 동시에 병기되어 있는데, 이 표현에서 고려는 옛 고구려의 땅, 신라는 현재의 고려라는 의미로 사용되었다고 보인다. 이는 앞서 소손녕(蕭遜寧)의 말에서도 언급했듯이 당시 거란이나 금나라는 물론 후대의 대청제국 사람들까지 영토적으로 볼 경우 고려가 신라의 후예로 간주하는 인식이 나타나기 때문이다. 이러한 인식을 보여주는 대표적인 청대 문헌이 『흠정만주원류고(欽定滿洲源流考)』로 그 한 예를 제시하면 다음과 같다.

> 송(宋), 『제번지(諸蕃志)』: 신라국은 천주(泉州)의 해문(海門)과 마주하고 있다. 보통 음양가가 많이 사용하는 나침판에 의한 항해[子午之說]를 꺼려하였기에, 무역하는 사람들은 반드시 미리 사명(四明: 寧波)으로 가서 다시 출발한다. 살펴보건대, 송나라 때 신라는 거란에 의해 막혀 있었다. 그러므로 바닷길을 경유하여 사명에 간 것으로서 음양가의 설과는 관계가 없음에도 불구하고 『제번지(諸蕃志)』에서 이 설을 기록하였다.34)

사료나 문헌들을 잘 살펴보면 한반도에 세워진 고구려의 후계제국인 고려를 바라보는 거란이나 금나라, 대청제국 사람들의 시각에 미묘한 차이가 있음을 발견할 수 있다. 좀 더 구체적으로 언급하면

襲父職, 再遷靜江中正軍節度使, 佩金牌, 爲曷速館女直部長, 子余里也與胡十門同時歸朝, 屢以糧餉助伐高永昌及高麗, 新羅"

34) 남주성 역주, 『欽定 滿洲源流考(上)』, 글모아, 2010, p.189. 참고로 원문을 제시하면 다음과 같다. 『欽定滿洲源流考』 卷4 「部族4 · 新羅」: "宋, 諸蕃志, 新羅國, 與泉之海門對峙, 俗忌陰陽家子午之說, 故興販, 必先至四明, 而後再發 按:宋時, 新羅爲契丹所隔, 故由海道以至四明, 與陰陽家之說殊無干涉, 志蓋爲此說以文之耳".

거란은 조선의 후예이고, 여진과 대청제국의 만주인들은 모두 고려의 후계자들로 볼 수 있다는 점이다. 대청제국의 만주인들이 자기들의 기원과 계보를 나타내는 역사서 『흠정만주원류고』에 한반도의 남부에 위치한 백제나 신라만을 상세하게 적고 고구려를 적지 않은 이유도 그 때문일 것이다. 이로 미루어 보면 고구려의 계승의식은 고려보다는 금나라가, 조선보다는 대청제국이 더 강하다고 할 수 있다.

그런데 『금사』를 유심히 살펴보면 흥미롭고도 주목되는 현상이 나타난다. 그것이 민족의 출자를 바라보는 몽골인들의 시각이다. 『금사』는 총괄 책임자인 중서우승상(中書右丞相) · 삼사도총재(三史都總裁)인 메르키드(Merkid) 부족 출신의 톡토(Togto, 脫脫)의 지휘 아래 어사대부(御使大夫) 테무르-타스(Temür-Tas, 鐵睦爾達世)가 실질적으로 주도하여 편찬했는데, 이들은 금나라의 주인공인 여진인에 대해 다음의 기록처럼 고려가 아닌 말갈(靺鞨)의 후예라고 간주하고 있다.

> 금(金)의 선조는 말갈씨(靺鞨氏)에서 나왔다. 말갈은 본래 물길(勿吉)이라고 불렀으니, 물길은 옛 숙신(肅愼)땅이다. 북위 때 물길에는 7부족이 있었으니, 속말부(粟末部), 백돌부(伯咄部), 안거골부(安車骨部), 불열부(拂涅部), 호실부(號室部), 흑수부(黑水部), 백산부(白山部)가 그것이다. 수나라 때에는 말갈이라고 불렀으니, 7부족 모두 말갈이라고 불렀다. 당나라 초기에 흑수말갈(黑水靺鞨), 속말말갈(粟末靺鞨)이 있었으나, 나머지 다섯 부족에 대해서는 전하는 바가 없다. 속말말갈은 본래 고려에 딸려 있었으니 성은 대씨(大氏)이다. 이적(李勣)이 고려를 멸망시킬 때, 속말말갈은 동모산(東牟山)을 지켰다. 그 뒤 발해를 세우고 왕이라고 일컬으며 10여 세를 이어갔다. … 그

> 뒤로 발해가 강성해지자 흑수는 발해에 예속되었고 당에 대한 조공도 마침내 끊어졌다. 오대(五代) 시기에 거란이 발해의 땅을 모두 점령하자 흑수말갈은 거란에 귀부하여 복속되었다.[35]

[금나라 태조가] "여진과 발해는 본래 한 집안이다."라고 하였는데, 이는 애초에 모두가 물길의 7부족이었기 때문이다.[36]

> [사신(史臣)은] 찬하여 말한다. 금나라 사람들은 본래 고려(高麗: 고구려)에 부속된 말갈족에서 나온 자로서 처음에는 우호를 통하여 이웃 나라가 되었다가 얼마 후에는 임금과 신하의 관계가 되었다. [고려는] 정우(貞祐, 1213-1216) 연간 이후로는 도로가 막혀서 겨우 한 번 알현했을 뿐이었다. [고려는] 성조(聖朝: 대원올로스)에 들어와서도 자손 대대로 [왕위를] 계승하면서 스스로 [나라를] 다스리고 있다.[37]

즉 금나라의 시조는 고려인일지라도 주력민족은 말갈, 그 중에서도 흑수말갈(黑水靺鞨)이라는 시각이다. 그리고 고구려의 후계제국인 발해는 속말말갈(粟末靺鞨)로 간주하고 있다.

---

35) 『金史』 卷1 「本紀 · 世紀」: "金之先, 出靺鞨氏, 靺鞨本號勿吉, 勿吉古肅愼地也, 元魏時, 勿吉有七部, 曰粟末部, 曰伯咄部, 曰安車骨部, 曰拂涅部, 曰號室部, 曰黑水部, 曰白山部, 隋稱靺鞨, 而七部並同, 唐初有黑水靺鞨, 粟末靺鞨, 其五部無聞, 粟末靺鞨始附高麗, 姓大氏, 李績破高麗, 粟末靺鞨保東牟山, 後爲渤海, 稱王, 傳十餘世 … 其後渤海盛強, 黑水役屬之, 朝貢遂絕, 五代時, 契丹盡取渤海地, 而黑水靺鞨附屬於契丹"

36) 『金史』 卷1 「本紀 · 世紀」: "女直, 渤海本同一家, 蓋其初皆勿吉之七部也"

37) 『金史』 卷135 「外國 · 高麗」: "贊曰, 金人本出靺鞨之附於高麗者, 始通好爲鄰國, 既而爲君臣, 貞祐以後道路不通, 僅一再見而已, 入聖朝猶子孫相傳自爲治"

5) 몽골비사에 등장하는 코리-투메드(Khori-Tümed)부의 실체

『몽골비사(Monggol-un Nigucha Tobchiyan)』에는 2개의 코리(Khori)부가 등장하고 있다. 하나는 신화시대에 등장하는 코리-토마드(豁里禿馬敦) 부이고 다른 하나는 역사시대에 등장하는 코리-토마드(豁里禿馬愓) 부이다. 전자는 『몽골비사』 제8절과 제9절에 나오는 코리족의 이동설화 즉 코릴라르타이-메르겐(Khorilartai-Mergen)의 이동설화에 등장하는 부족이며 후자는 『몽골비사』 제204절과 제241절에 등장하는 삼림부족(Hoi-yin irgen)이다.

일반적으로 『몽골비사』를 전공하는 학자들은 신화시대와 역사시대의 코리-토마드(豁里禿馬敦, 豁里禿馬愓)를 구분하지 않고 있지만, 필자는 이전부터 이 부족들은 이름만 유사하지 실제로는 서로 다른 부족이라는 입론을 전개한 바 있는데,[38] 여기서 새로운 관점을 가미해 그것을 다시 한 번 논증하기로 하겠다.

필자는 신화시대의 코리-토마드(豁里禿馬敦)부는 코리-투메드(Khori-Tümed)부의 잘못된 음사(音寫)이며, 역사시대의 코리-토마드(豁里禿馬愓)부는 바르코드(Barkhud) 씨집단에 속한 코리(Khori)와 토마드(Tumad) 씨족이라고 간주하고 있다. 이러한 이유는 둘을 동일부로 간주할 경우 『집사(Jmi' al-Tawrikh)』나 중국측 사서에 기록된 몽골족의 기원지 및 기원설화, 『몽골비사』자체의 기원설화와 모순되는 상황이 발생하기 때문이다. 따라서 이 둘을 세밀히 나누어 분석할 경우 몽골의 고대사에 해당하는 부분의 진실에 접근할 수 있을 뿐만이 아니라 『몽골비사』에 기록된 코리족(Khorilar

38) 박원길, 『몽골비사역주(I)』, 두솔, 1997, pp.52~53.

obog)의 실체에 대해서도 파악할 수 있다.

먼저 신화시대의 기록에서 주목되는 부분은 코릴라르타이-메르겐(Khorilartai-Mergen)이 자신의 부족과 결별하여 코릴라르(Khorilar) 씨족을 창건했다는 것이다. 코릴라르타이-메르겐은 코릴라르 씨족의 메르겐이란 뜻으로 이 명칭은 코릴라르 씨족을 창건한 후 붙여진 이름이다. Khorilartai-Mergen은 Khori(부족명) + lar(튀르크어 복수형 어미로 몽골어 nar와 같음) + tai(소속격 어미) + Mergen(백발백중의 명사수)로 이루어진 단어이다. Khorilar(코리사람들)이란 어학적 구조 및 niken Tümen(1만의 군대, 제106절), khoyar Tümed(2만의 군대, 제104절)이란 『몽골비사』의 특유의 표기방식으로 미루어 볼 때 『몽골비사』제8절 및 제9절의 豁里禿馬敦(Khori-Tumad-un)는 Khori-Tümed(코리[복수형] + Tümed)가 최초의 원형이라고 보인다.[39] 이 최초의 원형이 한자몽음본(漢字蒙音本)의 전사본(轉寫本)에서 Khori-Tumad로 변형된 것은 두 부족의 음이 유사했기 때문일 가능성이 크다. 사실 『원사(元史)』에서도 코리-토마드 부를 禿滿(Tümen)이나[40] 火里禿麻(Khori-Tuma)로[41] 표기하고 있는 것을 보면 그 가능성이 충분하다.

위의 어학적 구조에서도 나타나듯이 Khori-Tümed와 Khorilar는 Khori 부족을 몽골식 및 튀르크식 복수형으로 표현하는 동어반복임을 알 수 있다. 『몽골비사』에서 몽골식으로 복수형으로 부족이나 씨족을

39) 이는 오늘날 보리아드(Буриад)에서 전승되는 시조설화의 하나인 호리-투메드 호리다이-메르겐 설화(Хорь түмэд Хоридай мэргэний домог)의 명칭에서도 간접적으로 입증되고 있다.

40) 『元史』卷1 太祖本紀 : "十二(1218)年, 秋八月, 以木華黎爲太師, 封國王 … 是歲, 禿滿部民叛, 命鉢魯完, 朵魯伯討平之"

41) 『元史』 卷100 「兵志 · 馬政」: "其牧地, 東越耽羅, 北踰火里禿麻, 西至甘肅, 南暨雲南等地, 凡一十四處"

나타내는 경우가 제150절의 케레이드(Kereyid) 부 소속의 씨족인 투멘-투베겐(Tümen-Tübegen)과 올롱-동카이드(Olon-Dongkhayid)이며, 제239절의 투멘-키르기수드(tümen Kirgisüd: 수많은 키르기수드)와 투멘-오이라드(tümen Oyirad: 수많은 오이라드)이다. 즉 "+ lar" 라는 튀르크어 형식 대신 tümen이나 olon을 사용하여 복수형이나 수많은 것을 나타내는 용어로 사용하고 있음이 나타난다.[42] 이러한 관점에서 보면 Khori-Tümed와 Khorilar는 Tümen-Tübegen이나 tümen Kirgisüd, tümen Oyirad의 예처럼 Tümen-Khori나 tümen-Khorid로 표기해도 무방하다고 할 수 있다.[43]

Khorilartai-Mergen이나 Khori-Tümed + Mergen 혹은 Tümen-Khori + Mergen은 모두 "수많은 코리부족 [출신의] 명사수"란 뜻을 담고 있다. 이 명칭은 북이(北夷) 고리(槁離)국 출신의 주몽(朱蒙)과 추상적으로 동일 인물을 지칭하고 있다 해도 좋을 만큼 유사성을 지니고 있다. 몽골국의 학자인 Ш.가아담바는 코릴라르타이-메르겐이 세운 코릴라르(Khorilar)란 씨족명칭은 "코리(Khori)에서 갈라져 나온 분족"이라는 뜻을 지니고 있다고 해석하고 있는데[44]

---

42) olon을 사용하는 대표적인 사례가 olon dabada(수많은 고개, 제56절), olon dayin(수많은 적, 제123절), olon adu'un(수많은 말떼, 제190절), olon ulus (수많은 백성, 제190절), olon gal(수많은 불, 제193절), olon Monggol ulus önechirekün(수많은 몽골의 백성들은 [졸지에] 고아가 될 것이다, 제272절) 등이다.

43) Tümen-Tübegen과 tümen Oyirad에서 Tümen과 tümen으로 표기한 이유는 『몽골비사』나 『집사』, 『聖武親征錄』 등 당대의 문헌을 토대로 할 경우 Tümen-Tübegen은 당시 이미 고유명사로 되어 있고 tümen Oyirad는 아직 그 단계까지는 이르지 않았기 때문이다. 필자는 『몽골비사』의 표현법으로 미루어 신화시대의 Khori-Tümed는 이미 고유명사로 되어 있을 가능성이 높다고 보고 있다.

44) Ш.Гаадамба, 『Монголын нууц товчоо』УБ, 1990, p.227 註(38)

Khorilartai-Mergen이나 주몽 모두 원주지를 떠나 다른 곳에서 나라를 건국했다는 공통성을 가지고 있다.

몽골의 역사시대 즉 『몽골비사』 제240절과 제241절에 등장하는 코리-토마드(豁里禿馬惕, Khori-Tumad)부는 당대(唐代)부터 都波나 都播라는 이름으로 나타나고 있으며[45], 1207년 당시 대몽골제국의 서북방인 오늘날의 바이칼호 서쪽부터 협스걸(Хөвсгөл) 호수 북부지역에 거주하는 삼림부족의 하나이다. 『몽골비사』에는 역사시대의 코리-토마드 부를 위의 인용문처럼 단 한 차례만 코리-토마드로 호칭한 뒤 모두 토마드(Tumad)로 지칭하고 있다. 그리고 1207년에 행해진 조치(Jochi)의 삼림부족 원정에서도 그 이름이 『몽골비사』 제239절의 "Oyirad, Buriyad, Bargun, Urusud, Khabkhanas, Khangkhas, Tubas, tümen Kirgisüd, Shibir, Kesdim, Bayid, Tukhas, Teleg, Tö'eles, Tas, Bajigid" 처럼 토바스(Tubas)로 표기되어 있다.[46]

알타이어에서는 M과 B는 호환이 가능하고 'd'나 's'는 복수형 어미이기 때문에 토마드(Tumad)는 토바드(Tubad)나 토바스(Tubas)로도 표기할 수 있으며, 이들은 모두 토마(Tuma)나 토바(Tuba)의 복수형임을 알 수 있다. 『원사』의 禿滿(Tümen)部나 火里禿麻의 禿麻(Tuma)는 『몽골비사』의 토마드(Tumad) 부를 지칭하고 있다. 그런데 주목되는 것은 『몽골비사』의 Khori-Tumad나 『원사』의 火里禿麻(Khori-Tuma)가 중국측 문헌인 『통전(通典)』이나 『당회요(唐會要)』, 『구당서(舊唐書)』 등에는 都波나 都播 등으로 표기되어 있

45) 都波部의 변천에 대해서는 박원길, 「바이칼湖 주변의 역사」, 『몽골학』 3, 1995, pp.326~348을 참조.

46) 본문에 열거된 부족들의 거주 지역에 대해서는 박원길, 「바이칼湖 주변의 역사」 pp.349~354를 참조.

고[47], 『몽골비사』와 보완관계에 있는 일칸국의 역사서인 『집사』에는 아래의 도표처럼[48] Khori와 Tumad가 한 부족의 칭호가 아닌 서로 다른 별개의 씨족들 즉 바르코드(Barkhud) 부족에서 분기된 씨족들로 나누어져 있다는 점이다.

〈표 2〉 Khori와 Tumad의 칭호

부족(obogtan)	씨족(obog)	유목지(nutug)
Barkhud	Barkhud	Barkhujin-Tögüm 일대
	Khori	불명
	Töläs	Barkhujin-Tögüm 일대
	Buriyad	Barkhujin-Tögüm 일대
	Tumad	헙스걸호 북부 일대

47) 唐 · 杜佑(735-812), 『通典』; “都波者, 鐵勒别種, 南去回紇十三日行, 分爲三部, 自相統攝, 結草爲廬, 無牛羊, 不知耕稼, 土多百合草, 取其根以爲糧, 兼捕魚射獵爲食, 而衣貂, 鹿之皮, 貧者緝鳥羽以爲服, 婚姻, 富者以馬, 貧用鹿皮及草根爲聘禮, 死亡, 以木櫃盛屍, 置山中, 或懸於樹上, 送葬哭泣略與突厥類, 莫知四時之候, 都播國無刑罰, 偷盜倍征其贓, 大唐貞觀二十一年(647), 遣使朝貢”; 北宋 · 王溥(922-982), 『唐會要』: “都播, 鐵勒之别種也, 其地北瀕小海, 西堅昆, 南回紇十三日行, 前代未之通也, 分爲三部, 皆自統攝, 其俗無歲時, 結草爲廬, 無牛羊, 不知耕種, 土多百合, 取其根以爲粻, 捕魚鳥食之, 衣貂鹿之皮, 貧者亦緝鳥羽爲服, 婚姻, 富者用馬, 貧者用鹿皮爲聘禮, 都播國無刑罰, 偷盜者徵其賦, 聞骨利幹來通, 亦遣使朝貢, 貞觀二十一(647)年十一月, 朝貢使至”; 宋祁(998-1061), 歐陽修(1007-1072) 編撰, 『舊唐書』 卷199 「鐵勒傳」: “鐵勒…自武德初, 有薛延陀 · 契苾 · 迴紇 · 都播”

48) 이 도표는 『集史』의 기록 순서 대로 정리한 것이다. 그리고 Barkhud의 一分族인 Buriyad는 필자가 『몽골비사』의 기록을 근거로 첨가시켰음을 밝혀둔다. 본고에 사용된 『集史』는 소련과학아카데미(Издательс-тво Акадэмин Наук СССР)가 펴낸 РАШИД-АД-ДИН, 『Сборник Летопсей』Москва-Ленинград, 1952, томI-1(Λ.А.Хетагорав譯), томI-2(О.И.Смиронова譯)이다. 그리고 余大鈞, 周建奇譯, 『史集』 第1卷 第1, 2分册, 北京, 1983; 김호동 역주, 『라시드 앗 딘의 집사(1) - 부족지』, 사계절, 2002도 참고했다.

그러나 『집사』에서 주목되는 것은 Khori가 바르코드(Barkhud) 부족에서 분기된 분족이라는 것만 제목에 명기했을 뿐, 내력이나 현재의 상황에 대한 설명이 아예 없는 미스터리의 분족으로 처리되어 있다는 것이다.[49] 필자는 중국측 문헌에 바르코드(Barkhud)부와 관련이 있을 가능성이 있는 복골(僕骨, Boqud)부나 발야고(拔野古, Bayïrqu)부가 모두 도파(都播)와 다른 세력으로 기록이 되어 있다는 점과 『몽골비사』, 『집사』, 『원사』에서 역사시대의 코리-토마드를 명료하게 설명하지 못하고 있는 점으로 미루어, 『몽골비사』나 『원사』의 Khori-Tumad나 火里禿麻(Khori-Tuma)란 표기는 오히려 고대 코리-투메드의 영향을 받아 만들어진 가상의 부족일 가능성도 배제할 수 없으며[50], 오히려 토마(禿麻, Tuma)나 토바(都波, 都播,

49) 村上正二는 Khori를 唐代의 三姓骨利幹(Khorikhan, Khorigan)의 후예라고 간주하고 있지만(『モンゴル秘史(I)』東京, 1970, pp.20~21), 어떤 구체적인 추정을 들어 논증한 것은 아니다. 참고로 그는 다른 곳에서 『元史』卷144 「月魯帖木兒傳」의 "卜領勤多禮別台氏"를 Buryankin Dörbedei로 복원한 뒤 Buriyad가 Dörben족의 일분족일 가능성(村上正二, 『モンゴル秘史(III)』東京, 1976, pp.93~95) 및 唐代의 三姓骨利幹(Khorikhan)의 후예일 가능성(村上正二, 「モンゴル帝國成立以前における遊牧民諸部族について」, 『東洋史研究』 23-4, 1968, p.137)을 제시하고 있다. 이러한 그의 추론은 오늘날 호리-보리아드(Хорь Буриад)의 존재를 토대로 하고 있다고 보인다.

50) 지명을 과거 그곳에 살았던 민족의 이름으로 붙인 예는 만주 · 요동지역을 "白霫 · 高麗之族"이라고 표기한 『國朝文類』卷40 雜著 「經世大典序錄 · 帝號」의 기록이 바로 그러하다. 필자는 코리-토마드(Khori-Tumad)나 火里禿麻(Khori-Tuma)란 명칭은 Khurigan과 Tuma(pl.Tumad)를 붙여서 말한 것으로 간주하고 있으며, 이 명칭의 기원은 『元史』 卷63 「西北地附錄」에 "昂可剌者, 因水爲名, 附庸於吉利吉思, 去大都二萬五千餘里, 其語言與吉利吉思特異, 晝長夜短, 日沒時炙羊肋熟, 東方已曙矣, 卽唐史所載骨利幹國也"처럼 昂可剌(Anggara)를 骨利幹(Khurigan, 튀르크식 표기로는 Qurïqan 또는 Qorïqan)이라 특정한데에서도 입증되듯이 唐代의 骨利幹部의 유목지인 오스찌-오르다(Усть Орда)를 고대 이 지역에 거주했던 민족의 이름으로 지명을 표기하는 몽골식 표기방식에서 유래했을 가능성이 높다고 보고 있다.

Tuba)가 이 부족의 원명이라고 보는 편이 합리적이라고 생각하고 있다.

이러한 추론은 바이칼호 주변의 역대 북방민족들의 분포도를 분석해 볼 때 더욱 구체적으로 입증된다.[51] 『몽골비사』 제240절의 코리-토마드(Khori-Tumad)부는 자체의 내용상 제239절의 토바스(Tubas)부를 지칭하는 것이 분명하며, 이 부족의 거주 지역은 『집사』의 몽골족 기원지인 에르군네-쿤(Ergüne-Kün)이나 몽골의 선조로 간주되는 흑룡강 중상류의 몽올실위(蒙兀室韋)와는 너무 큰 편차를 지니고 있다. 『집사』는 이 부족의 소속을 바르코드(Barkhud) 부족집단에 속한 삼림부족의 하나로 분류하면서 거주지를 바르코진-터굼(Barkhujin-Tögüm)과 키르키즈의 변경지역이라고 기록하고 있다.

『집사』에서 말하는 바르코진-터굼(Barkhujin-Tögüm)은 셀렝게(Selengge)강 북부지역의 동서로 광대하게 뻗은 삼림지역을 가리키고 있다. 참고로 『원사』에 "[대원올로스의] 그 유목지는 동쪽은 탐라, 북쪽은 코리-토마드(Khori Tumad, 火里禿麻), 서쪽은 감숙(甘肅), 남쪽은 운남(雲南) 등에 이르며, [국영목장은] 14곳이다."[52]라고 火里禿麻로 표기된 지역은 바이칼 서부 지역의 자연환경으로 미루어 오늘날의 러시아연방 이르쿠츠크주(Иркутская область) 오스찌-오르다(Усть-Орда) 보리아드인 자치구(2008년 폐지) 일대의 광활한 유목지를 가리키고 있다.

그러나 『몽골비사』에서 말하는 바르코진-터굼은 "컬-바르코진 저

51) 바이칼호 주변의 역대 북방민족들의 역사에 대해서는 박원길, 「바이칼湖 주변의 역사」, 『몽골학』 3, 1995를 참조.

52) 『元史』 卷100 「兵志 · 馬政」: "其牧地, 東越耽羅, 北踰火里禿麻, 西至甘肅, 南暨雲南等地, 凡一十四處"

습지의 주인인 바르코다이-메르겐(Köl-Barkhujin tököm-ün ejen Barkhudai-Mergen)"이란 표현처럼 오늘날 러시아 연방 보리아드공화국 오스찌-바르코진(Усть-Баргузин)을 중심으로 한 주변지역을 가리키고 있다. 바로 『몽골비사』의 제8절 및 제9절의 코리-투메드(Khori-Tümed)부는 바르코진(Barkhujin) 지역과 오난(Onan)강 상류지역을 중심으로 전개되는 역사에 등장하는 부족이다.[53] 이는 따라서 제240절의 코리-토마드(Khori-Tumad) 즉 토바스(Tubas)와는 애당초 거주 지역부터 차이를 지니고 있다.[54]

이러한 모든 정황은 신화시대와 역사시대의 코리-토마드(Khori-Tumad)가 실제로 코릴라르(Khorilar)와 토바스(Tubas)라는 서로 다른 부족을 가리키고 있으며, 몽골족의 기원설화를 종래대로 토바(Tuba)족과 연계시키는 것은 역사적 사실이나 지리적 정황으로도 무리가 있다는 것을 보여주고 있다. 필자는 『몽골비사』제8절과 제9절에 나오는 Khori-Tümed부는 Tümen-Khori라는 의미로 보고 있으며 제240절과 제241절에 나오는 Khori-Tumad부는 바르코드의

---

53) 『몽골비사』의 바르코드部는 칭기스칸의 선조인 나친(Nachin)이나 카이도(Khaidu) 때부터 보르지긴(Borjigin)系의 姻族集團으로 등장하고 있으며, 칭기스칸 때에도 『元史』 卷122 「唵木海傳」의 "唵木海, 蒙古八剌忽斛(Barkhud)氏, 與父孛合出(Bokhanchu)俱事太祖, 征伐有功"처럼 몽골족과는 우호관계에 있었다. 이러한 姻族關係 및 우호관계는 몽골제국성립 후에도 변함없이 이어지고 있는데, 이에 대한 자세한 것은 박원길, 『몽골고대사연구』, 혜안, 1994, pp.37~38을 참조. 바르코드部는 17세기 중엽 러시아의 동진에 의하여 현재 중화인민공화국 내몽골자치구의 헐런-보이르湖 지구로 이동했다. 헐런-보이르湖 지구의 巴爾虎(Barkhu, Барга)部의 역사에 대해서는 Ж.Өлзий, 『Барга Монголын түүх』, УБ, 1999를 참조.

54) I.de.라케윌츠는 Khori-Tumad를 Tumad部의 분족(Qori Tumat were a 'branch' or subtribe of the Tumat)으로 간주하고 있지만(I.de.Rachewiltz, The Secret History of the Mongols, Leiden · Boston, 2006, p.247), 지리적인 위치상 모순이 있다.

분족인 Khori와 Tumad로 보고 있다. 즉 제8절과 제9절에 등장하는 코리-투메드(Khori-Tümed)부는 코릴라르(Khorilar)라는 명칭에서도 입증되듯이 토바(Tuba)족과는 다른 동방의 코리(Khori)부족에서 그 실체를 찾아야 함을 말해주고 있다.

3. 동몽골지역의 남방 이동 루트와 고고유적

1) 바이칼에서 헐런-보이르 지역으로 이르는 루트

Э.А.노브고라도바(Новгородова)는 쁘리바이칼과 자바이칼, 탐삭-볼락, 쁘리아무르지역에서 출토된 고인류학자료를 근거로 "쁘리바이칼과 자바이칼의 고인류학자료를 검토해보면 이 지역의 신석기시대 두개골이 동몽골의 것과 아주 흡사함을 알 수 있다. 이는 신석기시대에 양 지역 간에 아주 복잡한 교류관계가 존재했다는 것을 암시해 주고 있다. 신석기시대의 고분자료에 따르면 자바이칼에서 쁘리바이칼로 나가 다시 몽골로 들어가는 주민들의 이동물결이 포착된다. 자바이칼 동부와 동몽골의 매장복합체와 출토유물은 이 지역 종족들 간에 의심의 없지가 없는 상호이동의 관계성을 단언할 수 있을 정도로 매우 흡사성을 보여주고 있다. 가장 최근의 분석은 쁘리바이칼의 신석기시대 종족들은 대몽골인종의 한 분파였다는 결론을 내리게 한다. 신석기시대 쁘리아무르 종족들의 문화가 탐삭-볼락 유형 종족들의 문화와 아주 유사하기 때문에 동몽골의 신석기문화인들은 쁘리아무르 종족들이라고 제안하는 것이 합당하다."[55]

처럼 오늘날의 에르군네하 일대와 바이칼 일대 및 동몽골은 서로 순환적으로 연결되는 하나의 문화권을 이루고 있다고 간주하고 있다.

복기대는 B.C.20C-B.C.13C의 문화유적으로 추정되는 요동 본계 산지(本溪山地) 지역의 마성자문화(馬城子文化)의 한 무덤에서 발굴된 인골이 러시아 바이칼 동쪽의 청동기 시대 사람들과 흡사하다는 지적을 하고 있다.[56] 실제 B.C.40C-B.C.30C의 신석기 유적들은 오늘날 탐삭-볼락(Тамсагбулагт) 이외에 헤를렌강(Хэрлэн гол)을 따라 볼강솜(Булган сум)의 노로블린 산(Норовлин уул)의 유적, 초이발산(Чойбалсан) 시의 서쪽에 위치한 오보오트 톨고이(Овоот толгой)의 정남쪽에 위치한 헤를렌강 북쪽 기슭 위에 있는 유적, 초이발산 시의 남쪽에 위치한 헤를렌강의 서쪽 기슭에 위치한 머르거척(Мөргөцөг), 주운-얼지트 산(Зүүн Өлзийт уул)의 사이에 있는 바로온 얼지트 산(Баруун Өлзийт уул)의 유적 등이 있는데, 탐삭-볼락의 무덤에서 발굴된 인골은 나이 15세, 키 120㎝의 몽골계 여성이었다.[57]

수수 농경과 움집 유적을 지닌 탐삭-볼락(Тамсаг Булаг) 유적은 B.C.4천년으로 편년되며 오늘날 도르노드-아이막 마타드솜(Дорно

55) E.A.노브고라도바 저, 정석배 옮김, 『몽고의 선사시대』, 학연문화사, 1995, pp.97~98.

56) 복기대, 「고고학 성과로 본 동북 아시아고대문화 - 환발해만 전기 청동기시대 문화 중심으로」, 『동아시아고대학』 17, 2008, p.58 주(18)

57) МЭӨIV-III мянган жилд холбогдох 15 орчим насны, 1.20 м өндөр, монгол төрхийн эмэгтэй хүнийг оршуулахдаа(http://archaeology.ucoz.com/mongolyn_arkheologi-2). 참고로 이 유적들은 А.П.Окладников, Д.Дорж 등이 1967-1969년에 몽골인민공화국국의 동부지역인 도르노드(Дорнод), 도른고비(Дорноговь), 수흐바아타르(Сүхбаатар) 아이막(аймаг)에서 행해진 신석기시대 유적 조사에서 발견한 것들이다.

д аймгийн Матад сум)에 위치해 있다. 탐삭-볼락은 바이칼에서 헤를렌강이나 헐런-보이르(Хөлөн Буйр, 呼倫貝爾) 지역을 거쳐 중원이나 동남의 만주로 나가는 요충지이다. 몽골국과 내몽골에 걸쳐 있는 일망무제의 메넨긴-탈(Мэнэнгийн тал)의 서남쪽에 위치한 이 유적에는 현재 아주 자그마한 탐삭-볼락 냇물이 흐르고 있지만 지질학적 연구결과 이 냇물은 그 하상으로 미루어 볼 때 이전에 홍안령의 산전지대(山前地帶)에서 발원한 강줄기였으며 그 길이는 250㎞에 달한다고 보인다. 이 강은 고대에 보이르 호수의 서남단에서 보이르 호수로 흘러 들어가는 강이었다. 탐삭-볼락 주변의 동몽골 평원은 모하르(Мухар)하, 신(Шинэ)하 등 많은 강들의 흔적이 있으며 곳곳에 크고 작은 호수가 널려 있다.[58]

탐삭-볼락에서 서쪽으로 이어지는 고대 문화유적으로 수흐바아타르 아이막(Сүхбаатар аймаг) 툽신시레에 솜(Түвшинширээ сум)에는 피라미드 형태의 적석총 무덤군이 있다. 동북쪽으로 이어지는 곳의 문화유적으로는 B.C.1만년으로 편년되는 잘라이-노오르(Jalai nagur, 扎賚諾爾)문화, B.C.6000-B.C.4000년으로 편년되는 히야그(kiyag, хиаг, 哈克)문화가 자리 잡고 있다. 남쪽은 실링골 초원을 거쳐 적봉으로 이어지며 동남쪽은 백성시(白城市)와 조원(肇源), 통요(通遼)와 심양(瀋陽)을 통해 한반도로 이어지는데, 이 지역의 대표적인 문화유적은 눈강과 제2송화강이 합류하는 송눈(松嫩) 평원 지역의 백금보-한서문화(白金寶-漢書文化), 길림시 지역의 서단산문화(西團山文化, B.C.13-B.C.8C)이며 이외 고태산문화(高台山文化), 마성자문화(馬城子文化), 쌍타자문화(雙砣子文化) 등의 문화가 존

58) 이 지역의 강이나 지형의 특성에 대해서는 박원길, 『몽골의 문화와 자연지리』 pp.363~364를 참조.

재한다.

탐삭-볼락이 자리 잡고 있는 헐런-보이르 지역은 바이칼호 동부 지역에서 만주나 일본, 한반도, 북중국으로 나가는 교통의 요충지이다. 그러나 몽골국을 포함한 동몽골 지역의 고고유적은 아직도 미개척지로 남아 있어 바이칼과 만주를 잇는 구체적인 고고학적 입론이 아직 제시되지 못하고 있다. 따라서 우리나 중국측 사서에 등장하는 부여나 고구려, 백제의 건국세력인 고리국(槀離國)의 원주지 추정의 표지석 역할을 하는 엄리대수(奄利大水)의 비정(比定)도 학자에 따라 송화강이나 에르군네(Ergüne)강, 흑룡강 등 다양한 견해가 제출되고 있다. 그러나 문헌이나 금석문을 근거로 할 경우 분명한 사실은 첫째, 송호정의 지적처럼[59] 부여족의 건국설화를 보면 북방계통의 그것과 밀접하게 관련되어 있어 북쪽에서부터 송화강 유역으로 남하한 세력에 의해 부여가 건국되었다고 볼 수 있으며, 둘째, 조법종의 지적처럼[60] 광개토대왕릉비를 근거할 경우 북부여와 부여는 서로 다른 나라이며, 리지린의 지적처럼[61] 북부여=고리국(탁리국)설이 객관적이라는 것이다.

필자는 현대의학의 DNA 분석법을 통한 원주지 추정방식을 통해 코리민족의 원주지를 유추할 때 바이칼 호수 주변지역일 가능성이 높다는 것을 중시하고 있다. 그러나 아직 바이칼호 동부서부터 백금보-한서문화(白金寶-漢書文化)에 이르는 지역의 인문학적 연구는

59) 송호정, 「부여 사람들은 어떤 사람들이었을까」, 『고조선, 단군, 부여』, 고구려연구재단, 2004, p.138

60) 조법종, 「신화가 들려주는 부여 건국 이야기」, 『고조선, 단군, 부여』, 고구려연구재단, 2004, p.129

61) 리지린 · 강인숙, 『고구려역사』, 논장 영인출판(사회과학출판사, 평양, 1976), 1988, p.40.

고고학이나 민족학적 연구가 충분하게 이루어지지 않아 어떤 가설을 구체적으로 세우고 입증하기가 어려운 실정이다. 따라서 이후 고고학적 발굴이나 타타르(Tatar, 韃靼), 실위(室韋), 시베리아 소수 부족들의 역사에 대한 정밀하고도 구체적인 연구를 통해 가설을 세우고 입증할 필요가 있다.

2) 헐런-보이르 지역에서 요동지역으로 진입하는 루트

역사지리학적으로 고대에서 근대에 이르기까지 바이칼에서 중원으로 나가는 길은 제시하면 다음과 다음 도표와 같다.

〈표 3〉 바이칼에서 중원, 만주, 한반도로 나가는 길

1. 중원지역으로 나가는 길	
①	바이칼 → 동몽골의 헨티 아이막 허더아랄 → 다리강가 → 실링골 아이막
②	바이칼 → 자바이칼 지역→ 헐런-보이르 지역→ 할흐골지역 서남방향→ 다리강가 → 실링골 아이막
2. 만주 및 한반도로 나가는 길	
①	바이칼 → 동몽골의 헨티 아이막 허더아랄 → 헤를렌강 → 헐런-보이르 지역
②	바이칼 → 자바이칼 지역→ 오논강 → 헐런-보이르 지역
2-1. 헐런-보이르 지역에서 만주 및 한반도로 나가는 길(홍안령 기준)	
눈강 루트	대홍안령 북단을 넘어 눈강을 통해 송눈(松嫩) 평원으로 남하
할힌골 루트	할흐골지역을 거쳐 아라샹(阿爾山, arashan)시를 통해 백성(白城)이나 길림시(吉林市) 혹은 통요(通遼)와 심양으로 남하

위 표에서도 나타나듯이 헐런-보이르 지역에서 요동지역으로 진입하는 루트는 대흥안령을 기준으로 동쪽의 눈강(嫩江)을 통해 송눈(松嫩) 평원으로 남하하는 길인 눈강 루트와 서쪽의 할힌골 지역을 거쳐 아라샹(阿爾山, Arashan)시 남부 산악지대를 통해 백성(白城)이나 길림시(吉林市) 혹은 통요(通遼)와 심양으로 남하하는 할힌골 루트 두 가지가 있다. 이 두 가지 루트 가운데 역사적으로 빈번히 사용되는 루트가 할힌골 루트이다. 대흥안령의 서쪽 루트인 이 루트는 『몽골비사』의 카라온-지돈(Khara'un Jidun)이란 산봉우리를 통해 남북으로 이어진 초원길로 심양(瀋陽)이나 요양(遼陽)까지 방어막 없이 이어지는 길이다.

할힌골 루트는 튀르크 비문에 qadïrqan yïš, 『몽골비사』에 Khara'un-Jidun, 『원사』에 合剌渾, 合老溫, 『聖武親征錄』에 合剌渾只敦, 阿蘭塞으로 표기되어 있으며 루트 자체가 王國維나 那珂通世의 지적처럼 홍안령을 가리키는 일반명사로 전변되어 있다.[62] 이는 그만큼 이 루트가 역사적으로 중요성을 가지고 있음을 보여주고 있다. 홍안령은 돌궐제국시대의 퀼-테긴비문(E2, E21)과 빌게카간비문(E3, E17, E39)에는 qadïrqan yïš라고 표기되어 있으며 『몽골비사』 제183절과 제206절에 Khara'un-Jidun으로 표기되어 있다. Khara'un은 흑암(黑暗)이란 뜻이며, 만주어로 Jidun은 산맥, 산등성이(山梁), 산마루(山脊)를 뜻한다. 홍안령은 다고르(Dagur)어로 jiden dawa로 불린다. Igor De Rachewiltz는 카라온-지돈은 "Dark

62) 王國維, 「金界壕考」, 『觀堂集林(III)』北京, 中華書局, 1959, pp.730~731; 那珂通世, 『成吉思汗實錄』東京, 1943(新版), p.294. 이들이 근거한 자료는 『元史』卷118 「特薛禪傳」의 "太祖諭火忽日, 哈老温迤東涂河 · 潢河之間, 火兒赤納慶州之地, 與亦乞列思爲鄰, 汝則居之"라는 기록으로 臨潢, 慶州 서북의 連山을 哈剌温이라 칭하고 있음을 보여주고 있다.

[or Black] Ridge"이란 뜻이며, 46°31 N 119°20 E에 위치한 Soyolji(Soyolz Uul, 1504m) 산의 서쪽 기슭이라고 추정하고 있다.[63] 왕국유(王國維)는 『성무친정록(聖武親征錄)』의 合剌渾只敦, 阿蘭塞은 오늘날 학오하보자(鶴五河堡子) 부근의 금나라 계호(界壕)가 존재하는 지역으로, 금나라와 원나라 시대에 동서교통의 주요간선이라고 지적하고 있다.[64]

즉 카라온-지돈(Khara'un-Jidun)은 본래 홍안령의 한 봉우리이며, 그 동쪽에 동쪽으로 나가는 길이 있음을 알 수 있다. 이것을 잘 보여주는 기록이 『금사』「완안종호(完顏宗浩, ?-1207)전」의 헐런-보이르 일대 몽골부족의 정벌기사이다. 이 루트를 사용한 기록은 대몽골제국과 대원올로스 시대에도 나타난다. 1213년 대몽골제국의 카사르(Khasar)는 금나라의 Ula müren(浯勒水: 松花江), Na'u müren(納兀水: 嫩江, нутан мөрөн) 일대를 공략한 뒤 『몽골비사』 제253절의 "카사르는 타오르(Ta'ur)하를 거슬러 와서 예케-아오르그에 하영하였다."[65]라는 기록처럼 Ta'ur müren(討浯兒河: 洮兒河)를 거슬러 몽골의 대본영(yeke a'urug)으로 돌아가고 있다. 또 대원올

63) Igor.de.Rachewiltz, The Secret History of the Mongols: A Mongolian Epic Chronicle of the Thirteenth Century(II), Leiden, Boston, 2006, p.660. 최근 魏曙光은 王國維, 那珂通世, Igor De Rachewiltz의 설과 중국학자인 『元史』卷134「撒吉思傳」중의 黑山으로 比定하는 邵循正의 주장, 현재의 얼지트-골(Өлзийт гол, 汪吉河) 주변으로 비정하는 李治安의 주장 등을 소개하면서 合剌温山은 大興安岭과 지금의 河北 张家口 邊墻 이북의 山嶺을 가리킨다고 주장하는 논문을 발표했다(魏曙光, 「元初文献中的合剌温山」, 『元史及民族與邊疆研究集刊』 25, 2013). 참고로 얼지트골은 어르경골(Өргөн гол)의 상류로 소욜즈 오올의 남단에서 발원한다. 산의 동단에서는 歸流河가 발원한다. 이 지역은 金나라의 邊堡가 있는 지역이다.

64) 王國維, 『聖武親征錄校注』(台灣 正中書局 蒙古史料四種本) pp.85~86.

65) 『몽골비사』 제253절: "Khasar Ta'ur müren ö'ede irejü yeke a'urug-tur ba'uju irebe."

로스 때 나얀(Nayan)의 반란 시 원장(元將)인 토토카(Tutukha, 土土哈, 1237-1297)는 이곳을 동서남북방면으로 통과하고 있다.

또 영락제의 3차 원정(1422년)과 5차 원정(1424년)도 이 루트와 관련을 맺고 있으며 제2차 세계대전 말기인 1945년 8월 8일 소련이 만주국에 대한 선전포고를 한 뒤 주력군인 자바이칼 전선군이 폭풍작전(Советско-японская война)을 통해 만주로 진공한 루트가 바로 이곳이다.

4. 맺음말

이상 코리국의 실체와 남방이동로를 고려(高麗)와 코리(Khori-Tümed)부의 실체 및 동몽골지역의 남방이동루트와 고고유적을 통해 살펴보았다. 이 결과 다음과 같은 결론을 얻을 수 있었다.

먼저 고려(高麗)의 최초 출현에 대한 문헌기록을 검토해 본 결과 이들이 언제부터 출현했는지에 대해서는 아직도 학자 간에 논란이 있고 정설이 확정되지 않은 연구 분야로 나타난다. 그러나 이들은 중원왕조의 고구려왕 봉작(封爵)에 대한 분석을 통해보면 이동해 온 민족임이 분명하게 드러난다. 고구려의 멸망 후 고려왕 칭호의 소멸과 조선왕 칭호의 부활로 대표되는 중원왕조의 요동인식은 임진왜란 때인 1598년 명나라 병부주사(兵部主事) 정응태(丁應泰)가 조선이 일본과 연합하여 요동을 수복하고 명나라를 공격하려 한다고 본국에 보고한 "정응태의 무주(誣奏) 사건"에서도 잘 나타나며, 오늘날 동북공정의 논리까지 이어지고 있음을 알 수 있다.

둘째, 요사의 고리(槀離) 및 『금사』 건국설화에 나오는 고려의 실체를 통해 볼 경우 거란은 고조선의 후계자로 자처하고 있으며, 금나라는 고구려의 후계제국으로 공식적으로 자임하고 있음이 나타난다. 또 대청제국의 만주인들이 자기들의 기원과 계보를 나타내는 역사서 『흠정만주원류고』에 한반도의 남부에 위치한 백제나 신라만을 상세하게 적고 고구려를 적지 않은 이유도 자신들이 고구려를 계승했다는 숨겨진 인식 때문이다. 이로 미루어 보면 고구려의 계승의식은 고려보다는 금나라가, 조선보다는 대청제국이 더 강하다고 할 수 있다.

셋째, 『몽골비사』 제8절과 제9절에 나오는 Khori-Tümed부는 Tümen-Khori라는 의미이며 제240절과 제241절에 나오는 Khori-Tumad부는 바르코드의 분족인 Khori와 Tumad로 보아야 타당하다는 점이다. 즉 제8절과 제9절의 코리-투메드부는 코릴라르(Khorilar)라는 명칭에서도 입증되듯이 토바(Tuba)족과는 다른 동방의 코리(Khori)부족에서 그 실체를 찾아야 함을 말해주고 있다. 튀르크 비문에 나오는 Bökli는 아직도 더 연구가 필요함을 보여준다.

마지막으로 바이칼에서 만주에 이르는 루트를 역사지리학적으로 분석해 본 결과 홍안령을 기준으로 서쪽에 위치한 할힌골 루트가 몽골고원의 세력과 밀접한 관계를 맺고 있음이 나타났다. 이 할힌골 루트는 돌궐비문에 qadïrqan yïš, 『몽골비사』에 Khara'un-Jidun, 『원사』에 合剌渾, 合老溫, 『성무친정록』에 合剌渾只敦, 阿蘭塞으로 표기되어 있으며 루트 자체가 홍안령을 가리키는 일반명사로 전변되어 있다. 이는 그만큼 이 루트가 역사적으로 중요성을 가지고 있음을 보여주고 있다.

〈참고 문헌〉

김동훈, 「시베리아동부 바이칼 일대의 고고유적과 문화 -프리바이칼 소해협과 자바이칼 울란우데의 주요유적을 중심으로」, 러시아연구』 21권 2호, 2011.

김병호, 「오르혼 옛 튀르크 어 비문과 한반도인의 옛 이름 - 퀼 테긴 碑와 빌게 카간 碑에 나타나는 'Bökli' 해석」, 『동북아역사논총』 42, 2013.

김종완, 「고구려의 조공과 책봉의 성격 - 정체성과 관련하여」, 『고구려연구』 18, 2004.

남주성 역주, 『欽定 滿洲源流考(上)』, 글모아, 2010.

노태돈, 『한국고대사』, 경세원, 2014.

리지린 · 강인숙, 『고구려역사』, 서울, 논장 영인출판(사회과학출판사, 평양, 1976), 1988.

박대재, 「고대 '동아시아 세계론'과 고구려사」, 『고대 동아시아 세계론과 고구려의 정체성』, 동북아역사재단, 2007.

박원길, 「바이칼湖 주변의 역사」, 『몽골학』3, 1995.

______, 『몽골비사역주(I)』, 두솔, 1997.

복기대, 「고고학 성과로 본 동북 아시아고대문화 - 환발해만 전기 청동기시대문화 중심으」, 『동아시아고대학』 17, 2008.

송호정, 「부여 사람들은 어떤 사람들이었을까」, 『고조선, 단군, 부여』, 고구려연구재단, 2004.

愼鏞廈, 『古朝鮮 國家形成의 社會史』, 지식산업사, 2010.

여호규, 「『삼국지』「동이전」夫餘傳과 高句麗傳의 비교검토」, 『삼국지 동이전의 세계』, 성균관대학교출판부, 2013.

여호규, 「고구려 건국설화의 종족기원」, 『고구려 초기 정치사 연구』, 신서원, 2014.

王國維, 「金界壕考」『觀堂集林(III)』, 中華書局, 1959.

우실하, 「홍산문화의 곰토템족과 단군신화의 웅녀족」, 『고조선단군학』 27, 2012.

윤내현, 「高句麗의 移動과 建國」, 『白山學報』 45, 1995.

______, 『고조선 연구』, 一志社, 1994

______, 「高句麗의 移動과 建國」, 『白山學報』 45, 1995.

李 玉, 『高句麗 民族形成과 社會』, 교보문고, 1984.

이전복, 「中原郡의 高麗碑를 통해 본 高句麗 國名의 變遷」, 『고구려연구』 10, 2000.

이홍규, 『한국인의 기원』, 우리역사연구재단, 2010.

조법종, 「신화가 들려주는 부여 건국 이야기」, 『고조선, 단군, 부여』, 고구려연구재단, 2004.

조영광, 「기 고구려 종족 계통 고찰 – 예맥족을 중심으로」, 『동북아역사논총』 27,2010.

지배선, 『고구려 · 백제 유민 이야기』, 혜안, 2006.

한영희, 「한민족의 기원」, 한국민족의 기원과 형성(상)』, 소화, 1997.

E.A.노브고라도바 저, 정석배 옮김, 『몽고의 선사시대』, 학연문화사, 1995.

Igor.de.Rachewiltz, The Secret History of the Mongols: A Mongolian Epic Chronicle of the Thirteenth Century(II), Leiden, Boston, 2006.

Talât Tekin(이용성 옮김), 『돌궐비문연구(Orhon Yaz ı tla ı)』, 제이앤씨, 2008.

Ж.θлзий, 『Барга Монголын тҮҮх』, УБ, 1999.

МЭӨIV-III мянган жилд холбогдох 15 орчим насны, 1.20 м өндөр, монгол төрхийн эмэгтэй хҮнийг оршуулахдаа(http://archaeology.ucoz.com/mongolyn_arkheologi-2)

Ш.Гаадамба, 『Монголын нууц товчоо』УБ, 1990.

고리[Kori] 명칭 연구

이성규(단국대 몽골학과)

1. 머리말

한국과 몽골은 문화적(文化的)으로 동질적(同質的)인 요소와 이질적(異質的)인 요소들을 동시에 가지고 있다. 우선 현대사회의 몽골과 한국의 생활상을 살펴보면 상당한 차이를 느낄 수 있다. 특히 생활양식이나 먹거리 등에 있어서는 이질적인 요소들이 많이 나타나며 이것은 한국인들이 농경문화(農耕文化) 위주의 생활방식을 따르는데 비하여 몽골인들은 유목문화(遊牧文化)를 주된 생활방식으로 하는 차이에서 비롯된 것이다. 반면에 언어적인 측면에서는 동질적인 요소들이 이미 오래 전부터 인정되어 왔고 이를 바탕으로 한국어와 몽골어를 알타이어족으로 묶이게끔 하였다.

한국어와 몽골어 사이에 보이는 동질적인 요소들에 대하여 이것이 기원적인 것이라고 보는 것이 알타이어족설이다. 우리가 이미 잘 알고 있다시피 한 세기 전 유럽학자들에 의하여 제기된 알타이어족설은 여전히 증명되지 않고 있는 가설에 불가하지만 한국어와 몽골어 사이에 보이는 동질적인 요소들을 합리적으로 설명하는 데

유익한 학설임에 틀림없다.

신석기 시대에 지금의 대흥안령 산맥 남단 동몽골지역 즉, 적봉(赤峯)과 열하(熱河) 지역에 거주하였던 것으로 추정되는 알타이어족의 선조들은 청동기 시대가 도래하면서 분화하기 시작한 것으로 추측하고 있다(이성규 2009). 이후 한국인들의 선조가 가장 먼저 분화하였으며 이후 튀르크어족이 분화한 것으로 파악되고 있다. 알타이어족의 선조들이 거주하였던 지역에 지금도 거주하고 있는 몽골족들은 역사의 흐름에 따라 중심지를 이동하면서 이웃한 만주-퉁구스어, 한국어, 돌궐어와 접촉을 거듭하면서 현재의 몽골어가 형성된 것으로 파악하고 있다.

한국어와 몽골어를 사용하는 각각의 언중들이 신석기 시대에는 동일어족에 속해 있다가 신석기 말기에 분화하였다는 것과 두 언어 사이에 보이는 동질적인 요소들만 가지고 한국어와 몽골어는 기원이 같다고 설명하기에는 한국어와 몽골어의 사이에 보이는 동질적인 요소가 충분하지 않다. 물론 두 언어를 비교 연구한 연구 실적이 미흡한 측면도 있지만 일부 요소들은 후대 차용의 결과[1])로 보이는 것들도 다수 있기 때문이다.

본고에서는 몽골과 한국 두 민족 사이에 나타나는 언어학적, 역사-고고학적인 동질적 요소들의 발생 원인을 찾아보고자 한다. 특히 그 중에서 두 언어 사이에 보이는 동질성들의 원인을 규명해 보는 것은 학문적으로 의의가 있는 것으로 생각된다. 이에 본고에서는 기원전 시기에 동명왕이 북이(北夷) 고리국(槀離國)에서 엄호수를 건너와 부여를 건국하였다고 하는 신화에 나타나는 '고리槀離)'

---

1) 말과 매, 군사에 관한 용어들은 고려와 원의 접촉을 통하여 이루어진 것으로 파악하고 있다(李基文 1991:123-187)

라는 명칭을 중심으로 한국어와 몽골어의 동질성 원인을 살펴보고자 한다.

2. 고리국에 대한 기존의 연구

'고리(槀離)'와 관련된 가장 오랜 문헌은 부여국 동명왕 신화를 수록하고 있는 『논형(論衡)』의 「길험편(吉驗編)」이다. 그리고 『논형』의 「길험편」 기록에는 북이(北夷) 탁리국(橐離國)이란 국명이 나타나는데 탁리(橐離)는 문헌에 따라 색리(索離), 고리(槀離)등으로도 나타나며 '고리(槀離)'는 '고구려'와 역사적으로나 신화적으로 관련성이 있는 것으로 파악하고 있다.

'고리(槀離)'에 대한 분석에 앞서 기원 1세기 말 후한(後漢)의 왕충(王充)이 저술한 『논형』의 「길험편」에 기록된 동명왕(東明王) 신화를 살펴보면 다음과 같다.

> 북이(北夷) 탁리국(橐離國) 왕의 시비(侍婢)가 임신하였다. 왕이 그 여자를 죽이려 하자 시비가 말하기를 "달걀만한 크기의 기(氣)가 하늘로부터 내려온 까닭에 제가 임신 하였습니다"라고 하였다. 그 후에 아들을 낳자 돼지우리 안에다 버렸더니 돼지가 입김을 불어 주어 죽지 않았다. 다시 마구간에 갖다 놓아 말로 하여금 밟아 죽이게 하였으나 말도 입김으로 불어 주어 죽지 않았다. 왕은 그를 천자(天子)로 의심하여 그 어미로 하여금 노예처럼 천대하며 기르도록 하였다. 이름을 동명(東明)이라 했고 소와 말을 기르도록 했다. 동명은 활을 잘 쏘았는데 왕은 나라를 빼앗길까 두려워 동명을 죽이려고 하였다.

동명은 남쪽으로 도망하여 엄호수(掩淲水)에 이르러 활로 물을 치니 물고기와 자라가 떠올라 다리를 이루었다. 동명이 건너가자 물고기와 자라는 흩어져 추격병이 건너지 못하였다. 그리하여 도읍을 정하고 부여(夫餘)의 왕이 되었다. 그런 이유로 북이에 부여국이 있게 되었다[2].

1) 탁리(槖離)

『논형』「길험편」 기록에 나타나는 글자 그대로 탁리국으로 본다면 탁리국을 탈출한 동명은 북부여왕 해부루가 된다고 한다(兪泰勇 2000:102). 동명(東明)은 '동방을 새로 밝힌 왕' 또는 '동방의 태양'을 의미한다. 북부여에서 탈출하여 부여를 세운 동명도 아마 본명이 아닐 것이다. 동명의 원래 이름이 '해부루'라면 '해(解)'는 바로 '해' 즉 태양을 의미하다. 그리고 부여에서 '解氏' 성은 부여국 왕실의 성씨였다. 또『구삼국사(舊三國史)』「동명왕기」에 따르면 '해부루를 내몰고 북부여에는 '해모수'가 국왕으로 등장하는데 이 역시 '태양의 아들'로서『구삼국사』에서는 천왕랑(天王郞)이라 부른 것도 이와 같은 맥락에서 이해해야 될 것이다(兪泰勇 2000:102-103)라고 하였다[3].

---

2) 北夷槖離國王侍婢有娠，王欲殺之．婢對曰：「有氣大如鷄子，從天而下，我故有娠.」．後産子，捐於猪溷中，猪以口氣噓之，不死．復徙置馬欄中，欲使馬藉殺之，馬復以口氣噓之，不死．王疑以爲天子，令其母收取，奴畜之，名東明，令牧牛馬．東明善射，王恐奪其國也，欲殺之．東明走，南至掩淲水，以弓擊水，魚鼈浮爲橋，東明得渡．魚鼈解散，追兵不得渡．因都王夫餘，故北夷有夫餘國焉．

3) 노태돈(1999)에 의하면 부여는 초기에 농안 지역에 있다가 모용씨 연의 침략으로 동부여로 옮긴 것으로 나타난다. 이후 부여 후기에 다시 농안 지역에 있다가 모용씨 연에 의하여 완전히 무너진 것으로 파악하고 있다.

兪泰勇(2000)의 의견에 동의한다면 탁리국은 해[태양]의 나라이므로 탁리(槖離)는 태양을 의미한다고 볼 수 있다. 그리고 몽골어나 튀르크어에서 하늘[태양]은 [te(a)ngri]이므로 탁리(槖離)는 'te(a)ngri'를 취음한 표기로 볼 수도 있다. 그러나 본고에서는 잠정적으로 '탁리(槖離)'는 '고리(槀離)'의 잘못된 표기로 간주하고(千志耿 1994: 148) 논지를 전개하고자 하므로 '탁리(槖離)'는 우리의 논의에서 제외하고자 한다.

2) 색리(索離)

5세기 초에 저술된 『후한서(後漢書)』와 『북사(北史)』에도 『논형』「길험편」에 수록된 동명왕 신화가 수록되어 있는데 여기에서는 '탁리(槖離)'가 '색리(索離)'로 나타난다. 색리(索離)에 대해서는 白鳥庫吉이 1936년에 발표한 「부여국 시조 동명왕 전설에 관하여」란 논문에서 논의한 것이 있는데 소개하면 다음과 같다. 즉, 퉁구스어족의 방언으로 '黑'을 'saxár', 'saxariín', 'čakarín'이라 말하고 만주어로는 이를 'sahaliyan'이라고 말한다. 탁리(槖離) 혹은 색리(索離)는 이를 음역한 것으로 '黑水'에서 그 이름을 얻었을 것이다. 한나라 때 흑룡강을 구체적으로 'čakarí'를 취해서 탁리국(槖離國)으로 명명했던 것으로 생각된다(이복규 1998:232에서 재인용)고 하였다.

白鳥庫吉이 '색리(索離)'를 만주-퉁구스어의 'sahaliyan'와 연결한 것은 고구려어를 만주-퉁구스어에 연결하기 위한 것이다. 그러나 대부분의 학자들은 '색리(索離)'는 탁리(槖離)나 고리(槀離)의 오기(誤記)로 보고 있다.

색리와 관련하여 王禹浪·李彦君(2002)의 논문은 흥미롭다. 이 논문에서는 논형 길험편에 나오는 탁리(槖離)를 색리(索離)로 간주하고 고리국의 위치를 비정하고 있다. 이 논문에 의하면 고리국의 위치는 중국 흑룡강성 하얼빈시 파언현(巴彦縣) 왕팔발자(王八脖子) 유적이다. 이 유적 부근에 흐르는 강은 소릉하(小陵河)인데 소릉하는 역사문헌에서는 색릉수(索稜水), 석라수(碩羅水)로 불리었으므로 북이 색리가 색릉수(索稜水), 석라수(碩羅水)로 변한 것으로 파악하였다. 이외에 이 논문에서는 8가지의 고고학적 근거에 의거하여 고리국의 위치를 왕팔발자(王八脖子) 유적으로 비정하였다.

위의 논지에 대하여 박경철(2006)과 이종수(2009:195)에서는 눈강 하류지역 혹은 제일 송화강 상류지역에 탁리국의 중심지가 있었을 가능성이 더 높은 것으로 추정한다고 하였다.

3) 고리(槀離)

고리(槀離)는 3세기 말에 기록된 『위략(魏略)』과 4세기 초 『수신기(搜神記)』에 나타나며 한국과 북한의 대부분의 학자들은 이 학설을 지지하고 있다(이복규 1998:21-42). 또 고리(槀離)에 대한 독립된 논문을 발표한 兪泰勇(2000)에서는 탁리(槖離), 색리(索離), 고리(槀離) 등은 모두 후대에 부여로부터 근원을 두고 새로 성립된 국가인 고구려와 음가(音價)가 유사한 것으로 보아 '구려(句麗)' 또는 '고구려(高句麗)'의 동음이사(同音異寫)인 것으로 여겨진다(兪泰勇 2000:78)라고 하였다.

본고 역시 탁리(槖離)를 고리(槀離)의 오기로 보고자하며 이에 대해서는 아래에 구체적으로 논의하고자 한다.

4) 구려(句麗, 句驪, 驅麗)

구려(句麗)는 『漢書』 「地理志」에는 구려(句麗)로 나타나고[4], 『尙書』 卷11 「周管」編 孔安國註[5]에는 구려(句驪)로 나타난다.

'구려'의 기원에 대하여 白鳥庫吉은 1936년에 발표한 「부여국 시조 동명왕 전설에 관하여」란 논문에서 '高句麗' 혹은 高句麗의 '句驪, 句麗'는 고구려어 '溝漊'와 같은 말로서 '城'이란 뜻을, '高'는 'kou'로 발음하고 위에 열거한 퉁구스어의 'kuwu', 몽고어의 'kűbü'와 같은 말로서 '山'이란 뜻으로 생각되므로 高句麗는 '산성'이라 말하는 것으로서 '홀본골 '과 완전히 같은 명칭일 것이다'(이복규 1998:221-222에서 재인용)라고 하였다.

金芳漢(1982:17-18)에서는 '위서 동이전의 구루(溝漊)는 kurē/kuri와 일치하는 것으로 그 의미는 책(柵) 또는 성(城)으로 추정된다.'라고 하였다[6]. 또 '고구려의 구루(溝漊), 만주-퉁구스어의 kurē, kuri, kuran-kuren, 몽골어의 küri-yen, 일본어의 kuru-는 모두 어원(語源)이 같은 동원어(同源語)가 된다.'라고 하였다.

한편 고구려(高句麗)는 한자음에서 일반적으로 고구려(kokuryö)

---

4) 玄菟, 樂浪, 武帝時置, 皆朝鮮, 濊貊, 句麗蠻夷

5) 海東의 여러 夷族은 句驪(高句麗)·扶餘·馯(韓)·貊 등과 같은 족속인데 武王이 商을 이기니 모두 길이 통하였다(윤내현 1998:87-88).

6) 북이 고리국 명칭이나 고구려의 국가 명인 고리와 관련하여 이 명칭이 둥근 성을 가리키는 단어에서 유래하였다는 주장은 일리가 있다. 부여의 성에 관한 기사 '築圓柵爲城'이나 고구려의 환도성(丸都城) 모두 원형과 관련이 있기 때문이다. 그리고 이것은 기원전 20세기의 하가점 하층문화의 고고유적에 등장하는 영금하(英金河) 유역의 석성과도 관련이 있을 수 있다. 실제 지금 유적이 남아 있는 삼좌점 성을 보면 둥근 모양을 띄고 있다. 또 이렇게 하가점 하층문화의 유적과 연결하여 보면 고리란 명칭은 매우 이른 시기부터 존재하였을 가능성이 있다.

로 읽지만 나라 이름에서는 고리(kuri)로 읽혀져 왔다. 구체적으로 서길수(2007,2014:122-135)에 의하면 고구려는 서기 423년 이후에는 고구려란 국명보다는 고려(高麗)를 공식적으로 사용한 것으로 나타난다. 그리고 고려란 명칭도 신당서(新唐書) 당서석음(唐書釋音)과 자치통감에서 고리로 읽어야 한다고 기록하고 있고, 용비어천가와 동국정운에서도 역시 고리로 읽었던 것이 분명하므로 고려로 읽지 말고 고리로 읽어야 한다고 하였다.

동명왕 신화에 나타나는 고리국에 대한 위와 같은 다양한 학설과 최근 연구결과들을 살펴보면 대체로 '고리(槀離: kori)'로 의견이 모아지는 것 같다. 그리고 고리는 고구려의 국명인 고리와도 연결되는 것으로 파악된다.

3. 중국 사서의 고리[Kori] 관련 명칭

1) 북이(北夷)

부여국의 동명왕이 북이(北夷) 고리국(槀離國)에서 왔다고 동명왕 신화는 기록하고 있다. 또 동명왕 신화로 말미암아 북이에 부여국이 있게 되었다고 기록하고 있다. 여기서 북이(北夷) 고리국(槀離國)은 어떤 나라이고 어느 지역인지를 밝히는 것은 부여와 고구려의 지배층 출자를 밝힐 수 있는 중요한 근거가 된다.

중국 사서에서는 전통적으로 한족(漢族) 주변의 민족에 대해서는 오랑캐로 부르며 비하해 왔다. 그리고 한족의 이러한 전통적인 역사관을 통해 한족 주변민족을 동이(東夷), 남만(南蠻), 서융(西戎), 북적(北狄)으로 구별하여 불렀다.

본고에서 논의하고자 하는 북이(北夷)는 중국 사서에서 흔하게 사용되는 용어는 아니다[7]. 이와 관련하여 중국 사서에서 산동(山東)의 주민을 동이(東夷)라 불렀을 때는 선진(先秦)시대였고 요동(遼東)의 주민을 동이라고 부른 것은 진한(秦漢)시대 이후였다(김한규 2004:89). 전국시대 이후 진(秦)이 중국을 통일한 이후에 동이의 개념이 중국 동북지역의 민족들을 지칭하면서 대체적으로 지금의 중국 동북지역은 동이라는 개념으로 불러왔다.

한편 중국 역사서에는 중국 북방의 민족에 대하여 논의하면서 융(戎)과 호(胡)가 북방지역에 나타나지만 융과 호는 다른 것으로 파악하고 있다. 특히 제환공이 기원전 7세기에 북쪽으로 물러나게 하였다는 산융(山戎)의 경우는 춘추시기와 전국 초기에는 중국 북방에 존재하다가 전국후기에는 북방에서 사라진 것으로 파악하고 있다. 융보다 북쪽에 거주하였던 호는 융이 사라진 후 진한(秦漢)과 접촉이 가능하고 이후부터 호(胡)로 불린다. 여기에 대하여 李成珪(2004:18)는 '위지 동이전에 예맥족(濊貊族)을 호(胡)로 표기한 것도 맥(貉)이 중국 북방을 대표한 호(胡)에 못지않은 북방의 강족(强族)이 아니었다면 이해할 수 없는 일이다. 결국 이와 같은 자료들은 모두 예맥을 북적(北狄)의 범주로 인식하였던 증거들이다. 고구려 주몽(朱蒙)의 난생설화(卵生說話)와 유사한 설화를 후한(後漢) 왕충(王充)의 논형(論衡)이 북이 고리국의 설화로 전한 것도 이 관

7) 진서(晉書)108, 모용외전: 모용외(慕容廆)는 그 선조가 대대로 북이(北夷)에서 거주하고 자몽(紫蒙)의 들에서 살면서 동호(東胡)라 칭하였다.

념을 다시 한 번 입증해 준다.'라고 하였다. 또 김한규(2004:94)에서는 당시의 중국인들은 서북의 호(胡)와 동북의 맥(貊)을 '호맥(胡貊)'이라 연칭하여 북방을 총칭하는 언어 습관을 가지고 있었다고 하였다. 따라서 북이(北夷)라는 말은 동이의 서북쪽에 거주하는 민족 즉, 호맥(胡貊)을 지칭하는 것으로 생각된다.[8)]

2) Qur[胡]

Sečenmöngke(2004)에서는 '고대 유목부족들을 호(胡)라는 문자로 기록한 기간은 춘추시기 말기부터 중국 문헌에 기록되었으며 특히 전국시대 말기의 중국 문헌에 호라는 이름은 늘 나온다.'고 하였다.

한편 Sečenmöngke(2004:291)는 호(胡)에 대하여 '호(胡)라는 명칭은 고대 국명(古代國名)에서 기원한 것이라고 생각한다.[9)]....〈호〉는 《qur》라는 원래 명칭을 줄여서 기록한 것이다....호율(胡律), 호인(互人), 호인(胡人), 홀인(忽儿)은 호인(胡人:오랑캐 사람)을 나타내는 것이 아니고 인(人)은 《r》 소리를 표기한 것이다....《耳, 儿, 律, 爾》 문자로 표기할 소리를 인(人)으로 표기한 것이다....중국 역사서에서 호인(胡儿), 호이(胡爾), 호율(胡律), 홀인(忽儿), 호인(互人)같이 서로 다른 문자로 표기한 명칭은 몽골어로

8) 호맥에 대한 자세한 논의와 자료는 박준형(2001), 「'濊貊'의 形成過程과 古朝鮮」; 박경철(2006), 「고조선 · 부여의 주민 구성과 종족」; 박대제(2013), 『중국 고문헌에 나타난 고대 조선과 예맥』에 정리되어 있다.

9) 호(胡)가 국가의 명칭이었다는 것은 은(殷)의 청동기 명문 분석을 통하여 은의 서북방인 중국 협서성(陜西省) 남전(藍田) 일대에 존재하였던 작은 방국의 명칭이라고 밝혔다. 조영광(2010), 「초기 고구려 종족계통 고찰」, 『동북아역사논총』 27, 동북아역사재단.

〈qur〉라는 명칭의 발음을 비슷한 소리의 문자로 표기한 것이다. 그리고 호(胡)라는 명칭은 이전의 두 개의 문자로 기록된 명칭을 줄여서 하나의 문자로 기록한 것이다. 고대 중국문자, 특히 당(唐) 이전 시기의 중국어에서 〈r〉 음가를 표기하기가 어려웠기 때문이다.'라고 하였다.

Sečenmöngke가 거론한 호가 중국사서에서는 여러 가지 표기로 기록된다는 것은 분명한 사실이다. 물론 시대를 달리하는 사서에 각기 다르게 나타나지만 본고에서는 Sečenmöngke가 거론한 '〈호〉는 《qur》라는 원래 명칭을 줄여서 기록한 것이다.'란 의견을 존중하여 정말 이 단어들이 호를 표기한 것인지 확인해 보고자 한다. Sečenmöngke가 거론한 〈호이(胡爾)〉, 〈호이(胡耳)〉, 〈호율(胡律)〉, 〈홀인(忽儿)〉, 〈호인(互人)〉, 〈호인(胡人)〉의 한자음을 재구하여 보면 아래의 표와 같다[10].

	상고음	중고음	비고
胡爾	ɤa-nĭei	ɤu-čie	爾: əl(吳語)
胡耳	ɤa-nĭə	ɤu-čĭə	耳: al(吳語)
胡律	ɤa-lĭwət	ɤu-lĭuĕt	
忽儿	huət-nĭen	huət-čĭĕn	
互人	ɤa-nĭen	ɤu-čĭĕn	人: lin(閩南語)
胡人	ɤa-nĭen	ɤu-čĭĕn	

위의 표에서 보는 바와 같이 호를 표기한 〈호이(胡爾)〉, 〈호이(胡耳)〉, 〈호율(胡律)〉, 〈홀인(忽儿)〉, 〈호인(互人)〉, 〈호인(胡人)〉는 *qur로 재구가 가능하다. 즉, 어두의 ɤ, q 자음은 모두 구개음

10) 한자음 재구는 李珍華 · 周長揖(1993), 『漢字古今音表』에 의거하였다.

으로 서로 교체가 가능한 것으로 생각된다. 또 상고음에서는 모음이 a로 나타나지만 중고음과 한국 한자음에서 o나 u로 나타나는 것으로 보아 Sečenmöngke(2004)가 주장한 대로 호(胡)를 *qur로 재구하는데 무리가 없는 것으로 생각된다.

3) 요사(遼史)

원대 말기에 편찬된『요사(遼史)』지리지에도 고리국이 나타나는데『위략(魏略)』과 마찬가지로 고리국(槀離國)으로 표기되어 나타난다. 또 요사 지리지에서는 고리국의 위치를 다음과 같이 기록하고 있다.

> 요사 지리지 봉주(遼史 권 37, 地理志 1, 上京道, 鳳州)[11]
>
> 고리국(槀離國)의 옛 땅이자 발해의 안령군(安寧郡) 지역이며 남왕부의 5장이 나누어 받은 땅이다. 주성은 한주(韓州) 북쪽 2백 리 지점에 있으며 서북으로 9백 리를 가면 상경에 다다른다. 호수는 4천이었다.

> 요사 지리지 한주(遼史 권 38,地理志 2,東京道, 韓州 東平郡)[12]
>
> 하등 주로 자사를 두었다. 본래 고리국(槀離國)의 수도인 유하현(柳河縣)이었다. 고구려가 막힐부(鄚頡府)를 설치하고 막주(鄚州)와 힐주(頡州)의 군무를 총괄하게 하였다.

---

11) 鳳州. 槀離國故地, 渤海之安寧郡境, 南王府五帳分地. 在韓州北二百里, 西北至上京九百里.

12) 韓州, 東平軍, 下, 刺史. 本槀離國舊治柳河縣. 高麗置鄚頡府, 都督鄚, 頡二州. 渤海因之. 今廢.

『요사』의 기록에 의하면 고리국의 위치는 상경성(지금의 내몽골 자치구 적봉시 임동)에서 동남으로 9백 리 떨어진 곳이라 하였다. 그런데 지금 대부분의 역사-고고학자들이 고리국 위치로 비정하는 지역인 제1 송화강과 눈강의 합류지역의 북쪽(길림성 송원시와 흑룡강성 조원시)은 상경성의 동북쪽이어서 흥미롭다. 이와 관련하여 이종수(2009)의 논의는 흥미롭다. 이종수(2009:228-229)에서는 길림성 동요현에 있는 서차구(西岔溝) 고분군이 오환(烏桓)에 의해 조영된 무덤일 가능성에 무게를 두고 싶다고 하였는데 서차구 유적은 요 상경(임동)의 남동쪽에 위치하고 있다.

4) 위서(魏書)

『위서(魏書)』「실위전(失韋傳)」에 의하면 '실위국은 물길(勿吉) 북쪽으로 천리에 있고, 낙양[洛]으로부터 6천 리 떨어져 있다. 화룡(和龍)을 나와 북쪽으로 천여 리를 가면 거란국(契丹國)으로 들어가고, 다시 북쪽으로 10일을 가면 철수(啜水)에 이르며, 다시 북쪽으로 3일을 가면 개수(蓋水)가 있고, 다시 북쪽으로 3일을 가면 독료산(犢了山)에 이르는데 그 산은 높고 크며 둘레는 3백여 리이다. 다시 북쪽으로 3일을 가면 큰 강이 있는데 이름하여 굴리(屈利)이고, 다시 북쪽으로 3일을 가면 인수(刃水)에 이르고 다시 북쪽으로 5일을 가면 그 나라[실위]에 이른다. 큰 강이 있어 북쪽으로부터 [흘러]오고 너비는 4리 남짓이며 이름은 내수(㮈水)이다. 나라의 토양은 [지대가] 낮고 습하다. 언어는 고막해국, 거란국, 두막루와 같다.[13]'(동북

13) 失韋國, 在勿吉北千里, 去洛六千里. 路出和龍北千餘里, 入契丹國, 又北行十日至啜水, 又北行三日有蓋水, 又北行三日有犢了山, 其山高大, 周回三百餘里, 又

아역사재단편 2010:31-32)라고 하였다. 여기서 '굴리(屈利)'라는 강의 이름이 보이는데 이 명칭을 米文平(2000:389, 399-401)에서는 'kuri'로 해석하고 있어 흥미롭다.

'굴리(屈利)'의 상고음/중고음은 'khǐwət lǐei/khǐuət li'인데 굴(屈)은 입성운미이고 한국어의 한자음에서는 어말에 l자음이 있는 것으로 재구음을 추정하여 보면 '*khuli' 정도로 재구할 수 있어 우리가 논의하는 'kuri'와 관련이 있는 것으로 파악된다. 한편 米文平(2000:389, 399-401)은 '굴리(屈利)'라는 강을 지금의 중국 내몽고자치구 훌룬부이르맹(呼倫貝爾盟) 오로춘자치기(鄂倫春自治旗)에 있는 감하(甘河)의 지류인 규륵하(奎勒河)로 비정하고 있다[14]. 그런데 星球地圖出版社(2004:74)의 내몽고자치구 지도책(內蒙古自治區地圖册)에는 감하의 지류인 규륵하도 표기되어 있지만 감하의 북쪽에 눈강(嫩江)의 지류로 고리하(古里河)가 나타나며 주변에는 고리향(古里鄉)도 나타나고 있다. 한편 이 지역은 고고학적으로는 한서상층 문화(漢書上層文化), 망해둔 문화(望海屯文化)지역(兪泰勇 2000:106)이고, 이 지역 명칭에 고리(古里)가 사용된 것으로 보아 논형에 나오는 고리국의 고지(故地)일 가능성이 있다.

北行三日有大水名屈利, 又北行三日至刃水, 又北行五日到其國. 有大水從北而來, 廣四里餘, 名棕水. 國土下濕. 語與庫莫奚·契丹·豆莫婁國同.

14) 굴(屈)은 삼국사기의 백제의 지명에서 성(城)을 나타내는 한자로 나타난다. 娬城縣本百濟賓屈縣.

4. 티베트의 고리[Qori] 관련 명칭

티베트에서 몽골은 '호르(Qor)'라고 하는데 이는 한자어 호(胡)를 이른다고 하였다(Qaraküü 2003:177-200). 그리고 이것은 Qaraküü (2003)에서 언급한 바와 같이 토욕혼(土谷渾)을 이르는 것으로 판단된다. 토욕혼(土谷渾)은 4세기 초엽 선비족(鮮卑族)의 하나인 모용씨(慕容氏)의 일부가 지금의 청해성(淸海省) 지역에 거주하며 세운 나라이다[15]. 이후 토욕혼은 663년에 티베트에 의해 멸망당하며 이때 상당수는 티베트에 흡수되었으나 일부는 남아서 지금의 몽구오르족, 보안족, 동부 유고어족이 되었다[16].

---

15) 모용토욕혼(慕容土浴渾)은 요서에 거주하던 모용선비인 섭귀(涉歸)의 아들인데 섭귀의 이복동생인 모용외(慕容廆)가 전연(前燕)을 건국하자 요서지역에서 지금의 청해성 지역으로 이동하여 토욕혼(土浴渾)을 건국하였다. 한편 모용토욕혼(慕容土浴渾)의 조상을 살펴보면 아버지는 섭귀(涉歸)로 류성(柳城:朝陽)을 지킨 공로로 선비선우(鮮卑單于)를 지냈다. 섭귀(涉歸)의 아버지는 목연(木延)으로 관구검(毌丘儉)의 고구려 정벌에 공을 세워 좌현왕(左賢王)에 봉해졌다. 또 목연(木延)의 아버지는 막호발(莫護跋)로 요동의 공손씨(公孫氏)를 토벌하는데 공을 세워 솔의왕(率義王)에 봉해졌으며 이 때 대홍안령 산맥 쪽에서 요서지역으로 이동한 것으로 나타난다.

16) Sečenmöngke(2004)에서는 7개의 근거를 들어 티베트에서는 몽골을 qur로 부른다 하였다. 여기에 간단하게 요약하면 다음과 같다. 1. 티베트의 북쪽 고원지대에 거주하는 강파(羌巴: 북방사람이란 의미)라는 사람 중에 〈abuwe qur ba〉란 사람이 있는데 이들은 qur 사람들의 조상 할머니의 혈통이다. 2. 청해 남쪽 과락주 유목지에 〈qur ɣan〉이란 부족이 있는데 이들은 스스로 호르 혈통이라 한다. 3. 감자(甘孜) 부근의 티베트인들은 스스로 호르 자손이라 한다. 4. 감자(甘孜) 서쪽 갑덕(甲德)지역에 〈호르 39부족〉이 있다. 5. 1637년 güüsi 왕이 그의 군대가 주둔한 이후 호르 지역이 되었다. 6. 청해의 서쪽에 〈nu qur〉가 있는데 이들은 〈호르 39부족〉과 가까운 친족이라 한다. 7. 티베트의 많은 문헌에는 티베트 북쪽에 사는 사람들을 고대부터 〈qur〉라 불러왔다고 기록하고 있다. 이외에 티베트 문헌에는 원나라 시기의 몽골인을 〈호르 병사〉, 법률을 〈호르 법률〉, 사신을 〈호르 사신〉, 칭기스한을 〈호르 칭기스한〉

한편 티베트어로 기록된 돈황(燉煌)문서에 의하면 토욕혼을 Qor라고 지칭한 것을 알 수가 있다. 즉, 돈황(燉煌)문서 P.1283에 근거하여 森安孝夫(1977)는 'Hor[Qor]국은 감숙성 회랑지대에서 투르판에 이르는 지역의 어느 한 곳에 있었던 비(非) 티베트계의 나라로서 그 뒤 토번[티베트]가 홍성해져 Hor국을 병탄하고 북방으로 팽창했다'라고 기술하고 있다(노태돈 1999:529-530에서 재인용).

티베트인들이 몽골인들은 '호르'라고 지칭하는 것은 이때부터인 것으로 추측되며 아마 이 시기 이곳에 온 선비족들이 자신들의 부족 명칭을 '호리 - 호르'라고 하였을 가능성이 있다.

5. 돌궐 비문 및 돈황 문서의 고리

몽골국 하르호린 부근 허서 차이담에 남아있는 퀼 티긴 비문 E4에는 tuγs(ï)qda : bükli(해 뜨는 곳으로부터 뷔클리)라는 구절이 있으며, bükli는 고구려를 지칭하는 것으로 연구되어 왔다. Talat Tekin/이용성 역(2008:90)에서는 이 낱말은 'bök(kü)li (〈*bäkküli 〈 *mäkküli 貊句麗) 또는 bök(kö)li (〈*bäkköli 〈 *mäkkoli 貊高麗)로 읽을 수 있다'라고 하였다.

*mäkkoli는 *mäk + koli 이므로 여기서도 고리[koli]라는 명칭을 찾아 볼 수 있으며 이 비문이 기록된 732년에도 고구려를 고리라고 부른 것으로 생각된다.

한편 돈황(燉煌)문서 P.1283에 의하면 당시 Drug인(돌궐 · 위구

이라 기록하고 있다고 하였다.

르 등 터키계 주민)들이 고구려를 Mug-lig이라 불렀다고 한다. 또 범어잡명(梵語雜名)에서도 실담문자로 기술된 한 단어의 음을 한자로 무구리(畝俱理)라 표기하고 그 뜻을 '고려(高麗)라고 하였다. 또 위의 돈황(燉煌)문서 P.1283에 의하면 중앙 아시아인들이 고구려를 Mug-lig이라고 부른 것에 반하여 중국인들은 고려를 Kéu-li라고 불렀다고 한다(노태돈 1999:530).

돌궐과 티베트 등 중앙아시아 문화권에 속한 나라들에서는 고구려가 존재한 시기나 그 이후에도 고구려를 '고리[koli]'라고 부른 것을 위 기록을 통하여 알 수가 있다. 또 고구려뿐만 아니라 고구려를 이어 일어난 발해까지도 고리[koli]라고 부른 것을 알 수 있다.

6. 몽골의 고리[Qori] 관련 명칭

현대 몽골어에서 동사 'qori-'는 '금지'의 의미로 사용되어 본고에서 전개하고자 하는 논지와는 직접적인 관련이 없다. 반면 'qor'는 saɣadaɣ(화살통)으로도 나타나는데 이와 관련하여 고구려의 시조인 주몽이 화살을 잘 쏘는 사람에게 붙이는 명칭이라는 것과 연결되어 흥미롭다. 그러나 본고에서는 '고리'란 국가 명칭이 대체로 지명에서 유래하였다는 것에 근거하여 논지를 전개하고 있으므로 이 문제는 잠시 미루어 두기로 한다. 중세 몽골어의 기록, 그 중에서 『몽골비사』에는 'Qori' 라는 지명과 인명이 다수 나타난다.

1) Qoričar mergen(MN 2)[17]

이 단어에 대하여 몽골의 저명한 몽골비사 연구자인 Ш.Гаадамба는 '호리차르(Qoričar)란 단어는 호리(Qori) 씨족의 소규모 일부 집단이라고 생각된다. 메르겡(mergen)은 활과 화살을 잘 쏜다는 의미이며 수렵생활 씨족의 우두머리를 지칭하는 존칭이다. 따라서 '호리차르 메르겡'이란 단어는 '호리 씨족의 소군장(小君長)이란 뜻의 인명으로 생각된다.'(Ш.Гаадамба 1990:224)라고 하여 호리 씨족과 관련이 있는 것으로 파악하고 있다. Qoričar는 Qori + -čar로 분석되며 Norǰin(2001:172)에 의하면 몽골어의 -čar 접사는 형용사나 명사를 형성하는 접사로 사용되는데 여기서는 인명에 사용된 것으로 보아 명사 형성 접사로 사용된 것이다. 또 -čar 접사는 고유한 특징을 지니고 있는 동물이나 물건을 나타내며 qaračar, boročar, udumčar 들의 단어를 예로 들고 있다. 따라서 Qoričar란 단어는 'Qori 씨족의 소군장, 호리 씨족 같은 사람' 등으로 분석되며 이는 몽골비사 8절에 보이는 Qori Tümed, Qorilartai mergen과 관련성이 있는 것으로 파악된다.

2) Qori Tümed-ün noyan(MN 8), Qori Tümed-ün ɣaǰar(MN 8,9), Qori Tümed-ün Qorilardai mergen(MN 9)

Qori Tümed에 대하여 Eldengtei · Ardaǰab(1986:17)에서는 씨족의 명칭이라고 하고 이들은 바르코진 더험(Barquǰin tögüm) 지역

17) 라틴전사는 栗林 均 · 確精札布(2001)에 의거하였음.

에 거주하는 Barqut의 친족이며 Barqut에서 갈라져 나온 씨족이라고 하였다. 반면 IGOR DE RACHEWILTZ(2004:247)에서는 Qori Tümed에서 갈라져 나온 지파로 보고 있다. Rašīd al-Dīn의 집사에서는 코리 부족은 명칭만 언급되고 구체적인 설명은 없는 반면 투마트(Tumad)족에 대해서는 설명을 하고 있다(라시드 앗 딘/김호동 역주(2002:188).

집사의 기록과 후대 학자들의 연구에 의하면 당시 Qori족은 Barqut족이나 Tumad족에 비하여 규모가 작은 집단으로 추정된다. 그리고 Qori족은 자신들이 거주하던 곳에서 어떤 이유에서 밀려 나게 되면서 독립된 씨족이 된 것으로 파악된다.[18)]

3) Qorilartai mergen(MN 8,9), Qorilar oboqtu(MN 9)

호릴라르타이(Qorilartai)란 단어는 '호리 씨족의 사람'이란 뜻이다. Qorilartai에 들어있는 '-lar'는 튀르크어의 복수접사이며 몽골어의 복수접사인 '-nar'와 동일한 의미이다(Ш.Гааламба 1990:227). 한편 탈라트 테킨/이용성 역(2012:198)에서도 '-lar' 접사는 제한된 수의 사람 이름과 친족 명칭들, 낱말 bäg에 연결한다고 하고, 몽골어 복수어미 -nar/-ner와 같은 역할을 하는 것으로 기술하고 있다.

호리 씨족이 몽골지역으로 이주하게 된 이유를 『몽골비사』 9절은 기록하고 있는데 원래 호리 투메트의 소군장이었던 호릴라르타이 메르겐은 호리 투메트의 영지에서 사냥을 할 수 없게 되자 그들

---

18) 자신들의 거주지에서 밀려난 것, 주변 씨족과 혼인을 맺은 것, 그 결과로 태어난 여자에게서 후대 왕조의 시조가 태어난 것 등의 요소들은 단군신화, 동명왕 신화와 유사한 유형을 보이고 있다.

과 사이가 나빠졌다고 하였다. 그래서 호릴라르타이 메르겐은 그들과 사이가 벌어진 후 결별하여 호릴라르 씨족이 되어서 이쪽으로 이동하였다고 기록하고 있다(박원길 외 2006:52). 한편 호릴라르타이 메르겐이 이동해 온 시기는 칭기즈칸의 12대 조상의 시기에 해당되며 이 시기는 대략 기원 920년 전후의 시기로 추정되고 발해가 망하고(926) 거란이 요를 건립하는 시기(907)이기도 하다. 한편 흥미로운 것은 중앙아시아에서는 발해를 당시에는 발해로 부르지 않고 고구려와 마찬가지로 Mökli로 불렀다는 것이다(노태돈 1999:531). 또 발해를 고려라 칭한 기록은 일본측 자료에서도 나타난다. 속일본기 21,순인천황 천평보자 2년(758)조에 실린 발해 국왕 국서의 서두에는 "高麗國王 大欽茂"라 자칭하는 구절이 보이고, 이에 대한 일본 국왕의 답서에는 "天皇敬問高麗國王"이라는 말머리가 보인다. 일본 국왕이 국내에 공포한 명령서에서도 발해국왕을 고려국왕(高麗國王)이라 칭했으며, 이 자료의 찬자도 발해에서 온 사절을 가리켜 고려번객(高麗蕃客) 혹은 고려대사(高麗大使)라고 표현했다(김한규 2004:375-377).

4) Qoridai(MN 141)

『몽골비사』 141절에 豁羅剌孫(Qorolas) 부족의 사람 Qoridai가 나타나는데 이 단어는 Qori + dai로 분석되며 여기서도 Qori라는 명칭이 사용되는 것을 알 수 있다. Sečenmöngke(2004:291)는 '몽골비사에 나오는 〈豁羅剌孫(Qorolas)〉[19]라는 이름은 바로 qurlus

19) 栗林 均(2001), 04:30:07, 04:31:08 Qorolas-un Qoridai Činggis_qahan-ni Gürelgü-de büqüi-tür. 라시드 앗 딘(김호동 역주) 2002:276)의 집사 부족지

라는 단어이다. 이 단어는 qur ulus[호리국]에서 나중에는 호르로스(qurlus)가 되어 지금은 郭爾羅斯(ɣurlus)가 되었다[20].' 라고 설명하고 있다.

이 단어와 관련하여 집사에서는 알란고아의 족원이 Qorolas로 나타나 흥미롭다[21]. 왜냐하면 몽골비사 8절에는 알란고아가 코리-투메트부의 코릴라르타이 메르겐의 딸로 나오기 때문이다. 따라서 Qorolas와 코리-투메트부는 동일한 부족이 된다. 그리고 투메트라는 단어는 tümen[萬戶]로 해석이 되고 이는 국가를 지칭하는 단어이기도 하다. 그렇게 본다면 Qorolas는 Qor[胡/고리] + olas[ulus: 국가, 사람]로 분석된다. 또 고리국의 동명왕 신화와 알랑고아 설화는 동일한 일광감응설화이기도 하다.

5) Qori-sübeči(MN188, 189, 194)

『몽골비사』 188절, 189절에는 인명으로 Qori-sübeči란 인물이 나타난다. 그리고 이 사람에 대하여 Eldengtei · Oyundalai · Asaraltu (1991:312)에서는 '사람의 이름이거나 부족의 이름이다'라고 기술하고 있다.

에 동일한 내용이 나온다.

20) 지금의 중국 길림성 송원(松原)시에는 前郭爾羅斯(gurlus) 몽고족자치현이 있다. 동남쪽에는 농안현이 있는데 부여의 후대 수도로 추측하고 있다. 송원시의 동북쪽에는 제1 송화강이 흐르며 시의 서북쪽에는 눈강이 흐르고 시의 북쪽에서 눈강과 송화강이 합류하여 제2 송화강이 된다. 현재 국내 학자들은 대부분 이 지역을 고리국의 위치로 비정하고 있다.

21) 알란 코아의 남편인 도분 바얀이 키얀의 후손이고 알란 코아는 코룰라스 종족 출신이기 때문에(라시드 앗 딘(김호동 역주) 2002:255).

6) Qorijin qatun(MN 130)

Eldengtei · Ardaǰab(1986:989)에서는 인명으로 처리하였다. 이 단어는 Qori + ǰin으로 분석되고 ǰin은 사람의 이름 뒤에 붙는 접사이기 때문에 Qori 역시 인명이거나 부족명일 가능성이 크다.

현재 러시아에 부리야트 공화국에는 호리[Qori] 부리야트족이 살고 있다. 그리고 그들이 살고 있는 지역은 바이칼호 동쪽인데 이것은 몽골비사에 나오는 바르코진 더험(Barquǰin tögüm)과 일치하는 지역이다. 또 이 지역은 코리-투메트부와 혼인을 맺을 정도로 비교적 일찍부터 지금의 헐런부이르를 비롯한 중국 동북부 지역과 교류가 활발하였던 것으로 보인다.[22)]

7. 고리 관련 단어의 한자음 재구 비교

고리(槀離)란 단어와 관련하여 위에서 관련된 어휘들을 검토하였다. 그러나 문헌 기록의 설명에만 치중하고 그 단어들의 음가(音價)에 대해서는 논의를 하지 못하였기에 여기서는 이들 단어들의 음가를 비교하여 보고 어떤 관련이 있는지 살펴보고자 한다.

호(胡)의 다른 표기로 보이는 〈호이(胡爾)〉, 〈호이(胡耳)〉, 〈호율(胡律)〉, 〈홀인(忽儿)〉, 〈호인(互人)〉, 〈호인(胡人)〉의 음가를 고리(槀離), 구루(溝漊)의 음가와 비교하여 보면 매우 유사하다는 것

22) 2014년 여름 헐런부이르 지역 답사 때 하일라르에서 만난 신혼부부는 부인의 고향이 올란우데의 부리야트 지역이라고 하였다.

을 알 수 있다. 다만 고리(槀離), 구루(溝婁) 계통의 단어들이 어두에 k 자음을 유지하고 있는 것과는 달리 호(胡) 계열의 단어들은 어두에서 ɣ 자음으로 나타난다. 이것은 호 계열의 단어들이 고리, 구루 계통의 단어들보다 후대 형일 가능성이 크다는 것을 말해 주는 것이다.

또 고리(槀離)는 구려(句麗)와 관련되고 구려(句麗)는 고려(高麗)와 관련되므로 세 단어의 음가를 추정하여 보면 대체적으로 일치하는 것을 알 수 있다. 특히 고리(槀離)의 중고음은 고리(高麗)와 완전히 일치한다.

한편 고구려어에서 성(城)을 나타내는 단어들인 溝婁, 骨, 忽은 음가에서 비슷한 경향을 보이며 溝婁의 중고음은 骨, 忽과 거의 같다는 것을 알 수 있다. 즉 개음절 단어의 어말 모음이 탈락하여 폐음절이 되는 것과 어두에서 k〉h로 변하는 음운변화 규칙을 고려하면 성을 나타내는 고구려어 구루(溝婁)는 溝婁 〉 骨 〉 忽과 같이 변화한 것으로 파악된다. 金芳漢(1982:17-18)에서는 홀(忽)이 고구려 지명에 일정하게 나타는 것으로 보아 다른 의미가 있을 가능성을 제기하였다.

연번	단어	상고음	중고음	비고
1	胡爾	ɣa-nĭei	ɣu-čie	爾: əl(吳語)
2	胡耳	ɣa-nĭə	ɣu-čĭə	耳: al(吳語)
3	胡律	ɣa-lĭwət	ɣu-lĭuĕt	
4	忽儿	huət-nĭen	huət-čĭĕn	
5	互人	ɣa-nĭen	ɣu-čĭĕn	人: lin(閩南語)
6	胡人	ɣa-nĭen	ɣu-čĭĕn	

7	溝漊	kɔ lɔ	kəu ləu	
8	骨	kuət	kuət	입성운미
9	忽	huət	huət	입성운미
10	句驪	kǐwɔ lǐe	kǐu lǐe	
11	句麗	kǐwɔ lǐe	kǐu lǐe	
12	槖離	thak lǐai	thak lǐe	
13	槀離	khu lǐai	khau lǐe	
14	索離	sak lǐai	sak lǐe	
15	高麗	kau lǐe	kau lǐe	

8. 맺음말

한국어와 몽골어 사이에 보이는 동질성의 원인을 살펴보기 위하여 동명왕 신화에 나타나는 고리(槀離)라는 국명을 중심으로 관련된 자료들을 검토하여 보았다. 그 결과 우리는 다음과 같은 몇 가지 결과를 얻을 수 있었다.

첫째, 『논형』「길험편」에 나오는 탁리(槖離)란 국명을 탁리(槖離)나 색리(索離)로 분석하는 것보다는 고리(槀離)로 분석하는 것이 한국어와 몽골어의 동질성의 원인을 밝히는데 수월하다.

둘째, 고구려어에서 성을 나타내는 단어인 구루(溝漊)는 kurē/kuri와 일치하는 것으로 그 의미는 '책(柵) 또는 성(城)'으로 추정된다. 또 구루(溝漊)는 만주-퉁구스어의 kuri, 몽골어의 küri, 일본어의 kuru-에 이르기까지 어원이 같은 동원어로 해석이 된다. 그리고 이 단어는 고구려의 후대 국명인 고리(高麗)와 연결이 가능한 것으로 파악된다.

셋째, 중국 역사서에서 북이(北夷)는 북방민족을 지칭하는 명칭이며, 호(胡)는 중국 북방에서 융족(戎族)이 사라진 후 전국시대 후기에 중국 북방의 유목민족을 통칭하는 단어이었다. 따라서 논형의 북이는 호맥(胡貉)을 지칭하는 것으로 파악된다.

넷째, 호(胡)는 고대 국명에서 유래하였으며 중국 역사서에서 〈호이(胡爾)〉, 〈호이(胡耳)〉, 〈호율(胡律)〉, 〈홀인(忽儿)〉, 〈호인(互人)〉, 〈호인(胡人)〉으로도 나타난다. 그리고 호(胡)자 다음에 나타나는 글자들은 모두 자음 〈r〉을 표기하기 위한 문자들로 호(胡)의 본래 소리는 〈*qur〉로 재구된다.

다섯째, 〈요사(遼史) 지리지〉에 기록된 고리국의 위치는 현재 대부분의 학자들이 비정하고 있는 지역과는 거리가 있는 것으로 파악되어 향후 추가적인 연구가 필요하다. 또 위서 실위전(魏書 失韋傳)에 보이는 굴리(屈利) 강은 *kuri로 재구되어 흥미롭다. 또 고고학적으로는 한서상층 문화(漢書上層文化), 망해둔 문화(望海屯文化)지역이 고리국과 관련이 있는 것으로 파악된다.

여섯째, 티베트에서 몽골을 〈qor〉라고 부르는 것은 4세기 초엽 선비족(鮮卑族)의 하나인 모용씨(慕容氏)의 토욕혼(土谷渾)이 티베트와 청해 지역에 이주한 것에서 비롯된 것으로 파악하였다. 또 티베트에서는 북방의 유목민족을 〈qor〉라고 부르며 이것은 몽골을 의미하기도 한다.

일곱째, 몽골의 돌궐비문에 나타나는 bükli는 고구려를 지칭하는 것이다. 그리고 이 단어는 *mäkkoli(*mäk + koli)로 분석되므로 여기서도 고리[koli]라는 명칭을 찾아 볼 수 있다. 또 돈황 문서에 보이는 g-lig, Kéu-li도 당시의 고려나 발해를 지칭한 것으로 생각되며 이 역시 고리(高麗)를 표기한 것으로 생각된다.

여덟째, 『몽골비사』에서 몽골어의 지명과 인명을 나타내는 단어 Qori는 고리(槀離)와 동질적 어휘로 추정된다. 구체적으로 알란고아의 족원(族源)이 〈집사〉에는 Qorolas로, 〈비사〉에서는 Qori Tümed로 나타나는 것으로 보아 두 부족은 동일한 부족으로 생각된다. 그리고 Qorolas는 Qor[胡/고리] + olas[ulus: 국가]로 분석되며 이는 고리국과 관련이 있다. 또 고리국의 동명왕 신화와 몽골의 알란고아 설화는 동일한 일광감응설화이기도 하다.

아홉째, 현재 러시아 부리아트 공화국에 거주하는 호리 부리아트족은 『몽골비사』에 나타나는 Qori Tümed와 관련이 있으며 이 역시 고리와 관련이 있는 것으로 파악된다.

열째, 중국 역사서에 나타나는 고리 관련 한자어들을 재구하여 보면 대체적으로 음이 유사하게 나타나는 것으로 보아 위에서 논의한 내용들을 증명해주고 있다.

중국 역사서와 몽골비사, 티베트 문헌과 현지 거주민의 기록, 한국의 고리(高麗) 관련 기록들을 비교하여 보면 동명왕 신화에 나타나는 고리(槀離)란 국명이 한국어와 몽골어 사이에 나타나는 동질성의 원인을 밝혀주는 주요한 고리임을 알 수가 있다.

〈참고 문헌〉

金芳漢(1982), 「溝漊와 烏斯含에 관하여」, 『언어학』 5,한국언어학회.

金渭顯 · 이성규 외(2012), 『國譯 遼史(上 · 中 · 下)』, 檀國大學校 出版部.

김한규(2004), 『요동사』, 문학과지성사.

노태돈(1999), 『고구려사 연구』, 사계절.

동북아역사재단편(2010), 『魏書 外國傳 譯註』, 동북아역사재단.

라시드 앗 딘(김호동 역주)(2002), 『집사 1, 부족지』, 사계절.

박경철(2006), 「고조선 · 부여의 주민 구성과 종족」, 『北方史論叢』, 동북아역사재단.

박대제(2013), 『중국 고문헌에 나타난 고대 조선과 예맥』, 경인문화사.

박원길 외(2006), 『몽골비사의 종합적 연구』, 민속원.

박준형(2001), 「濊貊의 形成過程과 古朝鮮」, 『學林』 22, 延世大學校 史學研究會.

서길수(2007), 「'高句麗'와 '高麗'의 소릿값(音價)에 관한 연구」, 『고구려발해연구』 27, 고구려발해학회.

서길수(2014), 「高句麗 · 高麗 나라이름(國名)에 관한 연구(1)」, 『고구려발해연구』 50, 고구려발해학회.

王禹浪 · 李彦君(2002), 「北夷 索離國 및 夫餘 初期 王城에 대한 새로운 고찰」, 『고구려발해연구』 14, 고구려발해학회.

兪泰勇(2000), 「《論衡》 〈吉驗編〉에 보이는 槀離國의 研究」, 『白山學報』 57, 白山學會.

윤내현(1998), 『한국열국사연구』, 지식산업사.

李基文(1991), 『國語 語彙史 研究』, 東亞出版社.

이복규(1998), 『부여 · 고구려 건국신화 연구』, 집문당.

李成珪(2004), 「中國 古文獻에 나타난 東北觀」, 『동북아 선사 및 고대사 연구의 방향』, 학연문화사.

이성규(2009), 「광물 이름의 비교를 통한 알타이어족의 분화시기 연구」,

『몽골학』 27, 한국몽골학회.

이종수(2009), 『松花江유역 초기철기문화와 夫餘의 문화기원』, 주류성.

조영광(2010), 「초기 고구려 종족 계통 고찰」, 『동북아역사논총』 27, 동북아역사재단.

탈라트 테킨/이용성 역(2012), 『돌궐어 문법』, 한국학술정보[주].

干志耿(1994/김영수역), 「古代 槖離 研究」, 『白山學報』 44, 白山學會.

米文平(2000), 『鮮卑史 研究』, 中州古籍出版社.

星球地圖出版社(2014), 『內蒙古自治區 地圖册』, 星球地圖出版社.

栗林 均 · 確精札布(2001), 『『元朝秘史』 モンゴル語 全單語 · 語尾索引』, 東北大學東北アヅア研究センター.

李珍華 · 周長揖(1993), 『漢字古今音表』, 中華書局.

Talat Tekin/이용성 역(2008), 『돌궐 비문 연구』, 제이 앤 씨.

Eldengtei · Ardaǰab(1986), 『mongɤol-un niɤuča tobčiyan-seyiregülül tayilburi』, 內蒙古教育出版社.

Eldengtei · Oyundalai · Asaraltu(1991), 『〈mongɤol-un niɤuča tobčiyan〉-u jarim üges-ün tayilburi』, 民族出版社.

Norǰin(2001), 『Mongγol kel-ü üge bütügekü daγaburi-yin quriyangγui』, 內蒙古教育出版社.

Qaraküü(2003), 「mongɤol töbed《geser-ün tuɤuǰi》daki《qor》gedeg nereyidül-ün teüken irelte-yi ögülekü ni」, 『geser-ün sudulɤan-u ögülel-üüd』, 中國社科院民族文學研究所, 內蒙古出版社.

Sečenmöngke(2004), 「《Mongγol》 gedeg-ün 《γol》 kemekü ner_e-yin γ arul egüsül」, 『Mongolica』 Vol.14(35), International Association for Mongol Studies, Ulaanbaatar.

Д.Батцогт(2009), 『Монгол Хэмээх нэрийн учир』, МУБИС, МСС, МХТ

Ш.Гаадамба(1990), 『Монголын нууц товчоо』, Армийн СХ-ийн хэвлэх үйлдвэр.

고구려의 홀본부여와 동몽골 할힌골

최기호(울란바타르대학교 석좌교수/전 총장)

1. 머리말

고구려의 첫 도읍지 졸본성(卒本城)은 일반적으로 현재 중국 랴오닝성(遼寧省) 환인현(桓仁縣)에 있는 오녀산성(五女山城)이라고 추정하고 있다. 이 오녀산성은 환인의 동북쪽 혼강(渾江) 북안의 오녀산 정상에 있다. 해발 고도가 약 800m이고 남북 길이는 1,540m에 동서 너비가 350-550m이며 면적은 약 60만 평방 미터인데, 도읍지로는 협소한 지역이다.[1] 오녀산성은 높은 산 위에 있는 까닭에 일상생활에 있어서는 불편한 점이 많았을 것이다. 일반적으로 산상은 수도를 지키는 군사 요충지 역할을 하였다. 그래서 오녀산성은 그냥 산성일 뿐이지 역사적 관계로 보아 고구려의 첫 도읍지로 보기에 문제가 많다.

그런데 414년에 세워진 「광개토대왕비」에는 '추모왕이 비류곡

1) 오녀산성은 암벽산성으로 장방형에 성곽은 대부분 천연 절벽으로 이루어져 있다. 성곽의 전체 길이는 4,754m이고 그 중 천연 성벽의 길이는 4,189m, 약 전체 성곽의 88%이며 인공으로 축조한 성곽은 565m이다.

(沸流谷) 홀본(忽本)에서 도읍하였다'고 기술하고 있다. 추모왕이 대소의 핍박을 피하여 남으로 순행하다가, 부여의 엄리대수를 건너가, 비류곡의 홀본 서쪽 산 위에 성을 쌓고 도읍을 하였다 이러한 「광개토대왕비」의 기록으로 보아 오녀산성이 고구려의 첫 도읍지라는 말은 전혀 설득력이 없다.2)

지금까지 우리 학계는 고구려의 초기 국가 홀본(忽本)부여에 대한 연구가 부족했다. 그런데 추모왕이 비류곡, 흘승골에서 졸본부여를 개국했다는 가설은 몽골의 대학자 베. 수미야바타르 교수가 처음으로 제시하였다. 이제 「광개토대왕비」의 기록에 따라 추모왕이 비류곡에서 홀본 부여를 개국했다는 사실을 고찰하고자 한다. 고구려의 첫 도읍지 홀본(졸본)이 어디인지 역사적 사료를 면밀히 검토하고 학술답사를 통하여 고증하여 명확하게 밝힐 필요가 있다.

우리는 불행하게도 식민사관으로 우리 역사를 시간적으로 5000년 역사를 2000년으로 축소하고 공간적으로 만주 대평원과 러시아 몽골까지의 넓은 강역을 한반도로 대폭 축소하여 기술하고 있다고 본다. 역사 용어에서도 잘못 쓰고 있는 말이 너무 많다. 우리 역사책을 비롯하여 상고사 기록에 수없이 나오는 '고조선'이라는 나라는 없었다. 그냥 '조선'이라고 기술하였지 '고조선'이라는 국호는 사용하지 않았다. '조선'이나 '옛 조선' 혹은 '단군조선' 등으로 올바르게 표기해야 옳다고 생각한다.3)

---

2) (鄒牟王…夫餘奄利大水…然後造渡, 於沸流谷, 忽本西, 城山上而建都焉)

3) 중국의 『후한서』 고구려전에는 '한 문제가 조선을 멸하고 고구려를 현으로 삼아 현도군에 속하게 했다'라는 기록이 있다. 내용의 진위는 차치하고 '조선'이라는 용어에 주목할 필요가 있다.

2. 한국과 몽골의 역사적 관계

13세기에 칭기스칸은 세계에서 가장 광활한 영토와 강대한 몽골제국을 건설했고, 동양문화와 서양문화를 활발히 교류시켜 지구를 하나의 지구촌으로 만들었다는 평을 받고 있다. 그래서 〈워싱턴 포스터〉지는 지난 1000년 중에서 가장 영향력 있던 인물로 칭기스칸을 선정했다. 칭기스칸은 동양과 서양 문화를 급속히 교류시켰다는 것이다. 그 당시 몽골제국은 중국과 중앙아시아와 러시아는 물론 헝가리를 비롯한 유럽과 이란, 이라크까지 모두 흡수하여 대몽골제국으로 만들었다 그러나 몽골제국은 고려만은 독립국가로 인정하는 특수한 관계를 맺고 있었다.

『고려사』에는 칭기스칸의 손자이며, 원나라 세조인 쿠빌라이칸의 어록이 있다. '나는 고려를 일가로 보고 있다. 고려에 어려움이 있다면 짐이 어찌 구하지 않겠는가?'이처럼 몽골은 고려를 사돈의 나라 즉 일가친척의 나라로 보고 있었다. 그래서 몽골과 고려는 친족의 나라, 형제의 나라로서 가장 넓은 몽골제국이 세계를 경영할 때 서로 협력하였다. 고려 여인 기황후는 몽골제국 원나라의 마지막 황제 토곤테무르의 황후이며, 북원(北元) 소종황제 아유르시리다르칸의 어머니이다.[4)]

그런데 한국과 몽골은 13세기 이전 오랜 옛날 상고시대부터 역사적으로 깊은 관계가 있었다, 몽골의 알랑고아 신화는 고구려의

---

4) 몽골제국과 고려는 황실 간에 결혼이 이어졌고 많은 인적, 물적 문화교류가 있었다. 그리하여 당시 고려에는 몽골풍(蒙古風) 즉 몽골 패션(fashion)이 유행하였고 몽골에는 고려양(高麗樣) 즉 고려 스타일(style)이 유행하였다.

추모왕 신화와 구성이 비슷하고 햇빛에 감응하여 임신한다는 등 같은 계열의 신화로서 유사성이 너무나 많다. 그리고 실제 역사적 사실들이 동질성으로 나타나고 있다. 추모(주몽)왕이 홀본(졸본)부여를 할힌골(紇升骨)에서 개국한 것으로 보인다. 흘승골은 지금의 동몽골 도르너트 아이막(道) 부이르호수 할힌골 솜(郡)으로 추정된다.

이러한 역사적 사실은 「광개토대왕비문」에서 잘 보여주고 있다. 그리고 한국과 중국의 여러 역사서의 문헌 기록도 그 증거를 보여주고 있다. 필자는 1990년부터 25년간 몽골과 부리야트, 내몽골 등 여러 지역을 답사하였다. 특히 동몽골 할힌골 부이르 노르(호수)와 다리강가 유적지를 7회에 걸쳐 학술답사 하였고, 거기서 조사한 증거들이 이러한 사실을 방증하고 있다.

3. 광개토대왕비의 건립과 사료적 가치

고구려 제19대 광개토대왕은 374년에 고국양왕의 아들로 태어났고, 이름은 담덕(談德)이었다. 재위(391-412) 시기에는 '영락대왕(永樂大王)'이라는 연호를 사용하였다. 묘호는 '국강상광개토경평안호태왕(國岡上廣開土境平安好太王)'이며 이를 줄여서 '광개토대왕'혹은 '호태왕'이라고도 이른다.

광개토대왕은 386년에 태자로 책봉되었으며, 391년 18세에 왕위에 올랐다. 즉위하자 고구려 시조 동명성왕을 비롯하여 대무신왕과 소수림왕의 뜻을 이어받아 고구려를 강대한 국가로 만드는 정책을 바로 수행하였다. 광개토대왕이 이룩한 최강 고구려는 아들 장수왕에 이르러 최고조에 달하는데 그 같은 광개토대왕의 업적과 공덕은 「광개토왕비문」에 생생하게 기록되어 있다.

> "왕의 은택이 하늘까지 미쳤고, 위엄은 온 세상에 떨쳤다.
>
> 나쁜 무리를 쓸어 없애자 백성이 모두 생업에 힘쓰고, 편안하게 살게 되었다. 나라는 부강하고 풍족해졌으며, 온갖 곡식이 가득 익었다."[5)]

이와 같이 광개토대왕은 고구려를 동북아시아에서 가장 광대한 영토를 확장하였고 강대한 고구려를 건설한 큰 업적을 세웠으며, 백성을 사랑하여 태평성대를 이루었다. 그러나 광개토대왕은 412년에 39세의 짧은 생애를 마치었다.[6)]

1) 광개토대왕비의 건립

고구려 제 19대 광개토대왕비는 중국 지린성(吉林省) 지안현(集安縣) 퉁거우(通溝)에 세워져 있다. 이 비는 광개토대왕의 아들 장수왕(長壽王)이 서기 414년에 대왕의 업적을 기리기 위하여 당시 고구려의 수도였던 지안현 퉁거우성의 왕릉 앞에 세운 것으로 보인다.

이 비석은 '국강상광개토경평안호태왕비(國岡上廣開土境平安好太王碑)'인데 줄여서 '호태왕비'라고도 한다. 대왕의 왕릉은 호태왕비의 서남쪽 약 300m 지점에 있는 태왕릉(太王陵)을 광개토왕의

5) (恩澤洽*于皇天, 威武振被四海, 掃除不#, 庶寧其業, 國富民殷, 五穀豊熟...)

6) 광개토대왕의 서거 시기를 『삼국사기』에는 413년으로 되어 있는데 잘못이다. 광개토대왕의 아들 장수왕 때 건립한 비문이 정확하다고 본다.

능으로 추정하고 있다.[7] 이 비석의 석재는 각력응회암(角礫凝灰岩)으로 되어 있고, 불규칙한 직사각형의 기둥 모양의 통돌로 된 사면비석으로 현존하는 한국 비석 중에서 가장 크다. 높이는 6.39m로 윗면과 아랫면은 약간 넓고 중간부분이 약간 좁다. 아랫부분의 너비는 제1면이 1.48m, 제2면이 1.35m, 제3면이 2m, 제4면이 1.46m이다.

〈그림 1〉 장수왕 2(414)년에 세운 광개토대왕비에 추모왕이 고구려를 개국한 비밀이 생생하게 기록되어 있다.

이 비석은 조선 후기까지 학계에서 존재를 몰랐다. 청나라의 만주에 대한 봉금제도(封禁制度)가 해제된 뒤에야 비로소 발견되었다. 1908년에 간행된 『증보문헌비고』에 비문이 수록되었고, 1909년에

7) 부근에서 "願太王陵安如山固如岳"이라는 명문이 새겨진 벽돌이 발견되었기 때문이다.

는 박은식과 신채호가 언론에 간단히 소개하기도 했다.

정인보는 1930년대 말에 저술한 『광개토경평안호태왕릉비문(廣開土境平安好太王陵碑文)석략(釋略)』에서 '도해파(渡海破)'의 주어를 고구려로 보아 "왜가 신묘년에 왔으므로, (고구려)가 바다를 건너가 왜를 깨뜨리고 백제와 □□ 신라를 신민으로 삼았다"고 해석하였다. 그리고 1972년에는 재일동포 사학자 이진희 교수가 참모본부의 이른바 '석회도부작전설(石灰塗付作戰說)'을 주장하여 큰 파문이 일어났다.[8)]

2) 광개토대왕비의 사료적 가치

이 비문의 내용은 대체로 고구려의 역사와 광개토왕의 업적이 주된 내용으로 고구려사 연구에서 아주 중요한 사료가 된다. 또한 전한의 예서(隷書)풍으로 기록되어 있는 금석문 연구 자료로 가치가 있다. 비석의 네 면에 걸쳐 약 1,775 글자가 새겨져 있다. 판독 여부가 불분명한 부분이 있고 비석이 불규칙하여 글자 수 통계에 차이가 약간 있다. 그 가운데 150여 자는 마모되어 판독이 어렵다. 문자의 크기와 간격을 고르게 하기 위해 비면에 가로와 세로의 선을 긋고 문자를 새겼다.

비문의 내용은 세 부분으로 구성되어 있다. 첫째 부분(제1면 1행

---

8) 그는 일본이 만주를 침략하기 위해 현대사는 물론 고대사까지 조작 왜곡하여 정당화하기 위한 조작극이라고 주장한다. 또한 과거 불분명했던 자획까지도 분명하게 되어 있는데 이것은 석회도부의 결과로, 고마쓰[小松宮] 탁본을 참고하여 미다쿠[三宅米吉]가 쓴 「고려고비고추가(高麗古碑考追加)」가 이를 증명한다고 주장하고, 그 결과 '왜이신묘년래도해파(倭以辛卯年來渡海破)'도 확신할 수 없다고 주장하고 있다

-6행)은 고구려의 건국신화와 추모왕(鄒牟王, 동명성왕)을 비롯하여 유류왕(儒留王, 유리왕), 대주류왕(大朱留王, 대무신왕)과 광개토왕의 행적을 기록하였다. 둘째 부분(제1면 7행-3면 8행)에는 광개토왕 때 이루어진 정복활동과 영토관리(만주 정복, 백제 정벌, 신라 구원, 동부여 및 숙신 정벌)에 대한 내용들을 연대순으로 기록해 놓았다. 비문의 기록에 따르면, 광개토왕은 64개의 성과 1,400개의 촌을 정벌하였다. 영락 10년(400)조의 기록에 의하면, 당시 왜는 축출의 대상이었고, 일본이 주장하는 임나일본부와 같은 실체를 찾아볼 수 없다. 셋째 부분(제3면 8행-4면 9행)은 능을 관리하는 수묘인(守墓人) 연호(煙戶)의 숫자와 차출방식, 수묘인의 매매금지에 대한 규정이다. 이 부분은 고구려 수묘제의 실상과 함께 수묘인의 신분 등 사회사 연구에 중요한 자료이다.

(1면1, 2행); 옛날에 시조인 추모왕이 나라를 건립할 때에 그의 아버지는 북부여 천제의 아들이며, 어머니는 하백의 딸로, 알을 깨고 세상에 태어났다. 태어나자 곧 성덕이 있었다. 순행 남하하였다. 그는 남하하는 길에 부여의 엄리대수를 지나게 되었다. 왕은 나루에 이르러 말 했다. '나는 황천의 아들이고 어머니는 하백의 따님이다. 나를 위해 거북을 띄워 배로 삼고 갈대로 다리를 만들어라' 그 소리에 따라 즉시 거북과 갈대로 이루어진 다리가 나타났다.[9)]

연후에 강을 건넜다. 비류곡 홀본 지방 서쪽의 산 위에 성을 쌓아 도읍을 삼았다. 세상의 왕위를 즐기지 않아 (하늘은)황룡을 보내 왕을 영접하였다. 왕은 문득 홀본 동강에서 황룡을 타고 하늘로

---

9) (惟昔始祖鄒牟王之創基也, 出自北夫餘天帝之子, 母河伯女郎, 部卵絳世*, 生而*有聖德*, ○○○○○命駕)(巡幸*南下, 路由夫餘奄利大水, 王臨津*言曰 '我是皇天 之子, 母河伯女郎, 鄒牟王, 爲我連爲*浮龜'應聲卽爲)1면-3, 4면

올라갔다. 유명을 이어받은 세자 유류왕이 치국지도로 사업을 진흥시켜 국가가 대치(大治)되었다. 대주류왕은 양 대의 기업을 계승하여 계속 발전했다. 이어 17세를 전하여 국강상광개토경평안호태왕에 이르렀다.[10)]

18세에 즉위하여 존호를 영락태왕이라 했다. 그의 은택은 황천과 같았고, 그의 무공은 사해에 진위하였다. 외래의 침략을 제거하고 백성들로 하여금 평안히 그 업에 종사할 수 있게 했다. 국가는 부유하고 백성도 은실(殷實)했다. 오곡이 풍숙했다. 하늘은 왜 우리를 불쌍히 여기지 않는가? 39세에 국가와 세상을 사별해 내던지니, 갑인년 9월 29일 을유에 왕을 안장했다. 그 앞에 비를 세워 왕의 훈적을 명기하여 후세인에게 보이노라. 각사(刻詞)로 말한다.[11)]

이상은 비문의 1면의 내용이다. 고구려 당대의 최고 문장가가 온갖 심혈을 기울여 고증하고 지은 문장일 것이라고 볼 수 있다. 이 비는 장수왕이 서기 414년에 세웠는데 광개토대왕이 서거한 지 2년 뒤에 세운 것이다. 광개토대왕은 즉위 18년, 곧 408년에 왕자 거련(巨連)을 태자로 삼았으니 그가 나중에 장수왕이다. 광개토대왕비문은 고구려의 국력이 최고조에 달한 이때, 국가 분위기와 역사의식이 깔려 있다고 본다.[12)]

그런데 중국의 『위서(魏書)』(551-559년) 권100 고구려조에는 '동

---

10) (龍負升天. 顧命世子儒留王, 以道興*治. 大朱留王紹承基業. 遝*至十七世孫 國岡上廣開土境平安好太王,)(連爲浮龜, 然後造渡, 于沸流*谷忽本西, 城山上而建都焉. 不樂世位, 因遣黃龍來不迎王. 王于忽本東岡, 黃*(龍負*升天; 4행)1면-5, 6행

11) (二九登祚, 號爲永樂太王. 恩澤洽*于皇天, 威武振被四海, 掃除不#, 庶寧其業, 國富民殷, 五穀豊熟. 昊天不),(弔, 有九, 宴駕棄國. 以甲寅年九月卄九日乙酉, 遷就山陵. 於是立碑, 銘記勛績, 以示後世焉其詞*曰.)

12) 역사학자 민영규 교수는 '무서운 문장력이다. 어느 한 구절, 전후 사방으로 치밀하게 그 역학관계가 계산되지 않은 구석이 없다.'라고 말하였다.

명제가 흘승골성(紇升骨城)에 이르러 머무르고 나라이름을 고구려라 하였다'고 하였다.[13] 그리고 1145년(인종 23)에 간행된 김부식의 『삼국사기』에는 주몽이 고구려를 건국한 곳이 졸본(卒本)이라고 하였다.[14]

1281년에 편찬하여 1310년대에 간행한 일연의 『삼국유사(三國遺事)』 권1 기이1 북부여조와 고구려조에는 '주몽(朱蒙)이 졸본주(卒本州)에 도읍하여 졸본부여(卒本扶餘)를 세웠는데, 이것이 고구려(高句麗)의 시초'라고 하였다. 그러나 「광개토왕릉비」(414년)에는 졸본(卒本)을 홀본(忽本)이라고 기술하였다.

이 비석은 고려 시대나 조선 후기까지 존재를 몰랐으므로 이 「광개토대왕비」를 김부식이나 일연도 직접 보지를 못했다. 이 비에 관한 기술은 「용비어천가」 등 조선 초기 문헌에는 조금 언급되어 있지만, 조선후기까지 비문을 직접 확인하지 못했다. 그러다가 17세기 이후 청나라가 이 지역을 만주족의 발상지로 간주하여 봉금제도(封禁制度, 거주금지 조치)를 해제하여 1880년경에 발견되었다.

우리가 주목해야 할 중요한 사료는 「광개토대왕비」의 역사적 기록이다. 서기 414년에 세워진 「광개토대왕비」의 기록은 559년에 간행된 중국 『위서』보다 145년이나 앞선 기록이다. 1145년에 간행

---

13) 『위서(魏書)』(551-559)는 중국 남북조시대 위수(魏收)가 편찬한 사서(史書)로서 선비족(鮮卑族)의 탁발부(拓跋部)가 화북지역에 세운 북위(北魏, 386-534)의 역사를 기술한 중국 25사 가운데 하나이다.
『위서(魏書)』의 서기(序紀)에는 탁발부(拓跋部)에 관한 기사(記事), 선비족(鮮卑族)의 제도(制度)와 문화(文化) 등 중요한 사료(史料)가 있다.

14) 『삼국사기(三國史記)』는 고려 인종의 명을 받아 김부식 등이 완성한 삼국시대사이다. 신라, 고구려, 백제 삼국의 정치적 흥망 변천을 주로 기술한 정사체의 역사서이다.

된 『삼국사기』보다 731년 이상 이른 시기이고, 1281년에 간행한 『삼국유사』보다는 867년이나 이른 시기의 「광개토대왕비」이다.

「광개토대왕비」는 장수왕이 당시 고구려의 역사를 잘 다듬고 고증하여 비석에 새겨놓은 고구려의 참 역사이다. 김부식이나 일연이 모두 중국의 『위서』 등을 참고하였을 것으로 생각할 때 「광개토대왕비」의 기록은 가장 정확한 고구려의 참 역사라고 할 수 있다.

3) 추모왕 이름과 고구려 국호 문제

(1) 천제의 아들 추모왕

추모왕이 북부여에서 탈출하여 남쪽으로 내려가다가 부여 염리대수를 만나 나루에 이르러 '나는 황천(천제)의 아들이고 어머니는 하백의 따님이고 나는 추모왕이다.'라고 외쳤다.(ㅁ命駕 巡幸南下, 路由夫餘奄利大水, 王臨津 言曰 '我是皇天之子, 母河伯女郎, 鄒牟王)「광개토대왕비」1면2행. 추모는 '천제의 아들(天帝之子)'이라고 극존칭을 쓰고 있다. 또 추모는 '나는 황천의 아들(皇天之子)이다.' 라고 외치고 있다. 즉 추모는 천제의 아들이라고 하는 것이다.

한편 1145년(인종 23)경에 김부식이 고려 인종의 명을 받아 편찬한 삼국시대의 역사서 『삼국사기』 고구려 본기에는 '나는 천제의 아들 하백의 외손이다.'라고 하였다. 1281년(충렬왕 7)경에 일연이 편찬한 사서인 『삼국유사』에서 추모를 '천제의 아들'로 기술하고 있다. 즉 『삼국사기』나 『삼국유사』에는 모두 추모를 '천제(天帝)의 아들'이라고 기술하고 있다.

추모왕이 '천제의 아들'이라는 것은 이미 5세기 고구려의 「광개토대왕비」의 비문에 있었던 것이다. 그러나 「광개토대왕비」보다

약 150년 뒤인 6세기 중반에 편찬된 중국 사서인 〈위서(魏書)〉에는 추모왕을 '천제의 아들'이라고 기록하지 않고 '해의 아들(日子)'라는 말로 낮춰 기록하였다. 이것은 중국 사가들이 추모왕을 '천제'가 아니라, 고의로 추모왕을 낮추어 '해의 아들'로 기록한 것이다. 이러한 기술 태도는 고구려 국호에서도 나타난다. 『논형(論衡)』에서는 고구리(高句麗)를 낮춰서 '하구리(下句麗)'라고 기록하였다.

(2) '추모'의 이름과 의미

동명성왕 즉 '추모왕(鄒牟王)'의 이름이 역사적 자료에 처음 등장하는 기록은 서기 414년의 「광개토대왕비」의 비문이다. 거기에 '시조 추모왕(始祖 鄒牟王)'이라고 정확히 기록하였다. 그 비문의 첫머리는 추모왕의 탄생 이야기로 시작하고 있다. '옛날에 시조인 추모왕이 나라를 건립할 때에 그의 아버지는 북부여 천제의 아들이며 어머니는 하백의 따님으로, 알을 깨고 세상에 태어났다. 태어나자 곧 성덕이 있었다.' 5세기 초(414)의 「광개토대왕비」에 '추모왕'이라고 기록되어 있고, 모두루 묘지에서도 '추모왕'이라 하였다.[15)]

그런데 559년에 간행된 중국의 『위서』에는 처음으로 '주몽(朱蒙)'이라고 기록하였고, 『논형』에서도 '주몽'이라고 기록하였다. 그리고 『주서(周書)』, 『남사(南史)』, 『북사(北史)』, 『수서(隋書)』 고구려전에도 고구려의 시조가 '주몽(朱蒙)'이라고 기록하였다.[16)] 그러나 12세기 중엽(1145)의 우리나라 『삼국사기』에는 '주몽(始祖東

---

15) (惟昔始祖鄒牟王之創基也, 出自北夫餘天帝之子, 母河伯女郎, 部卵絳世, 生而有聖德, ○○○○○命駕) 이 비문은 고구려 당대의 최고 문장가가 온갖 심혈을 기울여 고증하고 지은 문장일 것이라고 보고 있다.

16) 〈위략(魏略)〉, 〈후한서〉 부여전, 〈양서〉 고구려전에는 부여의 시조가 동명이라 되어 있다.

明聖王 姓高氏 諱朱蒙)'이라고 기술하였다. 13세기 말(1281)의 『삼국유사』에도 '주몽(朱蒙)'이라고 기술하고 있다. 그런데 『삼국유사』 왕력(王曆)에는 '추몽(鄒蒙)'이라는 특이한 이름도 나타난다.

그리고 신라 문무왕의 조서(詔書)에는 '중모(中牟)'라는 이름도 있다. 또 『일본서기(日本書記)』 등에는 '중모(仲牟), 도모'라는 이름도 나타난다.[17)]

이는 김부식이나 일연이 광개토대왕비의 기록을 보지 못했다는 뜻이 된다. 사실 광개토대왕비의 존재를 고려시대나 조선시대에도 알지 못했기 때문에 김부식이나 일연은 중국 사서를 보고 '주몽(朱蒙)'이라고 기록했다고 추정할 수 있다. 다만 『삼국유사』에 '추몽'이라는 이름이 보이는 것은 '추모'라는 이름이 구전되어 내려오다가 변형된 기록으로 해석할 수 있다. 그러니까 동명성왕은 '추모(鄒牟)'라는 원래 이름 외에 주몽(朱蒙)을 비롯하여 추몽(鄒蒙), 중모(中牟), 중모(仲牟), 도모(都牟), 상해(象解) 등 여러 이름으로 역사서에 기록되어 있다.

이렇게 여러 가지 한자로 표기한 이유는 '추모(鄒牟)'왕이 유명한 왕이기에 여러 문헌에서 다루어졌고, 또 원래 이름 '추모'를 한자로 전사하는 과정에서 다른 한자를 쓴 것으로 보인다. 그런데 '주몽(朱蒙), 추모(鄒牟), 추몽(鄒蒙), 중모(仲牟)'라는 이름에서 거의 발음이 유사하다는 공통점이 발견된다. 이것은 최초의 이름을 한자로 음사하는 과정에서 여러 가지 한자로 표출된 것으로 볼 수 있다.

결론적으로 김부식이나 일연이 「광개토대왕비」는 보지 못했고, 중국의 사서에 의지했기 때문에 '추모'를 '주몽'으로 기술했다고 본

17) 주몽위 이름을 〈신찬성씨록(新撰姓氏錄)〉 등 일본문헌에는 '도모(都慕: 일본어로 쓰모)'라고도 하였다.

다. 그러므로 '주몽'이 아니고 '추모'라고 불러야 옳다.

중국 사서 『위서』에도 '그가 커서 이름을 주몽이라 하였는데 부여어로 주몽은 활을 잘 쏜다는 말이다.(其長也字之曰朱蒙其俗言朱蒙者善射也)'라고 하였다. 또 『논형』에서도 '부여어로 활 잘 쏘는 것을 주몽이라고 한다'고 하였다.[18]

『삼국사기』와 『삼국유사』에 주몽에 대하여 이렇게 기록하였다. '쏘기만 하면 백발백중이었다. 부여의 속어에 활을 잘 쏘는 사람을 주몽(朱蒙)이라 하였으므로 이를 아이의 이름으로 삼았다고 한다.' (射之 百發百中 扶餘俗語 善射爲朱蒙 故以名云)

『삼국사기』 고구려본기에는 '주몽'이라고 부르는 이유에 대하여 다음과 같이 기술하고 있다. 시조 동명성왕(東明聖王)은 성이 고(高)씨이고, 이름이 주몽(朱蒙)이다. 그의 나이 일곱 살이었을 때에 남달리 뛰어나 스스로 활과 화살을 만들어 쏘면 백발백중이었다. 부여의 속어에 활 잘 쏘는 것을 '주몽'이라고 하였으므로 이것으로 이름을 삼았다는 것이다. 『삼국유사』의 기록에서도 같은 내용으로 기록 되었다.

주몽의 의미는 부여어로 '활 잘 쏘는 사람'이라는 뜻이다. 그런데 [주몽]이라는 발음을 구성하는 한자에는 '활 잘 쏘는 사람'이란 의미는 없다. '주몽(朱蒙)'이라는 글자는, 부여어로 [주몽]을 그대로 발음하는 것이고 이것을 한자로 음차(音借)해서 전사한 것으로 보인다.

한편 몽골의 알랑고아 신화에서 알랑고아의 아버지는 코릴라르타이 메르겐이다. 몽골어 '메르겐'은 '활을 잘 쏘는 사람'이라는 뜻의 단어로서 부여어 '주몽을 선사자(善射者)'라고 하는 어휘와 완전

18) (夫餘謂善射曰朱蒙) (論衡)

히 일치한다.

『만주원류고(滿洲源流考)』에도 '지금 만주에 활 잘 쏘는 사람을 주릴무얼(卓琳莽阿)이라 하니 주몽은 곧 주릴무얼이다.'라고 하였다. 고구려 무용총의 「수렵도」는 5세기말-6세기 초경에 그려진 것으로 추모왕의 후예답게 험한 산악에서 사냥하는 명사수를 묘사하고 있다.

(3) 고구려의 국호 '고려(고리/구리)'

『삼국사기』에 "나라 이름을 고구려(高句麗)라 하고 그로 말미암아 고(高)로써 성을 삼았다."라고 했다. 여기서 '고구려(高句麗)'라는 국호는 실은 '구려(句麗)'라는 국호에 추모왕의 성 '고(高)'씨를 붙여서 부르는 이름이라고 볼 수 있다.

중국 사가들은 고구려를 비롯하여 주변의 이민족을 모두 낮춰서 불렀고 한자도 좋지 않은 글자로 썼다. 몽골은 몽매하다는 뜻으로 '몽고(蒙古)'라고 썼고 '고구리(高句麗)'를 '하구리(下句麗)'라고 썼다. 『논형』에서도 '고구리(高句麗)'를 극히 낮춰서 '하구리(下句麗)'로 기록하고 있다. 하구리(下句麗)로 기록한 문헌으로는 『삼국지(三國志)』를 비롯하여 『한서(漢書)』, 『후한서(後漢書)』, 『양서(梁書)』 등이 있다.

중국과 한국 자전에서는 대부분 高句麗[고구리], 句麗[구리], 高麗[고리]로 발음하고 있다. 청나라 『강희자전』에서는 高麗를 '고리'로 읽어야 한다고 하였다. 따라서 국호 '고구려(高句麗)'는 [고구려]가 아니라 [고구리]로 읽어야 한다고 본다.[19] 또 중국 『위서』, 『북사』,

---

19) 『우략』에 나타나는 이름은 고리(高離): 삼국지(三國志), 고리국(槀離國), 탁리, 논형(論衡), 삭리(索離), 콜리(忽里) 고려(高麗), 구려(句麗), 고구려(高句麗)

『구당서』, 『당서(唐書)』 등에는 아예 '고리(高麗)'로만 표기하고 있다. 그리고 추모왕을 '天帝의 子'가 아니라, 고의로 추모왕을 낮춰서 '해의 아들(日子)'이라고 기록하였다. '홀본(忽本)'도 '졸본(卒本)'이라고 낮춰서 기록한 것이다.

국호 '고구려(高句麗)'는 [고구려]가 아니라 [고구리]로 읽어야 한다. 동명성왕이 '고구리'라는 나라를 세우는 데 '고(高)'는 추모의 성이고 나라 이름은 '구리(句麗)'였다는 것이다. '구려(句麗)'는 한자음으로 [고리/구리]로 발음되었다고 본다.

한편 『자치통감』에도 광개토대왕, 장수왕 연간 이후에는 '고구려'를 모두 '고려'로 기록하고 있다. 연가 7년(延嘉七年) 명(銘)에 고구려 불상 광배(光背) 뒷면의 조상기에 '고려국'으로 기록되었고, 〈중원고구려비문(中原高句麗碑文)〉에도 '고려'로 기록되어 있다. 그런데 김부식은 『삼국사기』에서 왕건이 건립한 '고려'와 구분하기 위해 앞에 기록한 '고구려'와 '고려'를 모두 '高句麗'로 통일하여 기술한 것으로 보인다.[20)]

등으로 나타난다. 사기나 당서(唐書) 당운(唐韻) 정자통(正字通)에서 '려(麗)'라는 글자의 발음은 '[리(li)]'로 난다. 따라서 대체로 위의 발음은[까오리] 로 발음된 것으로 보인다.

20) 몽골 오르혼강가에 있는 돌궐제2제국의 빌게가한과 퀼테킨을 기린 두 개의 옛 돌궐비에서 고구려를 배크리(Bökli)라 기술하였다. 튀르크어에서 B음과 M음이 상호전환될 수 있으므로 배크리는 매크리(Mökli)이다. 또 범어잡명(梵語雜名)과 돈황문서(敦煌文書) 등에서 고려를 '무구리(畝久理)' 'Mug-lig'라 하였는데, 이도 맥구리(貊句麗) 즉 '맥족(貊族)의 구리'를 기술한 것이다.

4. 비류곡에 '홀본부여' 개국

윤내현 교수는 역사학적으로 고증하여 '옛 조선의 강역을 북쪽 국경은 얼구나하와 흑룡강(아무르강)이라고 하였다. 옛 조선의 복식 연구를 통하여 박선희 교수도 같은 결론을 내리고 있다. 또한 부여(扶餘, BC.2세기-494년)의 강역은 지금의 쑹화강 유역을 중심으로 지금의 만주 일대로 알려지고 있다. 하얼빈, 아청, 위수, 눙안, 창춘, 쑹양, 지린, 옌지, 훈춘, 치치하얼, 아무르강 등이 부여의 강역으로 보고 있다. 남쪽으로는 랴오닝 성, 북쪽으로는 아무르 강에 이르는 광대한 지역으로 추정하고 있다.

고조선 후기의 강역도 고대문헌 속의 요동, 요서는 난하를 기준한 동서쪽이고, 현행 국사교과서 상의 요동, 요서는 요하를 기준한 동서쪽이다.(윤내현)

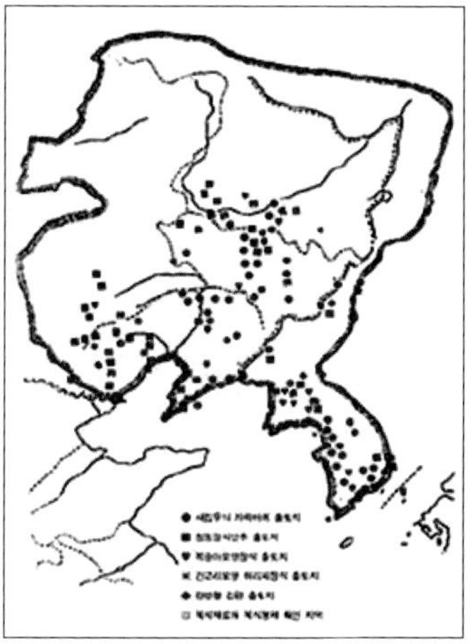

동일 복식문화 지역으로 본 고조선 강역 (박선희)

〈그림 2〉 윤내현과 박선희의 옛 조선의 강역 지도

1) 비류곡에 '홀본부여' 개국

한편 「광개토대왕비」에는 추모왕이 비류곡(沸流谷) 홀본(忽本)에서 도읍하였다고 기술하고 있다. "엄리대수를 건넌 후에 비류곡(沸流谷) 홀본(忽本) 서쪽 산 위에 성을 쌓고 도읍을 하였다고 하였다.(然後造渡, 於沸流谷, 忽本西, 城山上而建都焉)" 즉 추모왕이 북부여 대소의 핍박을 피하여 도망가서 나라를 건국하는 과정을 묘사한 기록인데, 남하한 동선(動線)을 보면, 엄리대수를 건넌 후 비류곡(沸流谷), 홀본(忽本)에서 도읍한 것으로 기술하고 있다.

「광개토대왕비」에 비류곡(沸流谷)은 『위서(魏書)』에는 비류곡(沸流谷), 홀본(忽本)이 아니고 보술수(普述水)와 흘승골성(紇升骨城)에 이르렀다고도 기록하고 있다. 비류곡(沸流谷)은 보술수(普述水)와 비류수(沸流水) 등의 표기도 있다. 비류곡(沸流谷)은 비류수(沸流水), 보술수(普述水)에서 '비류-(沸流-)'의 어근과 '보술-(普述-)'의 이형태가 나타난 것이다.

여기서 보술수(普述水)는 비류수(沸流水)를 다른 한자로 전사한 것으로 보인다. '비류수'는 할힌골의 '부이르 노루'즉 '부이르 호수'를 지칭하는 것으로 추정된다. 그리고 「광개토대왕비」 나오는 홀본(忽本)은 졸본(卒本), 졸본천(卒本川)이 있고 흘승골성(紇升骨城), 흘두골성紇斗骨城)이라는 표기도 있다. 홀본(忽本)에서 홀(忽)은 성(城)을 뜻하는 부여어이다.[21]

---

21) 부여어에서 성(城)을 '구루(溝漊)' '홀(忽: khol)'이라 하였다. 이는 읍(邑), 동(洞), 곡(谷) 등을 나타내는 '고을'과 통하는 말이다. 부여어의 '-忽'은 買忽(水原), 召忽(仁川), 奈兮忽(安城), 沙伏忽(陽城), 馬忽(提川) 등의 지명에서 보는 바와 같이 '구루, 忽, 骨, 谷' 등이 통하는 말이다.

부여어에서 성(城)을 구루(溝漊), 홀(忽)이라 하였다. 이는 읍(邑), 동(洞), 곡(谷) 등을 나타내는 '고을'과 통하는 말로 풀이 된다. '구루(溝漊)'는 몽골어의 '후레'와 대응하는 말이다. 후레는 몽골의 수도 울란바타르의 옛 이름이다.[22] 그래서 홀본(忽本)은 도성(都城)을 말하는 것인데 김부식은 『삼국사기』에서 '졸본(卒本)지역에 있는 강'이라고 생각하여 '졸본천(卒本川)이라고 가록한 것으로 보인다. 그리고 흘승골 상류에는 송양의 다물(多勿)국이 있었다. 지금의 동몽골 할힌골의 상류 에루군네 지역으로 보인다. 추모왕은 할힌골에 홀본부여를 건국하고 처음으로 다물국을 흡수하였다. 추모왕은 다물국의 병합하고 송양을 다물후(多勿候)라고 칭하였다.

여기에 나오는 다물(多勿)은 '옛땅을 되찾음'이란 뜻의 부여어이다. 『삼국사기』 동명성왕 2년 6월조에서 부여어로 '구토(舊土) 회복의 뜻'임을 밝히고 있다. 부여에서 '옛 땅을 되찾는다'고 하면 옛 조선의 땅을 되찾는다는 뜻이 된다. 이것은 옛 조선의 강역을 밝혀주는 하나의 단서라고 생각한다.[23] 여기에 나오는 '흘승골'은 지금 동몽골 도르너드 아이막의 할힌골(Халхын гол)을 한자로 전사한 것으로 보인다. 고구려는 서기 3년(유리왕 22)에 도읍을 홀본에서 국내성(國內城)으로 옮겼다.

그런데 5세기의 「광개토대왕비」보다 150여년 뒤의 문헌인 중국

---

22) 부여어의 '-忽'은 고구려어로 이어져서 買忽(水原), 召忽(仁川), 奈兮忽(安城), 沙伏忽(陽城), 馬忽(提 등의 지명에서 보는 바와 같이 '구루, 忽, 骨, 谷' 등이 통하는 말이다.

23) 2년 6월에 송양이 나라를 들어 항복하매 임금은 그곳을 다물도라 하고 송양을 봉하여 그곳의 주로 삼았다. 고구려 말에 구토의 회복을 다물이라 하므로 그와 같이 이름한 것이다.(二年 夏六月 松讓以國來降 以其地爲多勿都 封松讓爲主 麗語謂復舊土爲多勿 故以名焉) 『삼국사기』 권제13, 4장 앞쪽, 고구려 1 시조 동명성왕

의 사서 『위서』에는 비류곡(沸流谷) 홀본(忽本)이 아니고 '보술수(普述水)'에 이르렀다고 하였다. 또 흘승골성(紇升骨城)에 이르렀다고도 표현하고 있다. 12세기 『삼국사기』에는 비류곡 홀본이 아니라 모둔곡(毛屯谷)에 이르러 세 사람을 만났다고 하였다.

재사(再思)는 마의(麻衣) 삼베옷을 입었고, 무골(武骨)은 납의(衲衣) 중옷을 입었으며, 묵거(默居)는 수조의(水藻衣) 마름옷을 입고 있었다고 하였다. 이 세 사람은 세 부족의 족장을 만난 것으로 풀이 된다. 마침내 추모왕은 그 능력을 살펴 각각 일을 맡기고 그들과 함께 졸본천(卒本川)〉에 이르러 개국했다는 것이다.[24)]

그곳은 토양이 기름지고 아름다우며, 산하가 험하고 견고한 것을 보고 마침내 도읍하려고 하였으나, 궁실을 지을 겨를이 없었으므로 다만 비류수(沸流水)가에 초막을 짓고 살았다. 나라 이름을 고구려(高句麗)라 하고 그로 말미암아 고(高)로써 성을 삼았다. 이때 추모(추모)의 나이가 22세였다.[25)]

지금까지 나온 지명을 정리하면 다음과 같다.

「광개토대왕비」: 비류곡(沸流谷), 홀본(忽本)
『위서(魏書)』: 보술수(普述水), 흘승골성(紇升骨城)
『삼국사기』: 모둔곡(毛屯谷), 졸본천(卒本川), 비류수(沸流水)
『주서(周書)』: 흘두골성(紇斗骨城)

---

24) '무골(武骨)은 납의(衲衣) 중옷을 입었으며'는 몽골족의 라마승을 만난 것으로 추정된다

25) 그 토양이 기름지고 아름다우며, 산하가 험하고 견고한 것을 보고 마침내 도읍하려고 하였으나, 궁실을 지을 겨를이 없었으므로 다만 비류수(沸流水) 가에 초막을 짓고 살았다. 나라 이름을 고구려(高句麗)라 하고 그로 말미암아 고(高)로써 성을 삼았다.(다른 기록에는 이렇게 쓰여 있다.)

다시 유형별로 정리하면 「광개토대왕비」에 비류곡(沸流谷)은 비류수(沸流水), 보술수(普述水)가 있고, 모둔곡(毛屯谷)이라는 특이한 형태가 있다. 비류곡(沸流谷)은 비류수(沸流水), 보술수(普述水)에서 '비류-(沸流-)'의 어근과 '보술-(普述-)'의 이형태가 나타난다. 여기서 보술수(普述水)는 비류수(沸流水)를 다른 한자로 전사한 것으로 보인다. 그러니까 '비류수'는 할힌골의 '부이르'호수와 그 호수로 흐르는 강을 지칭하는 것으로 보인다. 그리고 모둔곡(毛屯谷)이라는 특이한 형태도 나타난다. 그러면 모둔곡(毛屯谷)이라는 특이한 형태는 무엇일까? 몽골어나 여진(女眞)어로 [모드]가 '나무'인데, 모둔곡(毛屯谷)은 나무가 많은 골짜기를 말하는 것으로 해석할 수 있다.[26] 실제 동몽골 부이르노르와 할힌골에는 '메넹긴탈(끝없는 평원)'이 끝나는 지점에 꽤 높은 산이 있고 나무가 우거져 있다. 이 산을 비칙올이라고 한다. 할힌골 전투가 있었던 곳이다.

필자가 1992년부터 일곱 차례 답사해온 할힌골 부이르노르와 다리강가 일대에는 고려(고구려)성터를 비롯하여 석인상 등이 많이 남아 있다. 석인상을 몽골어로 '훈 촐로(Хүн чулуу)'라고 하는데 다리강가에는 30여 기가 남아 있다. 할힌골에는 고리왕(추모왕) 훈촐로(Хүн чулуу)라고 부르는 석인상이 2기가 있다. 하나는 부이르호수와 할힌골 강 사이에 펼쳐진 삼각주 지역에 있다. 그곳에는 한국 시골 주거지역에서 흔히 발견되는 비름나물을 비롯하여 초원에서는 보기 어려운 풀들이 자라고 있고 그 가운데 석인상 한 기가 파손된 채 서 있다.

다른 하나는 13세기경에 조각된 것으로 추정되는 대리석 석인상

26) 몽골에는 나무가 있는 곳이 고유 지명으로 되어 있는 곳이 많이 있다. 울란바타르시 근교 토우아이막에 나무가 백 그루 있는 곳이 [존모드]이다.

인데 고려성터 부근에 있었는데, 1999년에 몽골국립역사박물관 2층으로 옮겨져 전시되고 있다. 할힌골에는 옛날에 농사를 지었다는 흔적이 남아 있으며, 조개무지가 골짜기에 있어서 한국인 선조들이 이곳에 살았다는 증거를 제공하고 있다.

또 몽골 여인과 고구려 여인이 몽골 초원에서 만나서 손을 흔들며 반갑게 인사하였다는 전승 설화가 채취된 곳이다. 초원에서 여인들의 '말을 볼 때(소변을 볼 때)'에 고려 여인은 동쪽으로 가고, 몽골 여인은 서쪽으로 가서 일처리를 하며, 손을 흔들어 주었다는 얘기가 전하고 있다. 대초원지대로 소변을 볼 때 말을 타고 멀리 가서 보지 않으면 안 된다. 이와 같은 이야기들은 추모왕이 할힌골에서 홀본부여를 개국하였다는 기록을 뒷받침하고 있다고 생각한다.

2) 엄리대수와 아무르강

〈광개토대왕비문〉에는 추모왕이 '엄리대수(奄利大水)'를 건넌 후에 비류곡 홀본에 도읍하였다고 하였다.

그런데 『삼국사기』에는 이 엄리대수가 '엄사수(淹淲水)'로 표기되어 있으며, 그 아래의 소주(小註)에 '일명 개사수(蓋斯水)니 지금의 압록강 동북쪽에 있다.'고 하였다. 또 『삼국유사』에는 엄수(淹水)라고도 기술하였다.

그런데 중국 『양서』에는 '엄리대수'가 '엄체수(淹滯水)'로 기록되었다. 그리고 『수서(隋書)』에는 '엄수(淹水)'라 하였다. 이처럼 엄리대수는 엄사수(淹淲水), 개사수(蓋斯水), 엄수(淹水), 엄체수(淹滯水) 대수(大水) 등으로 기록되어 있다.[27] 중국인들은 몽골[mongol]의 받침[ㄹ] 발음을 표기하기 위하여 [蒙骨] 혹은 [蒙古斯]로 전사하여 골(骨)이나 사(斯)자로 받침 [ㄹ] 글자를 표기하기도 하였다. 엄사수(淹淲水)의 사(淲)는 [ㄹ] 받침이라고 볼 수 있다.

「광개토대왕비」에 최초로 기술한 '엄리대수(奄利大水)'를 분석할 필요가 있다. '엄리(奄利)-'는 강 이름을 나타내는 고유명사의 어근이고 '-대수(大水)'는 보통명사로 큰 강물이라는 말로 풀이 된다. 이렇게 분석해 보면 엄체수(淹滯水), 엄사수(淹淲水), 엄수(淹水) 등 모든 어휘에서 공통된 '엄(淹)-'이나 '엄리(奄利)-'는 강 이름을 표현하는 고유명사로 볼 수 있다. 그리고 -대수(大水)나 -수(水) 등은 강물을 나타내는 일반 명사이다.

그러면 '엄(淹)-'이나 '엄리(奄利)-'는 어느 강일까? 강이름 [엄리(奄利)-]의 음운구조와 [아무르(Амур)]의 음운구조가 일치하고 있다. [엄(奄)-]은 몽골어 [아무(Аму)-]와 대응되며, [-리(利)]는 [-르(-р)]와 대응되는 구조이다. [아무르(Амур)]를 한자로 전사한 것이 [엄리(奄利)-]이기 때문에 「광개토대왕비」의 '엄리대수(奄利大水)'는 지금의 '아무르(Амур)강'이 된다.

'아무르(Амур)'는 몽골어로 '평안', '안녕'의 뜻이므로 아무르강은 평온하고, 잔잔히 흐르는 강으로 풀이할 수 있다. 아무르강 중

---

27) 이규보의 『동국 이상국집(東國李相國集)』 권3에 실린 동명왕편에는 '남으로 가서 엄체수에 이르렀다. 일명 개사수인데 지금의 압록강 동북에 있다.'고 하였다.(南行至淹滯水一名盖斯水, 在今鴨綠東北)

김부식은 『삼국사기』에서 주몽이 건넜던 강을 엄사수(淹淲水)라고 적고, 정확한 위치가 어디인지 모르는 삼국시대 지명에 포함시키고 있다.

이병도는 '개사수가 압록강의 동북쪽에 있다는 설은 주몽의 본국(本國)을 동부여(東夫餘)로 잘못 안 데서 나온 것이므로 일고의 가치도 없다. 북부여(北夫餘)의 위치가 지금의 농안(農安) 부근이었으므로, 여기의 대수(大水)는 지금의 송화강(松花江)을 일컫는 것으로 보는 것이 타당할 것이다.'고 하였다. 『國譯三國史記』 217쪽 주. 그러나 이병도 성생의 주장은 잘못 된 것이다.

류를 중국에서는 흑룡강(黑龍江)이라고 부른다.

이병도는 '개사수가 압록강의 동북쪽에 있다는 설은 주몽의 본국을 동부여(東夫餘)로 잘못 안 데서 나온 것이므로 일고의 가치도 없다. 북부여의 위치가 지금의 농안(農安) 부근이었으므로, 여기의 대수(大水)는 지금의 송화강(松花江)을 일컫는 것으로 보는 것이 타당할 것이다.'라고 하였다.[28] 그러나 이병도의 개사수에 대한 주장은 아주 잘못 된 것이다. 또 어떤 역사학자들은 이 엄리대수를 압록강이나 눈강, 에니세이강 등으로 엉뚱한 추정하고 있다.

「광개토대왕비」에 나오는 엄리대수(奄利大水)는 추모왕의 피난 동선이나 추모왕이 비류곡(沸流谷) 홀본(忽本)에서 개국하는 것으로 보아 엄리대수는 지금의 '아무르(Амур)강'이라고 생각한다. 즉 추모왕이 북부여 왕자 대소의 핍박을 피하여 도망가서 나라를 건국하는 과정에서 남행한 동선을 보면, 엄리대수를 건넌 후에 비류곡(沸流谷), 홀본(忽本)에서 도읍하였다고 하였다.

5. 맺음말

추모왕의 이름이 '추모(鄒牟), 추몽(鄒蒙), 주몽(朱蒙), 중모(仲牟)' 등으로 다양하게 기록되어 전해지는 것은 「광개토대왕비」에 있는 '추모(鄒牟)'왕을 여러 문헌에 한자로 전사하는 과정에서 여러 가지로 표기한 것으로 볼 수 있다. 동명성왕(東明聖王)의 원래 이

28) 『國譯三國史記』 217쪽 주.

름은 '주몽'이 아니고 '추모(鄒牟)'이다. 「광개토대왕비」에 시조 추모왕(鄒牟王)이라고 기록한 대로 '추모(鄒牟)'라고 불러야 옳다

5세기 초(414)의 「광개토대왕비」에는 추모왕을 '천제(天帝)의 아들'이라고 기록하였다. 그러나 6세기 중엽의 중국 사서인 『위서(魏書)』에는 '해의 아들(日子)'이라고 기록하였다. 이것은 중국 사가들이 고의로 천제의 아들 추모왕을 낮춰서 '해의 아들'로 기술한 것이다.

'고구려(高句麗)'라는 국호는 [고구리]로 발음하는 것이 옳다고 본다. 원래 추모왕이 졸본부여를 세우고 나라이름을 '구리(句麗)[고리/구리]'라고 하였다. 코리(호리) 부리야트와 '구리(句麗)[고리/구리]의 관련성도 있는 것으로 보이므로 연구할 과제라고 본다.

몽골 알랑고아 신화와 고구려의 추모왕 신화는 그 내용과 구성이 유사하며, 햇빛 임신신화 내용도 같다. 알랑고아는 몽골 민족의 조상 여인으로 여기서 '고아'는 '곱다'는 뜻이 있다. 알랑고아의 아버지는 코릴라르타이 메르겐이다. 몽골어 '메르겐'은 '활을 잘 쏘는 사람'이라는 뜻의 단어로서 부여어 '주몽을 선사자(善射者)'라고 하는 어휘와 일치한다.

「광개토대왕비」에 나오는 엄리대수(奄利大水)는 추모왕이 북부여에서 남쪽으로 피난하는 동선이나 비류곡(沸流谷) 홀본(忽本)에서 개국하는 것으로 보아 엄리대수는 지금의 '아무르(Амур)강'이라고 추정한다. 김부식의 『삼국사기』나 이규보의 『동국이상국집(東國李相國集)』에서 추정하는 '엄리대수(奄利大水)'의 위치로 보아도 아무르강과 일치하고 있다. 그리고 [엄리(奄利)-]의 음운구조와 [아무르(Амур)]의 음운구조가 일치하고 있다. [아무르(Амур)]를 한자로 전사한 것이 [엄리(奄利)-]이다. 대수(大水-)는 큰 강물을 이르는

보통명사이다.

「광개토대왕비」에는 추모왕이 비류곡(沸流谷) 홀본(忽本) 서쪽에서 산 위에 성을 쌓고 도읍하였다고 하였다.(於沸流谷, 忽本西, 城山上而建都焉.) 『위서(魏書)』에서는 '홀본(忽本)' 대신에 '흘승골(紇升骨)'이라고 기록하였다. 『주서(周書)』에는 흘두골성(紇斗骨城)이라고 기록하였다. 추모왕은 흘승골에 이르러 홀본부여를 개국히였다고 하였다. 추모왕은 BC 37년에는 흘승골 비류에 '홀본부여'를 개국하고 이어서 나라 이름을 '고구려'라 하였다. 서기 3년(유리왕)에는 도읍을 졸본성에서 국내성(國內城)으로 옮겼다

'흘승골(紇升骨)'은 지금 동몽골 도르너드아이막의 '할힌골'을 한자로 표기한 것으로 보인다. '비류수(沸流水)'나 '보술수(普述水)'도 할힌골의 '부이르'호수와 할힌골을 지칭하는 한자 전사로 볼 수 있다.

홀본부여를 환인의 오녀산성에서 개국한 것으로 보는 기존의 가설은 수정되어야 한다. 추모왕은 고구려를 지금의 동몽골 도르너드아이막의 할힌골 부이르 호수 부근에서 개국한 것으로 추정되므로 고구려의 강역도 달라져야 한다.

이제 한국과 몽골의 역사적 관계를 정확하게 파악하기 위하여 깊이 있는 학제간의 연구가 필요하다. 그리고 동몽골 지역을 대대적으로 학술 조사해야 할 것이다.

〈참고 문헌〉

고려대학교(1982), 『韓國民俗大觀〉 민족문화연구소.

김열규(1980), 『韓國의 神話』, 일조각.

김용선(1980), 「高句麗 瑠璃王考」, 『역사학보』 87.

이진희(1982), 『광개토왕비의 연구』, 일조각.

장덕순(1978), 『韓國說話文學硏究』, 서울대학교출판부.

천관우(1962), 『人物로 본 韓國古代史』, 정음문화사.

최기호(1993), 「한국어의 계통연구」, 『몽골학』 1호, 한국몽골학회.

______(1994), 『몽어노걸대 연구』, 상명대학교출판부.

______(1995), 「하라호롬 및 바이칼호 동부지역 답사보고」, 『몽골학』 3호, 한국몽골학회.

______(1995), 「한국의 몽골학 연구」, 『한·몽골 교류 천년』, 한몽교류협회.

______(1995), 「알타이어족설의 문제점」, 『한글』 227호, 한글학회.

______(1996), 「몽골어와 한국어의 기초 어휘 연구」, 『인문과학연구』 5호, 인문과학연구소.

______(1999), 「한국어와 몽골어의 계통적 뿌리는 무엇인가?」, 『한민족문화연구』 제5집, 한민족문화학회.

______(1999), 「한국어와 몽골어, 만주어의 계통 연구」, 『몽골학』 8호, 한국몽골학회.

Choi keyho(2004), "A study of Linguistic Genealogy between the Mongolia language and the korea language", Journal of Northeast Asian Studies Volume 1, Number 1, The International Association of Northeast Asian Studies (Mongol Ulaanbataar)

만주에서의 부여 명칭의 유래와 전승

윤은숙(강원대)

1. 머리말

부여가 언제부터 존재했는지 정확히 알 수는 없지만 적어도 고조선과 병존하였고, 고구려와 백제가 모두 부여로부터 파생되었음은 부정할 수 없는 주지의 사실이다. 이와 더불어 '부여'라는 명칭 역시 언제부터 사용되었는지 알 수는 없지만 사서에 처음 등장한 『논형(論衡)』으로부터 2000여 년간 만주와 한반도에서 나름의 정체성을 가지고 불리어졌던 이름이다.

한반도와 만주의 선주민들과 불가분의 관계 속에 있는 부여라는 명칭은 시대에 따라 중국 사서에서 부여(夫餘), 부여(扶餘), 부루(部婁), 부루(附婁), 부루(符婁), 포욕(浦浴), 부유(凫臾), 부유(符兪) 등의 다양한 형태로 표기되었다. 이러한 표기법의 차이는 고대 중국어에서 외래어를 표기하는 음가의 변화에 따른 것이거나 사서 기술자의 의도가 내포된 기술 때문에 발생한 현상이라 할 수 있다. 특히, 부여의 원형이라 할 수 있는 북부여의 활동무대가 되었던 쑹넌평원(松嫩平原) 일대에서는 부여라는 명칭이 부여국이 소멸된 이후에도 여전히 남아서 고대에 두막루(豆莫婁)나 금대에 포욕(蒲浴), 원대에 회역이(灰亦爾) 그리고 명대에 복여위(福餘衛)라는 이름으로 계속되었고 현재에도 오유르(ouyur, 烏裕爾) 강 유역에는 부유(富裕)라는 지명이 남아 전승되고 있다.

북부여(北夫餘)의 위치 비정 문제와 부여 명칭에 대한 연구는 만주와 한반도의 선주민의 정체성을 밝히는 중요한 연구 주제 중 하나이다. 특히 최근에 쑹넌평원 일대에서 바이진빠오(白金寶)나 한슈(漢書) 유적 등이 발굴되면서 이들과 북부여가 직·간접적으로 연계되었음을 규명하는 연구가 활발히 진행되고 있다.[1)] 또한 부여 명칭의 유래와 관련해서도 평야를 의미하는 벌로 해석하는 설[2)], 북부여의 근거지가 되었던 쑹넌평원의 오유르 강과의 관련설, [3)] 녹산(鹿山)이라는 지명 또는 사슴 숭배와 관련되었다는 설[4)] 등이 제기되고 있다. 이러한 학계의 견해는 북부여의 실체와 부여 명칭을 분석하는 중요한 기기로 작용하고 있지만, 반면 부여 명칭의 유래와 그 전승을 통해 북부여의 실상을 규명하는 것에는 다소 미진한 부

---

1) 송호정, 「고구려의 족원과 예맥」, 『고구려발해연구』 27, 2007 : 이종수, 「송눈평원지역 청동기문화의 특징과 교류양상 검토 -백금보문화를 중심으로」, 『요하문명의 확산과 중국 동북지역의 청동기문화』, 동북아역사재단, 2010 : 조법종, 「신화가 들려주는 부여 건국 이야기」, 『고조선·단군·부여』, 고구려연구재단, 2004 : 張泰湘, 「눈강유역 원시문화의 초보적 연구」, 『백산학보』 59, 백산학회, 2001 : 王禹浪, 「烏裕爾河流域的歷史與文化-以北安市爲中心」, 『哈爾浜學院學報』 32-7, 哈爾浜學院, 2011 등

2) 崔南善, 「兒時朝鮮」, 『六堂崔南善全集』 2, 玄岩社, 1973.

3) 王禹浪, 앞논문, 2011. 李德山, 「夫餘起源新論」, 『社會科學戰線』 1991-2, 1991 : 趙欣, 「千百年來"夫餘"其名多論爭, 古往今來, "夫餘"解義皆不同 談古夫餘族與"夫餘"地名」, 『中國地名』 2011-10, 2011.

4) 白鳥庫吉, 「濊貊民族の由來を述べて, 夫餘高句麗及び百濟の起源に及ぶ」, 『白鳥庫吉全集』 3卷, 1970, 岩波書店 : 김철준, 『한국고대사회연구』, 지식산업사, 1975 : 송호정, 「부여의 성립」, 『한국사』 4, 국사편찬위원회, 1997 등.

분이 있다.

본 연구에서는 북부여의 위치 비정과 관련해 북부여의 후예를 자처한 두막루가 건너간 강인 나하(那河)에 대한 역사적 연원을 살핌으로서 북부여의 위치를 분석하고자 한다. 또한 부여의 명칭과 관련해 부여에 대한 다양한 표기법을 분석하고 이를 통해 부여 명칭이 어떻게 유래되었는지 살펴보겠다. 나아가 만주에서 부여 명칭이 전승된 사례로서 두막루와 복여위를 통해 이들이 활동했던 지역과 북부여와의 연관성을 규명하고자 한다.

2. 북부여와 쑹넌평원

부여국 성립과 관련된 현존하는 가장 오래된 문헌은 『논형(論衡)』「길험편(吉驗篇)」으로 다음과 같은 내용이 실려 있다.

> "옛날 북이(北夷) 탁리국(槖離國) 왕의 시비(侍妃)가 임신하였으므로 왕이 죽이려 하니 시비가 변명하기를 크기가 달걀만한 기운이 하늘에서 나에게 내려왔기 때문에 임신한 것이라고 말하였다. 시비가 후에 아들을 낳았으므로 그것을 돼지우리에 버렸더니 돼지가 입김으로 불어서 죽지 않았다. 또 그것을 마구에 넣었더니 말이 또 입김으로 불어 주어서 죽지 않게 했다. 그의 이름을 동명(東明)이라 하고 활을 잘 쏘므로 왕은 그가 왕위를 탈취할까 두려워하여 그를 죽이려 하였다. 동명이 이 기미를 알고 남으로 달아나 엄호수(淹淲水)에 이르러 활로 물을 치니 고기와 자라들이 흩어져서 추격해 오던 군대들이 건너지 못하였다. 동명이 수도를 건설하고 부여왕이 되었으므로

북이(北夷)에 부여국(夫餘國)이 있게 된 것이다.”[5)]

위의 부여 건국신화는 『논형(論衡)』 이외에 『후한서(後漢書)』, 『위략(魏略)』, 『수서(隋書)』, 『삼국유사(三國遺事)』 등에도 기술되어 있다. 경우에 따라서 『논형』은 탁리국, 『삼국지』는 고리국(槀離國), 『후한서』는 색리국(索離國) 등으로 국가 이름에 차이가 발생하지만 이는 글자의 차이에 불과하고 대체로 부여의 건국신화의 내용은 일치하고 있다. 이 건국 신화에 따르면 부여 건국 이전에 고리국(탁리국 또는 색리국)이 먼저 등장하고 있는 점으로 보아 부여는 고리국과 불가분의 관계였음을 알 수 있다. 고리국왕의 시녀가 일광에 감응해 동명을 출생하였음은 신화의 모티프 전개 양상으로 볼 때 고구려 주몽 건국신화와 매우 유사하다. 동명신화, 주몽신화를 고리국과 어떻게 연결시키는가에 따라 다양한 주장들이 있지만, 건국자가 빛에 의해 잉태되었다는 것은 북방지역인 몽골과 만주 일대에 널리 펴져 있는 탄생 모티프로 일종의 '감정형(感精型)' 신화의 한 형태이다. 또한 영혼의 인도자 역할을 하는 물고기의 등을 다리로 해서 강을 건넜다는 모티프는 어렵과 수렵을 행하던 북방민족들 사이에서 많이 나타나는 형태로 북방지역의 독특한 기후, 환경과 밀접한 관계를 가지고 있다.[6)]

결국 고리국 출신의 동명 집단이 부여국을 건국했음은 부여 건국 집단이 북방 세력이었음을 의미한다. 한편 『삼국유사』는 부여국의 건립에 대해 다음과 같이 설명하고 있다.

---

5) 『論衡』 「吉驗篇」.
6) 이복규, 『부여·고구려 건국신화 연구』, 집문당, 1998.

> 천제가 오룡거(五龍車)를 타고 흘승골성(訖升骨城)으로 내려와 도읍을 세우고 왕이라 하며 국호를 북부여라고 했다. 스스로 이름을 해모수라 하고 아들을 낳아 부루(夫婁)라 했는데, 해(解)를 씨(氏)로 삼았다. 왕은 이후에 상제의 명에 따라 동부여로 도읍을 옮겼다. 동명제(東明帝)가 북부여를 이어 일어나 졸본주(卒本州)에 도읍을 세우고 졸본부여라 했는데 곧 고구려의 시조다.[7)]

위의 『삼국유사』는 부여국이 북부여로부터 출발했고 북부여에서 동부여, 졸본부여와 고구려가 나왔음을 분명히 하고 있다. 이와 관련해 「광개토대왕비」에서도 "옛 시조 추모왕(鄒牟王)이 나라를 세웠는데 북부여에서 태어났으며 천제(天帝)의 아들이었고 어머니는 하백(河伯)의 딸이다"라고 해서 고구려가 북부여로부터 왔음을 드러내고 있다. 이처럼 당대의 관념이 반영된 기술로 볼 때 북부여는 실체적으로 존재했고 그들이 고리국과 연결된 세력임은 확실하다. 또한, 위의 사료들이 북부여와 부여를 구분해서 기술하고 있는 것은 북부여가 부여보다 먼저 국가를 형성했음을 의미하고 그들의 활동 공간 역시 이동 과정을 통해 볼 때 후대의 부여와는 상당한 차이가 존재할 수 있음을 알 수 있다. 다만 북부여의 활동 영역이 고리국과 위치적으로 완전히 일치하고 있는지는 사료의 한계로 정확히 밝히기는 어렵지만 적어도 비슷한 지역에 위치했을 가능성이 높다. 『위서(魏書)』 「두막루전(豆莫婁傳)」에는 "두막루국은 물길(勿吉)의 북쪽 1천 리에 있으며 낙읍(洛邑)에서 8천 리를 가면 옛날 북부여이다"라고 기록되어 있다. 『위서』에서도 부여가 망한 후에 부여의 후계국임을 자처한 두막루가 옛 북부여 지역에 위치하였다

7) 『삼국유사』 紀異 北扶餘條.

고 하면서 북부여의 존재를 인정하고 있다.8)

북부여의 위치를 비정할 수 있는 기록을 살펴보면 다음과 같다.

> 가) 부여국은 현도(玄菟) 북쪽 1천 리에 있다. 남쪽으로 고구려, 동쪽으로 읍루, 서쪽으로 선비(鮮卑)와 접하고 북쪽에 약수(弱水)가 있다. 사방 2천 리이고 본래 예(濊)의 땅이다.9)
>
> 나) 두막루국은 물길의 북쪽 1천 리에 있으며 예전의 북부여이다. 실위의 동쪽에 있으며, 동쪽은 바다에 이르고 사방 2천여 리이다.10)
>
> 다) 고구려가 그 나라(부여)를 멸하니 나하(那河)를 건너 그곳에 거주했다.11)
>
> 라) 달말루(達末婁)는 스스로를 북부여의 후예라고 했는데, 고(구)려가 그 나라를 멸망시키니 유인들이 나하를 건너 거주했다. 혹은 타루하(他漏河)라고도 하는데 동북쪽으로 흘러 흑수(黑水)로 들어간다.12)

위의 사료 가)와 나)에 입각할 때 북부여(두막루)의 대체적인 위치는 서쪽으로 선비(실위), 동쪽으로 읍루(물길)과 이웃하고 있음을 알 수 있다. 헤이룽강 일대의 고대 선주민은 크게 세 부류로 구분할 수 있다. 즉, 대싱안령(大興安嶺)의 서쪽에 거주했던 선비계통과 쑹넌(松嫩)평원 일대의 예맥계통 그리고 싼장(三江)평원 일대의 숙

---

8) 조법종(2004, pp.130~131)은 문헌적 사실을 고고학적으로 검토해 보면 동부여는 길림 일대를 중심으로 서단산문화를 이끌었던 예족 세력이, 쑹넌평원 지역을 중심으로 분포하던 북부여 세력이 이주해 와서 성장하자 이를 동부여라고 부른 것이라고 분석하였다.

9) 『후한서』「동이전」.

10) 『북사』「두막루전」.

11) 『신당서』「동이전」.

12) 『신당서』「流鬼傳」.

신계통 등이다. 이들 선비계, 퉁구스계와 예맥계 선주민들은 싱안령과 헤이룽강(黑龍江)이 양산하는 거대한 줄기를 따라서 광범위하게 분포하며 서로 유기적 관계를 가지고 활동하고 있었다. 숙신계통에 해당하는 읍루와 물길 등은 주로 싼장평원을 중심으로 백산흑수(白山黑水) 사이에서 거주하며 수렵과 어로생활을 영위하고 있었다. 『위서』「물길전(勿吉傳)」에 따르면 물길은 "고구려의 북쪽에 있으며 낙양에서 5천 리 떨어져 있고, 땅은 낮고 습하며 성을 쌓아 혈거(穴居) 생활을 하는데, 집 모양은 마치 무덤과 같으며 출구를 위로 향하게 내어 사다리를 놓고 드나든다."라고 했다. 또한 읍루에 대해서는 "항상 산림(山林) 속에서 살며 혈거 생활을 한다. 대가(大家)는 그 깊이가 아홉 계단이나 되며, 계단이 많을수록 좋다고 여긴다. 그 지방의 기후는 추워서 부여(夫餘)보다 혹독하다."라고 묘사하고 있다. 퉁구스계 주민들이 마치 무덤처럼 집을 낮게 해서 생활했음은 겨울이 유난히 추운 동북만주 일대의 독특한 자연환경에 영향을 받은 주거생활을 보여준다. 또한 이들 지역이 부여보다 더 추웠다는 점에서 볼 때 숙신계와 부여는 생활환경에서 다소의 차이가 있었음을 알 수 있다. 이들 숙신계는 싼장평원의 습지 주변에 있는 나지막한 산악지대에 거주하며 주로 수렵과 어로에 종사하였다.

선비계통의 활동무대는 선비족의 선조 석실이 있는 대싱안령 일대의 가샨동을 발견하면서 명확하게 확인되었다. 이곳은 현재 내몽골 오로촌기 아리하진 서북쪽 10km 지점에 위치한 대싱안령 북동쪽 산기슭으로 지리좌표로는 북위 50도 동경 123도 지점이다.[13]

13) 장지우허 씀, 북방사연구팀 옮김, 『몽골인 그들은 어디서 왔나?』, 소나무, 2009, p.122.

이 일대는 선비계통에 해당하는 실위의 거주지역으로 사서에서 말하는 물길에서 북쪽으로 1천리에 있고 낙양에서 6천리 떨어져 있는 지점과도 일치한다. 이들은 여름이면 성(城)에서 살고, 겨울에는 물과 풀을 따라 옮겨 다니면서 유목생활을 했다.[14] 대체로 선비계통 사람들은 바이칼호로부터 대싱안령 일대의 초원 유목지대를 이동하며 유목생활을 하고 있었다. 대싱안령 일대의 선비계, 싼장평원 일대의 퉁구스계가 만주의 서쪽과 동쪽에서 활동했다면, 예맥계에 해당하는 북부여는 쑹넌평원 일대에서 거주하며 동과 서로 각각 퉁구스계와 선비계 등과 경계하고 있었다고 볼 수 있다.

한편 가)에서 부여국의 북쪽에 약수(弱水)가 있었다는 것과 다)와 라)에서 말하는 나하(那河)는 부여의 위치를 비정하는 데 결정적인 요소로 작용할 수 있다. 우선 약수의 위치에 대해서는 학자에 따라 눈강과 헤이룽강으로 보는 견해로 나눠져 있다. 약수를 눈강이라고 추정하는 데는 눈강의 발음과 약(弱)의 옛 발음이 nziak 혹은 niak로 눈강과 유사하기 때문이라는 주장이 있다.[15] 그런데 눈강을 지칭하는 고어인 낙니(諾尼, nonni) 또는 뇌온(腦溫, noghon)은 모두 몽골어로 푸른색을 의미하므로 '약(弱)' 발음과는 무관하다.[16] 약수를 헤이룽강으로 보는 견해의 근거는 『진서(晋書)』「숙신전」에 나오는 '북극약수(北極弱水)'에 의거한다. 헤이룽강은 약수 외에 완수(完水)로도 불리다가 『요사(遼史)』에서부터 '흑룡강(黑龍江)'으로 부르게 되었다.[17] 약수는 시대에 따라 다르게 불리기는 했

14) 『魏書』「실위전」.

15) 白鳥庫吉, 1970 : 張泰湘, 2001.

16) 『盛京通志』: 『明一統志』.

17) 井上秀雄, 『東アジア民族史』, 平凡社, 1974 :史爲樂, 『中國歷史地名大辭典』, 中國社會科學出版社, 2005.

으나 북부여의 북쪽에 위치했으므로 방위상 헤이룽강에 해당된다.

다)와 라)에서 말하는 나하의 위치에 대해서도 헤이룽강과 눈강으로 각각 보는 두 개의 견해가 있다. 나하를 헤이룽강으로 보는 학자로는 시라토리 구리키치(白鳥庫吉)로, 그는 헤이룽강과 쑹화강의 합류지점이 '나하'라고 주장하였다.[18] 반면 대부분의 중국학자들은 나하를 눈강으로 규정하고 있다. 펑자성(馮家昇)은 나하를 지금의 눈강으로 보고 두막루의 중심을 흑이근(黑爾根, 지금의 嫩江城)으로 비정하였다.[19] 이진차이(李健才)는 두막루가 눈강 상류 동쪽에 있었다고 보았고,[20] 동완룬(董萬侖)은 나하를 눈강과 제1쑹화강 유역으로 규정하였다.[21] 이렇게 학자들 사이에서 다양한 견해가 나오게 된 것은 헤이룽강과 눈강이 시대에 따라 다른 이름으로 기록되어 있기 때문이다. 이것을 표로 정리해 보면 다음과 같다.

〈표 1〉 시기별 눈강·쑹화강의 이름 변천 과정

시 기	눈강	제1쑹화강	제2쑹화강
고대-남북조	난수(難水)와 내수(㮈水)	난수	속말수(粟末水)
수	난하	난하	속말수
당	나하	나하	속말수
요	납수(納水)	혼동강(混同江)	소목하(踈木河)
금	납수	혼동강	송와강
원	나올강(那兀江)/ 뇌목연(惱木連)	혼동강/송와강(宋瓦江)	혼동강/송와강

18) 白鳥庫吉, 「東胡民族考」, 『史學雜誌』 23, 1912.
19) 馮家昇, 「豆莫婁國考」, 『禹貢』半月刊第一·二·三合期, 1937.
20) 李健才, 『東北史地考略』, 吉林文史出版社, 1986.
21) 董萬侖, 『東北史綱要』, 黑龍江人民出版社, 1987.

명	뇌온강(腦溫江)	혼동강/송화강	송화강
청	눈강(嫩江)	혼동강/송화강	송화강/혼동강
만주국	눈강	제1송화강	제2송화강
중국	눈강	제1송화강	제2송화강

위의 표에 따르면 쑹화강이 현재의 명칭인 제1쑹화강과 제2쑹화강으로 불리게 된 때는 근세 시기이고 고대로 올라가면 수당 시기까지 눈강과 제1쑹화강의 명칭은 나하(那河), 난수(難水)와 내수(㮈水) 등으로 동일하게 기술하고 있음을 알 수 있다. 속(速), 속(粟), 송와(宋瓦), 송화(松花) 등은 만주 · 여진어인 숭가리(sunggari)의 대음으로 '흰색'을 의미한다. 제2쑹화강은 중국 진대의 속말, 금과 원대에 송화, 명 청 시기의 송화로 불리었는데, 모두 흰색을 의미하므로 쑹화강은 흰색 강이 된다. 반면 눈(嫩), 난(難), 내(㮈), 나올(納那兀), 뇌(惱) 뇌온(腦溫) 등은 몽골어에서 푸른색을 의미한다.[22] 중국 진대이래 시기에 따라 한자음 표기법이 상이하기는 하나 눈강은 푸른색을 뜻하는 강으로 불리고 있었다. 따라서 부여의 원거주지인 북부여로 돌아가기 위해 부여의 유민들이 건너간 강은 눈강 중하류 동쪽과 동류하는 쑹화강인 제1쑹화강 일대라고 할 수 있다.[23] 즉, 북부여의 후예를 자칭하는 두막루인들의 거주지는 제1쑹화강의 북쪽이 될 수 있다. 『후한서』에서 실위와 두막루가 모두 물길에서 북쪽으로 1천 리에 있고 두막루는 실위의 동쪽이라고 기술하고 있는 점으로 보아 두막루와 실위는 매우 가까운 지점에 있

22) 胡本榮 · 梁禎堂 · 謝永剛, 「松花江干流名稱的歷史演變和源頭的變革」, 『水利水電技術』 1996-9, 水利發展硏究中心, 1996, p.3.
23) 장지우허 씀, 북방사연구팀 옮김, 2009, p.73.

었음을 알 수 있다. 두막루는 나하 즉 눈강을 건너가 옛 북부여의 땅인 눈강과 제1쑹화강이 만나는 쑹넌평원 일대에 있었을 것이다. 두막루가 북부여의 계승국이므로 북부여 역시 이 일대에 있었음은 물론이다.[24]

『후한서』「동이전」에서는 부여에 대해 "동이의 영역에서 가장 평평하고 넓으며 토지는 오곡(五穀)에 적합하다"고 했다. 『설문해자(說文解字)』를 쓴 후한시대 허신(許愼)은 "예(濊)는 물이 많은 모양이다"라고 설명했다. 숙신계 종족들이 거주했던 오늘날의 싼장평원은 평균적으로 해발고도가 50m 정도로 지세가 낮고 배수 상태가 나빠서 습한 저지대를 형성하고 있다. 더구나 싼장평원 일대는 평균 연강수량이 500-650m 정도로 침수지가 많고 10월부터 다음해 3월까지 두께 2-2.5m 정도의 결빙이 발생하는 동토지대를 형성했다가 6월이 되어서야 해빙이 되는 지역이다.[25]이곳은 읍루인들이 겨울철에 돼지기름을 몸에 두껍게 발라서 바람과 추위를 막으려 했을 정도로 동토지역이다.[26] 따라서 숙신계통 선주민들은 기후와 지형적 특성상 안정적으로 주거생활을 하기 어려웠을 가능성이 높다. 반면 18만㎢에 이르는 광대한 쑹넌평원은 해발고도가 150-200m 정도로 싼장평원보다 지대가 높아서 보다 안정적인 주거공간을 확보할 수 있었다. 쑹넌평원의 중심축을 이루는 눈강은 대싱안령의 북쪽 기슭에 있는 이르호리산(伊勒呼里山)에서 발원하여 제1쑹화강과 합류하는 총 길이 1,370km에 해당하는 강이다. 눈강 유역은 지세가 평탄하고 물과 풀이 풍부해서 고대 선주민이 생업활동에 유리하

24) 송호정, 2007, p.119.

25) 高波 主編, 『東北三江流域古代城址』, 黑龍江教育出版社, 2011, p.5.

26) 『삼국지』「동이전」 읍루조.

게 작용하였다. 눈강이 제1쑹화강과 합류하는 지점을 중심으로 쑹넌평원이 펼쳐져 있다. 이 일대는 평평하고 넓으며 소택지들이 발달해 있어서 농경에 적합한 환경을 갖추고 있다. 특히 이 지역은 대싱안령의 동쪽으로부터 제2쑹화강 일대의 장광차이령(張廣才嶺)에 이르기까지 가장 평평한 곳에 해당된다.[27] 또한 쑹넌평원은 세계 3대 흑토지대의 하나로 눈강과 쑹화강의 퇴적물들이 쌓여서 이루어진 광활하고 비옥한 흑토지대를 형성하고 있다. 이러한 특성으로 이곳에서는 현재에도 밀, 옥수수, 대두 등이 많이 생산되는 양질의 농경지를 형성하고 있다. 따라서 쑹넌평원 일대는 "동이의 영역에서 가장 평평하고 넓으며 토지는 오곡에 적합하다"고 한 『후한서』「동이전」의 기술과 일치하고 있다.

북부여인들은 쑹넌평원의 지형적 특성상 농경과 목축을 병행하는 일종의 농·목형 경제구조를 가지고 있었다. 여기에 대싱안령의 동쪽 줄기와 쑹화강의 수계를 이용한 수렵과 어로가 보조적인 경제수단이 되었다. 이러한 지형적 특성에 따른 경제구조는 지금까지도 이 지역 거주민들에게 깊은 영향을 미치고 있다. 이것과 관련해 『후한서』에서는 이 지역의 "토지가 오곡에 적합하다"고 함으로서 북부여인들이 농경에 종사할 뿐 아니라 이 지역이 농경에 적합한 환경이었음을 보여준다. 또한 같은 책에서 "활·화살·칼·창으로 병기(兵器)를 삼았고 육축(六畜)의 이름으로 관명(官名)을 지어 마가(馬加)·우가(牛加)·저가(狗加) 등이 있으며, 그 나라의 읍락(邑落)은 모두 제가(諸加)에 소속되었다"라고 했다. 가축 이름으로 관직명을 삼았다는 것은 이들의 경제와 문화에서 목축의 비중이 매우

27) 張泰湘, 2001, p.140.

켰음을 확인할 수 있는 중요한 단서가 된다. 이렇게 관직명에 가축의 이름이 들어가는 경우가 부여와 두막루밖에 없었다는 것은 두막루가 부여를 계승했음을 의미할 뿐 아니라 부여와 두막루의 생산경제에서 목축의 비중이 상당히 높았음을 보여준다.

1974년 헤이룽장성(黑龍江省)의 자오위앤(肇源)현에서 쑹넌평원 지역을 대표하는 청동기 문화층인 바이진빠오(白金寶) 문화층이 처음으로 발견되었다. 같은 해에 따안(大安) 한슈 유적이 발굴되면서 두 개의 층위를 확인하여 하층은 청동기 시대인 바이진빠오(한슈1기문화), 상층은 초기철기시대인 한슈2기문화라고 부르게 되었다. 바이진빠오 문화의 분포지역은 헤이룽강성 치치하르(齊齊哈爾), 두르베드 몽골족 자치현(杜爾伯特蒙古族自治縣), 자오위앤현, 바얀현(巴彦縣) 등이다. 이들 지역은 모두 제1쑹화강과 눈강이 만나는 쑹넌평원에 위치하고 있는데, 눈강과 제1쑹화강의 퇴적물들이 쌓여 유기물들이 풍부하게 형성되는 흑토지대의 특성상 원시농경의 최적지가 될 수 있다. 또한 주변에 소택지들이 발달해 있고 수목들도 풍성해서 농경과 목축 그리고 수렵도 가능한 고대 인류가 오랫동안 머물면서 활동하기에 적합한 환경을 갖추고 있다. 바이진빠오 문화층에서는 제1층은 경작층, 제2층은 요·금 시기의 문화층, 제3층은 바이진빠오 문화층, 제4층은 소랍합(小拉哈) 문화층 등의 모두 4개의 문화층이 출토되었다. 이것을 통해 볼 때 이 일대에서는 아주 이른 시기인 신석기 후기로부터 선주민들이 거주하였음을 확인할 수 있다. 이렇듯 선주민들이 바이진빠오 문화를 형성할 수 있었던 배경에는 이 지역의 경제 환경이 지대한 영향을 미쳤을 것이다.

바이진빠오 문화의 분포 범위는 북쪽으로는 눌하(訥河), 남쪽으로는 송요(松遼) 분수령과 지린성 농안(農安), 서쪽으로는 시라무렌

지역까지 미치고 있다. 바이진빠오 문화층에서는 총 31기의 주거지가 발견되었는데, 주거지의 형태는 장방형으로 바닥면에는 황토가 깔려 있다. 화덕은 실내 중앙에 배치되어 있는데 주거지의 면적은 대략 30㎡ 정도로 대형화 되었다. 무덤의 형식은 장방형의 토광수혈묘(土壙竪穴墓)로 부장품으로는 청동기, 석기, 골기 등 다양하게 나타나고 일부 무덤에서 청동단검 등의 위신재(威信財)가 출토되고 있어 당시 사회에 계급 분화가 명확하게 나타나고 있었음을 확인할 수 있다. 또한 삼족기(鼎)·항아리(壺)·물동이(盆·罐)·잔(杯) 등의 단단한 토기류와 돌도끼·돌칼 등의 마제석기류 그리고 일정수의 뼈제품 등이 출토 되었다. 생산도구는 주로 뼈, 뿔, 조개껍질로 만든 것이 많았으며, 종류로는 끌·화살촉·창·송곳·대롱·표·촉·방도 등이 있다. 바이진빠오 1차 발굴 때에 조개 칼 40여 점과 소량의 조개 낫이 나온 것으로 보아 당시 일정 정도 농경을 행했음을 알 수 있다. 뼈칼, 창, 화살촉 등은 수렵과 어로 생활도 병행했음을 보여준다.[28)]

무엇보다 바이진빠오 문화층에서 다량의 돼지, 개, 말과 소뼈 등이 출토된 것은 이 문화가 기본적으로 북방의 목축형 문화를 기저로 하고 있음을 드러낸다. 또한 육축의 이름으로 관직명을 지을 정도로 목축문화에 익숙했던 부여 문화의 특징 역시 바이진빠오의 목축형 문화와 관련됨을 시사한다고 볼 수 있다.[29)] 아직 자료의 부족으로 바이진빠오 문화의 특징을 명확히 제시하는 데는 한계가 있다. 그러나 분명한 것은 바이진빠오 상층문화 시기는 부여라는 명칭이 처음 사서에 등장하는 기원전 2세기보다 빠르다. 따라서 이것

---

28) 이종수, 2010, pp.262~286.
29) 王禹浪, 2011, p.17.

은 부여국 성립 이전에 부여와 관련된 종족 집단의 문화로 볼 수 있다. 그리고 문화권의 중심 지역이 제1쑹화강과 눈강 일대이므로 부여의 선주민 집단인 예맥계통 종족 중의 한 지파의 문화일 가능성이 높다.[30]

3. 부여 명칭의 유래

'부여'라는 이름은 고대로부터 현재까지도 한반도와 만주 일대에서 여전히 사용되고 있는 2천년 이상 된 고대 명칭이다. 이 이름이 한적사료에 처음 등장한 것은 『사기(史記)』「화식열전(貨殖列傳)」에 "연(燕)이 북으로 오환(烏丸), 부여(夫餘)와 인접했다"[31]라는 기록부터다. 그런데 '부여(夫餘)'란 표기는 부여(buyu, puyu, buyur, puyur)란 원음에 대한 한자 독음이기 때문에 시기나 사료에 따라 다양한 형태로 표기되어 왔다. 대체로 한자의 고음(古音) 표기상에서 볼 때 '부(夫, pu)'는 부(部, pu), 포(浦, fu), 박(薄, fo), 박(亳, fo), 발(發, fa), 맥(貊, mo), 막(莫, mo) 등과 상통한다. '여(餘, yu)'는 루(婁, Iou), 려(閭, nu)등과 기본적으로 일치한다.

한적 사료에서 부여에 대한 서로 다른 표기들을 살펴보면 다음과 같다. 『좌전 · 양이십사년(左傳襄二十四年)』에 "부루(部婁)에는 송백(松柏)이 없다"고 했고 『춘추전(春秋傳)』에서는 "부루(附婁)에

30) 송호정, 「扶餘의 國家形成 過程과 文化 基盤」, 『北方史論叢』 6, 2005, pp.202~210.

31) 『史記』「貨殖列傳」.

는 송백이 없다"라고 했다. 또한 『일주서왕회편(逸周書王會篇)』에는 "정동부루(正東符婁)"라고 했고 황회신(黃懷信)은 『일주서휘교집주(逸周書彙校集注)』에서 '부루(符婁)가 부여(夫餘)'라고 해석했다. 『자회보(字匯補)』에서는 "부유(凫臾)는 동방의 국명으로 즉 부여이다."라고 기술했다. 이처럼 부여는 부루(部婁), 부루(附婁), 부루(符婁), 포욕(浦浴), 부유(凫臾), 부여(扶餘), 부유(符兪) 등의 다양한 형태로 사서에 기술되어 왔다.[32] 이러한 현상은 이후에도 계속되어 당대에 부여(扶餘), 금대에 포여(蒲與, 蒲裕), 원대에 회역이(灰亦爾) 그리고 명대에 복여(福餘) 청대에 부유이(富裕爾) 현대에 부유현(富裕縣)에 이르기까지 다양한 형태로 변화되었다.

부여의 정체성을 밝히는 중요한 단서가 될 '부여'라는 이름의 유래에 관해서 학계에서 다양한 주장들이 제기되고 있는데 이를 종합적으로 정리·분석해 보면 다음과 같다. 첫째는 부여의 원뜻이 밝(神明)에서 유래하여 개발(開發)→자만(滋蔓)→평야(平野)를 의미하는 벌(伐·弗火·夫里)로 변하였다는 설이 있다.[33] 그 근거는 부여의 중심 지역이 쑹화강 연안의 평원 일대이고 벌이나 부리가 서라벌 고사부리 등의 삼국시대 지명 어미에 자주 등장하고 있는 것과 관련된다는 주장이다.[34] 이와 관련해 『설문해자(說文解字)』에서도 "부루는 소토산이다(附婁小土山也)"라고 해서 부루 즉 부여가 광활하고 평평한 구릉지를 의미하고 있음을 보여준다. 북부여의 주요 활동무대가 쑹넌평원 일대의 광활한 구릉지대였음을 감안한다면 설득력 있는 견해라 할 수 있다. 게다가 이것은 부여국이 "대부분

32) 張博泉, 「北夫餘與東夫餘史地考略」『史學集刊』 1999-4, 吉林大學, 1999, p.62.
33) 崔南善, 「兒時朝鮮」, 『六堂崔南善全集』2,玄岩社, 1973, p.159.
34) 송호정, 「부여사람들은 어떤 사람들이었을까」, 『고조선·단군·부여』, 고구려연구재단, 2004, p.135.

이 산릉(山陵)과 넓은 늪지이고 동이 지역에서 가장 평평하고 넓다."라고 한 『삼국지』 부여전과 일맥상통하고 있다. 이렇게 볼 때 '부여'라는 이름은 자신들에게 익숙한 지리적 특징과 일정한 관계가 있음을 확인할 수 있다.[35]

둘째는 쑹넌평원을 동서로 관통하는 오유르(ouyur, 烏裕爾)강에서 유래했다는 설이다. 오유르는 한적 사료에서 시기에 따라 호우이(呼雨爾), 호우리(呼雨哩), 호유이(呼裕爾), 포유(蒲裕), 오우이(烏雨爾), 호익이(胡羽爾), 호유이(瑚裕爾), 오익이(烏羽爾), 회역이(灰亦爾), 보일(普一), 부유이(富裕爾), 포욕(蒲峪), 부유(凫臾), 부여(扶餘), 부유(符兪)[36] 등으로 다양하게 표기되고 있다. 오(烏, ou), 호(呼, 胡, 瑚, 灰, hu), 포(蒲, fu)와 부(夫, 富, pu) 등은 몽골어 또는 만주어에 대한 한자고음 표기에서 동일한 독음을 가지고 있었기에 이러한 표기가 모두 오유르(烏裕爾)와 유관할 수 있다. 실제로 오유르강은 금대에는 포유(fuyu, 蒲裕)강, 원대에는 호유르(huyur, 灰亦爾)강으로 명대에는 포이르(fuir, 蒲爾)강, 청대에는 호유르(huyur, 瑚裕爾)강 등으로 불리었다.

오유르강은 현재 헤이룽장성의 내륙을 흐르는 강으로 소흥안령의 서쪽 기슭에서 발원해서 눈강의 북쪽 평원을 돌아서 흐르는 587km에 이르는 강이다. 이 강 줄기를 따라 치치하르(齊齊哈爾)와 부유현(富裕縣) 등이 분포하고 있어서 쑹넌평원 일대에서 거주하였던 북부여인들의 문화의 기저를 이루는 강이 될 수 있다. 오유르(ouyur)는 여진어로 '저지대' 또는 '늪지'라는 의미를 지니고 있는데

35) 張士東, 「"夫餘"與"句麗"語義考釋」, 『東北師範大學報』2010-6, 東北師範大學, 2010, p.155.
36) 『大清一統志』.

오유르강 하류지역에 광활하게 펼쳐진 늪지 때문에 얻게 된 이름이다. 이와 관련해 중국학자 쑨진지(孫進己)는 북부여의 계승국을 자처하는 두막루가 나하를 건너 돌아간 장소를 오유르강 유역이라고 비정하기도 했다.[37] 실제로 두막루와 복여위가 오유르강 일대에 있었음은 본 연구를 통해서도 드러나고 있다.

한편 오유르강에서 서쪽으로 가면 몽골국의 동부에 면적 615㎢에 해당하는 거대한 부이르호수가 있다. 이 호수에 대해 『집사(集史)』에서는 타타르 부족의 목지를 언급하면서 "그들의 거처와 목지는 키타이 지방의 변경에 가까웠다. 그들에게 매우 특별한 목지는 부유 나우르(bûyû nâûûr)라고 불리는 곳이다[38]"라고 했다. 또한 "타타르 군주의 지도자로 나우르 부이룩 칸이라는 사람이 있었고 그의 목지는 부유르 나우(bûyûr Nâûû)라고 부르는 지역에 있었다[39]"라고 했다. 또한 『몽골비사』에서도 "부유르 나우르(buyur Na'ur)와 쿨룬호 사이에 있는 오르시온(urši'un, 烏爾遜)강을 따라 유목하는 아이리오드, 부이르오드 타타르 사람들에게 암바가이 카안이 딸을 주어 데리고 가게 되었는데 도중에 타타르 사람들이 암바가이 카안을 붙잡아 키타드의 알탄칸에게 데리고 갔다"[40]라고 했다. 이처럼 『몽골비사』와 『집사(集史)』에서 각각 부이르를 bûyû, bûyûr와 buyur 등으로 표시하고 있다. 이것은 타타르 부족의 원 유목지인 부이르 호에 대한 지명으로, 13세기 이전에도 부이르 호수의 지명이 현재와 동일한 형태였었음을 확인할 수 있다.[41]

---

37) 孫進己 지음, 林東錫 역, 『東北民族源流』, 東文選, 1992, pp.241~242.
38) 라시드 앗딘 저, 김호동 역주, 『부족지』, 사계절출판사, 2002, p.148.
39) 라시드 앗딘 저, 김호동 역주, 『부족지』, p.202.
40) 유원수 역주, 『몽골비사』, 사계절, 2004, p.35.
41) *Сумъяабаатар. Б, Монгол солонгос туургатны угсаа гарал. хэлний холбооны асуу*

부이르는 몽골어로 '숫수달'을 뜻하는데 예로부터 쿨룬호와 부이르호 사이에 수달이 많이 서식했던 것이 부이르 지명과 유관하다. 부이르라는 지명이 언제부터 사용되었는지는 확실하지는 않지만 『집사(集史)』와 『몽골비사』를 근거로 할 때 고대로부터 사용되었음을 확인된다. 부이르는 한자로 '패이(貝爾)' 또는 포어아(捕魚兒) '부유이(富裕爾)' 등으로 표기되어 왔기에 부여에 대한 한자 표기와 유사하다.[42] 예로부터 북방민족들은 주변의 산, 강 그리고 호수 등으로 자신들의 부족명이나 국가 이름을 정하는 경우가 상당히 많다. 따라서 부여가 오유르 또는 부이르로부터 유래했을 가능성 역시 충분한 설득력을 가질 수 있기에 이 부분에 대한 지속적인 연구가 필요하다.

셋째는 부여가 사슴의 뜻에 유래되었다는 주장이 있다. 이것은 『자치통감』에 나오는 "처음에 부여는 녹산(鹿山)에 거주하였으나 백제에게 침략을 받아서 연나라 가까이 서쪽으로 옮겼다"[43] 기사를 근거로 들고 있다. 녹산의 사슴(鹿)은 퉁구스어로 'buyu'이고, 여진어로는 'buyo'이다. 또 만주어로는 'puhu'이고 몽골어로는 'buga'이기에 부여가 사슴을 의미한다고 보는 것이다.[44] 그런데 부여가 사슴을 의미한다는 주장은 다음의 두 가지로 분류해 살펴볼 필요가 있다. 가)는 녹산이 지명으로 사용되었을 가능성이고 나)는 북방민

дaлд, Шинжлэх ухааны академийн ХГ, УВ 수미야바타르는 북부여 건국 장소로 언급되는 紇升骨과 『위서』에 나오는 '櫜離에서 온 東明이 3사람을 만나 흘승골에 이르렀다'는 기사에 등장하는 흘승골은 몽골의 할힌골이며 『삼국사기』 고구려 건국기에 나오는 沸流는 몽골의 부이르 호수라는 견해를 제시하기도 했다.

42) 趙玉霞, 『蒙古之源-呼倫貝爾』, 內蒙古文化出版社, 2010, p.15.

43) 『자치통감』 권97.

44) 白鳥庫吉, 1970, p.516. 김철준, 1975, p.417.

족의 사슴숭배와의 연관성을 살펴야 한다.

가)에서 말하는 지명 녹산에 대해 『자치통감』 주에서 "부여는 현도군의 북쪽 천리에 있었는데 녹산이 바로 그 땅이다"라고 했다. 이것은 『여씨춘추(呂氏春秋)』의 "이예지향 대해릉어 기록야요산양도(夷濊之鄕 大解陵魚 其鹿野搖山揚島)"에 나오는 '녹야요산(鹿野搖山)'과 일치하는 장소가 될 수 있다. 녹산은 부여 왕도의 배후지로 비상시 방어를 담당하던 곳으로 중국학계에서는 녹산을 둥투안산(東團山)으로 비정하고 있다.[45] 일본학자 이케우치 히로시(池內宏)은 녹산의 위치를 지린성 아청현(阿城縣)으로 규정하기도 했다.[46] 둥투안산은 현재 지린시 쟝완대교(江灣大橋) 남쪽에 위치하는 해발 252m의 산으로 만주의 선주민들과 관련된 다량의 유물이 출토되기도 했다. 특히 난청즈고성(南城子古城)은 둥투안산 남쪽 기슭에 위치하고 있고, 성은 판축기법으로 조성되어 있다. 난청즈고성은 평면이 대략 원형을 이루고 있는데, 이는 "성책을 만드는데 모두 둥글게 하였으며 감옥과 비슷하다"고 한 『삼국지』 동이전 부여조의 기록과 일치하고 있다.[47] 둥투안산성의 규모가 비교적 협소하고 쑹화강에 인접해 있어서 일종의 군사적 보루로서 기능을 했을 것으로 보인다. 이것은 부여지배층이 이곳을 떠난 후에 고구려가 여기를 다시 군사시설로 활용하였던 점에서도 둥투안산성의 입지를 잘 보여준다.[48] 부여라는 명칭을 녹산과 관련해 해석하려는 시도는 녹산

---

45) 金毓黻, 『김육북의 동북통사』, 동북아역사재단, 2007 : 董學增, 「吉林東團山原始·漢·高句麗·渤海諸文化遺存調查簡報」, 『博物館硏究』 創刊號, 1972.

46) 池內宏, 「夫餘考」, 『滿鮮地理歷史硏究報告』 13, 1932.

47) 송호정, 「부여의 성립」, 『한국사』 4, 국사편찬위원회, 1997, p.174.

48) 이성제, 「부여와 고구려의 관계사에서 보이는 몇 가지 쟁점-서진과 동이교위 그리고 전연의 역할을 중심으로」, 『부여사와 그 주변』, 동북아역사재단, 2008, p.108.

이 가지고 있는 지정학적 특수성과 연계해서 이해할 때 설득력을 가질 수 있다.

나)는 부여라는 명칭이 녹산이라는 지명이 아니라 몽골과 만주 계통의 북방민족들 사이에 널리 퍼져있는 사슴숭배 사상의 영향으로 생겨났을 가능성을 제기하고 있다. 북방민족의 사슴숭배는 샤머니즘, 사슴돌, 바위그림과 신화 등에 고스란히 반영되어 있다. 삼림민으로 출발한 북방민족들에게 사슴은 사냥의 대상인 동시에 악령들로부터 샤만을 보호하는 수호동물이자 샤먼의 공간이동을 도와주는 신성한 동물로 간주되었다. 오늘날까지도 샤머니즘의 전통이 살아있는 에벤키족에게 사슴이 가지는 의미를 살펴보면 다음과 같다. 정령에 의한 샤먼 선정에서 사슴은 샤먼 후보자가 조상령의 세계로 갈 때 그의 영혼이 동물의 정령으로 바뀌는 것을 의미한다. 샤먼 후보자는 그곳에서 곰, 사슴, 순록 등의 동물로 변신하게 되고 계속되는 변신의 순환이 완료된 후 샤먼 후보자의 영혼이 사람들이 사는 중간의 세계로 돌아와 새로운 샤먼으로 태어나게 되고 변신했던 동물들은 그의 주요한 보조령이 된다. 사슴은 샤먼의 동물분신으로서 샤먼이 타계(他界)로 여행할 때 운송수단이 되는 보조령이다.[49] 또한 샤먼의 관을 사슴뿔로 장식하는 것은 시베리아 샤머니즘의 일반적인 특징으로, 시베리아의 암각화나 알타이의 바위그림 등에도 사슴과 그 뿔이 등장한다.[50]

사슴은 스키토 시베리아(Scythito-Siberia) 문화의 전형되었던 스키타이의 동물 문양에서도 그대로 등장한다. 굽 동물, 맹수, 새 등

49) 곽진석, 『시베리아 만주 · 퉁구스족 신화론』, 지식과 교양, 2011, p.145.
50) 백승정 · 박원길, 「몽골 청동기시대 장식용품에 나타난 문양디자인 고찰-특히 사슴돌문양의 시공(時空) 인식체계를 중심으로-」, 『몽골학』 33 몽골학회, 2012, p.19.

은 스키타이 동물양식에서 주로 표현하는 동물들로 특히 사슴은 굽동물 중에 가장 많이 나타난다. 쿠반(Kuban)강 유역의 쿠르간(Kurgan)에서 출토된 '질주하듯 나는' 자세의 사슴을 보면 다리를 안으로 접어 넣고 머리를 길게 내미는 자세를 취하면서 견갑부와 대퇴부가 강조되어 있다.[51] 사슴을 상계와 하계를 매개하는 동물로 인식했던 스카타이인들도 의례용 도구인 청동 간두령(竿頭鈴)의 맨 꼭대기에 거대한 사슴뿔을 가진 사슴을 형상화 했다. 파지리크 고분에서 발견된 남녀는 모두 사슴 머리와 새 문양으로 장식되어 있었다. 또한 사슴은 투르크, 몽골을 포함하는 북방민족의 기원신화에도 등장한다. 투르크족의 조상은 사마사리와 아사득밀인데 바다의 여신인 아사득밀은 해가 지면 사슴으로 변해 사마사리를 만나 바다 속으로 들어갔다가 아침이면 사마사리를 배웅한다고 한다.[52] 몽골족의 경우도 칭기스칸의 시조인 부르테 치노와 고아 마랄 등이 텡기스를 건너와 오논강의 발원지인 부르칸 칼둔에 터를 잡고 바타치 칸을 낳았다.[53] 여기에 등장하는 부르테 치노는 푸른 늑대이고 고아 마랄은 흰 사슴으로 몽골의 시조 역시 사슴과 관련되어 있다.

한반도에서도 신석기시대 이래 사슴뼈가 복골(卜骨)로서 출토되고 있으며 반구대의 암각화에도 40여 마리의 사슴이 새겨져 있다. 『삼국사기』에는 40여 개의 사슴 관련 기록이 있는데 대부분 흰 사슴, 신록(神鹿)이거나 뿔이 하나 또는 세 개 달린 사슴으로 상서로움을 상징하는 존재로 나타난다. 특히 "고구려에서는 매년 봄 3월

51) 장석호, 「한국 선사 시대 암각화의 양식 연구 -대곡리 암각화를 중심으로」, 『역사민속학』 16, 역사민속학회, 2003, p.333.

52) 김효정, 「튀르크 설화 속에 나타난 사슴 모티브 연구」, 『한국중동학회논총』 26-2, 한국중동학회, 2006, pp.126.

53) 유원수 역주, 『몽골비사』, p.23.

낙랑(樂浪)의 언덕에 모여 사냥하였는데, 잡은 돼지와 사슴으로 하늘과 산천(山川)에 제사를 지냈다.[54)]"는 기사와 "25년 겨울 10월에 부여 사신이 와서 뿔이 세 개 달린 사슴과 꼬리가 긴 토끼를 바쳤다. 왕이 좋은 징조가 있는 물건으로 여겨 크게 사면하였다.[55)]"는 기록은 주목할 만하다. 이것은 고구려인들이 사슴을 상서로운 동물로 인식하고 있음을 보여준다. 이러한 고구려인의 인식과 관련해 이규보의 『동명왕편』에서는 다음과 같이 묘사하고 있다.

> 서쪽으로 순행하다가 흰 사슴을 잡았다. 해원(蟹原)에서 거꾸로 매달아 놓고 저주하였다. "하늘이 만약 비를 내려 비류왕도(沸流王都)를 물바다로 만들지 않는다면 나는 절대로 너를 놓아주지 않으리라. 이 고난을 벗어나고 싶다면 너는 이제 하늘에 호소하라." 그 사슴이 슬피 우니 소리가 하늘에 통했다. 비가 온 지 칠일 만에 송양(松讓)의 왕도가 물바다가 되었다. 왕은 갈대 밧줄로 물길을 횡단하고 오리와 말을 타고 다녔으며 백성들도 모두 그 밧줄을 잡고 있었다. 주몽이 채찍으로 물을 그으니 물이 곧 줄어들었다. 6월에 송양이 나라를 받들어 와서 항복하였다.

주몽의 승리 요인이 흰 사슴을 매달아 놓고 축원했기 때문이라는 위의 기술은 흰 사슴의 상징성과 관련해 볼 때 시사하는 바가 크다. 사슴은 샤먼의 수호 동물이며 샤먼의 우주여행에 동행하는 우주 동물로서 기능하고 주몽이 사슴을 통해 자신의 목적을 달성하고 있는 점은 주몽이 샤먼으로서 역할 했음을 보여준다.[56)] 즉, 사

54) 『三國史記』 권45, 열전 5.
55) 『삼국사기』 권15, 고구려본기 3.
56) 최혜영, 「고대 로마와 동북아시아의 신화 분석: 늑대와 새-건국신화 비교를 통

슴을 희생으로 한 수렵 제의는 샤먼의 전통을 계승한 왕이 의무적으로 주관해야할 상징적인 국가행사였다. 백제에서도 백제왕이 사슴과 신록을 포획해 제천의례를 거행하거나 마한에 공물로 보내기도 함으로서 백제 역시 사슴을 상징적 동물로 간주하고 있었다.[57)]

발해의 생산품 중에 발해가 귀히 여기는 것을 열거한 항목에 보면 부여의 사슴이 있다. 여기에서 부여는 지역의 명칭으로 사용되었을 가능성이 많은데 부여지역에 사슴이 많았음은 앞서 부여가 고구려에게 선물로 준 뿔 달린 사슴의 경우를 통해서도 확인이 된다. 이처럼 대다수의 북방민족들에게 사슴은 토테미즘과 샤머니즘으로 연결되어 상징성을 가지고 있었다. 또한 사슴을 가리키는 단어가 퉁구스어 'buyu', 여진어 'buyo', 만주어 'puhu', 몽골어 'buga' 등으로 유사한 점은 북방민족들에게 공통적으로 적용되는 상징성과 관련해 볼 때 의미하는 바가 크다. 이런 점에서 볼 때 부여(buyu)가 사슴(buyu)으로부터 왔을 가능성 역시 의미있는 지적이다.

또한 부여는 경우에 따라 부(夫)자 없이 여(餘, 婁)로만 쓰인 경우도 사서에서 심심치 않게 등장하고 있기 때문에 '여'의 독음으로 록(鹿)이 쓰였을 가능성도 있다. 이 밖에 예인(濊人)의 '예(濊)'는 '부여(夫餘)' 두 자의 합음(合音)으로 부여는 '예'에서 왔다는 주장이 있다.[58)] 또한『사기』에 기재된 부유(鳧臾)를 통해 볼 때 부유가 고대 '야생오리'를 숭배하는 토템과 관련되므로 부여는 야생오리를 지칭한다고 보는 견해도 있다.[59)]

한 고대 지중해 세계와 동북아시아의 문명교류의 가능성-」,『지중해지역 연구』 98, 2005, pp.97~98.

57) 조법종,「청산별곡에 나타난 새와 사슴의 한국고대 종교문화적 전통」,『한국고대사연구』 14, 1988, pp.480~481.

58) 何秋濤,『周書王會篇箋釋』.

이들 논의를 살펴보면, 부여라는 명칭의 기원에 관해서는 대개 평원 · 강이름 · 산이름 등에서 유래했다는 지리적인 면이 강조되고 있다. 그리고 개별 주장 모두 나름의 논리와 설득력을 가지고 있으나 분명하게 그 사실을 입증할 만한 근거는 명확하지 않다. 다만 부여 명칭의 유래에 관해서는 모든 가능성을 배제하지 말고, 좀 더 면밀히 검토할 필요가 있다.

4. 만주에서의 부여 명칭의 전승

1) 두막루

부여 멸망을 전후로 부여 유민들이 여러 지역으로 흩어지는 가운데 일부의 부여인들이 나하(那河)를 건너 옛 북부여 지역으로 들어가서 스스로를 두막루(豆莫婁)라고 부르고 개국했다.[60]이들은 두막루라는 명칭 이외에 대막로(大莫盧)[61], 달말루(達末婁)[62], 대막루(大莫婁)[63] 등으로 불리었다. 부여라는 원음이 시대에 따라 다양한 한자어로 전사되어서, 막루, 막려와 말루 등이 모두 부여를 가리키는 것임은 이미 앞 장에서 살펴보았다. 다만 두막루의 두(豆), 대막려의 대(大), 달말루의 달(達) 등이 의미하는 바에 대해서는 학계의

59) 王禹浪, 2011, p.3.
60) 『신당서』 「동이전」.
61) 『북사』 「물길전」.
62) 『신당서』 「流鬼傳」.
63) 『册府元龜』 「外臣部」.

주장이 일치하지는 않는다. 중국학자 장시둥(張士東)과 양준(楊軍) 등은 두막루의 '두'는 부여어 중에 방향을 가리키는 말로 '북쪽'이라고 해석하였다. 그들의 주장에 따르면 두막루는 북부여라는 의미가 된다.[64] 반면 유태용(兪泰勇)은 『통감(通鑑)』을 인용해 고구려어에 옛 영토를 회복함을 일컬어 다물(多勿)이라 했는데, 부여 멸망 후 일부 유민들이 자신들의 원거주지로 돌아갔으므로 두막루란 '구토회복(舊土回復)'을 의미하는 '다물'과 같은 어휘로서 "부여인들이 잃어버린 옛 땅을 다시 수복한 나라"라는 의미라고 보았다.[65]

중국 사서에서 두막루를 처음으로 다룬 기사는 『위서』 「물길전」이다.

> 9년에 다시 사신 후니지(侯尼支)를 보내 조회하고 방물을 바쳤다. 그 다음해에 다시 입공(入貢)하였다. 그 나라 근처에는 대막로국(大莫盧國)·복종국(覆鐘國)·막다회국(莫多回國)·고루국(庫婁國)·소화국(素和國)·구불복국(具佛伏國)·필려이국(匹黎爾國)·발대하국(拔大何國)·욱우릉국(郁羽陵國)·고복진국(庫伏眞國)·노루국(魯婁國)·우진후국(羽眞侯國) 등이 있는데, 전후로 각국이 사신을 보내어 조회(朝會)하고 바쳤다.[66]

위의 기사는 486년에 물길의 사자 후니지가 북위를 방문한 것을 기술한 것으로 물길의 주변국으로 등장하는 대막로국은 두막루를 지칭한다. 이렇게 보면 부여가 멸망한 494년 이전에 두막루가 이미

64) 張士東, 楊軍, 「夫餘族名的音與義」, 『黑龍江民族叢刊』 2010-6, 黑龍江民族出版社, 2010, p.84.
65) 兪泰勇, 「豆莫婁國興亡史硏究試論」, 『白山學報』 70, 백산학회, 2004, p.145.
66) 『위서』 「물길전」.

존재했다는 의미가 된다. 게다가 두막루가 북위에 사신을 파견했다는 것은 486년에 이미 상당할 정도로 국가체제를 갖추고 있었다는 말이 된다. 따라서 부여가 고구려에 멸망하기 전에 이미 두막루국이 성립된 것으로 보는 것이 합리적이라고 생각된다. 이렇게 판단한다면 고구려의 북변에는 짧은 기간이기는 하지만 부여국과 두막루국이 병존했을 가능성이 높다.[67]

그렇다면 두막루는 언제 건립되었을까? 이에 대해서는 사료가 존재하지 않으므로 정확히 알 수는 없다. 다만 이 시기 만주에 있던 여러 국가들 사이에는 명확하게 국경선이 존재하지 않았으므로 비교적 자유로운 이동이 가능했을 것으로 보인다. 부여는 한 때 만주 일대에서 강성한 국가였으나 점차 4세기 전연(前燕)과 5세기 고구려의 공격으로 쇠퇴하였다. 특히 부여는 410년에 있었던 광개토대왕의 부여 정벌로 심대한 타격을 입었다. 이 정복의 결과로 얻은 고구려의 강역이 "요동에서 남쪽으로 1천여 리 떨어진 곳으로서, 동쪽으로는 유책(柵城), 남쪽으로는 소해(小海)에 이르고, 북쪽은 옛 부여에 이른다.[68]"고 한다. 이 기록으로 보아 410년 고구려의 공격으로 부여는 멸망 직전의 상황까지 이르렀을 것이다. 대체로 이 시기를 전후로 부여인들의 이산이 시작되었고 그 과정에서 두막루가 건립되었을 가능성이 높다.[69]

두막루가 부여의 계승국임을 보여주는 기술들을 살펴보면 다음과 같다.

---

67) 유태용 앞 논문, pp.143~144.
68) 『위서』 권100, 고구려조.
69) 김정배, 앞 논문, p.41 : 李健才, 『東北史地考略』, 吉林文史出版社, 1986 : 干志耿 孫秀仁, 『黑龍江古代民族史綱』, 黑龍江人民出版社, 1986.

가) 물길국의 북쪽 천 리에 있고 낙양에서 6천 리 가며 옛 북부여의 후예이다.[70)]

나) 두막루국은 물길의 북쪽 1천 리에 있으며 예전의 북부여이다. 실위의 동쪽에 있으며, 동쪽은 바다에 이르고 사방 2천여 리이다.[71)]

다) 달말루는 스스로를 북부여의 후예라고 했는데 고(구)려가 그 나라를 멸망시키니 유인들이 나하를 건너 거주했다.[72)]

위의 가)-다) 기술은 한결같이 두막루가 북부여의 계승국으로 옛 북부여의 땅에 국가를 건립했음을 설명하고 있다.[73)] 두막루가 북부여의 후예임은 자명한 사실이고 옛 북부여의 땅에 건립되었으므로 그들의 강역은 동부여와는 다를 수밖에 없다. 두막루(달말루)의 위치에 대해 『신당서』 「유귀전」에서 "달구는 실위의 일종으로 나하의 남쪽, 속말하의 동쪽에 있으며 서쪽으로는 황두실위에 접하고 동북으로는 달말루를 사이에 두고 있다"라고 했다. 나하는 눈강과 제1쑹화강을, 속말하는 제2쑹화강을 가리키므로 달구는 제2쑹화강 하류의 동쪽과 제1쑹화강 상류의 남쪽에 위치하며 동북으로 두막루와 접하게 된다. 이렇게 보면 두막루는 옛 북부여의 위치에 그대로 안착했음을 알 수 있다. 또한 『후한서』 「동이전」에는 부여에 대해 "동이의 영역에서 가장 평평하고 넓으며 토지는 오곡에 적합하다"라고 했다면 『위서』 「두막루전」에서는 "대부분이 산릉과 넓

70) 『위서』 「두막루전」.

71) 『북사』 「두막루전」.

72) 『신당서』 「流鬼傳」.

73) 두막루가 북부여의 계승국이라는 점에 대해 회의적인 입장도 있다. 박경철은 두막루의 언어가 거란, 실위 등과 같았다는 점에서 유보적인 입장을 취하지만 일부의 부여인들이 두막루로 들어갔을 가능성은 있다고 보았다.(박경철, 「또 다른 부여 동부여와 작은 부여 두막루」, 『고조선 · 단군 · 부여』, 고구려연구재단, 2004)

은 늪지이며, 동이의 땅에서 가장 평평하고 넓다. 토지는 오곡에 적합하나 오과(五果)는 자라지 않는다."라고 해서 부여와 두막루의 강역이 완전히 일치하고 있음을 알 수 있다. 물론 『후한서』 「동이전」에 보이는 부여는 북부여를 가리키는 것이라 볼 수 있다. 앞 장에서 살핀 것처럼 만주 일대에서 이러한 조건을 가진 지역은 당연히 쑹넌평원의 오유르강 유역이다. 북부여가 쑹넌평원의 오유르강 일대를 중심으로 번성했고 이 지역에서 바이진빠오 문화가 번성할 수 있었던 배경에는 쑹넌평원의 흑토지대와 불가분의 관계를 가지고 있다. 즉, 이 지역은 당시 비교적 생산력이 낮았던 만주의 선주민들이 거주하기에 적합한 경제 조건을 가지고 있었기 때문이다. 따라서 두막루는 북부여의 땅으로 돌아가 옛 북부여를 재현하고 있다. 이와 관련해 두막루인들의 생활 풍습이 부여인들과 매우 유사했음을 다음의 사료를 통해 확인된다.

> 그 사람들은 크고 (몸집이) 크며, 성격은 강하고 용맹하고 신중하고 너그러우며, 노략질을 하지 않는다. 그 군장(君長)은 모두 6축(六畜)으로 관명(官名)을 삼았고, 읍락에는 호수(豪帥: 우두머리)가 있었다. 마시고 먹을 때는 또한 조(俎)와 두(豆)를 사용하였다. 마포(麻布)가 있는데 의복제도는 고(구)려와 비슷하나 폭이 크고, 그 나라의 대인(大人)은 금과 은으로 치장하였다. 형법은 엄하고 급하여 사람을 죽인 자는 사형에 처하고, 그 (죽인 자의) 집 식구를 몰수하여 노비로 삼았다. 풍속이 음란하고, 특히 투기하는 부인을 미워하여 투기한 자는 죽여서 시신을 그 나라 남산(南山)위에 (두어) 썩게 하였다. 여자의 집에서 (시신을) 가져가려면 소와 말을 보내야 내주었다. 혹 말하기를 본래 예맥(穢貊)의 땅이라고 한다.[74]

두막루의 풍습을 기술한 위의 기록은 『삼국지』「동이전」 부여조의 기술을 요약한 형태로 부여의 풍습과 두막루의 풍습은 대동소이함을 확인할 수 있다.[75] 이처럼 두막루가 북부여의 땅에 완전히 정착해 옛 모습을 재현할 수 있었던 배경은 무엇일까? 여기에는 두 가지 추론이 가능하다. 첫째는 부여인들이 동쪽으로 이동한 후에 이 일대에는 특정한 세력이 장악하지 않은 상태로 남아있었기 때문에 부여인들이 나하를 건너 옛 지역으로 돌아갔다는 것이다. 둘째는 부여가 북부여→동부여→졸본부여로 변모하며 이동해 갔음에도 여전히 북부여에는 부여인들이 잔존해 있었을 가능성이다. 실제로 대흥안령의 가샨동에서 출발한 탁발선비가 남하를 시작해 후일 북위를 건립했음에도 가샨동 일대에는 여전히 원주민들이 남아 있었던 것과 같은 현상일 수 있다. 가샨동에 남아있던 원주민들은 북위에 대해 여전히 동류의식을 가지고 있었고, 북위는 이들을 당시에 한대(漢代)의 음가인 선비(sian pie, 鮮卑)가 아니라 북위시대의 선비에 대한 음가로 실위(sirvi, 室韋)로 불렀다.[76] 부여가 국명이 두막루로 바뀌게 된 과정도 선비가 실위가 되는 과정과 유사한 변동을 거쳤을 것으로 보인다. 그런데 첫 번째 추론처럼 부여인들이 이동해 간 후에 이 지역에 특정한 세력이 없었을 가능성은 비교적 낮다. 따라서 부여인들의 이동 후에도 잔존하고 있던 부여인들이 예전의 방식대로 살아가고 있었을 것이다.

두막루가 부여를 계승하고 풍습을 이어가고 있었지만 시간이 지나면서 주변지역에서 크게 강성하고 있던 실위의 영향을 받을 수밖

---

74) 『위서』「두막루전」.

75) 김정배, 앞 논문, p.37.

76) 장지우허 앞 책, pp.67~70.

에 없었을 것이다. 당시 실위가 만주 전역으로 확장되면서 그들의 문화와 풍습 그리고 언어 등이 주변 지역에 영향을 미쳤다. 특히 두막루는 사방으로 실위와 경계를 점하고 있었으므로 누구보다 실위의 영향을 많이 받았고 이 과정에서 두막루의 언어는 실위어와 유사해졌을 가능성이 높다. 이러한 현상은 당시 실위 주변에 있던 대다수 선주민들이 겪었던 현상 중에 하나이다.[77] 따라서 두막루는 몽골계인 실위의 영향을 받아 급속히 변모해 갔고 당대에 이르면 달말실위(達末室韋)로 변화되었으며 더 이상 두막루(달말루)는 사서에 등장하지 않게 되었다. 『신당서』에 의거하면 달말실위의 범위는 오유르하 및 눈강현(嫩江縣)의 동쪽, 소홍안령의 서쪽에 있었기에 두막루는 달말실위의 한 형태가 되었을 가능성이 크다.[78]

2) 복여위

두막루 이후 역사 기록에서 부여라는 명칭이 사라졌다가 다시 등장하게 된 때는 여진족이 세운 금나라 시기이다. 『금사』에서 등장하는 부여 명칭은 다음과 같다.

> 포여로(蒲與路)는 국초에 만호(萬戶)를 설치했다가 해릉(海陵) 때 만호를 파하고 이어 절도사(節度使)로 고쳤다.[79]
>
> 신축(辛丑)에 오고적렬부(烏古迪烈部) 및 포욕로(蒲峪路)에서 진주를 샀다.[80]

77) 장지우허 앞 책, pp.192~205.
78) 張錫彤 等, 『中國歷史地圖集』, 中央民族學院出版社, 1988, p.79 : 津田左右吉, 「室韋考」, 1915 p.22 : 張博泉, 『東北地方史稿』, 吉林大學出版社, p.197.
79) 『금사』 「地理志」.

오고적렬 통군사(統軍司)를 후에 초토사(招討司)로 승격시켰는데 포여로와 가까이 있었다.[81]

위 기록에 나오는 '포여'는 포욕(蒲峪)이라고도 하는데 모두 부여를 가리키는 한자어 표기이다. 특히 『흠정만주원류(欽定滿洲源流)』에서는 '포욕'을 '부여'라고 고쳐 기록하면서 『원사』의 포욕로 표기는 금의 '포여'에서 유사한 음으로 표기한 것인데 본래 원에서는 포욕로가 없었으므로 금에서 유래하였음을 밝히고 있다.[82] 이것은 금대의 '포여' 또는 '포욕'이 '부여'로부터 유래하였음을 내포하는 말이다. 위의 기록에서 금나라 초기 포여로에 만호를 설치해 북방지역 군사 거점으로 활용했음을 확인할 수 있다. 『금사』「지리지」에 따르면 포여로의 관할 범위는 현 내몽골 오로촌족 자치기(鄂倫春族自治旗), 모린다와 다구르족 자치기(莫力達瓦達斡爾族自治旗), 헤이룽장성 이춘(伊春)지구, 눈강지구 북부와 외흥안령 일대에 이르는 광범위한 지역이었다. 포여로의 치소는 오유르하 남쪽에 있었는데 언제 조성되었는지 확실히 알 수 없는 성터가 남아 있다. 성의 둘레는 2,850km이고 동서 길이는 1,100km에 이른다. 이 성을 적극적으로 이용했던 이들은 여진인들이었다. 성터에서 '포욕로인(蒲峪路印)'이라고 새겨진 금대 관인이 출토된 점으로 보아 이 성이 금대 포욕로의 치소로 활용되었음을 알 수 있다. 또한 성터에서는 각종 무기류와 그릇, 골각기류, 기와 등이 출토되어 당시 북방 군사행정과 민정에서 주요한 역할을 했음을 알 수 있다. 앞서 살핀

80) 『금사』 권5 「海陵紀」 天德4년 11월조.
81) 『금사』 「地理志」.
82) 『欽定滿洲源流』, 「疆域 · 夫餘路」.

것처럼 오유르하 일대에는 많은 소택지들이 조성되어 있고 '오유르' 라는 이름이 침수지를 가리킨다고 할 정도로 이 일대는 많은 비가 내린다. 그런데 이 성 안은 침수되는 일이 없어서 안정적인 활동이 보장되었고, 성 안의 토지들은 한결같이 비옥하였기에 고대로부터 선주민들의 거주지가 되기에 적합했다고 볼 수 있다.[83)]

몽골제국시기 금대의 포욕로 일대는 칭기스칸의 말제(末弟)인 테무게 옷치긴에게 분봉되었다. 칭기스칸의 초기 분봉에서 테무게 옷치긴이 흥안령의 동쪽과 서쪽 지역을 분봉받은 후 옷치긴 왕가는 점차 세력을 확장해 만주 일대를 세력권으로 했다. 옷치긴 왕가의 초기 중심 오르두는 쿨룬 부이르맹 에웽키 자치기의 휘솜(輝蘇木)에 있는 바얀울(Bayan uul)성에 있었다. 이후 옷치긴의 후손 톡타는 중심 오르두를 동쪽의 태령로(泰寧路)로 옮겨 만주에 대한 지배력을 강화시켜 나갔다.[84)] 대원제국 시기에 금대의 포욕로는 회역이(灰亦爾)로 불리었는데 이 역시 부여에 대한 대원시기 한자 음역명이다. 지방행정기구 상으로는 요양행성(遼陽行省) 개원로(開元路) 관할 하의 회역이천호소((灰亦爾千戶所)였지만 이곳을 중심 오르두로 하고 있던 옷치긴 왕가는 대원제국 내내 이 지역에 대한 지배권을 가지고 있었다.

한편, 명군의 공격을 피해 북상한 대원제국은 급격히 쇠퇴하였고 결국 1388년에 아릭부케의 후손 이수데르가 마지막 대칸이었던 토구스 테무르를 제거하고 즉위하면서 대원제국은 소멸되었다. 새롭게 즉위한 이수데르는 몽골체제의 회복을 선언하면서 국호를 '예케 몽골(Yeke Mongol)'로 바꿨고[85)], 몽골을 전통적인 유목국가 상태

83) 王禹浪, 2011, p.19.
84) 윤은숙, 『몽골제국의 만주지배사』, 소나무, 2010, pp.51~64.

로 회귀시켰다. 이 시기 만주에 남아있던 최후의 몽골 세력이었던 옷치긴 왕가의 아자스리(Ajasri)는 다른 동방왕가들과 함께 1388년 11월에 명에 항복했다.[86] 최종적으로 남아 있던 동방3왕가로 대표되는 만주 세력의 항복으로, 요동을 장악한 주원장은 1389년 5월에 태령(泰寧)·두안(朶顔)·복여(福餘) 3위(衛) 지휘사사(指揮使司)를 설치하고 이를 우량카이 3위(Üriyangqai, 兀良哈 3衛)라고 명명했다.[87] 비록 동방왕가가 명에 항복해 우량카이 3위가 설치되었으나 명은 이 지역을 실질적으로 통치할 수 없었다. 따라서 이 일대는 여전히 동방왕가의 통치력이 강하게 작용하고 있었고 우량카이 3위는 자신들의 필요에 따라 명과 몽골 모두와 우호관계를 가지면서 독립적인 지배권을 유지하였다.[88]

우량카이를 구성하는 태령위·두안위·복여위는 비록 명에 의해서 성립된 기구이지만 그 명칭의 연원은 북방적인 요소로 가득하다. 우량카이라는 명칭은 타안 즉 두얀위 스스로 자신들을 우량카이(Üriyangqai)라고 한 것에서 연유했다. 이와 관련해 1389년 투항한 동방왕가 중 카치온 왕가의 토쿠차르(Toqüchar)는 "우량카이(兀良罕) 임목(林木) 백성들은 칭기스칸의 분봉이래 예케 두얀 운두르(Eke döyan Ündür, 額客多延溫都兒)·촐 무렌(Chöl müren, 搠木連) 등지에서 거주했다."[89]라고 해서 자신들을 우량카이라고 했음을 밝히고 있다. 또한 두안위의 명칭은 예케 두얀 운두르에서 연원한 것으로 이들은 이 예케 두얀산을 중심으로 활동하였다. 이곳은 현재

85) 尹胼(峨岷山人)『譯語』記錄匯篇, 野克莽官兒.
86)『明太祖實錄』권194, 홍무 21년 11월조.
87)『明史』권3,「太祖本紀」권3, 홍무22년 4월, 5월조.
88) 윤은숙,「14-15세기 우량카이 3衛와 몽골·明 관계」,『明清史研究』43, 2015.
89)『華夷譯語』, pp.96~97.

눈강의 지류인 촐(Chöl)강의 북쪽으로 대싱안령의 남쪽 기슭에 해당되는 곳이다. 태령이란 명칭은 본래 금대의 행정구역이었던 태주(泰州)를 1315년에 태령부(泰寧府 : 현 지린성 洮南縣 부근)로 고치면서 처음 등장하였다. 또한 1317년에는 태령부를 태령로(泰寧路)로 승격시키고 태령현을 설치하였다.[90] 이러한 일련의 행정구역 개편은 옷치긴 왕가의 후손 톡토가 중심 오르두를 태령 일대로 옮기면서 왕가의 격에 맞게 승격시키는 과정에서 발생했다. 이로부터 옷치긴 왕가의 중심 오르두는 태령 일대였고 원이 소멸된 후에도 옷치긴의 후손들은 여기를 거점으로 활동하였다. 태령위의 태령은 옷치긴 왕가의 아자스리의 통치 지역이었던 태령으로부터 파생된 것이다.

복여위의 '복여'는 부여에 대한 한자 음역명으로 고대로부터 이어져 내려온 부여에 대한 다른 표기법이다. 『화이역어(華夷譯語)』에서도 '복여'를 몽골어 표기로 'fuyur'로 기술하고 있어서 복여가 부여와 동음표기임을 드러내고 있다. 이것은 부여라는 고대 명칭이 만주에서 사라지지 않고 14세기 말까지도 계승되고 있음을 보여주는 사례이다. 이것과 관련해 복여위의 위치를 살펴보면 다음과 같다.

> 홍무(洪武) 22년 태령 · 두안 · 복여 3위지휘사사를 설치하고 그 두목에게 각자 무리를 통령케 해 서로 성원케 했다. 대령(大寧)에서부터 앞으로 나가 희봉구(喜峰口)에 이르고, 선부(宣府) 가까이 이르기까지를 두안이라 하고, 금(錦) · 의(義)부터 광령(廣寧)을 거쳐 요하에 이르기까지를 태령이라 하며, 황니와(黃泥窪)로부터 심양 · 철령을 넘어 개원에 이르기까지를 복여라고 했다.[91]

90) 『원사』 권25-26,「仁宗本紀」 연우 2년 8월조 · 4년 2월조.
91) 『명사』 권328, 열전 216, 외국 9.

황니와로부터 심양, 철령을 넘어 개원에 이르는 지역은 대체로 금대의 포여로의 범위였던 남쪽으로 상경에 이르는 670리, 동남으로는 호리개(胡里改)에 이르는 1,400리 북쪽으로는 북변계(北邊界) 화로화동모극(火魯火瞳謀克)에 이르는 3,000리의 범위와 대체로 일치한다. 이 일대는 대흥안령의 동쪽 쑹넌평원 일대를 가리킨다. 복여위의 중심지는 북부여와 두막루 그리고 포여로의 중심지가 있던 오유르강 일대에 있었다.[92]

5. 맺음말

지금까지 북부여의 위치와 만주에서의 부여 명칭의 유래와 계승관계를 분석하고 이를 통해 북부여의 실체에 접근해 보았다. 이상의 논의에서 도출된 결론을 정리해 보면 다음과 같다.

첫째, 부여는 북부여→동부여→졸본부여로 이동하면서 변모되었기에 북부여의 활동공간은 다른 부여들과 차이가 발생할 수 있다. 두막루가 나하를 건너 옛 북부여의 땅으로 돌아갔다는 사료를 중심으로 북부여의 위치를 비정해 보면 북부여는 눈강과 제1쑹화강이 만나는 쑹넌평원 일대에 있었다. 특히, 주기적으로 범람을 반복했던 오유르강 일대는 비옥한 토지를 형성해 고대 만주 선주민들에게 안정적인 생활환경을 제공했다. 쑹넌평원 최대의 청동기 문화를 형성한 바이진빠오 문화도 오유르강 일대를 중심으로 나타났고, 북부여 또한 이러한 천혜의 자연조건을 배경으로 번성했다. 광활한 흑

---

92) 吳文銜, 「關于明初兀良哈三衛的几个問題」, 『求是學刊』 1988-4, pp.87~88.

토지대를 형성한 쑹넌평원의 지형적 특성상 북부여인들은 농경과 목축을 병행했다. 농·목 병행의 시너지 효과를 통해 강력한 세력으로 부상한 북부여는 이후 세력을 동쪽으로 확장해 갈 수 있었다.

둘째, 중국 사서에 등장하는 '부여'라는 이름은 고정된 형태가 아니다. 시대에 따라 한자음의 표기법이 변했기 때문에 부여는 부루(部婁), 부루(附婁), 부루(符婁), 포욕(浦浴), 부유(皃臾), 부여(扶餘), 부유(符兪) 등으로 다양하게 표기되었다. 부여 이름의 유래에 대해 학계에서는 다양한 주장들을 제기했는데, 대체로 지형적 특성이나 샤머니즘적 세계관과 관련이 있다고 보았다. 지형적 특성에서 유래했다는 주장은 쑹넌평원의 광활한 구릉지대와의 연관성, 쑹넌평원을 관통하는 오유르 강 또는 녹산과 관련된다는 것 등이 있다. 샤머니즘적 세계관과 관련해서는 북방민족의 사슴 숭배와 연관해 사슴을 가리키는 단어가 퉁구스어 'buyu', 여진어 'buyo', 만주어 'puhu', 몽골어 'buga' 등으로 부여(buyu)와 유사하다는 점을 들고 있다.

셋째, 부여 멸망을 전후로 이산을 시작한 부여인들 중 일부가 옛 북부여 지역으로 이동해 자신들을 두막루라고 했는데 막루나 막려, 말루 등이 모두 부여라는 원음이 시대에 따라 다양한 한자어로 전사된 것이므로 두막루 역시 부여가 된다. 북부여의 후예를 자처한 두막루는 주변에 있던 실위의 영향을 강하게 받으면서 점차 달말실위라는 이름으로 변모했다. 두막루 이후 역사 기록에서 부여라는 명칭이 사라졌다가 부여 명칭은 금대에 '포여' 또는 포유, 포욕이라는 이름으로 재등장한다. 몽골제국시기 이 지역은 칭기스칸의 말제 가문인 옷치긴 왕가의 분봉지역이 되었고 원대의 명칭도 부여와 유관한 회역이천호소로 불리었다. 옷치긴 왕가가 1388년 11월에 명에 투항한 이후 이 지역의 명칭은 복여위로 불렀는데 역시 부여의 한자음이다. 이것은 부여라는 고대 명칭이 만주에서 사라지지 않고 14세기 말까지도 계승되고 있음을 보여주는 사례이다.

〈참고 문헌〉

『三國史記』, 『三國遺事』, 『論衡』, 『後漢書』, 『魏書』, 『北史』, 『新唐書』, 『譯語』, 『遼史』, 『金史』, 『元史』, 『明太祖實錄』, 『明史』, 『華夷譯語』, 『盛京通志』, 『明一統志』, 『欽定滿洲源流』, 『大清一統志』

라시드 앗딘 저, 김호동 역주, 『부족지』, 사계절출판사, 2002.

유원수 역주, 『몽골비사』, 사계절, 2004.

곽진석, 『시베리아 만주 · 퉁구스족 신화론』, 지식과 교양, 2011.

金毓黻, 『김육북의 동북통사』, 동북아역사재단, 2007.

김철준, 『한국고대사회연구』, 지식산업사, 1975.

孫進己 지음, 林東錫 역, 『東北民族源流』, 東文選, 1992.

윤은숙, 『몽골제국의 만주지배사』, 소나무, 2010.

이복규, 『부여 · 고구려 건국신화 연구』, 집문당, 1998.

장지우허 씀, 북방사연구팀 옮김, 『몽골인 그들은 어디서 왔나?』, 소나무, 2009.

干志耿 孫秀仁, 『黑龍江古代民族史綱』, 黑龍江人民出版社, 1986.

健才, 『東北史地考略』, 吉林文史出版社, 1986.

高波 主編, 『東北三江流域古代城址』, 黑龍江教育出版社, 2011.

董萬侖, 『東北史綱要』, 黑龍江人民出版社, 1987.

李健才, 『東北史地考略』, 吉林文史出版社, 1986.

史爲樂, 『中國歷史地名大辭典』, 中國社會科學出版社, 2005.

張博泉, 『東北地方史稿』, 吉林大學出版社, 1985.

張錫彤 等, 『中國歷史地圖集』, 中央民族學院出版社, 1988.

趙玉霞, 『蒙古之源-呼倫貝爾』, 內蒙古文化出版社, 2010.
井上秀雄, 『東アジア民族史』, 平凡社, 1974.

김효정, 「튀르크 설화 속에 나타난 사슴 모티브 연구」, 『한국중동학회논총』 26-2, 한국중동학회, 2006.
박경철, 「또 다른 부여 동부여와 작은 부여 두막루」, 『고조선 · 단군 · 부여』, 고구려연구재단, 2004.
백승정·박원길, 「몽골 청동기시대 장식용품에 나타난 문양디자인 고찰-특히 사슴돌문양의 시공(時空) 인식체계를 중심으로-」, 『몽골학』 33, 몽골학회, 2012.
송호정, 「고구려의 족원과 예맥」, 『고구려발해연구』 27, 고구려발해학회, 2007.
송호정, 「부여사람들은 어떤 사람들이었을까」, 『고조선 · 단군 · 부여』, 고구려연구재단, 2004.
송호정, 「扶餘의 國家形成 過程과 文化 基盤」, 『北方史論叢』 6, 동북아역사재단, 2005.
송호정, 「부여의 성립」, 『한국사』 4, 국사편찬위원회, 1997
兪泰勇, 「豆莫婁國興亡史研究試論」, 『白山學報』 70, 백산학회, 2004.
윤은숙, 「14-15세기 우량카이 3衛와 몽골 · 明 관계」, 『明淸史硏究』 43, 명청사학회, 2015.
이성제, 「부여와 고구려의 관계사에서 보이는 몇 가지 쟁점-서진과 동이교위 그리고 전연의 역할을 중심으로」, 『부여사와 그 주변』, 동북아역사재단, 2008.
이종수, 「송눈평원지역 청동기문화의 특징과 교류양상 검토 -백금보문화를 중심으로」, 『요하문명의 확산과 중국 동북지역의 청동기문화』, 동북아역사재단, 2010.
장석호, 「한국 선사 시대 암각화의 양식 연구 -대곡리 암각화를 중심으로」, 『역사민속학』 16, 역사민속학회, 2003.

張泰湘, 「눈강유역 원시문화의 초보적 연구」, 『백산학보』 59, 백산학회, 2001.

조법종, 「신화가 들려주는 부여 건국 이야기」, 『고조선 · 단군 · 부여』, 고구려연구재단, 2004.

조법종, 「청산별곡에 나타난 새와 사슴의 한국고대 종교문화적 전통」, 『한국고대사연구』 14, 한국고대사학회, 1988.

崔南善, 「兒時朝鮮」, 『六堂崔南善全集』2, 玄岩社, 1973.

최혜영, 「고대 로마와 동북아시아의 신화 분석: 늑대와 새-건국신화 비교를 통한 고대 지중해 세계와 동북아시아의 문명교류의 가능성-」, 『지중해지역 연구』 98, 부산외국어대학교 지중해지역원, 2005.

吳文銜, 「關于明初兀良哈三衛的几个問題」, 『求是學刊』 1988-4, 1988.

王禹浪, 「烏裕爾河流域的歷史與文化-以北安市爲中心」, 『哈爾浜學院學報』 32-7, 哈爾浜學院, 2011.

李德山, 「夫餘起源新論」, 『社會科學戰線』 1991-2, 吉林社會科學院, 1991.

張博泉, 「北夫餘與東夫餘史地考略」, 『史學集刊』 1999-4, 吉林大學, 1999.

張士東, 「"夫餘"與"句麗"語義考釋」, 『東北師範大學報』 2010-6, 東北師範大學, 2010.

張士東, 楊軍, 「夫餘族名的音與義」, 『黑龍江民族叢刊』 2010-6, 黑龍江民族出版社, 2010.

趙欣, 「千百年來"夫餘"其名多論爭, 古往今來, "夫餘"解義皆不同 談古夫餘族與"夫餘"地名」, 『中國地名』 2011-10, 2011.

馮家昇, 「豆莫婁國考」『禹貢』半月刊第一 · 二 · 三合期, 1937.

胡本榮·梁禎堂·謝永剛, 「松花江干流名稱的歷史演變和源頭的變革」, 『水利水電技術』 1996-9, 水利發展研究中心, 1996.

白鳥庫吉, 「濊貊民族の由來を述べて, 夫餘高句麗及び百濟の起源に及ぶ」, 『白鳥庫吉全集』 3卷, 岩波書店, 1970.

池內宏, 「夫餘考」, 『滿鮮地理歷史研究報告』 13, 1932.

호리 부랴트 기원설화에 나타난 샤머니즘적 세계관

이안나(한국외대)

1. 머리말

호리 부랴트의 고니 여인 설화는 신화, 전설의 성격을 띠며, 세계에 널리 퍼져 있는 광포설화 가운데 하나이다. 이 이야기는 한국의 〈나무꾼과 선녀〉계 설화와 내용이 매우 유사해 이에 대한 전파 문제나 구조, 내용을 비교하는 연구, 민족의 연원을 논하는 한 자료로 사용되기도 했다. 이 설화는 설화학에서는 '백조처녀 설화'(swan maiden tales)로 구분된다. 한국에서는 '금강산 여인 전설', 중국에서는 '곡녀(鵠女) 전설', 일본에서는 '우의(羽衣) 전설'이라고 하는데, 최상수는 이 설화가 호주를 제외한 전 세계 각 지역에 빠짐없이 광포되어 있다고 언급했다.[1)]

고대에 새 숭배는 보편적인 신앙의 하나였으며, 고대로부터 "천

1) 최상수, 「백조 처녀 설화의 비교 연구-한국 주변의 민족설화를 중심으로-」, 『민속학보』 2, 한국민속학회, 1957, p.3.

상의 새들은 신성한, 혹은 비밀스런 지혜의 보유자로 여겨지기도 했다."[2] 특히 철새는 이승과 저승 그리고 인간 세계와 신의 세계를 넘나드는 신조(神鳥)로 생각했으며, [3] 인간의 영혼 그 자체로 여겨지기도 했다. 새 가운데 물새와 철새가 중요한 자리를 차지하는데, 물새는 하늘, 땅, 물(3계)을 그 활동 영역으로 하고 있기 때문에 하늘과 땅만을 활동 영역으로 삼는 일반 새들보다 종교적 상징성을 좀 더 많이 함유해 왔다.[4] 물새 내지 철새 가운데 부랴트, 오이라드 인들은 고니를 자신들의 시조모(始祖母)라 하여 매우 특별하게 숭앙해 왔다. 부랴트에서는 고니가 날아오면 '하늘의 문이 열리는' 시기로 여기고, 자작나무(9-81그루까지)를 심고 차나르 의례(샤먼 승급의례)와 소주를 내리는 의례 즉 조령 및 시조(始祖)를 숭앙하는 큰 의례를 베푼다.[5] 또 호리 부랴트인들은 중춘(음력2월)에 '차찰린 바야르'(цацалын баяр: 일종의 고수레 의례)를 행하는데, 이것은 먼 남쪽 지방에서 축복을 가지고 오는 백조로부터 복을 받아 풍요로움과 평화, 즐거움의 많은 행복이 있기를 기원하는 의례이다.[6] 한편 샤먼들은 고니가 돌아갈 때 하늘이 문이 닫힌다고 하여 제의나 의례를 더 이상 행하지 않았다.[7]

---

2) 니콜라스 J.손더슨, 『동물의 영혼』, 강미경 옮김, 창해, 2002, p.50.
3) 이필영, 『솟대』, 대원사, 1991, p.67.
4) 위의 책, p.64.
5) С.Дулам, 『Зүүд, зөн совингийн бэлгэдэл зүй, цагийн бэлгэдэл зүй』, УБ, 2002, p.161.
6) 게.강토그토흐, 「몽골의 세시풍속」, 『몽골의 무속과 민속』, 월인, 2001, p.304.
7) С.Дулам, 『Монгол тооны бэлгэдэл зүй』, УБ, 2007, p.56. 호리 부랴트인들은 날아가는 고니 소리를 인사로 여겨 그 화답으로 '안녕'하고 소리친다. 또 가을철 고니가 대열을 이루고 따뜻한 나라로 돌아갈 때 그 뒤에서 가축의 젖을 뿌려 올리며 가는 길에 무사하기를 축복하고 다음해 봄이 되기까지 행복하

이렇게 물새이자 철새인 고니는 계절을 알리는 지표로 역(曆)과 밀접한 관련을 갖고 신앙시되었다. 고대에는 한 해를 4계절이 아닌 온기(溫氣)와 한기(寒氣)로 나누고, 두 반년 사이의 경계 날을 날짜의 기준으로 삼았던 전통들이 여러 나라에 있었다.[8] 부랴트인들 사이에 오는 새를 보고, 가는 새를 보지 말라는 말은 하늘의 문이 열리고 닫히는 큰 절기에 부합하는 말이라 할 수 있으며,[9] 고니가 돌아오면 따스한 복을 가지고 온다고 여긴 것은 이러한 역(曆) 관념과 관련되는 것으로 볼 수 있다. "새는 원시선민들에게 있어서 하늘과 인간을 이어주는 사자(使者)"[10]이자, "빛과 열을 가져다주는 태양의 대용물로도 된다. 그리고 봄과 가을, 계절의 바뀜을 정확하게 맞추어 오가는 새들은 또한 원시선민들의 농경과 어렵, 제의 등에도 정확한 시간을 알려주는 정보의 수송자 역할을 했다."[11] 이처럼 새는 계절과 관련된 실제적인 효용성과 더불어 그 상징적 의미로 오랜 세월 인간의 신앙의 대상이 되어 왔다.

"하늘에 사는 여신은 물을 다스렸기 때문에 새, 특히 물새의 형상을 자주하였으며,"[12] 이는 풍요와 다산의 상징성을 띠고 여러 민족들 사이에서 널리 신앙되었다. 신석기 시대 여신-새는 하늘여신이었으며, 실제로 고대 동방에서는 여신을 '하늘의 여주인'이라고 부르기도 했다.[13] 태양숭배의 관점에서 보면, 태양은 새로 생각되

게 지낼 수 있는 복을 남겨주기를 기원했다(Х.Сампилдэндэв, 『Малчин ардын зан үйлийн уламжлал』, УБ, 1985, p.50)

8) 아리엘 골란, 『선사시대가 남긴 세계 모든 문양』, 푸른역사, 2004, p.614.

9) С.Дулам(2002), 앞의 책, p.161.

10) 공광철, 「동북아 백조처녀형 설화의 유형과 구조 비교-한국, 중국, 일본 전승 설화를 대상으로-」, 부경대학교 박사논문, 2014, p.37.

11) 위의 책, p.37.

12) 아리엘 골란, 앞의 책, p.731.

거나 혹은 태양이 '떠나는' 가을에 날아가서 태양이 '돌아오는' 봄에 날아오는 물새와 관련되었다.[14] 부랴트 설화 속의 물새이자 철새인 고니는 이러한 고대 '여신숭배', '새 신앙' 및 '태양숭배' 관념을 아우르고, 그 의미가 샤머니즘에 흡수되어 부랴트인의 근원적인 세계관과 존재론에 깊이 자리매김해 왔다.

지금까지 고니 설화에 대한 적지 않은 비교 연구들이 있어 왔다.[15] 일찍이 손진태(1947)는 '백조소녀 전설'에 대한 논의에서 중국, 몽골, 만주, 조선의 설화를 비교하고, 고니가 천정을 뚫고 날아갔다는 부분을 들어 한국의 백조소녀 전설이 부랴트 설화에 영향을 받은 것으로 보았다. 또 내용적으로 몽골의 것이 가장 원시적이요, 만주의 것은 몽골의 것과 서로 전파 관계가 농후하나 중국과 조선의 것은 매우 후세적이요, 특히 조선의 것은 복잡하다고 언급했다.[16]

최상수(1957)는 각국의 백조 처녀 설화를 비교하면서 이 설화가 물과 관련되어 있음과 수욕(水浴)을 하는 점으로 보아 수렵시대 수욕을 습관으로 하는 남방(南方) 지방이 그 발생지가 아닐까 하는

---

13) 위의 책, p.816.

14) 위의 책, p.731.

15) 〈나무꾼과 선녀〉 유형의 다양한 연구 자료는 장장식 논의 참조(장장식, 「〈나무꾼과 여인 설화〉의 비교 연구」, 『몽골 유목민의 삶과 민속』, 민속원, 2005, pp.228~231)

16) 손진태, 『한국민족설화의 연구』, 을유문화사, 1981, pp.194~198. 만주 태조 애신각라 부쿠리옹순의 탄생담을 보면, 장백산 동북쪽 포고리산 아래 포아호리라는 연못이 있었다. 이곳에 하늘에서 내려온 세 선녀가 목욕을 하였는데, 그 이름은 은고륜, 정고륜, 불고륜이라 했다. 이들이 목욕을 마치고 언덕에 올랐는데, 신작(神鵲)이 붉은 과일을 불고륜의 옷 위에 두어 그녀가 그것을 먹고 임신을 하였다. 불고륜은 지상에 남아 아들을 낳았는데, 아이는 신이한 성장을 보인다. 이 아이가 만주의 시조왕이 되는 애신각라 부쿠리옹순이다.(http://ko.mythology.wikia.com/wiki/ 참조)

견해를 제시했다.[17)]

장장식(2005)은 한·몽 고니 설화의 비교 논점에서 한국의 여인이 어느 정도 변화 가공된 천상적 인격이라면, 몽골의 수렵과 관련된 고니는 자연적 인격으로 볼 수 있으나 고니가 11씨족의 자식들을 낳았다는 면에서 자연적 인격이라고만 할 수 없다고 보았다. 한편 고니 설화가 차용 가능성이 적은 족조 설화라는 점에서 그 발생지가 바이칼 호수를 중심으로 하는 북방 지역일 개연성이 높다고 보았다. 한편 여인의 옷을 훔치는 모티프는 약탈혼의 잔영일 수 있다는 견해를 제시했다.[18)] 그러나 이 설화는 광포설화로 인도를 비롯한 세계 여러 나라에 분포해 있기 때문에 한국과 몽골 등 몇 나라의 예를 통해 이 설화의 기원을 바이칼 호수 지역의 북방지역으로 비정하는 것은 무리가 있다고 본다.

박환영(2010)은 부랴트 고니설화인 〈호리투메드 메르겡〉 설화를 역사·지리적 측면과 민속적인 측면에서 접근하고, 이름, 친족어, 생업 그리고 주거 공간 등에 내재한 다양한 문화기호를 통해 유목문화의 특징을 살펴보았다.[19)]

박원길(2013)은 한·몽 두 민족의 연결고리를 찾기 위한 시도로 호리-부랴트 씨족의 기원설화의 여러 이본들을 비교하여, 바르가-바아타르-다이친-노욘 설화만이 고대 몽골족과 연관을 가지며, 그 밖에 설화들은 호리-투메드라는 부족이나 호리다이-메르겐이라는

---

17) 최상수, 앞의 논문, pp.15~16.

18) 장장식, 앞의 책, pp.257~259. 장장식, 「몽골 '호리 투메드 메르겐 신화'의 문화사적 의미-한국·만주의 〈나무꾼과 여인형 설화〉와의 비교를 통해-」, 『동아시아문화예술』 제4집, 2007, pp.18~19.

19) 박환영, 「〈호리투메드 메르겡〉 설화로 유목문화 이해하기」, 『몽골 유목문화 연구』, 역락, 2010, pp.71~99.

인명을 제외하고는 몽골족 설화와 연관이 없으며, 오히려 한국의 고니소녀설화와 유사하다고 보았다.[20] 그러나 부랴트 역시 몽골족이며, 역사 기록에 전하는 고대 서사들은 매우 제한적이기 때문에 전체적인 것을 판단하기는 어렵다. 또 부랴트 신화, 전설을 보면 『몽골비사』에 나타나는 몽골인의 원조상인 부르테 촌(Бөртэ чоно)이 부랴트의 바르가 바타르의 선조로 묘사되며, [21] 바르가 바타르의 아들이자 고니 여인의 남편인 호리다이 메르겐이 『몽골비사』에 호릴라르다이 메르겐으로 비정되고 있는 것[22] 등을 보아도 호리다이 메르겐과 관련된 고니설화가 몽골족 설화와 관련이 없다고 말하기는 어렵다.

공광철(2014)은 동북아의 고니 처녀형 설화의 형성과 전승에 대한 논의에서 중국 내륙지방의 한족들 사이에서 전승되는 중원계 백조처녀 설화는 농경생산의 생활방식을 바탕으로 하고, 중국 남부, 티베트, 베트남 등지의 남방계 설화들은 불교의 영향으로 형성되어 있어 불전설화(佛典說話)로 볼 수 있는 반면 중국 북부, 시베리아 등지의 북방계 고니 설화는 수렵을 위주로 하는 수렵민족과 유목민족들의 생활을 바탕으로 하며, 이들 설화들은 새토템 사상과 북방 샤머니즘 등의 원시 종교사상의 흔적을 다분히 나타낸다고 보았다.[23] 부랴트 고니 여인 설화는 이러한 북방계 설화의 성격을 뚜렷이 보여준다.

체.담딩수렌(1977)은 세계 여러 나라의 '하늘 선녀' 설화를 소개

---

20) 박원길, 「몽골지역에 전승되는 고대 한민족관련 기원설화에 대하여」, 『몽골학』 제34호, 2013, p.75.

21) Х.Сампилдэндэв, 『Монгол домгийн чуулган』, УБ, 1999, p.14.

22) Д.Дамдинжав, 『Барга буриадын түүхийн сэдэв』, УБ, 2012, p.11.

23) 공광철, 앞의 논문, pp.39~40.

하고, 2000년 전 인도 작가들이 '하늘 선녀' 설화의 한 이본을 이용하여 산스크리트어로 〈마니바드라 왕 이야기〉라는 제목의 부처 전기를 썼고, 이 이야기는 티베트어로 번역되어 대장경에 수록되었으며, [24] 다시 몽골어로 번역된 〈마니바드라 왕 이야기〉 또는 〈마노하리 여신 이야기〉가 부랴트, 할리막 지역에 기록문학과 구비문학 형태로 널리 전파되었다고 했다.[25] 그러나 세계 여러 나라의 광포되어 있는 고니 선녀 이야기가 모두 인도에서 비롯되었다고 할 수는 없다는 견해를 표명했다.[26] 또 〈마니바드라 왕 이야기〉는 계급사회를 반영하며, 이는 왕과 귀족 계급에 대한 민중의 저항문학의 한 형태로 발전한 데 반해, 부랴트의 '호리오도이 메르겐'(Хориодой мэргэн) 설화는 계급이 존재하거나 작은 규모로 분화되었던 시기에 신앙의 대상인 토템에서 기원한 설화라고 언급했다.[27] 이러한 견해는 부랴트 설화가 고대의 신화적 성격을 띠는 오랜 연원을 가진 설화임을 말해준다.

부랴트 연구자 토이.갈산(Той.Галсан)은 고니 여인 신화 연구를 바탕으로 호리 부랴트와 고대 부여는 고니를 신앙하는 면이 같고, 고대 두 종족은 기원과 신앙적인 면에서 원래 하나였다고 보았다.[28] 그 뒤를 이어 부랴트 연구가 데.담딩자브(Д.Дамдинжав)는 호리 부랴트 안에 부여족, 바르가 부랴트, 아가 부랴트가 포함된다 하여, 부여를 호리 부랴트의 한 갈래로 이해하는 견해를 제시했다.[29] 그러나 부여에 고니 토템이 있었다는 자료가 없고, 〈동명왕〉

24) Ц.Дамдинсүрэн, 『Монгол уран зохиолын тойм』II, УБ, 1977, pp.411~484.
25) 위의 책, p.412.
26) 위의 책, p.435.
27) 위의 책, p.484.
28) Той.Галсан, 『Буриадын язгуур домгийн товчоон』, УБ, 1998, p.27.

편에 해모수가 하늘에서 내려올 때 오룡거(五龍車)를, 종자 백여 인은 모두 흰 고니를 타고 내려왔다는 기사가 전하기는 하지만[30] 이 내용만으로 고니를 토템으로 신앙했다고 보기는 어렵다. 해모수가 내려올 때 머리에 오우관(烏羽冠)을 썼다는 기록을 통해 보면 오히려 '까마귀'를 신앙했던 자취를 읽을 수 있다. 또 중국의 『동북속문화사』에는 '동북에서 제일 오랜 부여족의 신화에 '부'(鳧)를 씨족의 토템으로 삼고 있으며, 부는 물새의 한 종류이다.'라고 언급하고 있는데, [31] '부'는 사전적인 의미로 '오리'를 뜻한다.

세계 여러 나라의 선녀 이야기에 모두 새 특히 고니가 등장하는 것은 아니며, 각 나라의 자연환경에 따라 다른 종류로도 나타난다. "자연계의 동식물에 대한 숭배는 한 민족이 장기적으로 생활하는 지역 및 환경과 관계된다."[32]고 할 수 있는데, 몽골의 경우 선녀나 고니 대신 오리나 사슴 등이 나타나는 것도 이와 관련이 있다. 또 사회적 환경이나 시대적인 요인에 의해서도 변형되는데, 그 한 예로 카자흐족의 예디게이(Едигей)에 관한 서사시에는 주인공으로 이슬람교의 승려 바바-토클라스(Баба-Туклас)가 등장한다.[33]

다양한 이본들이 있지만 고니 여인 설화의 기본 구조는 하늘에서 새들(또는 선녀)이 날아와 여인이 되어 깃옷을 벗고 물속에 들어가 유영을 할 때 한 사냥꾼(나무꾼)이 날개옷 가운데 한 벌을 숨겨놓고, 그로 인해 한 여인이 하늘로 날아가지 못하고 인간 남자의

---

29) Д.Дамдинжав, 『Эрт үеийн буриад монголчууд』, УБ, 2007, pp.28~30.

30) 이규보 · 이승휴, 『동명왕편 · 제왕운기』, 박두포 역, 을유문화사, 1974, p.56

31) 王肯 等 著, 『東北俗文化史』, 春風文藝出版社, 1992, p.32(공광철, 「동북아 백조처녀형 설화의 유형과 구조 비교-한국, 중국, 일본 전승설화를 대상으로-」, 부경대학교 박사논문, 2014, p.32 재인용

32) 공광철, 앞의 논문, p.38.

33) Ц.Дамдинсүрэн(1977), 앞의 책, 1977, p.417.

아내가 되는데, 자녀를 낳은 뒤 깃옷을 입고 하늘로 올라간다는 것이다. 그밖에 여러 화소들은 그 지역의 자연환경, 사회적 상황 내지 관습, 설화적 흥미소 등에 의해 덧붙여지며 다양하게 확대, 변화되는 구조를 띤다. 본 논문에서는 지역 간 설화를 비교하는 방식을 지양하고, 이본 속에 나타난 호리 부랴트인들의 전통적인 샤머니즘 세계관과 그 의미를 신화·역사적 측면으로 살펴보고자 한다. 이는 향후 한국 문화의 연원을 연구하는 의미있는 기초 자료가 될 것이라 본다.

2. 호리 부랴트 기원설화의 신화성

신화적 성격이 두드러지는 호리 부랴트의 기원설화는 샤머니즘을 기반으로 하면서, 여성이 서사의 중심이 되는 구조를 띤다. 설화 속의 샤머니즘은 기존의 자연신앙인 토템신앙과 밀접한 관련을 갖는다. "토테미즘은 어업과 수렵에 기반을 둔 초기씨족사회의 이데올로기를 반영하며",[34] "자연숭배의 기초 위에서 모계사회제도의 수요에 의하여 발전되었다."[35] 프로이드는 토템에는 모계를 따라 세습되는 모계토템과 부계를 따라 세습되는 부계토템이 있는데, 처음에는 어디에서나 모계를 따라 세습되다가 나중에 후자에 의해 대체된 것 같다고 보았다.[36] 이러한 가정에 근거해 보면 호리 부랴트

34) 김성일, 「시베리아 소수민족 원형스토리 연구-부랴트 민족의 토테미즘을 중심으로-」, 청대학술논문집, 2015, p.102.

35) 王肯 等 著, 앞의 책, pp.30~31(공광철, 앞의 논문, p.30 재인용)

36) 지그문트 프로이트, 『토템과 타부』, 김종엽 옮김, 문예마당, 1995, p.21.

의 고니 어머니는 모계토템을 보여주는 한 예라 할 수 있다.

"시베리아에 있는 거의 모든 투르크어 사용 민족들에게서 하늘의 새를 숭배하는 것으로 나타나는데,"[37] 시베리아뿐 아니라 새는 세계 여러 민족들에게 신적 존재로 신앙시되었다. 타일러(A.Taloy)는 하늘신은 하늘에서 살고 있으며, 신에게 가장 가까이 접근할 수 있고, 그의 사자 역할을 할 수 있는 존재는 새뿐이었을 것이라는 매우 실제적인 견해를 표명했다.[38] 호리 부랴트인들은 새 가운데 고니를 특별하게 생각해 왔는데, 이는 그들의 씨족 기원설화에 잘 드러난다. 몽골 신화나 서사시의 특징 가운데 하나는 주술적 능력을 가진 탁월한 여성들이 남성 못지않은 능력으로 서사를 추동한다는 점이다. 그런데 이들은 대개 남성 중심의 사회 속에 원시 자연신앙을 흡수한 샤머니즘의 전통을 계승한 존재로, 해당 씨족 내지 부족의 지도자 내지 시조를 낳는 모신(母神)의 역할을 한다. 호리 부랴트의 고니 여인 역시 전통적인 모신(母神) 내지 샤먼적 특성을 계승한 존재로 부족의 지도자적인 인물들을 낳고, 그들에게 천손(天孫)의 가문의 내력을 부여한다. 이와 관련된 설화를 보면 다음과 같다.

> 어떤 엽사(獵師)가 하루는 새를 잡으려고 밖으로 나갔을 때 과히 멀지 아니한 곳에 있는 호수를 향하여 날라 오는 예쁜 세 마리 흰 고니를 발견하였다. 그는 고니를 따라서 갔다. 고니들은 수면에 내려서 그들의 깃을 버리고 모두 여자가 되어 언덕으로부터 헤엄질을 치며 들어갔다.

37) 김성일, 앞의 논문, p.94.
38) 아리엘 골란, 앞의 책, p.816.

> 이 세 마리 고니는 에세게 말란의 세 딸들이었다. 엽사는 그 중 한 마리의 깃(羽)을 감추었다. 물에서 나온 한 마리 고니만은 그의 자매들과 같이 날아갈 수가 없었다. 그래서 엽사는 그 남은 여자를 붙들어 집으로 데리고 가서 처로 삼았다. 그들의 사이에는 6인의 자녀가 생겼는데 하루는 그 처가 강한 소주(燒酒: Tarasun)를 빚어서 그것을 남편에게 먹이고 남편이 대취하였을 때에 깃을 달라고 하였다. 엽사는 감추었던 깃을 처에게 주어 버렸다. 그랬더니 그 순간에 처는 고니로 화하여 연혈(烟穴)로부터 날라 달아났다. 여러 딸 중에 한 아이는 그때 소주를 고고 있다가 어머니의 날라 가는 것을 보고 그것을 붙들려고 그 다리를 붙잡았다. 그때 딸의 손이 더러웠으므로 어머니의 다리에 싯거멓게 때를 묻치었다. 부랴트 사람들이 신성시 하는 고니의 다리가 검은 것은 이 까닭이다. 날라 가던 어머니는 다시 가까이 말이 들릴만한 거리까지 돌아와서 빙빙 돌면서 딸에게 이렇게 말하였다. "신월(新月) 때에 항상 너는 나에게 마유(馬乳)와 차를 따라서 주고 또 붉은 담배도 뿌려다오."[39]

위의 이본은 제.커틴(J.Curtin)의 『남부 시베리아 여행기』(1909)에 수록된 설화로 1940년대 민속학자 손진태가 세계적으로 분포된 설화 가운데 〈백조소녀 설화〉 장에서 인용한 자료이다. 이 설화에는 사냥꾼의 이름이나 호리 부랴트 11씨족 시조에 대한 화소가 없고, 고니 여인 이야기의 기본적인 틀을 중심으로 사건이 전개된다. 그런데 이 이본에는 고니 여인이 에세게 말란(Esege Malan) 천신의 딸로 언급되고 있음이 주목된다. 에세게 말라안(말란)은 부랴트

39) 손진태, 앞의 책, pp.196~197. 이 자료는 Jeremiah Curtin, A Journey의 Journy in Southern Siberia에서 인용한 것으로, 이는 바이칼 동부에 사는 부랴트인들 사이에서 채록한 이본이다.

샤머니즘에서 지고신인 '영원한 푸른 하늘'의 장자이자 서쪽 55신들의 아버지 신이다.[40] '영원한 푸른 하늘'이 추상적인 신이라면 에세게 말라안은 실제적인 일을 하는 천상의 최고신으로, "이 에세게 말라안의 딸인 고니로부터 모든 트랜스바이칼 부랴트 사람들이 생겨났다고 한다."[41] 즉, 고니는 부랴트 첫 선조이며 최고 어른이라는 것이다. 부랴트의 영웅서사시이자 샤먼의 경전과 비견되는 〈아바이 게세르〉에서도 하늘과 지상의 생명 탄생과 모든 생활사를 해결하는 최고 어른이 만잔 구르메 할멈으로 묘사되는 것은 부랴트인에게 하늘 여신 내지 어머니 신앙이 뿌리 깊게 자리하고 있음을 시사해 준다. 또한 천상의 창조신이자 지혜의 으뜸신인 만잔 구르메 할멈 역시 에세게 말라안 신의 딸이라는 점이 주목된다. 이들은 무속의 영신(靈神)이라 할 수 있으며, 고니 여인이 말한 마유와 차, 붉은 담배는 영신에게 올리는 제물로 볼 수 있다.

"바르고진(Баргужин)의 부랴트들은 여조상인 백조를 '흰 새'(차간 쇼오)라고 부르고, 스스로를 '흰 새의 태생' 혹은 '하늘에 기원을 둔 자'라고 부른다."[42] "부랴트의 몇몇 씨족은 자신들이 오드하(Удха)라 부르는 명칭의 기원은 실제 백조에서 비롯되었다고 말한다."[43] 이것은 부랴트 샤먼을 가리키는 '우뜨하'('뿌리'라는 의미)[44]와 같은 단어로 본다. 위의 설화는 건국신화에 주로 나타나는 천부지모(天父地母)의 신화적 유형보다 좀 더 고대적 형태를 띠며, 천

40) 일리야N. 마다손, 『바이칼의 게세르 신화』, 양민종 옮김, 솔, 2008, pp.44~45.
41) 손진태, 앞의 책, p.197.
42) 김성일, 앞의 논문, p.94.
43) 박원길 역, 「Uno Harva의 『샤머니즘-알타이계 민족들의 세계상-』 제21장 샤먼편」, 몽골학 제9호, 2000, p.122.
44) 이건욱, 「시베리아 샤먼에 대하여-샤먼의 자격, 입무 과정, 샤먼의 종류」, 『한국 시베리아연구』 제13권 1호, 2009, p.190.

상적 존재가 인간계에 내려와 지상의 과업인 자손을 낳은 뒤 영신(靈神) 즉, 옹고드(онгод)가 되어 후손에게 제의를 부탁하는 모습을 보여준다. 여기서 서사가 확대되고 무속의 성격이 좀 더 드러난 설화를 보면 다음과 같다.

> 샤먼 아소이한은 칭기스 칸의 지배를 받던 오이라드-부랴트 출신으로 바이칼 호숫가에서 살았다. 어느 날 그녀는 포효하는 잿빛 황소를 만났다. 그녀는 남편이 없었기 때문에 신이 황소를 남편으로 보내주었다고 생각했다. 얼마 지나지 않아 샤먼은 임신을 했고 두 아들을 낳았다. 큰 아들에게는 부랴다이(Бурядай), 동생에게는 호리도이(Хоридой)라는 이름을 지어주었다. 호리도이는 올혼 섬에 살았다. 어느 날 세 마리 고니가 호숫가에 내려와 세 명의 여인으로 변했다. 그들은 옷과 장신구를 호숫가에 벗어놓고, 물속에 들어가 헤엄을 쳤다. 호리도이는 크게 놀라며, 여인 중 한 명의 옷과 장신구를 훔쳐 숨겨 놓았다. 여인들은 물에서 나와 두 명은 옷을 입고 장신구를 달고 고니로 변해 하늘로 날아갔다. 그러나 한 명은 옷과 장신구를 찾지 못해 벌거벗은 채 남겨졌다. 호리도이는 자신의 어머니이자 샤먼인 아소이한을 불러 차갑고 세찬 바람을 일으키도록 부탁했다. 여인은 추위에 얼어붙고 무력해져 호리도이의 집에 머물렀다. 이후에 둘은 결혼을 했고, 이들에게서 11명의 아들이 태어났다. 이들 11명의 형제 자손이 호리 부랴트 11씨족이 되었다.
>
> 호리도이와 아내는 올혼 섬에서 오랫동안 살면서 나이를 먹었다. 어느 날 늙은 아내는 남편에게 말했다. “저는 이제 늙었어요. 11명의 아들을 낳았는데 제가 아이들을 놔두고 어디를 가겠어요? 저의 옛 옷과 장신구를 돌려주세요. 죽기 전에 치장을 하고 싶어요.” 늙은 남편은 잠시 생각하더니 아내에게 옷과 장신구를 돌려주었다. 아내는 그것들을 걸치고 고니로 변해 굴뚝으로 날아올랐다. 노인은 그녀의

> 다리를 잡으려고 했지만 놓치고 말았다. 노파는 하늘로 날아올라 갔다. 그녀는 그 뒤로 돌아오지 않았다고 한다. 호리 부랴트인들은 그들의 조상이 고니요, 자작나무는 말을 매어두는 말뚝이라고 여긴다. 오랜 관습에 따라 그들은 고니가 날아오고 날아갈 때 가축의 젖과 술을 뿌려 올린다.[45]

이 이본은 전통적인 고니 여인 화소에 에히리트, 불라가트 종족의 보호 노욘(Бух ноён: 수소 신령)의 화소가 덧붙여져 있는 변이된 구조를 보여준다. 그녀의 날개옷과 장신구는 무복을 연상시키며, 늙어서 그녀가 옷과 장신구를 걸치고 고니로 변해 날아가는 것은 일종의 죽음의 통과의례를 거쳐 조령이 되는 형상으로 이해할 수 있다. 새 모양의 무복은 알타이, 야쿠트, 퉁구스 등에서 널리 사용되었으며, "샤먼이 다른 세계로 날아가는 데 없어서는 안 될 무구"[46]라 할 수 있다. "골디의 전설에 의하면 새가 되어 영계를 날고 있는 영(靈)이 깃털을 한번 두드리자 그 날개가 곧 철제 깃털로 변해 샤먼의 무복이 되었다고 한다."[47] 이처럼 새 모양의 의상이 무복의 보편적인 형태였던 것을 알 수 있다.

고니는 영혼 그 자체[48]로 고니의 날아오고 날아가는 이동성은 철새의 생태적 특성인 동시에 영혼 여행의 상징적 의미를 갖기도 한다. "동물이 곧 샤먼이 되는 보기, 특히 한 종족 공동체의 첫 샤먼이 동물이라고 전해진 보기는 시베리아 원주민들 사이에 특히 부

---

45) http://irkipedia.ru/content/horinskie_buryaty Хоринские буряты.
46) 미르치아 엘리아데, 『샤머니즘 고대적 접신술』, 이윤기 옮김, 까치, 1992, p.156.
47) 박원길(2000), 앞의 책, p.158.
48) 이필영, 앞의 책, p.67.

리야트족과 퉁구스족에서 발견된다."[49] 대개의 경우 동물 샤먼은 곧 그 종족의 토템을 배경으로 하는데, 이 설화에서 고니는 곧 종족의 토템이요, 고니 여인은 공동체 조상의 첫 샤먼이라고 할 수 있다. 한편 자작나무에 묶인 말은 샤먼의 영혼을 타계로 데리고 가는 영혼의 탈것이라는 의미를 갖는다.

샤머니즘의 신화적 성격을 띠면서 역사적인 배경이 어느 정도 드러난 설화로 〈호리 투메드와 호리다이 메르겐〉이 있다. 그 내용을 보면 다음과 같다.

> 오랜 옛날 바오 주변에 호리 투메드와 호리다이 메르겐이 살았다. 오이혼 섬과 바르가진 강 하류 바이칼 호숫가 (남쪽)에서 부랴트 종족들이 살았다. 원래 발진 하탄(Балжин хатан)이... 오이혼 섬에 가서 아이를 낳았다. 호리 투메드라는 사람은 가정을 이루지 않아 아내와 자식이 없는 그런 젊은이였다. 호리 투메드가 바이칼 호숫가를 따라갈 때 9마리 고니가 동북쪽에서 날아왔다. 고니들은 바이칼 호숫가에 앉아 깃옷을 벗자 아홉 명의 여인이 되어 바이칼 호수에 들어가 목욕을 했다. 그러자 호리 투메드는 고니 날개옷을 한 벌 훔쳐 몸이 보이지 않게 누웠다. 목욕을 마치고 8명의 여인은 고니 깃옷을 입고 동북쪽으로 날아갔다. 혼자 남은 여인은 호리 투메드의 아내가 되었다. 그 두 사람은 가정을 이루고 매우 행복하게 살았다. 11명의 자녀를 두게 되었을 때 아내가 말했다.
>
> "저는 고향으로 돌아가겠어요. 당신은 자식을 많이 두셨으니 지칠 일이 조금도 없지 않겠어요?" 그렇지만 호리 투메드는 절대 옷을 내주지 않았다. 어느 날 아내가 게르 상석(上席)에 앉아 바느질을 하고, 호리 투메드는 솥의 두 손잡이를 잡고 음식을 만들고 있었다. 그

49) 김열규, 『동북아시아 샤머니즘과 신화론』, 아카넷, 2004, p.116.

때 아내는,

“제 고니 옷을 내어 주세요. 입어만 볼게요. 제가 문으로 나가겠죠. 그러면 붙잡지 않겠어요? 당신은 저를 이길 수 없어요.50) 입어만 볼게요. 내주세요, 제 옷을”이라고 했다.

‘정말 입어만 보게 하는데 어쩔라구.’라고 생각하고 호리 투메드는 고니 깃옷을 꺼내주었다. 아내는 궤 안에서 꺼낸 깃옷을 입자마자 고니가 되어 게르 상석에 앉아 날개를 손질했다. 그리고 갑자기 푸르르 날아올라 천창으로 나갔다.

“어이, 그만 둬! 그만 둬!”라고 하며 검댕이 묻은 솥의 검은 두 손잡이로 고니의 두 정강이를 붙잡았다. 그리고 막 놓치려는 순간, “당신이 가겠다면 가시오! 대신 열한 아들의 이름을 지어주고 가구려.” 라고 했다. 11명의 아들에게 후브두드, 갈조트, 호아차이, 할빈, 바트나이, 호다이, 고쉬드, 차간, 샤라이드, 보돈고드, 하르간이라는 이름을 지어주고, 11씨족의 시조가 되게 했다. 높이 날아가면서 “대대로 서로 지치지 말기를. 행복하게 잘 살기를.” 하고 축원하며 동북쪽으로 갔다고 한다. 사람들은 그녀는 어디에서 왔으며 누구인지 알지 못했다. 윗대에 부랴트 무당이 굿을 할 때

고니 시조여
자작나무 말뚝이여
자작나무로 둘러싸인 호다르 강이여
물로 둘러싸인 오이혼 섬이여

라고 무가를 부르며 굿을 시작했다.51)

---

50) 원래 “나는 당신을 이길 수 없어요.”라고 해야 의미상 맞는다.
51) Д.Цэрэнсодном, 『Монгол ардын домог үлгэр』, УБ, 1989, pp.177~178.

위의 서사에서 자작나무 말뚝은 조상의 영이 거하는 처소로, 호리 부랴트인들은 이 처소에 고니 어머니 옹고드(신령)가 거하여 자신들의 삶을 가호한다고 믿는다. 호리 부랴트의 각 가정에서는 집 밖에 자작나무 말뚝을 세우고, 그것을 체렉(또는 세르게)이라고 이르며 매우 숭앙시하는데, 그것은 고니를 시조로 하는 호리 부랴트 가정의 표식의 의미를 갖기 때문이라고 한다.[52)]

위 설화는 일종의 고니 어머니에 대한 본풀이의 성격을 지니는데, 여기서 주목해야 할 부분은 '올혼'(오이혼) 섬이다. 무속의 성지인 올혼 섬을 배경으로 신령한 고니 어머니에게서 태어난 호리 부랴트인들은 자신들이 하늘의 후손이라는 선민의식을 갖는다. 또 고니 여인이 어디에서 온 누구인지 모른다고 한 것은 시공간의 제한 속에 둘 수 없는 신성한 존재에 대해 영원성을 부여한 것이라 할 수 있으며, 고니는 늘 새로운 모습으로 다시 돌아오고 새로운 존재로 화현될 수 있음을 시사한다. 그것은 앞부분에 서사와 무관한 내용인 "원래 발진 하탄(Балжин хатан)이... 오이혼 섬에 가서 아이를 낳았다."라는 문장에 함축되어 있다. 발진 하탄[53)]은 누구이며 왜 이 서사에 '발진 하탄이... 오이혼 섬에 가서 아이를 낳았다'라는 내용이 삽입되어 있을까? 이에 대해 "이 부분은 호리오도이-메르겐 계열의 설화와는 다른 발진-하탄 계열의 무속설화가 삽입된 것"[54)]

52) 또 그들은 자신들이 하늘 기원의 고니 어머니에게서 태어난 11씨족의 후손이라고 하여 모자를 11줄로 박음질을 하고, 이를 호리 부랴트 11시조의 상징으로 삼았다.(Х.Нямбуу, 『Монголын угсаатны зүй удиртгал』, УБ, 1992, p.151)

53) '하탄'(хатан)은 '왕족이나 귀족의 부인'을 일컫는 단어인데, 본 논문에서는 발진 부인을 발진 하탄이라고 통일하여 사용하기로 한다.

54) 박원길(2013), 앞의 논문, p.69. 또 발진 하탄이 이 설화에 삽입된 이유는 그녀가 오이혼 섬에 보르칸 바위라는 샤만 바위의 존재에서도 나타나듯이 오이

이라고 보기도 한다.

그러나 발진 하탄이 이 설화에 삽입된 것은 그녀가 고귀한 신분의 전통적인 샤먼의 자질을 가진 존재로 호리 부랴트인들을 가호하는 역할을 했기 때문이며, 호리 부랴트인의 시조모인 고니 여인의 화현(化現)으로 숭앙되었기 때문이다. 한편 올혼 섬은 호리 부랴트인의 본향이자 무속의 성지로 그녀의 영혼이 거하는 곳이다. 그곳에서 발진 하탄이 아이를 낳았다는 것은 시조모인 고니 여인이 아이를 낳아 호리 부랴트의 후손들을 번성시킨 것과 동일한 맥락으로 이해할 수 있다. 그녀는 역사적 질곡에서 호리 부랴트인들을 가호하고 옹고드로 화해 호리 부랴트 샤먼의 신앙적 대상이 된 존재이다. 발진 하탄에 대해서는 뒤에서 다시 언급하기로 하겠다.

한편 고니가 씨족의 선조를 낳게 되는 것은 고니의 물새 속성과 관련이 있다고 할 수 있다. 물은 영원한 생명 원리로 자손의 번성과도 밀접한 관련을 갖는다. 호리 부랴트 11씨족 기원설화의 대부분이 고니 어머니가 자식을 낳고 하늘로 날아올라가는 것에서 이를 볼 수 있다. 그녀는 하늘에 올라가 부랴트인들을 수호하는 집안의 수호신으로 좌정하는데, 〈고니 여인〉의 다른 한 이본을 보면 다음과 같은 이야기가 전한다.

호리도이 메르겐(Хорьдой мэргэн)이 천신의 막내 공주와 혼인을

혼 섬과 관계를 맺고 있기 때문이며, 발진 하탄 설화는 주로 호리 부랴트 지방에서 전승되는 무조설화로 성격상 한국의 바리공주 설화와 유사하다고 언급했다.(위의 논문, pp.69~70) 그런데 실제 발진 하탄 설화에는 이와 유사한 내용은 없다. 또 오. 푸렙이 비교한 것(Той.Галсан, 앞의 책, p.22)은 호리 부랴트의 고니 여인 설화와 바리공주 이야기인 것 같으나 바리공주의 내용도 잘못된 것이고, 이 두 설화의 화소를 비교하는 것도 그리 타당성이 있는 것으로 보이지 않는다.

했다. 그녀는 많은 자녀들을 낳은 뒤 하늘로 떠나간다. 그때 그녀는 임신한 상태였기 때문에 천상의 집에 가서 딸을 낳았다. 천상의 부모에게 손녀딸은 지상의 냄새가 배어 있는 존재로 여겨져, '고귀한 가문의 영역'에 적합하지 않다고 하여 흰 낙타를 태워서 아이를 지상으로 내려 보냈다. 그녀는 게르에 들어가지도 밖으로 나가지도 않고 집안 자녀들의 생명과 건강을 지키는 '아이 옹곤(신령)'이 되었다. 고니 어머니는 하늘나라에서 내려와 게르 자리에서 '상석 할망'(хойморой хҮгшэн)이 되었다. 이렇게 호리 부랴트인들은 '상석 할망'을 무당의 주된 신앙의 대상으로 여긴다.[55)]

〈호리 투메드와 호리다이 메르겐〉 신화에서 그녀가 주로 게르 상석에 앉아 일을 했던 것은 게르 상석에 좌정하는 신령임을 말해주는 것이 아닌가 생각된다.[56)] 부랴트인들뿐만 아니라 대부분의 몽골인 가정에서 게르의 상석(안측 자리)을 신의 자리, 가정의 어른의 자리로 존숭해 왔다. 이곳에 모셔진 '상석 할망'은 성주신이요, 삼신할망과 같은 존재라 할 수 있다. 만주 샤머니즘의 눈굿에서 여샤만은 백조의 신상을 바라보며 니머마마라는 춤을 추는데, 이 춤은 설신(雪神)마마인 백조의 뱃속에서 건강하고 용감한 새로운 세대가 태어남을 상징한다.[57)] 이와 같은 고니 여인의 모성적 특성은

55) Той.Галсан, 앞의 책, pp.23~24.

56) 박환영(2010)은 아내가 상석에서 앉아서 바느질을 하면서 남편이 요리를 하는 것을 바라보고 있다는 부분에 대해 천상에서 내려온 아내가 지상의 남편보다 상대적으로 높은 지위에 있기 때문이며 한편 상석이 가장 안전한 장소로 외부로부터 보호를 받을 수 있는 공간이기 때문인 것으로 보았다.(박환영, 앞의 책, p.94) 그러나 이러한 해석은 신화적 의미가 자의적이고 생활적인 것으로 축소된 측면을 보여준다.

57) 張文彬, 「만족의 샤머니즘 제례와 문화적 의미」, 『동북아 샤머니즘 문화』, 소명출판, 2000, pp.400~401.

몽골 서부 바야드 종족의 보를로드(Борлууд) 사람들의 설화에도 잘 드러난다. 보를로드 씨족의 한 여인이 자신의 아이를 버려두고 가자 고니가 그 아이를 먹여 키웠기 때문에 그 씨족은 고니 어머니를 모시게 되었다고 한다. 그래서 봄가을로 고니가 오고 돌아갈 때 또 고니 소리가 나면 밤이든 낮이든 날아가는 쪽을 향해 가축의 젖을 뿌려 올리는 풍속이 있다. 이처럼 바야드 사람들은 물새 가운데 고니를 크게 길하게 여기며, "우리 조상 고니여, 고향의 성수인 맑은 물에서 평안히 헤엄치고, 평화로이 날갯짓하며 날아가 자손들을 번창하게 해주십시오, 고니여!"라고 하며 유제품의 첫 번째 것을 올린다.[58] 이처럼 고니는 부랴트뿐 아니라 몽골 오이라드 지역에서도 숭앙하는 새로, 자손의 번성을 가져다주는 일종의 삼신할머니의 역할을 하는 존재라고 볼 수 있다.

3. 호리 부랴트 기원설화의 역사성

앞에서 살펴본 여러 설화에는 신화적인 성격이 비교적 많이 나타났다면, 다음 설화들은 역사적 정황이나 역사적 인물들의 관계, 사건을 좀 더 비중있게 보여준다. 앞의 설화에서는 고니 여인의 서사가 주가 되는데 반해 다음의 이본에서는 남성 주인공을 중심으로 그의 가계와 이동, 혼인 관계 등에 대한 구체적인 정황들이 언급된다. 이러한 이본에도 일정 부분 신화적 성격을 띠기도 하지만 이 장에서는 역사적 성격을 주로 살펴보고자 한다.

58) С.Бадамхатан, 『Монгол улсын угсаатны зүй』 Ⅱ, УБ, 1996, p.260.

옛날에 알타이 항(Алтай хан) 산의 북쪽, 후히 항(Хөхий хан) 산 뒤쪽 편에, 부르테 촌(Бөрт чоно) 가문의 전사(дайчин) 칭호를 가진 바르가 바타르 노욘(Барга баатар ноён)[59]이 살고 있었다. 그는 일류다르 투르겐(Илюдар түргэн), 부리아다이 메르겐(Буриадай мэргэн), 호리다이 메르겐(Хоридай мэргэн)이라는 세 아들이 있었다. 세 형제는 알타이 산 북쪽 편으로, 후히 항의 산줄기를 따라 수달, 담비, 사슴을 사냥했다. 그 지역에 전쟁이 일어나자 형제들은 그곳을 피해 바이칼 바다의 오이혼/올혼/ 섬으로 이동해 갔다. 일류다르 투르겐은 두 동생과 사이가 나빠져 서쪽으로 이동했다. 그의 자손들이 번성하여 두르웰(дүрвэл), 호이드(хойд), 투메드(түмэд)가 되었다.

부리아다이 메르겐은 오이혼 섬에서 이동해 바이칼 바다 북쪽 편에서 살았다. 호리다이 메르겐도 그곳에서 이동해 바이칼 바다 남쪽으로 가서 살았다. 봄, 가을 화창한 날에는 바닷가에서 사냥을 하곤 했다. 어느 날 그렇게 사냥을 하며 갔다. 그때 창공에서 세 마리 고니가 울며 날아와서, 바닷가에 앉아 깃옷을 벗고 여인들이 되어 바다로 뛰어 들어가 즐거이 헤엄을 쳤다. 호리다이 메르겐은 그 여인들에게 크게 호기심을 느끼는 한편 너무나 놀라 가슴이 두근거렸다. 참을 수 없어 살그머니 다가가 그 깃옷 가운데 하나를 가지고 관목 너머에 숨었다. 세 여인은 물에서 나와 두 여인은 옷을 입었다. 그들은 그 한 여인을 기다리지 못하고 새 울음소리를 내며 날아갔다. 남은 한 여인은 옷을 찾지 못하고,

"제 옷을 내주세요. 전 하늘의 선녀랍니다."라고 울었다. 호리다이 메르겐은 아내가 있었지만 벌거벗은 사랑스런 여인을 보고 욕정에 사로잡혀 마음을 두근거리며 숨어있었다. 그 여인은 절망하고 체념한 듯

59) 노욘(ноён)은 일반적으로 상층부의 귀족을 뜻하며, 지도자, 수장, 수령, 군주 등의 뜻을 갖는다.

"저를 괴롭히지 마세요. 제 눈앞에 나타나세요! 나이가 든 사람이라면 할아버지가 되실 거예요. 젊은 사람이라면 형부가 될 거예요." 라고 하면서 울었다. 바람이 거세지고, 바다 물결은 물거품이 일었다. 그 여인은 추위에 떨었다. 호리다이 메르겐이 다가가자 여인은 그의 품에 들어가 몸을 녹였다. 호리다이 메르겐은 그녀를 집으로 데리고 가 아내의 델을 입혔다. 두 사람은 함께 지내면서 정이 들어 동침을 했다. 그리고 5명의 아들을 낳았는데, 아이들에게 갈조트(Галзуут), 호아차이(Хуацай), 후브두드(ХөвдҮҮд), 고칠(Гучил), 샤라이드(Шарайд)라는 이름을 지어주었다.

호라다이 메르겐의 세 번째 부인 나가타이(Нагатай)는 아들 여덟을 낳았는데, 그 중 두 아이는 어려서 죽었다. 무사히 자란 6명의 아들은 하르간, 호라이, 보돈고드, 할빈, 차간, 바타나이라고 한다. 호리다이의 두 아내의 11아들은 가정을 이루고 번성하여 11씨족이 되었다. 그 11아들의 삼촌은 부리아다이라고 했기 때문에 부랴트, 아버지의 이름은 호리다이였기 때문에 그들의 후손들은 호리 부랴트라 알려졌다.

호리다이 메르겐과 고니 여인도 늙었다. 어느 날 할머니가

"영감! 우리는 늙었어요. 자식들도 가정을 이루고 자녀들도 많아졌어요. 손자, 손녀를 보며 지내는 것 이상의 행복이 우리에게 또 어디 있겠어요. 그런데 젊은 시절이 도무지 마음에서 떠나지 않아요. 나이가 들수록 더 또렷해지는 것 같아요. 제 젊은 시절의 옷과 장신구를 제 손으로 잡아보고, 눈으로 보고 싶은 생각이 들어요. 때로는 꿈에서 보이기도 해요. 제 옷과 장신구를 보여줘요, 꺼내줘요."라고 노인에게 사정했다. 호리다이 메르겐도 가여운 마음이 들어, '그래, 그렇겠지. 이렇게 되었는데 이 사람이 어디로 가겠어?'라고 생각하고, 그 바람대로 옷을 내주었다. 노파는 자신의 깃옷과 장신구를 보자마자 그것을 입고 달고 싶어졌다. 옷을 입고 장신구를 달자 고니

가 되었다. 고니는 날갯짓을 하더니 천창으로 날아갔다. 호리다이는 갑작스레 그 다리를 낚아채 잡으려다가 놓치고 말았다. 그로 인해 거위(고니)의 다리가 검어졌다고 한다. 노파는 그렇게 날아간 이후 돌아오지 않았다고 한다. 11씨족의 호리 부랴트인들이 "고니 시조요, 자작나무 말뚝(말 묶는 말뚝)이여"라고 하는 것은 이러한 연유에 의한 것이라 한다.[60)]

위 설화는 남성 주인공 호리다이가 서사의 중심축을 이루면서, 그의 가계, 젊은 시절, 노년기의 사건들이 압축적으로 묘사되고 있다. 또 일반적으로 호리다이(호리도이)는 『몽골비사』에 등장하는 호릴라르다이 메르겐으로 보는데,[61)] 바르가 바타르와 그 아들 등의 역사적 인물에 고니 여인의 신화적 단락이 연결되어 있는 점이 주목된다.

1단락 : 호리다이 메르겐의 가계, 형제들과의 불화로 헤어짐(역사적 단락)

2단락 : 호리다이 메르겐이 바이칼 남쪽 지역에 와 사냥을 하다 고니 여인들을 보게 되고, 한 여인의 깃옷을 숨기고 집으로 데려와 둘째 아내로 삼고 5명의 아들을 낳음.(신화, 역사적 단락)

3단락 : 둘째 고니부인의 5아들과 셋째 부인의 6아들이 가정을 이루고 호리 부족의 11씨족을 이룸(역사적 단락)

4단락 : 노파가 된 고니부인이 자신의 깃옷과 장신구를 보여 달라고 간청하자 호리다이 메르겐이 깃옷과 장신구를 내어줌. 깃옷을 입고 장신구를 단 고니부인은 곧 고니가 되어 게르 천창을 통해 날아

60) Х.Сампилдэндэв, 『Монгол домгийн чуулган』, УБ, 1999, pp.14~16.
61) Д.Дамдинжав(2007), 앞의 책, p.7.

가 다시는 돌아오지 않음.(신화적 단락)

첫 번째 단락에는 호리다이 가계의 배경이 나타나는데, 그의 집안은 부르테 촌 가계이며, 아버지 바르가 바타르 노욘은 몽골 서북부 쪽에서 살다 전쟁으로 인해 바이칼 호수의 올혼 섬으로 이동해 살았고, 세 아들이 있었는데 서로 불화하여 흩어져 살았다는 것이다. 그 다음 단락에는 호리다이 메르겐이 원래 결혼한 사람으로 둘째 아내로 고니부인을 맞이하여 5명의 자식을 낳고, 셋째 아내에게서 8명의 아들을 두었으나 두 명이 죽고 11명의 아들이 장성한 뒤 혼인을 해 호리 부랴트의 11씨족을 이루었다는 이야기가 전개된다. 역사적으로 고니부인이 낳았다는 5아들의 맏이는 갈조트이며, 이들 5씨족을 샤르 갈조탄(шар галзуутан)이라고 불렀다.[62] 이 설화에서 호리다이의 3명의 아내 중 둘째, 셋째 부인에 대한 내용은 있으나 첫째 부인이라고 할 수 있는 바르고진 고아(Баргужин гуа)에 대해서는 언급이 없다.

또 다른 이본에는 바르가 바타르가 부르테 촌의 가계가 아니라 베테(Бэтэ) 국의 부르테 촌에게 공훈을 세워 '다이친'(дайчин) 즉 '전사'라는 칭호를 얻었다고 언급하고 있다. 19세기 지어진 부랴트 역사서에 의하면 "부랴트 족이라 한 귀족들은 바이칼 호수 남쪽 편에 살았던 베데국 사람들, 부르테 촌 가문의 사람들과 연합하여 번성했다."[63]라고 했다. 베데 사람들은 바르고진 강 하류 바르한 산(Бархан уул) 주변에 살았으며, "베데 부족은 몽골의 한 부족으로 부랴트 몽골인들은 그 부족의 한 구성원이었다."[64]고 한다. 위의 서

62) С.Бадамхатан бусад, 『Монгол улсын угсаатны зүй』 III, УБ, 2012, p.14.
63) А.Оюунтунгалаг, 『Монгол улсын буриадууд』, УБ, 2008, p.9.

사가 좀 더 구체적인 상황으로 언급되는 이본을 보면 다음과 같다.

> 바르가 바타르 다이친(Барга баатар дайчин) 노욘(ноён)은 9세기 말에서 10세기 초에 호리, 투메드, 바르가 부랴트 종족의 부족들을 수호하고 이끄는 지도자였기 때문에 바르가 바타르 다이친 노욘이라는 칭호를 갖게 되었다. 또 바르고진 투홈(Баргужин төхөм)이라는 지역의 바르가 바타르를 베테(Бэтэ) 국의 지도자인 부르테 초노(Бөртэ чоно)의 대신으로 삼았다. 바르가 바타르는 원래 전사 노욘이라는 칭호를 가지고 있었으며, 바이칼 호수 남쪽 편 바르코진 투홈 근처에서 오랫동안 살면서 일리우데이(ИлиҮдэй), 부리아다이(Буриадай), 호리다이(Хоридай)라는 세 아들을 낳았다.
>
> 막내아들 호리다이는 사냥 내지 집단 사냥에 뛰어났기 때문에 부족 사람들로부터 호리의 11씨족 가운데 최고의 명사수 사냥꾼이라고 하여 호릴라르다이 메르겐(Хорилардай мэргэн)이라는 칭호를 받아 유명해졌다.[65] 호리다이(호릴라르다이) 메르겐은 처음 베테국 출신으로 바르고진 투홈의 지도자 바르고다이 메르겐(Баргудай мэргэн)의 딸 바르고진 고아와 혼인하여 아릭 오스라는 곳에서 딸을 낳아 알론 고아(Алун гуа)라고 이름했다. 그리고 퉁기 골(Түнги гол) 주변의 후흐 볼득이라는 곳에 살다가 이흐레드(Ихрэд), 불가드(Булгад)와 사이가 나빠져 오이혼(Ойхон) 섬으로 갔다. 그리고 이곳에서 두 번째 부인인 샤랄다이(Шаралдай)와 혼인하여 갈조드(Галзууд), 호

64) С.Бадамхатан бусад(2012), 앞의 책, p.13.

65) 다른 기사에는 다음과 같은 이야기가 전한다. "바르고진 투홈이라고 하는 곳에 살았던 바르가 바타르 다이친 노욘은 울데이(Өөлдэй), 부리아드(Буриад), 호리도이(Хоридой)라는 세 아들이 있었다. 큰아들은 알타이, 항가이 지역에서 가축을 치며 살았고, 둘째 아들 부리아드는 바이칼 호수 북쪽 줄릭 강 주변지역에서 물고기를 잡으며 살았고, 막내아들은 호리 투메드의 지도자 호릴라르다이라고 하게 되었다.(С.Бадамхатан бусад(2012), 위의 책, p.102)

> 아사(차)이(Хуасай), 샤라이드(Шарайд), 후브두드(Хөбдүүд), 호쉬드(Хошид) 다섯 아들을 두었다. 호리다이 메르겐은 아내 샤랄다이가 세상을 떠난 뒤 오이혼 섬에서 이동해 동쪽 지역인 호린 탈(Хорийн тал) 지역으로 와서 3번째 부인인 나가다이(Нагадай)와 혼인했다. 그리고 하르가나(Харгана), 호다이(Худай), 보돈고드(Бодонгуд), 할리빈(Хальбин), 차간(Цагаан), 바트나이(Батнай)라는 여섯 아들을 낳았으며, 하이단(Хайдан/혹그톨 Хоггол) 초노드(Чонод/ 쇼르고 Шорго)라는 두 아들은 어릴 적에 죽었다 혹은 바이칼 호수 북쪽 편의 부랴트인들과 연합했다고 한다.[66)]

위 설화에는 역사적 시기가 제시되고 바르가 바타르가 다이친 노욘이라 불리게 된 내력과 베테(데)국과의 관계, 막내아들 호리다이가 뛰어난 명사수 사냥꾼으로 호릴라르다이 메르겐으로 불리게 된 내력, 그리고 베테국의 바르고진 고아와 혼인하여 아릭 오스에서 알론 고아를 낳은 일, 이들이 오이혼 섬에 가게 된 일, 그곳에서 둘째 부인 샤랄다이와 결혼하여 5아들을 낳고, 부인이 죽자 동쪽 지역으로 이동해 그곳에서 셋째 부인을 얻어 8아들을 낳은 내력 등이 매우 구체적으로 언급되어 있다.

이 서사에서는 고니 부인으로 비정되는 둘째 부인 샤랄다이가 고니 여인이 아닌 역사적인 인물로 등장해 신화성이 배제된 슈제트를 보인다. 이 서사를 보면 둘째 부인이 죽은 것으로 언급되는 것은 앞서 언급한 신화적인 서사의 고니가 날개옷을 입고 천창을 통해 하늘로 돌아가는 것의 한 메타포가 될 수 있다. 또한 둘째 부인 샤랄다이가 고니 여인으로 비정된 것은 그녀가 샤먼적 존재였다는

66) Ж.Өлзий, 『Барга Монголын түүх』, УБ, 1999, pp.8~9.

것을 시사하며, 그녀가 '올혼' 섬과 매우 긴밀한 관련이 있음을 엿볼 수 있다. 다시 말해, 호리다이가 이흐레드, 불가드와 사이가 나빠져 오이혼(올혼) 섬으로 가서 샤랄다이를 만나 자식을 낳게 되었다는 것이다.

또 위의 서사가 『몽골비사』 8절과 관련되어 언급되고 있는 점이 주목된다. 먼저 『몽골비사』 7절에는 도보 메르겐의 부인이 될 알란 고(Алан гоо)에 대한 기사가 나오고 그 다음 8절에는 그녀의 집안 내력이 언급된다.

> 그 무리 사람들은 홀 바르고진 투훔(Хөл Баргужин төхөм)의 주인(지도자)인 바르고다이 메르겐(Баргудай мэргэн)의 딸 바르고진 고(Баргужин гоо)라는 이름의 딸을 호리 투메드의 노욘 호릴라르다이 메르겐(Хорилардай мэргэн)에게 (아내로) 주었다. 호리 투메드 지역 아릭 오스에서 호릴라르다이 메르겐의 바르고진 고에게서 태어난 알란 고(Алан гоо)라는 이름의 딸이 그녀이다.[67]

그리고 9절에는 호릴라르다이 메르겐이 호리 투메드 지역에서 사냥을 하지 못하게 되고, 그곳 사람들과 사이가 나빠지자 호릴라르 씨족을 이루어 사냥감이 풍부한 보르항 할돈 산으로 오게 되었다는 내용이 전한다. 일반적으로 메르겐이라는 단어는 '명궁수' 또는 '사냥꾼'이라는 의미가 있으며, 사회 발전에 따라 이 단어는 '연장자, 지도자' 내지 '군대 지휘관'이라는 의미를 갖게 되는데,[68] 호릴라르다이 메르겐 역시 명궁수, 사냥꾼이자 지도자적인 인물이었

67) Ш.Бира бусад, 『Монголын нууц товчоо』, УБ, 2005, p.9.
68) В.Ш.Гунгаров, 「Буряад монголнуудай уг гарбал тухай домогууд」, 『Буриад-монголчуудын угсаа-түүхийн зарим асуудал』, УБ, 2000, p.64.

음을 알 수 있다. 한편 여성 이름에 붙는 '고'(гоо 또는 гуа)는 지도층 인물들에게 붙는 경칭이 아니었나 생각된다. 이 칭호가 샤먼적 성격을 띠는 여성들의 이름 뒤에 붙는 경우가 많은 점에 주목하여 샤먼 미칭이 아닐까 하는 견해도 있다.[69]

그런데 호릴라르다이 메르겐의 부인과 관련하여 『몽골비사』에는 둘째, 셋째 부인에 대한 기사가 없고, 부랴트 족보에는 첫째 부인 바르고진 고아에 대한 기사가 없는데, 이에 대해 부랴트 학자 제. 체웬(Ж.Цэвэн)은 다음과 같은 견해를 제시했다. "호릴라르다이 메르겐은 샤랄다이, 나가다이라는 두 아내가 있었고, 그들에게서 11아들이 태어났다. 아이들이 성장했을 때 먼 바르고진 투훔에서 바르고진 고아라는 세 번째 부인을 맞아 아릭 오스(Ариг ус)[70]에서 알론 고아라는 딸을 낳았다. 지역민들과 사이가 나빠질 시기 11아들은 결혼을 하여 독립하고, 그때 작은 딸 알론 고아는 10살이었다. 보르항 할돈으로 이동할 때 첫째, 둘째 부인은 11아들과 함께 살던 곳에 남겨두고 작은 부인 바르고진 고아와 딸 알론 고아를 데리고 갔다."[71]는 것이다. 이러한 이야기는 그 자체가 역사가 아니고 역사를 토대로 재구한 견해이기 때문에 그 사실의 진위를 가리는 것은 쉽지 않다. 이본에 따라 첫 번째 부인이 있는 상태에서 고니 여인을 아내로 맞기도 하고, 고니 아내만 등장하기도 한다. 첫째 부인은 역사적으로 바르고진 고아라는 인물로 비정된다. 신화·

69) 박원길, 『유라시아 초원제국의 샤마니즘』, 민속원, 2001, p.258 참조.

70) '아릭 오스'는 '바이칼 호수'의 10세기 지명. 부랴트의 바르고진 아이막 지역의 바르고진 강 하류 바이칼 동쪽 호숫가 지역(Х.Лхагвасүрэн бусад, 『Чингис хааны нэвтэрхий толь』, УБ, 2004, p.17)

71) С.Ишбалжир, 「Бөртө-Чиногийн нутгийн эрэлд」, 『Буриад-монголчуудын угсаа-түүхийн зарим асуудал』, УБ, 2000, pp.103~104.

역사적인 면에서 가장 핵심적인 존재는 오이혼 섬을 배경으로 하는 고니 여인 내지 샤랄다이이며, 역사적 측면에서는 알랑 고(아)를 낳은 바르고진 고아라 할 수 있다. 이들은 생전에 샤먼적 기질을 가진 존재로 여겨지며, 고니 어머니와 알랑 고는 사후에 부랴트인의 신앙의 대상이 된다. 호리 부랴트의 무속 제의에 고니 어머니에 대한 무가가 불리는 한편 '알란 고 하탄 어머니'(Алан гоо хатан ижий)를 옹고드로 모시는 무가가 불린다.[72]

4. 호리 부랴트와 발진 하탄

고니 여인과 호리 11씨족 설화에서 올혼(오이혼) 섬은 적지 않은 비중을 차지한다. 올혼 섬의 보르항 바위는 전통적으로 부랴트인의 무속의 성지이자 조상신 내지 자연신의 성전으로 숭앙되었으며, 올혼 섬은 고대 호리 부랴트의 정신적 본향으로 여겨져 왔다. 〈호리 투메드와 호리다이 메르겐〉 신화에는 다음과 같은 문장이 삽입되어 있다.

> 오랜 옛날 바오 주변에 호리 투메드와 호리다이 메르겐이 살았다. 오이혼(올혼) 섬과 바르가진 강 하류 바이칼 호숫가 (남쪽)에서 부랴트 종족들이 살았다. 원래 발진 하탄(Балжин хатан)이... 오이혼 섬에 가서 아이를 낳았다. 호리 투메드라는 사람은 가정을 이루지 않

72) Б.Батмөнх, 『Буриад зоны бөө мөргөлийн зан үйлийн товчоон』, УБ, 2005, p.50.

아 아내와 자식이 없는 그런 젊은이였다.

위의 내용에서 "원래 발진 하탄이... 오이혼 섬에 가서 아이를 낳았다."라는 부분은 전체 설화 내용과 거의 관련이 없는데, 이 부분이 설화 속에 언급된 것은 무슨 이유일까? 현대 부랴트 샤먼 게.게렐토야(Г.Гэрэлтуяа)는 '발진 하탄'이 호리 부랴트의 '고니 어머니'라고 말한다. 토이.갈산은 그의 연구에서 발진 하탄은 알탄 칸(Алтан хан)의 딸이라고 했다.[73] 알탄 칸은 16세기 몽골 서부지역을 다스리던 황금가문의 자손이며, 발진 하탄(Балжин хатан)은 그의 호리 부랴트 부인에게서 태어난 여식이라는 것이다. 16세기 초엽 다얀 칸(Даян хаан) 4년 보얀트 세첸 칸 시대 그의 권하에 있던 솔롱고드(Солонгод)의 부베이 바타르 베일(Бүүбэй баатар бэйл)이 투메드의 알탄 칸의 공주 발진(Балжин)을 큰아들 타이 훙 타이즈(Тай хун тайж)에게 아내 삼아 줄 때 알탄 칸은 호리 투메드의 일부(호리 부랴트) 사람들을 부베이 바타르 베일에게 예물로 떼어주어 보낸다. 그들은 홍안(령) 지역에서 1600년 경 에르구네 강으로 가서 살았다.[74] 한 설에 의하면 발진 하탄은 1597년에 호리 부랴트인들과 함께 바이칼 동쪽으로 갔다고 말하기도 한다.[75] 그런데 부랴트 무당 게.게렐토야는 발진 하탄에 대해 다음과 같이 말했다.

> 호릴다이 메르겐 전설에 자작나무 말뚝, 고니 시조, 부랴트의 11 시조라고 말한다. 고니 시조라는 것은 고대 전설에 발진 하탄과 관련이 있다. 이 부인은 고니로 변해 바이칼 호수를 날아다녔다고 한

73) Той.Галсан, 앞의 책, p.39.
74) Х.Нямбуу, 『Монголын угсаатын зүй удиртгал』, УБ, 1992, p.146.
75) А.Оюунтунгалаг, 『Монгол улсын буриадууд』, УБ, 2008, p.11.

다. 발진 하탄은 무당의 주술적인 힘을 그렇게 보여주었다.[76)]

역사적으로 상당한 위차가 있는 호리 부랴트 11씨족 기원설화에 발진 하탄이 등장하고, 또 지금까지 그녀가 호리 부랴트 샤먼들의 신앙적 대상이 된 것은 호리 부랴트인의 무속적 세계관에서 그 연유를 찾을 수 있다. 호리 부랴트 출신이었던 발진 하탄은 생전에 여기 저기 흩어져서 살아가던 호리 부랴트 민중을 규합해 고향에서 평화롭게 살아가기를 바랐고, 사후에 본향인 올혼 섬에서 옹고드가 되어 호리 부랴트 민중의 삶을 가호하고 자손을 번성케 하는 모신(母神)으로 샤먼들의 제향을 받게 된 것으로 이해할 수 있다. 여기서 알 수 있는 것은 고대로부터 전승되어 내려온 고니 어머니 선조는 1회적 존재가 아니라 철새의 생태처럼 새로운 존재로 다시 돌아오고, 그렇게 돌아온 고니 어머니는 호리 11씨족의 시조모의 또 다른 어머니 신령으로 숭앙된다는 점이다. 그녀에 관한 전설을 간략하게 살펴보면 다음과 같다.

옛날에 솔롱고드라는 부족의 지도자 부베이 벨(Бүүвэй бээл)은 탁월한 명사수이자 왕이었다. 그는 첫 번째 아내에게서 타이 홍 타이즈(Тай хун тайж)라는 아들을 얻었다. 아들이 어느 정도 장성하자 백수신(白水神)의 딸인 발진(Балжин)을 며느리로 삼고자 했다. 발진의 부모는 사위에게 많은 가축과 귀금속, 그리고 부랴트 11씨족의 속민들을 결혼예물로 떼어준다. 타이 홍 타이즈와 발진 하탄이 평화롭게 지내던 중 부베이 벨의 왕비가 죽자 왕은 평민 출신(다른 이본에는 하녀 출신이라고도 함)의 아름다운 여자를 새 부인

76) http://news.zone.mn/content/read/18604.htm Удган Г.Гэрэлтуяа 〈Монголын Хөх уул буюу Хөх уулыг төрийн тахилгат уул болгох нь зөв юм〉

으로 맞는다. 그런데 타이 홍 타이즈는 계모와 정을 통하고 사랑하는 사이가 된다. 이러한 사실을 안 발진 하탄은 이에 대해 계모를 심하게 질책하게 되고, 이로 인해 며느리와 시어머니 사이가 매우 나빠지기에 이른다. 그러자 타이 홍 타이즈는 호리 부랴트 속민들을 데리고 아버지 부베이 벨과 계모에게서 멀리 떨어져 후훌비(Хөхөлбий)[77] 산등성으로 가서 생활을 한다. 이를 못 마땅히 여긴 계모가 왕에게 아내의 말을 듣고 세자가 멀리 이동해 갔음을 고하자, 부베이 벨은 군사들을 보내 아들 타이 홍 타이즈를 데리고 올 것과 며느리 발진 하탄의 젖과 목, 팔다리를 베어버리라고 명한다. 발진은 이러한 정황을 이미 알고 군사들이 오기 전에 눈으로 변해 자취를 감춘다. 군사들이 발진을 찾지 못하고 돌아가자 왕은 군사들에게 이번에 찾지 못하면 목을 내놓을 각오를 하라고 위협해 다시 보낸다. 또 발진 하탄이 이를 알고 이번에는 물로 변해 자취를 감춘다. 군사들이 자신과 가족의 안위를 걱정하며 크게 심려하자 이를 가엾이 여긴 발진 하탄은 스스로 몸을 나타내 붙잡힌 뒤 유방과 머리, 사지가 절단되어 죽임을 당한다. 잘려진 머리를 버린 곳에는 오늘날까지 발진 톨고이(Балжин толгой; 발진 머리)라는 이름의 바위가 있다고 한다. 그녀의 몸을 한 호수에 던져 그 호수는 발진 호수(Балжин нуур)라 하고, 장신구를 버린 곳은 알탄 조도르트(Зодорт), 말을 버린 곳은 하르 모리트(Хар морьт), 안장을 버린 곳은 알탄 에멜트(Алтан эмээлт)라 했다고 전한다.[78]

이 설화에서 발진 하탄은 백수신의 딸로 눈이나 물 등의 자연물

---

77) 오논 강 상류 수림지역을 이름(А.Оюунтунгалаг, 앞의 책, p.11)

78) Х.Сампилдэндэв(1999), 앞의 책, pp.62~63. Ц.Дамдинсүрэн, 『Монгол уран зохиол дээж, Зуун билиг оршив』 IV, УБ, 2002, p.103~105 참조.

로 변신하는 주술적인 능력을 가진 샤먼의 모습으로 나타난다. 수신의 딸로 나타나는 것은 그녀가 강력한 자연신령의 정기를 받은 샤먼임을 시사해준다. 다른 이본에 보면 발진 하탄이 부베이 벨 왕의 며느리가 되는 것을 극도로 혐오하는 것으로 그려지는데, 그것은 그가 매우 욕심이 많고 부도덕하기 때문인 것으로 묘사된다. 결혼에 부정적이었던 발진 하탄은 자신을 찾아온 왕자 타이 홍 타이즈에게 결혼예물로 데리고 간 11씨족(호리 부랴트) 사람들을 아버지 부베이 벨의 권한에서 타이 홍 타이즈 자신의 권속으로 하면 생애 반려자로 살아가겠노라고 약속한다.[79] 결국 계모 시어머니[80]에

79) Х.Сампилдэндэв(1999), 위의 책, p.72.

80) 호리 부랴트의 치병신으로 모셔지는 아브갈다이 메르겐에 관한 전설에 보면 타이 홍 타이즈의 계모가 아브갈다이 아내의 언니로 묘사되고, 아브갈다이의 아내인 헤테르헨은 고오린 국(Гуулийн улс) 왕의 둘째 딸로 나타나는 점이 흥미롭다. 그런데 다른 이본에는 아브갈다이 메르겐이 헤테르헨의 친언니인 부베이 벨 왕의 왕비에게 마음을 빼앗기게 되었다고 말하기도 한다. 그 이본은 다음과 같다. 부베이 벨 왕의 두 번째 왕비는 고올린(Гуулин) 왕의 공주였다고 한다. 고타르 메르겐이란 사람은 부베이 벨 왕에게 공훈을 세웠기 때문에 '텡게르'라는 칭호를 받았다. 고타르 메르겐의 아들 아브갈다이 메르겐은 고올린 왕의 둘째 딸인 헤테르헨과 결혼을 했다. 아브갈다이 메르겐은 매우 뛰어난 젊은이로 용모 역시 빼어났으며 군사적 기예에 탁월한 것으로 유명했다고 한다. 그런데 그는 아내의 친언니인 부베이 벨 왕의 왕비에게 마음을 빼앗기게 되었다. 그것을 안 헤테르헨이 분노하자 남편은 15가정의 속민과 함께 앙가르 강가 지역으로 이동해 갔다. 그곳에 가서 헤테르헨은 남편 아브갈다이의 머리를 황금 무둣대로 잘라, 앙가르 강물에 던져버렸다고 한다. 그러자 용왕이 매우 진노함으로 그 15가정 사람들이 병이 나서 고통을 겪게 되었다. 무슨 일로 이런 재난이 닥쳤는가를 그 몇 가정의 사람들이 논의하다가, 아브갈다이의 머리를 강물에서 꺼내 올리자고 했다. 이 말을 들은 아브갈다이의 머리가 헤테르헨에게 와서 '독주와 담배'를 달라고 부탁했다. 헤테르헨은 그가 원한 것을 원하는 대로 주고 바르가 부랴트로 보낼 때 그곳에 가서 "흑방 옹고드를 에르렌 한(염라대왕)에게 데려다 놓으라!" 라고 하고 그 일을 수행하면 술과 담배로 대접을 받게 될 것이라고 했다. 이후 아브갈다이를 옹곤(신령)으로 모셔지게 되었다. 그래서 무당들은 천에 아브갈다이의 머리만을 그리게 되었고, 그가 고타르 텡게르의 아들이었기 때문에 그 역시 아브갈다이 텡

의해 죽임을 당하지만 발진 하탄은 매우 지혜로우며 당당하고 강직한 여성으로 호리 부랴트인들의 수호적 존재로 형상화되며, 죽어서 고니가 되어 신모로 숭앙된다.

5. 샤머니즘적 세계관

인간의 삶은 자연환경과 뗄 수 없는 관계 속에서 영위되며, 생활방식 및 신앙, 풍속, 세계관 등 삶의 다양한 측면이 이에 따라 조건화된다. 부랴트인들은 바이칼을 둘러싼 자연환경 속에서 하늘과 물, 나무, 새, 바위 등을 존숭하고, 자연과 조화하며 삶을 영위해 왔다. 고니 신앙은 바이칼 호수라는 생태적 환경을 배경으로 전통적인 여신신앙, 새 신앙, 태양신앙을 흡수하여 호리 부랴트인들 사이에서 오랜 세월 전승되어 왔다.

고니 여인 설화는 호리 부랴트 11씨족의 족조(族祖) 기원설화로 전설적 성격을 띠지만, 샤머니즘을 바탕으로 하는 무속 신화의 범주로 이해할 수 있다. 이 설화 속의 샤머니즘적 세계관은 3계 우주관을 바탕으로 크게 '만령제일(萬靈齊一) 사상'[81]과 세계중심을 통해 속(俗)이 성화(聖化)되는 '성속의 이원적 세계관', '생명의 재순

게르라고 부르게 되었다고 한다.(Той.Галсан, 앞의 책, pp.39~40) 고오린 국은 전통적으로 '고대 한국'을 지칭하는 명칭인데, 부랴트 연구자 토이.갈산은 이를 호리(Хорь)(위의 책, p.47) 또는 고대 한국으로 보았다.(위의 책, p.39) 그러나 이에 대해서는 좀 더 자세한 연구가 필요하리라 본다.

81) '만령제일 사상'의 용어는 김열규의 『동북 시베리아 샤머니즘과 신화』(앞의 책, p.212)에서 언급되었다.

환'을 중심으로 하는 '순환적 세계관' 등의 양상으로 나타난다.

첫째, 생태적 생명주의를 바탕으로, 인간이든 동물이든 모든 영은 동일하다는 관념의 만령제일(萬靈齊一) 사상은 애니미즘과 토테미즘의 성격을 일정하게 내포하며, 샤머니즘의 자연신앙의 한 속성을 드러내준다. 이 설화에서 여자로 변한 고니와 사냥꾼의 교혼(交婚) 주지는 "동물과 인간이 서로 같은 성질의 영혼을 나누어 갖고 있다는 믿음"[82]을 반영한다. 이에 대한 예로 신화 속에서는 인간이 동물이 되고, 동물이 인간이 되는 상호태의 경우와 죽은 후에 영혼이 동물로 변해 인간계에 나타나는 경우 등을 들 수 있다. 전자는 고니가 날아와 여인으로 변해 호리도이의 아내가 되는 주지, 후자는 발진 하탄이 옹고드가 되어 고니로 변해 지상에 자신의 존재를 나타내는 주지를 그 예로 들 수 있다.

고고학자들은 올혼 솜의 바위 절벽 돌에 새겨져 있는 13마리 고니 형상을 발견했는데, 이들 가운데 7마리는 무리지어, 4마리는 각각, 2마리는 막 껍질에서 나오고 있는 어린 새끼 형태로 그려져 있었고, 그 바위에서 좀 떨어진 곳에는 고니들이 성장한 모습으로 어미 고니 옆에 있는 그림이 또 있었다고 한다. 이는 호리도이 메르겐이 낳은 13아들(그 가운데 2명은 죽었다 혹은 다른 곳으로 이동했다고 말한다.)의 모습일 것이라고 추측하며, 이 13마리 고니는 호리 부랴트인들이 오랜 옛날부터 신앙해 오던 13노욘(ноён: 신령)과 관련이 있을 것으로 본다.[83] 13마리 고니 상(像)은 일정한 상징성을 띠고 있지만, 근원적으로 "동물과 인간은 동일한 영적 실체를 지니고 있다"[84]는 관념을 보여주는 것이라 할 수 있다.

---

82) 위의 책, p.212.

83) Д.Дамдинжав, 『Эрт үеийн буриад монголчууд』, УБ, 2007, pp.25~26.

그런데 대개 동물과 인간의 교구(交媾) 모티브에서 동물은 인간보다 더 뛰어난 영적 존재를 대표한다는 점이 주목된다. 호리 부랴트에 나타나는 고니와 인간의 결합 역시 신성한 하늘 동물과 인간 존재의 결합이라는 신성혼의 형태를 띤다. 이러한 동물들은 대개 샤먼과 특별한 관계를 맺는 존재들이며, 샤먼의 수호령 내지는 사자(使者)로서의 기능을 한다. 부랴트 샤먼의 경우 "회색토끼는 주자(走者), 회색늑대는 사자(使者), 백조는 코빌간(화신), 수리는 사자 등으로 부르며, 어느 특정 동물에게 도움을 청하는 노래를 부른다."[85] 한편 샤먼들이 동물로 변신하여 영혼여행을 하기도 하는데, "샤먼에게서 변신은 그의 자질을 결정짓는 결정적 요소가 된다."[86] 부랴트 고니 설화에서 볼 수 있는 것처럼 변신(호빌간)과 조상이란 관념이 중첩될 때 이 조상을 첫 샤먼인 공동체 조상이라고 이해할 수 있다.[87] 다시 말해, 고니는 호리 부랴트 부족 공동체의 첫 조상이요, 샤먼이라는 의미를 갖는다.

둘째, 우주의 공간적 측면에 대한 인식체계로, 세계중심을 통해 속(俗)이 성화되는 '성속(聖俗)의 이원적 세계관'을 보여준다. 샤머니즘적인 세계관에는 성속이 근본적으로 다르지만 속(俗)은 '세계중심'을 통해 신성의 세계와 교통하거나 신성화된 세계로 변화됨으로써 새로운 의미 내지 재생을 얻게 된다. 호리 부랴트 기원설화에 나타나는 세계중심은 바이칼 호수의 '올혼 섬' 좀 더 압축하자면 '보르항 바위'(일명 무당바위)와 말 묶는 자작나무 기둥인 '체렉'(цэрэг, 세르게), 고니 어머니가 날아가는 '천창' 등이라 할 수 있다.

---

84) 니콜라스 J. 손더슨, 『동물의 영혼』, 강미경 옮김, 창해, 2002, p.16.
85) 박원길 역(2000), p.127
86) 김열규, 앞의 책, p.116.
87) 위의 책, pp.116~117.

보르항 바위가 있는 이곳이 부랴트 샤먼의 성지인 것은 바로 신령이 내리는 곳이요, 속(俗)의 성화(聖化)가 이루어지는 곳이기 때문이다. 고대로부터 이 바위를 '신령들의 피라미드'라고 불러왔고, 올혼 섬을 수호하고 호리 부랴트인들을 가호하는 13노욘(신령)들도 이 신전인 바위에 모여 회의를 했다는 말이 전해져 내려온다.[88] 이처럼 보르항 바위는 3계가 소통되는 세계중심으로 신령들의 거주처요, 호리 부랴트인에 있어 올혼 섬은 일종의 성화된 세계라 할 수 있다.

천상계 성조(聖鳥)인 고니가 올혼 섬과 연관되어 나타나는 것은 이러한 배경을 갖는다. 앞서 살펴본 여러 고니 설화에서 주인공이 새의 모습으로 날아오는 경우든 구체적인 인간 여성(샤랄다이)으로 등장하든 호리 부랴트의 11족조의 중심 모성은 올혼 섬을 중심 배경으로 등장한다. 이러한 천상적 존재인 고니는 인간 여성으로 변신(호빌간)하여 천상의 원리를 이어갈 족조들을 낳고, 모신적 기능을 완수한 후 원래의 모습으로 변해 천상 세계로 귀환한다. 이때 고니 어머니는 성속(聖俗)을 넘나들 수 있는 통로인 세계중심 즉, 천창을 통해 날아간다. 부랴트 고니 설화의 다른 이본을 보면, 고니 어머니가 아들 열하나, 딸 여섯을 낳은 후 남편이 내준 깃옷을 입고 천창으로 날아오를 때 "너희들은 지상의 사람이기 때문에 지상에 남아야 한다. 그러나 나는 원래 하늘에서 태어났기 때문에 하늘로 돌아가야 한다."[89]라고 말한다. 이것은 성과 속의 세계가 다르며, 성(聖)의 세계는 일종의 저승이요 영의 세계, 속은 이승이요 육신의 세계라는 관념을 내포한다. 이 가운데 성의 세계가 속의 세

88) 게.아요르잔, 『샤먼의 전설』, 이안나 역, 자음과모음, 2012, pp.323~329.
89) 박원길 역(2000), 앞의 책, p.120.

계에 영적 에너지와 의미를 부여하게 되는데, 그 역할을 담당하는 존재는 부랴트 샤먼들이 모시는 신령 즉, 옹고드요, 이들의 화현인 동물 영혼들이며, 또 샤먼 자신이다. 위 설화에서 언급된 고니로 대표되는 동물 영혼은 신성한 존재가 세상[俗]에 자신의 드러내는 방식의 하나로 이해할 수 있다.

앞의 설화에서 고니 여인은 깃옷을 통해 변신하며, 천상, 지상, 수중(지하)의 삼계를 오고가는 초월적 능력을 지니는 샤먼적 존재라 할 수 있는데, 이러한 3계 "교통은 대우주적 차원에서는 축(나무, 산, 기둥)을 통해서 표현되고, 소우주적 차원에서는 집 중앙의 기둥이나 천막 천장에 뚫려 있는 구멍을 통해서 표현된다."[90] 이 축들을 중심으로 3계와 교통할 수 있는 특권을 부여받은 존재는 샤먼뿐으로, 그 영혼인 옹고드 역시 이 축을 통해 인간과 교류한다. 고니 어머니가 천상으로 오를 때 게르의 천창으로 날아가는 것 역시 이러한 중심축과 관련하여 이해할 수 있다. 천창 덮개 및 천창은 '하늘의 중심 문'으로 매우 신성한 통로였으며, 샤먼의 "천상으로의 상승을 가능케 하는 매개물이다."[91] 샤먼이 죽었을 때 천창 덮개인 우르흐(өрх)로 덮거나 싸는 전통이 있는데, 몽골인들 사이에서 우르흐는 천창과 같은 의미 혹은 그 이상의 의미로 존숭되어 왔다. 몽골 부랴트뿐 아니라 "알타이 인도 샤먼 역시 이 '굴뚝'(천창)을 통해서 한 우주 권역에서 다른 우주 권역으로 드나든다고 믿는다."[92]

세계 축으로 의미가 부여된 말뚝은 세계수 신앙의 하나로 이 말

90) 미르치아 엘리아데(1992), 앞의 책, p.246.
91) 위의 책, p.246.
92) 위의 책, p.245.

뚝이 있는 호다르 강은 자작나무로 둘러싸인 높은 산정에 있고, 오이혼은 바이칼 호수물로 둘러싸여 있어 하나의 소우주를 이룬다. 이 자작나무 말뚝은 신령이 된 고니 어머니의 좌정처로, 호리 부랴트인들은 조령이 이 말뚝에 거하여 자신들을 가호한다고 믿는다. 이는 한국의 솟대나 장승 신앙과 비교될 수 있는 성격을 갖는다. 몽골인들은 예로부터 자라고 있는 나무뿐 아니라 죽은 나무 혹은 나무 막대 등에도 영혼이 존재한다고 믿었다.[93] 이는 애니미즘의 한 형태이기도 하지만 "고대인의 원형적 사유 속에 인간이 나무에서 태어나고 나무로 돌아간다는 생명관"[94]과 관련이 있음을 반영해 준다. 나무는 일종의 "생명의 거듭남과 자연 생명의 재순환"[95]을, 더 나가 세계수는 "끊임없이 재생을 반복하는 우주"[96]를 상징한다고 할 수 있다. 신의 거처인 이 신성한 말뚝을 통해 신령은 자신의 후손을 가호하고 풍요를 가져다준다.

특히 자작나무는 부랴트 "무당들이 신령과 교류하는 통로로 하늘나무를 상징한다."[97] 고니 어머니의 좌정처인 자작나무 말뚝은 말을 묶는 기둥으로 유목사회와 관련을 보이지만, 말은 "몽골족 샤먼에게 천상을 여행할 때 타고 다니거나 죽은 자의 영혼을 다른 세계로 실어 나르는 상상 속의 탈것이기도 했다."[98] 이 신성한 말뚝

---

93) 몽골 설화 〈삼형제〉에는 고아 삼형제가 있었는데, 이들이 제 살 방도를 찾아 각자 길을 떠날 때 막내가 각자 잡고 있던 나무를 땅에 꽂고 3년 후에 나무가 있는 곳으로 돌아와 각자의 나무가 싱싱하게 잘 자라고 있으면 살아있는 것으로 생각하고, 쓰러져 못 쓰게 되어 있으면 죽은 것으로 생각하자고 한다.(Д.Цэрэнсодном, 『Монгол ардын үлгэр』, УБ, 1982, p.184)

94) 이안나, 『몽골 민간신앙 연구』, 한국문화사, 2010, p.368.

95) 김열규, 앞의 책, p.234.

96) 미르치아 엘리아데(1992), 앞의 책, p.251.

97) Ч.Аръяасүрэн, 『Монгол ёс заншлын их тайлбар толь』, УБ, 2000, p.124.

98) 니콜라스 J. 손더슨, 앞의 책, p.82.

은 북극성과도 밀접한 관련을 갖는다. 몽골에는 북극성을 '황금 말뚝'(Алтан гадас)이라 부르는데, 이것은 후흐데이 메르겐이 원정을 타고 갈 때 타는 두 마리 담황색 말을 묶어놓는 말뚝이라고 한다.[99] 한편 몽골인들은 이 말뚝에 후흐데이 메르겐(이본에 따라 33천 내지 55천의 주신 호르마스트 텡게르가 좌정한다고도 한다)이 거하여 몽골인들을 가호한다고 믿었다. 이처럼 북극성은 일종의 '세계 기둥'으로 지상의 기둥에 대한 관념과 동일한 의미를 갖는다고 할 수 있다. 다시 말해, 지상계와 천상계는 축을 중심으로 동일한 모형으로 이루어져 있음을 보여준다.

셋째, 우주의 시간적 측면에 대한 인식체계로, '생명의 재순환'을 중심으로 하는 '순환적 세계관'이 나타나 있다. 이것은 근원적으로 소모된 만물 혹은 인간존재에 신성한 에너지를 재충전하여 새롭게 살리는 것을 의미한다. 이러한 재순환은 '이동'과 '순환', '재생'이라는 일정한 절차를 거치며, 이는 자연의 순환 내지 역(曆)과 긴밀한 관계를 갖는다. 호리 부랴트 기원 설화의 주인공 고니는 철새이자 물새로 이동을 기본으로 하며, 철새의 속성상 자연의 순환 즉 역과 관련을 갖는다. 부랴트인들은 고니의 철새의 속성을 태양이 돌아가고 태양이 돌아오는 것으로 인식했다. 이처럼 "철새는 계절이 바뀌는 변화를 암시해 주고, 초자연적인 세계로의 여행을 의미하여 산 자와 죽은 자의 세계를 넘나드는 영혼의 순환적 여행을 뜻하기도 한다."[100] 호리 부랴트인들은 자신들을 둘러싼 자연환경 속에서 고니를 자신들의 생사관과 세계관을 구현하는 데 가장 근접한 동물로 숭앙해 왔다고 할 수 있다.

---

99) Д.Цэрэнсодном(1989), 앞의 책, p.73.
100) 이필영, 앞의 책, p.67.

고니 어머니가 자식을 낳고 늙어서 깃옷을 입고 천창을 통해 하늘로 날아올라가 다시는 돌아오지 않았다는 것은 자연 생태적인 면에서 보면 그녀가 다시 철새로서 돌아감을 나타내지만 샤머니즘의 측면에서 그것은 그녀가 샤먼으로 옹고드(조령)가 되었음을 의미한다고 볼 수 있다. 또 철새의 돌아감은 죽음과 삶을 반복하는 자연의 순환적 생태관과도 관련이 있다. 이러한 이동은 또 다른 순환의 한 과정으로 다시 돌아옴으로 새로운 시간이 재탄생된다. 이것은 고니 여인 설화에서 발진 하탄이 고니로 돌아와 신앙되는 것과도 그 의미가 맞물려 있다. 순환적 세계관에서 고니의 돌아옴은 '신성의 내림', '태양의 회귀' 그리고 '재생'과 함께 '새롭게 복구된 시간'이라는 의미가 내포되어 있다. 이러한 생명의 재순환이 바이칼의 올혼 섬을 중심으로 이루어지며, 이를 통해 호리 부랴트 종족의 정체성이 영속적으로 계승된다.

부랴트 샤머니즘의 환경 속에서 생성된 고니 여인 설화의 서사 속에는 역사를 초월한 어머니 신앙과 자연신앙이 내재되어 있으며, 한국의 샤머니즘과도 상당부분 동질성을 띠는 요소들이 있다. 한국의 고주몽의 어머니 유화 신모를 고니 여인과 간단히 비교해 보면, 전자는 건국시조모요 후자는 씨족의 시조모로 그 출자가 범상치 않다. 고니 여인은 천상 기원의 샤먼이요, 유화는 하백의 딸로 그 역시 수신의 정기를 받은 샤먼적 존재라 볼 수 있다. 현대 고니 어머니로 샤먼의 추앙을 받는 발진 하탄도 수신의 딸로 나타나는데, 그녀 역시 변신에 능했던 샤먼적 존재였다. 유화의 경우 건국 시조왕 주몽을 낳은 모성으로 회임과 출산이 비정상적인 형태를 보이며, 일광감정 화소는 일종의 태양숭배 신앙을, 난생은 새 신앙의 주지를 내포한다.[101] 고니 어머니의 경우 회임과 출산의 비정상적인 화소는 없지만 그녀 자신이 토템을 배경으로 한 새 신앙과 태양새의 태양숭배 신앙과 관련되어 있다. 이들 시조모들은 풍요와 다산을 관장하는 신격으로 추앙되는데, 이는 기본적인 여성성의 특징 이외에 물을 배경으로 하는 이들의 자연 환경적 화소에서도 일정한 관련성을 찾아볼 수 있다.

6. 맺음말

고대인들에게 새는 하늘 숭배, 태양 숭배와 밀접한 관계를 가지며, 영원성을 가진 신성한 존재로 숭앙되었다. 특히 철새와 물새는 3계를 자유롭게 다니며 이승과 저승, 하늘과 인간을 이어주는 영적 존재이자 계절의 바뀜을 알려주고, 하늘의 문을 열고 닫는 존재로 여겨져 왔다. 호리 부랴트인들에게 고니는 태양새로 이러한 역할을 해줄 뿐 아니라 11씨족의 시조모로 오랜 세월 그들의 물질 및 정신적인 삶 속에 깊이 자리해 왔다.

본 논문에서는 호리 부랴트의 고니 여인 설화를 신화 · 역사적 측면에서 살펴보고, 그 속에 샤머니즘의 세계관이 어떻게 구현되고 있는가를 고찰했다. 또 발진 하탄의 전설을 통해 신화 · 역사적인 두 측면이 샤머니즘의 세계관 속에 어떻게 고리지어 있으며, 시대를 초월해 호리 부랴트인들의 삶 속에서 고니 어머니의 존재가 어

101) 최희수는 "고대 동이족들의 새숭배와 이로부터 나타난 란생설화는 모계사회의 동물토템숭배와 원시종교인 샤만교에서 기원했다고 인정된다."(최희수, 「조선민족의 새문화」, 『조선족민속연구』, 연변대학출판사, 서울대학교출판부, 1994, p.134)고 하여 난생 주지가 새숭배와 관련이 있음을 시사했다.

떻게 자리하고 있는지에 주목했다.

신화성이 두드러진 설화는 비교적 서사구조가 단순하고, 여신 내지 모신의 전통을 이은 고니 여인이 중심이 되는 구조를 보여준다면 역사성이 두드러진 설화는 주인공들이 활동하던 역사적 배경과 인물들의 관계, 시간적 추이에 따른 사건 등이 전개되면서 남성이 중심이 되는 구조를 보인다. 그러나 이러한 사회적 배경에도 고니 어머니가 호리 부랴트인의 시조모로 숭앙되는 것은 고대 모계토템과 샤머니즘의 전통이 면면히 전승되는 내려온 양상의 한 반영이라 볼 수 있다.

설화 속에 고니 여인의 지상의 오고(來) 떠남(往)은 철새의 기본적인 생태의 모형이자 삶과 죽음, 신내림과 신 떠남의 순환적 모형을 형상화한 것이라 생각된다. 한편 계절의 절기와 관련하여, 고니의 상징인 태양이 돌아가고 태양이 다시 돌아오는 순환적 세계관과도 관련이 있다.

고니 여인은 샤먼이었거나 샤먼적 존재로, 그녀의 깃옷과 장신구는 무복의 상관물로 보았다. 무가에 나타나는 '고니 시조, 자작나무 말뚝'은 지금도 부랴트 샤먼의 신앙의 대상이며, 자작나무 말뚝은 자작나무 신앙과 함께 말뚝에 고니 어머니의 조령이 거하여 호리 부랴트인의 삶을 수호한다는 의미가 내포되어 있다. 이 신성한 나무에는 말이 묶여 있는데 이는 조령(祖靈)의 탈것으로 이해할 수 있다. 천상세계의 중심인 북극성 역시 신의 말이 묶여 있는 말뚝으로 형상화되며, 이것은 지상의 말뚝인 세르게와 같은 모형을 띤다. 한 이본에는 고니어머니는 천상에서 다시 돌아와 호리 부랴트인의 가정을 수호하고 자손의 번성을 관장하는 게르 상석의 신령(성주신 내지 삼신할망)으로 좌정하고 있음을 보여준다.

역사적 성격을 띠는 설화에서 주목되는 부분은 남성 주인공인 호리다(도)이가 형제들과의 불화로 올혼 섬으로 이동해 고니 여인으로 비정되는 샤랄다이를 만나 호리 부랴트의 시조가 되는 자녀들을 낳게 된다는 점이다. 올혼 섬은 부랴트 무속의 성지이자 세계의 중심으로 그곳에서 호리 부랴트 씨족의 선조들이 태어났음이 부각되는 것은 호리인들이 천손(天孫)으로 조령들의 특별한 가호 속에서 삶을 영위한다는 일종의 선민의식을 드러내는 것이라 할 수 있다.

호리 부랴트 기원설화에는 첫째, 기본적으로 3계 세계관과 함께 생태적 생명주의를 바탕으로 하는 만령제일(萬靈齊一) 사상이 나타난다. 이 사상은 동물과 인간이 동일한 영적 실체를 지니고 있다는 기본 주지를 담고 있으며, 이는 '변신'을 통해 상호 교체된다. 어떤 공동체가 특수하게 신앙하는 동물들은 대개 샤먼의 수호령 내지 사자(使者) 또는 샤먼 자신의 영으로 나타나며, 고니는 변신하는 샤먼으로 조상신의 한 형상이라 할 수 있다.

둘째, 우주의 공간적 인식체계로, 세계중심을 통해 속이 성화되는 '성속의 이원적 세계관'을 보여준다. 호리 부랴트 기원설화에 나타나는 세계중심으로 가장 중요한 곳은 올혼 섬과 그곳의 보르항 바위, 세르게(신성한 말뚝) 그리고 게르의 천창이라 할 수 있다. 세계 중심축을 통해 조상의 신령들은 후손들과 교통하고 그들의 삶을 가호하며, 세상에 새로운 영적 에너지를 부여한다.

셋째, 우주의 시간적 인식체계로, 호리 부랴트 기원설화에는 생명의 재순환을 중심으로 하는 '순환적 세계관'이 나타나 있다. 이는 이동, 순환, 재생이라는 일련의 과정을 거치며, 한편 자연의 순환 내지 역(曆)과 긴밀한 관계를 갖는다. 신화 속에 등장하는 역사적

인물 발진 하탄이 다시 호리 부랴트의 11씨족의 모성이자 고니로 나타나는 것은 고니 어머니의 출현이 1회적 사건이 아니며, 역사의 필요한 시점에 다시 나타나 호리 부랴트인을 가호한다는 샤머니즘의 순환적 세계관과 관련된다. 자연의 순환 내지 이치를 조상신 내지 고니의 순환적 이동성으로 인식하는 것은 호리 부랴트인들의 생사관, 우주관이 생태적 자연관과 깊이 맞물려 있음을 보여준다.

본 연구에서 고니 여인 설화 속에 나타난 샤머니즘 세계관에 주목한 것은 샤머니즘이 부랴트인의 정신적 근간을 이루고 있으며, 21세기 테크노피아에 의해 훼손된 세계의 생명력 회복을 위한 생태적 대안을 담고 있기 때문이다. 플라이가 "아이러니의 서사양식이 극에 달하면 신화로 복귀해 간다."[102]라고 한 것처럼 정신적 풍요를 담보로 물질주의와 자연 훼손이 극에 달한 오늘날 풍요롭고자 했던 정신이 오히려 피폐해진 아이러니 시대에 생명주의를 근본으로 하는 샤머니즘의 정신 및 그 세계관은 앞으로 동북아시아의 새로운 정신적 추구와 화합의 통로를 마련해 줄 것이라 생각한다. 부랴트 몽골인들은 샤머니즘이 추구하는 생명주의와 자연만물 존중사상, 유기체적인 세계인식 등을 통해 자연과 인간의 조화로운 공존을 지향해 왔으며, 이러한 샤머니즘의 살아있는 세계관은 한·몽 두 나라뿐 아니라 동북아시아의 근원적 문화 소통의 주요 근간이 될 것이라 생각한다.

---

102) 노스럽 프라이, 『비평의 해부』, 임철규 옮김, 한길사, 2009, p.125.

〈참고 문헌〉

공광철, 「동북아 백조처녀형 설화의 유형과 구조 비교-한국, 중국, 일본 전승설화를 대상으로-」, 부경대학교 박사논문, 2014.

김성일, 「시베리아 소수민족 원형스토리 연구-부랴트 민족의 토테미즘을 중심으로-」, 청대학술논문집, 2015.

김열규, 『동북아시아 샤머니즘과 신화론』, 아카넷, 2004.

박원길 역, 「Uno Harva의 『샤머니즘-알타이계 민족들의 세계상-』 제21장 샤먼편」, 『몽골학』 제9호, 2000.

박원길, 『유라시아 초원제국의 샤마니즘』, 민속원, 2001.

_____, 「몽골지역에 전승되는 고대 한민족관련 기원설화에 대하여」, 『몽골학』 제34호, 한국몽골학회, 2013.

박환영, 「〈호리투메드 메르겡〉 설화로 유목문화 이해하기」, 『몽골 유목문화 연구』, 역락, 2010.

손진태, 『한국민족설화의 연구』, 을유문화사, 1981.

우실하, 『3수 분화의 세계관』, 소나무, 2012.

이건욱, 「시베리아 샤먼에 대하여-샤먼의 자격, 입무 과정, 샤먼의 종류」, 『한국 시베리아연구』, 제13권 1호, 2009.

이규보 · 이승휴, 『동명왕편 · 제왕운기』, 박두포 역, 을유문화사, 1974.

이안나, 『몽골 민간신앙 연구』, 한국문화사, 2010.

이필영, 『솟대』, 대원사, 1991.

장장식, 『몽골유목민의 삶의 민속』, 민속원, 2005.

_____, 「몽골 '호리 투메드 메르겐 신화'의 문화사적 의미-한국 · 만주의 〈나무꾼과 여인형 설화〉와의 비교를 통해-」, 『동아시아문화예술』 제4집, 2007.

최상수, 「백조 처녀 설화의 비교 연구-한국 주변의 민족설화를 중심으로-」, 『민속학보』 2, 한국민속학회, 1957.

최희수,「조선민족의 새문화」,『조선족민속연구』 제1권, 연변대학출판사, 서울대학교출판부, 1994.

게.강토그토흐,「몽골의 세시풍속」,『몽골의 무속과 민속』, 월인, 2001.
노스럽 프라이,『비평의 해부』, 임철규 옮김, 한길사, 2009.
니콜라스 J.손더슨,『동물의 영혼』, 강미경 옮김, 창해, 2002.
미르치아 엘리아데,『샤마니즘』, 이윤기 옮김, 까치, 1992.
아리엘 골란,『선사시대가 남긴 세계 모든 문양』, 정석배 역, 푸른역사, 2004.
게.아요르잔,『샤먼의 전설』, 이안나 역, 자음과모음, 2012.
일리야N.미다손,『바이칼의 게세르 신화』, 양민종 옮김, 솔, 2008.
張文彬,「만족의 샤머니즘 제례와 문화적 의미」,『동북아 샤머니즘 문화』, 소명출판, 2000.
지그문트 프로이트,『토템과 타부』, 김종엽 옮김, 문예마당, 1995.
Ч.Аръяасүрэн,『Монгол ёс заншлын их тайлбар толь』, УБ, 2000.
С.Бадамхатан,『Монгол улсын угсаатны зүй』 II, УБ, 1996.
С.Бадамхатан бусад,『Монгол улсын угсаатны зүй』 III, УБ, 2012.
Б.Батмөнх,『Буриад зоны бөө мөргөлийн зан үйлийн товчоон』, УБ, 2005.
Ш.Бира бусад,『Монголын нууц товчоо』, УБ, 2005.
Той.Галсан,『Буриадын язгуур домгийн товчоон』, УБ, 1998.
В.Ш.Гунгаров,「Буряад монголнуудай уг гарбал тухай домогууд」,『Буриад-монголчуудын угсаа-түүхийн зарим асуудал』, УБ, 2000.
Д.Дамдинжав,『Эрт үеийн буриад монголчууд』, УБ, 2007.
____________,『Барга буриадын түүхийн сэдэв』, УБ, 2012.
Ц.Дамдинсүрэн,『Монгол уран зохиолын тойм』II, УБ, 1977.
____________,『Монгол уран зохиол дээж, Зуун билиг оршив』

Ⅳ, УБ, 2002.

С.Дулам, 『Зүүд, зөн совингийн бэлгэдэл зүй, цагийн бэлгэдэл зүй』, УБ, 2002,

_______ , 『Монгол тооны бэлгэдэл зүй』, УБ, 2007.

С.Ишбалжир, 「Бөртө-Чиногийн нутгийн эрэлд」, 『Буриад-монголчуудын угсаа-түүхийн зарим асуудал』, УБ, 2000.

Х.Лхагвасүрэн бусад, 『Чингис хааны нэвтэрхий толь』, УБ, 2004.

Х.Нямбуу, 『Монголын угсаатны зүй удиртгал』, УБ, 1992.

А.Оюунтунгалаг, 『Монгол улсын буриадууд』, УБ, 2008.

Ж.Өлзий, 『Барга Монголын түүх』, УБ, 1999.

Х.Сампилдэндэв, 『Монгол домгийн чуулган』, УБ, 1999.

_____________ , 『Малчин ардын зан үйлийн уламжлал』, УБ, 1985.

Д.Цэрэнсодном, 『Монгол ардын үлгэр』, УБ, 1982.

_____________, 『Монгол ардын домог үлгэр』, УБ, 1989.

_____________, 『Монголын нууц товчоо』, УБ, 2000.

http://zevtenger.blogspot.kr/2012/02/blog-post_1364.html

http://irkipedia.ru/content/horinskie_buryaty Хоринские буряты

http://news.zone.mn/content/read/18604.htm

http://Ko.mythology.wikia.com/wiki/

동몽골과 요하문명

우 실 하(한국항공대)

1. 머리말

이 연구의 지역적 대상인 '동몽골'은, (1) 러시아의 바이칼호의 동남부 지역, (2) 몽골공화국의 동부 지역, (3) 중국의 내몽고자치구 동부 지역을 말한다. 이 지역은 고대로부터 야만인이 사는 불모지 취급을 당하던 곳이었다. 그러나 내몽고 동부의 요서 지역에서 1980년대 이후 새로운 신석기시대 유적들이 대규모로 발굴되기 시작하였다. 요하(遼河) 중상류 서랍목륜하(西拉木倫河) 주변의 요서(遼西) 지역을 중심으로 발굴되는 새로운 문명권은 1995년부터 곽대순에 의해서 요하문명(遼河文明)'으로 명명되었다.

이 글에서는 동몽골 지역에서 새롭게 등장한 요하문명의 중요성을 알리고, 동몽골 연구의 방향 등을 제시함으로써 앞으로의 과제를 좀 더 분명하게 부각시키기 위한 것이다. 아래에서는, (1) 요하문명과 '요하문명의 꽃'으로 불리는 홍산문화(紅山文化)에 대해서 개괄적으로 설명하고, (2) 요하문명의 등장에 대한 한 · 중 · 몽골의 인식의 문제점을 살펴본 후, (3) 앞으로 요하문명에 대해서 어떻게 접근해야하는가 하는 점을 논의하고자 한다.

2. 동몽골과 요하문명, 홍산문화의 새로운 발견[1)]

1) 요하문명과 홍산문화에 대한 개괄적 소개

먼저 요하 일대에서 발견되는 주요 신석기와 청동기문화를 이른 시기부터 간략하게 정리해서 소개한다. 아래에서는 중국사회과학원 고고연구소에 있으면서 흥륭와문화 등 주요 유적을 직접 발굴한 류국상(劉國祥)이 2006년에 발표한 「서요하유역 신석기시대에서 조기 청동기시대까지의 고고학 문화 개론(西辽河流域新石器时代至

---

1) 이 부분은 필자의 아래의 논문에서 일부분을 가져와 수정한 것이다.
우실하, 「홍산문화의 곰토템족과 단군신화의 웅녀족」, 고조선단군학회, 『고조선단군학』 제27호(2012), pp.186~191.
_____, 「요하문명, 홍산문화 지역의 지리적 기후적 조건」, 고조선단군학회, 『고조선단군학』 제30호(2014), pp.220~225.
이와 관련해서는 필자의 아래의 책과 논문에서 이미 언급된 것들이다. 이글에서는 논지의 전개상 이들 논문과 책을 바탕으로 간단히 정리한 것이다.
우실하, 『동북공정 너머 요하문명론』, 소나무, 2007.
_____, 『동북공정의 선행 작업과 중국의 국가 전략』, 울력, 2004.
_____, 『고조선의 강역과 요하문명』, 동아지도, 2007.
_____, 「'요하문명론'의 초기 전개 과정에 대한 연구」, 단군학회, 『단군학연구』 제21호(2009), pp.273~309.
_____, 「'통일적다민족국가론'의 전개와 적용」, 고구려연구회, 『고구려연구』, 29집(2007), pp.63~85.
_____, 「동북공정의 최종판 '요하문명론'」, 단군학회, 『단군학연구』 제15호(2006), pp.5~35.
_____, 「최근 중국의 역사관련 국가 공정들과 한국의 과제」, 단군학회, 『단군학연구』 제12호(2005), pp.301~333.

早期青铜时代考古学文化概論)」이라는 논문에서 정리한 연대를 사용하기로 한다.[2) 류국상의 위 논문에서는, (1) 사해문화를 별도로 구분하였으나 2010년 이후로는 사해문화를 흥륭와문화의 한 유형으로 보는 것이 보편적으로 받아들여지고 있어서 제외하였고, (2) 청동기시대인 하가점상층문화는 필자가 첨가하여 도표로 정리한 것이 아래의 〈표 1〉이다. 각 고고학 문화 유형의 첫 발견지이자 명명지를 지도상에 표시한 것이 아래 〈그림 1〉이다.

〈표 1〉 요하문명 지역 중요 신석기, 청동기시대 고고학 문화 유형

1 신석기시대 소하서문화 (小河西文化: B.C. 7000-B.C. 6500)
2 신석기시대 흥륭와문화 (興隆洼文化: B.C. 6200-B.C. 5200)
3 신석기시대 부하문화 (富河文化: B.C. 5200-B.C. 5000)
4 신석기시대 조보구문화 (趙寶溝文化: B.C. 5000-B.C. 4400)
5 신석기시대 홍산문화 (紅山文化: B.C. 4500-B.C. 3000)
: 전기(前期: B.C. 4500-B.C. 3500)-신석기시대
: 후기(後期: B.C. 3500 - B.C. 3000)-동석병용시대
→ '초급 문명사회' (初級文明社會),
→ '초기 국가단계' (初期國家段階) 소병기: 고국(古國) 단계[3)]
6 동석병용시대 소하연문화 (小河沿文化: B.C. 3000-B.C. 2000)
7 청동기시대 하가점하층문화 (夏家店下層文化: B.C. 2000-B.C. 1500)
→ '고급 문명사회' (高級文明社會)' = 소병기: 방국(方國) 단계
8 청동기시대 하가점상층문화 (夏家店上層文化: B.C. 1000-B.C. 300)
→ 비파형동검 출현

* 흥륭와문화 주요 유적지는 흥륭와, 흥륭구, 사해, 백음장한 유적 등이 있다.

2) 劉国祥, 「西辽河流域新石器时代至早期青铜时代考古学文化概論」, 『遼寧師範大學學報(社会科学版)』, 2006年 第1期, pp.113~122.
3) 蘇秉琦, "迎接中国考古学的新世纪", 『華人, 龍的傳人, 中國人 : 考古尋根記』(瀋陽: 遼寧大學出版社, 1994), pp.236~251, 특히 243, pp.245~247. 이글은

〈그림 1〉 요하지역 중요 신석기문화 분포 지역4)

2) 요하문명의 기본적 성격

요하문명의 독특한 옥기문화는 흥륭와문화에서 시작되어 홍산문화에서 꽃을 피운다. 요하문명을 이루는 신석기, 청동기시대 유적과 유물은 기존에 동북아시아 문명의 기원으로 보아왔던 황하문명과 구별되는 점이 많다.

첫째, 요하문명의 이른 식석기문화인 흥륭와문화에서부터 옥기

본래 아래에 처음 쓴 글이다. 蘇秉琦, "迎接中国考古學的新世纪", 『齊南文化』, 1993年 1期. 소병기는 '原始古國(홍산문화 후기)-方國(하가점하층문화)-帝國(진시황의 통일제국)' 단계설을 주장하였다.

4) 우실하, 『고조선의 강역과 요하문명』, 서울: 동아지도, 2007, 부분도.

가 출토되기 시작한다. 예를 들어서, (1) 홍륭와문화에서 최초로 보이는 세계에서 가장 오래된 옥결(玉玦)은 이후에 서남쪽으로는 중원과 양자강 지역을 거쳐 월남 지역까지 이어지고, (2) 동남쪽으로는 한반도와 일본으로 이어진다.

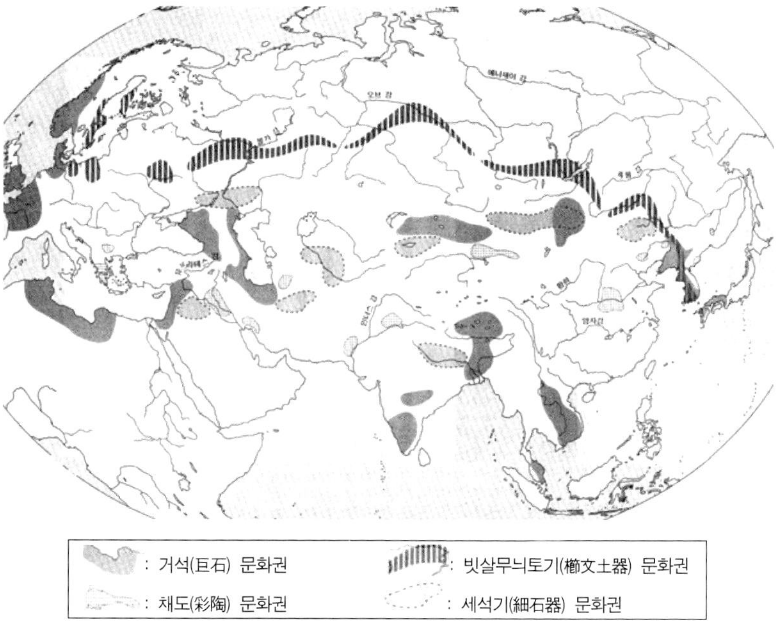

〈그림 2〉 신석기시대 4대 문화권[5]

둘째, 옥기문화의 기원과 관련하여 중국의 곽대순(郭大順)과 대만의 양미리(楊美莉) 등은, 서요하 유역에서 발달된 옥기문화가 기원한 것은 이 지역의 어렵(漁獵)문화와 관련된 세석기(細石器)문화 전통과 직접적으로 연관된다고 보고 있다.[6] 그런데 이런 옥기문화

5) 정수일, 『고대 문명 교류사』, 사계절, 2002, p.70.

6) 郭大順, 「玉器的起源與漁獵文化」, 『北方文物』, 1996年 第4期; 楊美莉, 「試論

를 낳는 세석기문화는 황하문명 지역에서는 거의 발견되지 않으며, 북방 지역에서는 '시베리아 남부→ 만주→ 한반도'로 이어지는 북방문화계통이다. 이런 북방문화계통의 세석기문화 주도세력이 옥기문화의 주도세력으로 이어져 요하문명을 이룩하게 되는 것이다.

셋째, 요하문명 지역에서 일부 서남방으로 이주한 사람들 가운데, (1) 이른 시기에 이주한 이들은 산동반도 지역에서 양저문화, 용산문화, 대문구문화를 형성하고 옥기문화를 이어가며, (2) 조금 늦게 이주한 상족(商族)들의 옥기문화는 주, 춘추전국 시대로 이어지는 것이다.

넷째, 요하문명 지역에서 보이는, (1) 옥기문화의 원류인 중석기시대 세석기문화, (2) 흥륭와문화에서부터 보이는 빗살무늬토기, (3) 홍산문화의 묘제인 적석총이나 계단식 적석총, (4) 청동기시대 하가점하층문화부터 보이는 치(雉)를 갖춘 석성(石城), (5) 청동기시대 하가점상층문화부터 보이는 비파형동검 등은 황화문명 지역에서는 거의 보이지 않는 것으로 대부분은 '시베리아 남단→ 동몽골 초원 → 만주 지역→ 한반도→ 일본'으로 이어지는 전형적인 북방계통문화와 연결되는 것이다.

3) 홍산문화의 기본적 성격

요하문명의 꽃으로 불리는 홍산문화는 동북아시아 상고사 고대사와 관련된 새로운 점들이 밝혀지고 있다. 이를 개괄적으로 소개하면 아래와 같다.[7)]

新石器時代北方系統的環形玉器」,『北方民族文化新論』 哈爾濱: 哈爾濱出版社, 2001.

첫째, 홍산문화 단계에서는 이미 발달된 농경사회로 접어든다.

둘째, 동북아시아에서 최초로 다양한 형태의 적석총을 묘제로 하고 있다.

셋째, 홍산문화 후기에는 이미 (1) 인간 실물의 1배 2배 3배의 여신을 모신 여신묘, (3) 제단(祭壇), 여신전(女神殿), 적석총(積石塚)과 계단식 적석총 등을 갖춘 '초기 국가단계', '방국 단계', '초기 문명 단계'에 진입한다.

넷째, 홍산문화 후기에는 기존의 홍산문화에 황하문명의 중심지인 앙소문화 지역의 채도문화가 합쳐진다.

다섯째, 홍산문화에서는 다양한 형태의 옥기가 매우 풍부하게 발굴되고 있다. 신분의 차이에 따라 많게는 15-20개의 옥기기 부장품으로 나온다. 이를 통해 홍산문화 시대에는 권력이 분리되고 신분이 나뉘어진 사회라는 것을 알 수 있다. 현재 학자들은 홍산문화 후기 단계에서는 옥기 장인이 직업적으로 분화되어 있었고, 최소한 6-7등급의 신분이 나뉘어져 있었다고 보고 있다.

---

7) 중국학자들의 세부적인 논의는 필자의 아래 글을 참조하시오.
우실하, 「'요하문명론'의 초기 전개 과정에 대한 연구」, 『단군학연구』 제21호, 2009, pp.273~309.

3. 홍산문화 우하량 유적의 발견과 '요하문명'의 명명[8)]

1) 홍산문화 우하량 유적의 발견

1979년 5월 요녕성 조양시(朝阳市) 객나심좌익(喀喇沁左翼) 몽고족자치현(蒙古族自治縣)—일반적으로는 喀左縣으로 불린다—동산취촌(東山嘴村) 뒷산 정상에서 대형 제단유적인 '동산취유적'이 발견되었다. 이에 고무되어 주변지역에 대한 조사에 들어가게 되었다. 1981년 동산취유적에서 50Km 정도 떨어진 요녕성 능원현(凌源縣)과 건평현(建平縣)의 경계 지역인 우하량촌(牛河梁村)에서 홍산문화의 대표적 유적이자 세계를 놀라게 한 우하량유적이 발견되었다. 1983년부터 1985년에 거처 우하량유적에 대한 대대적인 발굴이 진행되었다. 발굴이 마무리되자 1986년 7월 24일 신화사 통신은 홍산문화 후기 우하량유적에서 기원전 3500년까지 올라가는 대형제단(大型祭壇), 여신묘(女神廟), 적석총군(積石塚郡)이 어울어진 단·묘·총(壇·廟·塚) 삼위일체의 거대한 유적이 발굴되었다는 소식을 전 세계를 향해 전했다.

우하량유적은 B.C. 3500년까지 올라가는 홍산문화 만기의 것이었다. 그러나 이 유적지는 놀랍게도 이미 B.C. 3500년 당시에, (1) 계급이 완전히 분화되고, (2) 사회적 분업이 이루어지고 있었으며, (3) 이미 '초기 국가단계' 혹은 '초기 문명단계'에 진입한 것을 보여

8) 이 부분은 필자의 아래의 논문의 일부를 가져온 것이다.
우실하, 「요하문명, 홍산문화 지역의 지리적 기후적 조건」, 『고조선단군학』 제30집(2014.6), pp.213~218 〈Ⅰ. '요하문명'의 명명〉.

주는 놀라운 유적이었다. 이후에는 중화문명의 '예제(禮制)의 기원' 더 나아가 '중화문명의 기원'이 이곳에서 출발한다고 보기 시작한다. 기존에 3황 5제의 신화시대를 운운하던 기원전 3500년에 이미 초기 국가단계의 대규모 유적이 발견되었으니 놀랄 수밖에 없었던 것이다. 기존의 중국학계에서는 황하 유역의 하(夏)나라에서 시작해서 상(商)나라와 주(周)나라로 이어지는 고대 국가 단계를 설정했었다. 우하량 유적지의 발견은 이런 기존의 정설을 완전히 무너뜨리는 것이었다. '초기 국가단계' 혹은 '초기 문명단계'에 진입한 이 거대한 새로운 문명권을 무엇으로든 새롭게 명명을 할 필요가 있었다. 처음에는 우하량유적의 발굴이 마무리되어가는 시점에서는 '원시문명'이라고만 언급하다가, 1995년 이후에는 '요하문명'이라는 명칭이 정식으로 사용되기 시작한다. 이 명명 과정을 정리하면 아래와 같다.

2) 중원과는 독자적인 '원시문명'

우하량유적을 발굴 지휘한 곽대순(郭大順)과 유적발굴을 처음부터 함께 지켜본 손수도(孫守道)는 우하량유적의 1차 발굴(1983-1985)이 마무리되어 가던 1984년에 '요하유역의 원시문명과 용의 기원(論遼河流域的原始文明與龍的起源)'[9]이라는 논문을 공동 집필하면서 "(1) 홍산문화 시기에는 이미 '사회적 등급'이 나뉘고 일종의 '권력 개념'이 탄생하였다고 보고, (2) 요하유역을 최초로 새로운 '원시문명'으로 볼 수 있다는 시각을 보여주고 있으며, (3) 요하유역

9) 孫守道·郭大順, 「論遼河流域的原始文明與龍的起源」, 『文物』, 1984年 第6期, pp.11~17.

에서는 5000여년 이전에 '문명시대의 서광'이 비추기 시작했다"고 정리하였다.[10)]

이 논문에서 곽대순과 손수도는 '요하문명'이라는 용어를 사용하고 있지는 않지만 요하유역을 독립된 '원시문명'으로 보는 시각을 처음으로 제시한 것이다.

3) 곽대순에 의한 '요하문명'의 명명

'요하문명'이라는 용어를 최초로 언급하고 논문 제목으로 사용한 것은 1995년 곽대순이 쓴 2편의 논문을 통해서 였다. 80년대 초반에서 90년대 중반까지 홍산문화, 사해문화, 흥륭와문화 등에 대한 다양한 연구 결과들을 바탕으로 곽대순은 이 거대한 새로운 문명권을 '요하문명'으로 명명했던 것이다. 곽대순의 2편의 논문은 아래와 같다.

첫째, 최초로 '요하문명'을 언급한 논문은 1995년에 곽대순이 쓴 '요녕 사전 고고와 요하문명 탐원(遼寧史前考古與遼河文明探源)'[11)] 이라는 논문이다. 그는 이 논문에서도 홍산문화 우하량(牛河梁) 유적의 단(壇)·묘(廟)·총(塚)은 중화 5000년 문명서광의 상징임은 의심의 여지가 없다는 점을 다시 한 번 강조한다.

이 논문에 의하면 홍산문화는, (1) 내외의 제 문화와 빈번한 교류를 하였는데, 어떤 선진문화 요소가 홍산문화에 영향을 미쳐서 농업이 위주이면서 수렵과 목축을 겸하였고, (2) 이런 문화적 융합

10) 우실하, 「'요하문명론'의 초기 전개 과정에 대한 연구」, 단군학회, 『단군학연구』 제21호(2009.12), pp.273~309. 손수도, 곽대순의 논문에 대한 소개는 p.276 참조.

11) 郭大順, 「遼寧史前考古與遼河文明探源」, 『遼海文物學刊』, 1995年 第1期, pp.14~20.

과 다양성으로 인해서 홍산문화는 처음부터 끝까지 개방적이고 활동적인 모습을 보이고 있으며, (3) 발원 지역에서 문화가 이어지기도 하지만 주요 부분은 남쪽을 향해서 이동하였을 가능성이 더 크며, (4) 홍산문화를 중심으로 한 '요하문명'은 동북아 고대문명의 원류가 되며, (5) 홍산문화의 인체소상(人體塑像), 일본 승문(繩文)시대의 토우(土偶), 남아메리카의 사전(史前) 도소인상(陶塑人像)과의 관계, (6) 홍산문화 옥기와 양저문화의 옥기와의 관계 등 많은 문제들을 제시한다.

주목할 점은 (1) 홍산문화가 농업 위주의 사회이며, (2) 주요 종족들이 남쪽으로 이동하였을 것을 보고, (3) '요하문명'이라는 용어를 사용하면서 이 요하문명이 동북아시아 고대문명의 원류가 된다고 보고, (4) 일본이나 남미와도 연결될 가능성을 제기했다는 점이다. 특히 남미의 아즈텍, 잉카, 마야문명 등이 홍산문화의 후예들이라는 주장은 최근 주목을 받고 있는 것으로 많은 학자들이 탐구를 시작한 단계이다. 이에 대해서는 다른 논문을 통해서 소개를 할 것이다.[12)]

둘째, '요하문명'을 두 번째로 언급한 논문은 곽대순이 위의 논문과 같은 해인 1995년에 발표한 '요하문명의 제시와 전통사학에 대한 충격(遼河文明的提出與對傳統史學的衝擊)'[13)]이라는 논문이다. 곽대순은 이글에서 기존의 논의들을 정리하면서 5000여 년 전에 이미 요하 유역에서 고국(古國)이 출현했다는 것은 여러 고고 발굴을 통해서 입증되었다고 주장한다.

그의 주요 논지를 요약하면.[14)], (1) 우하량 유적은 여러 방면에

12) 우실하, 「'요하문명론'의 초기 전개 과정에 대한 연구」, pp.292~293.

13) 郭大順, 「遼河文明的提出與對傳統史學的衝擊」, 『尋根』, 1995年 第6期, pp.10~11.

서 당시에 이미 등급의 분화를 주요 내용으로 하는 사회변혁이 일어났음을 반영하고 있고, (2) 홍산문화 여러 지역의 적석총들은 한 사람의 '지고무상(至高無上)한 존재'를 중심으로 한 '등급 분화'와 '예제(禮制)의 조기 형태'가 이미 제도화되었음을 나타내며, (3) 여신묘 안에 군집을 이루고 있는 신상(神像)들은 층차(層次)를 보일 뿐만 아니라 '주신(主神)'이 출현했다는 것을 보여주는데, 이것은 인간의 등급 분화가 종교·신앙 가운데도 이미 고정되어 내려왔었다는 것을 의미하며, (4) 여신묘는 '종묘(宗廟)'의 성격을 지닌 것으로 홍산문화 유적의 층차성(層次性)은 이미 최고 층차의 중심 유적지를 형성하는 단계에까지 이르렀을 뿐만이 아니라 '등급의 분화'와 함께 '왕의 신분(王者身分)'에 상응하는 인물이 출현했음을 나타내고 있으며, (5) 우하량 유적은 이들의 '제사중심이자 정치중심'이며, (6) 이런 정황은 원시공동체(原始公社)인 씨족부락제(氏族部落制)가 발전하여 이미 생산공동체를 능가하는 '한 단계 높은 조직형식(組織形式)'과 부락 단계를 넘어서 '한 단계 높은 독립적인 정치실체(政治實體)'를 갖춘 단계로 진입했음을 보여주며, (7) 홍산문화가 깊고 풍부한 역사와 사회·문화적 배경을 지니고 있다는 점을 강조하고 있다.

이러한 홍산문화에 대한 새로운 고고학적 발견과 연구 성과들은 전통사학과는 3가지 방면에서 충돌하는데, (1) 홍산문화에 대한 고고학적 신발견과 요하문명은 4000년 전의 하대(夏代)를 시발점(源頭)으로 하는 전통사학상의 중화문명사를 단번에 5000년 이전까지 끌어올렸으며, (2) 요하문명은 '중화문명의 기원'이 하나의 중심이

14) 우실하, 「'요하문명론'의 초기 전개 과정에 대한 연구」, pp.293~295.

아니라 다중심(多中心)이며, 요하 유역 내의 연산 남북 장성지대 역시 중화문명의 발상지 가운데 하나라는 점을 증명하였으며, (3) 고고학적으로 입증되는 홍산문화의 예제(禮制)는 중국문명 기원의 한 가지 중요한 표지(標志)이자 특징이며, 중화문화 전통의 형성 과정이기도 하다는 점을 제시하였다는 것이다.

곽대순의 이 논문은 소위 '요하문명'의 존재를 명확히 하고 일반화하는데 결정적인 역할을 한다. 이후로 '요하문명'은 학술적인 개념으로 수용되기 시작한다. 곽대순은 이런 논지를 바탕으로 2006년 요녕성박물관에서 요하문명의 총체적인 모습을 보여주는 〈요하문명전〉을 총 지휘하였고, 상설 전시를 하고 있다. 2015년 현재는 박물관을 옮기는 문제로 문을 닫은 상태이다. 최근 보도에 의하면, 요녕성에 '중국 최대의 홍산문화박물관'도 짓기로 했다고 한다.

4. 요하문명에 대한 중국의 발 빠른 대응

1) '동이족 문명'에서 '황제족 문명'으로[15)]

우하량유적지가 발굴되면서, 요하문명 홍산문화를 일군 주도세력이 누구인가 하는 문제에 대한 논의를 하기 시작했다. 초기에는 동이족의 한 갈래로 보는 소수의 시각도 있었다. 그러나 이후 중화

15) 이에 대한 보다 상세한 것은 아래의 논문의 해당 부분을 참조하시오.
우실하, 「홍산문화의 곰토템족과 단군신화의 웅녀족」, 고조선단군학회, 『고조선단군학』 제27호(2012), pp.198~205 (5. 홍산문화 주도세력에 대한 중국학계의 시각 정리).

민족의 시조라는 황제족의 문명이라는 시각이 주류가 되었다. 90년대 중반 이후로는 거의 정설로 자리 잡았다. 필자는 요하문명의 꽃인 홍산문화를 주도한 세력을 '동이족'이나 '황제족' 등 후대의 역사 기록에 등장하는 이름으로 부르는 것은 문제가 있다고 본다. '홍산인'이라고 불러야한다고 본다. 이에 대해서는 아래와 같이 필자의 입장을 정리한 바 있다.

> 후대의 기록에 보이는 동이족이나 황제족 등의 부족명을 과연 홍산문화를 주도했던 사람들에게 붙일 수 있는가 하는 점은 여전히 문제다. 필자는 홍산문화 주도세력은 동이족의 선조 혹은 황제족의 선조로 '홍산인'이라고 불러야한다고 본다. 그 홍산인이 동이족의 선조인가 황제족의 선조인가가 쟁점이라는 것이다.[16]

아무튼 중국학계에서 요하문명을 후대의 '동이족 문명'에서 '황제족 문명'으로 보는 시각의 변화를 간단히 소개하면 아래와 같다.

첫째, 이민(李民)은 1987년에 「시론 우하량, 동산취 홍산문화의 귀속: 중화고대문명탐원지일(試論牛河梁東山嘴紅山文化的歸屬: 中國古代文明探源之一)」이라는 논문에서, 홍산문화를 일군 사람들이 동북지역 선주민인 동이(東夷)의 한 갈래 '조이(鳥夷)' 부락집단으로 보는 주장을 최초로 제기하였다.[17] 그러나 요하문명, 홍산문화의 주도세력을 동이족으로 보고 요하문명을 '동이족의 문명'으로 보는 논문은 더 이상 발표되지 않았다. "이민의 이 글이 홍산문화의

16) 우실하, 「홍산문화의 곰토템족과 단군신화의 웅녀족」, 고조선단군학회, 『고조선단군학』 제27호, 2012, p.200.

17) 李民, 「試論牛河梁東山嘴紅山文化的歸屬 : 中國古代文明探源之一」, 『鄭州大學學報』, 哲學社會科學版, 1987年 第2期, pp.8~14.

주도세력을 동이의 갈래인 조이집단과 연결한 최초의 논문이자 마지막 논문이기도 하다".[18]

둘째, 요하문명을 황제족의 문명으로 보는 첫 시도는 이민의 논문과 같은 해에 발표된 장박천(張博泉)의 논문이다. 장박천의 논문을 요약하면, (1) 요하문명의 주도세력을 황제족으로 보고 특히 홍산문화의 주도세력을 전욱족으로 보며, (2) 홍산문화는 이미 문명단계에 진입했으며, (3) 이곳이 중화문명의 기원이며, (4) 요하문명의 요서지역에서 기원한 일군의 사람들이 중원으로 내려와 하왕조를 정복하고 상문명을 건설했다는 점을 논의하고 있다.[19] 현재는 많은 중국학자들이 이러한 견해에 동의하고 있다. 어쩌면 현재 문제가 되고 있는 요하문명론의 핵심적인 논리는 이 논문을 통해서 마련되었다고 볼 수 있다.[20]

이어서, (1) 복소문(卜昭文)의 1987년 논문[21], (2) 중국 고고학의 대원로인 소병기(蘇秉琦)는 1994년에 홍산문화 주도세력을 황제족으로 끌고 가는데 엄청난 영향력을 발휘한 '서요하지역의 고문화를 논하다(論西遼河古文化)'라는 논문[22], (3) 설지강(薛志强)의 1995년 논문[23], (4) 목홍이(穆鴻利)의 1997년 논문[24] (5) 예군민(倪軍民)·

18) 우실하, 「홍산문화의 곰토템족과 단군신화의 웅녀족」, 고조선단군학회, 『고조선단군학』 제27호, 2012, p.200.

19) 張博泉, 「對遼西發現五千年前文明曙光的歷史蠡測」, 『遼海文物學刊』, 1987年 第2期, pp.96~102.

20) 우실하, 「'요하문명론'의 초기 전개 과정에 대한 연구」, pp.282~283.

21) 卜昭文, 「中華文明原流問題的新信息 : 〈山海關外訪古〉 之二」, 『瞭望』 1987年 第35期, pp.44~45.

22) 蘇秉琦, 「論西遼河古文化 : 與赤峰史學工作者的談話」, 『北方民族文化』, 1993年 增刊; 蘇秉琦, 『華人·龍的傳人·中國人』 : 遼寧大學出版社, 瀋陽, 1994, pp.130~131.

23) 薛志强, 「紅山諸文化與中華文明」, 『中國北方古代文化國際學術討論會論文集』, 中國文史出版社, 1995, pp.43~49.

경철화(耿鐵華) · 양춘길(楊春吉)이 함께 쓴 2000년의 논문[25] 등을 통해서 요하문명의 주도세력이 '황제족의 문명'이라는 논리는 확산되었다. 이제는 요하문명이 중화민족의 시조라는 '황제족의 문명'이라는 것은, 거의 대부분의 중국학자들이 받아들이는 정설이 되어 있다.

2) 각종 역사 관련 공정들

1980년 이후 요서지역에서 새로운 요하문명이 발견되면서 중국은 상고사를 완전히 재편하고 있다. 국가 주도로 진행되었고 또 현재 진행 중인 역사관련 공정(= 프로젝트)은, (1) 하상주단대공정(夏商周斷代工程: 1996-2000) → (2) 동북공정(東北工程: 2002-2007) → (3) 중화문명탐원공정(中華文明探源工程: 2003-) → (4) 국사수정공정(國史修訂工程: 2010-2015) → (5) 중화문명선전공정(中華文明宣傳工程: 2016?-?) 등으로 이어지고 있다. 이러한 중국의 역사 관련 공정들은 모두 통일적다민족국가론(統一的多民族國家論)을 이론적 바탕으로 하고 있다. 통일적다민족국가론의 핵심은, (1) 현재의 중국 국경 안에 있는 56개의 모든 민족은 중화민족의 일원이고, (2) 56개 중화민족이 이룩한 역사는 모두 중국사의 일부라는 것이다.

최근에는 이러한 '통일적다민족국가론'이 요하문명의 성격, 주도세력, 범위 등을 논의하는 '요하문명론(遼河文明論)'과 연결되고 있다. 통일적다민족국가론을 바탕으로 진행되고 있는 요하문명론의

---

24) 穆鴻利, 「中華北方古老文明之搖籃 : 紅山文化探論」, 『社會科學輯刊』, 1997年 第2期, pp.88~92.

25) 倪軍民 · 耿鐵華 · 楊春吉, 「高句麗歷史歸屬問題論稿」, 『通化師範學院學報』, 2000年 第1期.

요점과 한국사에 미칠 악영향에 대해서 필자는 아래와 같이 정리한 바 있다.

> 요하문명론은, (1) 요하일대를 중화문명의 시발점으로 잡고, (2) 이 지역은 신화와 전설의 시대부터 황제의 영역이었으며, (3) 요서지역 신석기문화의 '꽃'인 홍산문화 주도세력들은 이 황제의 후예들이고, (4) 이런 까닭에 요하 일대에서 발원한 모든 고대민족과 역사는 중화민족의 일부이고 중국사라는 논리를 토대로, (5) 요하 일대의 '홍산문화 만기(기원전 3500–기원전 3000)'부터는 이미 '초기 국가단계'에 진입한 거대한 '요하문명'이 자리 잡고 있었다는 것이 주요 논지들입니다.[26]

요하문명의 범위, 주도세력, 문명단계 진입 시기, 성격 등을 주로 논의하는 요하문명론이 본격적으로 논의되기 시작한 것은 홍산문화(紅山文化) 우하량(牛河梁) 유적의 발견 이후이다. 요하문명론은 80년 중반 우하량 유적의 발굴을 계기로 본격화되어 현재는 수없이 많은 논문들이 발표되고 있다. 국가 주도의 많은 역사 관련 공정을 거치면서, 중국의 주류사학계에서는 요하문명 홍산문화를 주도한 집단이 중국인들의 조상이라는 황제족이라고 보고 있고, 이것은 이미 정설로 자리잡았다. 다양한 역사관련 공정들에 대해서는 이미 많이 알려져 있으므로, 최근에 시작된 두 가지 역사관련 공정만 소개하기로 한다.

---

26) 우실하, 『동북공정 너머 요하문명론』 (서울: 소나무, 2007), p.5.

(1) **국사수정공정**(2010-2013)

중국은 1958년부터 1978년까지 20년에 걸친 작업 끝에 전설의 제왕인 '황제'부터 명(明)이 멸망한 1644년까지 중국 역대 왕조의 역사를 기술한 24사(史)와 청나라의 역사인 청사고(淸史稿)를 정리한 점교본(点校本)을 정사로 채택, 공인 역사서로 출간했다.

중국에서 32년 만에 이뤄지는 정사 기록에 대한 수정은 이미 2005년부터 2년간 기본 자료 수집을 마쳤고, 2007년부터 본격적인 수정작업에 들어가 2015년부터 책을 출판할 예정이었다. 그러나 일정이 당겨져 이미 2013년 말로 공정이 완료되었다. 국사수정공정(國史修訂工程)의 첫 결과문이 2013년 10월에 중화서국에서 발간된 '점교본 24사 수정본' 『사기』10권 한질이다.

이번에 수정된 것이 기존의 것과 어떻게 달라졌는지 비교하는 연구가 필요하다고 본다. 특히 새롭게 발견된 요하문명, 홍산문화 관련 내용들이 어떤 식으로 반영되었는지를 관련 분야의 학자들이 정밀하게 검토해 볼 필요가 있다.

(2) **중화문명선전공정**(2016? - ?)[27]

2015년 3월에 열린(3.3-3.15) 중국 최대의 정치행사인 양회(兩會: 전국인민대표회의, 전국인민정치협상회의)에서는 다양한 분야의 많은 안건과 제안들이 의결되고 제시되었다. 대부분의 우리나라 신문

---

27) 이 부분은 필자가 기고한 아래의 글을 바탕으로 한 것이다.
우실하, " '중화문명선전공정'이 시작된다", 「한겨레」 2015년 4월 13일자 A29면 3단.
중화문명선정공정 관련 내용은 아래 기사에서 처음 소개된 것이다.
中国社會科學网, 〈王巍：让国人扎扎实实地了解中华五千年文明〉, 2015年03月17日 10:30 来源：中国文物信息网 (http://www.cssn.cn/kgx/kgdt/201503/t20150317_1549122.shtml)

들은 양회 기간 중에 있었던 정치, 경제적인 변화에 초점을 맞추고 연일 그 의미를 심층보도하고 있다. 그러나 양회는 정치, 경제 분야만이 아니라 사회 모든 분야에서의 정책의 결정과 건의가 이루어지는 매우 중요한 회의이다. 특히 여기에서 건의된 안건들을 대부분 실행되고, 그 내용을 보면 중국의 각 분야가 앞으로 어떻게 나아갈지를 알 수 있다.

중국사회과학원 고고연구소 소장이자 전인대 고고분야 직능대표인 왕웨이(王巍)는 지난 2015년 3월 4일부터 15일까지 열린 '제12차 전국인민대표대회 3차회의'에 참석해서 인문-사회분야에 대한 4가지 안건을 건의를 하였다. 그 가운데서도 역사문제와 관련한 '중화문명선전공정(中華文明宣傳工程)'이 자신이 가장 희망하는 사안이라고 밝히고 있다. 그가 제안한 '중화문명선전공정'의 핵심 내용은 〈국민들이 5000년 중화문명을 확실히 이해하게 하자(让国人扎扎实实地了解中华五千年文明)〉라는 것인데, 이를 위한 구체적인 기획안까지 제시하였다.

우선, 왕웨이 소장은 아직도 많은 국민들과 국내외 학계에서 중화문명이 5000년이나 된다는 것에 대해서 회의적인 시각을 가진 사람들이 많다고 지적하고 있다. 그러나 "중화문명탐원공정(中華文明探源工程)을 시작한지 이미 10년이 넘으면서 분명한 성과를 얻었고, 중화문명이 5000년이라는 많은 실질적인 증거들을 찾아 인류문명의 연구에도 큰 공헌을 하였다"고 강조하고 있다.

그럼에도 불구하고 아직도 내국인들조차도 중화문명이 5000년이라는 것을 잘 모르고 있는 것은 선전이 부족하기 때문이라는 것이다. 왕웨이 소장은 5000년 중화문명을 국내외에 널리 알리기 해서 '중화문명선전공정'을 제안하고 있고, 이를 위한 5가지 구체적인 기획안을 제안하고 있다.

첫째, 중화문명 초기의 유구하고 찬란한 역사를 보여줄 텔레비전 특집프로그램 「중화문명의 형성(中華文明的形成)」을 100회 정도의 연속 다큐멘터리로 제작할 것.

둘째, 중화문명의 유구하고 찬란한 역사를 누구나 쉽게 읽을 수 있는 '대중서'를 지속적으로 출판하여 총서로 만들 것.

셋째, 중화문명의 찬란한 역사를 사진으로 보여줄 수 있는 대형 사진도록 『중화문명(中華文明)』 시리즈를 만들 것.

넷째, 중화문명의 찬란한 역사를 소개하는 '대학교, 중고등학교, 초등학교의 교재와 보조교재'를 편찬할 것.

다섯째, 중화문명의 찬란한 역사를 국내외에 소개하는 「중화 조기문명 문물 순회전(中華早期文明文物巡廻展)」을 실시할 것.

위의 5가지 이외에도 도굴범들은 일벌백계하고 문화재관리 관련법의 집행을 엄격하게 집행할 것 등을 건의하고 있다.

필자는 글과 신문 인터뷰를 통해 국사수정공정을 알리고 그 뒤에 이어질 것으로 '교과서 수정'을 예고했었다.[28] 그런데, 이번 왕웨이가 건의한 중화문명선전공정에 '대학교, 중고등학교, 초등학교의 교재와 보조교재 편찬'이 들어가 있다. 중국이 중화문명 5000년을 주장하는 근거는 1980년대 이후 지속적으로 발견되고 있는 요서지역의 요하문명의 새로운 발견에서 비롯되는 것이다. 중국학계에서는 이 요하문명의 주체 세력을 중화민족의 조상이라는 황제족(黃帝族)이라고 보고 있다.

왕웨이 소장이 지닌 학계의 위치나 무게로 보아서 그의 건의는

28) 「연합뉴스」, 2012.09.10, 〈사람들: 요하문명 연구가 항공대 우실하 교수〉 참조.

받아들여질 것이다. 사실 양회는 요식절차에 불과할 뿐이다. 그가 제안한 기획안들은 이제 곧 그 실체를 드러낼 것이다. 필자의 예상으로는 2016년부터 5년간 '중화문명선전공정'이 시행될 것이라고 본다. 중국이 상고사와 고대사를 재정립하려는 '하상주단대공정 → 동북공정 → 중화문명탐원공정 → 국사수정공정 → 중화문명선전공정' 등의 역사관련 국가 공정들을 지속적으로 이어가는 모습을 보면서, 그 주도면밀하고 체계적인 준비성이 놀랍기만 하다. 반면에 이에 대한 우리의 대응은 너무도 부족해 보인다.

3) 오한기를 '요하문명의 중심지'로 가꾸기

적봉시에 속해 있는 오한기(敖漢旗)는 80년대 이후, (1) 세계 최초의 옥결, (2) 세계 최초의 치아 수술이 이루어진 두개골, (3) 세계 최초의 재배 기장과 조, (4) 동북아 최초의 해자로 둘러싸인 집단 주거지, (5) 중국 최초의 여신상과 남신상 등 수많은 주요 고고 발굴이 이뤄진 곳이다. 중국 정부에서는 최근 오한기 지역을 명실상부한 '요하문명의 기원지', '홍산문화 연구 중심지'로 가꾸어 가고 있다. 아래에서는 이런 움직임에 대해서 소개하기로 한다.

(1) 오한기는 '요하문명의 기원지'이자 '홍산문화의 중심지'

요하의 중·상류 지역에 주로 분포한 요하문명은 소하서문화부터 하가점상층문화에 이르는 많은 고고학문화와 유적이 나타난다. 요하문명에 등장하는 모든 신석기, 청동기시대 문화가 공존하며 최대로 밀집되어 있는 곳이 바로 오한기이다. 예를 들어, 내몽고 동부의 중심도시인 적봉시의 경우, (1) 이미 발견된 홍산문화 유적지

1000여 곳 가운데 적봉시 경내에만 725곳(약 72%)이 있으며, (2) 그 가운데 적봉시 오한기에만 292곳(약 29%)가 밀집되어 있다.[29] 이런 까닭에 오한기를 명실상부한 '요하문명의 기원지'이자 '중화문명 전체의 기원지 가운데 하나'로 보고 있다.

최근 중국에서는 이 오한기를 집중적으로 관리하고 있고, 각종 박물관과 문화산업 관련 사업을 벌여가고 있다. 상세한 것은 아래에서 소개하기로 한다.

〈표 2〉 적봉시 홍산문화 유지 지역별 통계표(총 725곳)[30]

지역 명칭		유적지 수
적봉시내	홍산구 (紅山區, 홍샨취)	15
	송산구 (松山區, 송샨취)	26
	완보산구 (完寶山區, 완바오샨취)	2
파림좌기 (巴林左旗, 바린주오치)		20
파림우기 (巴林右旗, 바린요우치)		47

29) 赤峰市, 『紅山後及魏家窩鋪遺址群申遺文本』(2011, 적봉시 내부 자료). 이 책은 출판되지 않은 적봉시의 내부 자료다. 2011년에 적봉시에 속해있는 홍산후(紅山後)유지군과 위가와포(魏家窩鋪)유지군을 유네스코 세계문화 유산으로 등재신청하기 위해 적봉시에서 작성하여 국가문물국에 보고한 자료이다. 조양시에서도 우하량유지군에 대한 유사한 보고서를 국가문물국에 제출하였다. 이런 내부 보고서를 바탕으로, 현재 내몽고 적봉시에 속한 (1) 홍산후유지군, (2) 위가와포유지군과, 요녕성 조양시에 속한 (3) 우하량유지군 3곳이 공동으로 유네스코 세계문화유산 등재 신청을 준비하고 있다. 2011년 자료를 바탕으로 이 3곳의 홍산문화 유적지는, (1) 2012년 11월에 국가문물국에 의해서 '중국 세계문화유산 예비 명단'에 올라가 있으며, (2) 2018년까지는 유네스코 세계문화 유산에 등재시키기 위해 노력하고 있다. (牛河梁國家考古遺址公園編輯委員會, 『牛河梁國家考古遺址公園』 (朝陽: 朝陽市牛河梁遺址管理處, 2014), pp.115~116.)

30) 赤峰市, 『紅山後及魏家窩鋪遺址群申遺文本』 (2011, 내부 자료), p.13 '表 2-a-2. 赤峰市紅山文化遺址分區統計表'.

아노과이심기 (阿魯科爾沁旗, 아루커얼친치)	102
임서현 (林西縣, 린시쏀)	30
객라심기 (喀喇沁旗, 카라친치)	62
영성현 (寧城縣, 링청쏀)	7
극십극등기 (克什克騰旗, 커스커텅치)	20
옹우특기 (翁牛特旗, 웡뉴터치)	102
오한기 (敖漢旗, 아오한치)	292
적봉시 경내 전체	725

(2) 내몽고홍산문화박물원(內蒙古紅山文化博物院) 신축 예정

지난 2015년 5월 16일 오한사전문화박물관(敖漢史前文化博物館)을 방문했을 때, 전언국(田彦國) 관장으로부터 뜻밖의 소식을 들었다. 현재의 오한사전문화박물관과 별도로 근처에 국립 '내몽고홍산문화박물원(內蒙古紅山文化博物院)'을 새롭게 짓는다는 것이다. 이 계획안은 이미 2015년 1월 26일에 확정되어 통보되었으며, 전언국 관장은 관련 문건을 직접 보여주었다.

국가 직속으로 새롭게 건설하면서 명칭도 '박물관'이 아닌 '박물원'으로 승격되었다. 아직은 원장은 내정되지 않은 상황이다. 그러나 이미 명예원장에는 중국사회과학원 고고연구소 소장인 왕외(王巍) 소장이 내정되어 있고, 유국상(劉國祥) 등이 원장으로 물망에 오르고 있는 상황이다. 많은 학자들이 국가 직속이므로 '중국홍산문화연구원'으로 하자는 주장했으나, 내몽고박물원(內蒙古博物院) 원장인 타라(塔拉)가 강력하게 '내몽고'를 주장하여 '내몽고홍산문화박물원'으로 최종 결정되었다고 한다.

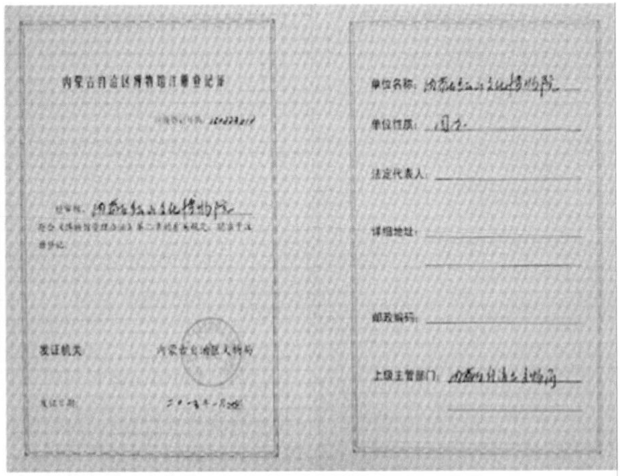

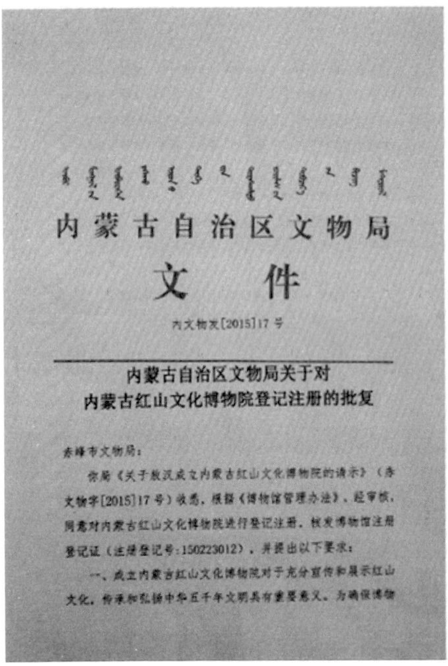

内蒙古自治区文物局
文 件
内文物发[2015]17号

内蒙古自治区文物局关于对
内蒙古红山文化博物院登记注册的批复

赤峰市文物局:

你局《关于敖汉成立内蒙古红山文化博物院的请示》(赤文物字[2015]17号)收悉。根据《博物馆管理办法》，经审核，同意对内蒙古红山文化博物院进行登记注册，核发博物馆注册登记证(注册登记号:150223012)，并提出以下要求:

一、成立内蒙古红山文化博物院对于充分宣传和展示红山文化，传承和弘扬中华五千年文明具有重要意义。为确保博物

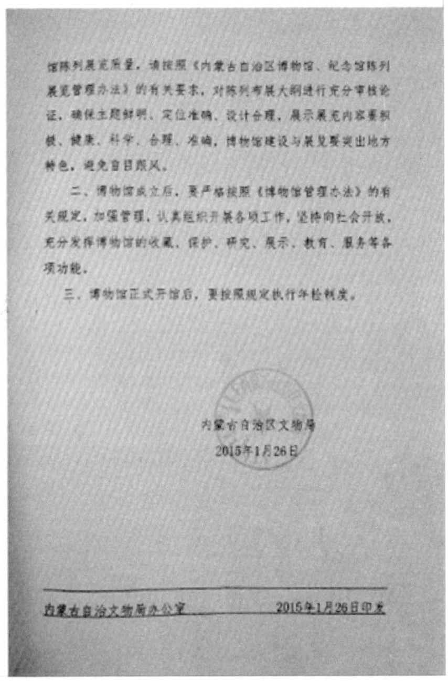

馆陈列展览质量，请按照《内蒙古自治区博物馆、纪念馆陈列展览管理办法》的有关要求，对陈列布展大纲进行充分审核论证，确保主题鲜明、定位准确、设计合理，展示展览内容要积极、健康、科学、合理、准确，博物馆建设与展览要突出地方特色，避免盲目跟风。

二、博物馆成立后，要严格按照《博物馆管理办法》的有关规定，加强管理，认真组织开展各项工作，坚持向社会开放，充分发挥博物馆的收藏、保护、研究、展示、教育、服务等各项功能。

三、博物馆正式开馆后，要按照规定执行年检制度。

内蒙古自治区文物局
2015年1月26日

内蒙古自治文物局办公室 2015年1月26日印发

〈그림 3〉 내몽고홍산문화박물원(內蒙古紅山文化博物院) 관련 문건
(2015년 5월 16일 촬영)

(3) 내몽고사전문화박물관 신축 중

기존의 현(기)급 박물관인 '오한사전문화박물관'이 내몽고자치주 직속의 성급 박물관인 '내몽고사전문화박물관(內蒙古史前文化博物館)'으로 승격되어 옮겨갈 예정이다. 기존의 관장, 부관장, 연구원 등은 그대로 옮겨가면서 연구 인원도 기존의 22명에서 20명 정도 더 증원된다고 한다.

현재 새로 옮긴 버스터미널 근처에 신축중이며, 이 근처에는 (1) 내몽고사전문화박물관, (2) 오한제일촌민속박물관(敖漢第一村民俗博物館), (3) 세계농업문화유산전람관(世界農業文化遺産展覽館), (4) 사립 박물관인 신주박물관(新州博物館), (5) 적봉원고문화창의산업성(赤峰遠古文化創意産業城) 등이 함께 건축되면서 '오한사전문화산업원(敖漢史前文化産業院)'이라는 '역사 문화 단지'를 만들어 시너지 효과를 내게 된다. 대부분 2017년경에 완공 예정이다.

신설되는 내몽고사전문화박물관의 신임 관장은 현재 오한사전문화박물관 관장인 전언국(田彦國)이 확정되어 있다. 따라서 기존의 오한사전문화박물관이 이름을 바꿔서 '현(기)급 박물관'에서 '성급 박물관'으로 승격되는 것이라고 할 수 있다.

(4) 오한제일촌민속박물관 신축 중

오한사전문화박물관이 성급의 내몽고사전문화박물관으로 승격되어 신축하는데도 불구하고, 별도로 '오한제일촌민속박물관(敖漢第一村民俗博物館)'을 옆에 신축하고 있다. 민속 연구와 역사-고고 연구를 분리하여 규모를 키우려고 하는 것이다. 박물관 건물 주위로는 골동품 상점인 '화하제일촌고완성(華夏第一村古玩城)'도 함께 짓고 있다.

(5) 세계농업문화유산전람관신축 중

오한기에서 출토된 세계 최초의 재배 기장과 조는 이미 세계농업유산으로 등재 완료(2012) 되었고, 이를 전문적으로 홍보하고 연구할 세계농업문화유산전람관(世界農業文化遺産展覽館)을 별도로 신축하고 있다. 세계최초의 재배 기장이 오한기에서 출토된 것을 기념하기 위해 2014년 9월에는 오한기에서 국제학술대회도 개최되었다.

(6) 내몽신주박물관과 적봉원고문화창의산업성 건설

내몽신주박물관(內蒙新州博物館)은 양효명(楊曉明: 1964.10-)이 2010년 8월에 세운 사설박물관인 '신주박물관'을 확장 이전한 것이다. 관장인 양효명은 내몽고의학원을 졸업한 중의(中醫: 우리의 한의사)로 현재 오한기인민의원 중의부(中醫部) 부주임으로 있다. 2013년에는 326쪽에 달하는 『신주고운-신주박물관전장(新州古韻-新州博物館典藏)』을 출판하였다. 소하서문화에서 요대까지 약 4,000여점을 수집 전시하고 있고, 도록에는 430점을 소개하고 있다.[31)]

이번에 박물관을 확장 이전하면서 이름도 '내몽신주박물관'으로 바꾸었다. 개인 박물관임에도 불구하고 새로 짓고 있는 내몽고사전문화박물관보다 더 크며, 이 박물관을 중심으로 하여 각종 문화산업 관련 업체가 들어서는 단지 전체가 '적봉원고문화창의산업성(赤峰遠古文化創意産業城)'이다.

(7) 오한사전문화산업원 신축 중

'오한사전문화산업원(敖漢史前文化産業院)'은 현재 터미널 근처

---

31) 邵國田 · 楊曉明, 『新州古韻-新州博物館典藏)』, (呼和浩特: 內蒙古人民出版社, 2013.

에 함께 신축하고 있는, (1) 내몽고사전문화박물관, (2) 오한제일촌민속박물관(敖漢第一村民俗博物館), (3) 세계농업문화유산전람관(世界農業文化遺産展覽館), (4) 사설 신주박물관(新州博物館)과 적봉원고문화창의산업성(赤峰遠古文化創意産業城) 등을 모두 하나의 단지에 넣어서 시너지 효과를 내기 위한 것이다.

(8) 오한사전문화박물관 3층 '홍산문화전제전'

현재의 오한사전문화박물관은 작년부터 3층 전체를 홍산문화 유물만을 전시하는 '홍산문화전제전(紅山文化專題展)'으로 새롭게 꾸몄다. 2014년 12월 28일에 개막식을 하고 영구 전시하고 있다. 기존의 오한사전문화박물관은 신축될 '내몽고홍산문화박물원'의 부속건물이 될 것 같다.

(9) 세계소미기원여발전국제회의

2014년 9월 3-5일 '세계소미기원여발전국제회의(世界小米起源與發展國際會議)'가 개최되었다. 이것은 2012년 오한기 홍륭와문화 홍륭구유지에서 발굴된 조(小米)가 세계에서 가장 오래된 '재배 조'라는 것을 인정하여 유네스코 '세계중요농업유산'으로 지정된 것을 기념하는 것이기도 하다.

오한기의 8000년 전의 조는 2012년 8월에 '세계중요농업유산'을 지정 완료되었고, 2012년 9월 5일 북경 인민대회당에서 인증패 전달식이 있었다. 세계중요농업유산 지정과 이어진 국제학술대회를 통해서 오한기는 '세계 조의 고향(世界小米之鄉)'으로 자리매김하게 되었다.

5. 한국, 몽골의 요하문명에 대한 인식

1) 한국의 현실

요하문명과 관련하여 중국 주류사학계, 한국 주류사학계, 한국의 재야사학계에서는 서로 다른 입장을 보이고 있다. 첫째, 한국 주류사학계에서는 요하문명, 홍산문화는 한국고대사와 연관이 없다고 선언을 하고 관심을 두고 있지 않다. 둘째, 한국 재야사학계에는 『환단고기』 등을 바탕으로 해서 요하문명, 홍산문화가 신화적인 신시와 배달국이라고 하면서 한껏 고무되어 있다.

필자는 우리나라의 이런 두 집단의 입장이나, 요하문명의 주도세력을 중화민족의 조상인 황제족으로 확정한 중국 사학계의 입장이 모두 문제가 있다고 본다. 거대한 요하문명은 현재도 발굴중이고, 매년 새로운 고고발굴이 이루어지고 있다. 따라서, 요하문명의 주도세력이 어느 집단이라고 미리 선언적으로 말하는 것은 무리라고 보기 때문이다. 필자는 요하문명에 대한 무반응이 어떤 결과를 낳게 될 지에 대해서 아래와 같이 정리한 바 있다.

> 필자가 보기에 아직도 국내 학계에서는 요하문명을 우리와 상관없는 것으로 보는 분위기가 강하며, 요하문명에 대한 논의들은 중국학계에서 벌어지는 일쯤으로 생각하는 사람들이 많다. ....중략....
>
> 요하문명론은 우리 상고사나 고대사와 직접적인 관련이 있다는 것을 기억해야한다. 현재 중국학자들이 논의하는 대로 요하문명론이 정리되면, (1) 이 지역에서 발원한 예·맥족 등이 모두 고대로부터 중

화민족의 일부가 되고, (2) 이 지역에서 기원한 예·맥족은 물론 단군, 주몽 등 한국사의 주요 인물들은 황제의 후손이 되며, (3) 한국의 역사·문화 전체가 중국의 방계 역사·문화로 전락한다는 점을 분명하게 기억해야한다.[32)]

중국에서 진행되고 있는 요하문명론의 논의나 문제점 등에 대해서는 이미 여러 편의 책과 논문을 통해서 소개한 바 있다.[33)] 현재 전개되는 중국의 고대사와 상고사 재편작업은 우리가 생각하는 것보다 훨씬 심각한 양상으로 진행되고 있다. 그러나 불행하게도 우리나라에서는 새롭게 발견된 요하문명에 대해서 본격적인 연구가 진행되고 있지도 않고, 연구 인력도 턱없이 부족한 실정이다.

요하문명 지역은 우리의 상고사와 떼어 놓을 수 없는 곳이다. 고조선, 부여, 예맥, 고구려 등은 모두 이 지역을 바탕으로 하고 있기 때문이다.요하문명 지역에서는 지금도 발굴이 계속되고 있고, 최근에도 매년 놀라운 소식들이 들려온다. 예를 들어 2012년에도 홍산문화 시대의 도소남신상(陶塑男神像)이 새롭게 발견되어 중국을 떠들썩하게 만들었었다. 중국에서는, (1) 홍산문화 여신묘에서 발견된 여신상을 중화조모 혹은 중화조모신(中華祖母神)으로 명명하고,

---

32) 우실하, "'요하문명론의 초기 전개 과정에 대한 연구", 『단군학연구』 제21호, 2009, p.305.

33) 우실하, 『동북공정 너머 요하문명론』, 소나무, 2007; 우실하, 『동북공정의 선행 작업과 중국의 국가 전략』, 울력, 2004; 우실하, 「'통일적다민족국가론'의 전개와 적용」, 『고구려연구』 제29집, 2007.12, pp.63~85; 우실하, 「동북공정의 최종판 '요하문명론'」, 『단군학연구』 제15호, 2006.12, pp.5~35; 우실하, 「요하문화권 연구의 어제와 오늘」, 『고대 동북아 연구』, 백산자료원, 2009, pp.13~40; 우실하, 「통일적다민족국가론의 전개와 적용」, (사)고구려연구회 편, 『동북공정과 한국학계의 대응논리』, 여유당, 2008.7, pp.75~154; 우실하, "'요하문명론의 초기 전개 과정에 대한 연구", 『단군학연구』 제21호, 2009.12, pp.273~309.

(2) 2012년 새로 발견된 도소남신상을 중화조신(中華祖神)으로 명명하여 발굴지를 전시장으로 건설하였다.

우리나라에서는 모처럼 춘천 중도유적지에서 고조선시기에 해당하는 청동기시대 대규모 주거유적이 발굴되었다. 그러나 기껏 발굴해 놓은 한반도 최대의 청동기 주거유적지인 춘천 중도 유적지를 덮고 그 위에 레고랜드라는 외국계 놀이공원을 만들고 있는 것이 우리의 안타까운 현실이다. 유적지의 34.8%만 발굴했는데도 917기의 주거지와 100여 개의 지석묘(고인돌)가 발견된 곳에 외국계 놀이공원을 짓는 한국과, 새롭게 발굴된 요하문명을 교과서에 반영하고 전 세계에 알리려는 중국의 차이를 보면 우리의 '문화대국' 운운은 말잔치에 불과하다고 보일 수밖에없다.

중국에서 최근 벌어진, (1) 국사수정공정[34], (2) 중화문명선전공정[35], (3) 도소남신상의 새로운 발견[36] 등의 중요한 역사관련 소식을 필자가 신문을 통해 최초로 소개하였다는 사실 자체가, 우리 역사학계가 얼마나 요하문명에 대해서 관심이 없고 무지한 지를 보여주는 사례일 것이다.

이런 새로운 고고 발굴이 한국 상고사와 어떻게 연결되는 지 이제라도 요하문명에 대한 기초적인 연구부터 차근차근 해 가야 한다.

---

34) 「연합뉴스」, 2012.09.10, 〈사람들: 요하문명 연구가 항공대 우실하 교수〉 참조.

35) 「한겨레」, 2015.04.13, 〈우실하, "'중화문명선전공정'이 시작된다"〉

36) 「중앙일보」, 2012.08.17, 〈중국의 동북공정, 고조선 역사까지 겨눴다〉 참조.

〈표 3〉 춘천 중도유적 1차 발굴조사 결과[37)]

1. '2015년 9월까지 발굴예정 면적' 및 '2014년 발굴 면적'

* 하중도 전체 면적 : 1,136,071㎡.(유적지 제외 면적 : 570,821㎡)

* 레고랜드 개발부지(= 유적지 총면적) : 565,250㎡

면적 / 발굴자	유적지 총면적 (100%) = 2015년 9월까지 발굴 예정	1차 발굴 면적 (34.8%) = 2014년 발굴 완료
한강	232,835㎡	49,912㎡
한백	88,645㎡	34,380㎡
예맥	88,645㎡	38,670㎡
고려	88,645㎡	40, 892㎡
한얼	66,480㎡	33,090㎡
소계	565,250㎡ (100%)	196,944㎡ (34.8%)

2. 1차 발굴조사 결과 확인된 유적과 유구

종류 / 내용	주거지			수혈	고상가옥	무덤		구상유구	환호	계	합계	경적유구	
	청동기	원상국	조선			지석묘 (석관묘 포함)	주구					소구획발 (청동기)	발 (시기미상)
한얼 B-1	273			74	5	9		7	1	369	378	1	1
한얼 B-2				9						9			1
한백 B-1	233			79		8	1			321	328		
한백 B-2				5				2		7			
예맥 B	169			89	4	21				283	283	1	1
고려 A	123			29		1				153	261		
고려 B	70		1	26		10		1		108		1	
한강 B-1	8	1		25		38				72	162	1	1
한강 B-2	49			28		13				90		1	1
합계	925	1	1	364	9	100	1	10	1	1,412	1,412	1	1

37) 제2차 매장문화재분과 소위원회 회의록(2014.10.31.)

3. 발굴 지역별 청동기시대 확인 유구

구역	기관	주거유적					분묘유적				총계	비고
		주거지	수혈	고상가옥	환호	구상유구	지석묘	주구묘	소구획밭	밭유구		
B-1	한얼	355	90	3	1	10	12		1	1	473	
B-2	한백	244	53		1		18	1	1	1	319	
B-3	예맥	178	64	3			20		1	1	267	
B-4	고려	79	60				11		1	1	152	조선주거지 1개
B-5	한강	8	28				37		1	1	75	??
계		864	295	6	2	10	98	1	5	5	1,286	

이러한 상황은 북한의 경우에도 별반 다르지 않다. 동북공정이 한창이던 당시 북한학자들의 입장을 잘 보여주는 대목이 있다. 최근 최광식 교수 신문 인터뷰에서 다음과 같이 이야기한다.

> "북한 사회과학원 역사연구원 학자들을 만나 고구려사 왜곡에 공동대응하자니까 '신중히 검토하겠다'는 말만 할 뿐 소극적으로 나왔다. 북한의 태도에 실망해 3개월 후 다시 갔다. 저녁에 술 먹고 북한 학자들에게 '북한이 주체, 주체하면서 미국한테나 큰소리치고 중국한텐 왜 꼼짝 못하느냐'고 따졌다. 그랬더니 그쪽도 탁자를 꽝 치고 일어나더니 '일본의 역사 왜곡은 우리가 할 테니, 중국의 역사 왜곡은 남조선에서 하라우'라고 했다. 그때(2004년)부터 북한의 고대사 연구 자료를 우리한테 개방해 줬다. 그전까지 북한은 고구려 문화유산, 고분벽화 같은 걸 우리한테 개방 안 했고 유네스코(유엔 교육과학문화기구)나 일본 학자들에게만 개방했다. 우리한테도 개방하니까 엄청난 도움이 됐다."[38]

38) 「중앙일보」, 2015.11.07, A18면 〈중국의 동북공정 추진이 남북 역사학자 뭉

사실 이 인터뷰 전에도 "일본의 역사 왜곡은 우리가 할 테니, 중국의 역사 왜곡은 남조선에서 하라우"라고 했다는 북한 역사학자의 이야기는 사학계에서 잘 알려져 있다. 이런 이야기가 오간 2004년 이후 남북역사학자협의회가 꾸려져서 첫 사업으로 안학궁터 발굴이 진행되고 다른 여러 발굴이 이루어지고 있다. 그러나 정작 동북공정이 출발한 가장 기본적인 원인인 요하문명, 홍산문화에 대한 연구는 북한에서도 거의 이루어지고 있지 않다. 필자가 여러 차례 중국 내몽고 적봉시에서 열리는 '홍산문화고봉논단'에 참가하여 논문발표를 하였지만, 이 회의에 참석한 북한 학자는 1명도 만나본 적이 없다. 기왕에 남북역사학자협의회가 꾸려져 있으니, 동북아시아의 상고사를 뒤바꾸고 있는 요하문명, 홍산문화에 대해서도 남북 공동의 연구가 진행되어야 한다고 본다.

2) 몽골공화국의 현실

필자는 여러 차례 몽고공화국에서 열린 학술대회에 참가하여 요하문명에 대해서 소개한 적이 있다. 대부분의 고고학자들은 요하문명에 대해 모르고 있고, 에르덴바타르 교수 등 일부 학자들은 홍산문화를 '붉은 산'이라는 몽골어 '울란하다(울란=붉은, 하다=산)문화'로 알고는 있었으나 실질적인 연구는 전무한 실정이다.

중국에서 10여명의 학자들의[39] 공동 집필과정을 거쳐서 2004년에 泰亦赤兀惕 · 满昌[40] 주편으로 '4권짜리 중문판'과 '6권짜리 몽

치게 했다〉

39) 巴图巴根, 千奋勇, 巴岱 등 중국에서 몽골 연구의 권위 있는 학자들이 참가하였다.

40) 泰亦赤兀惕 · 满昌, 蒙古族, 1935年11月生, 内蒙古科尔沁达尔罕王族人, 1960

문판' 두 가지로 새로운 『몽고족통사(蒙古族通史)』가 출판되었다. 이 책에서는 13세기 이전 몽고족의 상고사를 요하문명에서부터 시작하고 있다.[41)]

소개 자료를 보면, "이 책은 13세기 이전의 몽고사를 새롭게 쓴 것으로, 13세기 이전의 (역사적) 큰 공백을 채우는 것(本书着重编写了13世纪以前的蒙古史, 填补了13世纪以前的大空白)"이라고 밝히고 있으며, 출판 의의에 대해서도 "사람들이 중화 5000년의 찬란한 역사를 깊이 있게 이해하게 하고, 중화민족의 단결을 강화하며, 중국의 문화 역사를 좀 더 빛나게 하기 위한 것(使世人更加了解中华五千年的光辉历史, 加强中华民族的团结, 使中华文化历史更加发扬光大)"이라고 밝히고 있다.[42)]

중문판 제1권의 경우, (1) 제2부 제4장과 제5장을 홍산문화-소하

年内蒙古师范大学蒙语系研究生毕业。蒙古文学, 蒙古史, 蒙古文化学教授。现任国际蒙古学会员, 中国蒙古文学学会理事, 国际阿尔泰学会会员, 内蒙古民俗学学会副会长。

1980年,《蒙古文学史》一书获蒙文著作一等奖；1985年,《新译注解蒙古秘史》一书获华北地区出版奖, 内蒙古自治区荣誉奖；1988年, 论文《蒙古萨满与萨满文学》获内蒙古社会科学研究成果一等奖。

著作有：《蒙古文学史》(1980年), 《蒙古文学史》(五大院校合作编写, 任主编, 1984年),《新译注解蒙古秘史》(1985年),《蒙古萨满》(1990年),《蒙古秘史故事》(1992年)等。

还研究蒙古宗教和宗教文学, 搜集了"蒙古卜教祭词"两部, "蒙古佛教著作"两部。近年来, 满昌教授从事文化学, 考古学, 历史学和民族学的研究,

又著有《蒙古考古学》(2004年)和《蒙古种族史纲》等。 满昌教授从事教育工作40多年, 兢兢业业, 任劳任怨, 多次获得优秀教学奖, 先进教师奖；在学术领域中从事多学科研究, 出版了22部著作。可谓辛勤的教学者, 多产的学者, 发展蒙古文化事业的推动者。

41) 泰亦赤兀惕 · 满昌 (编),『蒙古族通史』, 沈阳: 辽宁民族出版社, 2004.

42) 중국의 인터넷 백과사전인『百度百科』소개 자료
http://baike.baidu.com/link?url=40F8HyElkuTDjjvYoIdf5_LX1gCg0ohUM2NWuH0Qjkmzq1l9Y3Y3Z86wHXvWQDkHxZTBgusQ1oYerRejs7oySq

연문화와 홍산문화의 옥룡 소개에 할애하고 있고, (2) 제3부 제4장은 하가점하층문화와 하가점상층문화에 대해 소개하고 있다. 그런데, (1) 몽고족의 역사를 요하문명부터 시작되는 것으로 보고, (2) 요하문명의 주도세력이 황제족이라는 중국의 논리를 받아들이면, (3) 결론적으로 몽고족의 모든 역사는 중국사의 방계역사가 되는 셈이다. 그러나 이런 문제에 대해서 걱정하는 사람도 학문적으로 대응하는 사람도 없다. 이러한 몽고공화국의 사정은 우리나라의 현실과 별반 다르지 않다.

요하문명이 발견된 요하 중상류 지역은, (1) 대부분의 지명이 몽골어로 되어있고, (2) 몽골족의 발원지이기도 하고, (3) 몽골제국의 중요한 영토이자 몽골족 역사의 강역이었다. 몽골학자들이 적극적으로 요하문명, 홍산문화에 대한 연구를 해야 하는 충분한 이유가 있는 것이다. 그럼에도 불구하고 몽고공화국의 고고학자나 역사학자들은 요하문명이나 홍산문화에 대해서 별다른 연구를 하고 있지 않다. 발굴이 진행되면서 요하문명의 영역은 더 북쪽으로, 더 동쪽으로 점차 확대되고 있다. 현재까지는 대흥안령을 넘어 몽골 초원쪽에서 요하문명 관련 유적이 발견된 것이 없다. 그러나 서랍목륜하(西拉木倫河)의 상류를 타고 가면 몽골의 동부 지역과 이어져 있다.

현재 몽골공화국의 동쪽 끝자락에 있는 할흐골솜(Халхгол сум, Halhgol: 솜은 우리의 郡에 해당)의 동남쪽 대흥안령의 서쪽자락인 노므로그(Nomrog) 지역에 시대를 알 수 없는 크고 작은 많은 적석총이 있다는 제보가 있다. 이 제보는 30년 가까이 할흐골 솜의 솜장을 지내고, 현재는 할흐골역사박물관 관장으로 있는 마르마르수렌(L. Magmarsuren)이 직접 보고 해 준 것이라서 믿을 만한 것이다.

2015년 7월에 이 프로젝트의 책임자인 박원길과 함께 노무로그 지역을 직접 답사하고 싶어서 할흐골을 방문했었다. 그러나, 이 지역은 모두 군사지역, 자연보호지역이라서 자유로운 답사가 불가능했다. 필자는 이 지역이 홍산문화 지역과 연결되어 있을 가능성이 높다고 보며, 많은 적석총들 가운데 홍산문화 시기의 것이 있을 것이라고 본다. 학술적 차원에서 한·중·몽 공동 연구가 반드시 필요한 지역이다.

5. 동몽골 연구의 방향과 한국의 과제

첫째, 요하일대에 중원의 '황하문명'과는 전혀 다른 새로운 '요하문명'이 있었고, 그 주도 세력들은 우리민족의 선조들과 연결된다는 것을 바탕으로 동북 상고사/고대사를 다시 읽어야 한다. 동북 만주일대의 기원전 3000년이면 많은 사람들의 머리에는 '팬티도 안 입고 돌도끼를 들고 멧돼지를 좇아 다니는 야만인(?)'을 머리에 그리는 것이 대부분이다. 이런 인식은 이제 완전히 바뀌어야 한다. 요하문명의 주인공은 분명히 중원보다는 한반도와 더 직결되는 사람들이다. 이들을 우리의 역사에서 적극적으로 다루려는 시각이 정립되어야 한다.

둘째, 요하문명, 홍산문화 지역을 중심으로 좌로는 중원으로 우로는 한반도로 이동한다는새로운 관점이 필요하다. 필자는 이것을 'A자형 문화대(A字形的文化帶)'라고 부른다. 이것은 소병기가 현재 중국의 영토 안에서 황화문명과 요하문명의 교류관계를 'Y자형 문화대(Y字形的文化帶)'로 부르는 것과는 다른 것이다.[43] 지금은 고인이 된 중국 고고학자 소병기(蘇秉琦쑤빙치, 1909-1999)는 황하문명과 요하문명의 교류관계를 설명하기 위해 'Y자형 문화대'를 주장한 바 있다. 그러나 'Y자형 문화대'는 한반도 지역이 제외된 채 중국 안에서, (1) 북방 초원 지역, (2) 중원 황하문명 지역, (3) 요서 요하문명 지역을 잇는 것에 불과하다.

필자는 'Y자형 문화대'와 동시에 요하문명이 중원지역과 한반도 지역으로 각각 남하하는 'A자형 문화대'도 존재한다고 본다. 'A 자형 문화대'는 요하문명 지역에서 한반도로 연결되는, (1) 세석기문화, (2) 빗살무늬토기, (3) 적석총, (4) 치를 갖춘 석성, (5) 비파형 동검 등이 입증하고 있는 것이다.

'A자형 문화대'는, (1) 요하문명을 '동북아 공통의 시원문명'으로 삼아서, (2) 한-중 공동 연구의 필요성을 인정하는 것이고, (3) 단군 고조선의 실체를 좀 더 실제적으로 연구하고 입증할 수 있는 것이며, (4) 미래의 한-중 간의 역사 갈등을 미연에 방지할 수 있는 시각이라고 본다. 'A자형 문화대'에 대해서는 좀 더 상세한 논문으로 준비하고 있다.

상나라를 건설한 상족들이 요하일대에서 내려간 홍산문화의 후예들에 의해서 만들어졌다는 것은 이제 중국학자들 사이에서도 상식이 되고 있다. 초기 상나라의 중심지인 안양 인근의 학벽시에서는 2005년에 중원지역 최초의 석관묘가 발굴되어 '2005년 중국 고

---

43) 이에 대해서는 내몽고 적봉시에서 2015년에 열린 제10회 홍산문화고봉논단(2015.8)에서 필자가 중문으로 발표한 바 있고, 정식 논문은 아직 출판되지 않았다.
禹实夏, "辽河文明与 'A字形的文化带'"

고 10대 발굴' 가운데 하나가 되었다. 중국학자들도 이것이 상족의 기원이 요하에 있었다는 것을 입증해주는 주요한 유물이라고 보고 있다.[44)]

셋째, '한반도 중심의 역사관'을 만주와 몽골초원 더 넓게는 중앙아시아와 메소포타미아 지역까지 넓혀서 '교류와 이동의 역사관'으로 새롭게 바라보아야한다. 현재 정년을 앞둔 선배 역사학자들이 한창 연구를 할 때에는 중국, 몽골, 소련, 중앙아시아 많은 국가들이 모두 공산주의 국가여서 자유롭게 왕래할 수가 없었다. 역사 연구의 지리적 장이 한반도, 만주, 일본 지역을 벗어나기 어려웠던 것이다.

〈그림 4〉 소병기의 'Y자형 문화대(Y字形的文化帶)'[45)]

44) 「中國文物報 」, 2006年 1月 27日.

45) 소병기의 'Y자형 문화대'론은 1988년에 최초로 제기하여 그의 다른 책들에 실

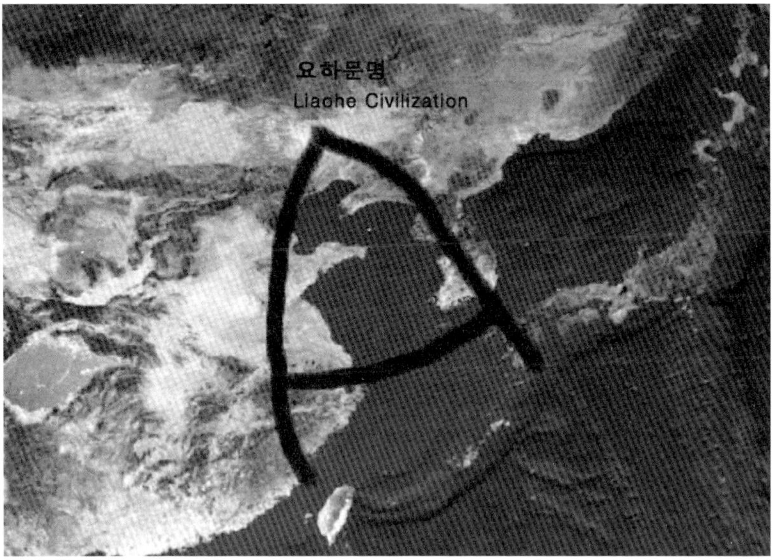

〈그림 5〉 필자의 'A자형 문화대(A字形的文化帶)

그러나 이제는 마음만 먹으면 이들 국가 어디든지 갈 수 있는 시대를 살고 있고, 새롭게 발견된 요하문명이 요서지역에 버티고 있다. 이제는 한국사의 지리적 장을 더 넓게 보며 연구할 필요가 있는 것이다.

넷째, 요하문명, 홍산문화에 대한 연구가 고고-역사학의 고유한

려 있다.

1. 蘇秉琦, "中華文明的新曙光", 『東南文化』, 1988年 第5期.
2. 蘇秉琦, "中華文明的新曙光", 『華人, 龍的傳人, 中國人 : 考古尋根記』(瀋陽: 遼寧大學出版社, 1994, p.85 〈圖3, 北方 - 中原文化聯接示意圖〉.
3. 蘇秉琦, "中華文明的新曙光", 『蘇秉琦文集 (三)』, 北京: 文物出版社, 2009, p.51. 〈圖4,北方 - 中原文化聯接示意圖〉.
4. 우실하, 『동북공정 너머 요하문명론』, 소나무, 2007, 〈자료 2-28〉.

영역이라는 고정관념을 탈피해야한다. 요하문명은 글자 그대로 하나의 거대한 문명이다. 거대한 문명을 연구하는 것은 고고학자들이나 역사학자들만의 전유물이 절대로 아니다. 고고학, 역사학, 민속학, 사회학, 정치학, 문화학, 종교학, 철학 등 많은 분야에서 연구할 수 있다. 실제로 중국에서는 이미 이런 다양한 분야에서 홍산문화에 대한 연구가 이루어지고 발표되고 있다.

필자는 2012년 '제7회 홍산문화고봉논단', 2014년 '제9회 홍산문화고봉논단', 2015년 '제10회 홍산문화고봉논단' 등에서 중국학자들과 함께 논문발표를 하였었다.[46] 필자가 참가한 여러 차례의 홍산문화고봉논단에서 발표된 논문들 가운데는 철학, 미학, 디자인, 기후학, 신화학, 민속학, 종교학, 복식학, 사회학, 정치학 분야의 논문도 많았다. 참고로 2012년 9월 초에 열렸던 제7회 홍산문화고봉논단에서 발표된 논문들의 제목을 보여주는 자료를 제시한다. 이제는 한국에서도 요하문명에 대해 다양한 분야에서 연구가 시작되어야 하고, 고고-역사학이 기후학, 지질학, 문화사, 사상사 등의 연구와 만나 진정한 의미의 '학제간 연구'가 이루어져야 한다.

---

46) 1. 제7회 홍산문화고봉논단(2012.9) 발표 논문은 아래의 중문으로 실려있다.
禹实夏, "红山文化中的双兽首璜形器, 玉猪龙与彩虹", 『赤峰学院学报(汉文哲学社会科学版)』, 2013年 第6期, 7-12.
2. 제9회 홍산문화고봉논단(2014.8) 발표 논문은 아래에 중문으로 실려 있다.
禹实夏, 「关于红山文化各种玉璧象征의意義研究」, 『紅山文化論壇』, 第1集(2014.6), pp.79~93.
3. 제10회 홍산문화고봉논단(2015.8) 발표 논문도 중문으로 발표되었고 아직 출간은 안 되었다.
禹实夏, "辽河文明与 'A字形的文化带'"

〈표 4〉 2012년 제7회 홍산문화고봉논단에 발표된 논문들(필자 자료)

日期	時間	主持人	发言名単
9月 4日	14:30 - 16:00	席永杰 陳国庆	刘国祥 : 兴隆沟江山文化整身陶人的发現及相关问题探讨 田广林 : 关于敖汉陶质人形造像性质的几点认识 郭治中 : 三座店石城遗址与夏家店下层文化若干问题之牝贝 夏正楷 : 內蒙古赤山红山文化演進的環境背景 王来柱 : 田家沟红山文化墓地的新收获 德力格尔 : 西拉木伦河流域夏家店下, 上层文化缺环时期相关问题的思考 禹实夏 : 关于红山文化玉器的象征意义的研究一以玉猪龙, 双兽兽磺形器, 三孔器为中心 杨福瑞 : 红山文化的图腾崇拜与氏族社会的发展
	16:15 - 18:00	德力格尔 田广林	席永杰 : 敖汉陶人的几点看法 徐昭峰 : 辽东半島南端玉器的产生及其相关问题 孙金松 : 2011年林西县柳树林红山文化遗址发掘 滕海键 : 关于西辽河流域历史研究中两个重大问题的思考 王　苹 : 红山文化C形玉龙的造型艺术特徵分析 邵国田 : 说“龙鳞纹” 崔岩勳 : 对红山文化动物形玉器的几点认识 乌　兰 : 红山文化雕塑人像与人面饰
9月 5日	18:30 - 10:30	于建设 郭治中	王明辉 : 红山文化居民的体质形态与遗传特征 王惠德 : 赤峰境内红山文化遗址分布规律研究 那木吉拉 : 红山文化人与狼崇拜-- “中华第一龙” 为 “狼龙” 说质疑 贾　鑫 : 气候变化对新器至青铜時代文化传播的影响--以青海省东北部地区与西辽河上游地区为例 王　闯 : 关于红山文化的两个问题--从之字纹筒形缶施纹风格角度考察 雪　莲 : 新石器時代聚落遺址, 居室葬比较研究 - 以兴隆洼文化和蒙古国东方省的考古学新遗存为例 杨　春 : 吉林省植物考古学新进展 乌　兰 : 兴隆洼的文化成就 孙永刚 : 红山遗址群的突出普遍价值

다섯째, 현재 요하문명권은 요서 지역에 한정되어 있지만, 발굴이 진행될수록 그 영역이 확대되고 있다. 넓게는, (1) 기존의 요하문명 지역인 내몽고의 동부지역과, (2) 몽골공화국의 동부 지역, (3) 바이칼 남단 지역 등 넓은 의미의 '동몽골' 지역이 문화적-역사적으로 연결될 가능성이 높다. '아시아 미토콘드리아학회' 회장을 역임한 이홍규는 미토콘드리아 DNA연구를 통해서, (1) 우리 민족은 70%의 북방계와 30%의 남방계로 이우러져 있으며, (2) 북방계의 기원이 바이칼호 주변에서 남하한 이들이라고 강조하고 있다.[47] 이것은 넓은 의미의 '동몽골' 지역이 문화적-역사적으로 연결될 수 있는 가능성을 높여주는 연구 결과이다.

여섯째, 우리 학계나 언론도 요서지역 고고발굴에 대해 항상 관심을 가지고 지켜보아야한다. 요서지역 신석기 · 초기 청동기유적은 정식 발굴된 것의 수십 배나 많은 유적이 발굴을 기다리고 있다. 또한 기원전 6000년경 흥륭와문화나 기원전 7000년경의 소하서문화보다 이른 시기의 요서지역 신석기문화는 언제든지 발견될 가능성이 있다. 아직은 한국학계나 언론에서 요하문명에 대해서 관심이 크지 않기 때문에, 놀랄만한 발굴이 이루어져도 모르고 지나가는 경우가 많다. 2012년 5-7월에 발굴된 '5300년전 홍산문화 도소남신상(陶塑男神像)'이 그랬고, '국사수정공정', '중화문명선전공정'도 필자가 최초로 언론을 통해 한국에 소개한 것이었다. 이제는 학계차원에서 요하문명의 새로운 발굴 결과들을 모니터링하고 연구해가야 할 것이다.

일곱째, 넓은 의미의 '동몽골'이 상고시대부터 하나의 문화권으로

47) 이홍규, 『한국인의 기원』, 우리역사연구재단, 2010.
이홍규, 『바이칼에서 찾는 우리민족의 기원』, 정신세계원, 2006.

엮일 가능성이 높아진 만큼, 이제부터는 '한(북한 포함), 중, 몽골, 러시아의 관련학자들이 공동 연구'가 필요하다. 현재 요하문명, 홍산문화 연구는 중국학자들이 주도하고 있고, 일부 관심 있는 외국 학자들이 참가하고 있는 정도이다. 하지만 하나의 거대한 문명의 실체를 밝히는 데는 인국 국가와의 공동 연구가 반드시 필요하다. 중국의 각종 원조를 받는 북한의 입장에서 중국의 역사왜곡에 대해 대응하기가 쉽지 않을 것이다. "일본의 역사 왜곡은 우리가 할 테니, 중국의 역사 왜곡은 남조선에서 하라우"라고 했다는 북한 역사학자의 이야기는 잘 알려져 있다.[48] 그러나 미래를 위해서라도 북한학계에서도 요하문명, 홍산문화에 대한 연구는 시작되어야 한다고 본다.

여덟째, 한반도 고고학에서 '고고학문화' 설정하여야 한다. 필자가 요하문명에 대해 연구하면서 중국에서 분류하고 있는 소하서문화 → 홍륭와문화 → 조보구문화 → 부하문화 → 홍산문화 → 소하연문화 → 하가점하층문화 → 하가점상층문화 등의 시대 순으로 이어진 고고학문화 유형의 설정은 매우 유용하다는 것을 피부로 느끼고 있다. '홍륭와문화' 혹은 '홍산문화'라고 하면, 필자를 포함한 대부분의 중국학자들은 분포지역, 토기의 유형, 집터의 형태 등을 일목요연하게 머리에 떠올린다. 그러나 한국 고고학에는 아직 이러한 고고학문화 유형이 정리되어 있지 않아 개별 유적지별로 기억해야 한다. 이것은 연구자들뿐만이 아니라 일반인들이 우리의 상고사를 이해하는데도 무척 걸림돌이 된다는 생각이다. 고고-역사학계에서 머리를 맞대고 한반도의 고고학문화 유형을 설정해 주기를 바란다.

---

48) 「중앙일보」, 2015.11.7., A18면 〈중국의 동북공정 추진이 남북 역사학자 뭉치게 했다〉

아홉째, 이제부터라도 요하문명-홍산문화를 연구할 수 있는 전문학자들을 길러야한다. 요하문명은 중국 한 국가가 독점할 수 있는 것이 아니라 '동북아 공통의 시원 문명'이며, 우리의 상고사와도 바로 이어져 있다는 것을 기억해야 한다. 주류사학계에서 요하문명 연구를 하지 않는 현 상황에서는 매우 어려운 일일 것이다. 기존의 대학에서 스스로 연구할 능력이 안 된다면, 요하문명에 대한 대학 정규강좌라도 만들어서 해당 전문가들이 후학들을 가르치고 관심을 가질 수 있게 해야 한다. 정 인력자원이 부족하다면 중국에서 전문가를 불러서라도 강의를 맡겨야한다고 본다.

열째, 요하문명-홍산문화에 대항 연구 인력이 턱없이 부족한 현실에서, 홍산문화의 중심지인 적봉시, 오한기, 조양시 등의 대학과 박물관에, (1) 방문교수 교환 프로그램, (2) 박사후 과정 교환 프로그램, (3) 대학끼리의 교환학생 프로그램, (4) 박물관끼리의 연구원 교환 프로그램 등을 통해 신진 연구자들이 직접 요하문명의 놀라운 실체를 확인하고 연구할 수 있게 해야 한다. 이런 적극적인 노력이 없이는 중국학자들의 연구 결과들이 전 세계에 통용될 것이고, 그때는 이미 대응하기에 너무 늦다.

열한째, 동북아역사재단에 '요하문명-홍산문화 연구실'이 개설되고, 전문 인력을 배치해야 한다. 독도나 고구려 연구보다도 어쩌면 더 중요하고, 미래의 역사갈등을 배태하고 있는 것이 요하문명-홍산문화 분야이다. 이제부터라도 전문가를 길러야 한다. 앞서 지적한 바와 같이 관심 있는 기존 연구원들을 적봉대학이나 적봉박물관, 오한기박물관 등에 방문연구원 등으로 파견하는 것도 한 방법이 될 수 있을 것이다. 이런 경우라는 필자가 미력이나마 적극적으로 연결할 의향이 있다.

열두째, 옥기 전문가를 길러야 한다. 요하문명-홍산문화에 대한 연구는 고대 옥기(玉器)에 전문적인 인력이 없이는 접근하기가 어렵다. 현재 중국사회과학원 고고연구소 소장이자 중국고고학회 이사장인 왕웨이가 세계적인 고옥 전문가라는 점도 동북아 고대 문명 연구에서 옥기에 대한 연구가 얼마나 중요한지를 상징적으로 보여주는 것이다.

열세째, 동북아역사재단에는 중국의 고고-역사 관련 정책과 동향을 모니터링하는 전문인력이 있어야 한다. 국사수정공정, 중화문명선정공정, 도소남신상 등의 소식을 필자가 국내 신문을 통해 알려온 현재의 모습이 더 이상 지속되어서는 안 될 것이다.

6. 맺음말

80년 이후 요서지역을 중심으로 형성된 요하문명의 새로운 발견으로, (1) 기존의 요하문명 지역인 내몽고의 동부지역과, (2) 몽골공화국의 동부 지역, (3) 바이칼 남단 지역 등 넓은 의미의 '동몽골' 지역이 문화적-역사적으로 연결될 가능성이 높아졌다. 이에 따라서 이 지역에 대한 한(북한 포함), 중, 몽, 러 공동 연구의 필요성이 높아져 가고 있다.

요하문명을 둘러싼 이 지역은 고대로부터 하나의 거대한 문명권을 이루고 있었고, 이 거대한 문명권에 대한 연구는 역사학이나 고고학만의 전유물일수는 없다. 많은 학자들이 요하문명에 대해서 관심을 가져주길 바라며, 수많은 학문 분야에서 공동 연구나 학제간 연구가 이루어질 수 있기를 고대한다. 특히 몽골학자과 북한학자들이 좀 더 적극적인 관심을 가져주기를 바란다.

〈참고 문헌〉

우실하, 「요하문명, 홍산문화 지역의 지리적 기후적 조건」, 고조선단군학회, 『고조선단군학』 제30호, 2014.

禹实夏, 「关于红山文化各种玉璧象征의意義研究」, 『紅山文化論壇』 第1集, 2014.6.

_____, 「红山文化中的双兽首璜形器, 玉猪龙与彩虹」", 『赤峰学院学报(汉文哲学社会科学版)』, 2013年 第6期.

우실하, 「홍산문화의 곰토템족과 단군신화의 웅녀족」, 고조선단군학회, 『고조선단군학』 제27호, 2012.

우실하, 「'요하문명론'의 초기 전개 과정에 대한 연구」, 단군학회, 『단군학연구』 제21호, 2009.

우실하, 「요하문화권 연구의 어제와 오늘」, 『고대 동북아 연구』, 백산자료원, 2009.

우실하, 「통일적다민족국가론의 전개와 적용」, (사)고구려연구회 편, 『동북공정과 한국학계의 대응논리』, 여유당, 2008.

우실하, 『동북공정 너머 요하문명론』, 소나무, 2007.

우실하, 『고조선의 강역과 요하문명』, 동아지도, 2007.

우실하, 「'통일적다민족국가론'의 전개와 적용」, 고구려연구회, 『고구려연구』, 29집, 2007.

우실하, 「동북공정의 최종판 '요하문명론'」, 단군학회, 『단군학연구』 제15호, 2006.

우실하, 「최근 중국의 역사관련 국가 공정들과 한국의 과제」, 단군학회,

『단군학연구』 제12호, 2005.
우실하, 『동북공정의 선행 작업과 중국의 국가 전략』, 울력, 2004.
정수일, 『고대 문명 교류사』, 사계절, 2002.
郭大順, 「玉器的起源與漁獵文化」, 『北方文物』, 1996年 第4期.
郭大順, 「遼寧史前考古與遼河文明探源」, 『遼海文物學刊』, 1995年 第1期.
郭大順, 「遼河文明的提出與對傳統史學的衝擊」, 『尋根』, 1995年 第6期.
泰亦赤兀惕 · 满昌 (編), 『蒙古族通史』 (沈阳: 辽宁民族出版社, 2004).
穆鴻利, 「中華北方古老文明之搖籃 : 紅山文化探論」, 『社會科學輯刊』, 1997年 第2期.
卜昭文, 「中華文明原流問題的新信息 : 〈山海關外訪古〉 之二」, 『瞭望』 1987年 第35期.
薛志强, 「紅山諸文化與中華文明」, 『中國北方古代文化國際學術討論會論文集』(北京: 中國文史出版社, 1995)
邵國田, 楊曉明, 『新州古韻-新州博物館典藏)』 (呼和浩特: 內蒙古人民出版社, 2013).
蘇秉琦, 「中華文明的新曙光」, 『蘇秉琦文集 (三)』 (北京: 文物出版社, 2009).
蘇秉琦, 「中華文明的新曙光」, 『華人, 龍的傳人, 中國人: 考古尋根記』 (瀋陽: 遼寧大學出版社, 1994).
蘇秉琦, 『華人·龍的傳人·中國人』 (遼寧大學出版社: 瀋陽, 1994).
蘇秉琦, 「迎接中国考古學的新世纪」, 『齊南文化』, 1993年 1期.
蘇秉琦, 「論西遼河古文化 : 與赤峰史學工作者的談話」, 『北方民族文化』, 1993年 增刊.
蘇秉琦, 「中華文明的新曙光」, 『東南文化』, 1988年 第5期.
孫守道·郭大順, 「論遼河流域的原始文明與龍的起源」, 『文物』, 1984年 第6期.
楊美莉, 「試論新石器時代北方系統的環形玉器」, 『北方民族文化新論』 (哈爾濱: 哈爾濱出版社, 2001).
倪軍民 · 耿鐵華 · 楊春吉, 「高句麗歷史歸屬問題論稿」, 『通化師範學院學報』,

2000年 第1期.
牛河梁國家考古遺址公園編輯委員會,『牛河梁國家考古遺址公園』(朝陽: 朝陽市牛河梁遺址管理處, 2014).
劉国祥,「西辽河流域新石器时代至早期青铜时代考古学文化概論」,『遼寧師範大學學報(社会科学版)』, 2006年 第1期.
李民,「試論牛河梁東山嘴紅山文化的歸屬 : 中國古代文明探源之一」,『鄭州大學學報』, 哲學社會科學版, 1987年 第2期.
張博泉,「對遼西發現五千年前文明曙光的歷史蠡測」,『遼海文物學刊』, 1987年 第2期.
赤峰市,『紅山後及魏家窩鋪遺址群申遺文本』(2011, 적봉시 내부 자료).
『赤峰畫報』, 2015年 3月
「中國文物報」, 2006年 1月 27日.
中国社會科學网,〈王巍 : 让国人扎扎实实地了解中华五千年文明〉, 2015年 03月17日 10:30 来源 : 中国文物信息网
(http://www.cssn.cn/kgx/kgdt/201503/t20150317_1549122.shtml)
〈연합뉴스〉, 2012.09.10,「사람들: 요하문명 연구가 항공대 우실하 교수」.
〈한겨레〉, 2015.04.13,「우실하, "'중화문명선전공정'이 시작된다"」.
〈중앙일보〉, 2015.11.7, A18면「중국의 동북공정 추진이 남북 역사학자 뭉치게 했다」.
〈중앙일보〉, 2012.08.17,「중국의 동북공정, 고조선 역사까지 겨눴다」.
〈한겨레〉, 2015.04.13, A29면「'중화문명선전공정'이 시작된다」.
제2차 매장문화재분과 소위원회 회의록 (2014.10.31)

동몽골 지역의 민속학적 가치와 의의

박환영(중앙대)

1. 머리말

몽골은 세계에서 두 번째로 사회주의를 도입한 국가이며, 1990년 이후 탈사회주의 영향으로 빠르게 자본주의와 시장경제를 도입해서 현재는 자유경제체로 적응해 나가는 대표적인 국가이다. 한국과 북한과 동시에 수교한 국가로 동아시아에서 한국의 가까운 우방이며 북한과도 혈맹의 관계를 맺고 있어서 지정학적으로 중요한 국가이기도 하다.

이러한 동아시아의 정치적인 환경 외에도 몽골은 한국과 문화적으로도 밀접한 연관성을 가지고 있다. 예를 들어서, 고려시대에 몽골(원나라)과 고려의 결혼동맹 관계라든지 그 이후에 조선시대에 간행된 몽학삼서(蒙學三書)[1] 등은 몽골과의 밀접한 정치 및 문화적인 연관성을 잘 보여준다. 또한 몽골의 샤머니즘과 한국 샤머니즘의 친연성 문제[2]와 몽골의 호리투메드 설화와 한국의 선녀와 나무

1) 이성규, 『몽학삼서의 몽골어 연구』, 단국대학교출판부, 2002.
2) 장장식 · 전경욱, 「동몽골 보리야드 족의 샤머니즘」, 고려대 민속학연구소(편)

꾼 설화의 비교[3], 한국의 서낭당과 몽골의 오보(oboo), 한국의 씨름과 몽골의 씨름뿐만 아니라 한・몽 양국의 활쏘기, 불교, 친족용어 등 정말로 다양한 문화적인 친근성을 가지고 있다.

한편 민속학적인 입장에서 몽골과 한국을 비교해 보면 다음과 같은 측면이 고려될 수 있다. 즉, 한국과 몽골이 1990년에 정식으로 수교하기 이전에는 어떠한 문화교류가 있었는가에 대해서 생각해 볼 수 있다. 예를 들어서 오랜 시간 동안 민중들에게 구비전승되고 있는 한국의 〈나무꾼과 선녀〉 설화와 몽골의 〈호리투메드 메르겡〉 설화를 문화교류사의 한 측면에서 문화전파론적인 입장에서 고찰할 수 있다.[4] 한편 한국과 몽골 사이의 본격적인 사회 및 문화적 교류는 고려시대로 거슬러 올라갈 수 있는데 역사문헌자료에 의하면 고려에 시집온 몽골의 후비(后妃)가 모두 5명이었다는 기록도 남아있다.[5] 이러한 역사적인 기록 외에도 관례(冠禮)의 유래를 원나라 때 고려의 상류층에서 원복(元服)의 예를 행한 것과 연계하기도 한다.[6] 또한 세계에서 두 번째로 오래된 사회주의 국가였던 몽골은 70여년간 지속되었던 사회주의 기간 동안에 북한과 사회문화 교류를 포함한 다양한 방면에서 우호관계를 맺은 바 있는데 이러한 과거의 사회문화 교류가 1990년 이후 진행되어 온 한국과 몽골 사이의 사회문화적인 교류에 큰 밑거름이 된 것도 사실이다.

이상에서 기술한 한국과 몽골의 역사문화교류사적 배경을 고려

『몽골의 무속과 민속』, 월인, 2001.

3) 박환영, 「몽골 설화 〈호리투메드 메르겡〉의 민속학적 일고찰」, 『동아시아고대학』제 20집, 동아시아고대학회, 2009.

4) 박환영, 『몽골유목문화연구』, 역락, 2010, pp.71~99.

5) 정용숙, 『고려시대의 后妃』, 민음사, 1992.

6) 이두현(외 공저), 『한국민속학개설』, 일조각, 1997, p.68.

했을 때 한국과 몽골의 협력이 중요하게 인식되고 있는 21세기에 동몽골 지역이 가지는 특징과 민속학적인 의의는 무엇일까? 첫째, 고대 한국(특히 부여와 고구려)과 몽골 사이의 친연성 문제인데 이러한 요소로는 동몽골 지역에서 전승되는 호리(혹은 코리) 부족에 대한 설화이다. 둘째는 <호리투메드 메르겡> 설화의 주요한 내용으로 내재되어 있는 부리야트 부족의 기원에 대한 문제인데 몽골에서 동몽골 지역은 부리야트 부족의 거주 지역으로 잘 알려져 있다. 셋째, 한국 무속신앙의 원류를 찾기 위한 한 방편으로 몽골의 샤머니즘을 고찰하는데 동몽골 지역의 부리야트 샤머니즘은 몽골 샤머니즘의 근간을 이루기 때문에 중요하게 다루어질 수 있다. 이러한 측면에 초점을 맞추어서 동몽골 지역이 가지는 민속학적 가치와 전망에 대하여 다양한 각도에서 접근해 보고자 한다.

2. 동몽골 지역의 역사문화지리적 배경과 특징

몽골은 1992년 전까지는 몽골인민공화국(Mongolian People's Republic)으로, 한 때는 중국의 입장에서 내몽골 자치구(Inner Mongolia Autonomous Region)와 대비해서 외몽골(Outer Mongolia)로 불리기도 하였다. 또한 몽골에는 오이라트 몽골인들의 문화로 대표되는 서몽골 이라는 지역적 특성과 구분이 존재하고 있는데 이와 비교해서 동몽골 지역은 고구려와의 역사문화적인 연관성을 찾을 수 있는 지역이면서 몽골의 소수민족인 부리야트와 다리강가의 민속문화를 엿볼 수 있는 지역이기도 하다.

오랜 시간 동안 몽골과 한국은 역사 및 문화적으로 많은 영향을 주고 받아왔다. 특히 세계의 정치질서가 냉전시대를 거치면서 한 축을 담당했던 사회주의 체제가 와해되고 탈사회주의(post-socialist) 체제로 진행되면서 구소련(USSR)과 동구 유럽 그리고 몽골에서 자본주의식 시장경제와 민주화의 열기가 되살아나기 시작하는 1990년에 한국과 몽골은 정식으로 외교관계를 수립하게 되었으며 현재까지 지속적으로 다양한 사회문화 교류가 진행되고 있다. 최근에는 정치 및 경제적으로도 밀접한 관계를 가지게 됨으로써 동북아시아에서 중요한 우방이 되었다. 특히 남북한과 동시에 수교를 하여 남북한 간의 민족통일을 위해서도 많은 역할이 기대되는 곳이기도 하다. 즉 몽골은 한국과 1990년에 정식으로 외교관계를 수립한 이후 지속적으로 긴밀한 우호관계를 유지해오고 있는 반면에 북한과는 일찍이 1948년에 수교한 바 있다.

한국과 북한의 정치적인 틈바구니 속에서도 몽골은 한국과 북한을 하나의 문화공동체로 인식하기 때문에 정치적 그리고 경제적인 측면에 비하여 문화민속적인 측면에서는 한국과 북한은 몽골에게 동일한 문화민속 공동체로 여겨진다고 볼 수 있다. 따라서 21세기 동북아시아의 새로운 화해의 바람을 조성하기 위해서 동몽골 지역은 몽골을 중심으로 한국과 북한이 역사문화와 민속학적인 공감대를 새롭게 형성하고 하나의 역사문화공동체를 만들어 갈 수 있는 대표적인 지역으로 간주할 수 있다.

몽골의 동부지역은 몽골의 다른 지역과 비교한다면 그 나름대로의 민속학적으로 큰 의의와 가치를 갖고 있다. 예를 들어서 몽골의 서부지역은 다음과 같은 지정학적인 특수성과 민속학적인 가치와 의의를 가지고 있다. 예를 들어서, 서부지역의 웁스(Uvs) 아이막에는 몽골에서 가장 큰 호수인 웁스(Uvs) 호수 외에도 Hyargas, Har-us, Zuungovi Uureg 와 같은 큰 호수가 많이 분포되어 있으며, 홉드(Hovd) 아이막에는 몽골의 대표적인 오축(말, 양, 염소, 소, 낙타)에게 영양을 공급해 주는 좋은 물과 방목지가 많은 편이며, 바얀 얼기(Bayan-Olgii) 아이막에는 몽골에서 가장 높은 산인 타반 보그드산이 있는데 많은 부분이 돌로 덮힌 거칠은 토양에 은과 텅스텐을 많이 생산하고 있다.[7] 또한 몽골의 서부지역은 토올(tuul')이라는 몽골의 영웅서사시가 오이라드 몽골인 들에 의해서 현재까지도 전승되고 있는 지역이다.[8] 이러한 몽골의 서부지역과 비교해 보면 몽골의 동부지역이 가지는 지정학적인 특수성과 민속학적인 가치는 다음과 같다.

> 몽골국의 평균 해발 고도는 1,580m이다 (중략) 해발이 제일 낮은 곳은 대초원이 펼쳐져 있는 동부지방으로 초이발산솜에 위치한 허흐 호는 해발이 532m에 불과하다. 동몽골 모드토이하마르 지방으로부터 요동만까지의 거리는 700km이다. 모드토이하마르 지방은 몽골에서 만주로 나가는 길목 역할을 하고 있는데 이 지방에서 신의주까지의 거리는 신의주에서 전라남도 땅끝 마을의 거리보다 짧다. 모드토이하마르 지방은 1939년 일본 관동군과 몽 · 소 연합군 간에 소위 할힌골 전투라는 치열한 격전이 벌어진 곳이기도 하다.[9]

한국학자들의 주된 관심 지역의 하나가 몽골의 발흥지이자 우리

---

7) 박환영, 「몽골의 서부지역 아이막에 대한 일고찰」, 『한몽경상연구』 제6권, 한몽경상학회, 2000, p.16 참조.
8) 박소현, 『신을 부르는 노래: 몽골의 토올』, 민속원, 2005, p.119.
9) 이상우 · 박광희 (외 공편), 『새 몽골이 온다』, 기파랑, 2006, pp.195~196.

민족의 고대사와 밀접한 관련이 있는 동몽골 지역이다. 이 지역에는 우리 민족의 이동설화를 비롯해서 고려시대 여인들에 관한 구전설화나 유적이 곳곳에 산재해 있다.[10)]

이상의 내용을 보면 몽골의 동부지역은 몽골에서 만주와 한국으로 나아가는 지정학적으로 중요한 지역이며 몽골의 다른 지역에 비하여 해발고도가 낮아서 대초원이 끝없이 펼쳐져 있어서 유목민들에게는 최적의 자연환경을 제공해 주고 있는 지역이다. 또한 동몽골 지역은 한국의 고대문화와 밀접한 연관성을 가지고 있는 지역이기도 하다. 특히 동몽골 지역의 석인상은 제주도의 돌하르방과의 민속학적 연계성을 가지고 있을 가능성이 있어서 향후 본격적인 연구가 요구되는 지역이기도 하다.[11)]

특히 동몽골 지역의 할힌골은 일본이 야심차게 추진한 동북아시아 진출에 제동을 걸었고 그 이후의 동북아시아 정세에 큰 영향을 준 할힌골 전투[12)]로 유명하다. 할힌골 전투는 일본제국주의에 맞서서 몽골과 소련 연합군이 공조하여 대승리를 가져옴으로써 동아시아의 평화와 공존에 크게 기여한 일대 사건으로 기록되어 있다. 그런데 할힌골 전투에서 성공적으로 몽골과 소련 연합군이 승리를 가져올 수 있었던 것은 할힌골 전투 시기에 일본군의 후방에서 교란작전을 펼쳤던 당시 식민지 조선에서 결성되었던 항일독립군의 끈

---

10) 박원길 · 촐몬(공저), 『한국 · 몽골 교류사 연구』, 이매진, 2013, p.106.

11) 데 바이에르(저), 박원길(옮김) 『몽골 석인상 연구』, 혜안, 1994와 장장식, 『몽골민속기행』, 자우, 2002, pp.180~196.

12) 할힌골 전투는 1939년 5월부터 1939년 8월까지 동몽골의 할힌골 지역에서 일본 관동군과 소련 · 몽골 연합군 사이에 벌어졌던 대전투이다. 한편 2011년에는 할힌골 전투가 주요한 소재로 다루어졌던 장동건이 주연한 강제규 감독의 마이웨이(My Way)라는 이름의 영화가 절찬리에 상영되기도 하였다.

질긴 독립항쟁이 있었기 때문이다. 특히 북한에서는 이러한 사실을 일찍이 북·몽 수교 60주년 기념 자료집에서 대대적으로 선전하면서 북한과 몽골의 유대를 강화하려고 노력한 바 있다. 예를 들어서,

> 할힌골에서의 국지전은 그해 9월 중순 쏘몽군[소련과 몽골 연합군]의 승리로 결속되었습니다. 쏘몽련합군이 할힌골에서 힘겨운 싸움을 하고 있을 때 우리는 쏘련을 무장으로 옹호하기 위해 조선인민혁명군[항일독립군] 각 부대들에 적 배후 교란작전을 벌릴데[벌리는데] 대한 새로운 명령서를 작성하여 내려 보냈습니다. 그 명령서에 따라 그 해 여름 조선인민혁명군[항일독립군] 각 부대들은 수많은 전투를 벌여 일제의 쏘련 침공을 저지하는데 크게 기여하였습니다. 대표적인 싸움[전투]으로는 1939년 8월의 대사하, 대장강 전투를 들 수 있습니다. 대사하, 대장강 전투는 적들이 할힌골에 투입할 제 6군을 새로 편성하느라고 병역이동과 군수물자수송에 한 참 혈안이 되어 날뛰던 시기에 벌린 교란작전이였습니다. 그 싸움을 이틀동안이나 했습니다. 적 500명을 소멸한 큰 전투였습니다. 김진은 대사하 전투에서 가슴으로 적의 화구를 막아 부대의 돌격로를 열었습니다 (중략) 할힌골 전투를 돕는 적배후교란작전에서 희생된 녀대원[여대원] 허성숙도 잊을 수 없는 동무입니다. (후략)[13]

이상의 내용을 보면 몽골과 소련의 연합군이 일본제국주의의 침공을 성공적으로 막아낼 수 있었던 결정적인 요인 중의 하나는 한민족의 항일 독립군의 후방 교란작전이었음을 알 수 있다. 한편,

---

13) Lombo, J, *Mongol uls, bügd nairamdah ardchilsan solongos ard ulsyn hariltsaa*, Pheniyan, 2007, pp.131~132. 또한 이성규(외 공저), 『한국과 몽골의 유라시아: 알타이 역사문화공동체 형성을 위한 인문학적 연구』, 경제·인문사회연구소, 2014, p.57.

당시 항일독립군의 대표적인 후방교란작전이었던 대사하 전투에서 큰 활약을 펼치고 장렬하게 순국한 허성숙 여성대원과 관련한 역사적인 사건이 오늘날 중국조선족역사에도 잘 기록되어 전하고 있다. 예를 들어서,

> 1939년 8월 안도현 한양구에서 건립된 항일련군 제 1로군 제 3방면군은 선후로 안도 대사하, 돈화 한총령 등지에서 전투를 벌려 적들에게 심대한 타격을 주었다 (중략) 당시 적의 중요한 거점인 대사하는 하나의 큰 집단부락이었는데 거기에는 괴뢰군 2개 중대와 경찰들이 주둔하여 있었고 송강에는 적군 수백명이 항일련군을 《토벌》할 목적으로 집결하여 있었다. 1939년 8월 23일 이른 새벽, 제 3방면군의 일부는 형제부대와 함께 대사하 부락에 대한 공격을 시작하였다. 북대문으로 부락안에 돌입한 아군은 몇 시간의 치렬한[치열한] 전투를 거쳐 부락을 점령하고 일부 저격부대를 송강방면에 파견하였다. (후략)[14]

> 항일련군 제 1로군에서 《녀장군》[여장군]으로 불리운 허성숙(許成淑)은 제 2군 제4사의 녀기관총사수[여기관총사수)였다. 그는 선후로 감삼봉, 서북차, 대사하 등 전투에서 영웅적 기개를 펼쳤다. 1939년 8월 23일 대사하 전투 때 그는 통양촌에서 적의 증원병들을 혼자서 저격하다가 영용히 희생되었다.[15]

> 간고한 항일무장투쟁시기에 녀성[여성]의 몸으로 육중한 기관총을 보총 다루듯 휘두르며 일제놈들을 무리로 쓸어눕힌 한 《녀장군》이 있었다. 그가 바로 항일련군 제 1로군 4사 1탄1련의 첫 녀성[여성]기

14) 김철수(외 공저), 『중국조선족력사상식』, 연변인민출판사, 1998, pp.123~125.
15) 위의 책, p.140.

관총사수인 허성숙이다. (중략) 1933년 공천단에 가입한 성숙이는 그해 가을에 연길현 유격대의 영광스러운 녀전사[여전사]로 되어 남성들과 같이 전투에 참가하였을 뿐만아니라 전투마다에서 남다른 용감성을 발휘하였다 (중략) 1939년 8월 항일련군 제 1로군의 지휘부에서는 적들이 추격해올 것을 예견하고 허성숙과 한 전사를 동양툰에 파견하여 보초를 책임지게 하였다 (중략) 놈들이 6대의 트럭에 앉아 마을을 향해 달려오고 있었던 것이다 (중략) 허성숙은 과단하게 같이 온 전사를 부대에 련락[연락]보내고 혼자 남아서 적들을 막기로 하였다. 첫 트럭이 마을 어구에 들어서자 대기하고 있던 그는 즉시 적들에게 불벼락을 안겼다. 불의의 습격을 받은 놈들은 차를 머춰세우고 어찔바를 몰라하였다. 한참 후에야 대방이 한 사람임을 알아차린 적들은 포대에 대고 집중사격을 퍼붓기 시작하였다. 치열한 맞불질은 한참동안이나 지속되었다. 불현간 한발의 적탄이 성숙의 다리를 꿰뚫었다. 그러나 그는 이를 악물고 적들에게 사격을 멈추지 않았다 (중략) 적들이 집중사격을 들이대는 바람에 얼마후 그는 또 복부에 탄알을 맞고 그 자리에서 쓰러지고 말았다 (중략) 성숙이는 죽어도 적들의 포로가 되지 말고 기어이 부대에 돌아가려는 일념으로 포대에서 기어내려왔다. 그러나 지나친 출혈로 하여 끝내 장렬히 희생되었다. 그 때 그의 나이는 겨우 24살밖에 안되었다.[16)]

이상은 당시 일본 관동군의 후방에 큰 위협을 주웠던 항일독립군의 대사하 전투에 대한 자세한 기술과 대사하 전투에서 큰 공을 세우고 장렬하게 목숨을 바친 여장군 허성숙의 활약상에 대한 내용이다. 즉 대사하 전투와 같은 항일독립군이 펼친 후방교란작전은 같은 시기에 한참 불꽃을 튀기고 있었던 할힌골 전투에서 일본 관

16) 김현우 · 리홍길, 『조선족 전통 미덕이야기』, 연변인민출판사, 1997, pp.262~265.

동군이 긴요하게 필요로 하는 물자의 보급과 지원에 큰 차질을 가져와서 결국 일본의 관동군이 몽골과 소련 연합군에게 대패하는 계기를 마련해 준 중요한 역사적인 사건으로 간주할 수 있다. 한편 현대 몽골의 문학작품[17] 속에서도 할힌골 전투는 중요한 소재로 현대 몽골인들의 마음 속에 영광스러운 과거의 역사적인 사건으로 단단하게 자리매김하고 있기도 하다.

따라서 할힌골 전투에서 승리한 몽골과 소련 그리고 후방에서 몽골과 소련 연합군을 도와서 할힌골 전투에서의 승리를 견인한 항일독립군(한국과 북한)이 모두 하나로 당시의 역사적인 사건을 기념할 수 있는 가칭 할힌골 전쟁기념관을 동몽골 지역의 할힌골에 건립하면서 여기에 당시 한민족의 항일의지를 보여준 항일독립군의 활약상을 몽골이 중심이 되고 한국과 북한이 공조하여 전시하고 지속적으로 관리할 수 있는 시스템을 마련한다면 동몽골 지역은 몽골을 중심으로 한국과 북한이 새로운 공조와 협력을 통하여 지속가능한 평화를 모색할 수 있는 좋은 계기와 기회를 마련할 수 있다. 특히 할힌골 전쟁기념관 내에 여장군 허성숙을 추모하고 그녀의 활약상을 전시하는 특별전시관을 마련하여 일본제국주의 야욕으로부터 한민족의 자주독립과 동아시아의 평화를 염원하고 갈구했던 꽃다운 20대 여성의 순고한 희생정신을 한국(북한을 포함)과 몽골인들이 함께 공유할 수 있는 계기를 마련하는 것도 필요하다.

---

17) 몽골 작가인 D. Namdag(1911-1985)는 할힌골 전투를 소재로 전투에 참가한 아들이 무사히 돌아오기를 기다리는 연로한 몽골 유목민을 소재로 한 작품을 발표하기도 했다. 자세한 내용은 Mend-Ooyo, G (compiled), Wickham-Smith, S and Shagdarsüren(translated), *An Anthology of Mongolian Literature*, Ulaanbaatar, 2008, pp.163~170 참조.

3. 동몽골 지역의 민속학적 가치

동몽골 지역은 다른 몽골 지역에 비하여 한국과 제일 가까운 곳에 위치하기 때문에 문화교류적인 측면에서 고대 한국문화와의 밀접한 연계성이 강조되는 지역이다. 또한 동몽골지역에는 몽골 부리아트족을 중심으로 전통적인 샤머니즘이 오늘날까지도 전승되고 있는 지역이며 부리야트 몽골족과 다리강가 몽골족이 분포하고 있는 지역이기도 하다.

1) 구비설화

동몽골 지역에는 코리족의 이동에 대한 구비신화가 전승되고 있는데, 코리 부족은 고구려와 연계하여 고찰할 수 있기 때문에 고대 한국과 몽골의 문화교류를 체계적으로 해석하고 분석하는데 중요한 자료를 제공해 주고 있다. 박원길 · 촐몬(2013)이 기술하고 있는 동몽골 지역에서 전승되고 있는 코리족의 이동설화는 다음과 같다.

> 할힌골 유역은 농경과 어로, 수렵과 목축을 모두 겸해서 할 수 있는 곳이다. 또한 이 지방은 중국이나 만주로 이동하는 길목 역할을 하고 있다 (중략) 아주 오랜 옛날에 코리 사람들이 이곳에 살았다. 보이르 호숫가에는 지금도 코리왕의 초상이라고 하는 석인상이 남아 있다. 이 석인상을 경계로 동쪽에는 코리 사람이 서쪽에는 몽골 사람이 살았다. 이곳 할힌골에 살고 있는 몽골인과 코리족 간에는 왕래가 잦았으며 서로 결혼을 하기도 했다. 예컨대 초원에서 양쪽의 여자들이 오줌을 누다가 만나면 몽골 여자들은 왼쪽 손을 코리족 여

> 자들은 오른쪽 손을 흔들어 서로 우의를 표시했다. 코리인들은 할힌 골에 성을 쌓고 살았다. 그 성터의 흔적이 지금도 남아 있다. 전에 그 성터가 어딘가에 있다고 들었는데 지금은 잊어버려 기억을 할 수가 없다. 그러나 코리 사람들은 이곳에 오랫동안 머무르지 않고 동남쪽으로 이동해 갔다.[18)]

이상의 설화를 자세하게 분석해 보면 몽골인들의 전통적인 방향관이 잘 반영되어 있으며 이러한 방향관은 고대 한국의 방향관과 밀접하게 연계되어 있기도 하다. 예를 들어서, 몽골에서 오른쪽은 서쪽을 나타낸다. 이것은 중국식의 사고에서 벗어나서 세상 보려고 하는 몽골인의 세계관에서 비롯되었던 것이다. 즉 중국을 중심으로 보면 몽골은 북쪽의 언저리에서 유목생활을 하는 북쪽의 변방으로 보이지만, 몽골의 입장에서 지도를 거꾸로 보면 몽골이 중심이 되는 또 다른 세계관을 엿 볼 수 있다(楊海英, 1999). 재미있게도 한국인들의 방향관도 오른쪽은 서쪽을 나타낸다. 예를 들어서 한국의 민속에서 흔히 다루어지는 오방(五方) 중에서 우백호(右白虎)라고 해서 오른쪽은 흰색을 나타낸다. 한편 『삼국유사』의 기이(紀異)편 제 1권의 선덕여왕 이야기에 보면 흰색을 서쪽으로 상징하고 있다. 따라서 한국의 민속문화 속에서도 오른쪽이 서쪽이 되는 것이다.

2) 샤머니즘

동몽골 지역의 샤머니즘은 홉스골(Hovsgol)이나 옵스(Uvs) 지역 혹은 다른 지역의 몽골 샤머니즘과 비교해서 몇 가지 민속학적 특

---

18) 박원길 · 촐몬(공저), 앞의 책, pp.14~15.

징을 가지고 있다. 첫째 몽골의 민간신화 속에 내재되어 있는 몽골의 샤머니즘을 자세히 들여다 보면 몽골 샤머니즘의 근간이 부리야트 샤머니즘일 가능성이 농후하게 깔려있다. 예를 들어서 〈호리 투메드 메르겡〉[19] 설화와 〈호리도이〉 설화에 보면 다음과 같은 내용이 기술되어 있다.

> … 아내는 열한 명의 자식에게 후브두드, 갈조트, 호아차이, 할빙, 바트나이, 호다이, 고쉬드, 차강, 샤라이드, 보동고드, 하르가나 라는 이름을 주었다. 하늘로 날아 오르며 아내가 축원했다 (중략) 아주 오래 전 부리야트 샤먼이 무술(巫術)을 행할 때,
>
> 나의 조상 백조
> 나의 자작나무 오야
> 나의 자작나무로 둘러싸인 호다르강
> 나의 호수로 둘러싸인 오이홍섬
>
> 이라고 노래 부르며 시작했다고 한다. 호리 투메드의 자손은 이처럼 열한 명의 아버지가 되었다(즉 11씨족의 조상이 되었다).[20]

> … 호리도이는 여자에게 옷을 주었다. 그녀가 옷을 입자 그녀는 마치 오드강(여샤먼)처럼 되었다. 두 사람은 소욘산(사얀산: 몽골과

---

19) 몽골 부리야트 씨족의 기원설화인 〈호리 투메드 메르겡〉 설화는 한국의 〈나무꾼과 선녀〉 설화와 밀접한 연관성을 가지고 있다. 특히 손진태(1954)는 문화전파론적인 입장에서 한국의 〈나무꾼과 선녀〉 설화가 몽골에서 전파된 것이라고 일찍이 주장한 바 있다. 즉 몽골의 〈호리 투메드 메르겡〉 설화에서 선녀가 날개옷을 입고 하늘로 다시 올라갈 때 몽골의 겔(*ger*) 천장을 통해서 나가는 방식이 채광과 연기의 배출을 위한 창이 있었던 한국의 고대 주택 구조와 연계되어 있다고 추정한 셈이다. 자세한 내용은 손진태, 『한국민족설화의 연구』, 을유문화사, 1954, pp.193~198과 배원룡, 『나무꾼과 선녀 설화 연구』, 집문당, 1993, p.15 참조.

20) 체렌소드놈(지음), 이평래(옮김), 『몽골 민간 신화』, 대원사, 2001, p.227.

투바공화국 사이에 있는 산)으로 가서 함께 살았다. 이윽고 한 아이를 낳았고, 그후 몇 명의 아이를 더 낳았다. 그들로 부터 툰킨 부리야트(부리야트의 한 지파)가 나왔다. (후략)[21]

위에서 기술한 〈호리 투메드 메르겡〉과 〈호리도이〉라는 제목의 두 설화는 부리야트 씨족 기원설화의 성격을 지니면서 몽골 샤머니즘과도 연계되어 있다. 〈호리 투메드 메르겡〉 설화를 보면 하늘에서 내려온 백조와 지상의 남자가 결혼하여 씨족을 형성하며, 천상의 여성은 지상의 남성(호리 투메드 메르겡)과 결혼한 후 다시 천상의 세계로 올라가는데 이 여성에게서 태어난 11명의 자녀들이 각각 부리야트족의 11개 씨족을 형성하였다고 기술되어 있다. 또한 〈호리도이〉 설화에는 천상에서 백조로 변해 내려와서 날개옷을 감춘 남성(호리도이)과 결혼하여 11명의 자손들을 두어서 이들이 부리야트족의 기원이 되는 것으로 기술되어 있는데, 이 때의 여성은 여성 샤먼인 오드강으로 기술되어 있다.

둘째 동몽골 지역의 샤머니즘을 대표하는 부리야트 샤먼의 무속의례에는 빠짐없이 아브갈다이(Avgaldai)의 가면을 착용하고 아브갈다이의 옹고드(ongod)를 모신다. 〈호리 투메드 메르겡〉 설화에 반영되어 있듯이 부리야트족은 모두 11개의 성(姓)을 가지고 있으며, 아우갈다이는 부리야트족 11개 성(姓)의 사람들이 모두 모시는 옹고드가 되었다.[22] 특히 부리야트 샤먼들은 굿을 할 때 아브갈다이의 가면을 반드시 착용하며 아브갈다이 옹고드에게 사람들의 소원을 부탁한다.[23] 따라서 부리야트의 샤머니즘에서는 아브갈다이

---

21) 체렌소드놈, 위의 책, pp.231~232.
22) 장장식 · 전경욱, 앞의 논문, p.204.

가면을 매우 보편적으로 사용했음을 알 수 있으며, 대체로 무당이 이 가면을 착용하는 경우는 병든 사람을 위한 치병굿을 할 때와 샤먼의 입무(入巫)의례인 차나르(chanar)를 행할 때이다.[24] 이상의 내용을 고려한다면 몽골 샤머니즘에 대한 체계적인 연구와 이를 바탕으로 하는 몽골 유목문화를 연구하기 위해서는 부리야트 샤머니즘에 대한 연구가 필수적이며 이러한 의미에서 몽골 내에서 부리야트족이 많이 분포하고 있는 동몽골 지역은 민속학적인 의의가 있는 지역이다.

더욱이 부리야트 몽골샤먼의 무속의례에서 중요하게 여겨지는 아브갈다이(Avgaldai)거리라는 뒷전풀이에 등장하는 아브갈다이(Avgaldai)와 관련해서 전해지는 무속설화 중에도 부리야트 몽골과 고려와의 연관성을 내포하고 있는 내용이 들어있다. 예를 들어서,

> 아우갈다이[아브갈다이]는 원래 만주 퉁구스족 사람이었다. 수신의 정기를 받고 태어나 무당이 되었다. 부인은 고올잉 왕의 딸이었다. 고올링은 고려를 가리킨다. 즉 아우갈다이[아브갈다이]의 부인은 고려의 공주로 이름은 헤테르헤엥(Heterheeng)인데 역시 무당이었다. 젊은 아우갈다이[아브갈다이] 부부는 바훙이라는 아들과 한자훙이라는 딸을 두고 있었다. 어느날 부인이 다른집에 초대를 받아 굿을 하러 갔다. 그녀는 굿을 하러 가면서 남편에게 어린 아들을 잘 돌보라고 부탁했다. 그런데 담배를 아주 많이 피우는 아우갈다이[아브갈다이]는 담배가 떨어지자 잠자고 있는 아들을 집에 두고 옆집으로 담배를 구하러 갔다. 그러나 집으로 돌아오는 동안에 잠을 자던 아들이 깨어나 갑자기 집을 나가 버렸다. 아우갈다이[아브갈다이]가 아들의

23) 장장식, 『몽골유목민의 삶과 민속』, 민속원, 2007, p.160.
24) 위의 책, p.160의 각주 43 참조.

> 이름을 부르면서 따라갔으나, 갑자기 회오리바람이 불면서 아들을 휩쓸어 물에 던져 죽게 하였다(중략) 집에 돌아온 부인이 그 사실을 알고 가죽을 다루는 칼을 들고 남편을 쫓아가 하일라스(느릅나무) 아래에서 아우갈다이[아브갈다이]의 목을 잘라 죽였다. 그리고 머리를 나무에 걸어두고 "모든 사람들의 일을 맡아라"하고 덕담을 했다. 이런 연유로 아우갈다이[아브갈다이]의 영혼은 옹고드가 되었다.[25)]

한편 또 다른 무속설화에 나오는 아브갈다이는 잘 생기고 유명한 전사(戰士)로 고려(Korea) 왕의 딸과 결혼하는데 부인의 자매와 불륜관계를 맺게 되면서 비극이 시작되며 큰 슬픔에 잠긴 헤테르헤엥이 아브갈다이의 머리를 잘라서 앙가라(Angara) 강에 던져버리는데 이때부터 아브갈다이의 영혼은 나쁜 영혼을 쫓아버리는 일을 담당하게 되었다고 묘사되기도 한다.[26)]

3) 부리야트와 다리강가 몽골족 민속의 보고(寶庫)

동몽골 지역에는 부리야트와 다리강가 몽골족이 거주하고 있는 지역으로 유명하다. 특히 부리야트는 몽골의 동북쪽에 위치하여 생활하였으며, 지금은 도르노드, 헨티, 셀렝게, 홉스골, 볼강 아이막

---

25) 장장식 · 전경욱, 앞의 논문, pp.201~203.

26) 아브갈다이가 불륜관계를 맺었던 여성은 아브갈다이 부인의 자매이면서 동시에 아브갈다이의 후견인 이었던 부베이 왕(Bubei Khan)의 아내로 무속설화에는 기술되고 있다. 또한 아브갈다이의 부인인 헤테르헤엥(Heterheeng)을 헤테르헹(Heterhen)으로 표기하기도 한다. 자세한 내용은 Humphrey, C and Onon, U, *Shamans and Elders*, Oxford: Clarendon Press, 1996, p.243과 박환영,「몽골 샤머니즘 속의 여성민속 고찰」,『몽골학』제37호, 한국몽골학회, 2014, p.17 참조.

의 10개 가량의 솜에 흩어져 살고 있는데 부리야트 가운데 호리 부리야트 종족과 관련한 민간신화나 샤머니즘을 통해 볼 때 우리 민족과 매우 밀접한 관련을 가지고 있음을 알 수 있다.[27] 또한 동몽골 지역은 다리강가 몽골족의 거주지역으로 다리강가 몽골족은 주로 수흐바타르 아이막의 남쪽 지역에 산다. 다리강가라는 부족 명칭의 어원을 살펴보면 지명(地名)으로 간주될 수 있는 '다리' 라는 산(혹은 오보)과 '강가'라는 호수의 명칭을 따서 '다리강가'라고 불렀다고 전해지기도 한다. 또한 다른 어원설도 있는데 옛날에 귀족 집안의 '다리'라는 사내가 '강가'라는 여인과 혼인을 맺음으로 산과 오보를 '다리', 호수를 '강가'라고 이름한 데서 다리강가라는 명칭이 유래했다는 전설이 전해지기도 한다. 지금도 다리강가 사람들은 목축 기술과 금은 세공 기술이 좋기로 유명하여[28], 솜씨 좋은 은제 장신구의 전문 기술자이자 대장장이[29]로 인식되고 있다.

한편 몽골의 여러 지역에 거주하는 부리야트족은 4년마다 동몽골 지역의 도르노드 아이막에 모여 큰 규모로 나담(naadam)축제를 연다. 이 때에는 부리야트 공화국에 거주하는 부리야트족들도 대표를 파견하여 참가한다. 2000년 7월 4일-6일에 부리야트족의 나담이 도르노드 아이막에서 성대하게 열렸는데,[30] 4년을 주기로 개최되기 때문에 2016년에도 동몽골 지역에서 부리야트 몽골인들을 위한 나담축제가 개최될 예정이다.

---

27) 이안나, 『몽골의 생활과 전통』, 민속원, 2014, p.42.
28) 위의 책, pp.36~37.
29) Robinson, C, *Mongolia: Nomad Empire of Eternal Blue Sky*, Odyssey Books & Guides, 2010, p.272.
30) 위의 책, p.130의 각주 7 참조.

4. 동몽골 지역이 가지는 향후 민속학적 연구과제

동몽골 지역은 한국과 몽골의 역사문화적인 연계를 더욱더 공고히 할 수 있는 한민족의 이동설화와 몽골과 고구려의 문화교류에 관한 유적이 많이 남아 있는 곳이며, 한국의 무속신앙에 대한 기원과 문화전파론적인 접근을 본격적으로 시도할 수 있는 몽골 샤머니즘의 근간을 이루는 부리야트 샤머니즘이 오늘날까지도 전승되고 있는 지역이기도 하다. 또한 동몽골 지역은 전략적인 요충지로 1939년 일본관동군이 몽골을 거쳐서 소련을 침공하려는 시도를 몽골과 소련 연합군이 원천적으로 봉쇄함으로써 2차 세계대전에서 연합군의 승리에 크게 기여하여 세계전쟁사에 영원히 기억될만한 할힌골 전투의 기념비적인 장소이기도 하다. 특히 동몽골지역에서 볼 수 있는 부리야트 몽골의 샤머니즘은 한국 무속의 원류와 시원을 찾는데 중요한 자료를 제공해 주고 있어서 향후 본격적인 연구와 조사를 필요로 하고 있다. 다음은 장장식 · 전경욱(2001)이 제시한 부리야트 몽골 샤머니즘과 한국 무속과의 유사성과 향후 연구과제이다.

> 탈혼은 샤먼의 특별한 기술로서 (중략) 그의 영혼이 몸에서 빠져나와 천상계에 오르내리거나 지하계에 내려갔다 노는 것을 뜻한다. 이러한 샤먼의 특징은 주로 시베리아 북부 아시아 · 인도네시아 · 북미 등지에서 주로 발견된다고 한다. 빙의 (중략) 현상은 동남아시아에서 흔히 발견된다고 한다. 그러나 몽골의 보리야드[부리야트] 족은 북부 아시아에 속하지만 (중략) 탈혼보다는 빙의 현상이 일반적이다.

> 즉 '옹고드'라는 신령이 무당에게 내리는 것이 대부분이다 (중략) 한국에서는 강신무가 처음 무당이 될 때 몸주신이 내리고, 그 이후 굿을 행할 때 빙의 현상을 보이는 것이 일반적이다 (중략) 보리야드[부리야트]족 무당과 한국의 강신무는 세습적인 성격을 강하게 띠고 있다는 점이다 (중략) 보리야드[부리야트]족을 비롯한 몽골에서는 강신이 남자와 여자에게 모두 생겨서, 남자 무당과 여자 무당이 공존한다. 그리고 한국의 경우도 함경도와 제주도는 남자 무당과 여자 무당이 공존한다는 점이다. 함경도와 제주도에서는 강신이 남자에게도 일어났던 것이다. 현재 한국에서 함경도와 제주도를 제외한 지역은 굿을 주관하는 무당이 주로 여성인데, 이것이 원래의 모습이었는지는 면밀한 고찰이 요망된다. 특히 평안도 · 경기도 북부 등은 강신무 지역인데, 이곳들에서도 강신이 여자에게만 일어났는지에 대해서는 좀 더 폭넓은 조사가 이루어져야 할 것이다.[31]

이상의 내용은 동몽골 지역 부리야트의 강신무와 한국의 강신무 사이의 연계성과 강신무와 젠더(gender) 문제가 언제부터 생겨났는지에 대한 연구과제를 포괄적으로 제시해주고 있다. 특히 한국의 강신무 전통 중에서도 함경도와 평안도의 강신무 전통은 물론이고 제주도의 무속신앙과 동몽골 지역의 샤머니즘과의 본격적인 비교연구가 절실하게 필요한 실정이다.

또한 동몽골 지역의 부리야트 샤머니즘은 탈혼(脫魂)보다는 빙의(憑依) 현상이 일반적이기는 하지만 차나르(chanar)의례의 한 과정인 아브갈다이(Avgaldai) 의례 속에는 탈혼의 흔적이 숨어있기도 하다. 예를 들어서 아브갈다이 의례에는 아브갈다이 가면을 착용한 샤먼이 환자의 병을 치료하기 위하여 염소를 죽인 후 염소의 영혼

31) 장장식 · 전경욱, 앞의 논문, pp.209~212.

을 데리고 지옥의 왕이 있는 문 앞까지 배달하는 역할을 행하게 된다. 이러한 의례의 내용은 일찍이 엘리아데(M. Eliade)가 탈혼의 전형적인 특징으로 기술한 샤먼의 영혼이 지상계와 지하계로의 왕래를 연상시켜주는 대목이기도 한 셈이다. 이러한 탈혼의 흔적은 주로 빙의 형상이 일반적으로 나타나는 한국의 무속신앙 속에도 들어 있는데 즉 한국의 대표적이 무속신화인 바리데기(바리공주)에 내재되어 있어서[32] 탈혼의 흔적에 대한 비교연구도 향후 동몽골 지역의 샤머니즘에 대한 연구과제로 포함될 수 있다.

특히 동몽골 지역의 부리야트 샤머니즘에서 볼 수 있는 아브갈다이(Avgaldai) 의례는 병굿의 일종으로 환자의 병을 치료하기 위하여 염소를 죽여서 염소의 영혼을 저승으로 보내고 대신에 환자의 병든 영혼을 다시 살려내는 무속의례이다. 이와 유사하게 한국 무속의 병굿 속에는 가축을 희생하여 환자를 살려내는 대수대명(代壽代命)의 과정이 들어 있다. 예를 들어서, 충청도에서 지금도 행하여지는 병굿 의례의 주요한 연행과정 중에서 대수대명(代壽代命)과 관련하여 아래와 같은 내용이 포함되어 있다.

> 대수대명은 재액을 전이시키는 행위로 환자를 구상화(具象化)한 대신(代身)을 내세워 역신을 추방하는 속죄양 모티브의 일종이다. 염의춘 병굿에서 대신(代身)은 살아 있는 닭이다. 우선 닭의 입에 환자의 나이 수대로 쌀알을 집어넣고 명주실로 동여맨다. 이어 환자의 속옷에 생년월일과 이름을 붉은 색으로 기록하고 그것으로 닭을 에운다. 이렇게 준비된 닭의 목을 친 후 사람이 죽었을 때 염을 하는

---

32) 바리공주가 병든 부모님의 목숨을 구하기 위하여 죽은 혼백(魂魄)만이 갈 수 있는 곳을 여행하는 내용이 잘 기술되어 있다.

방식과 같이 12매의 염장을 맨다. 이로써 환자의 재액이 닭에게로 전이되었다고 믿는다.[33]

이상의 내용은 한국 무속의 병굿 의례에서 대수대명(代壽代命)과 동몽골 부리야트 샤머니즘에서 연행되는 아브갈다이(Avgaldai) 의례 사이의 연관성을 잘 보여준다. 이러한 점은 한국의 무속신앙과 동몽골 부리야트의 샤머니즘 속에 내재되어 있는 탈혼의 흔적과 더불어서 향후 민속학적인 연구과제로 중요하게 다루어질 수 있다.

5. 맺음말

동몽골 지역은 민속학적으로 한민족의 이동설화, 고구려 관련 민속유적(예를 들어서 석인상), 샤머니즘, 몽골의 소수민족(부리야트와 다리강가) 관련 민속문화 등 학술적으로 중요한 가치를 지니고 있는 지역이다. 또한 동몽골의 할힌골은 2차 세계대전의 중요한 전환점을 마련한 할힌골 전투로 유명한 전략적인 요충지인데 몽골과 소련의 연합군이 일본 관동군을 맞이하여 대대적인 승리를 가져올 수 있도록 일본 관동군의 후방에서 집요하고 교묘하게 교란작전을 펼쳤던 조선의 완전한 자주독립을 위해서 결성되었던 항일독립군의 역할이 새롭게 조명되고 있는 지역이기도 하다. 특히 동몽골의 할힌골은 한국과 북한이 새로운 돌파구를 찾지 못하고 대립과 반목으로 일촉측발의 위기감만 계속해서 증가하고 있는 오늘날 한반도

33) 안상경, 「충청도굿」, 하효길(외 공저) 『한국의 굿』, 민속원, 2003, pp.173~174.

의 꼬여버린 정세 속에서 몽골을 중심으로 한국과 북한이 화해와 공존의 시대로 다시 출발할 수 있는 좋은 계기와 기회를 마련해 줄 수 있는 최적의 장소이며, 따라서 할힌골 전투는 암울했던 일제강점기의 과거를 한국과 북한 그리고 몽골이 모두 억척스럽게 극복하기 위하여 공동으로 함께 강철 같은 연대를 하였던 공공의 기억을 현재에 되살려서 다시 동질감과 공동체 의식을 고취시켜줄 수 있는 역사적인 사건이기도 하다.

한편 동몽골 지역은 몽골 유목문화의 기저에 깔려있는 전통적인 샤머니즘이 전승되고 있는 지역 중의 하나인데 특히 동몽골의 부리야트 샤머니즘은 현재까지도 면면히 전승되고 있어서 한국의 무속신앙과 비교연구할 수 있는 좋은 연구자료를 제공해주고 있다. 예를 들어서, 북아시아의 일반적인 현상인 탈혼보다는 빙의 현상을 볼 수 있는 동몽골 지역의 샤머니즘은 한국의 무속신앙에서 흔히 볼 수 있는 빙의 현상과도 좋은 비교대상이 될 수 있다. 따라서 이러한 연구의 결과는 엘리아데(M. Eliade)가 주장한 샤머니즘에 대한 샤먼이 행하는 의례에 대한 이분법적인 도식에 대한 새로운 사례와 독특한 민속현상으로 큰 가치와 의의를 지닐 수 있다.

〈참고 문헌〉

김철수(외 공저), 『중국조선족력사상식』, 연변인민출판사, 1998.

김현우 · 리홍길, 『조선족 전통 미덕이야기』, 연변인민출판사, 1997.

구해우, 「북한과 몽골의 관계형성과 변화: 역사적 관점」, 『몽골학』 제28호, 한국몽골학회, 2010.

데 바이에르(저), 박원길(옮김) 『몽골 석인상 연구』, 혜안, 1994.
박소현, 『신을 부르는 노래: 몽골의 토올』, 민속원, 2005.
박원길, 『몽골의 문화와 자연지리』, 민속원, 1999.
박원길 · 촐몬(공저), 『한국 · 몽골 교류사 연구』, 이매진, 2013.
박환영, 「몽골의 서부지역 아이막에 대한 일고찰」, 『한몽경상연구』 제6권, 한몽경상학회, 2000.
_____, 「몽골 설화 〈호리투메드 메르겡〉의 민속학적 일고찰」, 『동아시아고대학』 제20집, 동아시아고대학회, 2009.
_____, 「몽골 샤머니즘 속의 여성민속 고찰」, 『몽골학』 제37호, 한국몽골학회, 2014.
발터 하이시히(저), 이평래(옮김), 『몽골의 종교』, 소나무, 2003.
배원룡, 『나무꾼과 선녀 설화 연구』, 집문당, 1993.
손진태, 『한국민족설화의 연구』, 을유문화사, 1954.
안상경, 「충청도굿」, 하효길(외 공저) 『한국의 굿』, 민속원, 2003.
楊海英, 「몽골고원의 관점」, 경기도박물관(편) 『몽골의 유목문화』, 경기도박물관, 1999.
이두현(외 공저), 『한국민속학개설』, 일조각, 1997.
이상우 · 박광희 (외 공편), 『새 몽골이 온다』, 기파랑, 2006.
이성규, 『몽학삼서의 몽골어 연구』, 단국대출판부, 2002.
이성규 (외 공저), 『한국과 몽골의 유라시아: 알타이 역사문화공동체 형성을 위한 인문학적 연구』, 경제 · 인문사회연구소, 2014.
이안나, 『몽골의 생활과 전통』, 민속원, 2014.
장장식 · 전경욱, 「동몽골 보리야드 족의 샤머니즘」, 고려대 민속학연구소(편) 『몽골의 무속과 민속』, 월인, 2001.
장장식, 『몽골민속기행』, 자우, 2002.
_____, 『몽골 유목민의 삶과 민속』, 민속원, 2007.
정용숙, 『고려시대의 后妃』, 민음사, 1992.

Humphrey, C and Onon, U, Shamans and Elders, Oxford: Clarendon Press, 1996.

Lombo, J, Mongol uls, bügd nairamdah ardchilsan solongos ard ulsyn hariltsaa, Pheniyan, 2007.

Mend-Ooyo, G (compiled), Wickham-Smith, S and Shagdarsüren (translated), An Anthology of Mongolian Literature, Ulaanbaatar, 2008.

Robinson, C, Mongolia: Nomad Empire of Eternal Blue Sky, Odyssey Books & Guides, 2010.

동몽골 유목민족과 한민족 육식문화의 친연성

오영주(제주한라대)

1. 머리말

몽골음식은 1206년 칭기즈 칸이 몽골족을 통일하고 몽골제국을 새운 이래 많은 변화를 겪어왔지만, 양고기를 중심으로 한 육식문화와 전통 유제품은 아직도 주요한 구성식단(주식)으로 남아있다. 몽골 유목민의 음식은 전통적으로 '하얀 음식'(차강이데, Цагаан идээ, цагаан хоол)으로 부르는 유제품, 그리고 '붉은 음식'(울랑이데, улаан идээ, улаан хоол)으로 칭하는 육류로 대별된다. 전통적인 유목 생활에서는 계절적인 흐름에 맞춰서 전자는 여름에서 가을까지, 후자는 겨울에서 봄까지 먹는다.

선사 고고학적으로 발견된 많은 증거들이 몽골지역에 거주하는 사람들의 기본 식량자원은 바로 가축이었음을 말해준다. 고칼로리 음식의 일상적 섭취는 몽골의 거칠고 추운 대륙성 기후에 살아남기 위한 생존수단이었다. 하지만 육제품이 필수영양소의 급원식품이기는 하나 그 섭취는 다소 제한을 받을 수밖에 없었다. 몽골의 계절적 특성과 유목지의 생활환경(물, 목초)에 따라 가축의 고기를 얻는 데에는 한계가 있었기 때문이다.

한랭 건조한 대륙성 기후와 9월 중순부터 이듬해 5월까지 시베리아에서 불어오는 북풍에 의한 혹독한 날씨는 겨울을 오랜 기간 지속시킨다. 이 기간에 초원의 목초는 시들고 새로운 싹이 나지 않아 가축의 비육을 멈추게 한다. 몽골인들은 겨울이 다가올 무렵 게르마다 보통 소 한 마리와 양 7마리를 도축하여 건조육(보르츠)을 만드는 등 월동준비를 한다. 겨울과 봄에 이르는 계절에 준비한 월동 육가공품은 생명유지에 필요한 단백질 및 열량섭취의 중요한 급원이 되었다. 이러한 의미에서 오축에 의존하는 육식패턴은 유목민의 역사와 문화적으로 중요성을 갖는다.

가축의 고기섭취와 더불어 내장, 머리, 다리 및 혈액 등 부산물을 버리지 않고 이용할 수 있는 유목민 특유의 육가공기술을 발전시켜왔다. 이러한 기술은 현재에도 무형문화유산으로서 잘 보존되고 있다.[1)] 무엇보다도 양은 몽골의 유목경제에서 가장 중요한 위

1) 몽골 유목민의 전통식생활 역사는 서기 700년부터 1240년까지의 기록인 몽골비사 그리고 1253-1255년에 프랑스 루이 9세의 특사로 몽골을 방문한 수도사 윌리암 루브릭(William of Rubruck)의 여행기 등에서 찾아볼 수 있다. 몽골 초원에서 유목민의 민족통합과 유라시아 정벌 등 영토 확장과정에서 나타나는 개략적인 상황이 역사 내용에 반영되어 있다.(플라노 드 카르피니, 윌리엄 루브룩(2015). 『몽골제국 기행-마르코폴로의 선구자들』, 김호동 역주, 까치.) 중국과 몽골의 동서지역을 아우르는 대몽골원제국의 창업 후 13세기 말-14세기에는 초원 유목음식문화는 중국 정주문명(sedentary civilization)인 한족 농경음식문화로의 변용과정을 거친다. 14세기 대원제국의 식이요법서로 알려진 '음선정요(飮膳正要)'에는 당시 원제국의 궁정요리의 실상을 반영한 것으로써 유목음식의 '한족(漢族)음식화의 과정'을 여실히 보여주고 있다.(忽思慧(2010), 『飮膳正要』, 中國 揚州, 廣陵書社.)

치를 차지한다. 마치 한국의 쌀 또는 멕시코의 옥수수와도 같이 몽골 문명에서는 양이 기본적인 역할을 한다. 양고기는 몽골의 주식이고 양젖은 차와 치즈의 원료이며, 양가죽은 겨울철 옷감이고 양털을 몽골 게르천막을 덮는 펠트로 사용된다. 2010년 몽골 통계청 의하면 양의 숫자는 총 1,927만 마리이며 이는 몽골인 한사람 당 약 7마리인 셈이다.

몽골의 토속 양은 떼가 집단을 이루며, 복슬복슬한 기름진 뒷 엉덩이 꼬리와 하늘하늘 거리는 귀 그리고 거친 양모가 특징적이다. 양 한 마리가 연간 생산하는 양모는 암양의 경우 1-1.4kg 그리고 거세하지 않은 숫양은 1.6-2.0kg에 달한다.[2)] 몽골인들이 섭취하는 고기의 절반 이상은 양고기이다. 양고기는 맛이 좋고 영양적이 균형이 잘 잡혀있어 일상음식으로서 뿐만 아니라 잔치음식으로도 빠지지 않고 차리는 육류이다.[3)]

몽골의 양은 독특한 방법으로 도살된다. 양은 다리를 잡고 바닥에 눕힌 뒤 복부에 심장이 위치한 지점에서 한 손이 들어갈 정도로 절개하여 심장으로 향하는 곳에 손을 집어넣고 손톱으로 대동맥을 잘라 숨을 끊는 방법을 취한다. 가축의 고통을 최소화하고 초원 위

---

2) 몽골 양을 도축하면 평균 도축중량은 약 23.5kg이고, 정육률은 48.2% 정도이다. 양의 생체중은 계절에 따라 변하고 연령에 따라 다르다. 가을철 성숙한 암양의 생체중은 43-62kg 정도이고 정육률은 38-53%이다. 반면 거세하지 않은 숫양(ram)의 생체중과 정육률은 각각 68-75kg, 53-55%이다. 거세하지 숫양은 수분 50-60%, 지방 20-30%, 단백질 16%의 함량을 나타낸다.

3) 다른 나라의 양고기와 달리 몽골의 양고기 맛은 초원의 목초의 영향을 그대로 반영되어 독특한 강한 맛을 낸다. 몽골의 음력설 명절인 차강사르에는 양 한 마리를 통째로 삶아 큰 목통에 보기 좋게 장식을 한다(동몽골에서는 이 양 한 마리를 'shueues'라고 부르며 '영양가'라는 의미를 갖는다). 머리와 기름진 꼬리가 돋보이게 진열함으로써 귀한 손님에게 접대하는 지극정성의 표현이기도 하다.

에 방혈을 자제하려는 몽골 유목민의 습속이다. 몽골에서 유목은 남성의 몫이고, 요리 역시 남성의 일이다. 또한 양의 도축도 가장인 남성이 담당하고, 식사는 연장자부터 먹기 시작하는 등 한국처럼 몽골 역시 연공서열을 중히 여기는 문화이다.

본 연구에서는 한국음식문화와 몽골음식문화 사이에 관찰되는 동질성과 차별성을 찾아보기 위하여 동몽골의 3개 지역(헨티, 도르노드, 수흐바이타르)을 대상으로 식생활문화(양고기)에 대하여 2015년 7월 8일부터 14일까지 일주일 동안 도르노드 아이막 · 수흐바타르 아이막 · 헨티 아이막 등 동몽골 지역을 답사하였다. 아울러 역사적으로 13-14세기 대원제국(원나라, 몽골)의 몽골 14개 국립목장의 하나이면서군사적 해양요충지로써 약 100여 년 간 지배를 받았으며, 당시 다수의 몽골인들이 정착한 제주(탐라)와 이 지역과 자연풍토(화산지형, 낮은 구릉의 오름)가 유사한 몽골 지역인 동몽골(평균 고도 500m)의 음식문화를 비교하여 보았다. 답사일정 중 동골주민의 가정을 방문하여 전통적인 도살법에 따라 양을 도축 조리하여 소비 및 분배 등 일련의 식행동 그리고 말의 방목과 말고기 식용문화(Hippophagy, Eating Horses)에 대한 조사를 실시하였다. 조사 내용을 바탕으로 제주의 육식문화(돼지고기, 말고기)와 동몽골(할흐골)의 육식문화를 비교하였다. 궁극적으로 몽골과 제주의 역사 문화적 친연성을 조명함으로써, 본 '동몽골 프로젝트' 및 '유라시아 이니셔티브' 추진을 위한 논리 지평을 넓히는 데 일조하고자 한다.

2. 동몽골과 제주의 도축문화

1) 동몽골의 양 도축

(동)몽골에서 가장 보편적인 식재료인 양을 도축하는 일은 전적으로 남성의 몫이다. 유목민답게 도축 시 피 한 방울 헛되이 흘리지 않을 정도로 깔끔하고 세련되게 처리해낸다. 도축은 보통 남성 두 사람이 담당하고 칼을 들고 해체하는 작업은 남성 한 사람이 맡는다. 그리고 내장 처리는 여성의 몫이며 두 사람이 함께한다. 우선 도축할 양을 고른 다음, 양을 자리에 눕히고 한 사람은 뒷다리를 양손으로 발 두 개를 포개어 고정시킨다. 다른 한 사람은 앞 양다리를 왼손으로 포개어 잡고 오른손에는 해체용 칼을 쥔다. 해체를 담당하는 사람은 준비된 소형 칼로 흉부에 10cm 정도의 길이로 피막을 절개한 후, 오른손을 복강 안으로 넣어서 심장에 가까운 대동맥을 찾아낸다. 엄지손가락과 집게손가락은 가위꼴로 펴고, 나머지 세 손가락은 말아 쥔 집게손(톱)으로 끊으면 양은 조용히 목숨이 끊어진다. 이때 칼집을 넣은 곳에서 마치 풍선처럼 횡경막이 풍선처럼 부풀어 나오고 들어가기를 약 3분여에 걸쳐 수차례 반복 후 정지되었다. 이 시점이 양이 완전히 절명한 것으로 보고 잡았던 다리를 바닥에 내려놓는다. 피 한 방울 흘리지 않고 3분여 내에 생양을 절명시킨 것이다. 몽골에서는 양의 피를 흘려 초원을 더럽히는 것이 터부(taboo)시 한다.[4)]

---

4) 칭기즈칸이 「이슬람교의 방식과 다르게 하게 하라」라고 법률로도 정해져 있다(D. 마이달, N. 츄스렘, 『몽고문화사』 서울, 동문선문예신서, 1991, p.

이어서 해체자가 칼로 복부의 가죽(피막)을 세로로 길게 자른 다음, 가죽과 고기의 경계층 사이에 손 주먹을 넣고 간헐적으로 힘을 주어 밀쳐내면 가죽이 벗겨나가 알몸 상태가 된다.[5] 사지는 접히는 마디부분을 반대로 젖혀 칼집을 낸 다음 힘을 가하면 '딱' 소리와 함께 마디가 잘려 나온다. 머리는 목관절 마디와 마디 사이에 칼을 넣어 분리해낸다. 가죽이 돗자리처럼 완전히 말끔히 벗겨지면 내장을 순차적으로 밖으로 끄집어낸다. 덜 소화가 된 목초 상태의 내용물이나 변이 들어있는 내용물은 점진적으로 흘러나오도록 손으로 쓸어내려 방출시킨 다음, 내장은 물로 씻어서 사용한다. 양의 소장은 '구절양장'(九折羊腸)으로 산의 오솔길처럼 좁고(22-24mm) 구불구불하고 길며(91m), 큰창자는 약 75mm로 소장보다 훨씬 굵다. 한편, 피는 밖으로 전혀 유출되지 않고 도체의 내부에 쌓여 있어 그릇으로 퍼내어 용기로 옮겨 담는다. 피는 씻은 창자에 넣어 순대를 만드는데 사용된다. 이상의 과정을 사진으로 제시하면 〈그림 1〉과 같다.

---

142). 成吉思汗法典: When an animal is to be eaten, its feet must be tied, its belly ripped open and its heart squeezed in the hand until the animal dies; then its meat may be eaten; but if anyone slaughter an animal after the Mohammedan fashion, he is to be himself slaughtered(Fragments of the Great Yasa of Chingis Khan which have come down to us through Makrizi).이슬람교에서는 참수(식도-기관지-목의 혈관 절단 후 가죽과 함께 두부를 분리)를 행한 후 땅 위에 피를 충분히 흘려보내고 난 다음, 뒷다리를 메달아 가죽을 벗기기 때문에 이슬람교 방식의 양도축 현장에는 대지에 유혈이 낭자하다. 몽골 유목민들의 양도축 현장에서 보여주는 바와 같이 피 한 방울도 대지에 흘려보내지 않고 모피용 가죽을 제외하고 버리는 것 없이 다 섭취하는 '일물전체식(一物全體食)'의 사고를 갖고 있다. 이렇듯 몽골유목민들과 양도축의 관계에는 자연관 · 종교관이 반영되어 있다.

5) 해체된 양가죽은 말려두었다가 의류나 신발, 또는 바닥 깔개 등 다양하게 이용된다.

한편, 양의 꼬리 지방은 다른 부위의 지방에 비해서 불포화지방산과 필수지방산의 함량이 높은 것이 특징이다. 전통적으로 몽골인들은 꼬리의 육질(단백질) 부분을 선호하며 어린이나 노약자들의 힐링식품으로 인기가 높다. 이점은 한국인들이 꼬리곰탕을 비롯하여 꼬리부분을 영양적으로 중히 여기는 바와 동일하다.

〈순서 1-절명〉 복부 절개 및 동맥 절단 후 대기
(절단부에 횡경막 돌출(풍선)이 수차례 발생 후 정지됨)

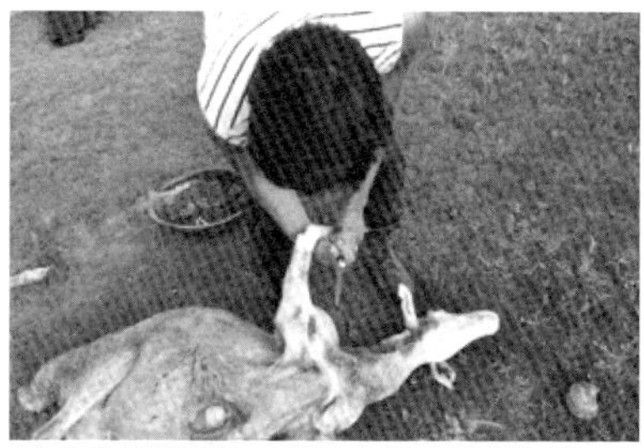
〈순서 2-가죽절단〉 가죽분리 용 절단면을 만들기
(출혈이 발생하지 않도록 유지하는 것이 요령임)

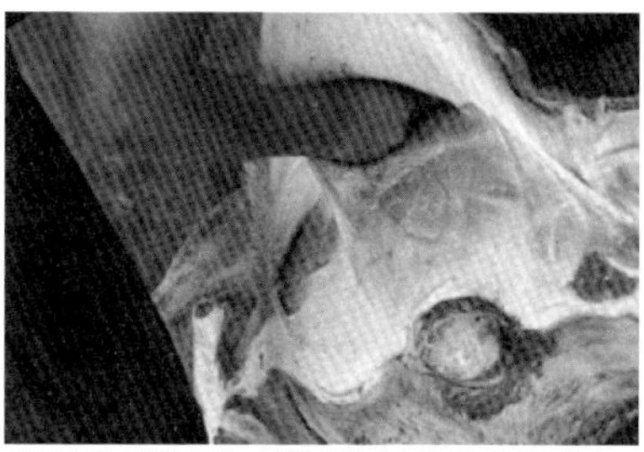
〈순서 3-가죽분리〉 주먹손을 넣어 밀어 벗기기
(두 사람이 동시에 진행, 해체 깔개로 이용됨)

〈순서 4-내장 꺼내기 1〉 반추위 꺼내기
(목초의 소화가 덜된 내용물이 가득한 위를 꺼냄)

〈순서 5-내장 꺼내기 2〉 소장 및 대장 꺼내기
(소장, 내장 등은 2차 요리를 위해 그릇에 담아둠)

〈순서 6-피 퍼내기〉 그릇으로 피를 퍼 용기에 담음
(배속에 엉긴 혈전을 떠내고 고인 피를 긁어냄)

〈순서 7-간장적출 및 시식〉 간장 적출 후, 참석자들은 생간을 조금씩 썰어 소금에 찍어 먹음(나눠먹기)

〈순서 8-분육〉 남성에 의한 분육작업
(전지 2 · 후지 2 · 갈비 2 · 갈비 2 · 등 2 · 꼬리 1 · 목부 1 등 12부위)

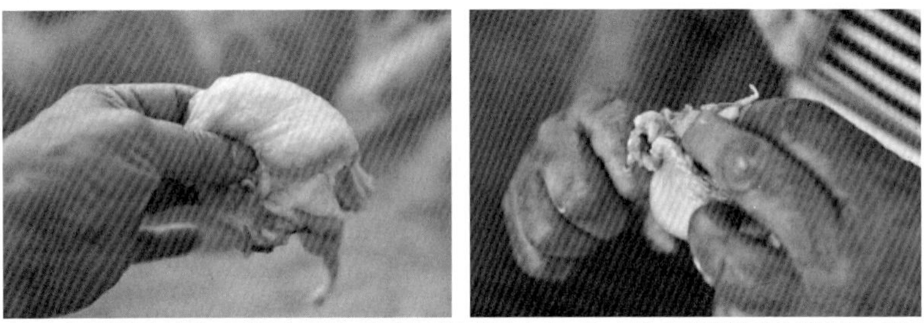

〈순서 9-지방으로 감싼 고기요리 준비〉 셈지라 하여 삶아서 먹는데, 분배 본주(주관자)가 주관하여 조금씩 몽고도로 썰어 순서대로 나누어 줌.

해체과정을 촬영한 후 해체 소요시간(순서-1에서 순서-9까지 과정)을 추정한 결과 약 20분 정도였다. 〈순서 8-분육〉과 〈순서 9-내장 전처리〉은 남성과 여성이 각각 작업을 분리하여 동시에 진행되었다.

〈그림 1〉 양의 해체 과정

2) 제주의 돼지 도축

전통적으로 제주지역에서는 집집마다 돼지를 '돗통시'(돗=돼지, 통시=변소)에서 사육하였다.[6] 제주에서 '고기'라 함은 일반적으로 '돼지고기'를 말하며, 돼지를 중심으로 한 육식문화를 형성하고 있다. 전통사회에서 돼지의 도축은 두 가지로 대별된다. '희생'이라 하여 관혼상제나 특정 무속의례에서는 반드시 차려야만 하는 필수 의례음식의 준비를 위한 것 그리고 '돗추렴'이라 하여 여러 사람(주로 남성 중심)이 경비를 모아 돼지 한 마리를 구입하여 도축한 후 분육하여 나누어 가지는 형식이다.[7] 그 소비방식은 공동체와 밀접한 관계를 맺음으로써 다함께 먹는 공식문화(共食文化)를 이루는 근원이 된다.

돼지의 도살은 먼저 통시에서 꺼내 나무에 목을 메달아 호흡을 끊어 절명시킨 후 털을 그을려 상피를 긁어냄으로써 이루어진다.

---

6) 돼지를 변소('통시')에다 가두고 인분으로 사육하고 그 돼지를 잡아 식육으로 삼는 방식은 내몽골, 산동성, 산서성, 만주 용정 등에서도 관찰된다(석주명, 『제주도수필』, 보진제, 1968, pp.96~97). 또한 진수(陳壽)(A.D. 233-297)가 편집한 삼국지위서동이전(三國志卷三十 魏書三十 東夷傳)의 마한조의 말미에 주호에 대한 기록에 피의육식(皮衣肉食)에 관한 내용이 등장하는 것으로 보아 돼지 사육의 역사는 아주 오래된 것으로 보인다:"주호는 마한의 서쪽 바다 가운데의 큰 섬에 있다. 그 곳 사람들은 마한인들 보다 조금 키가 작고 언어도 한족(韓族)과 같지 않다. 그들은 모두 선비족(鮮卑族)처럼 머리를 깎았으며, 소나 돼지 기르기를 좋아한다. 옷은 가죽으로 만들어 입었는데, 상의만 있고 하의는 없어서 거의 나체와 같다. 배를 타고 한(韓)나라에 왕래하며 물건을 사고판다."고 하였다. (三國志卷三十 魏書三十 東夷傳 馬韓 : 又有州胡在馬韓之西海中大島上, 其人差短小, 言語不與韓同, 皆髡頭如鮮卑, 但衣韋, 好養牛及豬. 其衣有上無下, 略如裸勢. 乘船往來, 市買韓中.)

7) 흔히 제물용을 '희생'(犧牲)이라하고, 개인의 필요에 따라 일상식 또는 기제사나 명절에 쓸 목적으로 도축하여 분육하는 것을 '추렴'이라고 말한다.

우선 '돗통'에서 돼지의 목에 '쇠앗배'(신선란으로 만든 소 밧줄)로 걸어 밖으로 끌어내어 집어귀의 큰 나무 옆으로 몰고 간다. 쇠앗배를 큰 나무의 단단한 가지 사이로 넣은 다음 남정들이 힘을 모아 잡아 당겨 목을 달아맨다. 괴성을 지르면서 발버둥치다가 잠잠해지기 시작하면[8] 손으로 한 웅큼씩 돌려 잡아 털을 뽑는다[9]. 털뽑기가 끝나면 돼지를 땅으로 끌어내려 보리짚 위에 눕힌 다음 보리짚을 몸통에 얹어 불을 붙여 곳곳에 있는 잔털을 그을려 낸다. 그을린 돼지는 물을 뿌려가며 면도하듯 칼로 털과 오물을 깨끗이 긁어 벗겨낸다(그림 2).

해체하는 방법은 방혈 및 전처리 그리고 해체의 과정을 거친다. 일단 돼지를 깨끗이 정돈하여 물가로 실어가서 목동맥 또는 목 정맥을 절단하여 방혈시킨다. 예전에는 돼지의 배를 갈라서 내장을 꺼낸 다음, 안에 고인 피를 그릇으로 퍼냈다. 피는 그릇에 따로 받아두었다가 순대용으로 사용했다. 먼저 항문은 칼로 도려낸 후 이어서, 발톱을 뽑는다[10]. 도체는 보통 일정한 해체법인 '열두뼈'(12개 뼈마디)의 분리원칙에 따라 절단된다. 등뼈, 갈비뼈, 골반골 및 창자가 기준이 된다. 순서는 전각(2쪽)-〉후각(2쪽)-〉머리-〉몸통 순으로 처리한다. 내장은 터지지 않게 잘 꺼낸다. 내장과 머리를 제

---

8) 이때 숨이 끊어졌는지 여부는 항문의 상태로 알아낸다. 절명된 돼지는 변을 누는데 항문의 괄약근이 이완되기 때문이다. 그러나 종종 돼지가 기절된 상태에 있게 되는데 실수로 잘못 판단하여 털을 그을리는 과정에서 깨어나 도망가기도하여 당황하는 경우도 있다.

9) '빤지'(플라이어의 일종으로 쇠를 구부리거나 전선을 절단할 때 사용하는 공구의 일종)로 털을 감아 빼기도 하였다. 털은 각종 솔을 만든데 사용되며 검은 털만 값으로 치며 흰 것은 버린다. 이 검은 털은 돼지를 잡는 사람의 몫이다.

10) 항문은 정력제라 하여 해체를 주관하는 자가 가져가며, 발톱은 보관해 두었다가 가루로 내어 죽을 쑤어 먹거나 탕으로 끓여 먹는데, 산모가 젖이 부족할 때 최유제(催乳劑)로 효과가 크다고 하여 민간요법제로 사용되어 왔다.

외하고 도체부위는 12뼈마디로 '목도르기'('야가기', 목살), '서등'('일른', 등심), '좁짝꽝'('밀케'), 앞다리, 뒷다리, '갈리'(갈비), '숭', '비피'(볼기짝, 꼬리뼈) 등의 절단부위다.[11] 제주사람들이 선호하는 부위는 개인차가 있으나 전통적으로 목도르기, 후각, 전각, 숭, 서등 순으로 친다. 추렴일 경우 '열두뼈'로 나눈 후 참여자의 인원수에 따라 부위를 서로 더하거나 빼면서 일정 분량으로 나눈다. 보통 연장자 순으로 배분해 둔 것을 선택하며 상호 불만이 없도록 양보의 미덕을 살리는 게 관례이다.

해체 후 남성이 주관 하에 현장에서 함께 나누어 먹는 일을 '돔배추렴'이라 하며[12] 그 부위는 목살 및 내장을 비롯한 부산물이다. 제일 맛있는 부위로 치는 목살에 붙어있는 두꺼운 지방층을 '솔뒤'라고 하며 보통 생식을 한다. 내장부위는 간, 북부기(허파), 태두(콩팥), 지레(지라), 메역귀 또는 간씁(횡격막), 둣지름(돼지비계), 쓸개, 백염(항문), 새(혀), 창도름(막창; 맹장), 큰창자, 즌배설(작은창자) 등으로 구분하며 쓸개는 돼지를 잡은 사람이 먹고 간은 함께 한 사람들이 조금씩 나누어 생으로 먹는다. 중산간의 일부 지역에서는 창자나 태반을 생식하기도 한다. 생으로 먹을 때는 먼저 소주를 마시고 안주로 굵은 소금에 찍어 먹는다. 보통 여성과 어린이 또는 노약자들은 부산물을 삶아서 익힌 것을 소금에 찍어 먹도록 배려한다. 이렇듯 '돗추렴'은 돼지를 구입하고 도살 해체 분배 그리고 현장요리 등 일련의 과정을 통하여 상호 공동체 일원임을 확인

---

11) '열두뼈'란 머리와 내장를 제외하고 전각, 후각, 숭(배), 갈비 등 각각 2개씩 8개, 그리고 목도르기, 좁짝뼈, 일른, 비피 등 각 1개 씩 4개를 합쳐서 부른다.

12) 제주어로 도마를 '돔배'라고하며 도체현장에서 도마 위에서 썰어가면서 술안주로 나누어 먹는다는 곧 '돔배 위에서의 추렴'이라 하여 '돔배추렴'이라는 명칭이 붙었다.

하고 유대관계를 지속할 수 있는 계기를 마련해주는 현장인 셈이다.

흑돼지의 사육과 통시

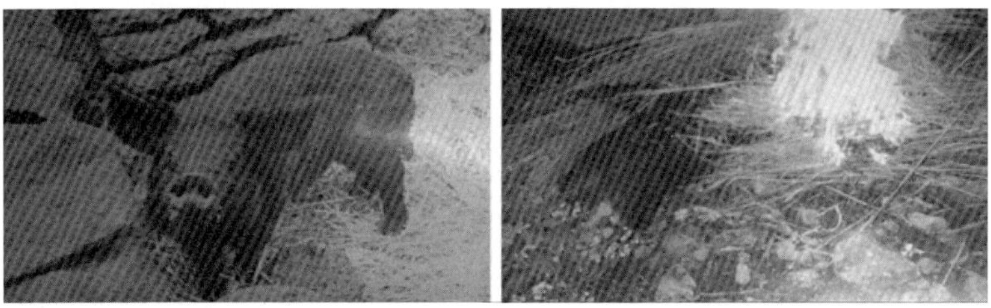

돼지의 선별 및 전처리

남성에 의한 분육작업(전지 2 · 후지 2 · 갈비 2 · 갈비 2 · 등 2 · 꼬리 1 · 목부 1 등 12부위)

〈그림 2〉 제주돼지의 사육과 해체 과정

3) 도축 문화의 친연성

주지하듯이 제주도에서 양의 사육은 고려 말 충렬왕 2년(병자년, 1276)에 몽골식 목장이 생기면서 시작됐다. 원에서 파견된 축산 전문가인 하라치(哈剌赤, Harachi)가 처음 성산포 수산평에 말 160필을 들여와 방목한 후, 차츰 말을 비롯한 소, 양, 당나귀, 낙타 등 오축을 들여와 목양하여 한라산을 중심으로 오축이 포함된 종합 목장이 형성되었다.[13] 이에 원제국은 탐라목장을 국영목장으로 적극적으로 육성하는 한편, 목장지대를 기초로 하여 기존 행정구역을 동아막(東阿幕)과 서아막(西阿幕)으로 전면적인 지역개편을 단행하였다. 행정구조는 최고 탐라장관인 다루가치(達魯花赤) 휘하에 동아막 목장 4소장과 서아막 목장 4소장을 두고, 각 아막에 애마자장관(愛馬孶長官) 2명씩 그리고 하부에 제령(提領) 4명씩 배치되었고 그 말단에 목자('테우리')들을 두었다.[14] 이로써 탐라목장은 명실상

---

13) 新元史 卷一百·志第六十七 ○兵三 △马政. 惟至大元年, 中书省言 : "去岁请卫饲马九万四千匹外"则饲马十一万九千余匹, 可以略见其大概云。其御位下, 正官位下, 随朝诸色目人员, 甘肃, 土番, 耽罗, 云南, 占城, 芦州, 河西, 亦乞不薛, 和林, 斡难, 怯鲁连, 阿忽马乞, 哈呢木连, 亦乞里思, 亦思浑察, 称海, 阿察脱不罕, 连折怯呆儿等处草地, 内及江南, 腹里诸处, 应有系官孳生马, 牛, 羊, 驼, 驴点数之处, 一十四道牧地, 各千户, 百户等名目如左. '하라치(哈剌赤)', 또는 '하치(哈赤)'들은 말을 비롯한 오축을 목양하였으며, 천호(千戶)와 백호(百戶)를 관리하고 그 직은 부자세습되었다. 〈신증동국여지승람. 제주목 정의현〉 원에서 탑랄적(塔剌赤)을 보내어 탐라 탐라다루가치(耽羅達魯花赤)로 삼았다. 원에서 탐라를 방성(房星)의 분야(分野)라 하여 말 1백 60필과 소·낙타·나귀·양을 갖다가 수산평(水山坪) 수산(水山)은 지금 정의현(旌義縣) 동쪽 24리에 있다 에 방목하였다. 탐라는 왜국과 해상의 통로가 되므로 원나라에서 합포(合浦)에서와 같이 경비를 엄중히 하였다. 제주도에는 말목장 이외에 소를 기르는 우목장, 양을 기르는 양잔(羊棧, 사라오름 남쪽, 진상마 장식용), 돼지를 기르는 저권(猪圈, 제주 사창 중앙), 염소를 기르는 고둔(羔屯, 우도와 비양도) 등이 설치되었다.

부 14개 몽골국립목장 가운데 하나로써 가장 동쪽에 몽골식 방목형 목장으로 자리 잡게 되었다. 아울러 탐라의 행정조직은 전형적인 유목국가인 몽골의 마정조직으로 탈바꿈하게 된 것이다.

여기서 제주도의 양 도축문화를 몽골의 그것과 직접 비교하는 것은 어렵다. 비교를 위해서는 현재 양의 사육문화가 전승되고 있어야 하나, 고려 말에 양을 사육한 약간의 사례를 제외하고 더 이상 찾아볼 수 없기 때문이다.[15] 따라서 양국에서 가장 보편적인 도축문화인 몽골의 양과 제주의 돼지도축 문화를 서로 비교하였다(표 1).

도축과정별 동질성과 차별성을 살펴보면, 먼저 도살시 양은 심장 근처에 칼로 복부를 절개 후 손을 복강에 넣어 손끝으로 심장 동맥을 끊어서 절명시킨다. 돼지의 경우는 끈으로 목을 감고 돼지의 길이 보다 높은 나무에 매달아(hanging) 질식시키는 전형적인 액사(縊死)이다. 돼지의 하중에 의해 목(頸部)이 압박됨으로써 호흡과 뇌의 혈류가 저하되어 순간적으로 의식을 잃고 절명하게 된다. 유대인이나 이슬람의 율법에 따른 음식 계율에서는 가축이 살아있는 동안에 경동맥을 절단하여 피를 빼도록 하고 있다. 이와는 크게 다

14) 하라치(哈剌赤)는 고대몽골어로 검은 색을 의미하는 'khara'(하라)와 사람을 뜻하는 접미어 'chi'(치)의 합성어로 '마유주(아이락)를 만드는 자'라는 뜻이다. 哈剌赤: 又作 "合剌赤", "郃剌赤"。古蒙古语, 意为 "制马奶酒者"。 各地牧场专有牝马群, 由苟赤牧放并挤马奶以供制做马奶酒.《元史》卷一二八《土土哈传》记: 土土哈 "掌尚方马畜, 岁时捅马乳以进, 色清而味美, 号黑马乳, 因目其属曰哈剌赤。고려 말의 탐라목장조직은 조선시대 목장조직의 기초가 되어 8개 목장이 10소장으로 분화된 것으로 사료된다(남도영, 『제주도목장사』, 한국마사회 마사박물관, 2003, p.169).

15) 몽골의 대륙성 건조기후대에서 생육하는 양이 고온다습한 아열대성 기후지대로 서식처가 바뀌면 생리적으로 환경적응이 어렵기 마련이다. 특히 고온다습하고 비가 많이 오는 장마철에 온몸이 두꺼운 털로 덮인 양은 체력소모가 크고 각종 질환에 쉽게 노출되는 까닭에 양의 사육은 거의 이루어지지 않았던 것으로 보인다.

르게 몽골과 제주에서는 도살행위로 인해 피를 흘리지 않고 고통을 받지 않도록 가축을 신속하게 절명(안락사)시키려는 동물에 대한 배려의 모습을 모두 엿볼 수 있다.

〈표 1〉 (동)몽골과 제주의 도축문화의 동질성과 차별성 비교

분류	몽골의 양 도축	제주의 돼지 도축	비 고
주관자	-남성(주도 1인, 보조 1인)	-좌동	
대상	-암양 또는 거세 숫양	-암퇘지 또는 거세 숫돼지	
도살(절명)	-복부 절개 후 동맥절단(질식사)	-목 나무메달기(질식사)	-질식 방법 다름
모발 처리	-방치	-불에 그슬려 태워 긁어내기	-용도 차이에 기인
가죽 처리	-바닥에서 벗겨내기(손주먹 사용)	-고기 부착된 상태로 식용	-가죽 이용시 동일
내장적출	-반추위 꺼낸 후 내장 꺼내기	-위와 내장 일괄 적출	-해부학적 차이
피의 처리	-피를 그릇으로 퍼내기	-좌동	-외부 방혈 금기
간장적출 · 시식	-간장생식(현장 나누어 먹기)	-좌동	
분육	-12 뼈마디	-좌동	
내장 전처리	-여성이 주관, 압착 제거 및 수세	-좌동	
고수레	-천신 · 토지신 · 조상신에게 던지기	-좌동	
용도	-의례식, 일상주식	-의례식, 부식(반찬)	-희생제물

모발 처리는 양의 경우 가죽을 사용하기 위해 그대로 두는 반면, 돼지는 그을려 태우고 칼로 면도하듯 피부를 긁어낸다. 돼지 껍질(가죽)까지 버리지 않고 돼지 한 마리 전체를 식용하기 위함이다. 그러나 예전에 돼지가죽(猪皮)을 가죽옷 등 의류용으로 사용하고자 할 때에는 몽골 양의 경우와 마찬가지로 제주에서도 칼을 사용하지 않았다. 칼을 사용하면 가죽에 상처가 나서 제값을 받을 수 없었으므로 물리적 힘을 가해 벗겨내는 방식을 택했기 때문이다.

가죽을 처리한 다음, 그 후의 해체과정은 몽골과 제주에서 거의 동일한 것으로 나타났다. 몽골과 제주에서 모두 피는 그릇으로 퍼내어 담아 두었다가 순대를 만드는데 이용되었다. 간을 꺼낸 후 현장에서 생간을 칼로 잘라 참여자들이 서로 나누어 먹었다(사진 1-2). 동몽골에서 관찰 한 결과 대부분 여성들은 내장처리(내용물 빼내기, 세척 등)에 몰두하고 생간 먹기에 참여하지 않고 남성들끼리만 별미로 먹었다. 새로운 음식을 먹을 때 제주에서 고수레하듯 몽골의 경우도 조금씩 고기를 떼어서 주변에 던졌다. 이처럼 뼈 12마디로 분육하기, 해체작업에서 성(gender)의 역할분담, 공식(共食), 의례 등 몽골과 제주에서 대동소이한 것은 문화적인 동질성으로 여겨도 크게 무리가 없다고 본다. 13세기 원에 의해 탐라목장이 건설되고 몽골 유목민족이 집단적으로 제주로 이주해 와서 제주인과 다문화 가정을 이루어 정착하면서 제주에 전승된 것으로 보인다. 또는 제주의 선주민이 가졌던 기존의 북방식인 피의육식(皮衣肉食) 문화에 몽골의 그것과 융합되어 나타난 결과로 해석된다.

제주의 중산간 목축마을에는 색다른 육식문화가 남아있다. 가시리(표선면)과 하도리(구좌읍)의 경우 〈그림 3〉과 같이 생육식문화(내장, 태반 등)와 제례상 등 공식문화 및 제례문화 등에서 그 잔재가 확인된다.

존배설(돼지 작은창자, 좌)와 돼지태반(우) 몽골의 육식문화에 영향 받은 생육섭취문화
(목축마을 표선면 가시리, 2010년 8월 20일 시식)

몽골음식문화의 잔재 : 돼지태반(좌, 무균상태로 존재), 제주 남성들이 음주 후 숙취해소를 위해 즐겨 먹었던 돼지태반을 다진 다음 부추, 마늘등으로 양념한 무수첨가 '돼지새끼회'(우)

목축마을, 제주도 구좌읍 하도리 장례 시 일포제 제사상(청주 한씨 일가, 1995년)
(몽골 육식문화의 잔재, 삶는 요리(돼지머리, 돼지갈비, 콩팥, 간), 구이(돼지고기적, 쇠고기적)

〈그림 3〉 몽골의 육식문화에 영향 받은 제주목축마을의 육식 사례

3. 동몽골과 한국의 내장조리문화

1) 동몽골의 양순대 조리

전술한 바와 같이 몽골에서 양 도축 시 내장의 처리와 요리는 전적으로 여성의 몫이다. 일반적으로 내장은 잡균의 번식이 빨라 저장성이 없기 때문에 현장에서 조리해야만 한다. 흉강에서 퍼낸 피는 창자에 채워 순대를 만든다. 피와 내장은 각종 미네랄과 비타민이 풍부해 식물성 식품의 섭취가 적은 유목민들에게 좋은 영양식이 된다. 가축이 베풀어주는 모든 혜택을 누리는 셈이다.

순대를 만들기는 본주 여성 1인 그리고 보조 여성 1인 등 두 사람이 전담한다.

그 제조과정은 크게 장의 세척과 준비, 충진물(피와 부재료)의 제조 그리고 삶기 등으로 구성된다(그림 4). 먼저, 소장은 장 내용물(소화된 먹이)을 위로 향하게 손으로 들은 상태에서 손으로 쓸어 흘러내리게 하여 제거하고, 장속에 물(주전자)로 흘러내리게 하여 한번 씻어낸 후 물을 채운 그릇에 담가둔다. 피는 손으로 주물러 덩어리를 부수어 유동성을 갖게 하고 거기에 양파나 부추 등 향신채를 잘게 썰어 넣은 다음, 메밀가루(또는 밀가루)를 주물러 풀고 잘 혼합한 두 소금(암염)을 녹여 간을 한다. 담가 둔 소장을 일정한 길이(약 0.7-0.8m)로 자르고 한쪽 끝을 실로 묶는다. 창자에 피 혼합물을 국자로 떠서 약간의 여유 공간을 남겨둔 채로 채우고 끝을 끈으로 동여맨 다음, 큰 솥에 끓는 물에 넣고 삶아낸다. 삶을 때 터지지 않게 순대 몸에 바늘구멍을 내고 연료(말똥이나 소똥)를 은근하게 일정한 온도에서 끓도록 불의 세기를 조절한다. 한소끔 끓여 순대가 위로 떠오르면 다 익은 것이다.[16]

양 한 마리로부터 만들 수 있는 순대의 양은 6-7인 가족의 2일분에 해당한다.[17] 양 소장의 길이는 약 20m(직경 2.5m) 내외이고, 대장의 길이는 약 4m 그리고 직장은 50cm에 달한다. 특히 직장(막창)은 장내에 일정한 두께로 희고 투명한 기름 층이 형성되어있어 고소한 맛이 나므로 몽골인들이 가장 선호하는 부위이다. 직장은 피를 넣은 순대를 만들기보다는 자투리 고기나 장기 등을 채워 고기 순대를 만든다.[18] 한편 맹장에는 간과 폐를 채워 넣으며 이것을 몽골어로 '오루'라고 부른다. 일부 지역에서는 '섐지'라고 부르는 복부의 지방막으로 폐장(肺臟)을 돌려 감고 소장을 노끈처럼 사용하여 소시지 모양으로 길게 묶고 굽기도 한다.

16) 몽골어로 피를 채운 순대를 '자이다스' 또는 '쯔토가슨 게데스'라고도 부른다. '쯔토가슨'은 쏟아 넣는다는 의미이고 '게데스'는 일반적으로 복부를 가리키고 여기서는 구체적으로 창자를 뜻한다. 말하자면 피를 쏟아 넣은 즉, '피창자'라는 의미이다.

17) 小長谷有紀(2005), 世界の食文化-モンゴル, 農村漁村文化協, pp.172~173.

18) 몽골어에서 소장에 비해 상당히 굵은 직장을 '호스'라고 부르며, 그 사용 부위 명칭을 그대로 따서(직장을 사용한 고기순대) 마찬가지로 '호스'라고 칭한다.

내장의 정선과 세척

〈순서 1-대장의 정선〉 대장을 위로 향하게 들어 내용물(소화 분해물)이 양동이에 흘려 내리게 함

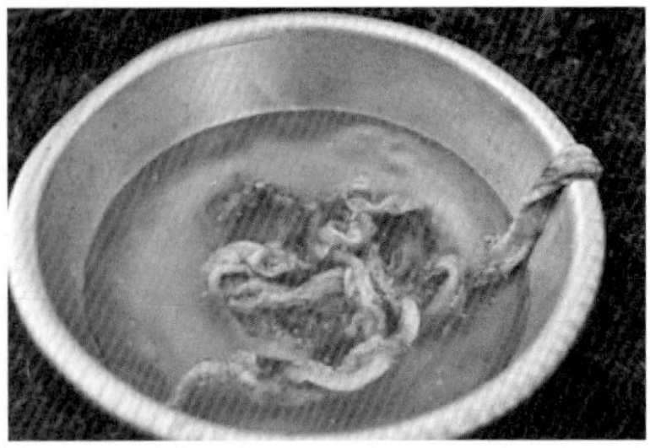

〈순서 2-대장의 침수〉 정선한 대장을 뒤집어 물에 담가 불순물을 용탈시킴

〈순서 3-소장의 정선〉 소장을 돌려 감아 잡은 후 내용물(소화 분해물)을 양동이에 담기

〈순서 4-장의 관장 1〉 물에 담가 두었던 창자에 물을 채워 씻어 내림

〈순서 5-장의 관장 2〉 물을 채운 창자를 위로 들어 세척하면서 흘려보냄

〈순서 6-내장 전처리〉 장세척

순대소 제조

〈순서 1-부재료 준비〉 양파를 조각내기 하여 첨가

〈순서 2-부재료 첨가〉 양파를 썬 것(또는 야생 부추 등)을 넣고 혼합(내장의 이취를 메스킹하기 위함)

〈순서 3-곡물 가루의 첨가〉 밀가루(또는 메밀가루)를 첨가하여 소의 점성을 높임

〈순서 4-소금 간〉 암염을 물에 포화시킨 염용액을 소에 첨가하여 간을 맞춤

〈순서 5-소의 혼합〉 밀가루가 덩어리지지 않을 때까지 주물럭 거려 혼합

〈순서 6-순대소 완성〉 걸죽한 유동성의 순대 충진물을 제조

순대소 충진 과정

〈순서 1-창자 묶기〉 실로 창자의 한쪽을 묶음

〈순서 2-순대소의 충진〉 국자를 사용하여 장관에 순대소를 충진시킴

〈순서 3-대장순대〉 대장은 따로 떼어 내어 별도의 ㅅ누대로 만듬

〈순서 4-소장순대〉 소장에 순대소를 채워 여유 공간을 둠

〈순서 5-창자 묶기〉 순대소를 채운 창자는 실로 입구를 동여메어 흘러나오지 않게 함

〈순서 6-역할분담〉 해체는 남성 2인(보조 1인)이 담당하고 순대작업은 여성 2인(보조 1인)이 분담

순대 조리 및 나눠먹기

〈순서 1-물 끓이기〉 실로 창자의 한쪽을 묶음

〈순서 2-순대의 삶기〉 말똥 또는 소똥을 이용

〈순서 3-조리된 순대〉 다 익은 순대는 위로 떠오르며 이를 건져냄

〈순서 4-순대담기〉 순대는 따로 담아 제공

〈순서 5-순대국물 뿌리기 및 마시기〉 순대를 삶았던 국물을 떠내 사방에 뿌리고 마시기

〈순서 6-기름나누기〉 주인은 순대를 먹을 때 지방을 조금씩 떼어내어 손님에게 제공

〈그림 4〉 양 순대의 제조 과정

2) 제주의 돼지순대 조리

제주도에서는 돼지순대를 '돗수웨'('돗'=돼지, '수웨'/ '수애'=순대) 또는 '돗수애'라고 한다. '수웨'에 들어갈 소를 준비하고 채우는 일은 돼지를 잡는 것은 마을 하인의 몫이고 순대 소를 준비하고 삶는 것은 그의 부인 '하님'의 몫이다.[19] '돗수웨'는 내장 수세 및 정선 → 순대소 주재료(돼지피, 메밀) 준비 → 순대소 부재료 ('쇠우리'[20], 마늘, 생강) 준비 → 순대소 혼합 및 양념 첨가 → 교반(攪拌) → 순대소 채우기(充塡) → 삶기(boiling)-〉 냉각 등의 공정에 따라 만들어진다. 만드는 방법을 상세하게 설명하면 다음과 같다(그림 5).

돼지내장은 한 팔의 크기(70~80cm)로 잘라 왼손에 잡아 아래로 향하게 하고 오른손으로 위에서 밑으로 잡아 쓸어내려 장 내용물이 아래로 흘러내리게 한 후, 이를 다시 뒤집어 장 내부가 바깥쪽을 향하게 한다. 이것에 굵은 소금에 뿌려 주물럭거리고 난 후 흐르는 물에 빨래하듯 깨끗이 씻어 장 내용물과 점액질이 없게 한다[21]. 도고리[22]에 돈혈, 메밀가루(또는 메밀 는쟁이 가루나 보리가루), 부추

---

19) 1970년대 초까지만 해도 제주도에는 마을마다 대소사에 돼지를 전문적으로 잡는 마을 하인이 있었고 그의 부인을 '하님' 이라고 불렀다. '하님'은 여자 종을 대접하여 부르던 말의 제주방언이다. 유교의식이 강한 양촌에서는 여자 하님이 순대작업에 참여하지 않는다. 고기의 준비는 오직 남성의 전유물이었다.

20) '쇠우리'는 부추를 일컷는 제주도 말이다

21) 제주 돗수웨는 돼지 창자를 씻을 때 밀가루나 전분을 사용해서 냄새를 제거하지 않기 때문에 내장 특유의 향이 남아 있는 것이 특징이다.

22) 도고리는 큰 느티나무 밑둥을 잘라 속을 파서 만든 원형의 목제 용기이며 알류미늄, 양철(함석)이나 플라스틱이 나오기 전에 쓰이던 식생활용구이다. 용도에 따라 그 크기가 다르게 제작되었다. 멧돌을 가운데 넣어 작업하는 것으로 가장 크기가 큰 'ㄱ레도고리', 그 다음 큰 것으로 시루떡 가루를 버무리는데 사용하는 '떡도고리', 보다 작은 것으로 의례에 밥을 퍼서 담아두는 함지박 크기의 '밥도고리' 그리고 가장 작은 것으로는 '낭푼밥상'에 일상적으로 4~5인

(겨울철에는 실파를 이용), 마늘(빻은 것), 소금 등을 넣고 손으로 잘 주물럭거려서 혼합한다. 이 때 혼합물의 농도는 손에 혼합물을 떠서 위에서 밑으로 끊어지지 않고 흘러내릴 정도면 된다(돼지내장 1근에 돈혈 2사발과 메밀가루 1사발 정도면 족하다).

준비된 돼지창자에 이 속 내용물을 그릇에 떠서 창자의 2/3정도 속을 채운 다음, 양쪽 끝을 가는 마른 신사라(新西蘭)로 동여매어 가마솥에서 85~90℃의 물에 삶아낸다[23]. 내용물을 너무 많이 채우거나 팔팔 끓는 물에 넣으면 터지므로 주의해야 한다. 또한 순대가 익어가면서 전분질의 호화 및 단백질의 변성에 의해 팽창하여 터지는 것을 방지하기 위해 삶는 과정에서 이따금씩 꼬챙이(새띄)로 찔러서 숨통을 열어 주어야한다. 다 익은 '수웨'는 위로 떠오르고 꼬챙이(새띄)로 찔러서 핏물이 나오지 않으며 꺼내어 식힌 다음 썰어서 먹는다.

돼지의 창자는 위에서부터 'ᄌᆞᆫ배설'(소장), '훍은배설'(대장), '창도름'(막창, 직장)의 순으로 이어지며 모두 순대로 사용된다. '돗수웨'는 3종류가 있는데, 사용하는 창자의 부위에 따라서 홀근배 'ᄌᆞᆫ배설수웨', '훍은설수웨', '막창수웨' 등으로 부른다. '창도름'(길이 25-30cm)으로 만든 '막창수웨'는 두께가 두껍고 투명한 지방층이 형성되어 있어 씹힘성이 좋고 고소한 기름맛이 있어 제일 고급으로 친다. 대소사(婚禮, 喪禮)에 본주는 '고기도감'의 허락을 얻어 가장 귀중한 하객에게 '본주반 받아줍서'라고하며 식사 도중에 막창수웨를 전달한다.[24]

분량의 밥을 펴서 가운데 두고 먹는 '밥낭푼이' 등이 있다.

23) 가마솥에 고기를 삶아낸 다음, 수웨를 삶는다. 그렇지 않으면 수웨가 터져 내용물이 바닥에 눌러 붙어 탄 맛이 생긴다.

24) 도감(都監)은 혼례나 상례(초상, 대소상 등 삼년상) 때 의례음식과 손님(하객

순대는 우리나라 북부 함경도에서 제주에 이르기 까지 전국에 분포하나, 육지부에서는 간식이나 주식 또는 특별식으로 이용되었으나 제주도처럼 의례에 손님을 접대하기 위한 음식으로 이용되는 경우는 극히 드물다.

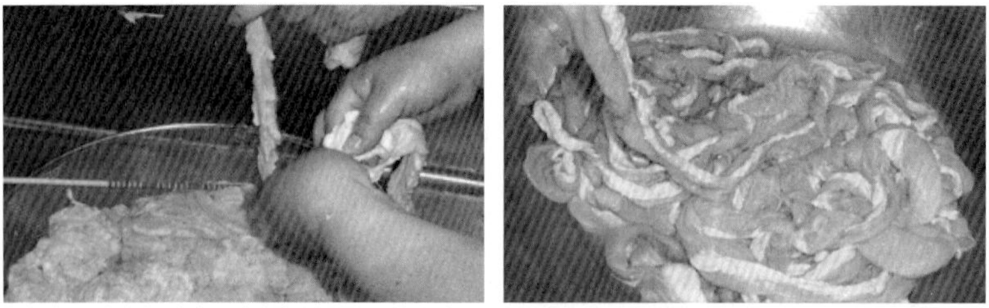

〈순서 1-내장의 정선〉 내장의 내용물(소화분해물)을 제거한 후, 내장을 뒤집어 문질러 씻어 준비

〈순서 2-순대소의 준비〉 선지에 부재료 메밀가루, 부추, 마늘 등을 넣고 순대소를 제조

〈순서 3-순대소 채우기〉 2인1조로 순대소를 채움(터지지 않도록 여유공간 총 길이의 10%를 남김)

또는 조문객) 접대음식으로 준비된 돼지고기의 관리 및 분배를 관장하는 총괄 책임자로 돼지고기를 알맞게 썰어주는 남성 전문기능인 즉, '고기도감'을 말한다. 도감은 의례 방문객의 수와 지위 등에 대한 정보를 미리 얻어 '고기반'(고기 3점, 두부 1점, 순대 1점)의 준비해야 될 수를 추산하여 관리해야 하는 책임이 있으므로 경험이 많아야한다.

〈대창순대(좌)와 소창순대(우)의 충진 상태〉

〈순서 4- 순대 삶기〉 터지지 않도록 낮은 온도에서 서서히 가열처리

〈순서 5- 순대 식히기〉 방냉시켜 보관하기

〈순서 6-대창순대〉 선호하는 기름진 막창순대

〈순서 7-가시리 전통순대〉 목축마을 가시리 식당에서 판매되는 제주식 전통순대(메밀과 선지 사용)

〈그림 5〉 제주 돼지순대의 제조

3) 몽골과 한국 피순대의 친연성

순대(血腸)는 가축의 내장(內臟)에 피(血)를 넣어 열처리 하여 조리하는 것을 기본으로 각 문화권마다 다양하게 변천되어 온 음식이다.[25] 몽골에서는 '게데스' (또는 '쯔토가슨 게데스')라 하고 제주도에서는 '수웨'(또는 '수애'), 한반도에서는 '순대' 라는 명칭으로 전해 내려오고 있다. 몽골어 '게데스'란 창자를 뜻하며, 제주어 '수애'는 '수'와 '애'의 합성어로 '피와 창자'를 의미한다.[26] 몽골과 제주 모두 창자와 피를 조합한 음식에서 추정해 볼 수 있다. 중국 동북지역 목축문화권 및 유목문화권에서는 '관장(灌腸)', '혈장'(血腸), '양갱'(羊羹), 혈갱(血羹) 등으로 알려 졌다.[27] 중국에서는 이미 1400년 전 북위 대에 써진 중국에서 가장 오래된 종합농서 〈제민요술(齊民要術)〉에 양반장자곡법(羊盤腸雌解法), 관장법(灌腸法), 호포육(胡炮肉) 등 양창자의 이용법에 대해서 나오고 있으나 피를 사용한 방법은 찾아볼 수 없어 피순대는 없는 셈이다. 또한 몽골비사(3권 124절)에 "나는 양떼들을 잘 방목하여 [맛있는] 막창(直腸)을 [다수에게] 맛보이도록 하겠다"는 구절이 있으나[28], 일종의 고기순대로 사료되며 피순대를 언급한 것은 아닌 것으로 보인다.

---

25) 김천호, 「유라시아 순대문화의 분포와 변천」, 『아시아민족조형학보』 제11집, 2012.

26) 만주어로 순대를 '셍지두하(senggi-duha)'라고 하며, '셍지'는 '피'를 뜻하고 '두하'는 창자를 가리킨다. 제주의 '수애'의 '수'는 만주어로 피를 뜻하는 '셍지'에서 그리고 '웨'는 창자(소창, 대창)를 이르는 말인 '애'(예; 애간장을 태우다)에서 유래된 것으로 추정되나, 아직 정설은 없다.

27) 유럽에서 돼지창자와 돼지피로 만든 식품으로는 독일 블루투브루스트(Blutwurst, 피소시지), 영국 블랙푸딩(black pudding), 프랑스 브랑누아(Boudin noir), 이탈리아 브리스토(Buristo) 등이 알려졌다.

28) 박원길 · 김기선 · 최형원, 『몽골비사의 종합적 연구』, 민속원, 2006.

비로소 13세기 말엽에 써진 〈거가필용(居家必用)〉에 피순대 즉, 관장(灌腸)에 대한 구체적인 기록이 다음과 같이 등장하고 있다. "살찐 양(羊)의 소장(小腸)과 대장(大腸)을 깨끗이 씻는다. 싱싱한 생피(活血)과 냉수를 반반씩 넣어 골고루 썩는다. 통상적인 방법에 따라 창자 속에 부어 넣는다. 생피가 잘 섞여지게 양이 같아져야 하고 많아도 안 된다. 생피가 너무 많으면 이것이 굳어져 창자에 부어 넣을 수 없다."[29)]

한편 국내문헌에는 〈주방문〉(1600년대 말엽)의 '팽우육법(烹牛肉法)'에 쇠고기를 간장과 새우젓국에 후추를 넣고 삶은 다음, 대장을 뒤집어 모두 씻고 선지가 엉기지 않았을 때 밀가루와 매운 양념을 합하여 대창(大腸)에 넣고 삶아 어슥어슥 썰어먹는다 '고 한 것이 처음이다. 그 후 〈임원십육지〉(1827)에 '灌腸方(관장방)'이라 하여 "살찐 양의 구불구불한 내장과 대장을 깨끗이 씻어 양의 피와 찬물을 동량으로 섞어 유장과 양념을 넣어 대장 속에 부어 양끝을 동여매고 찐다. 이것을 옛날에 혈장갱(血臟羹)이라 했다." 마침내 1800년대 말엽에 이르러 〈시의전서(是議全書)〉(필사연대 1919년)에 '도야지순대'라는 음식에서 '순대'라는 용어가 나타나는데, 다음과 같이 경상도 방언으로 기록되어 전한다.[30)] "창자를 뒤졉어 정히 빠라 숙주, 미나리, 무우 데쳐 배차김치와 가치 다져 두부 석거 총 '파'

29) 〈居家必用事类全集〉灌腸, 肥羊盤腸並大腸洗淨. 每活血杓半. 涼水杓半. 攪勻依常法灌滿. 活血則旋旋對. 不可多了. 多則凝不能灌入.

30) 〈是議全書〉상 · 하 2편 1책 1911년에 설립된 대구인쇄합자회사(大邱印刷合資會社)에서 인쇄한 상주군청의 편면괘지(片面罫紙)에 모필로 적어놓았다. 이 책은 1919년에 심환진(沈晥鎭)이 상주군수로 부임하여 그곳의 반가에 소장되어 있던 조리책 하나를 빌려서 괘지에 필사해둔 것이 그의 며느리 홍정(洪貞)에게 전해진 것이다. 심환진의 필사연대는 1919년경이지만 원본은 1800년대 말엽의 것으로 추정된다(한국민족문화대백과, 한국학중앙연구원).

'생강' '마날' 만히 디져(다져) 너허 깨소곰, 기름, 고초가로, 호초가로 각색 양념 만히 석거 피와 한데 쥐물너(주물러) 창자에 너코 부리 동혀 살마 쓰라"고 했다. 여기에 '도야지'라는 이름으로 미루어 돼지 창자에 소를 채워 만든 순대임을 알 수 있다. 필사연대 1919년으로 알려진 이 조리서는 문헌상으로 처음 '슌대'가 기록된 사료로 알려지게 되었다. 이로써 적어도 19세기 말엽 당시에 오늘날 돼지순대의 조리법과 동일한 방법으로 만든 순대가 존재했음을 알 수 있다.

이 세 기록이 원제국시대의 순대 만드는 법과 동일한 방법으로 선지를 충진물(充塡物, filler) 내지 결착제(結着劑, binding agent)로써 사용했음을 밝힌 국내 문헌이라 하겠다.

단지 가축의 종류 즉, 내장과 피의 종류만 다를 뿐 제법과 순대소가 제주 돗수웨와 동일하다(표 2). 순대의 결착력을 유지하기 위해 육지부에서는 찹쌀을 넣으나 제주에서는 몽골의 것과 마찬가지로 메밀가루를 사용한다. 이러한 점에서 제주의 돗수웨는 육지의 순대 보다는 몽골의 순대와 더 유사하다고 하겠다. 이점은 13세기 몽골이 탐라국에 몽골 국립목마장을 설치하면서 상당수의 몽골인들이 탐라에 정착하고, 제주여인들과 혼인도 하였을 가능성으로 미루어 보아 당시 몽골의 육식문화가 이곳에 전래된 것으로 추정된다. 결국, 제주의 돗수웨 문화는 몽골 민족이 세운 원나라가 이 땅을 지배하던 고려 말엽에 들어와 양고기 대신 제주인들이 좋아하는 돼지고기를 이용하여 형성된 것으로 여겨진다.

〈표 2〉 (동)몽골과 제주의 순대문화의 동질성과 차별성 비교

분류	몽골 양순대	제주의 돼지순대	비고
주관자	-여성(주도 1인, 보조 1인)	-여자 하인이 주관(또는 남성)	제주 지역차
대상	-양창자(소장, 대장)	-돼지창자(소장, 대장)	축종의 차이
장의 전처리	-장 내용물(변) 제거 후 물 세척(1회)	-장 내용물(변) 제거, 소금에 비비기, 물 세척(여러 차례)	물 소비 적음
순대소	-피, 곡분, 부추, 소금	-좌동(마늘 추가)	
충진(filling)	-순대소 채우기, 묶기	-좌동	
조리법	-물에 삶기	-좌동	
용도	-일상주식	-의례식, 손님 접대음식	

4. 말고기 식용문화의 친연성

1) 몽골인에게 익힌 말고기 문화

몽골인들은 탐라에 몽골의 5축(소, 말, 낙타, 나귀, 양)을 들여와 방목하였다. 『신증동국여지승람』 「제주조」에 따르면 충렬왕 2년(1276) 8월에 성산 수산평(水山平)에 방목하였으며, 이들 5축 중에 말이 번식하였다고 하였다. 일종의 시험방목을 통해 말의 사육을 위한 적지임을 간파했던 것으로 보인다. 그 후 성산 수산리를 중심으로 하는 동아막(東阿幕)과 한경면 고산리를 중심으로 하는 서아막(西阿幕)으로 지역을 양분하고 감목관인 다루가치를 파견하여 감독하였다.[31]

당시 탐라인은 몽골인으로부터 말 엉덩이에 낙인 찍기, 멀리 도망가지 못하도록 세 개의 다리 묶기, 호흡을 원활하기 위한 말 콧구멍 찢기 등을 배웠다. 제주도에서는 음력 3월에 낙인(사진 6,7)을 찍기 전 말의 번식을 기원하는 '낵인제'(낙인제)를 지낸다. 인근 동네 말접계원 소속원이 모여 각자 제물을 준비한다. 고사제물은 밭벼로 지은 '산뒤밥' 한 양푼, 돌레떡 한줄, 말린생선 한개, 소주 한 되이다.

〈그림 6〉 낙인찍기(좌-몽골, 우-제주도-장덕지 제공)

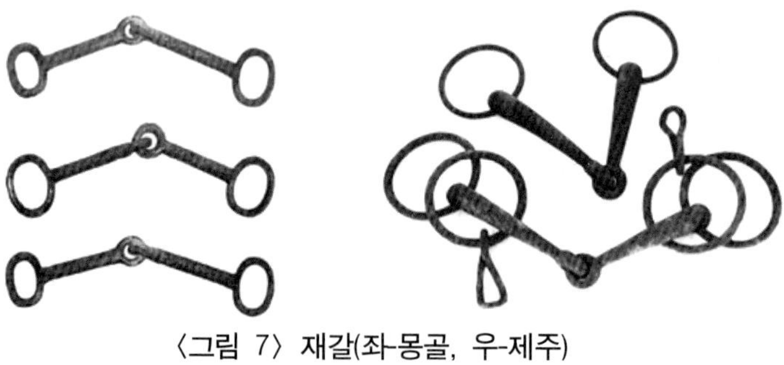

〈그림 7〉 재갈(좌-몽골, 우-제주)

---

31) 아막(阿幕; Aimag)은 지방단위를 나타내는 몽골어 'Аймаг'이다.

제례는 말 밧줄을 둥그렇게 모으고 그 위에 제물을 진설하고 메 중앙에 수저를 꽂고 술잔을 올린다. 배례는 없고 진설만 해두었다가 10분정도 두었다가 올린 잔술을 입에 넣었다가 진설한 반대방향으로 뿜어준다. 그리고 주위 지형을 일일이 열거하면서 코시를 한 다음, 말코를 찢고 낙인을 찍는다. 몽골에서도 낙인을 찍는데 낙인제가 행해졌는지는 알 수 없다. 그러나 말과 관련된 축원의식을 진행할 때에 음식(말젖이나 술 등)으로 고수레하는 점과 배례가 없는 점 등은 제주도와 유사한데, 이는 샤머니즘의 성격이기 때문이다.

몽골인을 통해서 말고기 먹는 법도 배우게 되었다. 몽골인은 말과 양의 고기는 따뜻한 음식이라 하고 소와 염소의 고기는 찬 음식이라 말한다. 그래서 몽골인은 따뜻한 양고기와 말고기를 더 좋아한다. 말은 귀한음식으로 보통 때는 먹을 수 없고 특별한 날을 위해 준비해두는 음식이다. 보통 월동을 위해 11월 상순에서 중순 사이에 가정마다 날을 잡아 말 한 마리를 도살하여 야외 자연냉동 상태에서 보관해둔다.

제주도에서 큰일(잔치나 경조사)이 나면 돗추렴을 하듯이 몽골에서는 특별한 날을 위해 특식인 말고기 추렴을 한다. 몽골인들의 말고기 식용에 대한 우리나라의 구체적인 문헌은 고려사에 등장한다. 고려사에 공민왕 재임 당시(1351-1374 재위) 말고기 식용과 관련된 기사 2건이 수록되어 있다.

> 병오일에 왕이 태자의 숙소에 가서 방몰 연(防沒宴)을 베풀었다. 원나라 법으로 연회 날 큰 고기 마두(肉馬頭)를 남겨 두었다가 이튿날 다시 연회를 하는 것을 방몰(防沒)이라 하였다(고려사 제38권; 공

민왕 계사 2년, 1353년)[32]

> 신돈의 성품이 사냥개를 무서워하며 활 쏘고 사냥하는 것을 싫어했으며 또 호색 음탕해서 일상 검정 닭과 흰 말을 잡아 먹고 양기(陽氣)를 돋우웠다. 그래서 당시 사람들이 신돈은 늙은 여우의 요정(妖精)이라 하였다(고려사 제132권).[33]

전자의 사료는 잔치에 말고기와 말머리를 먹었다는 내용이다. 몽골에서는 결혼식과 같은 큰 행사에 삶은 말고기와 말머리를 손님들에게 대접한다. 특히 고려시대에 원나라에서 온 사신들이 오면 거대한 연회를 치렀는데[34] 연회음식으로 말고기가 대접되었을 것으로 보인다. 후자의 사료는 공민왕 당시 신돈이 양기를 얻기 위한 목적으로 백마육을 즐겨먹었다는 것이다. 이 두 기사는 고려인들이 몽골의 말고기 식용습속을 받아들여 말고기를 먹었음을 시사한다.

그러나 일상식으로 먹기 보다는 큰 잔치가 있을 때 특식으로 제공하기 위해 또는 권력자들이 양기를 얻기 위해 특별히 잡았다고 본다. 이렇게 본격적인 말고기의 식용이 이루어지게 된 것은 고려 충렬왕 때 제주에 몽골국립목마장을 신설하면서부터 벌어진 일이

---

32) 丙午 幸太子館設防沒宴 元法留宴日大肉馬頭翌日復宴謂之防沒

33) 吨性畏畋犬惡射獵且縱淫常殺烏雞白馬以助陽道時人謂吨爲老狐精

34) 고려사 같은 조(條)에 "8월 경자일에 원나라가 만만 태자(蠻蠻太子)와 평장 정안(定安)을 보내 영안왕 대부인에게 패아찰 연(宴)을 주었다. 을사일에 연경궁(延慶宮)에 패아찰 연을 배설하였는데 왕과 공주도 이에 참석하였다. 이 연회에서 꽃을 만들어 쓴 포가 5천 1백 40여 필이었으며 기타 물품도 이에 상응하여 극히 사치하였다. 이로 인하여 물가가 폭등하였으므로 공사간에 기름과 꿀 그리고 과실을 쓰지 못하게 금지하였다. 그때 나라 재정이 고갈하여 영복도감(永福都監)에서 포 2천 6백 필을 돌려쓰고 민간 부자들에게서도 빌려 썼다"라고 할 정도로 성대한 연회를 베풀었다(고려사 제38권).

다. 몽골의 첨단 말사육기술이 도입되어 마필생산이 극대화되었기에 가능했던 것이다.

2) 한양의 말고기 유행과 제주도

말고기 식용습관은 조선시대에 들어와서 특권계층에서 빈번하게 나타난다. 원나라가 망하고 조선이 제주 목마장의 경영권을 환수하면서 몽골풍의 말고기 식용문화가 널리 퍼졌기 때문이었다. 조선왕조는 말 확보를 위하여 말고기 먹는 것을 제한하고 도살을 금지하였다. 태조는 여말의 금살도감을 존치하고 〈경제육전(經濟六典)〉을 제정하여 말도살을 법으로 금하였다. 마육(馬肉) 수요 증대로 인한 대책은 다양하였다.

말의 증산정책은 물론 그 수요를 막기 위해 법적인 조처를 하고, 매매를 통제하고, 또한 이를테면 세종 3년에는 왕명으로 조정에서 외국사신 위연(慰宴) 이외에는 마육 사용을 금하기까지 하였다. 그러나 이런 대책에도 불구하고 몽골풍의 말고기 식용문화가 널리 퍼진 상황에서 말고기의 통제와 관리는 한계가 있었다. 말고기의 수요문제는 근본적으로 해결되지 못하여 늘 해결되어야 할 현안으로 항상 남아 있던 것이다. 말고기는 민간은 물론 왕실과 조신들도 식용으로 하였으며, 관아에서도 잡고, 또한 외국사신 접대용으로도 제공되었다.

말고기 육포 만들기(제주)

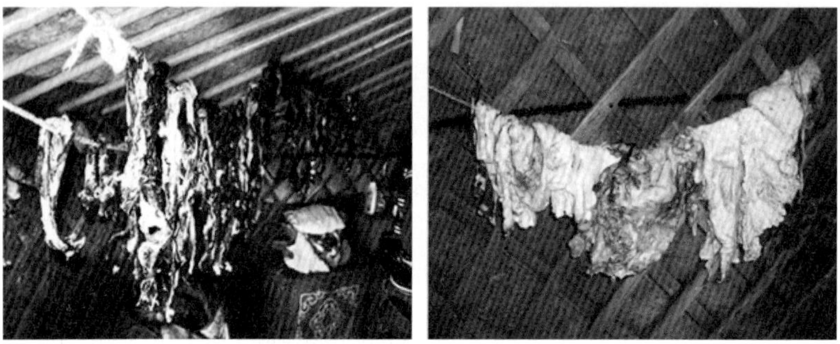

게르 내 몽골 말고기 육포(좌), 말고기 지방(우)

〈그림 8〉 제주의 건마육과 몽골의 건마육

세종은 이러한 현실을 감안하여 말도살을 허가하여 말고기를 공급하기도 하였다. 당시 말고기 수요가 크게 늘고 공급이 부족하여 말값이 치솟아 말고기 파동이 일어날 정도였다. 세종 7년에는 한양의 행정·사법을 맡아보던 관아인 한성부는 이 문제에 적극 개입하고 나섰다. '지금부터 말고기 매매는 쇠고기 매매 기준에 따라 한양은 한성부가 착표(着標)하고 지방은 지방관이 명문(明文)을 받아 매매를 허가하되 이를 어기는 자가 있을 때는 법으로 처벌하여야만 된다'고 청하여 국왕의 윤허를 받아냈다. 이리하여 말고기는 종래의 자유판매제에서 허가제로 변경되어 법적인 통제를 받게 되었던 것이다. 그러나 말고기 공급이 증가되지 않은 상황에서 이러한 조치는 한양 서민들에게 아무런 도움을 주지 못하였다. 다만 일부 양반계층의 수요에 맞춘 공급만이 원활하게 이루어졌을 따름이었다. 결과적으로 도성의 안과 밖 도처에서 밀도살이 행하여져 불법거래가 되자 말고기 값은 치솟아 서민들만 어려움을 겪게 되었다. 왕실은 공물로 올라온 말고기와 건마육으로 수요를 충당하고 있었으나 그 것으로도 부족할 형편이었다. 심지어 국왕의 어승마를 도축하여 연회에 쓰는 일이 있어 물의를 일으키기도 하였다.

연산군, 백마육 애호가

○연산 9년(1503) 2月 8日(乙巳) 백마를 내수사에 보내라 하다

전교하기를 백마(白馬) 가운데 늙고 병들지 않은 것을 찾아서 내수사(內需司)로 보내라 하였으니, 흰 말의 고기는 양기(陽氣)를 돕기 때문이었다.

傳曰: "索白馬老無病者 送內需司." 白馬肉, 能益陽.

〈그림 9〉 조선왕조실록(연산 9년) 연산군 백마육 애호가

때로는 조신들이 금지된 말고기를 몰래 먹다 발각되어 크게 이슈화되기도 하였다. 한 예로, 세종29년 제주목사 이흥문이 뇌물로 바친 건마육을 영의정 황희, 좌의정 하연, 좌찬성 황보인, 우찬성 김종서, 좌참찬 정분, 우참찬 정갑손 등이 받아먹은 사실이 한 내시

(內侍)에 의해 발설되어 사헌부, 사간원에 탄핵을 받은 사건이 일어났다. 세종은 보고를 받자, 이를 국문(鞠問)하고자 의정부로 하여금 논의케 하였다. 회의에 참석한 황의, 하연, 황보인 등은 불법한 일은 풍문일지라도 추궁해야 된다고 하면서도 관계 관아(官衙)가 아닌 내시로부터 나온 말로 적발하는 것은 대체에 어긋남이 있으니 이홍문을 파직하는 것이 가할 듯하다고 하였다. 그러나 뇌물을 바친 사실이 있으니 의논하여 아뢰기가 어렵다고 하였다. 이에 세종이 이조에 명하여 이홍문의 직첩을 박탈하게 하자 황희, 하연, 황보인, 김종서, 정분 및 정갑손이 대궐에 나가 아뢰기를 신들이 모두 보내준 물건을 받아사오매, 부끄러운 낯으로 자리에 있음이 황공하옵기 그지 없사오니, 청컨대 물러가서 대죄(待罪)합니다고하였다. 그런데 세종에 태도가 누그러져 "식물(食物)은 일찍이 법령에 나타

건마육 진상금지

ㅇ태조 4년(1395) 7月 1日
제주에서 해마다 바치는 마른 말고기를 그만두게 하다

禁濟州歲貢乾馬肉. 濟州俗每於臘月, 殺牝馬作脯. 都安撫使黃君瑞回自濟州, 白罷之.

ㅇ태종 1년(1401) 5월 2일)
제주에서 말린 말고기를 마치는 것을 그만두게 하다.
庚寅/命濟州勿進乾馬肉.
ㅇ제주(濟州)에서 말린 말고기[乾馬肉]를 올리지 말라고 명령하였다.

〈그림 10〉 조선왕조실록-건마육 진상금지

난 것이 없으니 혐의(嫌疑)하지 말고 직책에 나가라하고 대죄를 논하지 말라"고 명하였다. 이로써 결국 세종의 비호로 불법으로 건마육을 받은 조신들의 죄는 면제되고, 태조 때 정한 건마육 진상 금지법을 스스로 무너뜨리는 모순을 드러내게 되었던 것이다.

선초의 국왕가운데 말고기를 가장 애용한 인물을 연산군이었다(그림 9). 그는 특히 늙고 무병한 백마가 양기를 돋구는데 좋은 것이라 하여 잘 먹더니 그 9년에는 이를 조달케 하기 위해 민가에서 함부로 색출해 오게까지 하였던 것이다. 이러한 한양의 말고기 유행과 소비선호 성향으로 말미암아 정작 고생한 것은 제주도민들이었다. 전국 말생산의 2/3를 충당했기 때문이다. 중앙정부는 제향과 연회에 쓸 건마육을 제주도에서 공물로 바쳐오게 하였다. 그리하여 제주에서 매년 섣달이면 암말을 잡아 말린 건마육을 제조하여 조정에 진상하였다.(그림 8,그림 10) 이처럼 제주도민은 말 생산 사육이란 부담이외에 건마육을 서울까지 보내야 할 의무를 지니게 되어, 그 책임 때문에 말을 재(宰, 屠)살 또는 도살하는 풍조가 일어나 제주마의 감소로서 정부는 그 치죄에 크게 부심하게 되었다[35]. 심지

35) ㅇ태조 4년(1395) 7月 1日〈제주에서 해마다 바치는 마른 말고기를 그만두게 하다 〉ㅇ禁濟州歲貢乾馬肉. 濟州俗每於臘月, 殺牝馬作脯. 都安撫使黃君瑞回自濟州, 白罷之. ㅇ 태종 1년(1401) 5월 2일) 〈제주에서 말린 말고기를 바치는 것을 그만 두게 하다.〉 ㅇ庚寅/命濟州勿進乾馬肉. 제주(濟州)에서 말린 말고기[乾馬肉]를 올리지 말라고 명령하였다. ㅇ 세종 64권, 16년(1434 갑인 / 명 선덕(宣德) 9년) 6월 14일(기미) 1번째기사〈제주에서 우마를 도살한 죄에 대한 처벌문제에 관해 병조에서 아뢰다〉 병조에서 아뢰기를, "제주(濟州)는 땅이 좁고 인구는 많아, 생활이 간고(艱苦)하여, 소와 말을 도살하여 생계의 바탕으로 삼는 자가 자못 많고, 장사치들이 왕래하면서 우·마피(牛馬皮)를 무역하여 생활을 이어가는 자도 또한 많사옵니다. 이 때문에 도살이 갑절로 많아지고 번식 하는 수효는 적사오니, 이미 도살자로 발견된 사람은 지금 가는 경차관(敬差官)으로 하여금 모두 찾아내어 육지로 내보내게 하되, 육지에 주인이 있는 사천(私賤)은 각각 그 주인에게 보내고, 평민과 공천(公賤)은 땅

어 세종은 제주도에서 말추렴하다 적발된 자를 포함해서 말고기 관련 범죄자 650명을 색출하여 평안도로 강제이주 시킬 정도였다.

3) 몽골인이 제주에 남긴 말고기 식용문화

제주도 무속제물과 신화와 속담에도 말고기 식용에 대한 이야기가 등장한다. 제주의 본향당은 육식무화신(목축신)과 채식문화신(농경신)으로 분리된다. 충렬왕 26년(1300)에 설촌된 김녕 마을의 목축신을 모시는 괴네깃당의 본풀이에는 "우리는 밥도 장군 떡도 장군 괴기(고기)도 장군 술도 장군. 이영(이렇게) 먹고 산다"라고 노래한다. 이 궤네기당에서는 '돗제'라 하여 1년에 한번씩 모든 집에서 돼지 한 마리씩 잡아서 제물로 올렸다. 돗제가 끝나면 삶은 돼지고와 돼지고기죽을 쑤어 굿을 보러온 이웃들과 나누어 먹었다.

이 넓고 백성이 드문 평안도 해변 각 고을로 옮겨 안업(安業)하게 하며, 제주에 사는 천구(賤口)는 범한 바의 도수(度數)를 따라 율문에 의하여 과죄하옵소서." ○ 세종 66권, 16년(1434 갑인 / 명 선덕(宣德) 9년) 12월 21일(갑자) 2번째기사〈병조에 전지하여 제주의 마소의 도둑을 엄격히 다스릴 것을 명하다〉 병조에 전지하기를, "제주의 무지한 백성들이 소와 말을 도살(盜殺)하는 데에 습관이 되어서 여러 번 죄를 범하였으니, 조관(朝官)을 보내어 두 번 범한 자를 찾아내어 평안도로 옮겨서 스스로 고치기를 바라고, 부모가 있고 형제가 없는 자는 정류(停留)할 때에 각 관에 이르러 사실을 조사하여 도로 보내고, 아직 육지에 나오지 않은 자는 제주 경차관(敬差官)으로 하여금 분간(分揀)하여 시행하게 하라." ○세종 67권, 17년(1435 을묘 / 명 선덕(宣德) 10년) 1월 14일(병술) 8번째기사〈제주에서 우마를 도살한 자의 죄명을 명기하여 계달하게 하다〉 도승지 안숭선이 영의정 황희의 말을 아뢰기를, "이제 제주에서 평안도로 옮길 우마(牛馬)를 도살(盜殺)한 자가 6백 50명에 이르고 있으니, 어찌 다 도살한 사람들이겠습니까. 혹은 고기를 먹고 연루(連累)된 자도 있사오니, 이를 전달(轉達)하게 하여 분별하는 것이 어떠하겠습니까." 하니, 임금이 병조에 명하기를, "사람마다 그 이름 아래에 죄명을 명기하여 계달하게 하라."

제주의 마을마다 전해져 내려오는 일반신본풀이인 〈세경본풀이〉에서 제주인의 말고기 식용에 대한 구절이 등장한다. 〈세경본풀이〉에서 자청비의 하인인 정수남은 아홉 마리의 소와 말을 데리고 풀을 먹이러 갔다가 나무에 매어 놓고 물을 주지 않아 모두 목말라 죽게 한 후, 모두 불에 익혀먹고 가죽만 벗겨 몰래 집으로 숨어들어가는 내용이 있다. 또한 구좌읍 세화리 당본풀이 〈세화본향〉에선 육지에서 건너온 백주또가 소천국의 집에 갔다가 누린내가 탕천한 가운데 소뼈와 말뼈가 있는 것을 보고 노하여 나온다.

> 종놈이 말을 하되, '말ᄆᆞ쉴 ᄎᆞᆯ려 줍서', 자청빈 말 아옵 쇠 아옵을 ᄎᆞᆯ려 주난, 종놈은 낭고지를 갑네다. 종놈은 ᄆᆞᆯᄆᆞ쉴 ᄆᆞᆯ안 낭고질 가고 낭가쟁이레 ᄆᆞᆯᄆᆞ쉴 매어 두고 ᄌᆞᆷ을 자는 구나. 종놈은 ᄌᆞᆷ자단 깨여난 보난 ᄆᆞᆯᄆᆞ쇠는 물그리완 매딱 죽었구나. 종놈 정수남이는 죽은 ᄆᆞ쉬들을 송콥으로 매딱 뱃기멍 울밋불을 최질런 지더두서 익어시냐 한점 설어시냐 한점 그번 ᄒᆞᆫ점 저번 ᄒᆞᆫ점 먹다보난, 쇠 아옵 ᄆᆞᆯ 아옵을 ᄆᆞᆫ 먹었구나. 해는 보난 서산에 지고 이만ᄒᆞ민 어떵ᄒᆞ린 가죽을 짊어지고 집으로 오는 도중[36)]
>
> 소천국 사는 집을 당도ᄒᆞ니 누릿내가 탕천한다. 쇠꽝 ᄆᆞᆯ꽝이 이섰더라. '쇠도둑놈 사는 디로구나'ᄒᆞ여, 나오젠 하니 치맷깍을 붓잡는고. 털ᄄᆞ리고 나오니 홀목이를 비여잡는고. 토시동이 전전마기를 내여놓고, 홀목이를 기차두고, 천제할으바님신디 오라서 맹암 드리니[37)]

---

36) 종놈이 말을 하되, 말마소를 차려 주십시오, 자청비는 말 아홉 소 아홉을 차려 주니 종놈은 나무숲에를 갑니다. 종놈은 말마쇠를 몰아서 나무숲에 가고 나뭇가지에 말마쇠를 매어 두고 잠을 자는구나. 종놈이 잠을 자다가 깨어나 보니 말마소는 물이 그리워 모두 죽었구나. 종놈 정수남이는 죽은 마소들을 손톱으로 벳기며 윗불을 마구 때고서 익었느냐 한점, 설었느냐 한점, 그 번 한점, 저 번 한점 먹다보니 쇠 아홉 말 아홉을 모두 먹었구나. 해는 보니 서산에 지고 이만 하면 어떠한가 가죽을 짊어지고 집으로 오는 도중

만약 이 신화가 당시 식문화의 현상을 나타낸 것이라고 본다면, 말고기를 먹어왔던 집단과 말고기를 먹지 않았던 집단 등 두 부류로 나누어 해석이 가능하다. 말고기 식용집단은 몽골에서 제주로 이주해온 몽골 출신 또는 그들과 함께 목축을 생업으로 하는 중산간 지역의 목축문화집단 출신이고, 말고기를 먹지 않았던 집단은 해안마을에 거주하면서 몽골의 목축기술을 습득하여 반농반목의 생업을 영위하는 기존 제주 토착민일 가능성이 크다. 통상 말 아홉 소 아홉 마리를 키울 정도라면 목축이 매우 성행했을 때이므로 몽골이 제주도에 우마사육을 시작한 연후라는 가능성을 상정해볼 수 있다.

여기서 전자와 후자의 말고기의 조리방법에 대해서 좀 더 살펴볼 필요가 있다. 죽은 말을 손으로 양가죽 벗기듯 말가죽을 벗기고 불에 익히면서 익었는지 설익었는지 확인하면서 손으로 한 점씩 떼어 먹었다고 하였다. 여기서 사용된 조리방법이 직화 구이인지 아니면 삶아먹는 간접 요리인지 불확실하다. 그렇지만 제주도의 전통적인 조리법 내지 몽골의 전통적인 조리법은 삶는 요리가 주를 이루기 때문에 삶는 요리일 가능성도 완전히 배제할 수 없다. 후자 본풀이의 경우 소천국이 사는 집에 당도했을 때 누린내가 가득하고 말뼈가 있었다고 하였다.

일반적으로 누린내는 주로 말고기를 삶을 때 많이 발생하는 점으로 미루어 삶는 요리방법을 사용했음을 알 수 있다. 이는 몽골에

---

37) 소천국 사는 집을 당도하니 누린 내가 가득했다. 쇠뼈 말뼈가 있었다. '소도둑놈 사는 곳이로구나' 하여 나오자니 치맛자락을 붙잡는 구나. 털어때리고 나오니 손목을 부여잡는고. 토시동이 전전마기를 내어놓고 손목을 깎아두고 천제할으바님께로 와서 명암 드리니..

서 양고기를 삶았을 때 누린내가 진동하는 것과 같다. 따라서 이상의 본풀이 설화는 예전에 말은 농경위주로 사용하고 거의 식용으로 하지 않다가 몽골인이 제주에 이주해 오면서 말의 사육두수가 많아지자 몽골풍의 말고기문화에 영향을 받아 말고기 식용빈도가 많아지고 삶아먹는 요리가 보편화되었음을 말해준다.

세종 17년(1435)에 제주에 우마도적이 성행하여 목장의 말이 번식하지 못하자 이들을 색출하는 과정에서 나온 다음과 같은 기사가 있다.

> 내가(세종) 듣기에는 말도둑이 거의 천 명에 달한다 하나, 이는 다름이 아니라, 본주의 사람들이 그 토풍(土風)에 젖어서 자기의 우마를 잡아 제사하고 그 고기를 먹은 자까지도 모두 색출에 걸렸다는데, 이것이 사실인가...(중략)(세종 67권 17년, 1435년 3월 12일)

이 기사로부터 제주에서는 말을 희생물로 잡아 제사를 올리고 여러 사람이 다함께 음복한다는 사실을 알 수 있다. 또한 말을 희생동물로 드리는 것은 제주에서 오래전부터 행해져온 풍습이라 하였다. 이러한 토풍 역시 마찬가지로 몽골의 대표적인 의례이다. 몽골에서 말은 신에게 드리는 희생동물로서 하늘에 맹세하는 의식을 할 때나 어워나 당(무당나무)에서 바쳐지는 동물이었다. 특히 백마는 신성한 말로 여겨서 맹세나 맹약을 할 때 희생으로 쓰였다. 백마를 죽이고 흐르는 피를 칼날에 찍어 바르고 이것을 술잔에 담근 다음 돌려 마시며 맹세를 하였다. 몽골인들 역시 희생의례를 치르고 나서 참여자와 함께 말을 잡아서 나누어 먹었다. 몽골인들은 말피도 마셨다. 전쟁터에서 비상 시 갈증을 해결하기 위해 말의 귀를

째서 피를 먹었다. 제주도에서는 추렴할 때 얻은 피를 몸보신용으로 참여자들이 함께 나누어 먹었다. 또한 말의 혈액은 굿을 하고나서 부적을 그릴 때 물감으로 사용한다. 제주 무당이 액막이나 악귀·잡신을 쫓는 힘이 있다 하여 행하는 주술적 도구이며 행위이다. 붉은색은 또한 불과 피를 상징하는 색으로 불의 정화력 또는 피의 생명력을 상징한다.

몽골군사들은 전쟁터에서 말을 도축했을 때 간·심장·콩팥 등 내장기관을 회로 먹거나 소금구이로 즐겨 먹었다고 한다. '샘지'라 하여 눈이 침침하거나 어지럽고 피곤할 때 먹으면 효험이 있다고 한다. 제주도에도 소의 위인 천엽을 '셈마이'라 하여 추렴을 할 때

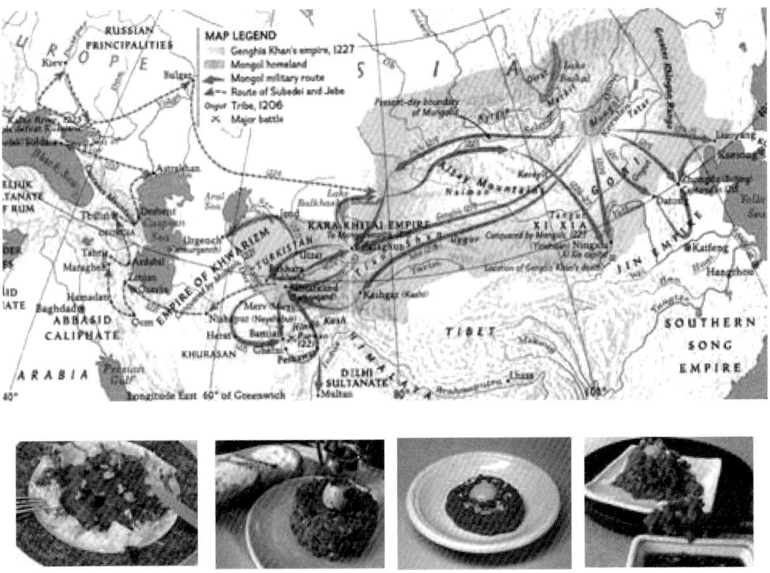

〈그림 11〉 칭기즈칸의 원정로와 '타타르'(말고기 육회) 요리
(13세기 몽골군이 점령한 유럽을 근거지로 독일·프랑스·이태리 등 지역에 '타타르 스테이크'라는 명칭으로 널리 퍼져있음, 몽골인들이 원정 중 식용말의 일부를 떼어내어 말안장 밑에 넣고 숙성시킨 다음, 생회로 만들어 먹었던 군사식량)

날 것으로 먹는 생식문화가 있는데(사진), 몽골의 '셈지'와 연계되는 것으로 보인다(그림 11).

말의 내장기관을 생으로 먹는 습관은 제주도 속담에 고스란히 녹아 있다. '몰은 간광 검은지름 빵(방) 잡나', '말죽은 밭에 까마귀 같이', '말 죽은데 금산 체장수 지켜보듯 한다', '말잡은 집에 소금이 해자라' 등이 그것이다. 제주도민들이 삼삼오오 모여 말을 추렴했을 때 가장 선호하는 부위는 간과 '검은지름'(창자)이며(그림 3), 이것을 한 점 얻어먹기 위해 모여드는 상황을 그대로 풍자한 속담들이다. 지금도 말추렴하면 간, 심장, 콩팥, 지라, 등골수(등골의 중심을 채우는 백색의 부드러운 줄기) 등을 즐겨 먹는다.

5. 맺음말 - 시사점과 향후 과제

한국음식문화와 몽골음식문화 사이에 관찰되는 동질성과 차별성을 찾아보기 위하여 특히 역사적으로 13-14세기 대원제국(원나라, 몽골)의 군사적 해양요충지로써 약 100연 년 간 지배를 받았으며, 당시 다수의 몽골인들이 정착한 제주(탐라)와 이 지역과 자연풍토(화산지형, 낮은 구릉의 오름)가 유사한 몽골 지역인 동몽골(평균고도 500m)의 음식문화를 비교하여 보았다. 2015년 7월 8일부터 14일까지 일주일 동안 도르노드 아이막 · 수흐바타르 아이막 · 헨티 아이막 등 동몽골 지역을 답사하였다. 답사일정 중 동골의 극동지역인 도르노드 할호골(Халхгол)의 한 주민의 집을 방문하여 1) 전통적인 도살법에 따라 양을 도축 조리하여 소비 및 분배 등 일련의 식행동 2) 말의 방목과 말고기 식용문화(Hippophagy, Eating Horses)에 대한 조사를 실시하였다. 조사 내용을 바탕으로 제주의 육식문화(돼지고기, 말고기)와 동몽골(할흐골)의 육식문화를 비교하여 다음과 같은 결과를 얻었다.

첫째, 도살과정에서 몽골의 양은 복부 절개법으로 실행되나 제주의 돼지는 나무에 매다는(hanging) 액사(縊死) 방식으로 실행되는데 이는 종축의 차이에 기인한 것이며, 그 후의 해체과정은 몽골과 제주에서 거의 동일한 것으로 나타났다. 참여자들 사이에 간(肝) 등의 생육섭취(共食文化, commensalism), 해체와 내장처리 시 성(gender)의 역할분담(남성은 칼을 사용한 해체작업, 여성은 내장과 피의 처리), 고수레(고기 석 점 던지기), 12마디 분육 등은 동일하였다. 제주의 경우 특히 중산간 목축마을에서 관찰되는 식육관행에서 몽골과의 친연성이 두드러지게 나타났다.

둘째, 내장조리과정 중 순대의 제작과 조리 등 일련의 조리방법(레시피)과 식관행에 대해서 동몽골과 제주를 비교한 결과, 순대조리의 경우 종축의 차이에 따른 원재료는 상이하나 그 과정 즉, 재료(창자, 피, 부재료 등)이 같았으며 특히 부재료인 곡분(밀가루 또는 메밀가루)의 첨가 방식이 동일하여 고기순대 보다는 피순대의 전형적인 특성이 두 지역의 공통점으로 부각되었다. 또한 기름기가 많은 막창에 대한 선호도는 양 지역에서 모두 특별하고 특히 동몽골의 경우 공동분배 방식(혼자 보다는 함께 먹기, 동료보다 많이 먹지 않고 동량섭취하기)을 취하고 있어 맛있는 것에 대한 공동섭취의 관념이 농후하게 표출되었다. 두 지역에서 모두 육식의 행위를 통해 참여자들은 현장에서 공동체의 일원님을 재확인하고 자아와 타지를 구분하는 모드로 작용하고 있었다.

셋째, 몽골의 육식문화의 영향을 가장 강하게 받은 음식은 말고기로써 제주에서 말고기 육포 만들기, 조리방법(삶기, 탕요리), 마생혈 마시기, 말간 등 생식문화, 내장('검은지름', black fat)의 선호도 등에 대해서 친연성이 확인되었다. 특히 국물 요리의 경우 몽골의 류루와 제주의 말고기국물(말뼈, 말창자 등에 메밀가루를 풀어 넣은 국)에 대한 선호도에서 국물문화의 동질성이 뚜렷하게 부각되었다.

이상의 결과를 요약하면 몽골과 제주(또는 한국)가 중세 몽골의 세계체제 속에 편입되어 몽골과 지배 · 피지배관계를 형성함으로써 몽골 문화가 혼성적으로 나타나는 '혼성적 몽골문화권역'임을 나타내는 주요한 문화적 요인은 다름 아닌 육식문화에서 찾을 수 있음을 알 수 있다. 향후, 제주도가 몽골과의 문화적 유사성을 바탕으로 한 · 몽 간 교류의 성지가 되기 위해서는, 제주도 또는 국가 차원에서 몽골과의 교류를 통해 형성된 제주도의 문화를 대중화하는 시도가 필요하다. 현재 관광객을 대상으로 하는 이벤트는 있으나, 탐라와 몽골의 역사적 · 문화적 교류를 보여주는 박물관이나 몽골 체험촌 등은 거의 없다. 또한 일부 변화하고 있으나 아직도 제주도 內 반(反)몽골 정서가 여전히 존재하는 바, 이를 해소하는 노력이 우선적으로 이루어져야 할 것으로 보인다.

양국 간 협력 사업에 있어서 제주도의 자원을 적극적으로 활용하는 방안을 모색할 수 있을 것이다. 몽골관광객의 제주입도가 지속적으로 증가하는 추세인 가운데 몽골과의 유사성을 역사 · 문화 컨텐츠로 활용할 경우 몽골의 제주도(및 한국)에 대한 관심을 더욱 확대할 수 있다고 생각한다. 한국의 동(東)몽골 프로젝트(농업 개발 사업) 참여와 한 · 몽 간 우호적 관계 강화 차원에서, 동(東)몽골의 일부 지역과 제주도의 일부지역을 상호 위임하여 개발 및 관리하는 형태도 고려해 볼 만하다. 이를 위해서 탐라와 몽골의 역사와 문화에 대한 심층적인 연구를 시도할 필요가 있으며, 이는 제주도에 대한 이해를 높일 뿐만 아니라 몽골 유목인의 문화변형 과정 또한 확인할 수 있는 기회로 작용할 것이다.

흉노제국에서 좌익의 역사적 위치
– '고대 한국'과의 교류 가능성을 중심으로*[38)]

김장구(동국대)

1. 머리말 : 북아시아와 고대 한국과의 교류상 복원을 위하여

한국의 역사와 문화를 알고 이해하기 위해서 많은 이들은 동아시아적 관점에서 접근해왔다. 즉, 한국사는 대체로 중국·일본과의 상호 소통과 교류 속에서 성장하고 발전해왔다는 시각이 그것이다. 따라서 중국 중심의 동아시아 세계를 넘어서는 폭넓은 이해는 부족했고, 심지어 부정적이었다고 할 수 있다. 대표적으로 북아시아 여러 민족에 대해 '오랑캐'라고 멸시하는 태도를 들 수 있다.

그러나 우리나라 역사에서 중국 중심의 문화가 광범위한 영향을 끼친 시기는 15-19세기, 즉 조선 중·후기에 지나지 않는다. 고려시대와 조선시대 초에는 중국 문화와 더불어 거란(契丹), 여진(女眞), 몽골[蒙古]과의 활발한 접촉과 교류가 일상이었으며, 고대시기

* 이 글에서 필자는 '고대 한국'의 범위를 '한반도와 오늘날의 중국 동북지역(만주)을 포함하는 지역'으로 사용하고자 한다.

로 올라갈수록 중국 문화보다 북방 문화의 영향이 더 컸을 것으로 보인다.[1] 다만, 그 기억과 흔적을 의도적으로 지우고거나 중국 문화의 유행 속에서 망각해버렸기 때문에, 유심히 살펴보지 않으면 잘 알아볼 수 없을 뿐이다.

선사시대는 말할 것도 없고, 고조선의 강역과 문화,[2] 부여·고구려·백제로 이어지는 혈통적 기원과 기마(騎馬) 문화, 고구려와 투르크[突厥]와의 우호 관계,[3] 신라의 고분(古墳) 축조 방식과 황금 문화, 가야의 철기 문화 등 이루 헤아릴 수 없는 역사·고고학적 증거들이 존재한다.[4] 아울러 문학·언어·민속학 방면에서도 그 흔적들을 찾아볼 수 있다.

북아시아 역사세계의 국가들은 주변의 국가와 민족에게 다양한 영향을 끼쳤다.[5] 그러나 지금까지 흉노제국(匈奴帝國)과 주변세계

1) 노태돈, 「고구려·발해인과 내륙아시아 주민과의 교섭에 대한 고찰」, 『고구려사 연구』, 사계절, 1999, pp.527~528(原 『대동문화연구』 23, 1989).

2) 노태돈 편, 『단군과 고조선사』, 사계절, 2000; 송호정, 『한국 고대사 속의 고조선사』, 푸른역사, 2003; 오영찬, 『낙랑군 연구』, 사계절, 2006; 강인욱, 「흉노와 동아시아」, (사) 중앙아시아학회·부경대학교 인문사회과학연구소, 『동아시아 고대문화 속의 흉노』, 국립중앙박물관, 2010, pp.9~29.

3) 이용범, 「高句麗의 遼西 진출기도와 突厥」, 『한국과 동부 유라시아 교류사』, 학연문화사, 2015, pp.215~255. [原 『사학연구』 4, 1959; 『韓滿交流史 硏究』, 同和出版公社, 1989]; 노태돈, 앞의 논문, pp.527~543.

4) 권영필, 「'代替文獻'으로서의 西安地區出土 靑銅動物紋裝飾牌: 匈奴美術의 南下」, 『中央아시아硏究』 2, 중앙아시아학회, 1997, pp.43~64; 同, 「西아시아와 古代 韓國文化」, 『新羅文物硏究』 2, 국립경주박물관, 2009, pp.5~25; 민병훈, 「北아시아와 古代 韓國文化」, 『新羅文物硏究』 2, 국립경주박물관, 2009, pp.27~49; 同, 『경주와 실크로드』, 통천문화사, 2015; (사) 중앙아시아학회·부경대학교 인문사회과학연구소, 『동아시아 고대문화 속의 흉노』, 국립중앙박물관, 2010; 국립중앙박물관·부경대학교 인문사회과학연구소, 『흉노와 그 동쪽의 이웃들』, 국립중앙박물관, 2012; 강인욱, 『유라시아 역사 기행』, 민음사, 2015.

5) Beckwith Ch. I.(크리스토퍼 벡위드), 『중앙유라시아 세계사』(이강한·류형식

의 교류관계는 주로 중국이나 서아시아와의 관계를 중심으로 연구가 이루어져왔다.[6]

하지만 사료를 보다 면밀하게 살펴보면, 흉노의 경우 좌익(左翼: 동쪽)이 더 중요했음을 알 수 있다. 사마천(司馬遷)의 『사기(史記)』권 110 「흉노열전(匈奴列傳)」의 기록을 보면 다음과 같은 사료가 나온다.

> e. [선우 밑에는] 좌현왕(필자 강조, 이하 같음), 우현왕, 좌록리왕, 우록리왕, 좌대장, 우대장, 좌대도위, 우대도위, 좌대당호, 우대당호, 좌골도후, 우골도후를 두었다. 흉노에서는 '어질다[賢]'는 [말을] 도기(屠耆)라고 했는데, 그래서 늘 태자를 좌도기왕이라고도 불렀다. …… (중략) …… 그런데 [그들 중에서] 좌현왕과 우현왕, 그리고 좌록리왕과 우록리왕의 영역이 가장 컸다. 좌골도후와 우골도후가 선우의 정치를 보좌했다. …… [7]

역), 소와당, 2014.

6) 加藤謙一, 『匈奴帝國』, 東京, 第一書房, 1998: 江上波夫, 『古代北方文化: 匈奴文化論考』, 東京, 山川出版社, 1948: 林俊雄, 『スキタイと匈奴: 遊牧の文明』, 東京, 講談社, 2007: 澤田勳(사와다 이사오), 『흉노』(김숙경 옮김), 아이필드, 2007: Barfield Th. J., 'The Hsiung-Nu Imperial Confederacy: Organization and Foreign Policy', *The Journal of Asian Studies*, Vol.41,No.1,The Association for Asian Studies, 1981: Ying-shih Yü, 'The Hsiung-nu', Sinor D.(ed.), *The Cambridge History of Early Inner Asia*, Cambridge University Press, 1990: Psarras S-K., 'Xiongnu Culture: Identification and Dating', *Central Asiatic Journal* 39(1), Harrassowitz Verlag, 1995: di Cosmo N.(니콜라 디 코스모), 『오랑캐의 탄생: 중국이 만들어 낸 변방의 역사』(이재정 옮김), 황금가지, 2005.

7) [漢]司馬遷 撰, 『史記』卷110 「匈奴列傳」, 北京, 中華書局, 1997, p.2890. [이하 『史記』「匈奴列傳」]: 정재훈 역주, 동북아역사재단 편, 『역주 중국 정사 외국전 1: 史記 外國傳 譯註』, 동북아역사재단, 2009, pp.64~68. [이하 『史記 外國傳 譯註』].

f. 그리고 선우(單于)는 아침 천막에서 나와 해가 뜨는 [동쪽을 보고] 절하고, 저녁에는 달을 보고 절했다. 좌석은 왼쪽을 중요하게 여겼고 북쪽을 향하였다.[8)]

즉, 흉노의 경우 우익[서쪽]보다 좌익[동쪽]을 중요하게 여겼으며, 선우 이하 관직의 경우에도 항상 좌익(左翼)의 왕(王)이나 장(長), 호(戶) 등이 먼저 언급되고 있음을 알 수 있다. 아울러 선우의 뒤를 이을 태자를 '좌도기왕(左屠耆王)'이라고 불렀음을 알 수 있다.

역사상 북아시아에서 등장했던 고대 국가의 통치구조는 흉노제국 이래, 군주가 통치하는 중앙부와 군주를 보좌하는 관리나 혹은 자제가 다스리는 좌우 양익(兩翼), 즉 삼분구조로 이루어졌다. 투르크(Türk, [突厥])제국도 카간(qaγan, 可汗)이 통치하는 중앙부와 퇼리스 샤드(tölis šad=左殺[設])가 다스리는 좌익, 타르두쉬 샤드(tarduš šad=右殺[設])가 다스리는 우익으로 이루어져 있었고, 모든 기록에는 좌익(左翼)이 먼저 언급되고 있다.[9)] 대몽골국(Yeke mongγol ulus, [大蒙古國])도 카안(qa'an, 汗-可汗)이 직접 다스리는 중앙(γol)과 동생들에게 분봉(分封)해준 동부 좌익(jegün=諸弟 ulus), 자식들에게 분봉해준 서부 우익(baraγun=諸子 ulus)로 나누어 통치하였다.[10)] 흉노제국의 경우에는 좌익[동쪽]이 상위에 위치했고, 투르크제국도 그러했던 것으로 보인다. 다만, 대몽골국의 카안 울루스(Qa'an ulus)에서는 우익(右翼)이 좌익보다 더 중요했던 것으로 보인다.[11)]

---

8) 『史記』「匈奴列傳」, p.2890쪽: 『史記 外國傳 譯註』, pp.64~68.
9) 정재훈, 『위구르 유목제국사 744-840』, 문학과지성사, 2005, pp.70~74.
10) 김호동, 「北아시아 遊牧國家의 君主權」, 東洋史學會 編, 『東亞史上의 王權』, 한울, 1993, pp.167~184.

이 글에서는 먼저, 제II장에서 세계 여러 나라에서 지금까지 이루어진 흉노 연구를 개괄적으로 정리한 후, 흉노 역사 연구의 새로운 방향과 고고학·미술사학 방면의 새로운 연구 성과와 경향 등을 살펴보도록 하겠다. 이어서 제III장에서는 흉노제국에서 좌익(左翼, 동부 몽골 지역)의 중요성을 우익(右翼)과의 비교를 통해 검토하겠으며. 마지막으로 제IV장 맺음말에서는 흉노제국의 좌익과 고대 한반도 및 만주 지역을 포함한 동북아시아 지역과의 교류 상황과 가능성 등을 제시하는 것을 목적으로 한다.

2. 흉노제국 연구 성과와 새로운 방향[12)]

우리들은 세계의 역사를 이해하기 위해 주로 정주농경민의 역사를 연구해 왔다. 그리고 그 중에서도 유럽과 중국의 역사에 대해 깊은 관심을 기울여 왔다. 특히 세계사를 동양과 서양의 역사로 나누어 이해하려 했기 때문에, 중앙아시아 유목민의 역사세계는 늘

---

11) 宋濂 等 撰,『元史』卷85「百官志」, 北京, 中華書局, 1997, pp.2121~2122: Allsen Th. T., 'Notes on Chinese Titles in Mongol Iran', *Mongolian Studies* 14,Bloomington, Ind., 1991, pp.27~39.

12) 이 글에서는 한국, 중국, 일본의 연구 성과 중에서 현재까지 필자가 구득해 볼 수 있었던 일부만을 대상으로 한 것이다. 몽골과 러시아학계의 전체적인 연구 성과는 국립중앙박물관 편찬,『몽골 흉노무덤 자료집성』, 국립중앙박물관, 2008, pp.10~21을 참조. 본고 제II장의 일부는 한·몽 공동학술조사 10주년 기념 국제학술회의 자료집에 실린 김장구,「흉노제국 연구의 성과와 새로운 방향-1990년대 이후 한·중·일의 연구를 중심으로」,『초원의 대제국, 흉노』, 울란바토르, (대한민국)국립중앙박물관, 2008, pp.203~211(한국어), pp.212~221(몽골어 번역)[未刊]을 이용하였음을 밝혀둔다.

관심 밖에 놓일 수밖에 없었다. 이러한 단편적이고 잘못된 인식은 중앙아시아 유목민과 그들의 역사문화에 대한 올바른 이해를 가로막는 장애가 되었다. 그리고 흉노제국의 연구에는 근본적인 한계가 존재한다. 그들은 스스로 기록을 남지지 않았기 때문이다. 흉노에 대해 우리가 알 수 있는 문자기록은 대부분 이웃 정주세계인 중국이 남긴 것이다. 따라서 한국, 중국, 일본 동아시아 삼국은 주로 한문으로 된 역사기록을 통해 흉노에 대한 단편적인 이해를 할 수 밖에 없었다. 어느 한쪽만을 강조하는 것은, 그 것이 긍정적이든 부정적이든 간에 올바른 접근 방법이 아니다.

중앙아시아의 유목민들이 탄생한 요람이자 활동의 중심무대였던 몽골 고원은 고고학연구의 최적지이다. 19세기말에서 20세기 초까지 세계의 많은 역사학, 지리학, 고고학, 언어학자들이 중앙아시아와 몽골을 답사하고 연구한 훌륭한 학술성과를 출판하였다.[13] 이어서 사회주의 시기에도 몽골은 러시아(구 소련 포함)를 비롯한 헝가리, 동독, 체코슬로바키아, 폴란드 등과 근대적인 학문 방법으로 공동 발굴조사를 지속적으로 진행하였다.[14] 그리고 1990년대 이후에는 러시아, 미국, 일본, 중국, 터키, 독일, 이탈리아, 프랑스, 중국, 한국 등 많은 나라들과 국제적인 공동협력을 통한 고고학 발굴과 연구를 진행하였으며, 또한 지금도 진행 중에 있다.[15]

13) 김장구, 「람스테트의 유목민족사 이해와 그 한계」, 『중앙아시아연구』11, 중앙아시아학회, 2006, pp.29~50.

14) 체벤도르지(Tseveendorj D.), 이평래 옮김, 「몽골 고고학연구」, 『考古學誌』 8, 한국고고미술연구소, 1997, pp.133~170.

15) Benmann J · Parzinger H.(eds.), *Current Archaeological Research in Mongolia*, Bonn., Institute of Pre-and Early Historical Archaeology, 2009.

1) 역사문헌을 통한 연구

흉노 역사 연구의 초기단계에서는 주로 중국의 역사기록을 통한 연구가 진행되었다. 이러한 상황은 한국, 중국, 일본 등 동아시아 삼국에서 뿐만 아니라, 러시아를 포함한 서양의 연구도 기본적으로 동일한 상황이었다.[16] 문헌기록을 통한 연구는 흉노인과 흉노제국에 대한 많은 기본적인 사실들을 밝혀낼 수 있었다.[17] 예를 들면, 흉노와 중국왕조인 진(秦)·한(漢)과의 관계,[18] 중국인의 흉노 인식, 흉노 선우(單于)의 이름과[19] 그들의 중심지와 지명 연구,[20] 서

---

16) Barfield Th. J., 'The Hsiung-Nu Imperial Confederacy: Organization and Foreign Policy', *The Journal of Asian Studies*, vol.41,no.1,The Association for Asian Studies, 1981; Ying-shih Yü, 'Han Foreign Relations', *The Cambridge History of China vol. 1,The Ch'in and Han Empires 221 B.C.-A.D. 220*, Cambridge Univ. Press, 1986; idem, 'The Hsiung-nu', Sinor D.(ed.), *The Cambridge History of Early Inner Asia*, Cambridge University Press, 1990; Бернштам А. Н.(베른쉬탐), *Очерк истории Гуннов*(흉노사 개설), Л., Изд. ЛГУ., 1951; Крадин Н. Н.(크라딘), *Империя Хунну* (*2-е издание*) (흉노제국(2판)), М., Логос, 2001; Таскин В. С.(пер.)(타스킨), *Материалы по истории кочевых народов в Китае Ⅲ-Ⅴ вв.*(3-5세기 중국의 유목민족사 자료), *Выпуск · Ⅱ*(*по китайским источникам*)(제2권: 중국사료에 의한), М., Изд. Наука, 1973; idem, *Материалы по истории древних кочевых народов группы Дунху*(동호계 고대유목민족사 자료), М., Изд. Наука, 1984; idem, *Материалы по истории кочевых народов в Китае Ⅲ-Ⅴ вв.*(3-5세기 중국의 유목민족사 자료), *Выпуск · Ⅰ Сюнну 匈奴*(제1권: 흉노), М., Изд. Наука, 1989.

17) 佐藤長,「匈奴國家の性格について」,『鷹陵史學』15,1989; 澤田勳,「匈奴における投降漢人について」,『中國古代の國家と民衆』, 汲古書院, 1995; 烏云高娃·劉中玉,「2003-2005年北方民族史研究綜述」,『中國史研究動態』2006-4; 陳序經,『匈奴史稿』, 北京, 中國人民大學出版社, 2007.

18) 김한규,『古代中國的世界秩序研究』, 일조각, 1982; 지배선,「중화제국과 유목제국의 禮기능」,『애산학보』8, 1989; 岡安勇,「中國古代における'客禮'の禮遇形式;匈奴呼韓邪單于への禮遇を手掛りとして」,『東方學』74, 1987; 同,「匈奴呼韓邪單于の對漢'稱臣'年代について」,『東方學』80, 1990; 熊谷滋三,「後漢の異民族統治における官爵授與につい」,『東方學』80, 1990.

역(西域)을 둘러싼 흉노와 한의 대립과 항쟁,[21] 흉노인의 기원에 관한 다양한 논의,[22] 흉노의 언어 계통,[23] 흉노제국의 사회조직,[24] 흉노의 서천(西遷)문제와 흉노·훈 동족론,[25] 흉노의 경제,[26] 흉노의 관습[27] 등 많은 중요한 사실이 밝혀졌다.

그러나 일부 연구는 흉노 그 자체로서가 아니라 중국과의 관계에서만 가치를 갖게 된다는 잘못된 인식을 심어주었다.[28]

2) 고고학·미술사학 연구

중앙아시아 유목민의 역사를 연구하는 데 역사학 연구와 동등한 가치를 갖는 학문 분야는 고고학 연구이다. 특히 중앙아시아의 광활한 초원은 유목민의 삶의 터전이자 또한 역사책 그 자체라고 말

---

19) 龔蔭, 「匈奴單于疏證」, 『西北民族研究』 1999-2.
20) 佐藤長, 「匈奴の若干の地名について」, 『東洋史研究』 48-4, 1990.
21) 小林惣八, 「西域を巡る漢·匈の對立」, 『駒澤史學』 47, 1994; 白音査干, 「論漢武帝對匈奴的征服戰爭」, 『內蒙古社會科學』 1997-5.
22) 余太山, 「犬方, 鬼方, 工方與獫狁和匈奴同源說」, 『歐亞學刊』 1, 中華書局, 1999.
23) 烏其拉圖, 「匈奴人語言所屬初探」, 『內蒙古大學學報』 1998-4.
24) 謝劍, 「匈奴社會組織的初步研究」, 『中央研究院歷史語言研究所集刊』 40(下), 1969; 莫任南, 「關于匈奴奴隸制的若干問題」, 『中國史研究』 1983-3; 加藤謙一, 「匈奴の社會構成に關する一考察」, 『歷史評論』 1995-10(no.546), 1995; 小林惣八, 「內陸アジア諸民族の社會と文化」, 『駒澤史學』 60, 2003.
25) 賈衣肯, 「匈奴西遷問題研究綜述」(上), 『中國史研究動態』 2006-9, 2006a; 同, 「匈奴西遷問題研究綜述」(下), 『中國史研究動態』 2006-10, 2006b. 훈족에 관한 유럽의 연구성과는 Maenchen-Helfen O. J., Knight M.(ed.), *The World of the Huns: Studies in there History and Culture*, Berkeley · L.A · London, Univ. of California Press, 1973; Thompson E. A., *The Huns*, Oxford, Blackwell, 1996 등을 보시오.
26) 張澤咸, 「漢唐間蒙古高原地區農牧生産述略」, 『中國經濟史研究』 1998-4.
27) 谷憲, 「內陸アジアの傷身行爲に關する一試論」, 『史學雜誌』 93-6, 1984.
28) 陳序經, 『匈奴史稿』, 北京, 中國人民大學出版社, 2007.

할 수 있다.[29] 코즐로프(Козлов П. К.)의 발굴로 유명한 노용 올(노인 울라) 흉노 고분군은 그 대표적인 예이다.[30] 최근에는 중국에서도 북방지대의 고고학 발굴을 통해 유목문명과 흉노 연구를 지속적으로 진행하고 있다.[31] 특히 주목할 만한 연구 성과는 청동 솥[銅鍑]의 발굴과 분포를 통한 초원의 유목문명 연구와[32] 이볼가 성지(城址)와 묘지(墓地) 연구를 통한 흉노연구이다.[33] 아울러 기존의 문헌연구와 고고학연구를 접목시킨 연구 성과들도 지속적으로

---

29) 쿠즈미나(Kuz'mina E. E.), 김호동 역, 「고대 유라시아 말 신앙의 기원과 전파」, 『한국고대사논총』 4, 한국고대사회연구소, 1992; 에렉젠 G., 「몽골의 고대 주요 고고유적」, 국립제주박물관 편 『몽골의 역사와 문화』, 서경문화사, 2007; 윤형원, 「광활한 몽골초원과 흉노인의 생존-고고학 증거를 중심으로-」, 『중앙아시아연구』 15, 중앙아시아학회, 2010.

30) Козлов П. К.(코즐로프), *Краткие отчеты экспедиций по исследованию Северней Монголии в связи с Монголо-Тибетской экспедицей*(몽골-티베트 탐험과 관련하여 행한 북몽골 탐험 조사에 대한 간략 보고), Л., АН СССР., 1925; 梅原末治, 『蒙古ノイン・ウラ發見の遺物』, 東洋文庫, 平凡社, 1960.

31) 田廣金, 「近年來內蒙古地區的匈奴考古」, 『考古學報』 1983-1(總第68期), 科學出版社, 1983; 楊建華, 「東周時期中國北方文化帶形成初探」, 『燕京學報』 新14, 北京大學出版社, 2003; 林澐, 「中國北方長城地帶游牧文化帶的形成過程」, 『燕京學報』 新14, 北京大學出版社, 2003; 《鄂爾多斯青銅器國際學術硏討會論文集》編輯組 編, 『鄂爾多斯青銅器國際學術硏討會論文集』, 北京, 科學出版社, 2009; 中國內蒙古自治區文物考古研究所・蒙古國游牧文化研究國際學院・蒙古國國家博物館 編, 塔拉・恩和圖布信 主編, 『蒙古國古代游牧文化遺存考古調查報告(2005-2006年)』, 北京, 文物出版社, 2008: [蒙古國境內古代游牧民族文化遺存考古調查, 勘探, 發掘研究合作項目成果之一]; 同, 『蒙古國浩藤特蘇木烏布爾哈布其勒三號四方形遺址發掘報告(2006年)』, 北京, 文物出版社, 2008: [蒙古國境內古代游牧民族文化遺存考古調查, 勘探, 發掘研究合作項目成果之二]; 同, 塔拉・阿 奧其爾 等, 著 『蒙古國后杭愛省浩藤特蘇木胡拉哈一號墓園發掘報告』, 北京, 文物出版社, 2015: [蒙古國境內古代游牧民族文化遺存考古調查, 勘探, 發掘研究合作項目成果之三]

32) 郭物, 「青銅鍑在歐亞大陸的初傳」, 『歐亞學刊』 1, 中華書局, 1999; 同, 『鍑中乾坤: 青銅鍑與草原文明』, 上海社會科學院出版社, 2003.

33) 潘玲, 『伊沃爾加城址和墓地及相關匈奴考古問題研究』, 北京, 科學出版社, 2007.

출판되고 있다.[34] 또한 길림대학교(吉林大學校) 변강고고연구중심(邊疆考古研究中心)을 중심으로 활발한 연구가 진행되면서 많은 성과를 내고 있다.[35]

최근 흉노연구에서 주목할 만한 것은 몽골과 한국의 공동 발굴조사이다.[36] 2002년 공동 발굴 5주년을 기념하여 특별전을 열었으며,[37] 공동 발굴 10주년을 맞아 개최된 흉노 심포지엄은 그 동안의 발굴 과정과 조사 성과 등을 알릴 수 있는 좋은 기회였다.[38] 아울러 흉노연구를 진행하고 있는 외국학자들도 논문을 발표함으로써 국제적인 연구동향을 파악할 수 있었다.[39] 또한 한국의 고구려연구재단(현 동북아역사재단의 전신)은 내몽고 중남부의 오르도스 청동기와 문화에 대한 연구서를, 동북아역사재단에서는 중앙아시아 각

---

34) 馬利淸, 『原匈奴, 匈奴: 歷史與文化的考古探索』, 呼和浩特, 內蒙古大學出版社, 2005; 武沐, 『匈奴史研究』, 北京, 民族出版社, 2009; 田廣金 · 郭素新, 『北方文化與匈奴文明』, 杭州, 江蘇教育出版社, 2005; 鄂爾多斯博物館 編, 『鄂爾多斯青銅器』, 文物出版社, 2006; 烏恩岳斯圖, 『北方草原考古學文化研究: 青銅時代至早期鐵器時代』, 北京, 科學出版社, 2007; 孫危, 『鮮卑考古學文化研究』, 北京, 科學出版社, 2007.

35) 吉林大學邊疆考古研究中心 編, 『邊疆考古研究』 1-13, 北京, 科學出版社, 2003-2015.

36) 국립중앙박물관 · 몽골국립역사박물관 · 몽골사회과학원 역사연구소, 『몽골 우글룩칭골 유적』, 국립중앙박물관, 1999; 同, 『몽골 모린 톨고이 흉노무덤』, 국립중앙박물관, 2001; 同, 『몽골 호드긴 톨고이 흉노무덤』, 국립중앙박물관, 2003; 同, 『국립중앙박물관 몽골 학술조사 성과: 2002-2004』, 국립중앙박물관, 2004.

37) 국립중앙박물관 · 몽골국립역사박물관 · 몽골사회과학원 역사연구소, 『몽골유적조사 5년』, 국립중앙박물관, 2002.

38) 국립중앙박물관 · 몽골국립역사박물관 · 몽골사회과학원 역사연구소, 한 · 몽공동학술조사 10주년 국제학술심포지엄 『초원의 대제국 흉노: 2000년 전 무덤의 발굴』, 국립중앙박물관, 2007; 同, 제3회 한 · 몽공동학술심포지엄 『초원의 대제국 흉노』, 국립중앙박물관, 2008.

39) 윤형원, 「匈奴고고학의 발굴성과: 新羅문화와의 비교검토」, 국립제주박물관 편 『몽골의 역사와 문화』, 서경문화사, 2007; 윤형원 · 에렉젠 G., 「몽골 석인상의 편년과 상징성에 대한 일고찰」, 『중앙아시아연구』 11, 중앙아시아학회, 2006.

국의 암각화 조사보고서를 발행하였다.[40] 1990년대 이후 흉노를 비롯한 중앙아시아 유목민에 대한 연구는 가장 활발하고 주목받는 분야로 발전하기 시작했다.[41] 흉노 연구와 더불어 알타이 지역 연구도 활발해지고 있다.[42]

3) 흉노제국 연구의 새로운 성과와 방향

1990년대 이후 흉노연구에서 주목할 만한 것은, 기존의 정주민의 시각이나 중국 중심의 인식에서 벗어난 성과들이 나타나기 시작

40) 한국고구려연구재단 · 중국내몽고문물고고연구소 편, 『내몽고 중남부의 오르도스청동기와 문화』, 고구려연구재단, 2006; 동북아역사재단 · 러시아과학아카데미 물질문화연구소 편, 『중앙아시아의 바위그림』, 동북아역사재단, 2007; 동 · 몽골과학아카데미 고고학연구소 편, 『몽골 고비 알타이의 암각화』, 동북아역사재단, 2008; 동 · 몽골과학아카데미 고고학연구소 편, 『몽골 서북부 지역의 암각화』, 동북아역사재단, 2009; 동 · 카자흐스탄 교육과학부 고고학연구소 편, 『카자흐스탄의 바위그림』, 동북아역사재단, 2011; 동 · 키르기스스탄국립대학교 역사지역학부 · 박물관연구센터 편, 『키르기스스탄 남부 지역의 암각화』, 동북아역사재단, 2012.

41) 이종선, 「오르도스 後期金屬文化와 한국의 鐵器文化」, 『한국상고사학보』2,한국상고사학회, 1989; Новгородва Э. А.(노브고로드바), *Древняя Монголия*(蒙古의 先史時代)(정석배 역), 학연문화사, 1989/1995; Kim Hodong, 'The Study of Inner Asian History in Korea: from 1945 to the Present', *Asian Research Trends : A Humanities and Social Science Review* No.8, Tokyo, The Toyo Bunko, 1998; 중앙유라시아연구소 편, 『세계사 속의 중앙유라시아』, 서울대 중앙유라시아연구소, 2008; Чулуунбаатар Г(촐론바타르) · Чулуунжав Д.(촐론자브)(эрх.), *Хүннү улс: Хүннүгийн ээнт гүрэн*(흉노 민족; 흉노제국), УБ., 2011; Батсайхан З.(바트사이항), *Хүнну, Археологи, Угсаатны зүй, түүх*(흉노: 고고학, 민속학, 역사학), УБ., МУИС., 2003.

42) Куварев В. Д.(꾸바레프), 『알타이의 제사유적』(이헌종 · 강인욱 역), 학연문화사, 1999; Молодин В. И.(몰로딘), 『고대 알타이의 비밀』(강인욱 · 이헌종 역), 학연문화사, 2000; Деревянко А. П.(데레비얀코), 『알타이의 석기시대 사람들』(이헌종 · 강인욱 역), 학연문화사, 2003.

했다는 것을 들 수 있다.[43] 아울러 역사학 연구에서도 흉노의 입장에서 기존의 사료를 재해석하려는 흐름이 나타나기 시작했다.[44] 한 발 더 나아가 흉노를 '유목국가의 원형'으로 파악하고 이후 유목국가와의 상관성을 강조하는 연구 성과도 발표되었다.[45] 그리고 기존의 고정관념을 타파하려는 연구도 출판되었는데, 즉 고고유물을 미술사적 시각으로 해석하여 흉노의 미술양식이 중국 북부지역까지 광범위하게 영향력을 미쳤음을 논증한 우수한 연구 성과도 발표되었고,[46] 신진 연구자들의 등장이 이어지고 있다.[47]

---

43) Barfield Th. J., 'The Shadow Empires: Imperial State Formation along the Chinese-Nomad Frontier', Susan E. Alcock et. al.(eds.), *Empires*, Cambridge Univ. Press, 2001; Honeychurch W · Amartuvshin Ch., 'States on Horseback: The Rise of Inner Aian Confederations and Empires', Stark M. T.(ed.), *Archaeology of Asia*, Blackwell Publishing, 2006; 小松久男(고마츠 히사오) 外, 『중앙유라시아의 역사』(이평래 옮김), 소나무, 2005.

44) di Cosmo N.(니콜라 디코스모), 『오랑캐의 탄생: 중국이 만들어 낸 변방의 역사』(이재정 옮김), 황금가지, 2005; 冨谷至(도미야 이타루), 『나는 이제 오랑캐의 옷을 입었소』(이재성 옮김), 시공사, 2003; 澤田勳(사와다 이사오), 『흉노』(김숙경 옮김), 아이필드, 2007; 小谷仲男(오다니 나카오), 『대월지』(민혜홍 옮김), 아이필드, 2008.

45) 김호동, 「古代遊牧國家의 構造」, 『강좌중국사』II, 지식산업사, 1989; 同, 「北아시아 遊牧國家의 君主權」, 東洋史學會 編, 『東亞史上의 王權』, 한울, 1993.

46) Bunker E · Chatwin · Farkas, "*Animal Style*" *Art from East to West*, New York, An Asia House Gallery Publication, 1970; Bunker E. C., *Nomadic Art of the Eastern Eurasian Steppes*, N.Y./New Haven & London, The Metropolitan Museum of Art/Yale Univ. Press, 2002; 권영필, 「'代替文獻'으로서의 西安地區出土 青銅動物紋裝飾牌: 匈奴美術의 南下」, 『中央아시아研究』 2, 중앙아시아학회, 1997; 同, 「西아시아와 古代 韓國文化」, 『新羅文物研究』2,국립경주박물관, 2009; 이송란, 「오르도스 '새머리 장식 사슴뿔' 모티프의 동점으로 본 평양 석암리 219호〈은제타출마노감장괴수문행엽〉의 제작지」, 『미술자료』 78, 국립중앙박물관, 2009.

47) 조소은, 「알타이 산악지역 파지릭고분 연구」, 경희대학교 대학원사학과 석사학위논문, 2015; 한진성, 「匈奴 動物文鉸具 研究」, 경희대학교 대학원사학과 석사학위논문, 2015.

또 하나의 중요한 흐름은, 기존에도 일부 연구되기도 했지만 흉노의 서방과의 문화교류에 대한 연구이다.[48] 한국, 중국, 일본 등 동아시아 삼국은 오랫동안 흉노문화가 중국 것보다 뒤떨어진 것으로 잘못 인식하고 있다. 이러한 인식의 배경은 정주민의 문화가 유목민의 그 것보다 우수하다는 고정관념에서 비롯된 것이다.[49] 흉노 고분에서 발굴된 유물은 중국 제품뿐 아니라 멀리 그리스 기원의 '그리핀(Griffin) 도상' 카펫도 함께 출토되었으며, 최근 발굴에서는 서방에서 직수입된 것으로 보이는 은제원반이 출토되어 흉노의 활발한 대외 교류의 모습을 증명해 주고 있다.[50]

중앙아시아의 초원에서 유목을 위주로 활동하면서, 세계사에 커다란 영향을 끼쳤고 또 세계사의 중요한 한 부분이었던 흉노인과 흉노제국에 대한 연구는 그 동안 많은 학문적 성과를 이룩했다. 그러나 그 중요성에 비하면 아직 충분한 연구가 이루어졌다고 할 수 없는 상황이다.[51] 그런데 최근에 흉노에 대한 새로운 연구 성과와 방향이 나타나기 시작하고 있다.[52] 기존의 사료를 통한 연구는 새

---

48) Jacobson W., 'Some Observations on the Origin of Sino-Siberian Animal Bronzes', *Ethnographical Studies*, København, Gyl, 1941; Lattimore O., 'Herdsman, Farmers, Urban Culture', *Pastoral Production and Society*, Cambridge University Press, 1979.

49) 김호동, 「문명과 야만: 정주사회와 유목세계의 역사적 관계의 일면」, 『신인문』 창간호, 한길사, 1997 여름, pp.109~135.

50) 국립중앙박물관 · 몽골국립역사박물관 · 몽골사회과학원 역사연구소, 한 · 몽공동학술조사 10주년 국제학술심포지엄 『초원의 대제국 흉노: 2000년 전 무덤의 발굴』, 국립중앙박물관, 2007; Brosseder U · Miller B. K.(eds.), *Xiongnu Archaeology: Multidisciplinary Perspectives of the First Steppe Empire in Inner Asia*, Vor-und Frühgeschichtliche Archäologie Rheinische Friedrich-Wilhelms -Universität Bonn, 2011.

51) 정재훈, 「중학교 사회교과서 세계사 서술 속의 타자읽기」, 『역사교육』 93,역사교육연구회, 2005.

로운 접근 방법을 통한 이해가 이루어지고 있으며, 고고학 발굴을 통한 새로운 유물과 유적에 대한 연구는 고고학을 넘어 미술사, 복식, 민속, 문화인류학, 형질인류학 등 다양한 학문 방법을 통한 학제 간 연구가 진행되고 있다.[53] 특히 유의할 점은 보다 객관적이고 과학적인 연구 자세가 필요하다는 것이다. 일부에서 행해지는 교조적인 연구는 흉노에 대한 올바른 이해에 도움이 되지 못할 뿐 아니라, 역사왜곡으로 이어질 위험을 내포하고 있기 때문이다.[54]

3. 흉노제국에서 좌익의 역할과 중요성

사마천(司馬遷)의 『사기(史記)』권110 「흉노열전(匈奴列傳)」에서 본고의 주제인 흉노(匈奴)제국의 좌익(左翼)과 관련 있는 사료를 적시하면 다음과 같다.

먼저 사료 A(a)-D(d)는, 북방 민족인 산융(山戎), 동호(東胡), 흉

52) Christian D., 'Inner Eurasia as a Unit of World History', *Journal of World History*, vol.5, no.2, University of Hawaii Press, 1994; di Cosmo N., 'State Formation and Periodization in Inner Asian History', *Journal of World History*, vol.10, no.1, University of Hawai'i Press, 1999.

53) Ганбаатар Я.(강바타르), *Хүннүгийн түүх, соёл*(흉노 역사, 문화), УБ., Нүүдэлийн соёл иргэншил судлах олон улсын хрээлэн, 2008; Төрбат Ц.(эмх.)(투르바트 편), *Хүнүүгийн толь бичиг*(흉노 사전), УБ., ШУА-Археологийн хүрээлэн, 2011; Эрэгзэн Г.(эмх.)(에렉젠 편), *Хүннүгийн өв*(흉노의 문화유산), УБ., ШУА-Археологийн хүрээлэн · Монголын Үндэсний Музей, 2011; *Dschingis Khan und Seine Erben: Das Weltreich der Mongolen*, München, 2005; idem, *Чингис хаан ба түүнийг залгамжлагчид*(칭기스 칸과 그의 계승자들), УБ., 2010.

54) 費孝通, 『中華民族多元一體格局/(修訂本)』, 北京, 中央民族學院出版社, 1987/(1999).

노(匈奴) 등의 상호관계와, 아울러 중국과의 관계를 보여주는 예들이다.

A. 是後六十五年, 而山戎越燕而伐齊, 齊釐公與戰于齊郊. 其後四十四年, 而山戎伐燕. 燕告急于齊, 齊桓公北伐山戎, 山戎走[55]

a. 이후 65년이 지나 산융(山戎)이 연(燕) 나라를 넘어 제(齊) 나라를 공격하니 제나라 희공(釐公)이 [산융(山戎)과] 제나라의 국경에서 싸웠다. 이후 44년이 지나 산융이 연나라를 쳤다. 연나라는 위급함을 제나라에 알렸고, 제나라 환공(桓公)이 북쪽으로 산융을 공격하나 산융이 도망갔다.[56]

사료 A(a)는 산융(山戎)이 연(燕)나라와 제(齊)나라를 공격하자, 연(燕)과 제(齊)가 연합하여 산융과 싸웠던 사실을 보여준다. 즉, 고대 동북아시아에서 북방민족의 발흥은 주변 제국의 흥망을 좌우하는 중요한 흐름이었던 것을 볼 수 있다.

B. 冒頓既立, 是時東胡彊盛, 聞冒頓殺父自立, 內使使謂冒頓, 欲得頭曼單于時有千里馬. 冒頓問群臣, 群臣皆曰, 千里馬, 匈奴寶馬也, 勿與. 冒頓曰, 柰何與人鄰國而愛一馬乎, 遂與之千里馬. 居頃之, 東胡以爲冒頓畏之, 乃使使謂冒頓, 欲得單于一閼氏. 冒頓復問左右, 左右皆怒曰, 東胡無道, 乃求閼氏, 請擊之. 冒頓曰, 柰何與人鄰國愛一女子乎, 遂取所愛閼氏與東胡. 東胡王愈益驕, 西侵. 與匈奴間, 中有弃地, 莫居, 千餘里, 各居其邊爲甌脫. 東胡使使謂冒頓曰, 匈奴所與我界甌脫外弃

55) 『史記』「匈奴列傳」, p.2881: 『史記 外國傳 譯註』, p.41.
56) 『史記 外國傳 譯註』, pp.45~46.

地, 匈奴非能至也, 吾欲有之. 冒頓問群臣, 群臣或曰, 此弃地, 予之亦可, 勿予亦可. 於是冒頓大怒曰, 地者, 國之本也, 柰何予之, 諸言予之者, 皆斬之. 冒頓上馬, 令國中有後者斬, 遂東襲擊東胡. 東胡初輕冒頓, 不爲備. 及冒頓以兵至, 擊, 大破滅東胡王, 而虜其民人及畜産.[57)]

b. 묵특(冒頓)이 즉위하니 이때 [이웃의] 동호(東胡)가 강성하여 묵특이 아비를 죽이고 스스로 [선우가] 되었다는 말을 듣고 묵특에게 사자를 보내 생전에 두만 선우(頭曼 單于)가 갖고 있던 천리마를 갖고 싶다고 말했다. 묵특이 여러 신하들에게 의견을 물으니 여러 신하들이 답했다. "천리마는 흉노(匈奴)의 보배로운 말입니다. 주지 마십시오." 묵특은 "내가 어찌 이웃 나라끼리 한 마리의 말을 아까워하겠는가?"라고 하면서 천리마를 주어 버렸다. 얼마 후 동호는 묵특이 [자기를] 두려워한다고 생각해 묵특에게 [다시] 사자를 보내 선우의 연지(閼氏) 한 명을 달라고 말했다. 묵특이 다시 좌우에게 [그 여부를] 물으니 좌우가 모두 화를 내면서 말했다. "동호는 무도 무례하게 연지를 달라고 하니 그들을 치기 바라옵니다." 묵특은 "내가 어찌 이웃 나라끼리 여자 하나 주는 것을 아까워하겠는가?"라고 하면서 그가 아끼던 연지를 골라 동호에게 보내 주었다. 동호의 왕은 더욱 교만해져 서쪽을 쳤다. [동호(東胡)와] 흉노 사이에는 버려진 땅에 사람이 살지 않는 곳이 1천여 리에 이르렀고 [양국은] 각각 망을 보는 시설[甌脫]을 경계로 삼고 있었다. 동호는 사신을 묵특에게 보내 "흉노와 우리가 경계하고 있는 망을 보는 시설 밖에 있는 버려진 땅은 흉노가 이를 수 있는 곳이 아니니 내가 갖고 싶소."라고 말했다. 묵특이 여러 신하에게 물으니 여러 신하들이 답했다. "이곳은 버려진 땅이니 주어도 또한 가하고 주지 않아도 또한 가합니다." 이에 묵특은 크게 화를 내면서 말하였다. "땅이란 나라의 근본인데 어찌 줄 수

57) 『史記』 「匈奴列傳」, p.2889: 『史記 外國傳 譯註』, pp.61~62.

있단 말인가?" [땅을] 주자고 말한 여러 명을 모두 목 베었다. [바로] 묵특은 말에 올라타 백성들에게 뒤늦게 출진하는 자도 베어 버리겠다고 명령했다. 마침내 [흉노가] 동으로 동호를 습격했다. 동호는 처음부터 흉노를 가볍게 보고 방비를 갖추지 않고 있었다. 그래서 묵특이 군대를 이끌고 [동호 땅에] 도착해 공격하니 동호의 왕이 크게 패해 망했고 [묵특은] 그 백성과 가축 등을 [전리품으로] 빼앗았다.[58)]

사료 B(b)에서는 '유목민족은 땅을 중요하게 여기지 않을 것'이라는 우리들의 통념을 여지없이 흔들어 놓는다. 아울러 흉노는 동쪽으로 '구탈(甌脫)'이라는 일종의 완충지대를 경계로 동호와 국경을 접하였고, 흉노의 일부 관리들과는 달리 묵특 선우는 '땅이란 나라의 근본(地者, 國之本也)'임을 분명히 인식하고 있음을 알 수 있다.

다음 사료 C(c)-D(d)는 흉노가 중국 변경지대를 공격한 사실을 보여주는 예이다.

C. 匈奴日已驕, 歲入邊, 殺略人民畜産甚多, 雲中遼東最甚, 至代郡萬餘人.[59)]

c. 흉노가 날로 교만해져 해마다 변경지대를 [침범해] 들어와 백성들과 가축들을 죽이고 노략질한 것이 아주 많았는데, [그 중에서] 운중(雲中)과 요동(遼東)이 가장 심했고, [그 피해는] 대군에서 만여 명에 이르렀다.[60)]

D. 其明年秋, 匈奴二萬騎兵入漢, 殺遼西太守, 略二千餘人.[61)]

---

58) 『史記 外國傳 譯註』, p.62.
59) 『史記』「匈奴列傳」, p.2901: 『史記 外國傳 譯註』, p.93.
60) 『史記 外國傳 譯註』, p.95.

d. 그 이듬해 가을 흉노의 기병 2만이 한나라로 들어와 요서(遼西) 태수를 죽이고 2천여 명을 잡아갔다.[62]

위의 사료 C(c)와 D(d)는 흉노를 비롯한 북방 민족이 때때로 중국을 공격하는 이유가 바로, 노동력으로 사용할 수 있는 사람과 가축을 확보하기 위함이라는 사실을 보여주고 있다.[63]

다음 사료 E(e)-G(g)들은 흉노제국에서 좌익을 우선시하였음을 보여주는 예들이다.

E. 置左右賢王, 左右谷蠡王, 左右大將, 左右大都尉, 左右大當戶, 左右骨都侯. 匈奴謂賢曰屠耆, 故常以太子爲左屠耆王. 自如左右賢王以下至當戶, 大者萬騎, 小者數千, 凡二十四長, 立號曰萬騎, 諸大臣皆世官. 呼衍氏, 蘭氏, 其後有須卜氏, 此三姓其貴種也. 諸左方王將居東方, 直上谷以往者, 東接濊貊朝鮮, 右方王將居西方, 直上郡以西, 接月氏氐羌, 而單于之庭直代雲中. 各有分地, 逐水草移徙, 而左右賢王左右谷蠡王爲最大, 左右骨都侯輔政. 諸二十四長亦各自置千長百長什長裨小王相封都尉當戶且渠之屬.[64]

e. [선우 밑에는] 좌현왕, 우현왕, 좌록리왕, 우록리왕, 좌대장, 우대장, 좌대도위, 우대도위, 좌대당호, 우대당호, 좌골도후, 우골도후를 두었다. 흉노에서는 '어질다[賢]'는 [말을] 도기(屠耆)라고 했는데, 그래서 늘 태자를 좌도기왕이라고도 불렀다. 또 좌현왕과 우현왕 이

61) 『史記』「匈奴列傳」, p.2906: 『史記 外國傳 譯註』, p.106.
62) 『史記 外國傳 譯註』, p.108.
63) Barfield Th. J.(토마스 바필드), 『위태로운 변경』(윤영인 옮김), 동북아역사재단, 2009.
64) 『史記』「匈奴列傳」, pp.2890~2891: 『史記 外國傳 譯註』, p.64.

하 당호에 이르기까지 크게는 만 기(騎), 작게는 수천 기를 거느렸는데, 대체로 24인의 장(長)들이 있었고, [이들을] 만기(萬騎)라 불렀다. [이] 여러 대신들은 모두 세습하는 관직이었다. 호연씨(呼衍氏), 란씨(蘭氏), 수복씨(須卜氏)가 있었는데, 이 세 가지의 성이 귀하였다. 여러 명의 왼쪽[左] 방향의 왕이나 장군들은 동방에 위치하며 상곡[군]의 동쪽을 담당하였고, 예맥(濊貊), 조선(朝鮮)과 접해 있었다. 오른쪽[右] 방향의 왕이나 장군들은 서방에 위치하며 상군의 서쪽을 담당하였고, [소]월지(月氏)나 저(氐), 강(羌)과 접해 있었다. 선우정(單于庭)은 대[군], 운중[군]을 담당하고 있었다. 각각의 영역[分地]이 있었으며, [그 범위 안에서] 물과 풀을 따라 옮겨 다니며 살았다. 그런데 [그들 중에서] 좌현왕과 우현왕, 그리고 좌록리왕과 우록리왕의 영역이 가장 컸다. 좌골도후와 우골도후가 선우의 정치를 보좌했다. 여러 24명의 장들은 각자 천장, 백장, 십장, 비소왕, 상봉, 도위, 당호, 저거 등의 속관을 두었다.[65]

F. 而單于朝出營, 拜日之始生, 夕拜月. 其坐, 長左而北鄉.[66]

f. 그리고 선우는 아침 천막에서 나와 해가 뜨는 [동쪽을 보고] 절하고, 저녁에는 달을 보고 절했다. 좌석은 왼쪽을 중요하게 여겼고 북쪽을 향하였다.[67]

G. 呴犁湖單于立一歲死, 匈奴乃立其弟左大都尉且鞮侯爲單于.[68]

g. 구리호 선우(呴犁湖 單于)는 즉위한 지 1년 만에 죽었다. 흉노

65) 『史記 外國傳 譯註』, pp.64~68.
66) 『史記』「匈奴列傳」, p.2892: 『史記 外國傳 譯註』, p.68.
67) 『史記 外國傳 譯註』, p.70.
68) 『史記』「匈奴列傳」, p.2917: 『史記 外國傳 譯註』, p.136.

는 이에 그의 동생 좌대도위 저제후(且鞮侯)를 세워 선우로 삼았다.[69]

본고의 머리말에서도 잠깐 언급했듯이, 흉노에서는 왼쪽을 중요하게 여겼고(長左), 선우의 뒤를 이을 태자를 '좌도기왕(左屠耆王)'이라고 불렀다. 상황이 여의치 않을 경우에도 여전히 우대도위가 아닌, 좌대도위(左大都尉)가 선우의 자리에 올랐던 것을 볼 수 있다.

다음에 인용하는 사료 E(e), H(h)-I(i)는 한(漢) 왕조가 예맥(濊貊), 조선(朝鮮)을 경략한 사실과, 그 목적이 흉노와의 연계를 차단하려는 것이었음을 보여주는 예들이다.

E. …… 諸左方王將居東方, 直上谷以往者, 東接濊貊朝鮮, 右方王將居西方, 直上郡以西, 接月氏氐羌, 而單于之庭直代雲中. ……[70]

e. …… 여러 명의 왼쪽[左] 방향의 왕이나 장군들은 동방에 위치하며 상곡[군]의 동쪽을 담당하였고, 예맥(濊貊), 조선(朝鮮)과 접해 있었다. 오른쪽[右] 방향의 왕이나 장군들은 서방에 위치하며 상군의 서쪽을 담당하였고, [소]월지(月氏)나 저(氐), 강(羌)과 접해 있었다. 선우정(單于庭)은 대[군], 운중[군]을 담당하고 있었다. ……[71]

H. 是時漢東拔濊貊朝鮮以爲郡, 而西置酒泉郡以隔絶胡與羌通之路.[72]

h. 이 무렵 한나라는 동쪽으로 예맥(濊貊), 조선(朝鮮)을 정복해

---

69) 『史記 外國傳 譯註』, p.136.
70) 『史記』「匈奴列傳」, pp.2890~2891: 『史記 外國傳 譯註』, p.64.
71) 『史記 外國傳 譯註』, pp.64~68.
72) 『史記』「匈奴列傳」, p.2913: 『史記 外國傳 譯註』, p.126.

군(郡)으로 삼고, 서쪽으로는 주천군(酒泉郡)을 설치해 흉노와 강(羌)이 통하는 길을 막았다.[73]

I. 東伐朝鮮. 起玄菟樂浪以斷匈奴之左臂: 西伐大宛, 並三十六國, 結烏孫, 起敦煌酒泉張掖, 以鬲婼羌, 裂匈奴之右肩.[74]

i. 동쪽으로 조선(朝鮮)을 정벌하고, 현토(玄菟), 낙랑(樂浪)[군]으로써 흉노의 왼쪽어깨를 끊었다. 서쪽으로 대완(大宛)을 정벌하고 삼십육국을 병합하고, 오손(烏孫)을 묶어두고 돈황, 주천, 장액[군]으로써 야강(婼羌)을 격리하여 흉노의 오른쪽 어깨를 꺾었다.

이상에서 살펴본 바와 같이 흉노제국에서는 좌익(左翼)을 숭상하였으며, 흉노에서 좌익은 동쪽으로 산융(山戎), 동호(東胡), 예맥(濊貊), 조선(朝鮮), 숙신(肅愼), 오환(烏桓), 선비(鮮卑) 등과 때로는 적대적인, 때로는 우호적인 국제관계를 유지하며 항쟁하였던 것을 알 수 있었다. 특히, 사료 H(h)-I(i)에서 본 바와 같이, 진(秦) · 한(漢) 등 역대 중원 왕조는 흉노로 대표되는 북방 역사세계와 예맥 · 조선으로 대표되는 동방 역사세계와의 우호적인 관계를 좌시하지 않았던 것이다. 한 무제(武帝)가 흉노의 좌우 날개를 꺾기 위해 '한사군(漢四郡)'과 '하서사군(河西四郡)'을 설치한 것이나,[75] 훗날 당(唐)나라가 고구려와 투르크[突厥] 사이의 동맹을 방해한 것도 이와 동일한 역사적 상황이었다.

---

73) 『史記 外國傳 譯註』, pp.126~127.
74) [漢]班固 撰, 『漢書』 卷73 「韋賢傳」第43,北京, 中華書局, 1997, p.3126.
75) 肖爱民, 『中国古代北方游牧民族两翼制度研究』, 北京, 人民出版社, 2007.

4. 맺음말 : 이후의 연구방향에 대한 제언

이상에서 살펴본 바와 같이 흉노 유목제국은 우익(서쪽)보다 좌익(동쪽)을 보다 더 중시했음을 알 수 있었다. 물론 그 실체는 아직 분명하게 보이지는 않지만, 어느 정도 윤곽은 알아볼 수 있었다. 앞으로 보다 심도 깊고 지속적인 연구가 필요하다고 할 수 있다.

아울러 추후 흉노와 고대 한반도와 만주를 포함한 동북아시아 지역과의 교류관계 연구의 방향성에 대해 언급하는 것으로 맺음말을 대신하고자 한다.

첫째, 청동기시대 북방 문화에 대한 조사 및 분류이다. 현재 우리나라 고대사와 선사시대와 관련 있는 청동기문화 가운데 가장 오래된 것은 대부분이 요서지역, 특히 대릉하(大凌河) 유역에 분포하고 있다. 그런데 이 유적들은 지리적 특성상 여러 가지 문화요소가 혼합되어 나타나고 있어 어떤 것이 자체발전의 결과이고 어떤 것이 교류의 산물인지 확연히 구별하기는 쉽지 않다. 현재 국내에 소개된 북방계 청동기 문화, 즉 시베리아 지역의 청동기문화로는 하카시아-미누신스크 지역이 알려져 있다. 이들에 속한 것으로는 아파나시에보, 카라수크, 타가르 등이 있는데 자세한 정보는 아직 부족한 상황이다.[76] 따라서 각 문화들이 어떤 특징을 지니고 어느 방향으로 전파되어 나갔는지를 파악하여 계통별로 분류하고, 북방 청동기 문화의 가이드라인을 제시하는 것이 시급히 요구된다.

둘째, 요서지역 청동기문화와 북방 청동기문화의 비교 작업을 들 수 있다. 요서지역의 청동기문화들은 중국계 영향이 보이는 유물들

---

76) 정석배, 『북방유라시아 대륙의 청동기문화』, 학연문화사, 2004.

로 볼 때 중국의 영향을 받았을 것으로 생각할 수 있지만, 그렇게 판단하기 어려운 것들도 다수 존재하고 있다. 그렇다면 문화의 교류 측면에서 생각할 때 중국계 유물의 영향으로 생각되지 않는 것은 북방계 유물의 영향으로 생각해볼 수 있다. 특히 전국시기에 등장하는 동호(東胡)나 산융(山戎) 등이 현재의 요서지역에서 활동하였다는 것을 생각해보면, 요서지역의 유물들이 북방 청동기문화와 관련성이 높을 가능성은 충분하다고 할 수 있다. 이에 대한 연구는 이미 중국과 일본에서 일찍부터 진행되고 있는데, 각 나라의 연구자들은 자신들의 기준에 맞게 해석하고 있는 바, 우리도 나름의 기준을 세우고 조사할 필요가 있다.

셋째, 고조선의 청동기문화에 대한 북방 청동기문화의 영향력 검토이다. 고조선의 청동기문화유적 가운데 가장 빠른 것으로 지목되는 것은 십이대영자(十二臺營子) 유적인데, 이것은 요서의 대릉하 지역에 분포하고 있는 것으로서 주목할 만하다.[77] 또한 고조선 청동기문화의 특질은 무엇인지, 북방 청동기문화와 어떤 영향을 주고 받았는지 살펴볼 수 있다.[78]

특히 이 지역의 청동기 유물들 가운데 예기류(禮器類)는 중국의 영향을 받았을 것으로 추정되는데 반해 무기류(武器類)는 북방문화의 영향을 받았을 가능성이 큰 것으로 추정되고 있어서 양자 간의 관계를 따져볼 필요가 있다. 더욱이 현재 고조선의 대표적 유물로 알려진 비파형 동검의 경우 그 형태나 제작 방법이 중국계와는 확연히 다른 바, 그것이 다른 방식으로 전래되었을 가능성도 고려해야 한다.

---

77) '십이대영자(十二臺營子) 유적'에 대해서는 烏恩岳斯圖, 『北方草原考古學文化研究: 青銅時代至早期鐵器時代』, 北京, 科學出版社, 2007, pp.224~251을 참조하시오.

78) 우실하, 『동북공정 너머 요하문명론』, 소나무, 2007.

넷째, 고조선과 흉노와의 관계에 대한 심도 깊은 연구가 필요하다. 이렇듯 청동기시대 북방문화의 영향을 다방면으로 검토한 다음에는 철기를 사용하는 국가단위의 관계를 검토하는 일일 것이다. 그 가운데 고조선 연구의 저변을 확대하는 방법으로는 고조선과 흉노의 관계를 고찰하는 것을 들 수 있다. 즉, 초기 청동기 시기 양자의 연관성이나, 고조선 이후 고구려와 북방 유목국가들의 관계를 생각해보면 고조선과 흉노가 밀접한 관계를 맺고 있었을 가능성은 충분하다고 생각된다.[79] 특히 한대의 기록에서 고조선은 흉노의 오른팔로 전해지고 있는데, 이것이 어떠한 의미를 갖고 있는지 그간 파악하지 못했다. 이는 비록 비유적인 표현이지만, 제 3자인 중국인이 보기에도 그만큼 양자가 밀접한 관계를 맺고 있었다는 것을 알려주는 것으로 볼 수 있다.[80]

물론 유목민과 정주민이라는 차이는 구별할 필요가 있지만, 현재까지 알려진 것만 해도 고조선과 흉노의 문화적 교류 가능성, 고조선 이후 등장한 한국 고대국가들의 북방 문화 수용을 알려주는 단서가 된다. 일찍이 선학들이 지적한 '단군'과 '굿'의 어원이 각각 하늘을 뜻하는 '텡그리(t[e]ngri, 탱리)'와 투르크 · 몽골어의 '쿠투(qutu)'에서 왔을 것이라는 점이 대표적이다.[81] 이를 통해 볼 때 흉노문화 자체에 대한 이해가 심화될수록 고조선 역사에 대한 이해도 더욱 깊어질 가능성은 충분하다고 말할 수 있다.

---

79) 노태돈, 「고구려 · 발해인과 내륙아시아 주민과의 교섭에 대한 고찰」, 『고구려사 연구』, 사계절, 1999, pp.527~528; (사)고구려연구회, 『동북공정과 한국학계의 논리』, 여유당, 2008.

80) 『漢書』 권73, 「韋賢傳」, p.3126.

81) '굿'에 대해서는 조흥윤, 『巫와 민족문화』, 민족문화사, 1990, p.232를 참조하시오.

〈참고 문헌〉

1. 사료

[漢]司馬遷 撰, 『史記』, 北京, 中華書局, 1997.

______, 정재훈 역주, 『史記』 卷110 「匈奴列傳」, 동북아역사재단 편, 역주 중국 정사 외국전 1 『史記 外國傳 譯註』, 동북아역사재단, 2009.

[漢]班固 撰, 『漢書』, 北京, 中華書局, 1997.

[明]宋濂 等 撰, 『元史』, 北京, 中華書局, 1997.

2. 단행본 연구서

강인욱, 『유라시아 역사 기행』, 민음사, 2015.

국립중앙박물관 편찬, 『몽골 흉노무덤 자료집성』, 국립중앙박물관, 2008.

국립중앙박물관 · 몽골국립역사박물관 · 몽골사회과학원 역사연구소, 『몽골 우글룩칭골 유적』, 국립중앙박물관, 1999.

______, 『몽골 모린 톨고이 흉노무덤』, 국립중앙박물관, 2001.

______, 『몽골유적조사 5년』, 국립중앙박물관, 2002.

______, 『몽골 호드긴 톨고이 흉노무덤』, 국립중앙박물관, 2003.

______, 『국립중앙박물관 몽골 학술조사 성과: 2002-2004』, 국립중앙박물관, 2004.

______, 한-몽공동학술조사 10주년 국제학술심포지엄 『초원의 대제국 흉노: 2000년 전 무덤의 발굴』, 국립중앙박물관, 2007.

______, 제3회 한 · 몽공동학술심포지엄 『초원의 대제국 흉노』, 국립중앙박물관, 2008.

국립중앙박물관 · 부경대학교 인문사회과학연구소, 『흉노와 그 동쪽의 이웃들』, 국립중앙박물관, 2012.

노태돈, 『고구려사 연구』, 사계절, 1999.

동북아역사재단 · 러시아과학아카데미 물질문화연구소 편, 『중앙아시아의 바위그림』, 동북아역사재단, 2007.
______ · 몽골과학아카데미 고고학연구소 편, 『몽골 고비 알타이의 암각화』, 동북아역사재단, 2008.
______ · 몽골과학아카데미 고고학연구소 편, 『몽골 서북부 지역의 암각화』, 동북아역사재단, 2009.
______ · 카자흐스탄 교육과학부 고고학연구소 편, 『카자흐스탄의 바위그림』, 동북아역사재단, 2011.
______ · 키르기스스탄국립대학교 역사지역학부 · 박물관연구센터 편, 『키르기스스탄 남부 지역의 암각화』, 동북아역사재단, 2012.
(사) 중앙아시아학회 · 부경대학교 인문사회과학연구소, 『동아시아 고대문화 속의 흉노』, 국립중앙박물관, 2010.
전해종, 『韓中關係史研究』, 일조각, 1970.
정석배, 『북방유라시아 대륙의 청동기문화』, 학연문화사, 2004.
정재훈, 『위구르 유목 제국사: 744-840』, 문학과 지성사, 2005.
조흥윤, 『巫와 민족문화』, 민족문화사, 1990.
중앙유라시아연구소 편, 『세계사 속의 중앙유라시아』, 서울대 중앙유라시아연구소, 2008.
한국고구려연구재단 · 중국내몽고문물고고연구소, 『내몽고 중남부의 오르도스청동기와 문화』, 고구려연구재단, 2006.
한 · 몽 학술연구조사협회 · 몽골과학원, 『한 · 몽 공동학술조사: 동몽골 1차년도 보고서』, 1992.
______, 『한 · 몽 공동학술조사: 동몽골 2차년도 보고서』, 1993.
______, 『한 · 몽 공동학술조사: 동몽골 3차년도 보고서』, 1994.
______, 『한 · 몽 공동학술조사: 동몽골 4차년도 보고서』, 1995.
______, Corea-Mongol Joint Studies · 5 (동몽골 5차년도 보고서), 1997.

郭大順,『紅山文化考古』, 沈陽, 遼寧人民出版社, 2009.
郭物,『鍑中乾坤: 青銅鍑與草原文明』, 上海社會科學院出版社, 2003.
吉林大學邊疆考古研究中心 編, 『邊疆考古研究』1-13,北京, 科學出版社, 2003-2015.
馬大正(마다정),『중국의 동북변강연구』(이영옥 역), 고구려연구재단, 2004.
馬利清,『原匈奴, 匈奴: 歷史與文化的考古探索』, 呼和浩特, 內蒙古大學出版社, 2005.
武沐,『匈奴史研究』, 北京, 民族出版社, 2009.
潘玲,『伊沃爾加城址和墓地及相關匈奴考古問題研究』, 北京, 科學出版社, 2007.
費孝通,『中華民族多元一體格局/(修訂本)』, 北京, 中央民族學院出版社, 1987/1999.
尙鉞 主編,『中國歷史綱要』, 北京, 人民出版社, 1954.
孫危,『鮮卑考古學文化研究』, 北京, 科學出版社, 2007.
楊茂盛,『中國北彊古代民族政權形成研究』, 哈爾濱, 黑龍江敎育出版社, 2004.
鄂爾多斯博物館 編,『鄂爾多斯青銅器』, 文物出版社, 2006.
《鄂爾多斯青銅器國際學術研討會論文集》 編輯組 編,『鄂爾多斯青銅器國際學術研討會論文集』, 北京, 科學出版社, 2009.
烏恩岳斯圖,『北方草原考古學文化研究: 青銅時代至早期鐵器時代』, 北京, 科學出版社, 2007.
林幹,『中國古代北方民族通史』, 厦門, 鷺江出版社, 2003.
______,『中國古代北方民族史新論』, 呼和浩特, 內蒙古人民出版社, 2007.
______·再思,『東胡烏桓鮮卑研究與附論』, 呼和浩特, 內蒙古大學出版社, 1995.
張久和,『原蒙古人的歷史: 室韋-韃靼研究』, 北京, 高等敎育出版社, 1998.
______(장지우허),『몽골인, 그들은 어디서 왔나』(북방사 연구팀 옮김), 소나무, 2009.

張星德,『紅山文化硏究』, 北京, 中國社會科學出版社, 2005.

田廣金・郭素新,『北方文化與匈奴文明』, 杭州, 江蘇敎育出版社, 2005.

中國內蒙古自治區文物考古研究所・蒙古國游牧文化研究國際學院・蒙古國國家博物館 編, 塔拉・恩和圖布信 主編,『蒙古國古代游牧文化遺存考古調査報告(2005-2006年)』, 北京, 文物出版社, 2008. (Монгол улсын нүүдлийн соёл иргэншлийг судлах олон улсын хүрээлэн・Монголын үндэсний музей・БНХАУ-ын өмөзо-ны соёлын өв, археологи судлалын хүрээлэн, Энхтүвшин Б・Т а Ла(ред.), *Монгол улсын нутаг дахь археологийн хайгуул судалгаа (2005-2006 он)*, Бээжин, БНХАУ-ын соёлын өв хэвлэлийн хороо, 2008.) [蒙古國境內古代游牧民族文化遺存考古調査, 勘探, 發掘研究合作項目成果之一]

______, 『蒙古國浩藤特蘇木烏布爾哈布其勒三號四方形遺址發掘報告(2006年)』, 北京, 文物出版社, 2008. (______, *(Монгол улсын) Архангай аймгийн хотонт сумын нутаг дахь өвөр хавцалын амны 3-р дөрвөлжингийн малтлага(2006 он)*, Бээжин, БНХАУ-ын соёлын өв хэвлэлийн хороо, 2008.) [蒙古國境內古代游牧民族文化遺存考古調査, 勘探, 發掘研究合作項目成果之二]

______, 塔拉・阿 奧其爾 等, 著『蒙古國后杭愛省浩藤特蘇木胡拉哈一號墓園發掘報告』, 北京, 文物出版社, 2015. (АОчир・Т а Ла(ред.), *(Монгол улсын) (Архангай аймгийн хотонт сумын нутаг дахь) хулхийн амны 3-р дөрвөлжингийн судалга, Бээжин*, БНХАУ-ын соёлын өв хэвлэлийн хороо, 2015.) [蒙古國境內古代游牧民族文化遺存考古調査, 勘探, 發掘研究合作項目成果之三]

陳序經,『匈奴史稿』, 北京, 中國人民大學出版社, 2007.

加藤謙一,『匈奴帝國』, 東京, 第一書房, 1998.

江上波夫,『古代北方文化: 匈奴文化論考』, 東京, 山川出版社, 1948.
______,『ユウラジア北方文化の硏究』, 東京, 山川出版社, 1951.
內田吟風,『北アジア史硏究: 匈奴篇』, 同朋舍, 1975.
梅原末治,『朝鮮古代の墓制』, 東京, 座右寶刊行會, 1947.
______,『蒙古ノイン・ウラ發見の遺物』, 東洋文庫, 平凡社, 1960.
富谷至(도미야 이타루),『나는 이제 오랑캐의 옷을 입었소』(이재성 옮김), 시공사, 2003.
三上次男,『古代東北アジア硏究』, 東京, 吉川弘文館, 1966.
小谷仲男(오다니 나카오),『대월지』(민혜홍 옮김), 아이필드, 2008.
小松久男(고마츠 히사오) 外,『중앙유라시아의 역사』(이평래 옮김), 소나무, 2005.
林俊雄,『スキタイと匈奴: 遊牧の文明』, 東京, 講談社, 2007.
澤田勳(사와다 이사오),『흉노』(김숙경 옮김), 아이필드, 2007.

Beckwith Ch. I.(크리스토퍼 벡위드),『중앙유라시아 세계사』(이강한 · 류형식 역), 소와당, 2014.
Benmann J · Parzinger H.(eds.), *Current Archaeological Research in Mongolia*, Bonn., Institute of Pre-and Early Historical Archaeology, 2009.
Brosseder U · Miller B. K.(eds.), *Xiongnu Archaeology: Multidisciplinary Perspectives of the First Steppe Empire in Inner Asia*, Vor-und Frühgeschichtliche Archäologie Rheinische Friedrich-Wilhelms-Universität Bonn, 2011.
di Cosmo N.(니콜라 디코스모),『오랑캐의 탄생: 중국이 만들어 낸 변방의 역사』(이재정 옮김), 황금가지, 2005.
Grousset R.(르네 그루쎄),『유라시아 유목제국사』(김호동 · 유원수 · 정재훈 옮김), 사계절, 1998.

Maenchen-Helfen O. J., Knight M.(ed.), *The World of the Huns: Studies in there History and Culture*, Berkeley · L.A. · London, Univ. of California Press, 1973.

Mission Archéologique Française en Mongolie, *Mongolie: le premier empire des steppes*, Paris, Actes Sud, 2003.

Dschingis Khan und Seine Erben: Das Weltreich der Mongolen, München, 2005.

______, *Чингис хаан ба тҮҮнийг залгамжлагчид*(칭기스 칸과 그의 계승자들), УБ., 2010.

Sabanci Üniversitesi, *Cengiz Han ve Mirasçıları: Büyük Moğol Imparatorluğu*, Istanbul, 2006a.

Schmoeckel R. et. al.(라인하르트 쉬메켈 외), 『인도유럽인: 세상을 바꾼 쿠르간 유목민』(김재명 외 옮김), 푸른역사, 2013.

Société Française de Promotion Artistique, *Nouvelles découvertes en Mongolie, 2000-2001,Gol Mod*, Paris, Société Française de Promotion Artistique, 2002.

Thompson E. A., The Huns, Oxford, Blackwell, 1996.

Бернштам А. Н.(베른쉬탐), *Очерк истории Гуннов*(흉노사 개설), Л., Изд. ЛГУ., 1951.

Бучин Ю. М.(부찐), 『고조선』(이항재 · 이병두 옮김), 소나무, 1990.

Крадин Н. Н.(크라딘), *Империя Хунну (2-е издание)*(흉노제국(2판)), М., Логос, 2001.

Куварев В. Д.(꾸바레프), 이헌종 · 강인욱 역, 『알타이의 제사유적』, 학연문화사, 1999.

Кычанов Е. И.(쿠차노프), *Кочевые государства от Гуннов до Маньчжуров*(흉노에서 만주까지 유목국가), М., Изд. фирма Восточная литератур a PAH., 1997.

Молодин В. И.(몰로딘), 강인욱 · 이헌종 역, 『고대 알타이의 비밀』, 학연문화사, 2000.

Новгородва Э. А.(노브고로드바), 정석배 역, *Древняя Монголия*(蒙古의 先史時代), 학연문화사, 1989/1995.

Руденко С. И.(루덴코), *Культура населения горного Алтая в Скифское время*(스키타이 시대 산지알타이 지역 거주민의 문화), М.-Л., Изд. АН СССР., 1953.

______, Thompson M. W.(tr.), *Frozen Tombs of Siberia: The Pazyryk Burials of Iron-Age Horseman*, Berkeley and Los Angeles, Univ. of California Press, 1970.

______, *Культура Хуннов и Ноинулинские курганы*(흉노의 문화와 노인 · 울라 고분), М.-Л., Изд. Наука, 1962.

Сократович Ш. А.(소크라토비치), *Этническая принадлежность Хунну по европейским материалам XVIII-начала XXI веков*(18-21세기 초 유럽 자료에 의한 흉노의 인종 계통 문제), Изд. Иркутского г. технического У., Иркутск, 2011.

Талько-Грынцевичъ Ю. Д.(탈코-그린체비치), Суджинское доисторическое кладбище въ Ильмовой пади(일모바야 파디의 선사시대 수지 분묘), Труды Троицко-сав., отд. т. I вып.2., Верхнеудинск, 1898.

Таскин В. С.(타스킨) пер., *Материалы по истории кочевых народов в Китае III- V вв.*(3-5세기 중국의 유목민족사 자료), *Выпуск· II(по китайским источникам)*(제2권: 중국사료에 의한), М., Изд. Наука, 1973.

______, *Материалы по истории древних кочевых народов группы Дунху*(동호계 고대유목민족사 자료), М., Изд. Наука, 1984.

______, *Материалы по истории кочевых народов в Китае III- V вв.*(3-5세기 중국의 유목민족사 자료), *Выпуск· I Сюнну* 匈奴(제1권: 흉노), М., Изд.

Наука, 1989.

Батсайхан З.(바트사이항), *Хүнну, Археологи, Угсаатны зүй, түүх*(흉노: 고고학, 민속학, 역사학), УБ., МУИС., 2003.

Ганбаатар Я.(강바타르), *Хүннүгийн түүх, соёл*(흉노 역사, 문화), УБ., Нүүдэлийн соёл иргэншил судлах олон улсын хрээлэн, 2008.

Dalai Ch., *Mongol·Solongosyn ertnii tüükhen khariltsaa*(몽골과 한국의 고대역사 관계), 몽골과학아카데미 동북아연구소, 1998.

Gantulga Ts.(강톨가) 외 지음, 『몽골의 역사(*Mongolyn tüükh*)』(김장구 · 이평래 옮김), 동북아역사재단, 2009.

Төрбат Ц.(эмх.)(투르바트), *Хүннүгийн толь бичиг*(흉노 사전), УБ., ШУА-Археологийн хүрээлэн, 2011.

Чулуунбаатар Г(촐론바타르) · Чулуунжав Д.(촐론자브)(эрх.), *Хүннү улс: Хүннүгийнн ээзнт гүрэн*(흉노 민족; 흉노제국), УБ., 2011

Эрэгзэн Г.(эмх.)(에렉젠), *Хүннүгийн өв*(흉노 문화유산), УБ., ШУА-Археологийн хүрээлэн · Монголын Үндэсний Музей, 2011.

3. 연구 논문

권영필, 「'代替文獻'으로서의 西安地區出土 青銅動物紋裝飾牌: 匈奴美術의 南下」, 『中央아시아研究』 2, 중앙아시아학회, 1997.

金秉骏, 「漢이 구성한 고조선 멸망 과정」, 『한국고대사연구』 50, 2008 .

김장구, 「람스테트의 유목민족사 이해와 그 한계」, 『중앙아시아연구』 11, 중앙아시아학회, 2006.

김호동, 1989,「古代遊牧國家의 構造」, 『강좌중국사』 II, 지식산업사.

김호동, 「北아시아 遊牧國家의 君主權」, 東洋史學會 編 『東亞史上의 王權』, 한울, 1993.

김호동, 「문명과 야만: 정주사회와 유목세계의 역사적 관계의 일면」, 『신인문』창간호, 한길사, 1997 여름, pp.109~135.
김호동, 「內陸아시아 諸民族의 文字製作 · 使用과 그 역사적 배경」, 『아시아 諸民族의 文字』, 태학사, 1997, pp.437~468.
노태돈, 「古朝鮮 중심지의 변천에 대한 연구」, 『韓國史論』 23, 서울대인문대학 국사학과, 1990.
______, 「고구려 · 발해인과 내륙아시아 주민과의 교섭에 대한 고찰」, 『고구려사 연구』, 사계절, 1999.
민병훈, 「北아시아와 古代 韓國文化」, 『新羅文物研究』2,국립경주박물관, 2009.
에렉젠 G., 「몽골의 고대 주요 고고유적」, 국립제주박물관 편 『몽골의 역사와 문화』, 서경문화사, 2007.
余昊奎, 「3세기 전반 동아시아 국제정세와 고구려의 대외정책」, 『역사학보』 194, 2002.
______, 「高句麗 初期의 梁貊과 小水貊」, 『한국고대사연구』 25, 2002.
윤형원 · 에렉젠 G., 「몽골 석인상의 편년과 상징성에 대한 일고찰」, 『중앙아시아연구』 11, 중앙아시아학회, 2011.
윤형원, 「匈奴고고학의 발굴성과: 新羅문화와의 비교검토」, 국립제주박물관 편 『몽골의 역사와 문화』, 서경문화사, 2007.
______, 「광활한 몽골초원과 흉노인의 생존 -고고학 증거를 중심으로-」, 『중앙아시아연구』 15, 중앙아시아학회, 2010.
이성규, 「선진문헌에 보이는 '東夷'의 성격」, 『한국고대사논총』 1, 한국고대사회연구소, 1991.
이성규, 「中華帝國의 팽창과 축소: 그 이념과 실제」, 『역사학보』 186, 역사학회, 2005.
이송란, 「오르도스 '새머리 장식 사슴뿔' 모티프의 동점으로 본 평양 석암리 219호 〈은제타출마노감장괴수문행엽〉의 제작지」, 『미술자료』 78, 국립중앙박물관, 2009.

이용범, 「高句麗의 遼西 진출기도와 突厥」, 『한국과 동부 유라시아 교류사』, 학연문화사, 2015. [原 『사학연구』 4, 1959; 『韓滿交流史 硏究』, 同和出版公社, 1989]
이종선, 「오르도스 後期金屬文化와 한국의 鐵器文化」, 『한국상고사학보』2,한국상고사학회, 1989.
정석배, 「先흉노-스키타이 시대 小考」, 『한국상고사학보』 32, 2000.
______, 「'先흉노-스키타이 시대'의 墓制」, 『한국문화와 주변문화』, 서경문화사, 2004.
조소은, 「알타이 산악지역 파지릭고분 연구」, 경희대학교 대학원사학과 석사학위논문, 2015.
체벤도르지(Tsevendorj D.), 이평래 옮김, 「몽골 고고학연구」, 『考古學誌』 8, 한국고고미술연구소, 1997.
쿠즈미나(Kuz'mina E. E.), 김호동 역, 「고대 유라시아 말 신앙의 기원과 전파」, 『한국고대사논총』 4, 한국고대사회연구소, 1992.
한진성, 「匈奴 動物文鉸具 硏究」, 경희대학교 대학원사학과 석사학위논문, 2015.

賈衣肯, 「匈奴西遷問題硏究綜述」(上), 『中國史硏究動態』 2006-9.
賈衣肯, 「匈奴西遷問題硏究綜述」(下), 『中國史硏究動態』 2006-10.
龔蔭, 「匈奴單于疏證」, 『西北民族硏究』 1999-2.
郭大順, 「遼河流域"北方式青銅器"的發現與硏究」, 『內蒙古文物考古』 1·2, 1985.
郭物, 「青銅鍑在歐亞大陸的初傳」, 『歐亞學刊』 1, 中華書局, 1999.
莫任南, 「關于匈奴奴隷制的若干問題」, 『中國史硏究』 1983-3.
白音查干, 「論漢武帝對匈奴的征服戰爭」, 『內蒙古社會科學』 1997-5.
謝劍, 「匈奴社會組織的初步硏究」, 『中央硏究院歷史語言硏究所集刊』 40(下).
楊建華, 「東周時期中國北方文化帶形成初探」, 『燕京學報』新14,北京大學出版社, 2003.

余太山, 「犬方, 鬼方, 工方與獫狁和匈奴同源說」, 『歐亞學刊』 1, 中華書局, 1999.

烏其拉圖, 「匈奴人語言所屬初探」, 『內蒙古大學學報』 1998-4.

烏恩, 「中國北方青銅透彫帶飾」, 『考古學報』 1983-1(總第68期), 科學出版社, 1983.

田廣金, 「近年來內蒙古地區的匈奴考古」, 『考古學報』1983-1(總第68期), 科學出版社, 1983.

朱泓, 「東胡人種考」, 『文物』 2006-8(總第603期), 2006.

許玉林, 「遼寧商周時代的青銅文化」, 『考古學文化論集』3,文物出版社, 1993.

加藤謙一, 「匈奴の社會構成に關する一考察」, 『歷史評論』 1995-10(no.546), 1995.

谷憲, 「內陸アジアの傷身行爲に關する一試論」, 『史學雜誌』 93-6, 1984.

佐藤長, 「匈奴國家の性格について」, 『鷹陵史學』 15, 1989.

佐藤長, 「匈奴の若干の地名について」, 『東洋史硏究』 48-4, 1990.

秋山進午, 「內蒙古高原の匈奴墓葬」, 『富山大學人文學部紀要』 4, 1980.

澤田勳, 「匈奴における投降漢人について」, 『中國古代の國家と民衆』, 汲古書院, 1995.

Barfield Th. J., 'The Hsiung-Nu Imperial Confederacy: Organization and Foreign Policy', *The Journal of Asian Studies*, Vol.41, No.1, The Association for Asian Studies, 1981.

Barfield Th. J., 'The Shadow Empires: Imperial State Formation along the Chinese-Nomad Frontier', Susan E. Alcock et. al.(eds.), *Empires*, Cambridge Univ. Press, 2001.

di Cosmo N., 'State Formation and Periodization in Inner Asian

History', *Journal of World History*, Vol.10, No.1, University of Hawai'i Press, 1999.

Honeychurch W · Amartuvshin Ch., 'States on Horseback: The Rise of Inner Aian Confederations and Empires', Stark M.T.(ed.), *Archaeology of Asia*, Blackwell Publishing, 2006.

Jacobson W., 'Some Observations on the Origin of Sino-Siberian Animal Bronzes', *Ethnographical Studies*, Kø benhavn, Gyl, 1941.

Psarras S-K., 'Xiongnu Culture: Identification and Dating', *Central Asiatic Journal* 39(1), Harrassowitz Verlag, 1995.

Ying-shih Yü, 'Han Foreign Relations', *The Cambridge History of China vol. 1,The Ch'in and Han Empires 221 B.C.-A.D. 220*, Cambridge Univ. Press, 1986.

________, 'The Hsiung-nu', Sinor D.(ed.), *The Cambridge History of Early Inner Asia*, Cambridge University Press, 1990.

제2부 정치경제

두만강개발계획(GTI)-나선 경제특구

한국과 몽골의 광역두만강개발계획 참여 전략

구해우(미래전략연구원)

1. 머리말: 유라시아 이니셔티브와 광역두만강개발계획

현재 한국 정부의 대북정책과 외교정책의 기본 기조를 특징짓는 개념은 '유라시아 이니셔티브'라고 할 수 있으며, 이 개념은 궁극적으로 유라시아의 경제공동체 형성과 북한의 동참을 의도하고 있다. 즉 동북아시아 지역과 육지로 연결된 유라시아 지역 전반이 '글로벌 공공재'(global public goods; UNDP & ODS 2002[1]); Kaul et al. 2003[2]))의 혜택을 누릴 수 있는 국제적 네트워크의 발전에 남북한이 기여하고 또 그 성과도 공유하고자 하는 것이 '유라시아 이니셔티브'의 기본 취지일 것이다. '글로벌 공공재'는 공적(public)으로 생산되어 개인, 국가 단위를 막론하고 전 세계의 누구나 제외됨이

---

1) UNDP & ODS. *Providing Global Public Goods: Managing Globalization – 25 Questions & Answers*, 2002.

2) Kaul, I., Conceicao, P., Goulven, K. L., and Mendoza, R. U. *Providing Global Public Goods: Managing Globalization*, Oxford University Press, 2003.

없이 보편적인 혜택을 누릴 수 있는 재화를 뜻하며(Kaul et al. 2003), 교육, 보건, 안보, 치안, 평화, 정치제도, 시장제도, 기술표준, 국제협의체 등 무형의 재화나 제도, 조직 뿐 아니라 국제 교통과 통신 인프라 등 유형의 재화도 포함된다(UN 2001[3]; UNDP & ODS 2002).

동북아시아 지역에 있어 '유라시아 이니셔티브'의 의도에 맞는 '글로벌 공공재'를 구축하기 위한 정책목표를 설정하고 실현시키기 위해서는 북한, 중국, 러시아뿐 아니라 한국과 수교한지 25년 만에 급속한 상호 교류와 협력의 증가를 경험한 몽골국의 참여와 협력이 절실하다고 할 수 있다(KIEP 2015[4]). 특히 본 연구에서 연구 범위로 삼는 '동몽골'[5] 지역의 일부인 몽골국의 동부 지역은 중국 내몽골과 동북3성을 거쳐, 북한, 중국, 러시아의 국경이 만나는 지점으로서 무역·교류지대 개발의 오랜 시도 경험을 가지고 있는 두만강 유역지대와 내륙교통 인프라를 통해 곧바로 연결될 수 있는 핵심

3) United Nations. *Road Map towards the Implementation of the United Nations Millenium Declaration*, Report of the Secretary-General. 6 September. A/56/326. 2001.

4) KIEP. 제2차 유라시아 지식네트워크 몽골 정책토론회 「한국-몽골 미래를 향한 도전」 자료집, 2015. 6. 23.

5) 본 연구는 '동몽골'의 범위를 몽골공화국의 3개 아이막으로만 정의하고 있지 않다. 본 연구가 포함되는 동몽골 프로젝트 계획서 8페이지에서 '동몽골'은 다음과 같은 범위를 가지고 있다. "동몽골프로젝트의 연구범위는 지리적으로 러시아의 바이칼호 이동지역, 몽골국의 동부지역, 중국의 내몽골자치구 동북 및 만주지역이다. 국가별로는 몽골국 동부 3개 아이막(Аймаг), 중화인민공화국 내몽골 자치구 동부지역 및 길림성·요녕성·흑룡강성, 러시아연방 이르쿠츠크 주, 보리아드 공화국, 자바이칼스키 주, 연해주 등이다 ... 이는 한·몽 관계사 및 동북아 제 민족 고대문화사 연구 분야, 동몽골 개발에 대한 한·몽 공동연구 및 양국간 전방위적 협력방안 분야, 동몽골 문화유산에 대한 한·몽 공동 조사·분석·연구 분야에 모두 적용된다."

지역이다. 또 몽골국은 북한 나진항을 통한 자원 수출에 많은 관심을 가지고 있다. 따라서 본 연구에서는 한국과 몽골이 중국, 러시아와 함께 참여하고 있으며 북·중·러 국경지대 개발과 연계되는 광역두만강개발계획(the Greater Tumen Initiative: GTI)과 유라시아 이니셔티브 추진의 맥락 속에서 한국과 몽골의 두만강유역개발계획[6] 참여 전략을 분석하고, 효과적인 전략을 모색하고자 한다.

2013년 2월 출범한 박근혜 정부는 동년 10월 18일 박근혜 대통령의 제안을 통해 '유라시아 이니셔티브' 구상을 공식 발표했다.[7] 이 제안의 핵심적인 내용은 다음과 같이 개괄적으로 10개 항 정도로 정리될 수 있다.

① 유라시아 국가 간 교역장벽의 단계적 해체와 자유 무역 지대화 및 역내 경제통합과 단일시장 형성

② ①을 위한 역내 국가 간 물류·에너지 네트워크 강화와 함께 이를 통한 역외 지역과의 연계·협력 추진

③ 유라시아 동북부를 철도·도로로 연결하는 복합 물류 네트워크 구축 및 부산 - 북한 - 러시아 - 중국 - 중앙아시아 - 유럽 간 '실크로드 익스프레스(SRX)' 실현, 북극항로를 통해 유라시아 동쪽 동단과 해양 연계

④ 유라시아 에너지 네트워크를 구축: 역내 전력망, 가스관, 송유관

---

6) 두만강유역개발계획(Tumen River Area Development Program: TRADP)은 GTI로 형태가 바뀌었으나, TRADP가 소멸하고 새로 만들어진 것이 아니라 본 연구에서도 서술했듯이 2009년 확대 개편된 계획이다. 따라서 1991년 두만강유역개발계획 출범 당시부터 GTI로 개편된 후의 시기까지 분석하고 있는 본 연구에서 '두만강유역개발계획'은 1991-2009년의 계획 형태를 의미한다.

7) 장용석, "朴대통령 창조와 평화를 위한 '유라시아 이니셔티브' 제안", 〈뉴스1〉, 2013. 10. 18.

등 에너지 인프라 연계, 중국의 셰일가스, 동(東)시베리아의 석유가스 등 공동 개발

⑤ 무역 · 투자를 가로막는 제도적 장벽 극복: 한 · 중 · 일 자유무역협정(FTA) 논의 가속화 및 역내 포괄적 경제동반자 협정(RCEP), 환태평양 경제동반자 협정(TPP) 등과의 연계

⑥ 한국 정부의 경제정책 기조인 '창조경제'와 러시아의 '혁신경제', 중국의 '자주창신(自主創新)' 등 국민의 창의성과 과학기술, 정보기술(IT) 등을 핵심기반으로 한 경제 발전의 시너지와 국가 간 문화 · 인적교류 확대

⑦ 에너지 · 물류 네트워크의 스마트 그리드나 위성을 이용한 컨테이너 위치 추적 장치 등 첨단 정보통신과의 접목

⑧ 미술과 복식, 언어와 음식 등 다양한 유라시아 문화의 뿌리를 찾아 유라시아인의 정체성을 확립하고, 문화를 통한 상호 이해 확대

⑨ 유라시아의 경제통상과 문화교류를 가로막는 가장 큰 장벽인 평화 · 안보에 대한 위협 제거를 위한 한반도의 평화 성취

⑩ 한국 정부의 대북(對北) 및 외교정책 기조인 '한반도 신뢰 프로세스'와 '동북아 평화 협력 구상'과 연계: 북핵(北核) 문제의 진전에 따라 러시아 극동지역, 중국의 동북3성, 남 · 북한과 러시아 또는 남 · 북한과 중국의 3각 협력 적극 추진

이 제안에 따르면 '유라시아 이니셔티브'의 목표는 남북한을 포함한 유라시아 국가들 간의 경제적 교역 장벽의 해체와 경제공동체의 형성이며, 이를 위해 물류 및 에너지 네트워크 구축과 경제, 문화, 제도, 정치적 장애 요인을 제거하는 것이 구체적인 해법으로 제시되고 있다. 특히 ①-④항은 유라시아 지역 내 교류와 협력의 기초로서 교통 및 에너지 수송 인프라의 네트워크 구축을 강조하고

있는데, 이는 한국 및 몽골과 가장 가까운 지역 중 하나인 두만강 유역의 교통 · 에너지 인프라 구축과 직접적으로 연관된다고 할 수 있다. 또한 두만강유역개발계획은 북한의 나선경제특구 개발 및 나진항 등 그 인프라 구축과도 밀접한 관련을 가지고 있다. 따라서 본 연구의 연구 대상은 두만강유역개발계획과 북한의 나선경제특구 및 한국과 몽골의 개발 참여 전략을 포함한다.

즉 본 연구는 '유라시아 이니셔티브' 기조에 따른 남북한 · 몽골의 '경제공동체' 형성을 목표로 하는 정책 입안 및 그 구체적 · 장기적 방안을 수립하기 위한 기초연구의 성격을 가진다. 그러므로 본 연구는 과거와 현재의 두만강유역개발계획 및 한국과 몽골의 참여 전략의 현황과 특징을 정치 · 경제적 정세 변화와 함께 개괄적으로 분석하는 것을 우선적인 목적으로 하며, 이를 바탕으로 현 상황에서 구상할 수 있는 협력 방안 역시 도출할 것이다. 이를 위해 본 연구는 두만강유역개발계획과 관련된 한국, 몽골, 북한 및 각국의 기관 또는 GTI 등 국제협의체 및 국제기구에서 발간한 기존 연구, 문헌 자료 및 관련 언론기사, 칼럼 등을 참조 및 분석하는 연구방법을 택하고자 한다.[8)]

---

8) 본 연구에 있어 언론 보도 인용이 잦아 해당 언론 보도의 학문적 신뢰성 문제가 제기될 수 있으나, 본 연구의 주제와 범위에 비추어 선행 연구 자체가 부족하여 부득이하게 언론 보도를 인용한 경우가 많았음을 밝힌다. 더불어 인용의 신뢰도를 조금이라도 높이기 위해 학자나 전문가 의견의 경우 국내외 저명 언론, 단순 사실이나 일반적으로 찾기 힘든 통계 등의 경우 전문 분야 (〈물류신문〉, 〈통일뉴스〉 같은 경우)의 언론 보도를 인용하기 위해 노력하였으며, 사실 관계가 모호한 경우 '-했다'가 아닌 '-한 것으로 알려졌다'고 인용하여 신중을 기했다.

특히 본 연구는 원칙 없이 언론 보도를 인용한 것이 아니라 해당 분야 학자나 전문가의 관점이 언론칼럼이나 인터뷰를 통해 드러난 경우, 또 비용, 언어 등 직접적 접근에 한계가 있는 대상의 경우에 인용하였다. 또한 정책연구 성본 논문의 전개는 크게 두 부분으로 나뉘며, 다음과 같이 이루어진다. 첫 번째 부분(2장)에서는 우선 두만강지역 개발계획과 나선경제특구 개발의 역사적 변화를 추적하고, 나선경제특구의 현황을 분석하여 두만강지역 개발의 핵심으로 기능할 수 있는지 법률과 제도적 분석이 이루어질 것이다. 그리고 두만강지역 개발계획의 현재 형태인 광역두만강개발계획(the Greater Tumen Initiative: GTI)과 훈춘-나진-포세트를 잇는 소(小)삼각 지역의 개발 현황을 동몽골 지역과의 관계를 포함하여 분석할 것이다.

본 논문의 두 번째 부분(3장)에서는 한국과 몽골의 광역두만강개발계획 참여 전략을 본격적으로 검토하며, 특히 중국이 주도하는 AIIB(아시아인프라투자은행)에 대한 한국과 몽골의 참여와 '동북아개발은행' 구상이 양국의 두만강유역개발계획 참여 전략에 어떤 영향을 줄 것인가에 대하여 분석할 것이다. 그리고 앞으로의 두만강유역개발계획을 전망하고 한국 및 몽골의 효과적인 참여 전략을 모색하는 것으로 본 논문이 마무리될 것이다(4장).

격이 큰 본 연구의 경우 한국과 몽골의 전략을 최선의 형태로 도출하기 위해 필수적인, GTI의 최근 경과 또는 극히 최근의 AIIB 창설 등 급변하는 사실을 서술하는 데 있어 '선행 연구'가 있기 힘들다. 바로 그 선행 연구 부족 문제를 조금이나마 해결해보자는 것이 본 연구의 의의라고 할 수 있다. 또한 사회과학 및 정책 분야의 경우 언론 보도 취재원 자체가 학계 연구자 또는 정책 담당자인 경우가 많아 언론 보도가 높은 신뢰도를 가지고 선행 연구 부족을 보충할 경우도 많다고 본다.

2. 광역두만강개발계획과 북한 나선경제특구 현황 분석

1) UNDP의 두만강유역개발프로그램과 북한 나진·선봉경제특구의 변천: (1991-2004)

1991년 7월 몽골 울란바타르에서 개최된 UNDP(United Nations Development Program) 국제회의에서 북한은 자유경제무역지대 개발을 전격 발표하였다. 이후 북한은 1993년 1월 외국인 투자기업 및 외국인세금법과 나진, 선봉지구의 법적지위를 규정하는 자유경제무역지대법을 제정·공표하였으며, 동년 3월에는 나진, 선봉지대 국토건설총계획을 수립하여 현재의 나선경제특구로 이어지는 기반을 완성하였다(유영옥·강석승 2004[9]).

북한의 나진·선봉경제특구 설치 배경으로는 1980년대 후반부터의 북한경제의 침체, 1984년「합영법」발표 이후의 외자유치 실적의 저조, 동유럽 국가의 체제 전환 등의 환경 속에서 전면적 개방을 방지하기 위한 선제적 방안의 필요성, 중국의 훈춘 지역 개발계획에 대한 대응과 러시아 자루비노항과의 경쟁 대비 등이 꼽힌다(남궁영 2003[10]). 특히 북한의 최북단에 위치하고 중국 및 러시아와 국경을 접하고 있는 나진·선봉 지구는 북한이 시장경제를 도입하면서도 자본주의의 유입에 의한 체제 위협이라는 불안 요소를 최소화할 수 있는 지리적 최적지로 선택되었다고 할 수 있다. 여기에

9) 유영옥·강석승,『국제사회와 북한』, 홍익재, 2004.
10) 남궁영,「북한의 경제특구전략: 신의주 경제특구정책을 중심으로」,『중소연구』99, 2003, p.143~168.

나진·선봉경제특구 설치를 위한 법제 정비는 특구 설치 당시 UNDP가 주도하는 두만강유역개발계획에 참여할 수 있는 제도적 기반을 구축하는 의미가 있었다.

이와 같이 두만강유역개발계획은 초기부터 나선경제특구의 핵심적 역할에 대한 기대를 동반하고 있었으나, 제안 후 20여 년이 경과하였음에도 두만강유역개발계획과 나선경제특구 모두 그 발전이 매우 더딘 상태에 있다. 이는 한반도를 둘러싼 국제 정세의 변화와 그 영향 및 북한 체제의 폐쇄적 특성으로 인한 경제개방의 지체와 미숙함을 그 원인으로 꼽을 수 있는데, 북한의 경제특구 정책과 나선 경제특구의 변화에 대한 분석을 통해 이를 구체적으로 살펴보도록 하겠다.

북한은 1991년 12월 조선민주주의인민공화국 정무원결정 제74호(1991년 12월 28일)에 의거하여 나진·선봉지구를 경제특구로 지정했는데, 그 내용은 〈표 1〉과 같다. 이는 북한 최초의 경제특구 지정이라는 의미가 있었다.

나진·선봉 지역은 천연자원이 풍부한 지역(러시아 극동지방, 중국의 동북지방, 몽골)을 배후지로 삼고 러시아, 중국 등 대륙 지역과 일본 등 해양 통로를 잇는 관문에 해당하는 지역이다. 북한은 나진과 선봉을 중국의 길림성, 러시아의 프리모르스키주와 연결되는 국제화물중계거점 내지 가공수출거점으로 발전시킨다는 계획을 설정하고 있었다. 북한의 대외경제협력추진위원회가 입안한 '나진, 선봉자유경제무역지대 국토건설총계획'은 나진, 선봉지역개발계획을 3단계로 나누어 추진하려 했다(배종열 1993[11]). 즉, 1) 제1단계

11) 배종열, 「북한의 나진-선봉 자유경제무역지대 개발계획의 평가와 전망」, 『나진-선봉 자유경제무역지대 투자전망』 세미나 자료집, 동아시아경제연구원,

〈표 1〉 나선경제특구 지정 개요[12)]

조치	내용	비고
자유경제무역지대 범위 설정	나진시 14개 동리, 선봉군 10개 리 포함 621㎢ 지역	은덕군 3개 리(125㎢) 추가 편입(총면적 746㎢, 1993. 7. 24. 중앙인민위원회 정령)
자유경제무역지대 내 기업활동 허용	합영, 합작, 외국인 단독기업 허용	
투자국 제한	무제한	외국인 투자 자본, 재산, 소득, 기타 소득 법적 보호
자유무역항 지정	나진항, 선봉항, 청진항	
기업 특혜조치	기업 소득세 감면 등	

(1993-1995)에서 국제화물중계기지로 육성하기 위해 필요한 인프라 시설 정비, 2) 제2단계(1996-2000)에서 수출주도형 제조업 외국인 투자 유치, 3) 제3단계(2001-2010)에서 중계무역, 수출가공, 관광 및 금융 등 제 기능을 종합적으로 수행하는 국제교류의 거점도시로 육성 등의 계획이 있었다(배종열 1993: pp.4~5; 구해우 2009[13)]: pp.82~83).

한편 북한의 나선경제특구 지정 계기가 되었으며 지역적으로 해당 특구 지역을 포함하는 두만강유역개발계획(TRADP)은 중국의 학자들에 의해 1980년대 말부터 제기되어 왔으며, 1991년 10월 24일 UNDP에 의해 공표되어 시작되었다. 향후 20년 동안 300억 달러의 투자를 유치하여 두만강 유역을 홍콩이나 싱가포르, 로테르담에 준하는 국제경제의 거점으로 성장시킨다는 것이 애초의 비전이

1993. 12. 22.

12) '조선민주주의인민공화국 정무원결정 제74호'(1991년 12월 28일)의 내용을 정리.

13) 구해우, 「북한의 개혁개방과 북한특구법의 변천에 관한 연구」, 박사학위 논문, 고려대학교 법학과, 2009.

었다(이종림 2012[14]). 이후 준비 기간을 거쳐 1993년 북한, 중국, 러시아 3국이 각국의 두만강 유역 토지를 임차하여 공동특별경제구역을 지정하는 것으로 목표로 두만강유역개발계획이 공식 출범하였다. 그러나 이 계획은 두만강 유역을 동북아의 교통 및 물류의 중심지로 발전시킨다는 야심찬 계획에도 불구하고, 실수요와 재정, 제도적 준비가 미비한 것으로 평가되어 1994년까지 실행되지 못했다 (GTI 2011[15]).

1994년 11월 TRADP 사무국이 뉴욕에서 베이징으로 옮겨지면서 두만강유역개발계획의 지역적 범위가 소삼각(TREZ: 나진-훈춘-포세트) 지역에서 대삼각(TREDA: 청진-옌지-블라디보스토크) 지역으로 확대되었다. 또한 1995년 12월 6일 북한, 중국, 러시아의 조정위원회(Coordination Committee)와 북 · 중 · 러 3국 및 한국, 몽골을 회원국으로 하는 협의위원회(Consultative Commission)의 회원국 간 환경 분야 양해각서(MOU)가 체결되었다. 이러한 조정위원회와 협의위원회의 역할 확대로 두만강유역개발계획의 실행은 UNDP에서 각 회원국으로 점차 이관되었다(GTI 2011). 1998년에서 2000년에 이르는 기간 동안 UNDP는 아시아-태평양 지역에 대해 지역개발보다는 광역 개발프로젝트에 대한 재정 지원 선정 원칙을 세웠기 때문에 두만강유역개발계획은 침체기를 겪었고, 이를 교훈 삼아 2001-2004년 사이에는 지속가능한 계획실행을 위한 제도적 틀을 구축하며 무역투자, 교통 및 통신, 환경, 관광, 에너지 부문 정책실행을 통한 지속적인 경제 발전을 추구하였다(GTI 2011).

14) 이종림, 「창지투 개발개방 선도구 개발현황」, 최수영 편, 『중국의 창지투 개발계획과 한반도 경제』 3장, 통일연구원, 2012, pp.39~70.

15) GTI, *Strategic Review on Greater Tumen Initiative*, 2011.

두만강유역개발계획이 이러한 부침을 겪는 동안 북한의 나선경제특구 역시 상황 개선을 시도하였다. 북한은 「외국인투자법」제정(1992년 10월), 「합영법」 개정(1994년 1월) 등 법적 조치를 통해 외국인투자 유치 정책 개선에 나섰다.

이러한 노력에도 불구하고 1998년까지 나선경제특구에 대한 외자 유치는 계약 후 미실행(총 약 8억 달러의 계약 중 8,800만 달러[16]만 투자 실행) 또는 화교 자본이나 중국 기업 투자가 60%를 넘는 투자 편중 등 문제를 안은 체 소기의 성과를 거두지 못하고 있었다(서봉교 2001[17]; 남궁영 2003). 나선경제특구의 외자 유치는 그 규모와 건수에서 중국이나 베트남의 경제특구에 비해서도 크게 저조한 실적을 보였으며, 실행률이 매우 낮고 제조업보다는 관광산업 등 서비스업에 편중되는 문제를 보였다(남궁영 2003). 또한 나선경제특구는 적합한 노동력의 부족, 김일성식 사회주의 경제노선의 지속, 중앙집권적 행정의 지속, 국제관계의 악화로 인한 경제제재, 내부자원 고갈 등 불리한 조건을 가지고 있었을 뿐만 아니라 제한적인 개방정책과 비일관성, 소극적 내부 자본 투자나 행정적 지원의 부족 등 정책 실패가 겹쳐 실패한 것으로 평가된다(서봉교 2001).

북한은 90년대 말 수백만의 아사자가 발생할 정도로 지속된 경제난을 타개하기 위해 '7.1 경제관리 개선조치'와 대미 · 남북관계의 개선을 실행하며 2001년부터 본격적인 개혁개방정책을 시도하였다. 그 대표적인 사례가 2002년 9월 공표된 신의주특별행정구 개발

16) TRADP 사무국 집계 기준 (서봉교 2001: p.15)

17) 서봉교,『북한 경제특구의 전망과 과제-중국 특구와의 비교를 중심으로』, LG 경제연구원, 2001.

구상이라고 할 수 있다. 특히 1) 신의주 특구 내에서 사유재산권 및 상속권 보장, 2) 독자적인 입법 · 행정 · 사법권(단, 국방 및 외교권 제외) 부여, 3) 외국인의 특구행정장관 임명 허용, 4) 비주민에 대해서도 광범위하게 주민과 같은 권리 인정, 5)특구 자신의 구기(區旗)와 구장(區章) 사용 허용, 6) 50년간 토지임대 인정 및 본 기간 내 특구법 불개정 보장 등을 내용으로 하는 「신의주특별행정구기본법」 전문(총 6장 101조 및 부칙 4개조)[18]은 홍콩 수준의 일국양제(一國兩制) 모델에 가까운 매우 높은 수준의 개방 구상이었다. 그러나 이러한 시도는 신의주특별행정구의 초대 행정장관으로 임명된 양빈이 중국 당국에 부패 혐의로 체포됨으로써 좌절되는데, 이는 중국이 동북3성과 신의주특구를 경쟁 관계로 여겨 견제하려는 의도가 있었던 것으로 풀이된다(구해우 2009: p.112).

북한은 또한 2000년 6.15 남북정상회담 등 남북관계와 대미관계의 개선을 계기로 2002년 11월 남한 자본을 대상으로 한 경제특구인 「개성공업지구」를 지정하고 「개성공업지구법」을 제정하여 통칭 '개성공단'(이하 '개성공업특구')을 출범시켰다. 2005년 12월 본격 가동을 시작한 개성공업특구는 대표적인 남북경협이라는 상징성 외에도 북한의 경제적 실리 획득 수단이라는 측면에서 2010년 북한의 천안함 폭침 도발로 인한 5.24 조치에도 불구하고 유지되어 왔으며, 2015년 현재 가동기업 124개, 2014년 현재 생산액 4억 6,977만 달러, 북측 근로자 53,947명 고용 등 현재까지의 북한 외자유치 및 경제특구 중 가장 성공적인 사례로 평가된다(개성공업지구지원재단 2015[19]). 또한 북한의 자체 경제 발전을 위한 노하우

18) 구해우, 「신의주특별행정구기본법」, 2009, pp.237~245.
19) 개성공업지구지원재단, 개성공단 안내 → '입주 · 지원 현황',

습득과 나선경제특구 등 다른 경제특구 사업 운영과 제도 개선에 크게 응용되고 있는 것으로 알려졌다(정형곤 외 2011[20]). 그러나 개성공업특구는 2013년 4월 3일 북한의 일방적인 통행 제한으로 동년 8월 14일까지 가동이 중단되는 사태가 벌어지는 등 남북 간 긴장상태가 유지 될 경우 안정적인 운영을 담보할 수 없는 시기도 있었다.

이와 같이 북한의 특구정책은 폐쇄적 정치체제에 기인한 선별적인 지역 개방 문제는 물론 핵개발과 같은 안보적 이슈로 인한 국제관계의 경색 등 외부 환경에 좌우되어 언제든지 부침을 거듭할 수 있다는 불안정성을 가지고 있다고 할 수 있으며, 이는 나선경제특구의 핵심적 역할을 필요로 하는 두만강유역개발계획에 있어서도 근본적인 투자 저해 요소로 기능하고 있다. 이는 2005년 장춘협약에 의해 광역두만강개발계획(the Greater Tumen Initiative · GTI)으로 개편된 두만강유역개발계획과 2000년대 이후 나선경제특구의 변천과 현황에서도 살펴볼 수 있다.

---

https://www.kidmac.com/kor/contents.do?menuNo=100158, https://www.kidmac.com/kor/bbs/list/B0000014.do?menuNo=100159. 2015. 9. 16.

20) 정형곤 · 김지연 · 이종운 · 홍익표, 『북한의 투자유치정책 변화와 남북경협 방향』, KIEP, 2011.

2) 광역두만강개발계획(GTI)과 나선경제특구 및 소(小)삼각 지역 두만강유역개발 현황: (2005년 이후-현재)

(1) 광역두만강개발계획(GTI)의 출범과 현황

2005년 중국 창춘에서 열린 제8차 협의위원회(Consultation Commission) 회의에서 두만강유역개발계획(TRADP) 회원국(중국, 러시아, 북한, 대한민국, 몽골)은 장춘협약(Changchun Agreement)을 체결하여 당 계획은 광역두만강개발계획(GTI)으로 확대 개편되었다. 개편 당시 회원국들은 1995년 TRADP를 부활시켜 2006-2015년의 기간 동안 연장하고, 각 회원국들의 사무국 운영 재정 소유를 확립하고 전문가들을 파견함으로써 UNDP의 지원을 받는 GTI 사업의 공고한 실행을 보증하는 협약을 체결하였다(GTI 2011). 또한 각 회원국들의 지방자치단체 단위로 대상지역을 확대해나가기로 하였으며, 회원국들의 상호 협력 목표를 설정한 2006-2015년 GTI 전략실행계획(GTI Strategic Action Plan for the Period 2006-2015)을 수립하였다. 이 전략실행계획(SAP)은 “회원국들이 1) 두만강 유역의 발전을 위한 성장축을 구축하고, 2) 광역 두만강 지역에 대한 매력적인 투자처가 되는” 목표를 설정하고 있다(GTI 2011: p. 36). 또한 교통, 투자, 에너지, 환경, 관광의 주요 분야를 설정하여 10개의 핵심사업 실행을 목표로 하고 있으며, 지역발전에 대한 민간 부문의 참여를 이끌어내는 지역 강화 협력(strengthened regional cooperation)을 의도하고 있다(GTI 2011).

이후 GTI는 2007년과 2009년 울란바타르 선언(2007, 2009 Ulaanbaatar Declaration)을 통해 산하에 에너지, 환경, 관광, 교통 부문위원회를 설립하는 등 두만강 유역 관계국들의 상시협력체로 성장하고 있었으나, 회원국이던 북한은 2009년 11월 5일 GTI에서 공식적으로 탈퇴하였다. 이는 GTI의 계속된 사업 지연으로 북한의 입장에서 볼 때 뚜렷한 성과가 없었던 것과 북한의 지속적인 핵개발 시도로 국제사회와의 관계 악화, 특히 UN 안전보장이사회와의 관계 악화가 계기가 된 것으로 평가된다(GTI 2011). 중국, 러시아와 두만강 유역을 공유하고 있는 북한이 두만강유역개발계획의 핵심 유관국임에도 GTI에서 탈퇴한 것은 이와 직접적으로 연관된 나선경제특구의 개발에도 악영향을 미칠 수밖에 없었으며, 두만강유역개발계획에 대한 동북아시아 국제관계의 영향이 심대함을 보여주는 사례로 볼 수 있다.

현재 GTI는 '지역 강화 협력'의 기조에 따라 회원국들의 지방자치단체 단위[21]로 참여하고 있으며, 참여 지방자치단체는 다음과 같다(GTI 2013[22]).

- 대한민국: 부산광역시, 울산광역시, 강원도, 경상북도 (제주도 참여 예정)
- 몽골: 동몽골 지역 3개 아이막 (Aimag: 도르노드(Dornod), 헨티(Khenti), 수흐바타르(Sukhbaatar))
- 중국: 지린성, 랴오닝성, 헤이룽장성, 내몽골자치구

21) GTI는 회원국들이 지방자치단체 단위로 참여하고 있다고 하나 각국 중앙정부 단위의 상호 협력 없이 실효성 있는 성과를 거두기 힘들며, GTI에서 지방정부의 제한된 역할에 대한 지적은 GTI의 자체 평가에서도 지적된 바 있다(GTI 2011: pp.95~96). 또 핵심 유관국이라 할 수 있는 북한이 탈퇴해 있는 등 회원국 간 실질적인 협의 노력이 많이 필요한 상황을 우선 고려할 필요가 있다. 한국이나 중국의 지방자치단체별 노력이 이루어지는 것으로 알려지고는 있으나 이는 본 연구의 우선적인 연구 대상은 아니며, 지방자치단체 단위의 GTI 참여 상황은 향후 별개의 연구들을 필요로 하고 있다.

22) GTI. *GTI Brochure*, 2013.

- 러시아: 프리모르스키 주 (Primorsky Territory)

또한 GTI는 현재 독립된 국제기구의 창설을 목표로 하고 있으며, <그림 1>에서 보듯이 회원국의 협의위원회(Consultation Commission)를 중심으로 하여 산하에 교통, 무역투자, 관광, 에너지, 환경 부문위원회(Board)를 두고 있고, 동북아시아 지역협력위원회, 동북아시아 수출입은행협회, 비즈니스 자문회의가 자문기구로 기능하고 있다(GTI 2013). 2011년 GTI는 '2006-2015 전략실행계획'에 대한 중간평가보고서에서 다음과 같은 과제를 제시하였다(GTI 2011).

① 회원국 간 합의된 분명한 비전의 확립

② 비즈니스 부문의 활발한 참여 심화 유도: 비즈니스 대화 활성화, 투자 데이터 구축 및 관련 민관소통 강화, (외부 위원이 아

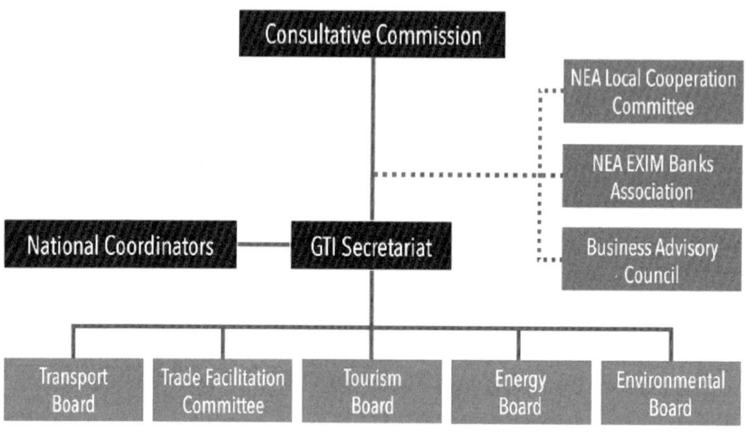

<그림 1> GTI의 기구 구조

출처: GTI Brochure (2013)

닌) 회원국들이 임명한 위원 구성 등 비스니스 자문회의 구조 개편

③ 지방자치단체 단위 참여 강화를 위한 제도적 기반 구축

④ GTI 역내 무역투자 및 교통 인프라 개선

⑤ GTI 참여의 저변 확대를 위한 문화적 노력

⑥ 안정적, 지속적인 재정 확보: 국제기구 협력 강화, '동북아개발은행'(Northeast Asia Development Bank) 설립 등

또한 특별과제로 북한과 일본에 대한 다음의 과제가 제시되었다(GTI 2011: pp.102~103).

① 북한의 회원국 재참여 유도: 지방자치단체 수준에서 나선경제특구와의 협력 또는 중국 및 핵심 유관국들의 자문으로 재참여를 위한 신뢰 구축

② 일본의 회원국 참여: 동해를 포함한 지역적 범위의 확장

①의 과제는 나선경제특구에 대한 접근을 포함한다는 점에서 한국과 몽골이 GTI의 틀 내에서 시도할 수 있는 좋은 전략이라고 할 수 있다. 그러나 GTI 외부에서 시도할 수 있는 우회전략 또한 나선경제특구와 소삼각 지역 개발 현황을 살펴봄으로써 도출할 수 있을 것이다. GTI 차원의 두만강유역 개발협력이 시도되고 있음에도 불구하고, 북한, 중국, 러시아 3국은 자체적인 이해관계와 정세 변화에 따라 양자 간 또는 3자 간 경제협력을 실행해왔는데, 주로 나선경제특구와 종래의 소삼각 지역 개발과 관련된다.

(2) 나선경제특구와 소삼각 지역 개발의 활로 모색과 그 현황

이종림(2012)[23]은 2010년 이전까지 GTI 단계를 포함한 두만강 유역개발계획 전반의 성과와 제약요소를 〈표 2〉와 같이 정리하고 있다.

〈표 2〉 두만강유역개발계획의 성과와 제약요소[24]

성과	제약요소
- 중국 훈춘(琿春)시와 옌벤(延邊) 지역을 중심으로 대외개방도 증대, 북한의 나선경제특구 지정과 러시아 극동지역 4개 항구(블라디보스토크, 나홋카, 자루비노, 포세트) 개방 - 중국 훈춘 및 옌벤 지역의 인프라 구축으로 투자 환경 개선, 나진항, 선봉항, 나진-원정리 도로 및 우의철교 보수 등 북한 나선경제특구 인프라 개선, 러시아-중국 간 도로, 철도 신설 - 북 · 중 · 러 3국 접경지대 경유 관광산업 발전 - 나진항, 자루비노항, 포세트항을 통한 새로운 해운교통로(훈춘-자루비노-속초 페리 등) 형성	- 동북아시아의 복잡한 국제환경 - 참여 국가들의 경제체제가 매우 상이 - 참여 국가들의 지방정부 차원 역할이 제한적 - 취약한 투자 기반(북, 중, 러 3국의 낙후 지역)

〈표 2〉에서 보듯이 20여 년간 진행된 두만강유역개발계획의 성과는 대규모 투자 유치로 세계적인 국제경제구역으로 발전시킨다는 초기의 비전에 비해 매우 미약하다고 할 수 있다. 또한 이는 GTI의 자체 평가(GTI 2011)에서도 지적된 것이지만, 동북아 국제정세의 경색, 각국의 경제체제 차이, 미약한 지방정부 및 민관협력, 북 · 중 · 러 3국의 낙후 지역이라는 제약 요소에 기인한다고 볼 수 있다(이종림 2012). 따라서 지금까지 두만강 유역의 주요한 개발

23) 이종림, [창지투 개발개방 선도구 개발현황], 최수영 편, 『중국의 창지투 개발계획과 한반도 경제』 3장, 서울: 통일연구원, 2012, pp.39~70.

24) 이종림(2012), pp.44~50의 평가를 정리.

사업은 광역화된 국제협력보다는 북한, 중국, 러시아 3국의 각국 국내 개발의 연장선상에서 양자 간 혹은 3자 간 부분적 협력사업을 동력으로 이루어진 것으로 보인다.

양자 또는 3자 간 협력의 대표적인 사례는 중국의 동북3성 개발전략의 일환인 창-지-투 개발계획이 북한의 특구정책과 연계된 이른바 「조중협정」, 그리고 북한과 러시아 간 철도 인프라 개선사업인 나진-하산 철도연결사업, 북-중-러 국제관광지대 사업을 들 수 있다.

북한과 중국은 2010년 11월 나선경제특구와 신의주 황금평 지역을 공동 개발 및 관리하기로 하는 「조중협정」[25]을 체결하였다. 대상 지역은 746㎢의 나선경제특구 중 470㎢의 지역과 신의주 황금평 지역 일부인 약 16㎢이다.[26] 「조중협정」에서 계획된 중국의 총 투자규모는 100억 달러에 이르고, 합의된 투자금액은 약 20억 달러이며, 2014년 현재 5,000만 달러 정도가 투자되었다고 한다(조봉현 2014[27]; 최우진 2015[28]). 「조중협정」을 뒷받침하기 위해 「라선경제무역지대법」은 2011년 12월 3일 최고인민회의 상임위원회 정령 제2007호로 '수정보충'되었는데, 옛 법에서 3개 조항을 제외한 모든 조항을 개정 및 신설하여 사실상 새로 제정되었다고 할 수 있다(유욱 · 김병필 2012[29]; 최우진 2015).

---

25) 공식 명칭은 「조선민주주의인민공화국 정부와 중화인민공화국 정부사이의 라선경제무역지대와 황금평, 위화도경제지대 공동개발 및 공동관리에 관한 협정」

26) 「조중라선경제무역지대와 황금평경제지대 공동개발총계획요강」(조중공동지도위원회 2011)

27) 조봉현, 「북한의 경제특구 개발 동향과 남북협력 연계방안」, 『나라경제』 16(9), 2014, pp.34~64.

28) 최우진, 「북한 나선경제특구의 개발과 관리에 관한 법제의 평가와 과제」, 『제201회 북한법연구회 월례발표회』, 2015. 2. 26.

북한과 중국의 「조중협정」에 따른 나선경제특구 공동개발 및 공동관리는 중국의 동북3성 진흥계획과 그 일환으로 이루어진 '창지투(창춘-지린-투먼) 개발선도구'의 연장선상에서 이루어지고 있다. 중국이 동북 3성에 대한 개발을 촉진하려는 이유는 동북지역이 상대적으로 소외지역으로 전락함으로써, 중국 전체의 지속가능한 발전 및 정치사회적 안정을 위협하게 되었다고 판단했기 때문이다(이수훈 2013[30]: p.25). 중국은 이전까지 자국의 동남연해 지역을 중심으로 하는 불균형발전전략을 추진한 결과 발생한 동북 지역의 경제적 낙후 현상을 해소하려는 목표를 가지고 동북지역을 '주강 및 장강 삼각주', '베이징-톈진 환발해경제권', '서부대개발'과 함께 4번째 성장축으로 삼고자 하고 있다(이수훈 2013: p.25). 따라서 중국 지린성 옌볜조선족자치주정부는 중국 국무원발전개혁위원회의 위탁으로 2009년 6월 〈중국두만강지역협력개발계획〉을 편찬하였으며, 중국 국무원은 2009년 8월 30일 〈중국 두만강지역 협력개발계획 요강-창지투를 개발개방 선도구로〉(이하 〈개발계획 요강〉)를 비준하였다(이종림 2012: p.56).

〈개발계획 요강〉은 소삼각 지역의 한 축인 훈춘시를 개방 창구로, 지린성의 대도시인 창춘시와 지린시를 중심축으로 하여 '중국-몽골의 대통로'를 개발하고, 이를 기반으로 다음의 여덟 가지 프로젝트를 추진하는 것을 내용으로 하고 있다(이종림 2012: p.59).

① (남북)한 · 일 · 중 · 러 양자간, 다자간의 초국경 자유무역구 건

---

29) 유욱 · 김병필, 「북한의 특수경제지대법의 최근 동향과 평가-라선경제무역지대법과 황금평 · 위화도경제지대법을 중심으로」, 『통일과법률』 11, 2012, p.60.

30) 이수훈, 『북 · 중 · 러 북방경제협력과 한국의 대응』, 국회입법조사처, 2013.

설 및 이를 기반으로 한 두만강지역국제자유무역구 건설
② 창춘, 지린 내륙국제중계통상구 건설
③ 과학기술창신구(創新區) 건설
④ 성(省)급 국제협력산업구 건설
⑤ 훈춘 등 통상구(通商區)를 기반으로 현대화된 물류단지 구축
⑥ 생태관광구 건설
⑦ 고급서비스집중단지 건설
⑧ 현대화된 농업시범단지 건설

중국 주도의 두만강개발계획에 대하여 이종림(2012: pp.63~64)은 1) 중국 자체의 개발계획, 2) 중국 중앙정부의 주도, 3) 중국 독자적으로도 투자 보장이 확실함, 4) 양자(중국-북한) 간 협력에서 시작하여 현실성이 높다는 점에서 GTI 등 다자간 협력사업보다 장점을 가지고 있다고 주장한다. 「조중협정」도 이 기조에 따라 이루어진 것이며, 현재 북한 나선경제특구의 개발 역시 중국의 주도로 이루어지고 있다. 현재 중국의 나선경제특구 개발 투자규모는 총 100억 달러에 달하는 것으로 파악되고 있으며, 이 중 합의된 투자규모는 20억 달러, 투자 완료된 규모는 5,000만 달러 정도로 파악되고 있다(물류신문, 2015년 2월 16일). 나선경제특구의 중국 주도 개발 프로젝트 현황은 〈표 3〉과 같다.

〈표 3〉 북한 나선경제특구의 중국 주도 개발 프로젝트 현황[31)]

프로젝트	주요내용
원정교(북한-중국 간) 교량 보수	2012년 개보수, 40톤 트럭 통과 가능
원정교-나진항 도로 보수	고속도로 수준 보수
원정물류센터 건설	북한 측 세관, 물류창고, 상점, 초대소 등 역할
나진항 물류창고 건설	광물자원 창고, 100만 달러 투자 완공, 2, 3개 추가 건설 예정
나진항 1호 부두 건설	5,000만 달러 투자로 진행 중, 무역항 기능 목표로 선석 공사 마무리
나진항 4-6호 부두 건설	5억 달러 투자계획, 2013년 개발 시작, 중국 50년 사용권 확보
훈춘-원정리-나진항 고속도로 건설	10억 달러 투자계획, 중국 동북3성의 물자 수출 기능

북한과 중국의 협력사업 이외에도 두만강 지역의 양자 간 프로젝트로서 북한과 러시아 간 협력사업의 대표적인 사례가 2008년 공사를 시작하여 2013년 9월 완공된 북한 나진-러시아 하산(Хасан) 연결 철도 사업이다(〈그림 2〉). 러시아는 북한 내 철도 개보수 사업에도 참여하고 있다.[32)]

31) 물류신문, 「PART 3. 통일물류 시대, 주목해야 할 지역: 5대 경제특구 · 19개 경제개발구…통일시대 물동량 창출 지역 될 듯」, 〈물류신문〉, 2015. 2. 16.

32) 2014년 9월 21일 러시아가 참여하는 평양-남포 간 산업철도인 평덕선(동평양-재동-강동-남포역) 개보수 공사가 착공되었으며, 향후 북한 지역 3,500km에 이르는 철도 현대화 사업에 러시아 모스토비크 과학생산연합체가 250억 달러(26조 3,625억 원)를 투자할 계획인 것으로 알려지고 있다. (장용훈, 「〈북 · 러 新협력시대〉 ① 어디까지 발전했나」, 〈연합뉴스〉, 2014. 10. 26)

〈그림 2〉 나진-하산 철도 구간[33)]

러시아의 두만강 유역 개발 참여는 푸틴 정부의 '신(新)동방정책'이라는 큰 틀에서 전개된다고 할 수 있다.[34)] 경제적으로는 천연가스 등 시베리아 지역의 자원 개발과 극동 경제권으로의 물류 인프라 확대, 정치적으로는 부동항(不凍港) 확보와 미국과 일본에 대한 세력 균형을 의도하는 신동방정책에 있어 두만강 유역은 그 핵심 지역이다. 따라서 러시아의 극동지역 중시 정책에 의해 한국과 러시아의 교류, 협력 또한 강화되고 있다. 2013년 11월 한-러 정상회담에서 러시아는 '북핵(北核) 불용'의 원칙을 명시적으로 확인하는 한편, 박근혜정부의 '유라시아 이니셔티브' 구상에 대한 지지를 표명했다. 양국은 이에 따라 과학 · 산업기술 교류, 문화교류, 인적교류 측면에서 협력을 구체화하고 있다.

나진-하산 철도 연결사업은 남북한과 동시적으로 교류협력을 강화하고 있는 러시아의 최근 정책방향과 맞물려 남 · 북 · 러 3자 간

33) 이정은, 「나진-하산 철도 활용... 남북러 물류협력 추진」, 〈동아일보〉, 2013. 10. 25.

34) 장덕준, "2014년 한-러 협력과 신북방외교의 전망", 〈트렌드와 미래〉, 미래전략연구원, 2014. 2. 5.

협력사업으로 확대될 수 있는데, 대표적인 경우가 한국 기업 컨소시엄의 나진-하산 철도 운영과 나진항 개발 참여 계획이다.

'나진-하산 철도 개통 및 운행', '부산-나진 간 해상 수송 후 TSR 경유 컨테이너 물류수송'을 목표로 하는 이 계획은 상업적 성공 가능성, 나선지역의 전략적 가치 측면의 정치적 · 경제적 효과, 향후 국제사회에서 북한철도 현대화 및 TKR-TSR사업의 공론화에 대한 영향에 있어 긍정적 평가를 받고 있다.[35] 즉 이 계획은 (1) 북한에게는 나선지역 경제 활성화 및 북 · 러 협력 강화, 향후 북미관계 개선에 따른 다자간 경협 사업의 모멘텀 확보, (2) 러시아로서는 포화상태의 극동항 해결 및 TSR경쟁력 제고를 통한 유라시아 물류망 활성화, (3) 한국으로서는 한 · 러 간 경제협력에 대한 새로운 추동력 제공 및 3자 또는 다자사업을 통한 새로운 형태의 남북경협 추진 등의 효과로 남 · 북 · 러 3자 모두에게 실익이 된다는 것이다.[36]

두만강 유역 개발에 있어 최근에는 북-중, 북-러 양자 간 개발사업 이외에도 북 · 중 · 러 3자협력 개발사업도 시도되고 있는데 대표적인 것이 '초국경 두만강 삼각주 국제관광합작구' 사업이다.[37]이 사업은 2013년부터 중국 지린성 정부에 의해 제기되어왔고, 그 내용은 중국 측 훈춘시 팡촨(防川) 일대를 중심으로 북한 나선시 두만강동, 러시아 프리모르스키주 하산구가 각각 10㎢의 토지를 개발건설구역에 편입시켜 관광 · 레저 · 오락시설을 건설하고 '1구3국(一區三國)'의 관리모델로 운영한다는 것이다(통일뉴스, 2015년 2월 16일).

---

35) 나희승, 「유라시아 이니셔티브와 대륙횡단철도 연결의 전망」, 〈트렌드와 미래〉, 미래전략연구원, 2014. 4. 30.

36) 위의 글.

37) 「북중러, '두만강 국제관광구' 추진-'1구3국(一區三國)' 관리모델」, 〈통일뉴스〉, 2015. 2. 16.

이렇듯 두만강 유역 개발을 둘러싼 북-중, 북-러 등 양자간 국제 협력사업이나 북-중-러 3자 간 협력사업은 두만강 유역을 중심으로 접경하고 있는 3국이 각자 현실적 이익을 얻을 수 있는 부문에서부터 합의되고 추진되는 측면이 크다고 할 수 있다. 따라서 광역 두만강 유역 개발의 유관국이지만 두만강 유역에 직접 접한 것은 아닌 한국과 몽골의 두만강유역개발계획 참여 전략은, 그간 진행해온 GTI 등 다자 간 협력틀을 발전시키는 것 이외에도 두만강 유역 접경국, 특히 북한이 참여한 양자 간 혹은 다자간 협력사업을 참조하여 공동 협력사업을 추진하는 것이 현실성 있는 전략이라고 할 수 있다.

3. 한국과 몽골의 광역두만강개발계획 참여 전략[38)]

1) 한국의 참여 전략 분석: 나진-하산 프로젝트 참여 사례를 중심으로

두만강 유역은 한국에서 동해 연안을 따라 북한의 원산, 함흥, 청진 및 나진 · 선봉지역을 거쳐 러시아 연해주에 이르는 육상 교통로를 통해 접근 가능한 지역이다. 2장에서 분석하였듯이 두만강 유

38) 본 연구의 3장에서는 한국과 몽골의 두만강유역개발계획 참여 전략에 대한 현황을 분석하고 있는데, 두만강유역개발계획의 진척 속도가 느린 관계로 양국의 참여 전략에 대해 구체적인 사례와 자료 자체가 많이 생산되고 있지 않은 상황으로 연구계획상 설정한 주제에 대해 현재 분량 이외의 서술을 늘리기 힘들었음을 밝힌다.

역은 북한, 중국, 러시아의 접경지대로 3국은 물론 서부로는 몽골, 남부로는 한국까지 연결 가능하며 동해를 거쳐 일본까지 아우를 수 있는 경제권의 중심에 위치하여 그 발전 잠재력이 매우 높다고 할 수 있다. 한국의 입장에서 두만강 유역은 〈그림 3〉과 같은 강점, 기회, 약점, 위협 요소들을 지니고 있다(이상준 2015[39]).

S	W
- 한반도-동북아협력의 지경학적 잠재력 보유 - 풍부한 생태관광자원	- 인적 지원의 부족 - 인프라 취약 - 사업기반 취약
O	**T**
- 중국의 경제성장 - 극동러시아 개발 확대 - 북한의 정책변화 가능성 - 남북경협 증대 가능성	- 역내 안보문제 약화 가능성 - 영토, 역사문제 약화 가능성

〈그림 3〉 한국의 입장에서 본 두만강 유역의 SWOT 분석
출처: 이상준(2015), p.21.

두만강 유역은 2장에서 분석한 바와 같이 한반도와 동북아협력의 지경학(地經學)적 잠재력을 가지고 있고 중국의 경제성장, 러시아의 극동개발, 남북경협의 증대, 향후 북한의 개혁개방과 변화라는 측면에서 커다란 기회가 될 수 있으나, 인적 자원과 인프라가 부족하고 산업기반이 취약하다는 약점을 가지고 있으며, 특히 나선 경제특구 또는 GTI의 부침에서 보듯이 국제정치적 측면에서 역내 각국의 관계 악화에 따른 개발 미실행 또는 중단의 가능성을 위협 요소로서 가지고 있다(이상준 2015).

39) 이상준, 「두만강 유역의 초국경 협력전략과 과제」, 『나진-선봉 자유경제무역지대 투자전망』 심포지엄 자료집, 한국정책재단, 2015. 3. 12.

즉 한국의 광역두만강개발계획 참여는 남북한 경제교류의 측면에서 볼 경우, 북한의 핵개발로 인한 남북관계와 북한의 국제관계 경색의 영향을 심대하게 받는다고 할 수 있다. 2009년 북한의 GTI 탈퇴는 이러한 위협 요소가 영향을 끼친 사례로서 2008년 남북 간 육상 교통을 매개로 한 금강산관광특구 사업의 중단 및 2013년 개성공업특구 중단 국면과 함께 남북한 경제교류 기반의 불안정성을 잘 나타내는 사례로 꼽힌다. 이러한 최근의 남북관계 및 국제정치 환경은 북한을 거치지 않고서는 육상 교통으로 유라시아 대륙과 연결할 수 없는 한국에 있어서 '유라시아 이니셔티브'에 기반한 정책과 사업 추진에 불리한 요소이다.

이처럼 불리한 여건 속에서 북-중, 북-러 간 양자 협력 사업에 대한 한국 기업의 참여를 통하여 우회적인 전략들이 시도되고 있는데 대표적인 것이 한국, 북한, 러시아 간 합작개발회사 설립을 통한 나진-하산 철도 및 동해 해운 기반 자원 운송 사업이다. 이 사업은 러시아와 북한의 7대 3 지분참여로 설립하는 합작회사 '나선콘트란스(RasonKonTrans)'[40]에 포스코, 현대상선, 코레일의 한국 기업 3사 컨소시엄이 참여하는 형태로 이를 통해 한국의 포스코 및 5개 발전(發電)공기업 공급을 위한 러시아산 석탄을 54km의 나진-하산 철도로 운반하고 나진항에서 한국 포항항 등지로 해운을 이용하여 운송하는 사업이다. 이미 2014년 12월 1일 해당 경로를 통해 러시아산 유연탄 4만 500t 을 포항으로 운송하는 1차 시범운송 사업이 성공적으로 마무리되었으며[41], 2015년 4월 2차 시범운송 사업이 진

40) 이 회사의 명칭은 언론에 따라 '나선콘트런스', '라선콘트런스', '라선콘트란스' 등으로 표기되며 통일된 표기가 없으나, 최근에는 '나선콘트란스'로 표기되는 경향이 있어 본 연구에서는 이 표기를 사용했다.

41) 문경근, 한찬규, 「탄력받는 나진·하산 프로젝트 러시아산 유연탄, 北 나진항

행 중에 있고 사업자 간 본계약 또한 임박한 것으로 알려졌다.[42] 이 사업의 경로를 이용할 경우 러시아산 석탄 수입에 있어 기존의 러시아 블라디보스톡으로부터의 해운 운송보다 10-15%의 경비 절감효과가 있는 것으로 평가된다.[43] 이 사업은 2010년 3월 천안함 폭침 이후 한국 정부의 대(對) 북한 제재조치인 '5.24' 조치(신규 대북투자 금지)에 대한 예외로서 인정되었으며[44], '유라시아 이니셔티브' 추진의 명맥을 이어가는 사례로서 해석될 수 있다.

즉 현재 한국의 광역두만강개발계획에 대한 참여 전략은 GTI 회원국으로서 국제관계를 고려한 두만강 개발의 다자간 협력틀을 장기적으로 모색 발전시키는 것과 두만강 유역 접경국(북한, 중국, 러시아)과의 양자 간 혹은 다자 간 협력사업에 민간 협력을 포함하여 참여하는 것의 두 가지 방식으로 정리될 수 있으며, 특히 한국 기업 콘소시엄의 나선 운송 프로젝트 참여 추진은 빠른 시일 내에 가능하고 한국의 대북 제재 정책에도 해당되지 않는 것으로서 큰 장점을 가지는 우회 전략의 사례로 평가할 수 있다.

경유 포항 도착」, 〈연합뉴스〉, 2014. 12. 1.

42) 김호준, 이상현, "정부 '나진-하산 프로젝트' 본계약 7부 능선 넘었다", 〈연합뉴스〉, 2015. 4. 27. 이러한 가능성에도 불구하고 북한의 태도 변화에 따라 불투명한 요소가 상존하고 있다.

43) 옥철, "나진-하산 프로젝트로 발전연료도 北거쳐 반입될 듯", 〈연합뉴스〉, 2015. 4. 14.

44) 김호준, 이상현, "정부 '나진-하산 프로젝트' 본계약 7부 능선 넘었다", 〈연합뉴스〉, 2015. 4. 27.

2) 몽골의 참여 전략 분석: 몽골의 나진항 사용권 획득 추진 및 투먼 교통로 개발을 중심으로

몽골은 중국과 러시아를 남북 국경을 통해 접하고 있는 내륙국가로서 타 지역의 국가들과의 무역을 중국 및 러시아의 철도, 도로와 항구의 사용으로 해결하고 있다. 구체적으로 살펴보면, 화물의 경우 중국 통과운송은 철도로는 남부 국경도시 자민우드(Zamyn Uud)를 통해 중국 국경도시 에렌호트(Erenhot)-중국 베이징-텐진(天津) 노선, 러시아 통과운송은 북부 국경도시 알탄불락(Altanbulag)-러시아 울란우데(Ulan Ude)-시베리아횡단철도(TSR)-보스토치니(Vostochny) 등 극동항만 노선을 경유한다(박용안 2011[45]). 즉 몽골의 대(對) 한국·일본 및 해외 무역의 경우 중국 텐진항과 러시아 극동 항만들을 이용하고 있는 실정으로, 몽골 광물자원 수출의 지속적인 증가로 몽골의 주요한 통과운송 통로인 텐진항 부두의 수용 능력은 포화 상태에 이르렀다(박용안 2011). 텐진항은 중국 베이징과 허베이성의 중심 항구로도 기능하고 있으므로 몽골 몫의 부두 확장이 용이하지 않은 것으로 알려졌다(박용안 2011).

이에 따라 몽골은 중국 단둥(丹東)항과 북한 나진항을 대안적인 통과운송 항구로 모색하고 있는데 이것이 몽골이 두만강유역개발계획과 GTI의 회원국으로 참여하게 된 배경이라고 할 수 있다. 몽골은 광물자원의 수출이 총수출의 80%를 상회하며 GDP의 60-70%를 광물자원의 개발이 차지하는 자원 부국으로서, 몽골에서 광물자원은 단순한 경제적 이익뿐만 아니라 대외전략의 수단(instrument)

---

45) 박용안, 「몽골의 통과운송 안정화를 위한 주변국과 국제협력 개선방안」, 『한국항만경제학지』 27(4), 2011, pp.271~289.

의 의미까지 가지고 있는 바(이재영 외 2011[46]; GTI 2011), 광물자원 수출을 위한 통과운송 인프라 확보는 핵심적인 국가이익과 관련된다고 할 것이다. 실제로 2013년 10월 Ts. 엘벡도르지 몽골 대통령의 북한 방문목적에는 나진항 사용권 확보도 있었다고 알려지고 있다. 또한 2015년 3월 12일에는 북한의 강종관 육해운상이 몽골을 방문하여 몽골의 광산물을 철도와 도로, 선박을 통해 제3국에 수출하는 데에 협력하기로 투루므흐 몽골 교통부 장관과 합의하였다.[47]

몽골을 위한 통과운송 항구의 주요한 후보지인 나진항에 대한 접근은 GTI(2014)[48]에서 제시된 '투먼교통로'(Tumen Transport Corridor, 〈그림 4〉의 ①, ①a, ①b)의 철도, 도로 교통 인프라가 완성되었을 때 거리 및 비용 면에서 가장 효과적이라고 할 수 있다. '투먼교통로'의 중국 구간은 창지투 개발선도구 사업을 통해 아얼싼(阿爾山)-창춘-지린-훈춘 구간이 이미 개발 완료되었거나 진행 중이다. 또한 GTI에 의해 몽골 동부지역 '투먼교통로'(〈그림 4〉의 ①a, ①b)의 미개발된 노선(①a: 초이발상(Choibalsan)-넘럭(Nomrug), ①b: 후우트(Khuut)-넘럭(Nomrug))에 대한 인프라 개발계획이 제안되어 있다(GTI 2014). 이는 몽골 동남부의 광물자원 개발과 수출을 위한 인프라 구축이라는 성격이 짙다. 광물자원 개발과 교통 인프라 구축사업은 한국과 몽골의 유망한 협력 분야로 지목되고 있기도 하다(이재영 2015). 또한 몽골은 동몽골 지역과 두만강 유역 간

---

46) 이재영 · 이평래 · 윤익중 · 이시영 · S.Avirmed, 『몽골 광물자원 개발 현황과 한국의 진출방안』, 대외경제정책연구원, 2011.

47) 이상현, 「북한-몽골, 나진항 통한 광산물 수출 협력」, 〈연합뉴스〉, 2015. 3. 18.

48) GTI, *Integrated Transportation Infrastructure and Cross-Border Facilitation Studyfor the Trans-GTR Transport Corridors*, 2014.

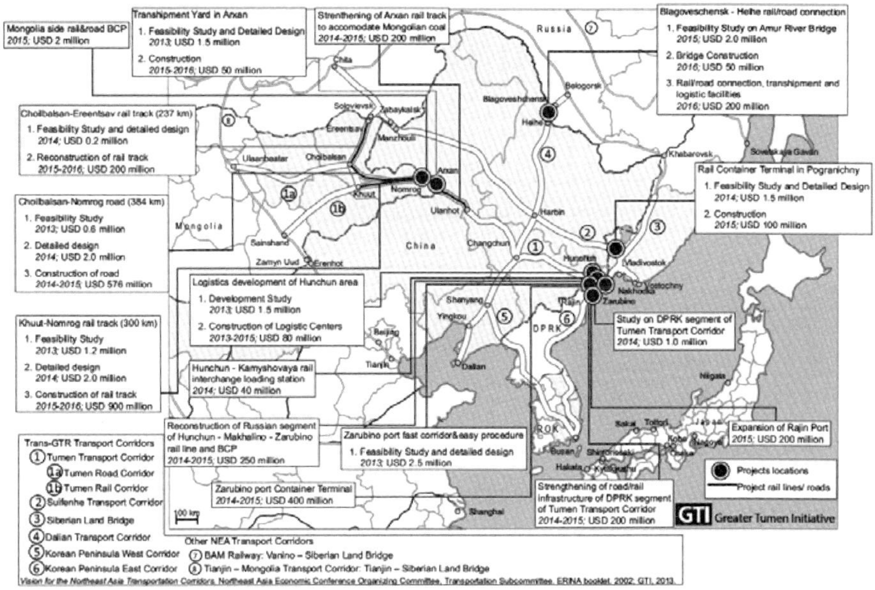

〈그림 4〉 GTI의 광역 두만강 지역 교통 인프라 구축계획안

출처: GTI(2014), Figure 10

교통로 구축을 몽골의 물류는 물론 관광, 환경, 안보까지 향상시킬 수 있는 방안으로 연구하고 있다(Bayasakh & Zadtsesem 2015[49])).

정리하면, 현재 몽골의 두만강유역개발계획 참여전략은 나진항 사용권 확보와 동몽골 지역 교통 인프라 구축을 비롯한 양자 간(몽골-중국, 몽골-북한 등) 혹은 다자 간(GTI) 협력에 적극적으로 참여하는 형태라고 할 수 있다.

49) Bayasakh, J. & Zadtsesem, U. 「두만강지역개발 계획에 대한 몽골정부의 견해와 정책」, 동몽골 프로젝트 국제학술회의 『동몽골의 역사적 가치와 미래』 자료집, 2015. 5. 26, pp.29~35.

3) 한국과 몽골의 AIIB(아시아인프라투자은행) 참여와 북한, 동북아개발은행 (NEADB) 구상 분석

두만강유역개발계획에서의 위치라는 측면에서 한국과 몽골은 광역 두만강 지역의 두 종단에 위치하며, 두만강 소삼각 지역에 대한 간접적인 접근로를 가지고 있다는 점에서 공통점을 가지고 있다. 또한 한국과 몽골은 삼면이 바다이며 북한을 통한 두만강 유역 등 대륙 접근이 어려운 상태에 있는 해양 국가(한국)와 중국과 러시아라는 두 강대국 사이의 내륙 국가(몽골)라는 상이점을 가지고 있으나, 그만큼 제약 요소의 보완을 위한 상호 협력의 가능성도 크다고 할 수 있다.

이러한 측면에서 볼 때, 2015년 4월 15일 아시아 지역 인프라 개발에 대한 투자를 목표로 중국의 주도 하에 AIIB(Asia Infrastructure Investment Bank, 아시아인프라투자은행)가 창립회원국 57개국의 참여로 출범을 표명한 것은 두만강유역개발계획에 큰 변수로 작용할 것으로 관측되는데, 한국과 몽골은 모두 창립회원국으로 가입의사를 표시했다. 2015년 6월 29일 AIIB는 중국 베이징에서 57개 회원국 대표가 참여한 가운데 협정문 서명식을 가졌으며, 국내 비준 절차를 마쳐야 하는 일부 회원국을 제외한 50개국이 서명을 마쳤다.[50] 따라서 AIIB는 2015년 연내에는 공식 출범할 것으로 관측된다. 500억 달러로 예상되었던 AIIB의 초기 자본금 규모는 참여 국가가 크게 늘면서 1,000억 달러에 달하게 된 것으로 알려졌다.[51]

50) 구자룡, 「닻올린 AIIB… 崔부총리 "투자은행 통한 北지원 마다 안해"」, 〈동아일보〉, 2015. 6. 30.

51) 이준삼, 「초기자본금 1천억달러…中주도 AIIB 출범 '준비완료'」, 〈연합뉴스〉, 2015. 6. 28.

GTI 회원국들 중에서는 중국이 AIIB에서 지분율 30.34%(투표권 26.06%)로 가장 큰 지분율 및 거부권(25% 이상)이 가능한 지위를 획득하고 있으며, 러시아가 6.66%(투표권 5.93%)의 지분율로 역내 3위, 한국이 3.81%(투표권 3.50%)의 지분율로 역내 4위(전체 5위)를 차지하고 있다.[52]

창립 회원국별 지분율 및 투표권 비율에서도 알 수 있듯이 중국 주도로 창립될 AIIB는 주로 중국의 서부 대개발 및 중앙아시아 진출 전략의 일환인 신(新)실크로드라고도 불리는 일대일로(一帶一路) 정책에 대한 투자처 기능을 할 것으로 관측되고 있다. 따라서 한국 정부가 추진하는 '유라시아 이니셔티브'가 일대일로 정책과 그 성격이 유사하여 두만강유역개발계획에서 한국의 역할이 매우 적어지고, 회원국 중 한국의 참여가 가장 활발한 GTI에 대한 투자처로 기획된 '동북아개발은행' 구상을 포기해야 할 정도로 두만강유역개발계획에 AIIB의 창립이 큰 영향을 끼칠 것이라는 분석도 있다.[53] 또한 중국 주도의 두만강유역 개발 강화로 인해 북한의 중국 경제 예속이 심화될 것이라는 우려도 제기되고 있다.[54]

그러나 한편에서는 두만강유역개발계획에 있어 AIIB에 대한 기대론도 나타나고 있다. 중국, 러시아와의 공동협력 사업의 기회가 확대될 것(문경연 2015[55]), '나선산업단지' 조성에 큰 기회가 될 것

52) 연합뉴스, 「〈표〉 AIIB 회원국별 지분율 & 투표권」, 〈연합뉴스〉, 2015. 6. 30.
53) 이성택, 「AIIB에 밀려… 朴 대통령 '동북아 구상' 줄줄이 표류 위기」, 〈한국일보〉, 2015. 4. 1.
54) 황일도, 「AIIB는 평양에 제시할 새로운 당근? 6자회담에서 엉킨 '국제기구 차관' 대안될 듯…문제는 중국 예속 심화」, 〈주간동아〉, 2015. 4. 6.
55) 문경연, 「나진-하산 프로젝트」, 『2015년 통일준비위원회 경제분과 공개세미나: 동북아 다자경제협력 활성화 방안』 자료집, 통일준비위원회, 2015. 4. 9, pp.9~18.

(조유현 2015[56]), '북 · 중 · 러 3국 국제항만' 건설 등 동북아경제협력사업을 AIIB 시범사업화할 필요성[57] 등의 관측과 제안이 존재한다. 몽골 역시 AIIB가 중국의 신 실크로드 사업이나 두만강유역개발계획 양쪽 모두 또는 어느 한 쪽에 대한 투자를 통해 몽골의 경제 발전에 도움을 줄 것으로 기대하고 참여하고 있다(Bayasakh & Zadtsesem 2015).

두만강유역개발계획의 주요 당사자인 북한의 경우, 2015년 2월 중국 주도의 AIIB에 비공식적으로 가입 의사를 밝혔으나 중국 정부에 의해 거절당한 것으로 알려지고 있다.[58] 이는 북한의 폐쇄적 경제 체제에서 기인한 불투명한 금융 시스템 등 국제 수준에 크게 못 미치는 경제 제도적 요소가 AIIB와 같은 국제금융기구 가입에 부적합하다고 판단되었기 때문으로 추측되고 있다.[59]

그러나 북한이 AIIB의 출범으로 어떻게든 수혜를 입게 될 것이라는 분석 또한 나오고 있다. 우선 북한이 주변국들의 AIIB를 통한 인프라 구축의 간접적인 수혜자가 될 수 있다는 관측이 다수 존재한다. 예를 들어 뱁슨(Babson 2015)[60]은 북한이 현재는 비록 회원

---

56) 조유현, 「유라시아시대의 나선산업단지 조성 · 협력방안」, 『2015년 통일준비위원회 경제분과 공개세미나: 동북아 다자경제협력 활성화 방안』 자료집, 통일준비위원회, 2015. 4. 9, pp.23~41.

57) 정영록, 2015년 통일준비위원회 경제분과 공개세미나 토론, 2015년 4월 9일.

58) 이준삼, 「북한, 중국에 비공식적으로 AIIB 관심 표명」, 〈연합뉴스〉, 2015. 4. 20. 영국 인터넷 경제매체 〈Emerging Markets〉는 북한이 AIIB에 가입을 타진했고 거절당했다고 보도하였으나("'No Way North Korea' - DPRK refused entry to China-led AIIB", *Emerging Markets*, 2015. 3. 27), '거절'에 대한 사실 여부는 중국 측으로부터 확인되지 않았다(이준삼, 2015. 4. 20.).

59) Emerging Markets, "'No Way North Korea' - DPRK refused entry to China-led AIIB", *Emerging Markets*, 2015. 3. 27; Abrahamian A., "How North Korea's hushed-up economy is hindering its development", *The Guardian*, 2015. 4. 22.

국 자격에 맞는 수준의 금융·경제 시스템을 갖고 있지 못하지만, AIIB에 참관국(observer) 등의 자격으로 참여하여 글로벌 스탠더드에 대한 점진적인 습득과 자체적 경제 시스템 개혁을 해나간다면 그 자체로 북한의 경제 개혁개방은 물론 핵문제와 같은 정치안보적 이슈에 대한 해결로까지 이어질 수 있다고 분석하고 있다. 또한 한국의 최경환 재정경제부 장관은 2015년 6월 28일 AIIB 협정문 서명식을 앞둔 설명회에서 "북한이 투자를 필요로 하고 투자할 여건만 되면 한국은 AIIB가 북한을 지원하는 것을 마다할 이유가 없다"며 "AIIB가 지원할 프로젝트 중에 한국 정부가 중점을 두고 있는 '유라시아 이니셔티브'와 관련 있는 사업이 선정되도록 노력하겠다"고 천명했다.[61)]

두만강유역 개발계획의 재원 조달 방안으로서 AIIB의 출범과 관련해 주목할 수 있는 구상 가운데 동북아개발은행(Northeast Asian Development Bank, 이하 NEADB)은 1990년대부터 두만강 지역 개발을 염두에 두고 제안되어왔기 때문에 본 연구에서도 분석할 필요성이 있다.

2014년 3월 박근혜 대통령의 한반도 평화통일 구상인 '드레스덴 선언'에서도 북한 핵문제의 해결을 조건으로 제시된 동북아개발은행 설립 방안은 1999년 한국의 남덕우 전 국무총리에 의해 제안된 이후 그 개념과 구상이 국제적으로 논의되어왔다(이형근 2004[62)]).

---

60) Babson, B. O. "Could the new Asian Infrastructure Investment Bank change the dynamics of economic engagement with North Korea?", *38 North: Informed Analysis of North Korea,* May 26th, 2015, at http://38north.org/2015/05/bbabson052515/, Accessed on May 27th, 2015.

61) 구자룡, 「닻올린 AIIB… 崔부총리 "투자은행 통한 北지원 마다 안해"」, 〈동아일보〉, 2015. 6. 30.

62) 이형근, 『동북아 경제협력: 동북아개발은행 논의에 대한 평가와 시사점』, 대

그러나 NEADB 설립 방안은 아시아개발은행(Asia Development Bank, 이하 ADB)을 이끌어왔으며 비우호국(북한)으로 개발자금이 흘러드는 것을 우려한 일본의 부정적인 반응으로 현실화되지 못해 온 것으로 알려졌다(최필수 2015[63]).

일본은 2002년 동경재단(東京財團)의 연구를 통해 독자적인 설립방안을 내놓을 정도로 NEADB 구상에 관심을 가졌으나(이형근 2004; 김유리 2014[64]; 최필수 2015), ADB와의 투자 중복 문제 및 정치외교적 변수가 그 운영에 끼칠 영향을 고려하여 미온적이었던 것으로 추측된다. 그러나 일본과 미국에 의해 주도되는 ADB의 경우 2010-2013년의 기간 동안 248억 달러에 달하는 총지출액 가운데 지역별로 동남아시아, 남아시아, 중앙아시아가 각각 29.5%, 28.6%, 22.4%의 비중을 차지하는 반면 동북아시아는 3.2%(37억 9,200만 달러)에 불과하여(최필수 2015: p.154), 사실상 NEADB의 출범을 가정했을 때 ADB와의 중복 투자의 문제는 크지 않다고 볼 수 있다.

NEADB 구상은 1999년 남덕우 전 총리와 2002년 동경재단의 안 외에도 2002년 스탠리 카츠(S. Stanley Katz) 전 ADB 부총재에 의해 구체적인 안이 제시되었고(이형근 2004; 김유리 2014; 최필수 2015), 최근 AIIB의 출범과 관련해 김유리(2014)와 최필수(2015)의 연구에서 앞으로의 방안이 모색된 바 있다. 이들 방안을 정리하면 〈표 4〉와 같다.

외경제정책연구원, 2004.

63) 최필수, 「AIIB 설립과 동북아 개발금융」, 한중사회과학연구 13(1), 2015, pp.147~168.

64) 김유리, 「동북아개발은행 설립구상의 현황과 전망」, 수은북한경제 2014년 겨울, 2014, pp.25~46.

〈표 4〉동북아개발은행(NEADB) 설립 방안 비교

	남덕우(1999)	동경재단(2002)	Katz(2002)	김유리(2014)	최필수(2015)
회원국	- 역내: 중국, 일본, 한국, 몽골, 러시아, 대만 - 역외: 미국, EU, 호주, 뉴질랜드 등 확장	- 북한 포함 동북아 역내 국가 주축 - 역외국, 지역, 금융기관 등 유치	- 남덕우 안(1999)과 동일	- 역내: 중국, 일본, 한국, 몽골, 러시아, 대만, 홍콩 - 역외: 동남아시아, 오세아니아 우선, 미국, EU 등 확장	- 구체적 언급 없음. AIIB와 병존 시 중국 가입 필수. 일본의 불참 가능성이 있음
초기 자본금	- 초기자본금 400억 달러 - 절반(200억 달러) 또는 25% (100억 달러)를 납입자본금으로 분담	- 초기자본금 60억 달러 - 납입자본금 30억 달러	- 초기자본금 250억-500억 달러 (약 400억) - 납입자본금 최소 100억 달러	- 동북아 개발금융(NADF) 단계에서 9억 달러	- 개발수요 지표 분석 결과 50-100억 달러
설립/운영 방식	- ADB 방식 준용 - 총회와 이사회 - 비차입국(OECD 국가) 이사 다수 설정, 역외국 참가 확대	- 간소/효율적 조직 - 필수적 부분만 설치, 사업 특화조직 추가 - 총회와 이사회	- 총회와 이사회 - 이사회는 필요시만 회합	- GTI 회원국의 동북아 수출입은행 협의체(NEAECA) 기반으로 개발금융(NADF) 단계를 거쳐 NEADB 설립	- 구체적 언급 없음

출처: 김유리(2014), p.31 〈표1〉에 김유리(2014) 및 최필수(2015)의 논의를 덧붙여 정리

〈표 4〉에서 보듯이 NEADB에 대한 남덕우와 카츠의 설립 방안은 회원국 구성과 400-500억 달러에 달하는 초기 자본금 규모, ADB를 준용한 운영 방식 등에 있어서 북한과 일본의 불참을 제외하면 오히려 AIIB의 출범으로 실현되고 있는 측면이 있다. AIIB는 그러나 지분과 투표권에 있어서 주도 국가인 중국의 일대일로(一帶一路) 정책 방향으로 볼 때 중앙아시아 및 중동 지역의 인프라 구축에 중점을 둘 것으로 예측되고 있어, GTI 등 두만강 유역 개발계획의 실행에 어느 정도의 실질적 투자를 할 수 있을지 의문이 제기

될 수 있다(정영록 2015[65])).

한편으로는 GTI의 주요 회원국인 중국이 AIIB를 주도한다는 점과 1,000억 달러에 달할 것으로 예상되는 AIIB의 규모를 고려하면 두만강 유역 등 동북아시아 지역에 대한 인프라 투자가 현재보다는 늘어날 수 있다는 전망도 가능하다. 특히 '창-지-투 개발계획' 등으로 두만강 유역의 중국 내 지역은 개발이 크게 진척되고 있는 반면(이종림 2012) 북-중 국경의 북한지역, 몽골국 동부 지역 등 접경국외 지역의 개발투자는 이에 크게 못 미친다는 점에서 AIIB가 이들 지역에 관심을 둘 수 있다. 따라서 AIIB가 자본금의 10% 내외로 동북아 지역 개발에 대해 충분한 투자 지분을 확약하고 지역 주변국과 충분한 협의를 거쳐 투자를 실행한다면 별도의 NEADB 설립 없이 GTI의 계획 실현이 가능하다는 주장도 있다(최필수 2015).

그러나 NEADB 구상은 GTI에 대한 재정 투자를 목적으로 중점과제로서 검토되어왔고(GTI 2011), 또한 인프라 개발을 매개로 북한의 개혁개방을 염두에 둔 남북한 교류협력 증진과 동북아 지역에서의 유라시아 공동체 구성을 위한 재정적 기반도 된다는 점에서 한국 입장에서는 AIIB와 별도로 추진할 필요성이 제기된다. 동경재단(2002)과 최필수(2015)의 분석에 따르면 NEADB는 초기 자본금 50-100억 달러(동경재단(2002) 연구에서는 60억 달러)의 범위를 적정 규모로 설립할 수 있어 AIIB보다는 소규모로서 각 회원국들의 부담이 크게 덜할 수 있다(〈표 4〉).

물론 NEADB는 한국의 주도로 설립될 수 있지만 AIIB와 마찬가

65) 정영록, 「왜 진전이 없을까」, 『2015년 통일준비위원회 경제분과 공개세미나: 동북아 다자경제협력 활성화 방안』 자료집, 통일준비위원회, 2015. 4. 9, pp.71~72.

지로 중국이 최대 지분을 가지게 되어 양국의 입장을 잘 조율해야 할 필요성이 제기되기도 한다(최필수 2015). 그러나 NEADB는 동북아시아 지역에 특화된 개발은행으로서 AIIB에 불참한 일본(역내)과 미국(역외)의 회원국 참여가 명분과 실익 양 측면에서 더 수월할 수 있고, 이는 중국의 과도한 영향력을 상쇄하는 데에도 도움을 줄 수 있다.

NEADB의 설립 방식에 대해서는 김유리(2014)의 방안이 주목될 수 있다. 이 방안에 의하면 GTI는 이미 2014년 9월 각 회원국(한국, 몽골, 중국, 러시아)의 수출입은행협의체(NEAECA)를 출범시켰으며(김유리 2014), 이 협의체를 1단계로 하여 북한, 일본, 미국까지 참여시켜 GTI 조직체를 활용한 정보 플랫폼 구축 및 시범사업 계획을 수행하고, 2단계로 9억 달러 규모의 가칭 '동북아개발지원금융(NADF)'를 설립하여 시범사업을 지원한다(〈표 4〉). NEADB는 이들 사업실적이 축적되는 것을 기반으로 출범할 수 있다(3단계).

4) 남・북・몽골의 두만강유역개발 모델 모색의 필요성

두만강유역개발계획 및 GTI에 대한 AIIB의 예상되는 영향, 한국과 몽골의 AIIB 참여, 또 AIIB 및 NEADB 구상이 북한의 개혁개방에 끼칠 수 있는 영향을 고려할 때 한국과 몽골의 두만강유역개발계획 참여는 다음과 같은 전략을 가지고 추진함으로써 현실적 이익을 담보하면서 장기적인 비전을 확보할 수 있을 것이다.

첫째, 한국과 몽골은 남북관계와 몽골-북한 관계의 개선과 발전을 통해 두만강개발계획의 위협요소인 국제안보・정치적 불안정성을 최소화하여 GTI와 AIIB 또는 NEADB의 상호 시너지 효과는 물론, 두만강 유역 및 유관국들의 경제 발전과 공존공영을 보장할 수 있을 것이다. 특히 한국과 몽골은 AIIB나 NEADB의 두만강유역개발 투자는 물론, 북한이 AIIB 또는 NEADB에 옵저버 자격으로 참여함은 물론 2009년 스스로 탈퇴했던 GTI에의 재가입을 추진하는데 있어 두 기구의 회원국으로서 긴밀히 협력할 수 있을 것이다. 또한 정세 진전에 따라 한국·북한·몽골의 3자 협력사업도 추진할 수 있다. 예를 들어 최근 몽골 오치르바트 (초대) 전 대통령은 1988년 북한 김일성의 몽골 방문 시 논의되었던 한국·북한·몽골의 몽골 타반톨고이(Tavan Tolgoi) 석탄광 및 산업단지 3자 협력개발 구상을 되살리는 방안을 주장하기도 하였다.[66]

둘째, 두만강개발계획의 진전을 위한 구체적 방안으로서 한국, 몽골, 북한의 합작개발공사(가칭 '두만개발투자공사')를 설립하여 AIIB 또는 NEADB 등을 통한 인프라 투자를 견인할 필요가 있다. 이는 현재 한국, 북한, 러시아의 합작회사인 '나선콘트란스'를 통해 진행되고 있는 '나진-하산 프로젝트'의 형태를 참조한 것으로, 단점과 제약 요소를 파악하여 더 발전된 형태의 합작사업을 추진할 수 있을 것이다.

'두만개발투자공사' 모델의 현실화를 통해 한국은 현재 금강산까지 연결되어 있는 동해선 철도 등 동해안 철도 인프라를 북한의 동해안 철도 및 나진-하산, 나아가 시베리아횡단철도 연결을 추진할 수 있을 것이다. 또한 몽골로서는 나진항 사용을 통한 해운 개통은 물론 두만강유역 개발을 위한 자원 수출 및 동해안을 통해 한국과도 육로 연결을 꾀할 수 있을 것이며, GTI의 틀 내에서도 AIIB

66) 홍수영, 「몽골은 유라시아 물류의 커다란 축… 한국과 협력땐 철도연결구상 탄력」, 〈동아일보〉, 2015. 6. 25.

또는 NEADB 등의 투자를 받아 '투먼교통로'의 동몽골 지역 교통 인프라 구축을 현실화할 수 있다. 북한으로서도 '두만개발투자공사' 참여로 몽골과 같이 중국의 과도한 경제적 영향력을 최소화하면서도 AIIB 또는 NEADB 등을 통한 나선경제특구의 본격적인 개발 활성화와 경제 발전을 기대할 수 있을 것이다.

셋째, '두만개발투자공사'를 통한 개발을 위해 한국과 몽골은 북한이 「나선경제특구법」을 개정하여 나선경제특구 범위에서 개혁개방 수준을 획기적으로 개선하도록 설득하고 유도할 필요가 있다. 나선경제특구, 나아가 GTI 등에서 추진하던 두만강지역 개발이 실행되고 기대만큼의 효과를 보기 위해서 「나선경제특구법」은 2002년 홍콩 수준의 자치와 경제자유를 보장했던 「신의주특별행정구기본법」 수준으로 개정될 필요가 있다.

5. 맺음말: 두만강유역개발계획의 전망과 한국과 몽골의 효과적 참여 전략 모색

본 연구에서는 1990년대 이후 두만강유역개발계획(TRADP, GTI)과 나선경제특구, 이에 대한 한국과 몽골, 북한을 비롯한 두만강 유역 관련 국가들의 참여 전략과 재원 조달 방안(AIIB 출범과 NEADB 구상)의 현황을 살펴보았다. TRADP에서 GTI에 이르기까지 두만강유역개발계획은 북한, 중국, 러시아 및 한국과 몽골을 참여시키고 북한의 나선경제특구와 함께 20여 년의 긴 기간 동안 추진되어왔으나, 기본적인 '글로벌 공공재'(UN 2001; UNDP & ODS

2002)라고 할 수 있는 국제 교통 인프라에 있어서도 미약한 수준의 성과를 거둔 채 부침을 반복해왔다. 분석 결과, 그 원인은 북한 핵개발 등 국제안보·정치적 불안정성이 크게 작용하는 한편, 다른 체제전환 사회주의 국가들과의 경쟁에서도 밀릴 정도로 충분한 개혁개방의 의지를 담보하지 못한 북한의 특구정책과 교통 인프라 조차 개방하지 않는 폐쇄적 체제에 있다고 할 수 있다. 또한 이러한 상황 속에서 UNDP라는 국제기구 주도의 다자간 국제협력의 틀보다는 각국의 국내 경제개발(중국 창지투개발선도구와 러시아 극동개발 등) 또는 그 연장선상에서 두만강유역 3국(북한, 중국, 러시아)의 양자간, 3자간 국제협력 사업이 오히려 활발했던 것으로 보인다.

두만강유역개발계획의 역사적 변천과 그 개발 프로젝트들의 특징을 살펴볼 때 한국과 몽골은 당 계획 참여에 있어 GTI 등 다자협력 틀의 장기적 발전을 꾀하기도 해야 하겠으나, 우선 긴요하고 현실성 있는 양자 간 또는 3자 간 협력 사업(인프라 구축 등)에 대한 민관 협력 형태의 참여와 재원 조달 구상을 통해 활로를 모색해야 할 필요가 있다. 따라서 두만강유역개발계획에 대한 한국과 몽골의 전략으로서 우선 각국의 국제정치적 관계 개선 노력으로 두만강유역의 진정한 협력개발이라는 큰 목표를 추구해야 한다는 원칙을 세우고, 한편에서는 한국, 몽골, 북한 3자 합작개발공사의 설립을 통해 AIIB 또는 NEADB에서 투자받아 나선경제특구 및 두만강 지역의 개발 활성화를 꾀하는 현실적인 방안을 제안하고자 한다. 또한 그 실행조건으로서 북한이 「나선경제특구법」을 「신의주특별행정구기본법」 수준의 획기적인 개혁개방 정책을 의도하는 법으로 개정할 수 있도록 한국과 몽골의 공동 노력을 제안하고자 한다.

〈참고 문헌〉

개성공업지구지원재단, 「개성공단 안내」(입주 · 지원 현황), https://www.kidmac.com/kor/contents.do?menuNo=100158, https://www.kidmac.com/kor/bbs/list/B0000014.do?menuNo=100159. 2015. 9. 16.

구자룡, 「닻올린 AIIB… 崔부총리 "투자은행 통한 北지원 마다 안해"」, 〈동아일보〉, 2015. 6. 30.

구해우, 「북한의 개혁개방과 북한특구법의 변천에 관한 연구」, 박사학위 논문, 고려대학교 법학과, 2009.

김유리, 「동북아개발은행 설립구상의 현황과 전망」, 『수은북한경제』 2014년 겨울, 2014.

김호준, 이상현, 「정부 "'나진-하산 프로젝트' 본계약 7부 능선 넘었다"」, 〈연합뉴스〉, 2015. 4. 27.

나희승, 「유라시아 이니셔티브와 대륙횡단철도 연결의 전망」, 〈트렌드와 미래〉, 미래전략연구원, 2014. 4. 30.

남궁영, 「북한의 경제특구전략: 신의주 경제특구정책을 중심으로」, 『중소연구』 99, 2003.

문경근 · 한찬규, 「탄력받는 나진 · 하산 프로젝트 러시아산 유연탄, 北 나진항 경유 포항 도착」, 〈연합뉴스〉, 2014. 12. 1.

문경연, 「나진-하산 프로젝트」, 『2015년 통일준비위원회 경제분과 공개세미나: 동북아 다자경제협력 활성화 방안』 자료집, 통일준비위원회, 2015. 4. 9.

물류신문, 「PART 3. 통일물류 시대, 주목해야 할 지역: 5대 경제특구 · 19개 경제개발구…통일시대 물동량 창출 지역 될 듯」, 〈물류신문〉, 2015. 2. 16.

박용안, 「몽골의 통과운송 안정화를 위한 주변국과 국제협력 개선방안」,

『한국항만경제학지』 27(4), 2011.
배종열, 「북한의 나진-선봉 자유경제무역지대 개발계획의 평가와 전망」, 『나진-선봉 자유경제무역지대 투자전망』 세미나 자료집, 동아시아경제연구원, 1993. 12. 22.
서봉교, 『북한 경제특구의 전망과 과제-중국 특구와의 비교를 중심으로』, LG경제연구원, 2001.
연합뉴스, 「〈표〉 AIIB 회원국별 지분율 & 투표권」, 〈연합뉴스〉, 2015. 6. 30.
옥철, 「나진-하산 프로젝트로 발전연료도 北거쳐 반입될 듯」, 〈연합뉴스〉, 2015. 4. 14.
유영옥 · 강석승, 『국제사회와 북한』, 홍익재, 2004.
유욱 · 김병필, 「북한의 특수경제지대법의 최근 동향과 평가-라선경제무역지대법과 황금평 · 위화도경제지대법을 중심으로」, 『통일과법률』 11, 2012.
이상준, 「두만강 유역의 초국경 협력전략과 과제」, 『나진-선봉 자유경제무역지대 투자전망』 심포지엄 자료집, 한국정책재단, 2015. 3. 12.
이상현, 「북한-몽골, 나진항 통한 광산물 수출 협력」, 〈연합뉴스〉, 2015. 3. 18.
이성택, 「AIIB에 밀려… 朴 대통령 '동북아 구상' 줄줄이 표류 위기」, 〈한국일보〉, 2015. 4. 1.
이수훈, 『북 · 중 · 러 북방경제협력과 한국의 대응』, 국회입법조사처, 2013.
이재영, 「유라시아 시대 한-몽 경제협력 방안」, 『2015 몽골 투자설명회』, 주한몽골대사관, 대한무역투자진흥공사, 2015. 2. 25.
이재영 · 이평래 · 윤익중 · 이시영 · S.Avirmed, 『몽골 광물자원 개발 현황과 한국의 진출방안』, 대외경제정책연구원, 2011.
이정은, 「나진-하산 철도 활용... 남북러 물류협력 추진」, 〈동아일보〉, 2013. 10. 25.

이종림, 「창지투 개발개방 선도구 개발현황」, 최수영 편, 『중국의 창지투 개발계획과 한반도 경제』, 2012.

이준삼, 「초기자본금 1천억달러…中주도 AIIB 출범 '준비완료'」, 〈연합뉴스〉, 2015. 6. 28.

이형근, 『동북아 경제협력: 동북아개발은행 논의에 대한 평가와 시사점』, 대외경제정책연구원. 2004.

장덕준, "2014년 한-러 협력과 신북방외교의 전망", 〈트렌드와 미래〉, 미래전략연구원, 2014. 2. 5.

장용석, 「朴대통령 창조와 평화를 위한 '유라시아 이니셔티브' 제안」, 〈뉴스1〉, 2013. 10. 18.

장용훈, 「〈북·러 新협력시대〉 ① 어디까지 발전했나」, 〈연합뉴스〉, 2014. 10. 26.

정영록, 「왜 진전이 없을까」, 『2015년 통일준비위원회 경제분과 공개세미나: 동북아 다자경제협력 활성화 방안』 자료집, 통일준비위원회, 2015. 4. 9.

정형곤·김지연·이종운·홍익표, 『북한의 투자유치정책 변화와 남북경협 방향』, KIEP, 2011.

조봉현, 「북한의 경제특구 개발 동향과 남북협력 연계방안」, 『나라경제』 16(9), 2014.

조유현, 「유라시아시대의 나선산업단지 조성·협력방안」, 『2015년 통일준비위원회 경제분과 공개세미나: 동북아 다자경제협력 활성화 방안』 자료집, 통일준비위원회, 2015. 4. 9.

조중공동지도위원회, 「조중라선경제무역지대와 황금평경제지대 공동개발 총계획요강」, 2011.

통일뉴스, 「북중러, '두만강 국제관광구' 추진-'1구3국(一區三國)' 관리모델」, 〈통일뉴스〉, 2015. 2. 16.

최우진, 「북한 나선경제특구의 개발과 관리에 관한 법제의 평가와 과제」,

『제201회 북한법연구회 월례발표회』, 2015. 2. 26.

최필수, 「AIIB 설립과 동북아 개발금융」, 『한중사회과학연구』 13(1), 2015.

홍수영, 「몽골은 유라시아 물류의 커다란 축… 한국과 협력땐 철도연결구상 탄력」, 〈동아일보〉, 2015. 6. 25.

황일도, 「AIIB는 평양에 제시할 새로운 당근? 6자회담에서 엉킨 '국제기구 차관' 대안될 듯…문제는 중국 예속 심화」, 〈주간동아〉, 2015. 4. 6.

Abrahamian, A. "How North Korea's hushed-up economy is hindering its development", The Guardian, April 22th, 2015, at http://www.theguardian.com/world/2015/apr/22/north-korea-secret-economy-aiib-development-china, Accessed on June 16th, 2015.

Babson, B. O. "Could the new Asian Infrastructure Investment Bank change the dynamics of economic engagement with North Korea?", 38 North: Informed Analysis of North Korea, May 26th, 2015, at http://38north.org/2015/05/bbabson052515/, Accessed on May 27th, 2015.

Bayasakh, J. & Zadtsesem, U. 「두만강지역개발 계획에 대한 몽골정부의 견해와 정책」, 동몽골 프로젝트 국제학술회의 『동몽골의 역사적 가치와 미래』 자료집, 2015. 5. 26.

Emerging Markets, "'No way North Korea' - DPRK refused entry to China-led AIIB", Emerging Markets, March 27th, 2015, at http://www.emergingmarkets.org/Article/3440430/No-way-North-KoreaDPRK-refused-entry-to-China-led-AIIB.html, Accessed on June 16th, 2015.

GTI. GTI Brochure, 2013.

GTI, Integrated Transportation Infrastructure and Cross-Border Facilitation Studyfor the Trans-GTR Transport Corridors, 2014.

GTI. Strategic Review on Greater Tumen Initiative, 2011.

Kaul, I., Conceicao, P., Goulven, K. L., and Mendoza, R. U. Providing Global Public Goods: Managing Globalization, Oxford University Press, 2003.

KIEP, 제2차 유라시아 지식네트워크 몽골 정책토론회 「한국-몽골 미래를 향한 도전」 자료집, 2015. 6. 23.

UNDP & ODS. Providing Global Public Goods: Managing Globalization – 25 Questions & Answers, 2002.

United Nations. Road Map towards the Implementation of the United Nations Millenium Declaration, Report of the Secretary-General. 6 September. A/56/326. 2001.

GTI에 대한 몽골의 시각과 비전 및 한·몽 협력 방안

- 동몽골 지역 개발계획 내용을 중심으로 -

김보라(단국대)

1. 머리말

1) 연구의 목적

광역두만개발계획(GTI: Greater Tumen Initiative)은 처음에 1991년에 유엔개발계획(UNDP) 후원 하에 두만강개발계획(TRADP: Tumen River Area Development Plan)이란 이름으로 두만강 유역과 직·간접적으로 연결되는 러시아, 중국, 북한, 몽골, 한국 5개국의 참여로 시작되었다. 2005년 9월에 TRADP는 GTI로 개칭하고 러시아 극동지역 일부(연해주, 하바롭스크), 중국 동북3성(랴오닝성, 지린성, 헤이룽장성)과 내몽골, 몽골 동부 지역(도르노드 아이막, 헨티 아이막, 수흐바타르 아이막), 북한 나선(나진·선봉) 경제무역지대와 한국 동해안 지역(강원, 경북, 울산, 부산)으로 사업 대상

지역을 조정·확대하였다. 회원국들 중에서 북한이 그 당시 국제사회의 경제제재와 핵사찰 등의 이유로 2009년 11월에 GTI에서 탈퇴하였다. 하지만 북한이 GTI에 해당되는 지역인 나선 경제지대 개발에 많은 주의를 기울이고 있으므로 GTI에 복귀할 가능성이 있다고 보기도 한다.[1)]

GTI는 박근혜 정부 유라시아 이니셔티브의 최우선적이며 가장 핵심적인 과제인 북한, 중국과 러시아의 경제협력에 해당되므로 한국 정부가 동 계획 추진에 가치를 두고 회원국들과 협력하고자 하고 있다.[2)] GTI 추진과 관련하여 회원국들과 협력하고 협력 방안을 세우는 데 한국 정부는 GTI 회원국들의 동 계획에 대한 시각과 비전을 주의 있게 살펴보고 있으며, 이들 국가의 GTI에 대한 시각과 비전을 정의할 때 러시아의 경우 극동 지역 개발계획, 중국의 경우 창지투 개발계획, 북한의 경우 나선지대 개발계획 등 GTI 해당 지역들의 개발계획 정책문서들을 충분히 검토하고 있다.[3)] 그러나 GTI의 회원국인 몽골의 경우 GTI에 대한 시각과 비전을 GTI 해당 몽골 동지역 개발계획을 통해 살펴보는 일이 거의 부재하다고 할 수 있을 정도로 소홀히 이루어졌다.[4)] 이러한 것은 한국 정부가

1) 신용석, 「두만강지역의 관광개발 방향과 과제: 광역두만강개발계획을 중심으로」, 『통일정책연구』, 제23권 제2호(통일연구원, 2014), p.124.

2) 기획재정부, 「광역두만강개발계획(GTI) 제15차 총회 참가 결과」, 기획재정부 대외경제국 남북경제과 보도자료, 2014년 9월 18일.

3) 김천규 외, 「동북아 평화번영을 위한 두만강유역 초국경협력 실천전략 연구」, 국토연 2014-37, 서울: 한국국토연구원, 2014; 최보영 외, 「GTI 회원국의 무역원활화 현황 및 역내 협력방안」, 중장기통상전략연구 14-08, 서울: 대외경제정책연구원, 2014; 안병민, 「유라시아 시대의 동북아 협력과 북한 개발 전망: 교통 물류를 중심으로」, 수은북한경제 연구보고서, 서울: 한국수출입은행, 2014.

4) GTI 추진 차원의 한·몽 협력 관련 선행연구들(조명철·김지연, 「GTI(Greater Tumen Initiative)의 추진동향과 국제협력방안」, 연구자료 10-16, 서울: 대외

GTI 추진에 있어서 몽골과 협력하고, 그 방안을 마련하는 데 제한을 둘 수 있다. 그 이유는 몽골의 경우 GTI가 동몽골 지역 개발계획 문서들에 본격적으로 반영되었으며 이에 따라 이들 정책 문서에 GTI에 대한 몽골의 시각과 비전이 가장 뚜렷하게 나타난다고 볼 수 있다. 따라서 본 연구는 GTI에 대한 몽골의 시각과 비전을 동몽골의 개발계획 측면에서 살펴보고 이를 바탕으로 GTI 추진 과정에서의 한국과 몽골의 협력 방안을 도출하는 것을 목적으로 삼는다.

2) 연구 방법 및 연구 내용 구성

연구 목적을 달성하기 위해 본 연구는 문헌 연구 방법을 사용한다. 동몽골 지역 개발계획 측면에서 GTI에 대한 몽골의 시각과 비전을 살펴보기 위해 「몽골의 지역개발 구상」, 「몽골 지역들의 개발 중기전략(2010년까지)」, 「동몽골 지역 개발계획(2006-2015)」, 「도르노드 아이막(道) 개발 종합 정책(2009-2016)」, 「헨티 아이막(道) 개발 종합 정책(2010-2021)」과 「수흐바타르 아이막(道) 개발 계획(2007-2015)」이란 총 6개의 몽골 동지역 개발계획 문서를 활용하고, GTI 추진에 대한 향후 한·몽 협력 방안을 도출하기 위해 문헌자료, 정책자료, 잡지, 신문 기사 등을 활용한다.

본 연구 내용은 먼저 동몽골 지역 개발계획에 GTI가 어떻게 반영

경제정책연구원, 2010; Chung Mo Koo et al., 「Northeast Asian Economic Cooperation: Assessment and Prospects of the Greater Tumen Initiative」, 『東北亞經濟硏究』, 제24권 제2호(동북아경제학회, 2012), pp.313~353쪽; 최경은, [광역두만강개발계획(GTI) 관광역량강화 프로그램], 『한국관광정책』, 제59호(한국문화관광연구원, 2015), pp.132-140)이 양국 협력 방안을 주로 몽골의 광물 운송, 인프라와 관광 분야 개발과 연관지어 살펴봤다.

되어 있는지를 검토하고, 다음으로 동몽골 지역 개발계획에 반영되어 있는 GTI 관련 내용을 중심으로 GTI에 대한 몽골의 시각과 비전을 살펴보고 마지막으로는 GTI에 대한 몽골의 시각과 비전을 바탕으로 GTI 추진을 위한 향후 한·몽 협력 방안을 도출하는 순서로 진행된다.

2. 동몽골 지역의 개발계획과 GTI

1) 몽골 지역개발 구상과 GTI

2001년 6월 14일에 몽골 국회에서는 「몽골 지역개발 구상(Монгол Улсын бүсчилсэн хөгжлийн үзэл баримтлал)」을 통과시켰다.[5] 본 구상에서는 몽골 경제지역을 서부 지역, 항가이 지역, 중부 지역과 동부 지역으로 나누었고 동부 지역에 도르노드 아이막, 수흐바타르 아이막과 헨티 아이막을 편성시켰다. 본 구상은 "몽골의 영토, 자원, 농·축산업 원자재 자원과 지적 능력을 자연환경에 맞추어 합리적으로 활용하는 것을 전제로 하여 인구와 생산의 부적합한 집적을 분산시키고, 도시와 지방의 발전 차이, 아이막과 각 지역들 간의 불평등·불균형을 줄이고 발전수준의 형평성을 맞추어

5) 이 부분에서 살펴본 GTI 관련 내용과 관련해 Монгол Улсын Их Хурлын 57 дугаар тогтоолын хавсралт, Монгол Улсын бүсчилсэн хөгжлийн үзэл баримтлал, 2001 оны 6 сарын 14-ний өдөр, 4.2-4.3.5, 2, 2.3, 2.3.6, 4.7.6.a[몽골 국회령 №57의 부록, 몽골국 지역개발 구상, 2001년 6월 14일, 4.2-4.3.5, 2, 2.3, 2.3.6, 4.7.6.a]을 참조.

국가의 경제·사회 증진을 가속화시킴으로써 호의적인 대내·외 환경을 마련하는 것"을 목적으로 삼고 있다.

본 구상에서는 상기 목적을 달성하기 위해 6개의 부문을 설정하고[6] 각각 우선적으로 달성해야 할 목표를 세웠다. 국제관계 부문에서 "몽골의 운송망을 각 지역의 국제무역과 경제망에 맞추어 지리적 위치에 따라 적절하게 연결하고, 국가 및 지방의 개발을 촉진시키는 국제관계의 가능성들이 충분히 활용될 수 있도록 여건을 마련하는 것"을 목표로 하였다. 이러한 목표 달성을 위해 "몽골의 동부 지역을 초이발상-애랭차브, 초이발상-숨베르-라샨트 방향에 있는 아시아 국가들의 도로 및 철도망에 연결하고, 이후 동북아 협력의 TRADP 시행에 적극적으로 참여하며 아시아 태평양 국가들과 교류할 관문을 여는 정책을 실시할 것"으로 정하였다.

2) 몽골국 지역들의 개발 중기전략(2010년까지)과 GTI

2003년 6월 12일에 몽골 국회에서는 「몽골 지역들의 개발 중기전략(2010년까지)(Монгол Улсын бүсүүдийн хөгжлийн дунд хугацааны стратеги(2010 он хүртэл))」을 통과시켰다.[7] 이 전략에서는 몽골의 서부 지역, 항가이 지역, 중부 지역과 동부 지역별 중기

---

6) 국가기관, 경제, 사회 문화, 자연환경보호, 인구정착 도시건설과 국제관계 부문이다.

7) 이 부분에서 살펴본 GTI 관련 내용과 관련 하여 Монгол Улсын Их Хурлын 24 дүгээр тогтоолын хавсралт, Монгол Улсын бүсүүдийн хөгжлийн дунд хугацааны стратеги(2010 он хүртэл), 2003 оны 6 сарын 12-ны өдөр, 1, 5.1.д; 5.1.е; 5.4.1.б,г,в; 5.4.3.в,г,ж; 5.5.6[몽골 국회령 №.24의 부록, 몽골국 지역들의 개발 중기전략(2010년까지), 2003년 6월 12일, 1, 5.1.d; 5.1.ye; 5.4.1.b,g,v; 5.4.3.v,g,j; 5.5.6]을 참조.

개발 목적을 정하였다. 이 가운데 동부 지역의 개발 목적을 "거시 경제 안정화의 추세와 관련 하여 몽골 개발에 있어 동아시아를 향한 협력 가능성을 확대시키기 위해 동부 지역의 광물, 축산업 원자재, 풍부한 관광자원 및 자원을 적절하게 활용할 수 있는 생산 인프라와 자연환경적 경영을 확보하고, 이를 바탕으로 동부 지역에서 국내외 투자가 이루어질 수 있도록 여건을 마련하는 것"으로 하였다. 본 전략에서는 이와 같은 동부지역 개발 목적을 정하는데 있어 다음과 같은 동부 지역 관련 특징들을 감안하였다. 동부 지역은 "몽골을 TRADP 국가들과 연결시키는 지리적 이점을 가지고 있고, 이로 인해 몽골, 러시아, 중국, 한국과 일본 간 협력 의지가 강화되고 있다는 점"과 "몽골 정부가 TRADP에 대한 몽골의 참여 방향을 확정했으며 특히 동부 지역을 TRADP에 최우선적으로 참여시켜 개발하기로 했다는 점"이 그것이다.

동부 지역의 중기 개발 목적을 달성하기 위해 본 전략에서는 총 3개의 목표를 세웠으며, 이 중 2개의 목표 요컨대 목표 1과 목표 3 달성 관련 조치들에 TRADP를 반영시켰다. 목표 1에서는 총 8개의 부문에서 TRADP와 관련된 조치를 취하기로 하였다. 우선, 에너지 분야에서는 "TRADP의 범위 내의 러시아로부터 중국, 한국과 일본 시장에 공급될 석유·천연가스 배송관과 국가간 전기배송망이 몽골의 동부 지역 및 인접 지역으로 통관되는 것에 대해 양자·다자간 대화와 협상을 적극적으로 지속할 것"을 정하였다.

광업 분야에서 "TRADP의 범위 내 동부 지역에서의 형석(헨티 아이막의 보르-운두르와 베르흐, 수흐바타르 아이막의 아나스 광산), 마르다이와 네메르의 우라늄 광산, 올랑차브와 바양동의 혼합금속 광산, 에그주르와 살라의 텅스텐 광산과 상기잉 달라이와 쇼

르워그 호수의 초석과 소금 광산을 친환경적 기술을 이용해 다른 국가들과 합작하여 개발하는 사업들을 구상하고 시장 수익성이 높은 대안을 선정하여 확정할 것"을 정하였다.

관광 분야에서는 "TRADP의 친환경 관광 개발 사업 범위 내에서 몽골 동부 지역에 '관광 목적시장' 사업을 개발하여 동부 지역 관광 자원을 중국, 일본, 한국 및 유럽 관광객들에게 홍보한다. 이를 통해 이들 국가들의 지원을 받아 동부 지역을 국제 관광망에 포함시키는 방안을 강구할 것"을 정하였다.

축산업과 경공업 분야에서 "TRADP 범위 이내에서 축산업과 경공업에 생산성을 높이는 심화된 기술을 이전시키고, 보다 선진적인 영농을 개발하여 다양한 제품을 수출할 기회를 마련하는 것과 관련된 사업과 조치들을 제안할 것"을 정하였다.

농업과 식품 생산 분야에서는 "TRADP 범위 내에서 농업 기술 협력을 활성화시킬 것 특히, 관개(灌漑)와 토양 개선 선진기술을 이전시키고 국경 인접 지역들에 강화되고 통합된 농장을 설립하는 사업과 조치들을 제안할 것"을 정하였다.

토지사용 및 지역화와 관련 하여서 "TRADP 범위 이내에서 관심 있는 국가들의 투자가들과 공동으로 자유지대를 지정하고 다리강가와 할호골 구역의 국제관광 단지 설립 가능성을 조사하여 가능성이 있는 지역을 선진국들에 장기적으로 임대하는 방침을 고수할 것"을 정하였다.

인구 정착화 및 고용과 관련 하여 "TRADP 범위 이내에서 동부 지역 국제관계의 중심지인 초이발산의 초원 정착화 구조를 마련하고", "동부 지역에 사업성이 있는 사업의 종류를 확대하여 편의시설을 갖춘 도시와 촌들을 증가시킴으로써 다른 지역민들이 일할 수 있는 가능성을 확대시킴과 동시에 TRADP의 범위 이내에서 시행되고 있는 '인력 시장 개발 지역 사업'에 대한 몽골의 참여를 증가시키는 방향으로 인적 자원의 능력을 개선시키는 방안을 강구할 것"을 정하였다.

자연환경 경영진 구성과 관련 하여서 "TRADP 범위 이내에서 자연환경 경영, 감독, 평가 및 정보의 국제망을 설립하고 자연환경 표준에 관한 공동 조사를 수행하여 국경을 넘어 존재하는 환경 문제를 공동으로 해결하고 친환경 기술과 노하우를 교류하는 사업과 조치들에 특별하게 주의를 기울일 것"을 정하였다.

다음으로, 목표 3과 관련 하여서 "TRADP 범위 이내서 동부 지역의 농·축산업 생산을 되살리고 관광 개발 프로그램과 사업들을 토지 개혁과 함께 제안하고 관심 있는 국가들과 협력할 기회를 늘리도록 할 것", "양자간 및 다자간 대화와 협상 과정에서 TRADP의 투자 사업과 조치에 반영된 몽골 개발 지원 관련 총 8개의 문제를 해결하는데 주의를 기울일 것"과 "TRADP 범위 이내에서 동부 지역을 통관하는 에너지선과 인프라 건설 문제로 몽골, 러시아와 중국간 삼자간 협정을 체결하도록 유연한 정치·외교 정책을 추구할 것"으로 각각 정하였다.(〈표 1〉 참조)

또한 '몽골 지역들의 개발 중기전략'의 전략적 성과에 관해서는 "몽골이 동부 지역을 통하여 TRADP과 다방면으로 연결되고 국가 경제·사회 발전이 가속화될 수 있는 새로운 전략적 기회와 경향이 나타난다."고 하였다.

〈표 1〉 몽골 동부 지역 중기 개발 전략(2010년까지)의 목적 달성을 위한 목표들

	내 용	목표 달성을 위한 GTI 관련 조치들
목표 1	동부 지역의 자연자원과 농업 원자재 자원을 지역의 환경에 맞추어 TRADP 범위 이내에서 완전하고 효율성 있게 활용하는 기회 확대를 전제로 에너지, 광업, 관광, 육류, 울과 캐시미어 가공 및 곡식과 채소 생산의 개발이 보다 확대되도록 기술과 마케팅의 토대 마련	목표 달성을 위해 TRADP 범위 내 총 8개의 부문에서 조치들을 취함.
목표 2	동부 지역에 해당하는 아이막들을 연결하고, 이들 아이막을 울란바타르 및 중부 지역과 연결하는 에너지망, 교통망과 정보통신망을 구축하고 아이막과 솜(郡) 중심지 간 사회, 문화, 교육과 서비스의 연관성이 개선되도록 투자 프로그램 실시	-
목표 3	동부 지역 주민들의 생활 수준이 다른 지역들과 균형화되도록 하고, 농·축산업 생산을 되살려 개발시키고 산업화된 개발이 시작될 수 있도록 국내외 투자가들이 관심을 가질 만한 인센티브 제도 설립 및 운행	목표 달성을 위해 TRADP 범위 내 총 3개의 부문에서 조치를 취함.

출처: 몽골 국회령 No.24의 부록, 몽골국 지역들의 중기전략(2010년까지), 2003년 6월 12일, 5.4.3.v.g.j에 의해 저자 작성.

3) 동지역 개발계획(2006-2015)과 GTI

2005년 9월 28일 몽골 정부에서는 「일부 지역 개발 계획 수립에 관한 제202 정부령(Зарим бүсийн хөгжлийн хөтөлбөр батлах тухай Засгийн газрын 202 дугаар тогтоол)」을 발표했으며[8] 이 정부

8) 이 부분에서 살펴본 GTI 관련 내용과 관련 하여 Монгол Улсын Засгийн газрын 202 дугаар тогтоолын хавсралт, Зүүн бүсийн хөгжлийн хөтөлбөр (2006-2015), 2005 он, 1, 4, 4.5[몽골 정부령 №202의 부록, 동지역 개발계획(2006-2015), 2005년, 1, 4, 4.5]를 참조.

령의 부록으로 「동부 지역 개발계획(2006-2015)(Зүүн бүсийн хөгжлийн хөтөлбөр(2006-2015))」이 통과되었다. 본 개발계획은 「몽골 지역개발 구상」, 「몽골 지역들의 개발 중기전략(2010년까지)」, 「지역 개발 관리와 조정법(Бүсчилсэн хөгжлийн удирдлага зохицуулалтын тухай хууль)」[9]과 몽골 개발 관련 기타 정책 문서들을 바탕으로 작성되었다. 본 개발계획에서 동부 지역의 특징을 다음과 같이 기술하였다. 동부지역은 "러시아와 중국과 인접하여 TRADP 참여 등 국제협력의 장점을 활용할 수 있다는 면에서 다른 지역들보다 우월하다."고 하였다. 그리고 본 개발계획 내용의 특별한 면으로서 "국경이 인접한 러시아와 중국뿐만 아니라 한국, 일본 등 동북아 국가들과의 협력 기회에 주목했다."는 점으로 설명하였다. 본 개발계획에서 TRADP 참여 분야별로 사업들이 제안되었으며 도르노드 아이막, 헨티 아이막과 수흐바타르 아이막의 각 아이막별로 사업들이 명시되었다.

또한 본 개발계획은 그 실행과 관련 하여 "이웃 국가들과 동북아 국가들의 경제협력이 이루어질 수 있도록 호의적인 환경을 구성하여 국내외 자금원을 합리적으로 활용하는 것은 동부 지역 개발 계획을 실질적으로 실행하는 필수 조건이 된다"고 하였다. 따라서 동부 지역을 "경제협력을 가속화하고 무엇보다 러시아와 중국과의 인접 지역에서의 무역과 경제협력을 확대시키며, 동부 지역을 동북아

9) 본 법은 2003년 5월 30일에 통과되었으며 몽골국 사회·경제발전이 균형되도록 경제를 지역화시켜 개발하는 법적 근거를 제공하고 지역 개발의 관리 및 조정과 관련되는 관계를 조정하는 것을 목적으로 제정되었다. Монгол Улсын Бүсчилсэн хөгжлийн удирдлага зохицуулалтын тухай хууль, 2003 оны 5 сарын 30-ны өдөр, Нэгдүгээр бүлэг, Нэгдүгээр зүйл[몽골국 지역개발 관리와 조정법, 2003년 5월 30일, 제1장 제1조].

국가들과 TRADP 범위 내에서의 협력 중심지로 만드는 것"을 제안하였다. 이를 위해 동부 지역의 "초이발상 시(市)에 생산기술단지를 설립하고 애랭차브, 하위르가, 누므룩, 비칙트, 바양호쇼, 올리항 등 국경 교차점과 통로들을 자유무역지대 규정으로 운행할 수 있는 가능성을 검토하고 해결할 것"을 중요시하였다. 그리고 본 개발계획은 그 실행 자금원과 관련 하여서 "TRADP의 범위 내에서 해당 국가들의 투자를 본격적으로 유치한다."고 하였다.

4) 「도르노드 아이막(道) 개발 종합 정책(2009-2016)」, 「헨티 아이막(道) 개발 종합 정책(2010-2021)」과 「수흐바타르 아이막(道) 개발 계획(2007-2015)」 및 GTI

도르노드 아이막, 헨티 아이막과 수흐바타르 아이막 개발정책 문서[10]에는 GTI 관련 내용이 별도로 언급되지는 않고 있다. 그러나 이들 문서가 앞에서 살펴본 3개의 정책 문서를 바탕으로 작성되었다는 점을 감안했을 때 앞의 3개의 문서와 같은 맥락에서 GTI 관련 내용이 반영되어 있다고 할 수 있겠다.

---

10) Дорнод аймгийн Засаг даргын тамгийн газар, Дорнод аймгийн хөгжлийн цогц бодлого(2009-2016), 2009 он[도르노드 아이막 지자체, 도르노드 아이막 개발 종합정책(2009-2016), 2009]; Хэнтий аймгийн Засаг даргын тамгийн газар, Хэнтий аймгийн хөгжлийн цогц бодлого(2010-2021), 2009 он[헨티 아이막 지자체, 헨티 아이막 개발 종합정책(2016-2021), 2009년]; Сүхбаатар аймгийн Засаг даргын тамгийн газар, Сүхбаатар аймгийн хөгжлийн хөтөлбөр(2007-2015), 2007 он[수흐바타르 아이막 지자체, 수흐바타르 아이막 개발계획(2007-2015), 2007년].

3. 동몽골 지역 개발계획과 GTI에 대한 몽골의 시각과 비전

동몽골 지역 개발계획 관련 6개의 정책 문서를 살펴보면 3개 문서에는 GTI가 상세하게 반영되었고, 3개 문서에는 간접적으로 반영되었다. (〈표 2〉 참조)

〈표 2〉 동몽골 지역 개발계획 문서들에 GTI가 반영된 상태

	몽골 동지역 개발계획 문서들	통과연도	GTI가 반영된 상태
1	몽골의 지역개발 구상	2001년 6월	○
2	몽골 지역들의 개발 중기전략(2010년까지)	2003년 6월	○
3	동몽골 지역 개발계획(2006-2015)	2005년 9월	○
4	도르노드 아이막(道) 개발 종합 정책(2009-2016)	2009년	○(간접적으로)
5	헨티 아이막(道) 개발 종합 정책(2010-2021)	2009년 3월	○(간접적으로)
6	수흐바타르 아이막(道) 개발 계획(2007-2015)	2007년	○(간접적으로)

그리고 GTI가 반영된 3개의 개발계획 문서에 나와 있는 GTI 관련 내용들은 서로 연관성을 지니고 있다. 먼저, 「몽골의 지역개발 구상」 에서는 "몽골의 동부 지역을 우선 동아시아 국가들의 도로 및 철도망에 연결하고, 그 다음에 GTI 실현에 참여한다."고 GTI에 대한 참여 방침을 정하였다. 그리고 「몽골 지역들의 개발 중기전략

(2010년까지)」에서 GTI 참여 분야들을 정했으며 「동몽골 지역 개발계획(2006-2015)」에서는 GTI 참여 분야별로 사업들을 제안하고 이들 사업을 시행하는데 GTI 국가들로부터의 투자와 자금지원을 보다 많이 활용할 것을 정하였다.[11] (〈그림 1〉 참조)

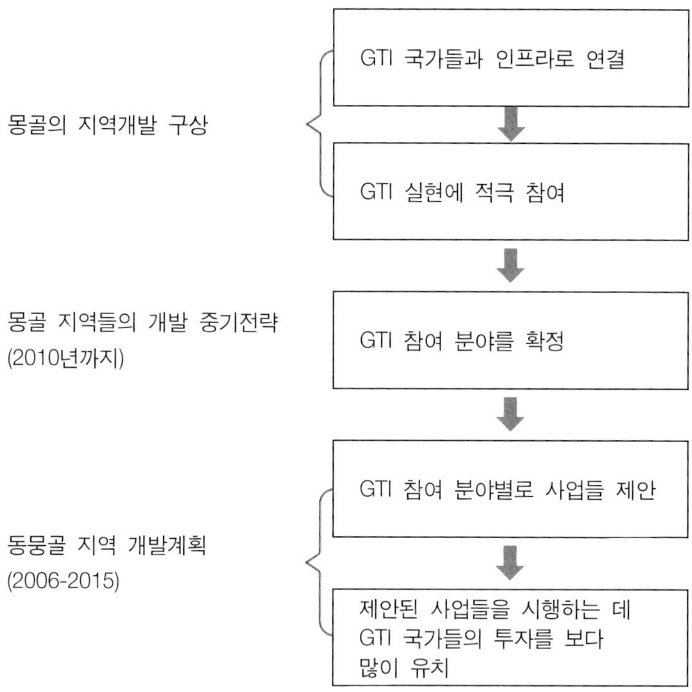

〈그림 1〉 동몽골 지역 개발계획 문서들에 GTI가 반영되어 있는 상태

GTI가 반영되어 있는 이들 정책 문서의 내용과 상호 연관성을 바탕으로 GTI에 대한 몽골의 시각을 "우선 몽골의 동부 지역을 인

11) 「몽골의 지역개발 구상」과 「몽골 지역들의 개발 중기전략(2010년까지)」에 반영된 모든 분야가 「동몽골 지역 개발계획(2006-2015)」에 반영되지 않았다.

프라를 통해 GTI 국가들과 연결하고 GTI에 여러 분야의 사업들을 통해 적극적으로 참여한다. GTI 국가들로부터 사업 자금을 조달받아 몽골 동부 지역의 경제, 사회와 자연환경을 개발하는 것"이라고 할 수 있겠다. 그리고 GTI에 대한 몽골의 비전은 "몽골 동부 지역을 인프라를 통해 동아시아 국가들과 연결하여 GTI에 참여함으로써 국가 경제와 사회 발전을 촉진하고 새로운 전략적 기회들을 창출하며 동아시아 및 태평양 국가들과 교류 경로를 개척하는 것"이라고 할 수 있겠다.

4. GTI에 대한 몽골의 시각과 비전 및 한·몽 협력 방안

GTI에 대한 몽골의 시각과 비전을 살펴보면 몽골 동부 지역을 GTI 국가들과 인프라로 연결하는 문제가 최우선 과제로 대두되고 있으며 이 문제가 해결되어야 GTI에 대한 몽골의 참여가 실제로 이루어질 것으로 보인다. GTI에 대한 참여와 관련 하여 몽골 정부가 동부 지역 인프라 문제를 이와 같이 중요시하고 있으나 그 동안의 몽골 정부 재정난과 자금조달 어려움으로 해당 인프라를 지금까지 건설하지 못한 상태이다. 따라서 본 연구는 GTI 추진 관련 한국과 몽골의 협력 방안을 몽골 동부 지역 인프라 건설 및 그 자금조달과 관련지어 제시할 것이다. 여기서 언급해야 하는 몇 가지 사항이 있는데 첫째로, 본 연구는 동몽골 개발계획 문서들(2001-2007) 이후에 비준된 동몽골 지역이 포함된 GTI 교통로들을 대상으로 GTI 추진 관련 한·몽 협력 방안을 살펴볼 것이다. 그 이유는 동몽골 개발계획 문서들에 반영되어 있는 동부 지역 인프라 (철도) 노선들이 2010년 몽골국 「국가 철도운송 정책」으로 인해 더욱 구체화되고 추가되었으며 동몽골 지역이 포함된 GTI 교통로 대안들인 투먼교통로 노선 a) 와 b)에 반영되었다. (〈그림 2〉와 〈그림 3〉 참조) 둘째로, 몽골이 현재 동부 지역을 동아시아와 유럽과 철도로 연결하는데 보다 많은 주의를 기울이고 있으므로[12] 본 연구는 투먼교통로 철도 노선 건설 및 그 자금조달과 관련된 한·몽 협력 방

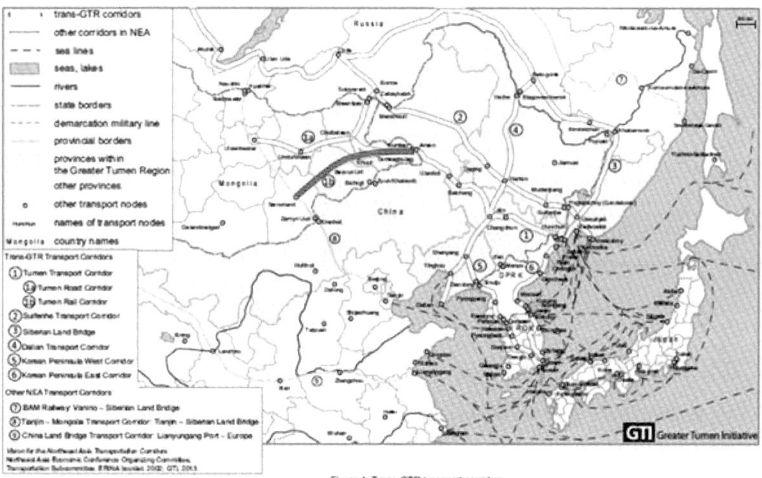

Figure 1: Trans-GTR transport corridors.

〈그림 2〉 투먼교통로 동몽골 경유 철도 노선(a)

자료: GTI, Integrated Transport Infrastructure and Cross-border Facilitation Study for the Trans-GTR Transport Corridors, Regional Summary Report, Beijing: GTI, 2013, p.1.을 기초로 저자 재구성.

---

12) Монгол Улсын Хөгжлийн Банк, "Шинэ төмөр зам," 2015 оны 3 сарын 31-ний өдөр [몽골개발은행, "신철도," 2015년 3월 31일], http://www.dbm.mn/%D1%88%D0%B8%D0%BD%D1%8D-%D1%82%D3%A9%D0%BC%D3%A9%D1%80-%D0%B7%D0%B0%D0%BC/(검색일: 2015년 10월 1일).

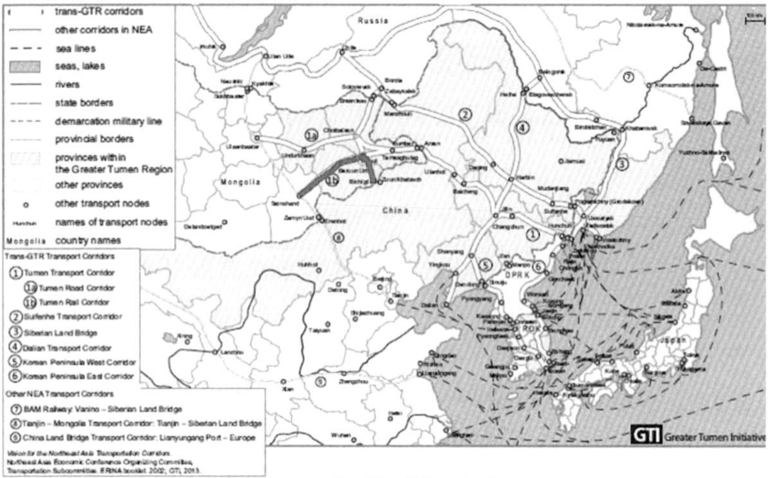

Figure 1: Trans-GTR transport corridors.

〈그림 3〉 투먼교통로 동몽골 경유 철도 노선(b)

자료: GTI, Integrated Transport Infrastructure and Cross-border Facilitation Study for the Trans-GTR Transport Corridors, Regional Summary Report, Beijing: GTI, 2013, p.1.을 기초로 저자 재구성.

안을 도출하는데 중점을 둔다.

1) 투먼교통로 동몽골 경유 철도 노선(a) 건설 및 한·몽 협력

GTI는 2013년에 몽골의 사잉샨드-바롱오르트-후우트-누므룩 노선의 철도를 포함한 투먼교통로(Tumen Transport Corridor)를 제안하였다. 이 노선이 2010년 몽골국 「국가 철도운송 정책」과 2014년 몽골국 「국가 철도운송 정책 이행 관련 일부 조치들」에 반영되었으며 몽골 정부는 동쪽 종단 사잉샨드-바롱오르트-후우트(490km) 노선의 철도를 신철도 건설의 1단계에서, 후우트-누므룩(380km) 노선의 동쪽 횡단 철도를 신철도 건설의 2단계에서 건설하기로 하였다.[13]

이 두 노선을 포함한 신철도 1, 2단계(2013-2016년)에서 건설할 총 1,800km 길이의 철도를 건설하는데 몽골에 약 52억 달러가 필요하며[14] 이 중에서 약 4억 달러는 몽골 정부 국채로, 나머지는 은행 융자와 PPP(Public Private Partnership) 방식의 외국인투자로 해결하기로 하였다.[15] 따라서 한국이 몽골 동부 지역 경유 GTI 투먼교통로 철도 건설에 은행 융자와 PPP 방식의 투자로 참여할 수 있을 것으로 보인다.

(1) 은행 융자로 인한 참여

① 한국수출입은행

한국수출입은행은 2013년 8월에 GTI 사업들을 단독으로 또한 기타 은행들과 공동으로 자금조달할 것에 대한 GTI 산하의 동북아 수은협의체 양해각서에 서명하였다.[16] 그리고 2014년 3월에 아.깡

---

13) Монгол Улсын Их Хурлын 32 дугаар тогтоол, Төрөөс төмөр замын тээврийн талаар баримтлах бодлого, 2010 оны 6 сарын 24-ний өдөр[몽골국회령 No.32, 몽골국 국가 철도운송 정책, 2010년 6월 24일]; Монгол Улсын Их Хурлын тогтоол, Төрөөс төмөр замын тээврийн талаар баримтлах бодлогын хэрэгжилтийг хангах зарим арга хэмжээ, 2014 оны 8 сар[몽골국회령, 몽골국 국가 철도운송 정책 이행에 대한 일부 조치, 2014년 8월].

14) Блумберг ТВ Монголиа, “Шинэ төмөр замын төслийн нийт өртгийг 5.2 тэрбум ам.доллар гэж тооцоолжээ,” Блумберг ТВ Монголиа, 2013 оны 2 сарын 19-ний өдөр[블룸버그 티위 몽골리아, “신철도 사업의 총 비용이 52억 달러일 것으로 계산되었다,” 블룸버그 티위 몽골리아, 2013년 2월 19일], http://bloombergtv.mn/%0%B6%D1%8D%D1%8D/#sthash.hqQyLbSy.dpuf(검색일: 2015년 5월 2일).

15) Н.Санжаасүрэн, “Шинэ төмөр зам төсөл 9.4 жилд хөрөнгө оруулалтаа нөхнө,” *NNews*, 2013 оны 9 сарын 30-ны өдөр [느.상자수렝, “신철도 사업은 9.4년 이내로 투자자금 회수가 가능하다,” *NNews*, 2013년 9월 30일], http://economy.news.mn/content/157599.shtml(검색일: 2015년 6월 8일).

수호 몽골 도로교통부 장관이 한국 방문 시 투먼교통로 철도 노선이 포함된 1,800km 길이의 신철도 사업에 있어 한국수출입은행이 단독으로 혹은 다른 금융기관들과 함께 자금조달을 할 수 있다는 것에 대하여 알렸었다.[17] 가장 최근인 2015년 6월 23일에 열린 '한국-몽골 경제 · 사회 포럼'에서 한국수출입은행이 한국의 인프라 및 건설 분야 약 30개 EPC(Engineering, Procurement, Construction) 기업들과 같이 참여하는 등 몽골 인프라 건설에 주의를 기울이고 있다.

동몽골 경유 투먼교통로 철도 건설과 관련 하여 한국수출입은행이 대외경제협력기금(Economic Development Cooperation Fund: EDCF) 운영 범위 이내에서 몽골 정부에 구속성, 비구속성 차관 등 양허성 차관을 제공할 수 있다. 차관 상환은 Resource-for-Infrastructure(R4I) 방식으로 제공하거나 몽골 신철도가 9.4년 만에 수익을 줄 것으로 예상되고 있으므로 원금을 상환하는 조건으로 할 수 있다. 그리고 몽골 정부 외에 PPP 방식으로 투자하고자 하는 한국기업들과 연계하여 민자사업 차관, 기자재 차관, 개발사업 차관 등을 제공하는 방법으로 동몽골 경유 투먼교통로 철도 건설 자금조달에 참여할 수 있다. 나아가 한국수출입은행은 EDCF 차관과 투자, 보증, 보험 등을 포함한 EDCF 복합금융 방법으로도 동몽골 경

---

16) GTI and GIZ, Trans-GTI Transport Corridors: Financing Infrastructure Development, Study Report, Beijing: GTI, 2014, p.7.

17) С.Энхзаяа, "С.Гансүх: Төмөр замын салбарт БНСУ-тай хамтран ажиллах өргөн боломж бий," *Eagle.mn*, 2014 оны 3 сарын 14-ний өдөр[스. 엥흐자야, "스. 깡수흐: 철도 부문에 한국과 협력할 넓은 기회가 있다," *Eagle.mn*, 2014년 3월 14일], http://wap.eagle.mn/mcontent/read/14321.htm;jsessionid=33ECDADECF1F6604A25E9B950EFD7A6E(검색일: 2015년 6월 11일).

유 투먼교통로 철도 건설 사업에 참여할 수 있다.

한국수출입은행은 몽골 인프라 사업 자금조달에 있어 몇 가지 장점을 가지고 있다고 할 수 있다. 우선, 본 은행이 2004-2006년에 EDCF 범위 이내에서 몽골 고속도로 건설사업에 대한 자금조달을 한 바 있다.[18] 둘째로, 2013년에 몽골 정부와 몽골 신철도 건설 사업에 협력하기로 합의했었다.[19] 셋째로, 몽골개발은행이 2014년에 한국수출입은행과의 협력을 제안한 바가 있다.[20] 몽골개발은행은 2010년 「국가 철도운송 정책」 사업들에 대한 자금을 조달해야 하는 임무를 가지고 있는 은행이며 GTI 산하의 동북아수은협의체의 회원이기도 하다. 나아가 몽골개발은행이 2011년에 최초로 설립된 후부터 한국의 KDB 산업은행이 위탁경영진 및 자문관으로 활동하고 있다.[21] KDB 산업은행이 국책은행이고 한국수출입은행은 한국 정부의 EDCF 사업을 진행하는 은행이므로 이 두 은행이 파트너십을 이루어 투먼교통로 철도사업에 협력할 수 있을 것으로 보인다.

---

18) 한국금융투자협회, 「금융산업과 금융시장 현황: 몽골」, 금융투자회사 해외진출을 위한 이머징마켓 조사시리즈 11-05, 한국금융투자협회, 2011, p.104.

19) MMinfo, "А.Гансүх: Төмөр зам барихад 5.2 тэрбум ам долларын санхүүж илт шаардлагатай," *MMinfo*, 2014 оны 3 сарын 14-ны өдөр [엠엠인포, "아. 깡수흐: 철도를 건설하는데 52억 미국 달러 자금 조달이 필요하다," *엠엠인포*, 2014년 3월 14일], http://www.mminfo.mn/content/56456.shtml?alias=interview (검색일: 2015년 10월 7일).

20) 몽골개발은행이 2014년 6월에 몽골 수출촉진 888개의 사업 범위 이내에서 장비구입에 대한 자금조달과 관련 하여 한국수출입은행과 협력할 제안을 했었다. *Olloo.mn,* "Монгол Улсын Хөгжлийн Банк гадаадын банкуудтай хамтар на," *Olloo.mn*, 2014 оны 6 сарын 26-ны өдөр[올로.엠엔, "몽골국 개발은행이 외국 은행들과 협력한다," *올로.엠엔,* 2014년 6월 26일], http://www.olloo.mn/ n/2764.html(검색일: 2015년 8월 1일).

21) Монгол Улсын Засгийн газрын 192 дугаар тогтоол, Зөвлөхийн гэрээ байгуулах тухай, 2013 оны 5 сарын 25-ны өдөр [몽골 정부령 No.192, 자문관 계약 체결, 2013년 5월 25일].

예컨대, 한국수출입은행이 자금조달 과정에서 KDB 산업은행의 몽골 관련 지식을 효과적으로 활용할 수 있다.

② 한 · 몽 개발기금

한국과 몽골 양국은 전반적 동반자 관계 하에서 몽골 인프라 부문에 많은 한국기업들이 진출할 수 있도록 몽골 측이 관심을 가지고 지원을 하는 것을 한국측에서 바라고 있고, 몽골의 대규모 사업들을 한국과 공동으로 추진하는 것을 몽골측에서 원하고 있다.[22] 한국이 동몽골 경유 투먼교통로 철도 건설에 몽골과 합동으로 한 · 몽 개발기금을 설립하여 협조융자(co-financing) 방법으로 참여할 수 있을 것이다. 한국이 EDCF 등에서 대출을 제공할 수 있고, 몽골은 칭기스 채권, 사무라이 채권과 딤삼 채권, 아라비아, 인도와 일본 정부의 양허성 차관 등에서[23] 자금을 출자하여 개발기금을 설립하고 한국의 PPP 투자가들에게 양허성 대출을 제공할 수 있다. 대출 제공 대가로 철도 PPP 사업의 지분을 소유하거나 석탄 채굴, 제련 공장 건설과 철도 건설 패키지 사업의 경우에 대출 상환

---

22) 유지혜, 「한국-몽골 수교 25년만에 첫 공동위원회」, 〈중앙일보〉, 2015년 3월 27일, http://article.joins.com/news/article/article.asp?total_id=17453354&cloc=olink|article|default(검색일: 2015년 7월 19일); 강상욱, 「윤병세 장관, 볼드 몽골 외교부장관과 '한 · 몽 포괄적 동반자 관계' 증진 방안 논의」, 한국 외교부 보도자료 제14-65호, 2014년 2월 12일, http://www.mofa.go.kr/webmodule/htsboard/template/read/korboardread.jsp?boardid=349338(검색일: 2015년 7월 12일).

23) 몽골이 정부 예산 적자 보전 및 인프라 투자 목적으로 2012년 12월부터 2015년 6월 사이에 국제자본 시장에서 칭기스 채권(15억 달러), 사무라이 채권(6억 달러)과 딤삼 채권(1억 달러)을 발행하고 자본을 확보했으며 그 외에도 인도, 아라비아와 일본 정부에서 2015년 5-6월에 각각 10억 달러의 양허성 차관을 도입하기로 하였다.

방식으로 석탄을 받을 수 있을 것이다. 그리고 양허성 대출을 제공할 때 하위변제채무 포지션(subordinated debt positions)을 가질 수 있다. 동몽골 경유 투먼교통로 철도 건설에 참여하고 있는 한국과 몽골의 PPP투자가들이 외국에서 대출을 받을 때 지급보증을 서는 형식으로 이 개발기금으로부터 지원을 제공받을 수 있다.

몽골은 기금사업 운영 경험이 많지 않은 반면 한국은 EDCF 등의 기금 운영을 해 왔으며 일반 대출과 양허성 대출 제공 형식으로 외국의 개발사업을 시행해 온 경험이 많다.

③ 아시아인프라투자은행

투먼교통로 철도 건설 사업에 한국이 아시아인프라투자은행(Asian Infrastructure Investment Bank: AIIB)의 투자로 참여할 수 있을 것이다. 몽골은 AIIB의 투자를 통해 타왕톨고이-사잉샨드-후우트-누므룩/비칙트 노선의 투먼교통로 철도를 건설할 기회가 농후하다고 보고 있다.[24] 한국도 AIIB 투자를 통해 GTI 사업을 추진할 가능성이 있다고 보고 있다.[25] 한국은 2015년 9월 기준으로 AIIB에서 다섯번째로 많은 지분율(3.81%)을 확보하고 있으며[26] 소유 지분율에

---

24) Д. ШҮрхҮҮ, "Ази-Европыг холбох Эрээнцав-Бичигт-Зиньжоу эдийн засаг, тээврийн шинэ хонгил," *Үндэсний шуудан*, 2014 оны 11 сарын 24-ний 225 дугаар [드.슈르후, 아시아-유럽을 연결하는 에렝차브-비칙트-진저우 경제교통 신코리도," *운데스니 쇼당*, 제225호, 2014년 11월 24일].

25) 이종현, 「최희남 차관보 "AIIB 총회 의결로 북한도 지원 가능」, 〈조선일보〉, 2015년 6월 29일, http://biz.chosun.com/site/data/html_dir/2015/06/29/2015062900624.html(검색일: 2015년 6월 30일).

26) 하남현, 「아시아 인프라 8조 달러 시장… AIIB, 한국 기업 참여 기대」, 〈중앙일보〉, 2015년 9월 10일, http://article.joins.com/news/article/article.asp?total_id=18631215&ctg=1100&cloc=joongang|home|newslist1(검색일: 2015년 9월 15일).

비례하여 GTI 투먼교통로 건설사업 추진을 지지할 수 있을 것으로 보인다.

한국은 현재 AIIB 상임이사국이 아니지만 상임이사국이 되면 주요 사업에 대한 결정권을 가질 수 있을 것이다. 상임이사국이 되는 방법으로 지분율이 낮으며 한국과 호의적인 관계를 가진 우즈베키스탄 등과 연합해서 지분율을 끌어올려 공동이사국 자격을 얻는 방안이 제시되고 있다.[27] 한국이 지분율이 낮으며 한국과 북한 양국과 호의적인 관계를 가진 몽골과 연합하는 방법으로 상임이사국이 될 경우에 AIIB 투자가 GTI 사업 추진에 활용될 수 있도록 중요한 역할을 할 수 있을 것으로 보인다. 몽골은 2014년 10월에 AIIB 양해각서에 서명하여 창립회원국이 되었으며 4.1천만 달러 출자로 0.3% 지분율을 가지고 있다.[28]

④ 동북아개발은행

동북아개발은행이 설립될 경우에 한국은 이 은행을 통해 동몽골 경유 투먼교통로 철도 건설에 본 은행을 통해 참여할 수 있다. 동북아개발은행 설립의 주요 목적은 남·북·러 철도 및 가스관 연결, GTI, 중국 창지투 개발, 나진항 개발, 몽골 종단 철도의 중·러 철도와의 연결 등이다.[29] GTI가 지금까지 지지부진했던 이유로 이

27) 정진우, 「AIIB '7300억 불' 아시아 인프라 시장 열렸지만… AIIB 합의문 서명식, 한국 높은 지분율로 중요한 지위…. 상임이사국은 불투명」, 〈머니투데이〉, 2015년 6월 29일, http://www.mt.co.kr/view/mtview.php?type=1&no=2015062906064893709&outlink=1(검색일: 2015년 6월 29일).

28) UBS.MN NEWS, "Азийн дэд бүтцийн хөрөнгө оруулалтын банкыг үүсгэн байгуулна," *UBS.MN NEWS*, 2015 оны 8 сарын 18-ны өдөр [*유베에스.엠엔뉴스*, "아시아인프라투자은행을 창립한다," *유비에스.엠엔뉴스*, 2015년 8월 18일, http://www.ubs.mn/news.htm?id=5452(검색일: 2015년 8월 26일).

은행과 같은 GTI 사업을 자금 측면에서 총괄 조정하는 주체가 없는 것과 관련지어 설명되기도 하고[30] GTI 산하의 한국수출입은행, 중국수출입은행, 러시아 대외개발은행과 몽골개발은행이 동북아수은협의체를 활용하여 동북아개발은행을 설립하는 제안도 나오고 있다.[31] 동북아개발은행 설립 관련 문제가 처음에 논의될 때 몽골에서는 이 은행의 설립에 대해 강한 기대를 나타내고 있었으며,[32] 이 은행이 설립될 경우 몽골이 지분을 소유하고 동북아수은협의체 회원인 몽골개발은행 등으로 인해 참여할 수 있을 것이다.

⑤ 기타: 한국 시중은행들의 인프라 대출 펀드, 재무투자자용 펀드

AIIB 출범에 맞춰 국내 건설사의 해외 인프라 사업 진출을 지원하기 위해 한국 금융위원회는 2015년 7월에 신한 등 6-7 곳의 시중은행이 참여하는 20억 달러 규모의 해외 인프라 대출 펀드를 조성하기로 하였다.[33] 이 펀드 가운데 19억 달러는 무역보험공사가 보증을 서는 것으로 확정되어 있다. 그리고 2015년 10월 현재 한국 정부가 AIIB 시장 선점을 위해 AIIB가 대출하는 사업에 자본금 투

29) 오영일, 「동북아 재부상하는 동북아개발은행 창설 논의: 북한 이슈와 재원 마련 등이 걸림돌」, 『Issues&Analysis』, 2013년 8월호, 포스코 경영연구원, 2013, p.56.

30) 이형근, 「동북아 경제협력: 동북아개발은행 논의에 대한 평가와 시사점」, KIEP 동북아허브전략연구 04-04, 대외경제정책연구원, 2014, p.27쪽.

31) 김유리, 「동북아개발은행 설립구상의 현황과 전망」, 『수은북한경제』, 2014년 겨울호, 한국수출입은행 해외경제연구소, 2014, p.40.

32) 이형근, *op.cit.*, 64쪽.

33) 이상훈·조민규, 「아시아 인프라 투자 20억 달러 펀드 만든다. AIIB 출범 맞춰 해외진출 지원」, 〈서울경제〉, 2015년 7월 16일, http://economy.hankooki.com/lpage/economy/201507/e2015071618084770070.htm(검색일: 2015년 7월 22일).

자 또는 메자닌(mezzanine) 형태로 투자하는 PPP 투자가들을 위한 최대 20억 달러 규모의 펀드 설립을 검토하고 있다.[34] 몽골이 현재 동몽골 경유 타왕톨고이-사잉샨드-후우트-누므룩/비칙트 노선의 철도를 AIIB의 투자로 건설할 기회가 있다고 보고 있으며 이들 펀드를 통해 동몽골 지역 경유 투먼교통로 철도 건설 사업 참여 한국기업들에게 대출과 자본금을 제공할 수 있을 것으로 보인다.

(2) PPP 투자 방식으로 인한 참여

① 철도 건설 투자

한국 철도건설사들은 몽골의 동부 지역을 경유하는 투먼교통로 철도 건설에 PPP 방식으로 참여할 수 있다.[35] 철도건설에 있어 한국 회사들은 몽골에서 한국기업특유의 우위를 가지고 있다.[36] 한국

---

34) 원정호, 「정부, 20억 달러 FI 펀드 설립 검토」, 〈건설경제〉, 2015년 9월 8일, http://www.cnews.co.kr/uhtml/read.jsp?idxno=201509071449016090971(검색일: 2015년 11월 1일).

35) Одоогийн байдлаар Английн Евро Ази Ашмир, Морег компанитай шинэ төмөр замд хөрөнгө оруулах санамж бичгийг байгуулсан байгаа. Т.Бат, “Шинэ төмөр замд 20 компани хөрөнгө оруулах сонирхлоо илэрхийлжээ,” *Өнөөдөр сонин,* 2013 оны 9 сарын 9-ний өдөр [몽골 정부는 현재 영국의 유라시아 아쉬미르 社와 모레그 社와 신철도 건설 사업 투자 양해각서에 서명한 상태이다. 트.바트, 「신철도에 20개의 기업이 투자 관심을 보였다」, *우누두르 신문*, 2013년 9월 9일], http://entertainment.mongolnews.mn/%D0%%D0%B2/z7b(검색일: 2015년 5월 18일).

36) 기업특유우위란 외국기업으로서의 불리함을 극복하고도 현지에서 경쟁해 나갈 수 있는 기업특유의 독점적 우위를 말하며 이에 기업의 다국적성에 기인하지 않는 우위(독점 기술, 인적 자본과 경험의 축적 등)와 기업의 다국적성에 기인하는 우위(현지 정보, 투입요소, 시장에 대한 보다 유리한 접근과 보다 나은 지식을 얻을 수 있는 능력 등)가 들어간다. 기업특유우위가 기업의 해외직접투자의 전제 요건이 된다. John H. Dunning, *International Production and the Multinational Enterprise*, London: George Allen and Unwin, 1981,

철도건설사들의 기술, 노하우, 경험, 몽골 철도 건설 부문에서의 경험(삼성 C&T는 2013년 이후 오하톨고이-가숑소하이트 노선 철도 시공사로 활동하고 있음)과 높은 인지도(몽골 신철도 사업 초기 참여 외국 회사), 몽골 측의 강한 협력 의지(2014년 3월 몽골 도로교통부 장관의 한국 방문) 등을 그 예로 들 수 있겠다. 이러한 상태는 한국기업들이 투먼교통로 철도 건설 사업 입찰에 선정되는데 호의적인 영향을 미칠 것으로 보인다. 한국 철도건설사들이 철도사업을 위해 PPP 투자를 하는데 몽골 측이 투자법에 따른 몽골측의 세율안정화 증명서 제공과 투자협정 체결,[37] 양허법에 따른 융자보장과 최소수익보장 등의 혜택을 받을 수 있다.[38]

② 동부 지역 석탄 제련 공장과 철도 건설 패키지 투자

도르노드 아이막은 아동촐로트와 후우트, 수흐바타르 아이막은 누우르스트와 노영훈디, 헨티 아이막은 찬드간 등 여러 개의 석탄 광산을 가지고 있다. 몽골은 현재 석탄을 제련하지 않고 원자재 형태로 수출하고 있으며 앞으로 석탄을 제련하고 부가가치가 추가된 상태로 수출하기를 희망하고 있다.[39] 몽골에서 석탄을 구입하는 측

pp.80~81.

37) 몽골 정부는 5,000억 투그릭 이상 투자한 기업과 투자협정을 맺고 세율 안정화, 조정 및 금융 지원을 제공한다. 또한 몽골 동지역에 300-5000억 투그릭 투자를 한 회사에 세율안정화 증명서를 제공하고 소득세, 관세, 부가가치세와 광물 로얄티란 4가지 조세를 7-17년 기간으로 유지시킨다. Монгол Улсын Хөрөнгө оруулалтын хууль, 2013 он, Тавдугаар бүлэг [몽골 투자법, 2013년, 제5장].

38) Монгол Улсын Концессийн тухай хууль, 2010 он, Долдугаар бүлэг, 30 дугаар зүйл [몽골 양허법, 2010년, 제7장 제30조].

39) С.Болд-Эрдэнэ, "Нүүрс хөтөлбөрт юу туссан бэ?," *Mongolian Mining Journal*, 2014 оны 2 сарын 17-ны өдөр [스.볼드에르덴, "석탄 프로그램에 무

들도 몽골의 제련된 석탄을 구입하기를 원하고 있다.[40] 최근의 사례로 시베리아 횡단 철도와 나진 항구를 통해 한국에 수출될 석탄이 몽골 샤링골 석탄 제련공장에서 제련된 형태로 수출된다. 2015년 6월에 몽골 삼목물류와 샤링골 주식회사 사이에 이와 관련된 양해각서가 체결되었다. 몽골 정부는 또한 단지 인프라 건설보다 광산 개발과 인프라 건설 사업을 한꺼번에 시행할 회사들과 협상을 하는 것에 보다 많은 관심을 보이고 있다. 예컨대, 현재 타왕톨고이 사업을 이러한 방식으로 추진하려고 협상 중에 있고 2014년에 호주 Aspire Mining社와 석탄 채굴, 석탄 제련공장 건설, 에르데네트-오보트 철도 건설 사업 계약을 맺었다.[41]

한국 철도건설 및 석탄 가공 회사들이[42] 컨소시엄을 설립하여 몽골 동부 지역 석탄 제련과 철도 건설에 참여할 수 있을 것이다. 현재 몽골에 석탄 제련공장이 두 개 밖에 없다는 사실은 이러한 방식의 투자를 추진하는데 영향을 미칠 것으로 보인다. 그리고 한국 기업들이 이러한 투자방식의 사업 입찰에 선정될 확률이 높다. 이

엇이 반영되었는가?," *Mongolian Mining Journal*, 2014년 2월 17일], http://www.mongolianminingjournal.com/content/54405.shtml(검색일: 2015년 5월 7일).

40) Б.Эрдэнэчимэг, "Х.Энхбаатар: Хойд Солонгосын боомтоор дамжуулан Өмнөд Солонгост нүүр нийлүүлнэ," *Gogo.mn*, 2015 оны 4 сарын 19-ний өдөр [브.에르덴치멕, "흐.엥흐바아타르: 북한 항구를 통해 한국에 석탄을 공급한다," *구구엠엔,* 2015년 4월 19일], http://news.gogo.mn/r/159687(검색일: 2015년 5월 8일).

41) Аспайр Майнинг Лимитэд, Овоотын коксжих нүүрсний орды төсөл [아스파이어 마이닝 리미티드, 오보트 코크스탄 광산 사업], http://aspireminginglimited.mn/?page=41(검색일: 2015년 7월 2일).

42) 한국 석탄 가공 기업들이 석탄 제련 사업에 아직 참여한 적이 없으며 석탄 액체화 사업(POSCO Steel-바가노르 광산)과 석탄으로부터 메탄가스 배출 사업(Korea Gas Corporation-타왕톨고이 광산)에 참여하고 있다.

전 2011년 3월에 타왕톨고이-초이발상 노선 철도를 포함한 토왕톨고이 건설 입찰에 러시아, 한국[43]과 일본 컨소시엄 연합이 참여하여 최종 단계에 이르렀었다. 그리고 2014년 8월에 몽골 정부는 한국 컨소시엄에 타왕톨고이 사업 입찰에 다시 참여할 초청장을 보냈었다. 이러한 방식의 투자를 하는데 몽골 측은 투자법과 양허법에 따라 투자협정 체결, 세율안정화 증명서 제공, 융자보장, 최소수익 보장 등의 혜택을 제공할 수 있다.[44]

③ 동부 지역 석탄 채굴과 철도 건설 패키지 투자

몽골 동부 지역 개발계획 문서들에 동부 지역에서 석탄 탐사와 채굴을 증가시키는 것을 계획하여 외국인투자가들과 협력할 것이 명시되었으며[45] 이와 관련 하여 수흐바타르 아이막의 부르게드 오하와 누우르스테이, 헨티 아이막의 차아담 노오르, 찬드간, 홀스트 노오르와 부스 오보, 도르노드 아이막의 볼랑깅 호올로이 등 석탄 광산들이 언급되었다. 한국기업들은 몽골 동부 지역 경유 투먼교통로 철도 건설 사업을 동부 지역에서의 석탄 채굴과 병합하여 시행

---

43) 한국 컨소시엄이 Lotte Engineering&Construction, 한국철도공사, Daewoo Engineering&Construction, Hyundai Engineering&Construction 등 19개의 철도건설사로 구성되었었다.

44) 원자재와 광물 가공 부문에 투자한 회사에 조세 인센티브, 동부 지역에서 이 부문에 투자한 회사에 7-17년 기간으로 세율 안정화 증명서를 제공하고 있다. Монгол Улсын Хөрөнгө оруулалтын хууль, 2013 он, Дөрөв, тавдугаар бүлэг; Монгол Улсын Концессийн тухай хууль, 2010 он, Долдугаар бүлэг, 30 дугаар зүйл [몽골 투자법, 2013년, 제4, 5장; 몽골 양허법, 2010년, 제7장 제30조].

45) 동몽골 지역 개발계획(2006-2015), 1.2 산업개발; 헨티 아이막(道) 개발 종합정책(2010-2021), 4.2.1.2 지질학, 광업, 광물과 중공업 개발 정책; 수흐바타르 아이막(道) 개발 계획(2007-2015), 1.2 산업개발.

할 수 있다. 한국의 바양오스(주), 동성엠디씨(주),[46] 대한석탄공사 등 기업들이 몽골에서 석탄 채굴 활동을 했던 경험이 있다. 대한석탄공사는 2011-2015년 사이에 몽골의 서부 지역 오브스 아이막에 있는 호트고르 샤나가 석탄 광산에서 석탄을 채굴했었으며 2015년에 몽골에서 활동을 중단한 주요 원인이 중국, 러시아와 몽골 국내 시장으로의 석탄 운송 인프라가 취약했던 것과 관련지어 설명되고 있다.[47] 한국기업들이 몽골의 동부 지역에서 이러한 방식의 투자를 할 경우에 몽골 측에서 투자법과 양허법에 따라 투자협정 체결, 세율안정화 증명서 제공, 융자보장, 최소수익보장 등의 혜택을 제공할 수 있다.[48]

④ 전문가 양성, KSP사업과 철도 건설 패키지 투자

한국기업들은 투먼교통로 철도 건설에 철도 전문가 양성과 직접 투자 패키지 형태로 투자를 할 수 있다. 몽골에서는 투자법으로 투자기업의 직원 교육훈련 비용을 소득세에서 공제하는 등 조세 혜택을 부여한다.[49] 그리고 몽골은 한국 대학에서 철도와 도로 전문가를 양성하는 것에 많은 관심을 보이고 있으며 이에 대해 현재 한국

---

46) 이재영 외, 「몽골, 광물자원 개발 현황과 한국의 진출방안」, 『KIEP 전략지역심층연구』 11-15, 대외경제정책연구원, 2011, pp.159~161.

47) 이재연, 「석탄公 투자 몽골 탄광 3년간 누적적자 100억」, 〈서울경제〉, 2014년 10월 9일, http://www.seoul.co.kr/news/newsView.php?id=20141009008028 (검색일: 2015년 7월 29일).

48) Монгол Улсын Хөрөнгө оруулалтын хууль, 2013 он, Дөрөв, тавдугаар бүлэг; Монгол Улсын Концессийн тухай хууль, 2010 он, Долдугаар бүлэг, 30 дугаар зүйл [몽골 투자법, 2013년, 제4, 5장; 몽골 양허법, 2010년, 제7장 제30조].

49) Монгол Улсын Хөрөнгө оруулалтын хууль, 2013 он, Дөрөвдүгээр бүлэг 11 зүйл[몽골 투자법, 2013년, 제4장 제11조].

과 논의 중에 있다.[50] 한국기업들은 자신들의 비용으로 양성한 몽골 전문가들을 몽골에서의 철도 건설과 운영에 참여시킬 수 있다. 인프라 부문에 있어 몽골 도로교통부에서는 2012-2014년에 한국의 해양어업기술연구소에 10명의 몽골인을 파견하여 해운 전문가로 양성했으며 이때 교육비는 한국 해양부와 부산시 해양어업기술연구소가 부담하였다. 이들 선원들은 몽골 정부와 한국 삼목해운의 합작사인 삼목물류에서 일할 예정이며 2015년 초부터 시베리아 횡단 철도를 통해 몽골 석탄을 북한의 나진항구까지 운송하는 사업에 참여하기로 하였다.[51] 그리고 투먼교통로 철도 건설에 대한 직접투자를 한국 정부의 경제발전경험 공유사업(Knowledge Sharing Program: KSP) 차원의 철도 부문 정책자문 및 모듈화 프로그램과 패키지 형태로 진행할 수 있을 것이다. 서종원 외(2014) 연구에서 유라시아 이니셔티브 실크로드 익스프레스의 실질적인 구축 방향을 도출하는데 몽골의 교통물류분야 개발을 위한 KSP 사업 추진을 제안한 바가 있다.[52] 또한 한국은 지금까지 몽골에 KSP 차원에서 민간투자사업 제도(2010), BTO 도로 민간투자(2011), 물류관리 역량 강화(2013) 등 인프라 개발과 관련된 정책자문을 제공했던 경험이 있다.[53]

---

50) С.Энхзаяа, *op.cit.* [스.엥흐자야, *op.cit.*].

51) Л.Дэлгэр, "Монголын далайчид Ражин боомтоор туршилтын тээвэр хийн э," *Eagle.mn,* 2014 оны 10 сарын 14-ний өдөр [르.델게르, "몽골 선원들이 나진 항구로 시범운송을 한다," *Eagle.mn*, 2014년 10월 14일], http://economics.eagle.mn/content/read/23927.htm(검색일: 2015년 4월 29일).

52) 서종원 외, 「유라시아 이니셔티브 실현을 위한 실크로드 익스프레스 구축방향」, 『연구총서』 2014-17, 한국교통연구원, 2014, p.158.

53) 한국개발연구원, 「몽골 KSP 성과 추적을 위한 국외출장 계획(안)」, 한국개발연구원 보도자료, 2015년 10월 15일.

⑤ 북한개발 관련 한국 기금들의 자금 출자

한국의 남북협력기금 등 다양한 기금들을 통해 동몽골 경유 투먼교통로 철도 건설에 어느 정도 투자금을 제공할 수 있을 것이다. 남북협력기금은 북한과 교역 및 경제협력사업을 시행하거나 북한과 거래를 하다가 손실을 입는 기업에 대해서 보조를 하는데 활용되므로 거액의 투자를 하는데 한계가 있을 수 있다. 그렇지만 한국 기업들이 투먼교통로 철도 건설에 북한 노동자들을 고용할 경우에 이 기금 운영 목적과 연계하여 사용할 수 있을 것으로 보인다. 몽골의 일부 학자들과 기관들은 인프라와 건설 부문에 북한 노동자들을 고용할 것을 제안하고 있으며[54] 북한의 많은 노동자들이 몽골에서 일하기를 원한다.[55] 2007년에 북한 대표단이 몽골을 방문했을 때 츠.엘벡도르지 몽골 대통령에게 북한 주민들을 건설 부문에 북한 주민들의 고용을 요청한 바가 있으며[56] 현재 몽골과 북한 간 건설 및 제조업 부문에서 5,000명의 북한 노동자들을 고용하기 위

---

54) О.Баярхүү, "Хойд Солонгосыг бид л эргүүлж чадна," Нээлттэй нийгэм форум, 2007 оны 4 сарын 2-ны өдөр; Монгол Улсаас БНАСУ-д суугаа эл чин сайдын яам, Монгол Улс, "БНАСАУ-ын харилцааны лавлах," 2010 он ы 9 сарын 13-ны өдөр [어.바야르후, "북한은 우리만 돌릴 수 있다," 오픈 포럼, 2007년 4월 2일; 주조선민주주의공화국 몽골 대사관, "몽골국과 조선민주주의 공화국 관계 안내서," 2010년 9월 13일].

55) MGLRadio.com, "Монголд Хойд Солонгосын 2000 гаруй ажилчид ажиллаж байна," *MGLRadio.com*, 2014 оны 12 сарын 4-ний өдөр [엠지엘 라디오 닷컴, "몽골에서 북한의 약 2,000명의 노동자가 일하고 있다," *MGL Radio.com*, 2014년 12월 4일], http://www.mglradio.com/main/1120323(검색일: 2015년 4월 16일).

56) Өглөө.мн "Хойд Солонгосын 1750 ажилчин монголд ажиллаж байна," *Өглөө.мн*, 2013 оны 6 сарын 29-ний өдөр [우글루.엠엔, "북한의 1750명의 노동자가 몽골에서 일하고 있다," *우글루.엠엔*, 2013년 6월 29일], http://www.ugluu.mn/12950.html(검색일: 2015년 6월 28일).

한 계약이 체결되어 있다.[57)]

⑥ 한국 신탁투자기금들의 투자

2013년에 개정된 몽골 증권법과 2013년에 제정된 몽골 투자기금법으로 외국의 투자기금들이 몽골의 인프라, 광업 등 분야에 투자를 할 수 있게 되었다.[58)] 이를 통해 한국의 투자기금들은 투먼교통로 철도 건설 사업에 참여할 예정에 있으며 몽골 증권거래소에 등록되어 있는 회사들의 주식을 취득할 수 있게 되었다. 또한 한국기금들은 몽골 정부가 투먼교통로 철도가 포함된 신철도 건설 사업 관련 국채를 발행할 경우에 이를 취득할 수 있게 되었다. 몽골 철도건설 주식회사들의 주식이 한국의 증권거래소에 상장될 경우에 이러한 상황의 가능성이 더욱 커진다. 2013년에 몽골이 증권법을 개정하고, 몽골 증권거래소가 MIT(Millennium Information Technology) 시스템을 도입함으로써 몽골 주식회사들이 이중 상장(dual offering)을 할 수 있게 되었다. 2013년 3월에 몽골 울란바타르시에서 개최된 'Mongolia Capital Raising&Investment' 포럼 때 한국의 증권거래소가 몽골 주식회사들의 한국 증권거래소 주식 상장을 제안한 바가 있었고,[59)] 몽골 증권거래소에서는 한국의 증권거

57) Б.Барс, "Пхеньянтай танго бүжих Монгол Улс," *Зууны Мэдээ*, 2014 оны 9 сарын 24-ний өдөр [브.바르스, "평양과 탱고를 추는 몽골국," *조오니 매대*, 2014년 9월 24일], http://politics.news.mn/content/185253.shtml(검색일: 2015년 4월 27일).

58) Монгол Улсын Хөрөнгө оруулалтын сангийн хууль, 2010 он, Долдугаар бүлэг [몽골 투자기금법, 2010년, 제7장].

59) Mongolian Mining Journal editor, "Дэлхийн биржүүд Монголд цуглав," *Mongolian Mining Journal,* 2012 оны 3 сарын 26-ны өдөр [몽골리안 마이닝 조널 에디터, "세계의 증권사들이 몽골에 모였다," *Mongolian Mining Journal*, 2012년 3월 26일], http://www.mongolianminingjournal.com/content/ 19969.

래소를 통해 철도와 인프라 관련 자금을 마련할 수 있기를 바라고 있다.[60] 또한 두 증권거래소는 2006년에 양해각서를 체결하고 협력을 확장하는 것에 대해 합의한 바가 있다.[61] 현재 KDB대우증권이[62] 몽골에서 유일한 외국계 증권회사로 활동하고 있는데 한국의 투자기금들이 투먼교통로 철도 사업에 투자할 시에 정보 제공, 조사와 중개 측면에서 크게 기여할 수 있을 것이다.

그리고 한국의 투자기금들 가운데 한국투자공사가 2014년 4월에 홍콩에서 개최된 '기관투자 포럼, 아시아 대륙 2014' 포럼에 참여하여 몽골 정부 측이 몽골에 투자할 것을 제안한 바가 있다.[63]

2) 투먼교통로 동몽골 경유 철도 노선(b) 건설 및 한·몽 협력

2013년 10월 30-31일에 몽골 울란바타르시에서 개최된 제14차 GTI 총회에서 몽골은 GTI에 '사잉샨드-바롱오르트-후우트-비칙트'

---

shtml(검색일: 2015년 6월 2일).

60) 한국금융투자협회, *op.cit.*, 103쪽.

61) 김영래, "KRX, 몽골일본 거래소와 MOU 체결", 〈머니투데이〉, 2006년 6월 15일, http://www.mt.co.kr/view/mtview.php?type=1&no=2006061511571586369&outlink=1(검색일: 2015년 4월 29일).

62) KDB 대우증권이 2013년 6월에 설립되었을 때부터 몽골의 금융 유관기관들을 대상으로 컨설팅하고 투자가들에게 펀드 상품을 제공하고 있으며 몽골내 탄탄한 네트워크를 바탕으로 고금리 우량상품을 지속적으로 발굴하여 한국 시장에 소개할 것을 의향하고 있다. 박신영, "KDB 대우證, 몽골자본시장 발전 공로패 수상", 〈파이낸셜 뉴스〉, 2015년 6월 26일, http://www.fnnews.com/news/201506261348414471(검색일: 2015년 8월 23일).

63) Монгол Улсын Гадаад Хэргийн Яам, "Монголд хөрөнгө оруулалт хийхийг уриалав," *NNews.mn*, 2014 оны 4 сарын 24-ний өдөр [몽골국 외교부, "몽골에 투자하기를 항소하였다," *NNews.mn*, 2014년 4월 24일], http://politics.news.mn/content/177054.shtml(검색일: 2015년 6월 1일).

철도 노선(b)을 추가시켜 비준하게 했고 이 철도는 아직 건설되지는 않은 상태이다. (〈그림 3〉 참조) 이 노선 철도는 남쪽으로 중하타브츠-츠펑-진저우까지, 북쪽으로는 비칙트-후우트-초이발상-에렝차브-블라디워스터그-나진까지 이어진다. 몽골 정부는 2010년 '국가철도운송 정책'에 이 철도 노선을 신철도 건설의 2단계에서 건설할 것을 명시했으며 은행 융자와 PPP 방식의 외국인투자를 통해 건설하려고 계획하고 있다. 한국은 이 철도 건설에 위의 11가지 방식으로 참여할 수 있다.(〈표 3〉 참조)

〈표 3〉 동몽골 경유 투먼교통로 철도 a)와 b) 노선 건설 및 한·몽 협력 방안

		한국 측의 참여 잠재성 및 여건		한국 측의 참여	협력	몽골 측의 참여
은행융자	1.	몽골에서의 경험(EDCF 범위 이내에서 몽골도로건설사업 융자 지원 등), KDB 산업은행의 현지 지식 활용 가능성, 몽골개발은행과 협력 가능성, 몽골 측의 협력 의향(몽골도로교통부)	→	한국수출입은행	↔	몽골 인프라 개발 부문에서의 한국기업들의 인지도, 높은 선호도, 경험 등 한국기업특유우위로 인해 한국기업 투자 사업을 지지(가능)
	2.	EDCF 등 기금 운영 경험, 포괄적 동반자 관계 차원에서 몽골 측이 몽골내 대규모 사업을 한국과 공동으로 추진 의향	→	한·몽 개발기금	↔	국채와 차관에서 기금에 대한 출자(가능)
	3.	다섯번째로 많은 지분율(3.81%) 확보	→	AIIB	↔	몽골 인프라 개발 부문에서의 한국기업들의 인지도, 높은 선호도, 경험 등 한국기업특유우위로 인해 한국기업 참여 AIIB 투자 사업을 지지(가능)

	4.	한국 정부 구상, 자본금의 약 30% 부담(예정)	→	동북아개발은행	↔	몽골 정부의 지분 참여, 몽골개발은행 등으로 인한 참여
	5.	국내 건설사의 해외 인프라 사업 진출 지원 의향	→	기타: 한국 시중은행들의 인프라 대출 펀드, 재무투자자용 펀드	↔	철도건설 부문: 5000억 투그릭 이상 투자시(약 2870억 원) 투자협정(세율 안정화, 금융 지원 등) 체결; 동부 지역에서 300(약 172억 원)-5000억 투그릭 이상 투자시 세율안정화계약(4개의 조세를 7-17년 기간으로 유지) 체결/몽골투자법, 융자보장 및 최소수익보장 제공/몽골 양허법
PPP	1.	한국기업특유의 우위: 기술, 경험, 몽골 철도건설 부문에서의 경험(삼성 C&T), 높은 인지도 및 투자 의향	→	철도 건설 투자	↔	철도건설 부문: 5000억 투그릭 이상 투자시(약 2870억 원) 투자협정(세율 안정화, 금융 지원 등) 체결; 동부 지역에서 300(약 172억 원)-5000억 투그릭 이상 투자시 세율안정화계약(4개의 조세를 7-17년 기간으로 유지) 체결/몽골투자법, 융자보증 및 최소수익보증 제공/몽골 양허법
	2.	한국기업특유의 우위: 기술, 경험, 몽골에서의 경험(철도: 한국 철도건설사 컨소시엄(LOTTE E&C, HYUNDAI E&G 등 19개 社); 석탄 가공: POSCO Steel, 한국가스공사), 높은 인지도 및 협상력(한국 철도건설사 컨소시엄 TT 광산개발사업 협상 경험)	→	동부 지역 석탄 제련 공장과 철도 건설 패키지 투자	↔	철도건설 및 광물가공공장 건설 부문: 5000억 투그릭 이상 투자시(약 2870억 원) 투자협정 체결; 동부 지역에서 300(약 172억원)-5000억 투그릭 이상 투자시 세율안정화계약(4개의 조세를 7-17년 기간으로 유지) 체결/몽골투자법, 융자보장 및 최소수익보장 제공/몽골 양허법
	3.	한국기업특유의 우위: 기술, 몽골에서의 경험(바양	→	동부 지역 석탄 채굴과	↔	철도건설 및 광물개발 부문: 5000억 투그릭 이상 투

	오스(주), 동성엠디씨(주), 대한석탄공사)		철도 건설 패키지 투자		자시(약 2870억 원) 투자협정 체결; 동부 지역에서 300(약 172억원)-5000억 투그릭 이상 투자시 세율안정화계약(4개의 조세를 7-17년 기간으로 유지) 체결/몽골투자법, 융자보장 및 최소수익보장 제공/몽골 양허법
4.	한국기업특유의 우위: 물류교육기관들 소재, 몽골 관련 경험(부산 해양어업기술연구원), 몽골에서의 인지도(삼목社 선원, 몽골교통대학교 교수 양성 등), 몽골 측의 높은 선호도(몽골도로교통부), 몽골 인프라 부문 관련 KSP 사업 경험	→	전문가 양성, KSP 사업과 철도 건설 패키지 투자	↔	훈련비용을 소득세에서 공제; 외국인 작업 근로자 수 증원/투자법 몽골 교통물류개발을 위한 KSP 사업 요청(가능)
5.	인프라·건설 부문에서의 5,000명 북한 노동자 고용(북한과 몽골간 계약), 북한 노동자들의 몽골에서의 노동 의향, 북한 측의 몽골에서 북한 노동자들의 고용 요청	→	북한개발 관련 한국 기금들의 자금 출자	↔	북한 노동자들이 철도건설 사업에 보다 많이 고용될 수 있도록 조치를 취함(가능) 외국인 작업 근로자 수 증원/몽골 투자법
6.	한국기업특유의 우위: 몽골증권거래소와 협력 강화 의향(MOU, 제안 등), 한국 증권사의 현지 진출(KDB대우증권), 몽골 측의 선호도(한국투자공사 측에 대한 제안)	→	한국 신탁투자기금들의 투자	↔	한국증권거래소에 철도건설 참여 주식회사들의 IPO 제안

5. 맺음말

1) 주요 연구 결과

한국 정부가 유라시아 이니셔티브 차원에서 GTI를 추진하는 과정에서 몽골과 협력하는데 있어서 GTI에 대한 몽골의 시각과 비전을 자세하게 파악하고 반영할 필요가 있다. 그 이유는 첫째, 몽골이 GTI에 1992년부터 꾸준히 참여해 왔고 지금도 적극적으로 참여하고 있기 때문이다.

둘째, 몽골은 동부 지역을 통해 GTI에 참여하고 있다. 몽골 동부 지역은 유라시아 이니셔티브의 핵심 지역인 북한의 나진, 중국의 훈춘과 러시아의 하산 즉, GTI의 소삼각 지대와 간접적으로 연결된다.

셋째, 몽골은 북한과 전통적인 우호친선관계를 가지고 있는데 이는 한반도 긴장으로 큰 전진을 보이지 못하고 있는 유라시아 이니셔티브 추진에 중요한 영향을 미칠 수 있다.

넷째, 러시아는 유라시아 이니셔티브 범위 이내에서 실행하고 있는 하산-나진 사업에 몽골의 참여를 원하고 있다.[64] 몽골은 현재 북한의 나진항을 통한 광물 수출 및 나진항 부두 시설의 장기간 임대 방안을 모색하고 있고[65] 북한도 몽골의 나진항 사용을 검토[66]

---

64) 함형건, 「러시아, 몽골에 나진-하산 사업 지분 매각 교섭」, YTN, 2015년 3월 5일, http://www.ytn.co.kr/_ln/0101_201503050508402972(검색일: 2015년 8월 19일).

65) 강태호, 「바다로의 통로로 북한 나진항 모색」, 〈한겨레〉, 2014년 5월 15일, http://www.hani.co.kr/arti/politics/politics_general/637121.html(검색일: 2015년 9월 6일).

66) GoGo.mn, "Ражин эдийн засгийн бүсэд Монгол Улс усан боомттой болох

하는 등 몽골의 나진항 사용 문제에 긍정적으로 대처하고 있다. 유라시아 이니셔티브의 최우선 지역인 나진 개방 및 이 지역에서의 협력에 있어서 몽골의 많은 참여가 예상되고 있다.

GTI에 대한 몽골의 이러한 시각과 비전이 동몽골 개발계획에 반영되었으며 이에 걸맞은 협력 방안을 세우고 실천하는 것은 유라시아 이니셔티브 차원에서 GTI를 효과적으로 활용하는 전제조건이 될 수 있다. 따라서 본 연구에서는 GTI에 대한 몽골의 시각과 비전을 동몽골 개발계획의 측면에서 살펴보았으며 한국과 몽골의 협력 방안을 세우는 것을 목적으로 삼았다.

본 연구에서는 다음의 연구결과를 얻었다. 첫째, GTI는 동몽골 개발계획 관련 문서들 가운데 3개의 문서에 직접적으로, 3개의 문서에 간접적으로 반영되어 있다. 이들 문서 내용을 살펴보면 몽골의 GTI에 대한 다음과 같은 시각을 발견할 수 있다. "우선 인프라를 통해 몽골의 동부 지역을 GTI 국가들과 연결하고, GTI에 여러 분야의 사업들에 적극적으로 참여하는 것이다. GTI 국가들로부터 사업 자금을 조달하는 방안을 통해 몽골 동부 지역의 경제, 사회와 자연환경을 개발한다"는 시각과 "몽골 동부 지역을 동아시아 국가들과 인프라로 연결하여 GTI에 참여함으로써 국가 경제와 사회 발전을 촉진하고 새로운 전략적 기회들을 창출하며 동아시아 및 태평양 국가들과 교류 경로를 개척한다."는 비전을 가지고 있는 것으로 보인다.

둘째, GTI에 대한 몽골의 시각과 비전을 살펴봤을 때 몽골 동부 지역이 GTI 국가들과 인프라로 연결되는 문제가 최우선으로 대두

болоацоотой гэв," *GoGo.mn,* 2012 оны 8 сарын 28-ны өдөр [구구.엠엔, "나진 경제지대에 몽골국이 부두를 사용할 가능성이 있다고 하였다," *구구엠엔,* 2012년 8월 28일], http://news.gogo.mn/r/110153(검색일: 2015년 9월 1일).

된 것으로 보인다. 이 문제가 해결되어야 동부 지역에서의 GTI 사업들이 실행 · 활성화될 수 있을 것이나 자금조달 문제로 해결되지 못하고 정지 상태에 있다. 따라서 GTI 추진과 관련 하여 한국은 몽골 동부 지역 경유 GTI 인프라 건설 및 자금조달 측면에서 몽골과 협력하고 방안을 세우는 것이 바람직할 것이다. 특히 몽골에서 동몽골 경유 철도 건설에 중점을 두고 있다는 점을 감안하여 몽골 동부 지역 경유 GTI 철도 건설 및 자금조달과 관련된 협력 방안을 세우는 것이 바람직하다.

셋째, 몽골 동부 지역을 경유하는 a)와 b) 2개의 GTI 투먼교통로 철도 노선이 있다. 현재 몽골에서는 철도 건설에 있어 은행 융자와 PPP 방식의 외국인투자 방식으로 외국인기업들이 참여하는 것을 허용하고 있다. 따라서 한국이 동부 지역 경유 GTI 투먼교통로 철도 노선 건설에 이 2 가지 방법으로 참여할 수 있다. 은행 융자에 있어서 한국수출입은행 융자, AIIB와 동북아개발은행의 투자로 인한 참여, 한 · 몽 개발기금과 한국 시중은행들의 인프라 대출 펀드로 인한 참여라는 방식, PPP에 있어서는 한국이 철도 건설 투자, 석탄 제련공장 및 철도 건설 패키지 투자, 석탄 채굴 및 철도 건설 패키지 투자, 전문가 양성, KSP 사업과 철도 건설 패키지 투자, 한국 신탁투자기금들의 투자와 북한개발 관련 한국 기금들의 자금 출자란 방식으로 참여할 수 있다(부록 참조).

넷째, 한국은 은행 융자와 PPP 방식의 외국인투자에 있어 좋은 여건과 한국기업특유의 우위를 가지고 있다. 몽골 동부 지역 경유 GTI 철도 건설에 이러한 방식을 통해 성공적으로 참여할 가능성이 높다.

따라서 협력 방안이 실천될 수 있도록 한국 정부에서는 2014년 '한 · 몽 포괄적 동반자 관계' 차원에서 신설된 한국 · 몽골 장관급

정례 협의체인 한국·몽골 공동위원회나 GTI 교통분과 위원회를 활용할 필요가 있을 것으로 보인다.

2) 연구의 기대 효과, 한계와 향후 연구 과제

본 연구는 다음과 같은 정책적 기여도가 있을 것으로 기대된다. 첫째로, 본 연구는 유라시아 이니셔티브의 중점 지역이 연계되는 몽골 동부 지역을 대상으로 주요 협력 사업을 발굴하고 협력 방안을 제시함으로써 한국 정부의 통일정책의 수립과 유라시아 이니셔티브 추진 전략을 수립하는데 기여할 수 있다. 둘째로, 본 연구는 유라시아 이니셔티브의 최우선적이며 핵심 지역인 북한의 나진, 중국의 훈춘과 러시아의 하산 즉, GTI의 소삼각 지대에서의 협력이 가속화되도록 한국과 몽골의 협력 방안을 제시했다는 점에서 유라시아 이니셔티브의 중점 지대 진출 전략 수립에 기여할 수 있다.

본 연구의 한계로서 첫번째로, GTI 추진과 관련 하여 한국과 몽골의 협력 방안을 동몽골 경유 GTI 철도 노선 건설과 그 자금조달에 초점을 맞추어 살펴봤으므로 그 외의 방안들이 함께 논의되지 못했다는 점이다. 두번째로, 본 연구에서 제시한 동몽골 경유 GTI 철도 노선 건설 자금조달 관련 하여 한국과 몽골의 협력 방안과 그 대안들이 한국 정부가 실질적으로 활용할 수 있을 정도로 구체적이지 못하다는 한계가 있다.

따라서 본 연구의 향후에 추진해야 할 연구 과제는 다음과 같이 제시할 수 있다. 우선, GTI 추진에 있어서 한국과 몽골의 협력 방안을 위한 각 대안별 로드맵을 설정하는 연구가 필요하다. 둘째로, GTI 추진에 대한 한국과 몽골의 협력 방안을 향후 유라시아 이니셔티브 추진 전략과 연계시키는 연구가 필요하다.

〈부록〉 동몽골 지역 개발계획과 GTI에 대한 몽골의 시각과 비전: 한·몽 협력 방안

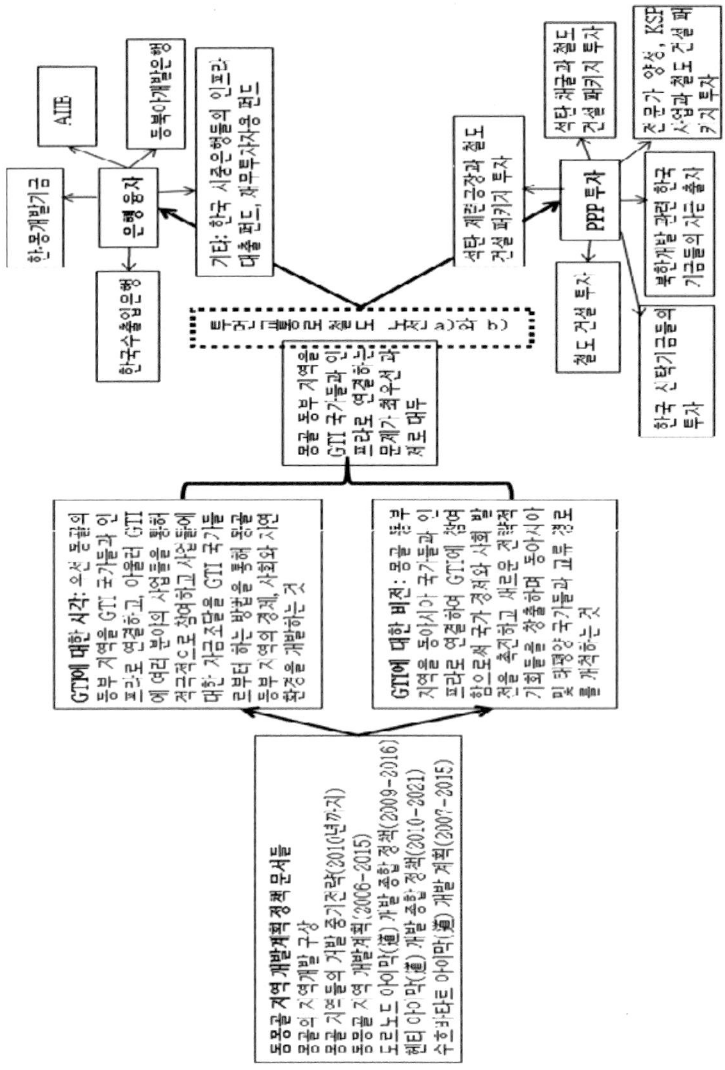

〈참고 문헌〉

강상욱, 「윤병세 장관, 볼드 몽골 외교부장관과 '한·몽 포괄적 동반자 관계' 증진 방안 논의」, 한국 외교부 보도자료 제14-65호, 2014년 2월 12일.

강태호, 「바다로의 통로로 북한 나진항 모색」, 〈한겨레〉, 2014년 5월 15일.

기획재정부, 「광역두만강개발계획(GTI) 제15차 총회 참가 결과」, 기획재정부 대외경제국 남북경제과 보도자료, 2014년 9월 18일.

김영래, "KRX, 몽골일본 거래소와 MOU 체결", 〈머니투데이〉, 2006년 6월 15일.

김유리, 「동북아개발은행 설립구상의 현황과 전망」, 『수은북한경제』, 2014년 겨울호, 한국수출입은행 해외경제연구소, 2014.

김천규·이상준·임영태·이건민, 「동북아 평화번영을 위한 두만강유역 초국경협력 실천전략 연구」, 국토연 2014-37, 한국국토연구원, 2014.

박신영, 「KDB 대우證, 몽골자본시장 발전 공로패 수상」, 〈파이낸셜 뉴스〉, 2015년 6월 26일.

서종원·안병민·이옥남, 유라시아 이니셔티브 실현을 위한 실크로드 익스프레스 구축방향, 연구총서 2014-17, 한국교통연구원, 2014.

신용석, 「두만강지역의 관광개발 방향과 과제: 광역두만강개발계획을 중심으로」, 『통일정책연구』, 제23권 제2호(통일연구원, 2014), pp.115~145.

안병민, 「유라시아 시대의 동북아 협력과 북한 개발 전망: 교통 물류를 중심으로」, 수은북한경제 연구보고서, 한국수출입은행, 2014.

오영일, 「동북아 재부상하는 동북아개발은행 창설 논의: 북한 이슈와 재원 마련 등이 걸림돌」, 『Issues&Analysis』, 2013년 8월호, 포스코 경영연구원, 2013.

원정호, 「정부, 20억 달러 FI 펀드 설립 검토」, 〈건설경제〉, 2015년 9월 8일.

유지혜, 「한국-몽골 수교 25년만에 첫 공동위원회」, 〈중앙일보〉, 2015년 3

월 27일.
이상훈 · 조민규, 「아시아 인프라 투자 20억 달러 펀드 만든다. AIIB 출범 맞춰 해외진출 지원」, 〈서울경제〉, 2015년 7월 16일.
이재연, 「석탄公 투자 몽골 탄광 3년간 누적적자 100억」, 〈서울경제〉, 2014년 10월 9일.
이재영 · 이평래 · 윤익중 · 이시영 · S.Avirmed, 「몽골, 광물자원 개발 현황과 한국의 진출방안」, KIEP 전략지역심층연구 11-15, 대외경제정책연구원, 2011.
이종현, "최희남 차관보 "AIIB 총회 의결로 북한도 지원 가능", 〈조선일보〉, 2015년 6월 29일.
이형근, 「동북아 경제협력: 동북아개발은행 논의에 대한 평가와 시사점」, KIEP 동북아허브전략연구 04-04, 대외경제정책연구원, 2014.
정진우, 「AIIB '7300억 불' 아시아 인프라 시장 열렸지만… AIIB 합의문 서명식, 한국 높은 지분율로 중요한 지위…. 상임이사국은 불투명」, 〈머니투데이〉, 2015년 6월 29일.
조명철 · 김지연, 「GTI(Greater Tumen Initiative)의 추진동향과 국제협력 방안」, 연구자료 10-16, 대외경제정책연구원, 2010.
최경은, 「광역두만강개발계획(GTI) 관광역량강화 프로그램」, 『한국관광정책』, 제59호, 한국문화관광연구원, 2015.
최보영 · 선주연 · 방호경 · 나승권 · 이보람 · 최유정, 「GTI 회원국의 무역원활화 현황 및 역내 협력방안」, 중장기통상전략연구 14-08, 대외경제정책연구원, 2014.
한국개발연구원, 「몽골 KSP 성과 추적을 위한 국외출장 계획(안)」, 한국개발연구원 보도자료, 2015년 10월 15일.
한국금융투자협회, 「금융산업과 금융시장 현황: 몽골」, 금융투자회사 해외진출을 위한 이머징마켓 조사시리즈 11-05, 한국금융투자협회, 2011.
함형건, 「러시아, 몽골에 나진-하산 사업 지분 매각 교섭」, YTN, 2015년

3월 5일.

Chung Mo Koo, Hyun Hoon Lee and Don A Yoo, 「Northeast Asian Economic Cooperation: Assessment and Prospects of the Greater Tumen Initiative」, 『東北亞經濟硏究』, 제24권 제2호, 동북아경제학회, 2012.

GTI, Integrated Transport Infrastructure and Cross-border Facilitation Study for the Trans-GTR Transport Corridors, Regional Summary Report, Beijing: GTI, 2013.

GTI and GIZ, Trans-GTI Transport Corridors: Financing Infrastructure Development, Study Report, Beijing: GTI, 2014.

John H. Dunning, International Production and the Multinational Enterprise, London: George Allen and Unwin, 1981.

Mining Weekly, "Mongolian Miner Signs to Deal to Ship Coal to Rajin Port," Mining Weekly, June 19, 2015.

Б.Барс, "Пхеньянтай танго бүжих Монгол Улс," Зууны Мэдээ, 2014 оны 9 сарын 24-ний өдөр.

Блумберг ТВ Монголиа, "Шинэ төмөр замын төслийн нийт өртгийг 5.2 тэрбум ам.доллар гэж тооцоолжээ," Блумберг ТВ Монголиа, 2013 оны 2 сарын 19-ний өдөр.

Б.Солонго, "А.Гансүх: БНСУ төмөр замын салбарт хөрөнгө оруулах сонирхолтой байна," Зууны мэдээ, 2014 оны 3 сарын 15-ны өдөр.

Б.Эрдэнэчимэг, "Х.Энхбаатар: Хойд Солонгосын боомтоор дамжуулан Өмнөд Солонгост нүүр нийлүүлнэ," Gogo.mn, 2015 оны 4 сарын 19-ний өдөр.

Д.Булган, "Шинэ төмөр зам төсөл 9.4 жилийн дотор хөрөнгө оруулал таа бүрэн нөхнө," Үнэн сонин, 2013 оны 10 сарын 4-ний өдөр.

Дорнод аймгийн Засаг даргын тамгийн газар, Дорнод аймгийн хөгжлийн цогц бодлого(2009-2016), 2009 он.

Д. Шүрхүү, "Ази-Европын холбох Эрээнцав-Бичигт-Зиньжон эдийн засаг, тээврийн шинэ хонгил," Үндэсний шуудан, 2014 оны 11 сарын 24-ний 225 дугаар.

Л.Дэлгэр, "Монголын далайчид Ражин боомтоор туршилтын тээвэр хийнэ," Eagle.mn, 2014 оны 10 сарын 14-ний өдөр.

Монголын Гадаад Хэргийн Яам, "Монголд хөрөнгө оруулалт хийхийг уриалав," NNews.mn, 2014 оны 4 сарын 24-ний өдөр.

Монгол Улсаас БНАСАУ-д суугаа элчин сайдын яам, Монгол Улс, БНАСАУ-ын харилцааны лавлах, 2010 оны 9 сарын 13-ны өдөр.

Монгол Улсын Засгийн газрын 192 дугаар тогтоол, Зөвлөхийн гэрээ байгуулах тухай, 2013 оны 5 сарын 25-ны өдөр.

Монгол Улсын Засгийн газрын 202 дугаар тогтоолын хавсралт, Зүүн бүсийн хөгжлийн хөтөлбөр(2006-2015), 2005 он.

Монгол Улсын Их Хурлын тогтоол, Төрөөс төмөр замын тээврийн талаар баримтлах бодлогын хэрэгжилтийг хангах зарим арга хэмжээ, 2014 оны 8 сар.

Монгол Улсын Их Хурлын 24 дүгээр тогтоолын хавсралт, Монгол Улсын бүсүүдийн хөгжлийн дунд хугацааны стратеги(2010 он хүртэл), 2003 оны 6 сарын 12-ны өдөр.

Монгол Улсын Их Хурлын 32 дугаар тогтоол, Төрөөс төмөр замын тээврийн талаар баримтлах бодлого, 2010 оны 6 сарын 24-ний өдөр.

Монгол Улсын Их Хурлын 57 дугаар тогтоолын хавсралт, Монгол Улсын бүсчилсэн хөгжлийн үзэл баримтлал, 2001 оны 6 сарын 14-ний өдөр.

Mongolian Mining Journal editor, "Дэлхийн биржүүд Монголд цуглав," Mongolian Mining Journal, 2012 оны 3 сарын 26-ны өдөр.

Монгол Улсын Хөгжлийн Банк, "Шинэ төмөр зам," 2015 оны 3 сары н 31-ний өдөр.

MGLRadio.com, "Монголд Хойд Солонгосын 2000 гаруй ажилчид ажи ллаж байна," MGLRadio.com, 2014 оны 12 сарын 4-ний өдөр.

Монгол Улсын Бүсчилсэн хөгжлийн удирдлага зохицуулалтын тухай х ууль, 2003 он.

Монгол Улсын Концессийн тухай хууль, 2010 он.

Монгол Улсын Хөрөнгө оруулалтын хууль, 2013 он.

Монгол Улсын Хөрөнгө оруулалтын сангийн хууль, 2010 он.

Н.Санжаасүрэн, "Шинэ төмөр зам төсөл 9.4 жилд хөрөнгө оруулалтаа нөхнө," NNews, 2013 оны 9 сарын 30-ны өдөр.

О.Баярхүү, "Хойд Солонгосыг бид л эргүүлж чадна," Нээлттэй нийгэ м форум, 2007 оны 4 сарын 2-ны өдөр.

Өглөө.мн "Хойд Солонгосын 1750 ажилчин монголд ажиллаж байна," Өглөө.мн, 2013 оны 6 сарын 29-ний өдөр.

Сүхбаатар аймгийн Засаг даргын тамгийн газар, Сүхбаатар аймгийн х өгжлийн хөтөлбөр(2007-2015), 2007 он.

Хэнтий аймгийн Засаг даргын тамгийн газар, Хэнтий аймгийн хөгжли йн цогц бодлого(2010-2021), 2009 он.

С.Болд-Эрдэнэ, "Нүүрс хөтөлбөрт юу туссан бэ?," Mongolian Mining Journal, 2014 оны 2 сарын 17-ны өдөр.

С.Энхзаяа, "С.Гансүх: Төмөр замын салбарт БНСУ-тай хамтран ажил лах өргөн боломж бий," Eagle.mn, 2014 оны 3 сарын 14-ний өдөр.

Т.Бат, "Шинэ төмөр замд 20 компани хөрөнгө оруулах сонирхлоо ил эрхийлжээ," Өнөөдөр сонин, 2013 оны 9 сарын 9-ний өдөр.

MMinfo, "А.Гансүх: Төмөр зам барихад 5.2 тэрбум ам долларын санх үүжилт шаардлагатай," MMinfo, 2014 оны 3 сарын 14-ны өдөр.

성장을 위한 지역다자협력체에 대한 비교연구
-GTI 다자협력과 한·몽 양자관계의 과제를 중심으로-

손용후(미래전략연구원)

1. 머리말

본 논문은 동아시아 국가들 사이에서 추진되어온 다양한 지역다자협력체의 성과와 한계를 비교분석함으로써 오랜 기간 답보 상태에 머물러 있는 "광역 두만강 개발 계획(GTI)"의 성공적 발전을 위한 이론적 동력을 제공하는 것을 목적으로 한다. 인류의 역사에서 국경은 국가들 사이의 종합적(정치/외교/군사/경제/사회적) 힘의 균형에 의해 형성되고 유지되어 왔다. 하지만 인간의 삶이 이러한 국경에 의해 절대적으로 제한되는 것은 아니다. 인류는 국경을 초월하여 무수한 자연적 지역공동체를 형성하고 발전시켜왔다. 본 논문에서 다루게 될 "성장을 위한 지역다자협력체(Growth Polygon)" 또한 국경을 뛰어넘은 자연적 지역공동체로부터 기원을 찾을 수 있다. 인류는 국가공동체라는 인위적 테두리를 통해 최소한의 안전을 추구해왔지만, 국경을 초월한 자연적 교류와 협력을 통해 번영과 평화를 얻어왔다. 국가와 국경이 인간의 삶의 목적이 아닌 매우 제한된 수단에 머물 수밖에 없는 이유이다. 지역다자협력체는 특정 지역에서 이러한 국경의 장벽을 더욱 낮춰 교류와 협력의 결실을 크게 증진시키고자 하는 여러 국가 구성원들의 일반 의지가 구현된 경우라고 볼 수 있다.

지난 세기말, 인류는 거대한 지역공동체의 출현을 경험했다. 반세기의 냉전이 종식되면서 1993년 11월 출범한 유럽연합(EU)이 그것이다. 혹자는 '본래 유럽은 역사적으로 하나였다.'고 말했다. 물론 유럽인들이 오랜 갈등과 대결로 점철된 역사 속에서 평화로운 공동체를 간절히 꿈꿔온 것은 사실이다. 다시 말해, 하나였으면 바랐던 이상은 있었다. 하지만 역사적으로 하나인 유럽은 없었다. 유럽연합, 즉 "하나의 유럽"의 출현은 유럽인들의 의지의 산물이었다. 하나의 유럽이 더 나은 삶, 번영, 평화를 가져다 줄 것이라는 믿음을 품었던 장 모네(Jean Monnet) 같은 선구자들이 있었기에 가능했고, 또한 그들이 유럽석탄철강공동체(ECSC, European Coal and Steel Community)와 같은 "구체적 협력"의 예를 통해 이상을 현실로 변화시켜온 과정이 있었기에 유럽통합이 실현될 수 있었던 것이다. 하지만 본래 하나의 유럽이 없었듯, 하나의 유럽이라는 보장된 미래도 없다. 유럽연합이 평화와 번영을 향한 유럽인들의 꿈을 지켜줄 수 없다면, 유럽연합은 어느 날 신기루처럼 역사 속으로 사라질 것이다.

'동아시아는 유럽만큼 공동체 전통이 강하지 못하다.'라고 평가하는 사람들이 있다. 근거 없는 편견일 수 있다. 유럽이 그리스·로마 동서 문명과 유일신 종교전통(유대/기독교)을 공통의 자양분으로 삼아 성장해 왔다면, 동아시아는 중국·몽골 남북 문명과 범신론적 종교전통(샤머니즘/유교)을 공통의 기반으로 하여 다양한 지역공동체를 형성하며 발전해온 것이 사실이기 때문이다. 만약 지난 세기 동아시아에서 유럽만큼의 다자적 집단안보체제나 지역협력체가 발달하지 못한 원인이 있다면, 그것은 동아시아의 질서를 실질적으로 주도해온 미국의 독특한 동아시아 지배전략에 기인할 수 있다. 2차 세계대전 후 미국은 유럽의 경우 집단적 안보체제를 추진했지만, 동아시아에서는 양자적 군사동맹과 경제협력을 선호했다. 가령, 미국이 동아시아를 중심으로 창설한 지역다자협력체 APEC의 역할만 보더라도 그러한 특성을 쉽게 확인할 수 있다. 미국은 지역 전반의 시장 자유화(완전한 개방)에 역점을 두었지, 지역통합이나 지역협력개발에는 지극히 부정적이었다. 따라서 향후 동아시아가 미국의 일방적 주도에서 탈피, 보다 대등한 협력관계를 형성할 수 있다면, 동아시아에서도 다자적 집단안보체제나 지역협력체를 통한 지역통합 노력이 활발히 전개될 가능성은 얼마든지 열려 있는 것이다.

본고에서 우선적으로 주목하고자 하는 것은 미국의 일방적 영향력 속에서도 동아시아에서 추진되어온 다양한 지역협력체들의 역사이다. 특히 1960년대부터 일본에 의해 주도된 동남아(Southeast Asia) 지역다자협력체들과 1990년대부터 중국에 의해 본격적으로 추진된 동북아(Northeast Asia) 지역다자협력체들의 발전 경험이 주된 관심의 대상이다. 가령 본문에서 자세히 살펴보겠지만, 동아시아에서 추진된 지역협력체들은 (성공과 실패라는 이분법적 평가를 뛰어넘어) 하나같이 국경이라는 장벽을 허물려 하는 부정적(negative) 방식을 취하기보다는, 지역공동체를 위한 이익을 창출,

조정, 분배할 수 있는 공동의 정책을 개발 시행하는 긍정적 (positive) 방향으로 전개되었다는 공통점을 가지고 있다.[1)] 이러한 경험은 우리에게 한 가지 중요한 교훈을 주고 있다. 지역협력이 개별 참여 국가들의 주권을 약화시키는 것이 아니라 오히려 강화시켜 줄 것이라는 믿음을 주지 못한다면 어떤 국가도 자발적으로 지역협력에 참여하지 않을 것이고, 설사 참여를 강제하더라도 협력의 지속적 강화는 기대하기 어렵다는 사실이다. 많은 학자들과 전문가들이 지적해왔던 것처럼, "광역 두만강 개발 계획(GTI)"은 지경학적으로 북한의 참여를 전제로 할 때만 가능하다. 하지만 북한이 참여를 거부하고 있는 것이 현실이다. GTI가 답보 상태를 벗어날 수 없는 핵심적인 이유도 여기에 있다. 앞에서 언급한 사례처럼, 동아시아의 지역협력체에 대한 비교분석을 통해 얻어진 연구결과들을 중심으로 GTI의 정상화와 지속적 발전을 위한 다양한 해법을 모색하는 것이 본 논문의 핵심과제이다.

2. 동아시아 지역다자협력체에 대한 비교분석

본 논문에서는 성장을 위한 지역다자협력체(Growth Polygon, 이하 지역다자협력체)를 다음과 같이 정의한다. 지역다자협력체란

---

1) 김선혁과 Philippe C. Schmitter는 "THE EXPERIENCE OF EUROPEAN INTEGRATION AND POTENTIAL FOR NORTHEAST ASIAN INTEGRATION" Asian Perspective, Vol. 29, No. 2, 2005에서 유럽 지역통합의 역사적 경험으로부터 이러한 특성을 도출하고 있는데, 본고는 동아시아의 경험 속에서도 같은 공통점을 확인하고 있다.

경제 권역(Economic Zone)의 한 유형으로, 2개 이상의 여러 국가들이 공동의 번영과 평화를 위해 경제적 협력을 추진하는 특정 "지역"을 의미한다. 지역다자협력체는 넓은 의미에서 성장을 위한 공동의 협력을 추진하는 지역, 즉 특정 "공간"을 지시하는 개념이지만, 좁은 의미에서는 그러한 지역협력을 추진하는 "제도나 기구"와 같은 "주체"를 의미하는 개념이기도 하다. 지역다자협력체는 국가들 사이의 경제적 통합과 평화체제를 이끌어내는 매개체의 역할을 하는 특정 "지역" 또는 그 지역의 추진 "주체"를 의미하게 된다. 지역다자협력체는 해당 지역이 포괄하는 국가들 사이의 협정이나 조약 등 공식적 절차에 의해 구성되기도 하지만, 민간의 비공식적 네트워크를 통해 형성되고 발전하기도 한다. 따라서 지역다자협력체는 공식적 그리고 비공식적 다자협력 지역 혹은 다자협력 지역의 주체를 의미하게 된다.

본고는 지역다자협력체에 대한 비교연구의 지역적 범위를 동아시아로 국한하고 있다. 이러한 범위의 제한은 역사 · 문화적 정당성을 가지고 있다. 가령 서구 학계에서 정의하는 아시아는 서쪽으로 터키, 시리아, 레바논, 이스라엘 등을 포괄하는 소위 서남아시아로 불리는 지역까지 포함하고 있다. 흔히 중동이라고 불리는 지역까지 아시아로 정의되는 것이다. 한국, 일본, 중국으로 대표되는 동북아시아에서 위와 같은 서남아시아를 하나의 역사 · 문화의 단위로 놓고 성장을 위한 지역다자협력체의 경험을 비교한다는 것은 이론적 관점을 차치하고라도 직관적으로 유효하지 못하다는 것이 본고의 판단이다. 만약 유럽이 그리스 · 로마 동서 문명과 유일신 종교전통(유대/기독교)을 토대로 형성 발전해해 왔다면, 인도차이나 반도로부터 일본 열도에 이르는 동아시아는 중국 · 몽골 남북 문명과 범신론적 종교전통(샤머니즘/유교)이라는 공통의 역사·문화적 자산을 기반으로 성장해온 것이 사실이다. 본고는 이러한 역사·문화적 자산을 공유하고 있는 동아시아 국가들이 스스로와 공동의 번영과 평화를 위해 이웃국가들과의 협력을 추구해온 성공과 실패의 발자취를 되돌아보고자 하는 것이다.

또한 본고는 지역다자협력체에 대한 비교연구의 시간적 범위를 현대, 특히 2차 세계대전 이후로 제한하고 있다. 이러한 제한은 본고의 연구목적으로부터 정당성을 부여받고 있다. 본 논문의 연구목적은 GTI의 성공적 발전 전략을 모색하는 것으로, 2차 세계대전 이후 형성된 냉전질서와 1990년대 초 냉전질서의 붕괴와 함께 전개된 불확실한 동북아질서가 복잡하게 얽혀있는 지역에서의 다자협력체를 연구주제로 하고 있다. 따라서 본 논문의 연구목적 및 연구주제와의 긴밀한 연관성과 실천적 함의를 가질 수 있는 2차 세계대전 이후 현대적 경험들을 비교연구의 대상으로 삼는 것은 이론적 적절성은 물론, 직관적으로도 타당하다고 할 수 있다. 본고는 동아시아 국가들이 2차 세계대전 이후 냉전질서 속에서 그리고 1990년대 초반 이후 냉전질서의 붕괴가 가져온 혼돈 속에서 스스로와 공동의 번영과 평화를 위해 이웃국가들과의 협력을 추구해온 성공과 실패의 현대사를 되돌아보고자 하는 것이다.

1) 성장을 위한 지역다자협력체 개념의 태동과 발달

동아시아에서 현대적 지역다자협력체(Growth Polygon)의 출현은 거대한 규모의 전쟁 혹은 그러한 전쟁에 버금가는 정치적 격동과 깊은 연관이 있다. 동아시아 현대사에서 지역다자협력체를 구성하기 위한 최초의 시도와 노력은 2차 세계대전이 막을 내린 후에도 여전히 극도의 정치적 불안정에 빠져있던 인도차이나반도의 메콩 강 유역에서 이루어졌다.[2] 1957년 '아시아와 극동을 위한 유엔경제위원회(ECAFE)'의 주도로 메콩 강 하류지역의 4개 국가들(태국, 라오스, 캄포디아, 남베트남)이 참여하는 '메콩 위원회(Mekong Committee)'가 구성되었다. 메콩 위원회는 1899년부터 논의가 시작되어 1933년 설립된 프랑스 론 강 유역의 다목적 개발을 위한 '론 강 공사(Compagnie Nationale du Rhone)'나, 1933년 루즈벨트 미국 대통령이 뉴딜 정책의 일환으로 추진했던 '테네시 계곡 개발공사(Tennessee Valley Authority)', 1944년 인도 정부가 거듭된 엄청난 홍수 피해로 '슬픔의 강'으로 불렸던 다모다르 강의 홍수 조절을 위해 테네시 사업을 본떠서 설립한 '다모다르 계곡 개발공사(Damodar Valley Corporation)' 등의 경험을 토대로 수립된 계획이었다.[3]

메콩 위원회가 역사적으로 특별한 의미를 갖는 것은 나일 강이나 아마존 강처럼 여러 국가를 관통하는 대규모 국제하천에서 하천이 통과하는 유역의 국가들이 함께 참여하는 공동개발기구를 구성했다는 점이다. 이것은 세계적으로도 유래를 찾아볼 수 없는 야심찬 구상으로, 현재 GTI 같은 하천을 중심으로 한 지역다자협력체들의 원형으로 평가될 수 있다. 지역다자협력체의 원형으로서 메콩 위원회의 설립목적은 명확했다. "경제협력을 통해 정치적 화해를

2) Hiroshi Hori, The Mekong. Environment and Development (Tokyo: United Nations University Press, 2000)

3) Victor J. Croizat, The Mekong River Development Project: Some Geographical, Historical and Political Considerations (Santa Monica: Rand Corporation, 1967)

이룬다."는 것으로, 오늘의 GTI의 핵심 설립목적과도 상통한다. 메콩 강이라는 거대한 자원을 공동으로 개발, 이용함으로써 만성적 가난과 반복되는 정치적 불안정이라는 숙명처럼 여겨졌던 지역의 해묵은 난제들을 풀어나가겠다는 구상이었다.[4] 메콩 강 유역 국가들 사이에서 다자협력을 통해 항구적인 정치적 안정을 추구한다고 하는 기본구상은 미국의 인도차이나 정책으로도 승계되어 존슨 대통령(Lyndon B. Johnson)의 1965년 '평화 계획(Peace Initiative)'을 통해서도 재추진되었다. 하지만 확대일로를 걷고 있던 베트남 전쟁, 냉전의 소용돌이 속에서 이 계획 역시 좌초되고 만다.

"경제협력을 통한 정치적 화해"라고 하는 지역다자협력체의 원형적 개념이 새로운 생명력을 얻게 된 것은 반세기의 냉전이 종식되고 새로운 지역질서에 대한 불확실성이 증대되던 1990년대 초였다. 1950년대 냉전의 시작과 함께 조성된 혼돈과 정치경제적 불안정으로부터 태동된 지역다자협력체의 개념이 1990년대 냉전의 종식으로 찾아온 또 다른 혼돈과 정치경제적 불확실성 속에서 되살아난 것이었다. 지역다자협력체 개념의 부활 역시 인도차이나 메콩 강 유역에서 시작된다. 일본의 적극적 주도와 미국의 간접 지원으로 1966년 설립된 아시아개발은행(ADE)이 냉전 종식 이후 지역협력과 통합(Regional Cooperation and Integration)을 역점사업 분야의 하나로 정립하고 지역다자협력체 지원 사업을 추진하고 나섰다. 아시아은행은 1992년 캄보디아, 중국(윈난성과 광시 좡족 자치구), 라오스, 미얀마, 태국, 베트남 등 메콩 강 유역 6개 국가를 묶어, 메콩

---

4) Jöhn Dosch and Oliver Hensengerth, Sub-regional Cooperation In Southeast Asia: The Mekong Basin, European Journal of East Asian Studies, Vol. 4, No. 2 (2005), pp.263~285.

강 상·하류 전역을 포괄하는 '광역 메콩 강 지역 경제협력체(GMS, Greater Mekong Subregion)'를 출범시켰다.

GMS의 출범과 관련해 주목할 것은 2차 세계대전 이후 1950년대에 냉전의 급속한 진행 속에서 추진된 메콩 위원회가 공산주의 진영의 확산을 막기 위한 소극적인 수단이었다면, 냉전의 종식 이후 1990년대에 추진된 GMS는 구 공산권 국가들을 세계 자유시장경제로 조속히 편입시키려는 매우 적극적인 프로그램이라는 점이다. 1992년 유엔개발계획(UNDP)의 주도로 동북아시아에서 설립된 '두만강 유역 개발계획(TRADP, GTI의 전신)' 역시 이러한 시대적 배경을 공유하고 있다. 그런 점에서 지역다자협력체는 냉전의 붕괴와 함께 정치적 갈등의 산물인 국경을 뛰어넘어 자연적 교류의 산물인 지역공동체를 복원하려는 노력으로 시작되었다고 말할 수 있다.

1990년대 냉전 종식 이후 일본이 동남아시아를 중심으로 아시아개발은행이라는 공적 기구를 활용하여 공식적인 지역다자협력체들의 창설을 이끌었다면, 중국은 동북아시아, 특히 남중국해 연안의 홍콩, 마카오, 대만을 중심으로 광범위한 중국교포들의 네트워크를 활용하면서 비공식적인 지역다자협력체들을 구축, 확대해 나갔다. 소위 "중화권 경제협력 모델"로 불리는 중국 주도의 지역다자협력체는 1979년 등소평이 개혁개방정책의 핵심 전략으로 홍콩, 마카오, 타이완에 인접한 선전(深川), 주하이(珠海), 산터우(汕斗), 샤먼(廈門) 등의 도시들을 경제특구로 지정하면서 발전의 계기를 마련하게 된다. 여기서 주목할 것은 이들 남중국해 연안 도시들이 비공식적 지역다자협력체의 발달의 핵심 지역으로 부상한 것이 결코 우연의 결과가 아니라는 점이다. 홍콩, 마카오, 대만 등을 비롯하여 세계 도처에 흩어져 있는 중국교포(화교)의 90%가 바로 남중국해 연안 지역 출신으로 개혁개방 이전부터 이 지역과 다양한 비공식적 유대를 형성하고 있었던 것이다.[5] 중국 주도의 지역다자협력체들은 비공식적 네트워크 중심이라는 특성과 함께 또 하나의 중요한 특성을 가지고 있는데, 그것은 이들 협력체들이 수평적이 아닌 수직적 결합을 통해 발전해왔다는 점이다. 중국교포들이 그 동안 운영해온 노동집약적 산업들이 사실상 모두 이들 협력체로 이전되었다고 해도 과언이 아니다. 등소평의 "도광양회"라면 표현에서 잘 드러나듯 중화권 지역다자협력체들은 조용히 비공식적으로, 하지만 눈부신 속도로 성장과 확산을 거듭했고 오늘날 미국과 세계를 양분한다고 일컬어지는 G2의 경제대국의 실질적 토대로 발전해왔다.

일본이 주도하는 동남아시아 지역다자협력체들과 중국이 이끌어 온 동북아시아 지역다자협력체들은 형성의 주체뿐 아니라 역사적 배경과 운영의 방식, 발전의 양상도 크게 다르다. 하지만 분명한 것은 이들 지역다자협력체들이 경제적 번영과 정치적 안정에 기여하면서 서로 다른 방식과 속도로 지역의 통합을 촉진하고 있다는 점이다. 동아시아 지역다자협력체들은 빈곤에 찌들고 분쟁으로 얼룩진 지역들에서 경제협력을 통해 지역의 안보와 안정을 회복하는데 크고 작게 기여하고 있다.

본고에서 비교분석의 대상이 되는 지역다자협력체들은 다음의 〈그림 1〉과 같다.

---

5) Jin Hongfan, Chugoky Keizaiken: Tairiku, Honkon, Taiwan no Hokan to Kyoryoku, The China economic area: Growing ties among mainland China, Hong Kong, and Taiwan, Tokyo: The Simul Press, Inc. 1995), 113.

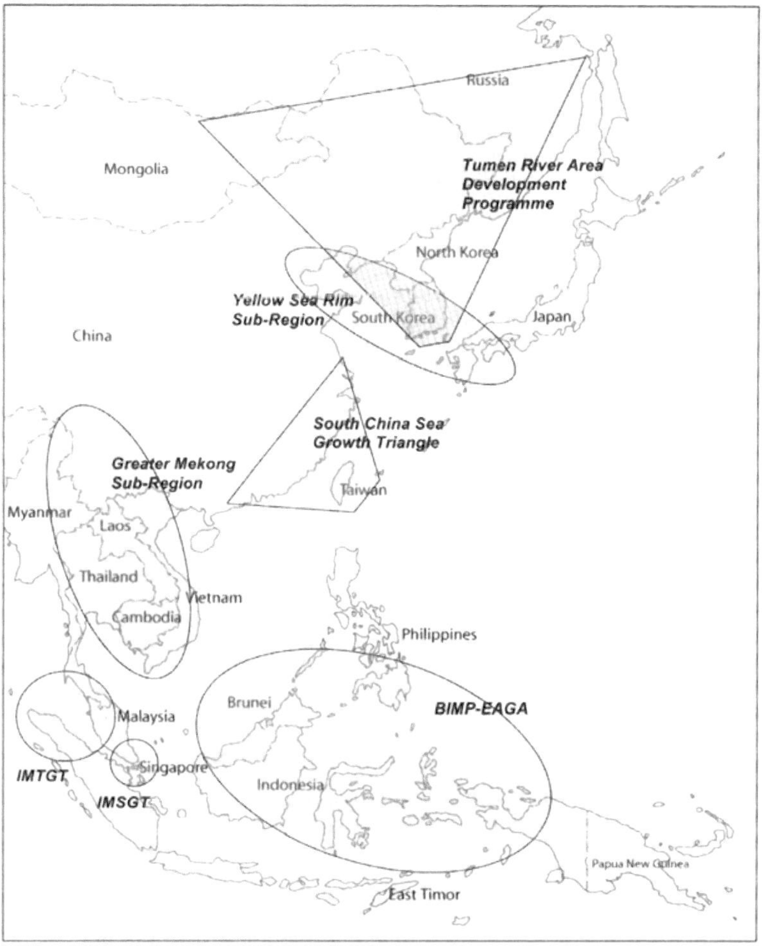

〈그림 1〉 동아시아의 "성장을 위한 지역다자협력체(Growth Polygons)"
출처: C.M. Dent, East Asian Regionalism, London: Routledge, 2008, p.75.

(1) 일본 주도의 동남아시아 지역다자협력체

일본의 주도로 동남아시아에서 개별 국가들을 상대로 지속적인 지원 사업들을 벌여온 아시아개발은행은 1992년의 GMS 발족에 이어, 1993년에는 인도네시아-말레시아-태국을 연결하는 지역다자협력체(IMT-GT), 그리고 1994년에는 브루나이-인도네시아-말레시아-필리핀을 하나로 묶는 동아세안 지역다자협력체(BIMP-EAGA)를 차례로 출범시킨다. 아시아개발은행은 마치 일본의 주도로 중국을 포위하려 한다는 인상을 줄 수 있을 만큼 중국의 서부지역과 접한 인도차이나반도로부터 중국의 남부를 에워싼 남중국해까지를 길게 연결하는 그물망식의 지역다자협력체들을 줄지어 설립하였다.

① GMS (Greater Mekong Subregion)

GMS는 1992년 아시아개발은행의 공식적인 주도 아래 창설되었다. 메콩 강 유역의 캄보디아, 중국(윈난성과 광시 좡족 자치구), 라오스, 미얀마, 태국, 베트남을 참여국으로 하고 있다. GMS는 260만 제곱킬로미터의 면적에, 약 3억2천6백만의 인구를 포괄하고 있는 대규모 지역다자협력체이다. 1995년에는 메콩 강의 계획적 개발과 관리를 위해 '메콩 강 위원회(MRC)'가 설치되었고, 1996년에는 ASEAN 국가들과의 협력 강화를 위해 '아세안-메콩 유역 개발협력회의(ASEAN-MBDC)가 창립되었다.

GMS는 창설 이후 2013년까지 16.8조원에 달하는 자금이 도로, 항만, 철도, 통신, 에너지, 도시개발, 관광, 환경, 보건 분야에 투자돼왔다. 이 가운데 절반가량이 아시아개발은행을 통해 지원되었다는 점에서 그 역할의 중요성을 알 수 있다. 2014년 발간된 GMS투자기구의 실행계획에 따르면 2014년부터 2018년까지 GMS의 주도하에 지역 내 각종 프로젝트에 투여될 자금 규모가 50조를 상회하고 이 가운데 30조 가량이 "우선 추진 자금"으로 지정되었다.[6] 특히 주목할 점은 GMS 구성 이후 역내 국가들의 평균 GDP 성장률이 8%에 육박하며, 실질 개인소득은 3배 이상 증가한 것으로 보고되고 있다. 경제 통계가 모든 것을 말해줄 수는 없지만, 이러한 결과는 지역다자협력체가 경제적 안정과 번영에 긍정적 힘으로 작동하고 있음을 확인해주고 있다. 지금까지 진행된 GMS 주요 경제협력 사업들은 다음과 같다.

- 400킬로미터 동서교통로 프로젝트: 태국 북부, 라오스 중부, 베트남 동부를 연결하는 고속도로 건설 계획으로, 매년 1,6백만 미터톤의 화물운송을 기대하고 추진되었다. 2001년 태국, 베트남, 라오스 정부는 메콩 강을 가로지르는 교량을 포함하는 고속도로를 2006까지 완공하기로 합의하였다. '라오스 타이 우정의 다리 II'로 명명된 이 교량은 태국의 무크다한 지방과 라오스의 카이손 품비한을 연결한다. 교량이 건설되어 기존 도로와 연결됨에 따라 베트남의 대형 항구도시 다낭까지 연결이 가능해졌다. GMS의 주도로 2001년 12월 개통된 캄보디아 최초의 메콩 강 대교 또한 지역의 통합을 갈구하는 인도차이나 지역 국가들과 국민들의 정치적 의지를 보여준 상징적 사업이라고 볼 수 있다. 2008년에는 3번 고속도로 준공과 함께 GMS 남북을 가로지르는 통행로가 완성되었는데, 이전 9시간이 걸리던 남북 종주가 3시간 30분으로 단축되었다. 2013년에는 제4차 '라오스 타이 우정의 다리'가 완공되었다.

- 2001년 4월, 중국, 라오스, 미얀마, 태국은 메콩 강 상업 해운에 협정에 서명했다. 이것은 세계 3대 국제하천인 메콩 강의 공동관리라는 GMS의 목표를 향한 중요한 진전이었다. 협정의 발효와 함께, 4개 국가의 14개 항구와 부두들이 개방되고 상업 해운선과 여객선들

6) GMS Secretariat, REGIONAL INVESTMENT FRAMEWORK IMPLEMENTATION PLAN (2014-2018), 2014.

이 893킬로미터에 달하는 메콩 강을 자유롭게 운항하면서 교역과 관광은 비약적으로 증대되었다. 1990년 중국의 윈난성으로부터 메콩 강을 통해 운반되는 화물량은 400톤에 불과했지만, GMS 창설 이후 2000년에는 그 양이 20만 톤으로 급증했던 사례를 놓고 볼 때 위 협정은 더 큰 진전이었다.

- 1999년 베트남, 라오스, 태국은 사람과 물자의 이동을 촉진하는 협정에 서명했고, 캄보디아와 중국, 미얀마는 2003년 합류했다. 2004년 발효된 협정에 의해 국경통과를 통제하는 각 나라의 법률과 절차가 간소화되고 표준화되었다.
- 2000년 GMS 참여국들은 민간자본의 지역 내 투자를 활성화하기 위한 비즈니스 포럼을 개최하였고, 이를 계기로 2002년 '메콩 기업기금(MEF)를 조성하게 되었다. 수출기업과 지역 서비스 기업들을 중점 대상으로 하는 130억 원 규모의 창업자금이 지원되었다.
- GMS 창설 이후 도로망 등 기간시설들이 완공됨에 따라 태국과 중국 사이의 교역이 매년 평균 10-15%씩 증가하는 추세를 보여 왔다.

이와 같은 다자경제협력을 통한 번영의 확대와 장기간의 역내 평화정착이라는 놀라운 성과에도 불구하고, GMS는 양자관계에서 갈등이 고조되는 심각한 문제에 직면하고 있다. 특히 중국의 경제적 지배를 우려하는 국가들이 늘어나면서 협력사업의 계획과 실행에서 분열의 조짐을 보이고 있다. 특히 베트남의 반발이 심각하고, 일본이 GMS 내 중국의 영향력 확대를 견제하는 움직임을 가시화하면서 지역다자협력의 동력이 급격히 감소되고 있는 상황이다. 이러한 갈등 양상에 대해 서구의 한 학자는 "메콩 강 유역에서의 일본과 중국의 갈등은 아시아에서 가장 거대하고 장기간의 정치적 대

결"이 되고 있다고 기술하고 있다.7)

② IMT-GT (Indonesia-Malaysia-Thailand Growth Triangle)

IMT-GT는 1993년 GMS 창설에 영향을 받은 태국, 말레시아, 인도네시아 3국의 국가지도자들이 서로 인접한 각국의 낙후 지역을 공동 협력 개발할 목적으로 설립을 논의하고, 아시아개발은행에 지원을 요청하였다. 아시아개발은행은 즉각 지역다자협력체 구성의 타당성 조사에 착수, 사회간접자본 개발, 농어업, 관광 등 6개 분야에서 발전 가능성이 충분하다는 결론을 내린 후 공식적인 지원을 결정하면서 창설되었다. IMT-GT는 태국 남부 14개 주와 말레이반도를 구성하는 말레시아 북부 8개 주 그리고 말라카해협을 사이에 둔 인도네시아 수마트라 10개 주등 저개발 지역들을 참여 주체로 하며, 약 7천만의 인구를 포괄하고 있는 지역다자협력체이다. 1995년에는 민간기업 협의회(IMT-GT Joint Business Council)가 발족하여 향후 지역개발을 위한 사업 투자를 주도하게 된다.

IMT-GT는 창설 이후 1995년-2005년 기간 민간기업 협의회는 2013년까지 3.8조원 규모의 신규 투자 사업을 추진하였다. 하지만 이러한 외형적 수치에도 불구하고 실질적 협력 사업은 부진하였고, 투자 유치 실적조차도 각 참여국이 해당 지역에서 개별적으로 시행한 투자 사업을 단순히 합산한 것에 불과하다는 비판이 따랐다. 지역다자협력체가 정체에 빠지자 2005년 3국 정상은 창설 이후 첫 정상회담을 말레시아 쿠알라룸푸르에서 개최하여 다자협력체를 활성화하기 위한 청사진을 마련하기로 합의한다. 3국 정상은 합의사

7) Paul Handley, 'Shadow play', Far Eastern Economic Review, Vol. 156, No. 37 (1993), p. 70.

항을 이행하기 위해 2007년 제2차 정상회담을 개최하고 2007-2011 협력개발계획을 시행하고 점검하기 위한 실무기구 설치에 합의한다. 하지만 이후에도 협력 사업은 커다란 진척을 보이지 못했으며, 2013년에 들어서야 사무국이 공식 출범할 정도로 정체를 겪었다.

IMT-GT는 창설 이후 이렇다 할 협력 사업의 전개 없이 계속적인 공동 협의, 공동 연구조사, 공동 청사진 기획 등만을 반복해왔다는 점에서 GTI의 정체 상황과 관련 많은 시사점을 주고 있다. 2012-2016 청사진에 따르면 총 5.2조 원이 지역 경제통합을 위한 각종 프로젝트에 투입될 예정이지만, 이것이 각국이 해당 지역에 투입하는 개발 자금을 총합한 숫자에 불과할 수 있다는 점에서 IMT-GT 사무국이 지역발전의 모니터링과 통계작성 전문기구에 불과한 것이 아니냐는 비판으로부터 자유롭기는 어려울 것으로 보인다.

③ BIMP-EAGA (Brunei Darussalam-Indonesia-Malaysia-The Philippines East ASEAN Growth Area)

BIMP-EAGA는 1994년 당시 필리핀 대통령 피델 라모스의 제안으로 창설되었다. BIMP-EAGA는 브루나이의 전체, 인도네시아의 4개 주, 말레시아의 3개 주, 그리고 필리핀의 2개 주를 참여 주체들로 하여, 1백만6천 평방킬로미터의 면적과 5천8백만의 인구를 포괄한다. BIMP-EAGA 역시 동아시아에서 아시아개발은행의 지원으로 추진된 모든 지역다자협력체들이 그랬던 것처럼 동남아시아에서도 더 빈곤하고 더 낙후된 지역들을 포괄하고 있지만, 그 중에서도 특히 빈곤하고 낙후된 지역으로 구성되어 있어 가장 힘겨운 개발과제와 직면하고 있는 협력체이다.

BIMP-EAGA는 세계에서 가장 운송량이 많은 해상로와 인접한 전략적 요충지로, 일찍부터 유럽과 동아시아를 연결하는 실크로드나 향신료 무역과 연계된 지역이다. BIMP-EAGA 참여 국가들 역시 자신들만의 독특한 개발 자원들을 보유하고 있다. 가령 브루나이는 금융자원이 풍부하고, 교통과 통신 시설들이 발달되어 있다. 인도네시아, 말레시아, 필리핀 모두 풍부한 천연자원을 보유하고 일정한 산업분야를 육성해왔다. 특히 BIMP-EAGA는 세계 산호초의 약 60%와 거대한 열대 우림지역을 보유한 지역이다. BIMP-EAGA의 개발의 가능성은 충분하다고도 볼 수 있다. 따라서 민간 기업들이 일찍부터 지역협력 개발에 관심을 보였고, 참여국 정부들 역시 민간 주도의 개발을 선호했다. 이러한 조건들이 결합되어 BIMP-EAGA에서는 처음부터 민관 공동개발협력 구조가 정착되었고, 민간은 "기업협의회"를 대표기구로 하여 사실상 제5참여국의 지위를 부여받았다.

BIMP-EAGA가 이와 같은 유리한 개발조건과 참여주체의 열의에도 불구하고 수많은 시행착오와 정체를 경험한 것은 협력개발 사업을 주도할 실무기구가 부실했기 때문이었다. 개발 프로젝트들은 각국 정부나 지방정부에 의해 추진되었고, 종합적 기획과 조정 기능을 상실한 프로젝트들은 연결성을 잃어 시너지 효과가 사라지는 결과를 초래하게 되었다. 특히 1997년 아시아 금융위기를 겪게 되면서 협력 사업은 남아 있던 동력마저 상실하게 된다.[8]

2000년대 초반 금융위기로부터 출구를 찾기 시작한 참여국들은 BIMP-EAGA의 재건을 위한 노력을 시작했다. 2001년 개최된 ASEAN 정상회의에서 브루나이는 아시아개발은행과 ASEAN의 지원

8) C.M. Dent, "The Asian Development Bank and Developmental Regionalism in East Asia", Third World Quarterly 29, no. 4, 2008: 767-86.

을 요청했고, ASEAN 사무국의 지원 아래 2006-2010 로드맵과 행동계획을 마련하게 된다.

행동계획에 따라 자체 실무기구를 강화한 BIMP-EAGA는 계획된 개발 사업 목표를 대부분 조기에 달성하는 성과를 올린다. 가령, EAGA의 대외수출액은 2008년 58.8조 원에 달해 2005년 대비 40% 이상 증가했다. 이 규모는 신흥 개발국가로 도약하고 있는 베트남에 맞는 수준이었다. 역내 교역액이 4.4조 원에 불과해 심각한 불균형이 발생했지만 그 규모는 전년에 비해 크게 증가한 것이었다. 이것은 역내 교역의 발전을 위해 각 참여지역을 연결하는 교통망 등 인프라 구축이 절실함을 보여주는 좋은 사례이다.

(2) 중국 주도의 동북아시아 중화권 지역다자협력체[9]

중국이 주도하는 중화권 지역다자협력체의 출현은 동아시아 정치경제에 중대한 영향을 미쳤다. 과거와 마찬가지로 일본이 동아시아 지역다자협력체들을 이끄는 주도적 역할을 하고 있는 것도 사실이지만, 중국의 역할은 더욱 비약적으로 증대되었다. 특히 중국은 매우 유리한 지리적 조건을 갖추고 있다. 동북으로는 한반도, 몽골, 일본, 러시아와 잇닿아 있는데, 특히 동부지역은 한국, 일본과 매우 근접해 있으면서도 타이완이나 홍콩과 크게 떨어져 있지 않다는 장점이 있다. 이러한 동부지역의 여건 때문에 상해를 필두로 하는 양

9) 본 sub-chapter의 내용은 Dajin Peng의 논문 (Subregional Economic Zones and Integration in East Asia, Political Science Quarterly, Vol. 117, No. 4, Winter, 2002-2003, pp.613~641)을 요약, 발췌한 후 본고의 구성 틀에 맞추어, 그리고 본고의 저자의 견해에 따라 각색하고 재구성하였음을 밝힌다. 각주는 본고의 저자가 직접 검토한 논문들의 출처를 밝힌 것으로, 위 참고 논문의 각주와는 상이할 수 있음도 더불어 밝혀둔다.

쯔 강 하구 지역이 비약적인 발전을 이룰 수 있었다. 남서부지역 역시 유리한 조건을 갖추고 있다. 인도차이나반도와 접해 있어 동아시아를 관통하는 대륙횡단 통로의 시발점으로 개발하는 계획까지도 가능하다. 이러한 조건들은 중국이 일본과의 표면적인 경쟁관계 속에서도 다양한 지역다자협력체에의 참여를 통해 동아시아의 경제통합과 평화에 이바지할 수 있도록 도울 것이다.

① South China (China-Hong Kong-Taiwan-Macao)

중국과 중국교포(화교)들이 주축이 되어 비공식적으로 구축한 '남중국 지역다자협력체'는 동아시아에서 시도되었던 협력체들 가운데 가장 성공적이었다. 일본이 주도한 협의체들이 냉전의 종식과 함께 시도된 점을 고려한다면, 1979년 중국의 개혁개방과 함께 시작된 남중국 지역다자협의체는 사실상 동아시아 최초의 협의체로 볼 수 있다. 중국의 등소평은 1979년 외국자본의 유치와 교역의 증대를 위해 남중국해 연안의 4개 도시를 특별경제구역으로 지정했다. 잘 알려진 바대로, 이 계획은 엄청난 성공을 거두었고, 이러한 성과에 힘입어 1984년 특별경제구역을 14개 도시로 확대하고, 1988년까지 남중국해 전역에 특별경제구역 지위를 부여하는 조치를 취했다. 1989년에는 하이난 섬이 특별 행정구역으로 분리된 후 새로운 특별경제구역으로 선포된다.

이러한 눈부신 성공의 배경에는 화교들의 비공식적인 비즈니스 네트워크가 있었다. 남중국해 연안지역이 특별경제국역으로 선포되기 이전부터 전 세계의 화교들과 연결된 비공식 네트워크가 존재하고 있었던 것이다. 그러한 네트워크는 마치 때를 기다리고 있었던 것처럼 홍콩, 타이완, 마카오의 사업가들과 남중해 연안 지역의

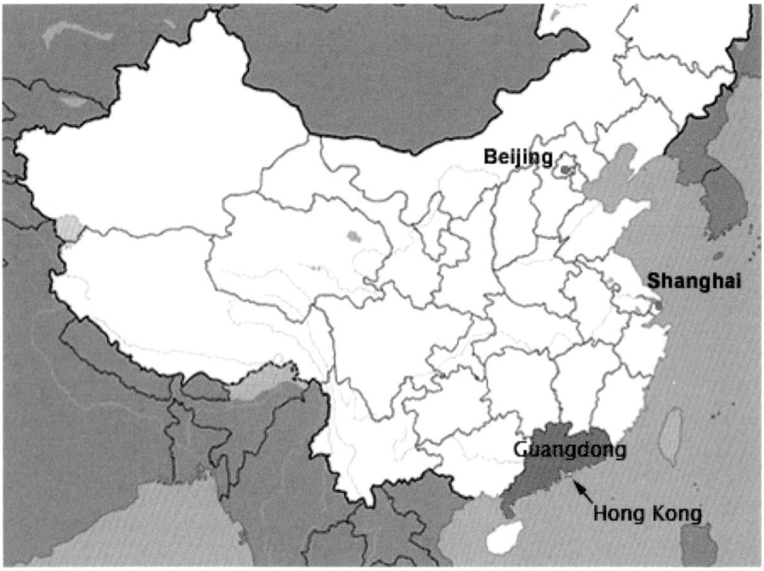

〈그림 2〉 중국의 최초 경제특구

*출처 Invest in tickets, not trains, in China By Cris Sholto Heaton 09/11/2010

중국 기업들을 연결시켰고, 이 연결을 전 세계의 화교 기업가들의 네트워크와 결합되도록 했다. 이러한 신속한 네트워크의 구축은 결코 민족감정에서 나오는 애국심이나 친족의식에 비롯된 것이 아니었다. 순수하게 경제적인 이유에서였다. 고임금으로 성장의 한계에 빠져있는 선진국의 기업들이 값싼 노동력을 찾아 목을 매고 줄을 서 있는 상황이었다. 선진 시장에서 활동하던 화교들의 입장에서 남중국해 연안에 네트워크를 가지고 있다는 것은 일종의 로또와 같은 것이었다. 말이 통하고 문화를 공유하는 이 두 세력이 아무런 장벽 없이 비즈니스 관계를 형성할 수 있었다. 이렇게 해서 전 세계의 노동집약적 사업들은 화교라는 통로를 통해 중국의 남중국해 연안 지역으로 집중되게 된다. '중국, 세계의 굴뚝'이 탄생했던 것

이다.[10)]

세계의 굴뚝 중국이 엄청난 속도로 교역을 확대할 수 있었던 데는 홍콩의 역할이 적지 않았다. 홍콩은 명실상부한 세계교역망의 중심 가운데 하나였다. 전 세계에 판매망을 구축하고 있었다. 단순히 화교이기 때문이 아니라, 오랜 기간 영국의 식민지로 남으면서 서구 시장과의 완전한 결합을 이루고 있는 상태였기 때문이었다. 1980년 말까지 홍콩 기업의 70%가 남중국 연안 지역들에 지사나 자회사를 가지게 되었다. 타이완의 기업들도 마찬가지였다. 타이완은 1993년에 이르러 중국에서 두 번째로 많은 직접 투자를 한 국가 될 정도였다.[11)]

전 세계의 화교와 본국의 중국 기업인들이 결합해서 만들어낸 비공식적 지역다자협력체는 남중국해 연안을 급변시켰다. 불과 5-6년 사이에 광동성의 수출은 3배 이상 증가하였고, 푸젠성은 무려 40배 이상 급증하였다. 1994년에는 남중국해 연안 지역이 중국 전체 수출의 절반을 차지하게 되었고, 1995년에는 광동성의 수출액의 홍콩의 수출액을 앞지르는 상황으로 발전했다.[12)]

하지만 남중국해 지역다자협의체에도 위기는 찾아왔다. 어찌 보면 자신의 성공이 부른 위기였다. 남중국해 연안의 경제적 번영은 이 지역 노동력의 임금을 급격히 끌어올리는 결과를 가져왔다. 지

---

10) Yoichi Funabashi, Michel Oksenberg, and Heinrich Weiss, An Emerging China in A World ofInterdependence: A Report to the Trilateral Commission, New York: The Trilateral Commission, 1994.

11) Jin Hongfan, Chugoky Keizaiken: Tairiku, Honkon, Taiwan no Hokan to Kyoryoku, The China economic area: Growing ties among mainland China, Hong Kong, and Taiwan, Tokyo: The Simul Press, Inc. 1995.

12) ChinaS tatistical Bureau,C hinaS tatistical Yearbooks, Beijing:Z hongguo TongjiC hubanshe.

역 발전의 핵심 요인이었던 임금에서의 비교우위가 사라진 것이다. 해외 투자자들은 값싼 임금을 찾아 북으로 이동했다. 그곳은 바로 양쯔 강 연안의 상해지역이었다. 이렇게 번영의 불길은 북으로 내륙으로 옮겨 붙어갔다. 남중국해 지역다자협의체는 저임금에 기초한 노동집약산업으로부터 기술 중심의 고부가가치 산업으로의 혁신을 준비해야 했다.

② IMS-GT(Indonesia-Malaysia-Singapore Growth Triangle)

IMS-GT는 1989년 싱가포르의 주도로 형성되었다. 중화권 지역다자협력체들에 비해서는 뒤늦게 출발했지만, 일본이 주도한 동남아시아 협력체들에 비해서는 앞서 시작되었고, 또 그들에 비해 훨씬 성공적이었다. IMS-GT의 성공이 동남아시아에서 다른 지역다자협력체의 설립에 긍정적인 환경을 조성한 측면도 있었다.

1989년 1월 미국은 싱가포르에게 부여되었던 개발도상국 지위와 그에 따른 관세 특혜 등을 박탈하였다. 싱가포르가 선진국 대열에 진입했다는 평가였다. 싱가포르 역시 지속적인 임금상승 속에서 가격 경쟁력이 약화되는 극심한 도전에 직면한 상황이었다. 이러한 대내외적 요인들의 결합으로 싱가포르는 자국의 노동집약적 산업을 주변의 저개발 저임금 지역으로 이전하는 대대적 경제구조조정을 단행하게 된다. 그 대상 지역이 바로 인근 말레시아의 조호르 주와 인도네시아의 리아우 주였다. 이러한 싱가포르의 계획은 말레시아와 인도네시아 정부의 오랜 지역개발 의지와도 부합하는 것이었다.[13)]

13) Christopher M. Dent and Peter Ritchter, Sub-Regional Cooperation and Developmental Regionalism: The Case of BIMP-EAGA, Contemporary

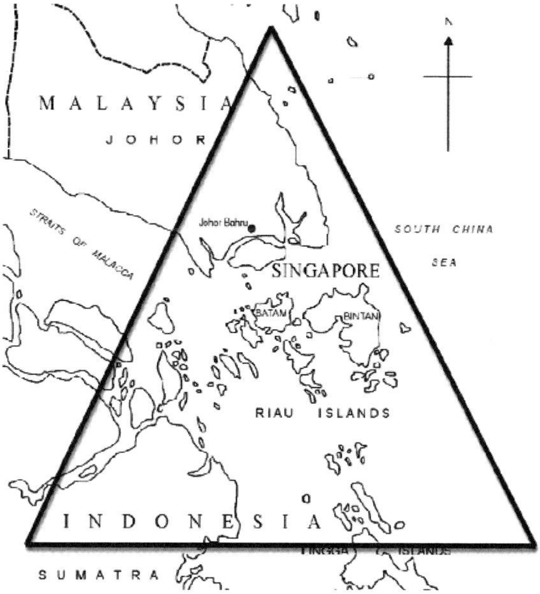

〈그림 3〉 IMS-GT 지도

IMS-GT는 인도네시아 정부가 협력지역의 확대 조치를 단행할 정도로 빠르게 성장했다. 1994년 초까지 인도네시아 한 도시지역에 이전된 투자만 4.7조 원에 달할 정도였다. 이 도시에는 8개의 산업 단지가 조성되었다. 도시 노동인구의 수가 1989년 1만 명에서 1996년에는 12만 명을 넘어서게 되었다. 1998년까지 다국적 기업들의 지사들을 포함하여 30여 개의 기업들이 이 도시로 몰려들었다. 말레시아 조호르 주 역시 유사한 규모의 발전을 이룬다.

하지만 이러한 눈부신 협력발전에도 불구하고 인도네시아와 말

Southeast Asia,Vol. 33, No. 1, April 2011, pp.29~55.

레시아의 IMS-GT에 대한 우려는 점증했다. 그것은 싱가포르와 인도네시아, 싱가포르와 말레시아 사이의 양자협력은 급속도로 발전하면 반면에 인도네시아와 말레시아 사이의 양자협력은 주목할 만한 진전을 이루지 못했기 때문이었다. 특히, 싱가포르와 조호르 주, 리아우 주 사이의 경제통합은 급속도로 진행되는 반면에, 그 두 나라의 중심도시들과 협력 참여 주들 사이의 경제적 연계성은 점점 멀어지는 상황이 가속화되고 있었기 때문이었다. 인도네시아와 말레시아 양국은 이러한 불균등한 발전이 결국 싱가포르에 대한 자국 참여지역의 의존성을 높여 종국에는 싱가포르의 종속지역으로 전락하는 상황에 직면할지도 모른다는 의구심을 갖게 된 것이었다. 한 마디로 싱가포르의 팽창으로 귀결될지도 모른다는 우려였다.

IMS-GT의 협력발전에서 주목해야할 또 하나의 특징은 이 협력체가 주변 동남아시아 지역의 경제발전에 별다른 기여를 하지 못했다는 점이다. 앞의 남중국해 연안에서 이루어졌던 산업 이전에 의한 발전을 똑같이 경험했으면서도 결과는 상이하게 나타난 것이다. 중국 화교들이 주도해온 싱가포르의 정치경제가 중화권, 특히 중국과의 연결을 확대하면서 동남아시아에서의 추가적 개발노력이 감소한 것은 아닌지 의심해볼 만한 현상이다.

③ Yellow Sea (China-South and North Koreas-Japan)

황해 지역다자협력체는 중국의 2개 시(베이징과 텐진)와 3개 성(허베이 성, 산동 성, 랴오닝 성), 남한과 북한의 서해 연안 지역, 그리고 일본의 규슈 지역을 포괄한다. 황해 협력체는 공식적으로 구성된 바 없지만, 실질적 다자협력이 활발하게 이루어져온 지역으로 비공식적 지역다자협력체로 정의될 수 있다.

황해 지역다자협력체가 활기를 띠게 된 것은 중국 정부가 이 지역의 개발을 통해 중국 내의 불균형 개발의 문제를 시정하기 위한 노력을 기울인데서 주요 원인을 찾을 수 있다. 특히 경제인들이 환동해권과 두만강 권역의 침체에 실망하면서 황해권에 관심이 더욱 집중되고 있다. 중국의 황해 연안 지역은 중국의 동북지역 가운데 유일하게 남중국 지역의 눈부신 발전을 따라잡을 수 있는 지역으로 꼽힌다. 이 지역은 풍부한 천연자원과 비옥한 농토를 가지고 있다. 중국에서 두 번째로 큰 유전지역이며 비교적 발달된 교통시설과 일정 수준의 산업화, 중국의 평균에 비해 월등히 높은 교육 수준을 자랑하는 지역이다. 특히 이 지역은 유라시아 대륙의 동쪽 끝에 위치해 있어 대륙 횡단의 시발점이 된다. 이러한 지역 특성을 고려하여, 1986년에는 15개 중국 시 정부들이 모여 '황해지역 공동경제협의회'를 구성하고, 매년 시장들의 정례 회동을 추진하고 있다. 1996에는 제9차 5개년 계획을 통해 환황해권 경제협력체의 구성의 필요성이 선포된 바 있다.

황해 지역다자협력체의 발전가능성은 매우 높다. 일본의 저명한 경제학자 히사오 칸나모리는 황해 지역다자협력체가 동북아시아 경제통합의 중심이 되어야 한다고 지적했다. 이러한 주장의 근거는 너무나 명확하다. 황해 지역이야말로 동아시아 경제발전의 중심축을 이루는 한 · 중 · 일이 서로 어깨를 맞대고 있는 곳이다. 현재 이 지역에서의 한 · 중 · 일의 경제적 결합력은 여전히 미약하지만, 동아시아 경제 강국인 이들이 적극적인 경제통합의 노력을 기울인다면 그 발전가능성은 세계 어느 지역에도 뒤지지 않을 것이다. 특히 이 지역에서 실험되고 결실을 이룬 협력 모델은 동아시아 전반으로 확산되는 효과를 가질 수 있다. 일본과 중국이 시장패권을 위해 각축하는가, 아니면 조화로운 경제통합을 위해 협력하는가의 여부도 이 지역에서의 협력노력에서 확인될 수 있을 것이다.

2) 지역다자협력체의 불균등 발전의 교훈

동아시아 전역에서 진행된 지역다자협력체 추진 노력은 많은 교훈을 남겼다. 서로 다른 방식으로, 서로 다른 조건에서 진행된 다양한 노력 속에서 어떤 일반화된 성공 매뉴얼을 찾는 것은 불가능할 수도 있다. 하지만 다양성 속에 내재된 보편성을 찾고 그것을 앞으로 전개될 다양한 노력 속에 적용하는 것이 우리 인류가 발전을 위해 채택해온 방식이다. 그런 점에서 동아시아 지역다자협력체의 다양한 경험은 다음과 같은 보편적 교훈을 우리에게 남겨주고 있음을 확인할 수 있다.

첫째, 분쟁보다 협력이 서로에게 이익이다.

무조건적 협력은 과도한 이상이지만, 동아시아 지역다자협력체의 경험은 협력에 대한 두려움보다 협력에 대한 도전정신이 더 큰 이익과 평화를 가져다준다는 사실을 보여주고 있다. GMS와 황해에서 나타나는 지체현상은 국경이 만들어낸 국익에 대한 맹목적 믿음에서 비롯한다. 대결을 통해 이익을 키울 수 있는 방법은 전쟁을 통한 승리뿐이지만, 전쟁을 통해서도 완전하며 항구적인 승리를 거두는 것이 불가능 하다는 점에서 너무나 큰 비용의 지불일 수밖에 없다. 그런 점에서 국익을 증진시키는 가장 강력하고 효율적인 수단은 협력이다. 협력이 가져오는 불가피한 경쟁이 두려울 수 있지만 협력 없는 경쟁보다는 협력 하는 경쟁이 더 큰 이익을 가져다주는 것이 사실이다.

둘째, 경제적 동질성보다 이질성이 강한 지역에서 협력이 용이하며, 창출되는 상호이익도 크다.

일본이 지원해온 동남아시아 지역다자협의체들이 보여준 교훈이다. 절대적 우위든 상대적 우위든 상호보완성이 있는 파트너십이 자연스런 협력 동기를 유발하고, 공유 이익도 증가시킨다. BIMP-EAGA의 예에서 알 수 있듯, 동남아시아처럼 동질성이 강한 국가들 사이에서는 이질성을 높이는 방향(전문화/분업화)으로 협력을 추구하는 것도 한 방법이 될 수 있다.

셋째, 다자협력도 핵심적인 양자협력 위에서만 성공할 수 있다.

협력체의 구성 단계에서도, 구체적 실행 단계에서도 모든 참여주체가 동일한 에너지와 집중력을 발휘하는 것은 아니다. 준비된 커플부터, 준비된 사업부터 실행에 옮기면 된다. GMS와 IMS-GT가 성공적인 사례를 보여주고 있다.

넷째, 협력지역과 분야가 넓어질수록 더 강력한 중심지역 혹은 주도세력이 필요하다.

거리는 협력의 자연적 장벽이다. 그것이 협력 지역이 됐던 협력 범위가 됐던 그 폭이 넓어지면 협력의 수준은 떨어질 수밖에 없다. GMS는 아시아개발은행이라는 강력한 지원세력이 거리를 좁혀주었고, IMT-GT에서는 협력 지역의 넓이뿐 아니라 저개발의 깊이 또한 너무 깊어 아시아개발은행의 지원조차도 힘을 발휘할 수 없었다. 이것은 한·몽 양자관계 발전에 좋은 교훈이 될 수 있다.

다섯째, 균형 있는 개발이 절실한 곳에서도 순차적 집중이 요구된다.

협력이 절실하고, 협력 이익이 예상되는 분야는 어디서나 많다. 또 연관분야와 사업들이 균형 있게 발전해야 협력도 증진되고 협력의 이익도 커진다. 그러나 협력을 위한 자산과 동력은 언제나 제한된다. BIMP-EAGA에서 알 수 있듯 전략적으로 재구성되지 않은 협력분야들은 다자협력 자체를 마비시킬 수 있다. 대상의 우선순위, 분야의 우선순위, 사업의 우선순위를 결정하지 않은 협력은 협력자원의 빠른 소모와 참여주체 간 갈등을 유발할 수 있다.

여섯째, 협력의 비용은 국력에 비례하여 부담한다.

약한 협력주체는 협력의 결실이 자연스럽게 강한 협력주체에게 분배될 것이라는 두려움에 빠질 수 있다. GMS와 IMS-GT에서 대표적으로 나타난 현상이기도 하다. 강한 협력주체는 협력의 비용을 최대한 부담함으로써 약한 협력주체들의 적극적 참여를 유인해야 한다. 또한 협력 이익의 배분에서도 약한 협력주체에게 최대한 유리하도록 양보함으로써 추가적인 협력을 끌어내는 것이 합당하다. 협력은 끝없는 과정의 연속이다. 한 과정에서의 이익이 다음 과정에서의 비용이 될 수 있는 것이다.

일곱째, 자연자원의 빈부는 성패와 무관하지만, 인적자원의 빈부는 성패와 직결된다.

동아시아 지역다자협의체 전반에서 확인되는 교훈이다. 현대 경제협력은 상당히 높은 수준의 지식과 훈육된 덕성을 필요로 한다. 빈곤 때문에 교육을 받지 못하고, 교육을 받지 못해 빈곤으로부터 벗어나지 못하는 악순환이 계속되고 있다. 그런 점에서 협력 사업의 시작은 교육이어야 한다.

여덟째, 소통-교류-교통의 확대는 무조건 유익하다.

갈등보다 협력이 이익이라면, 협력에 있어 소통-교류-교통만큼 중요한 것이 없다. GMS의 사례에서 알 수 있듯, 길이 열리면 협력이 따라간다. 교육이 협력의 최우선 과제라면 교통의 확대는 협력의 제2의 과제라고 할 수 있다.

아홉째, 역사·문화적 동질성은 협력의 촉매일 뿐, 전제가 아니다.

중국이 주도해온 동북아시아에서의 비공식적 지역다자협력체의 눈부신 성장이 줄 수 있는 함정이 있다. 역사·문화적 동질성이 협력의 성공을 좌우할 수 있다는 오해이다. 협력은 이익을 위한 것이지 서로간의 동질성 확인이 목적이 아니다. 번영을 가져다주고 평화를 증진한다면 이질적 문화의 주체들과도 얼마든지 협력할 수 있다. 물론 동질성이 협력을 가속하는 요인이 될 수 있음을 부인하는 것은 아니다. 그 가치의 과장된 해석이나 맹신을 경계하는 것이다.

3. GTI에 대한 평가와 과제

광역두만강개발계획(Greater Tumen Initiative, 이하 GTI)은 1990년대 초 동북아시아(Northeast Asia)에서 시작된 공식적 지역다자협력체이다. 반세기에 걸친 냉전의 종식과 함께 새로운 지역질서에 대한 불확실성이 증대되던 1990년대 초 식민지배와 전쟁, 이념 대결로 점철된 동북아시아에서 “경제협력을 통한 정치적 화해”를 목표로 지역다자협력체가 태동한 것이었다. GTI는 출범의 역사적 배경과 시기, 목적에 있어서 동남아시아의 ‘광역 메콩 강 지역경제협력체(GMS, Greater Mekong Subregion)’와 쌍둥이처럼 서로 닮았었다. 하지만 같은 배경, 같은 시기, 같은 목적을 가지고 태동했던 두 지역다자협력체들의 성장 과정은 사뭇 달랐다. GMS가 일본이 주도하는 ADB의 선도적인 기획과 투자 아래 눈부신 협력 성과를 착실하게 쌓아간 반면, GTI는 장밋빛 청사진과 함께 높은 기대 속에 출발했지만, 이렇다 할 협력 사업 한번 제대로 펼치지 못한 채 각종 회의와 평가만을 거듭하며 표류해왔다. GMS의 메콩 강이 6개 참여국의 중심을 흐르는 화해와 협력의 따뜻한 젖줄로 변화해왔다면, GTI의 두만 강은 4개 참여국의 변방을 흐르며 이념과 체제 대결의 울타리를 무너뜨리지 못한 채 차가운 물줄기로 남아있다. GTI의 오랜 침체는 두만 강 유역을 둘러싼 역사적 갈등과 대결의 장벽이 얼마나 높고 상호불신의 골이 어느 정도 깊은가를 여실히 보여주고 있다. 그럼에도 GTI를 좌절한 지역다자협력체로 단정하는 것은 성급한 단견일 수 있다. GTI는 지난 사반세기 끝없이 표류를 거듭해왔지만, GTI 참여국들의 협력개발에 대한 관심과 의지는 약화된 것이 아니라 오히려 더욱 강화되어 왔다. 이러한 사실 하나만으로도 우리는 GTI의 기저에 응축된 엄청난 협력의 에너지를 확인할 수 있다. 따라서 본 3장에서는 앞선 2장의 비교연구에 기초하여 GTI의 오랜 침체의 원인을 체계적으로 분석 · 평가하고, GTI에 내재된 협력 에너지를 전면 가동하기 위한 향후 과제들을 탐색하고자 한다.

1) 지역다자협력체로서 GTI에 대한 평가

본고에서는 GTI의 창설 과정, 조직적 발전과 변천, 주요 사업계획 등에 대한 연대기적 기술을 피하고자 한다. GTI 사무국을 비롯하여 수많은 연구단체들과 개별 연구자들이 이들을 반복해서 중복적으로 기술해왔기 때문이다.[14] 본고는 GTI의 역사에 대한 중복적 기술을 피하는 대신, GTI의 오랜 정체의 원인에 대한 체계적인 분석에 집중하고자 한다.

(1) GTI의 지경학적(geo-economic) 문제: "변방에서 중심을 꿈꾸다"

1990년 두만강유역개발에 대한 최초의 구상이 중국 톈진에서 개최된 제1차 동북아경제포럼(NEAEF)에서 제기됐을 때, 그 핵심은 두만강유역이 갖는 지경학적 위치에 있었다. 첫째는 두만강유역이 북한, 중국, 러시아의 국경과 잇닿아 있어 협력개발을 통한 공유이익(정치적 화해와 평화 포함)이 크게 기대된다는 점이었고, 둘째는 두만강유역이 유라시아 대륙의 동쪽 끝에 위치하여, 대륙을 관통하는 교역로의 관문으로서 대륙의 서쪽 관문인 로테르담처럼 발전할 충분한 가능성이 있다는 점이었다. 중국의 동북지역 최변방으로서, 러시아의 극동지역 최변방으로서, 북한의 동북지역 최변방으로서, 아주 오랜 세월 모두의 관심 밖에서 잊히고 버려졌던 땅이 로테르담이나 홍콩 같은 세계 교역의 중심으로 개발될 수 있을 거라는 장밋빛 청사진이 펼쳐진 것이었다. 적어도 세계지도 위에서 만큼은 실현가능성이 충분할 법한 비전이었다.[15]

하지만 문제는 두만강유역이 역사상 단 한 번도 세계교역의 중심지 중 하나로 기능한 적 없었다는 사실이다. 로테르담이나 홍콩이 천년 가까운 세월동안 유럽과 아시아의 관문으로 발달해온 사실

---

14) GTI의 역사와 당면한 현실 및 미래 행동계획에 대한 가장 포괄적이고 정확한 기술은 GTI 사무국이 2011년 공식 발간한 "전략적 검토 보고서"를 통해 확인할 수 있다. Strategic Review on Greater Tumen Initiative. GTI, Final Report, 19 September 2011.

15) Cai Chen and Shuren Yuan, Northeast Asia Regional Cooperation and Tumen River Area Development (Changchun: Northeast Normal University Press, 1996), p.237.

과 크게 대비되는 것이다. 이러한 역사적 사실은 두만강유역이 자연발생적인 세계교역에서 어떤 지경학적 장점도 지니지 못했다는 것을 방증하는 것이었다. 세계인들이 그 가치를 발견하지 못해 잊혀왔던 지역이 아니라, 대륙의 경제적 중심으로부터 너무도 동떨어져 있어 교역의 관문으로서 기능할 수 없었던 것이다.

물론 1930년대 일본이 만주에 대한 제국주의 침탈을 시작한 후 두만강유역에 대한 개발계획을 수립하였고, 그것이 오늘날 GTI와 믿기 어려울 정도로 유사한 것도 사실이다.[16] 하지만 이러한 일본의 개발계획은 경제교역의 목적보다는 만주 곡창지대에서 생산되는 곡물의 효율적 수탈과 러시아의 극동 간섭을 효과적으로 견제하기 위한 군사적 목적에서 비롯된 것이었다(일본의 식민지 수탈이 없었다면 만주의 곡물들은 두만강유역이 아니라 중국의 내륙지역으로 운송, 소비되었을 것이다). 이처럼 두만강유역은 경제적 교역의 중심이 아니라, 지역을 둘러싼 패권세력들의 세력 확장과 침략과 수탈을 위한 군사적 교두보로서 매우 제한적인 기능을 하였다. 군사적 요충지로서의 기능 역시 제한적이었던 것은 러시아와 일본이 한반도와 만주를 둘러싸고 한바탕 패권전쟁을 벌였을 때조차도 그 주 무대가 황해의 여순(뤼순)항이었지 동해의 두만강유역이 아니었다는 사실을 통해서도 확인할 수 있다.

결국 GTI는 유리한 지경학적 조건에 기반을 둔 개발계획이 아니었다. 오히려 더할 나위 없이 불리한 지경학적 조건 속에서 무에서 유를 창조해야 하는, 어찌 보면 태어날 때부터 가시밭길이 예정된

16) Katherine B. Burns, "Subnational Power and Regional Integration: The Case of Tumen River Development," MIT Japan Program Working Paper 94-10.

힘겨운 개발계획이었던 것이다. 앞선 동아시아의 지역다자공동체들에 대한 비교연구에서 밝혀졌듯, 두만강유역과 같은 변방지역의 협력개발에는 다른 무엇보다 개발을 기획하고 주도해나갈 수 있는 강력한 "중심세력"의 존재가 개발의 성패를 결정하게 된다. 가령 GMS의 예처럼, ADB와 같은 강력한 추진주체가 필수적인 것이다. 하지만 GTI에는 안타깝게도 GMS의 ADB와 같은 중심세력이 없었다. GTI의 참여국들인 중국에게도, 러시아에게도, 한국에게도 두만강유역은 우선적 개발과제가 아니었고, 북한이나 몽골에게는 충분한 인적 자원과 경제적 재원이 없었다. 미국이나 일본, 혹은 일본이 주도하는 ADB가 GTI에 참여하지 않은 것은 위와 같은 지경학적 요인에 기인한 것도 있지만, 뒤에서 살펴보는 것처럼 지정학적 문제가 보다 주요하게 작용했다. 불리한 지경학적 조건 속에서 강력한 주도세력조차 부재했던 현실을 고려할 때, GTI가 지난 20년 동안 장기간의 침체를 겪었던 것은 불가피한 일이었다.

그렇다면, GTI의 운명을 바꿀 지경학적 조건에 변화의 조짐은 없는가? 가장 큰 변화의 움직임은 중국에서 나타나고 있다. 남중국해를 시작으로, 양쯔강 유역을 거쳐, 황해 유역으로 중국의 경제개발이 지속적으로 확산되고 있다. 다시 말해, 두만강 유역이 중국의 우선 개발과제의 가시권에 등장하기 시작했다는 것이다. 중국 정부는 2009년 「동북지역진흥계획」의 하위계획이었던 지린성개발계획을 국가급 개발계획으로 격상시켜, GTI의 핵심지역인 창춘·지린·투먼 일대를 2020년까지 국제협력방식으로 개발하겠다는 창지투개발계획을 「두만강지역협력개발계획강령」과 함께 확정, 발표하였다. 중국은 또한 러시아와 '동북지역과 러시아 극동 및 동시베리아 지역협력(2009)'을 체결하고 북한과는 '북·중 간 압록강 및 두만강지역에 대한 협력(2011)'에 합의하는 등 두만강유역개발에 자국의 재원을 선도적으로 투입하는 주도적 자세를 대폭 강화하고 있다.[17] 이러한 중국의 GTI 중심세력으로의 부상 움직임은 중국 주도의 아시아인프라투자은행(AIIB)의 창설과 함께 한층 확대될 것으로 기대된다.

(2) **GTI의 지정학적(geo-political) 문제: "지역패권질서와 대립하다"**

잘 알려진 바대로 GTI는 UNDP의 주도로 창설되었다. 국제사회의 공인 속에 출범한 것이었다. 적어도 형식적으로는 그러했다. 하지만 실질적인 측면에서 GTI의 추진은 지역의 기존패권질서와 일정한 대립관계에 있었다. 누구나 인정하듯 냉전 이후의 세계질서는 미국과 그의 동맹국들이 구축한 질서이다. 동북아 역시 예외는 아니다. 이 패권질서가 추구하고자 하는 핵심이해(core interest)는 민주국가에 대한 비민주국가들의 도전을 억제하고, 자유로운 교역과 시장 접근을 보장하는 것이다. 미국은 가령 GTI와 같은 특정한 지역 현안에 대해 지지할 것인가, 반대할 것인가, 아니면 방관할 것인가의 입장을 결정할 때에도 위의 기준에 입각해왔다. 이러한 기준에서 보았을 때 GTI는 기존패권질서에 대한 일정한 위협들을 내포하고 있었다.

첫째는 비민주국가들인 중국과 러시아가 GTI를 통해 환동해권에 대한 영향력을 강화해나갈 가능성이 있기 때문이었다. 러시아는 역사적으로 극동 진출을 통해 아시아에 대한 자신의 목소리(영향력)를 강화하려는 노력을 끊임없이 기울여왔다. 그런 러시아에게 GTI

17) 김천규 외, 「동북아 평화번영을 위한 두만강유역 초국경협력 실천전략 연구」, 국토연구원, 2014.

는 새로운 교두보가 되어줄 수 있었다. 중국 역시 유라시아 교통로의 장악을 통해 한미일 동맹의 핵심 지역기반인 환동해권에 대한 정치, 경제적 영향력을 극대화할 가능성이 있었다. 냉전 이후 비민주국가들의 중심축으로 남아있는 중국과 러시아가 GTI를 매개로 손을 잡는 그림, 이들이 협력개발을 통해 미국의 아시아 패권전략의 요충지인 환동해권에 대한 영향력을 강화하는 상황을 상상해보라. 미국으로서는 전혀 달가울 수 없는 동북아시아의 미래였다.[18] 미국과 그의 핵심 동맹인 일본, 그리고 일본이 주도하는 ADB가 GTI에 대해 일체의 관심조차 표명하지 않고 무시로 일관한 데는 이러한 전략적 우려가 배경에 자리 잡고 있었던 것이다.

둘째는 북한의 핵개발 문제이다. 미국에게 앞서 언급한 첫 번째 위협이 잠재적인 위협이었다면 북한의 핵개발은 미국이 유지해온 국제질서에 대한 당면한 그리고 중차대한 도전이었다. 북한의 핵개발 위협이 해소되지 않는 상황에서 북한의 경제역량을 비약적으로 강화시켜줄 수 있는 대규모 경제협력이 추진된다는 것은 미국으로서 쉽게 받아들일 수 없는 현실이었다. GTI에 대해 무시로 일관하며 어떠한 지원도 고려하지 않아온 미국이 북한에게 보내는 메시지는 분명했다. “핵을 포기하라.”는 것이었다. 미국은 북한이 핵과 경제번영을 동시에 가질 수 없다는 원칙을 고수해왔다. 이러한 북한 핵개발에 대한 미국의 입장은 냉전 이후 미국이 견지해온 북한에 대한 일관되고 확고한 입장과 일맥상통한 것이었다. 그것은 ‘북한이 시대착오적인 독재체제를 포기하지 않는 한 미국이 주도하는 국제질서로부터 항구적으로 고립될 것’이라는 북한체제 불관용의 원

18) Patrick M. Cronin, “Pacific Rim Security: Beyond Bilateralism?” The Pacific Review, Vol. 5, No. 3, 1992, p.209.

칙이었다. 즉 미국은 북한에게 체제포기를 지속적으로 강제해왔던 것이다. 하지만 GTI의 주요 참여국인 중국의 북한에 대한 입장은 미국과 분명한 차이가 있었다. 미국이 "북한의 체제포기"를 전략적 목표로 하는 반면, 중국은 북한의 체제변화와 무관하게 "한반도의 친중화"를 전략적 목표로 삼고 있었다. 중국은 한반도가 미국의 "對중국 억제력"으로 작용하지 못하도록 "남북 균형외교", "남·북·미·중 4자평화협정", "한반도 비핵화" 등의 추진을 통해 미국 주도의 동북아 기존질서에 부분적 수정(revision)을 가하고자 시도해왔다. 중국은 북한 핵문제에 대해서도 미국과 분명한 차이가 있었다. 미국이 북한의 불가역적인 핵 폐기를 통한 "원상회복(restoration)"을 목표로 했던 반면, 중국은 "북한의 핵개발을 기정사실화"하고 "주고-받기"식의 협상을 통해 북한의 추가 핵개발과 확산을 막는 "이익균형적 비확산"을 목표로 하는 것으로 보였다. GTI는 이러한 미국과 중국의 북한과 북한의 핵문제에 대한 분명한 입장차라고 하는 중대한 긴장을 내포하고 있었다.

여기서 우리는 하나의 의문을 제기할 수 있다. 그것은 '지역패권질서를 장악한 미국이 GTI에 대한 부정적 입장을 가지고 있었다면, 왜 적극적으로 반대의사를 표명하지 않았는가?' 하는 것이다. 그 답은 미국의 고유한 패권전략에 있다. 미국은 냉전 이후 힘의 일방적(unilateral) 사용을 삼가는 전략적 자제(strategic restraint)의 대원칙 아래, 기존질서의 유지(status quo)를 목표로 하는 방어적 패권전략(defensive dominance)을 구사해왔다. 미국은 힘의 일방적 사용을 자제하는 대신, 지속가능한 제도적 질서 수립을 통해 공통의 이익을 추구해왔고 다른 강대국들은 미국의 지배력에 도전하기보다는 제도적 질서에 대한 참여를 통해 각자의 이익을 극대화해왔다. 미국은 북한의 핵개발이나 중국의 영토분쟁화 등 기존질서를 변경하려는 중대한 시도에 대해서만 선택적, 제한적으로 개입하는 방식을 유지해온 것이다.[19] 그런 점에서 GTI는 미국의 전략적 자제의 대상이었던 셈이다. 지역패권질서와 대립하는 지역다자협력체, 지배적인 힘을 가진 세력의 의도에 역행하는 개발계획은 성공하기 어렵다. GTI의 표류는 이러한 엄연한 국제질서의 현실을 잘 보여준 사례일 수 있다.

(3) GTI의 참여주체(membership) 문제: "북한이라는 암초에 걸리다"

GTI의 핵심목표는 북한, 중국, 러시아 3국이 국경을 마주하고 있는 두만강유역에서 "다자협력을 통한 정치적 화해"를 추진하고, "유라시아 대륙의 관문도시를 건설"하여 협력이익을 공유하는 것이었다. 여기서 우리가 주목해야만 하는 것은 이러한 핵심목표의 중심에 북한이 존재한다는 것이다. "협력을 통한 정치적 화해"에서 가장 중요한 핵심 당사자가 바로 북한이었다. 냉전이 종식된 이후에도 냉전적 질서를 고수하며 한국을 비롯한 주변국들과 지속적인 갈등을 유발하고 있는 나라가 북한이기 때문이다. 동북아시아에서, 특히 두만강유역에서 북한의 참여 없는 "협력을 통한 정치적 화해"란 알맹이 없는 빈껍데기에 불과했다.

또한 "유라시아 대륙의 관문도시 건설"에서도 가장 중요한 핵심지역이 북한이었다. 중국은 동해로 진출할 통로가 없다. 두만강에서 동해로 이어지는 입구에 대한 영토권을 러시아와 북한이 공유하고 있기 때문이다. 게다가 북한은 겨울에도 얼지 않는 최북단 부동

---

19) John Ikenberry et al., INTRODUCTION: Unipolarity, State Behavior, and Systemic Consequences, *World Politics* 61, no. 1 (January 2009), 1-27.

항이자, 대규모 항만 건설을 위한 천혜의 자연조건을 갖추고 있는 나진항을 가지고 있다. 쇄빙선의 발달로 블라디보스토크의 항구들도 부동항으로 분류되고 있기는 하지만, 사계절 기후조건에 관계없이 기능할 수 있는 유라시아 대륙의 관문을 건설하자면 북한의 나진항이 최적이다. 특히 북한은 한반도의 북반부를 차지하고 있어, 동북아시아의 경제 중심지역인 한국과 일본이 유라시아 대륙으로 접근할 수 있는 교통로를 장악하고 있기도 하다. 유라시아대륙을 관통하는 철도, 도로, 에너지 연결망 건설의 사활을 북한이 좌우하고 있다고 해도 과언이 아닌 것이다. 그런데 이와 같은 GTI의 핵심주체인 북한이 2009년 GTI로부터 탈퇴했다. 그런 점에서 북한이 탈퇴한 GTI의 표류는 지극히 당연한 결과라고 할 수 있다.

GTI의 참여주체 문제를 논함에 있어 빠뜨릴 수 없는 또 다른 나라가 일본이다. 무엇보다 GTI의 핵심목표 가운데 하나가 "협력을 통한 정치적 화해"라고 할 때, 일본이 참여하지 않는 동북아시아에서의 정치적 화해는 현실적 의미가 상당부분 퇴색할 수밖에 없기 때문이다. 동북아시아에서 일본이 없는 갈등과 대결의 근현대사는 도저히 상상할 수 없다. 러일전쟁, 중일전쟁, 한반도 식민지배, 만주침략, 중국침략 등 동북아시아의 근현대사는 일본이 자행한 폭력으로 얼룩져 있다. 이러한 일본이 GTI에 대한 참여를 불투명한 근거를 들어 거절해왔다. 일본 역시 앞서 언급한 GTI에 대한 미국의 우려를 공유하고 있는 것으로 보인다. 동북아시아에서 중국의 영향력 확대, 특히 중국의 환동해권 진출에 대한 우려가 크게 작용하고 있으며, 러시아와는 북방 4개 섬에 대한 영토분쟁이 해결되지 않은 조건에서 러시아의 극동 진출을 강화하는 협력 사업에 참여해야 할 이유를 찾기 어려웠을 것으로 추정된다. 그렇다고 일본이 GTI에 대한 관심을 접은 것은 아니었다. 일본은 북한과 달리 GTI 초청국가/참관국가 지위를 유지하며 GTI의 진행상황을 예의 주시해왔고, 지방 자치정부 차원의 자발적인 참여를 보장하고 있다. GTI의 성공적 추진 여부에 따라 언제든지 입장을 바꿀 여지를 남겨두고 있는 상황이다. 하지만 동북아시아 근현대사 속에서 갈등과 대결의 원인제공자였던 일본의 참여 거부하는 GTI가 목표했던 "협력을 통한 정치적 화해"가 얼마나 실현하기 어려운 과제인가를 여실히 보여준 것이 사실이다.

GTI의 또 다른 핵심목표인 "유라시아 대륙의 관문도시 건설"과 관련해서도 일본의 참여는 필수적이었다. 일본의 유라시아대륙 국가들과의 교역량을 고려한다면, 두만강유역이 유라시아대륙의 관문도시로 개발되었을 때, 최대 수혜자는 다른 어느 나라도 아닌 일본이다. 섬나라인 일본이 과거 여러 차례 한반도를 침략하면서 내세웠던 명분도 대륙으로의 진출 통로를 제공하라는 것이었다. 한국의 경우 북한의 개방만 이루어진다면 굳이 동쪽의 두만강유역을 거치지 않고도 유라시아대륙으로 접근할 경제적이고 효율적인 통로들이 많다. 하지만 일본의 경우에는 두만강유역을 통한 유라시아대륙으로 접근이 가장 경제적인 통로가 될 수 있다. 일반적으로 개발사업에 적용되는 수혜자 부담의 원칙을 고려할 때, 유라시아대륙 관문도시 건설의 최대 수혜자가 될 일본이 투자와 개발에 참여하지 않고 있는 현 상황이야말로 GTI의 불확실한 미래를 단적으로 보여주고 있다.

2) 지역다자협력체로서 GTI의 발전을 위한 과제

앞 장에서는 GTI의 장기간 표류의 원인에 대한 다각적인 분석이 이루어졌다. GTI 사무국 등 공식기구들이 분석을 피해왔던 정치, 외교적 해석을 시도하면서 GTI의 성공적 추진을 가로막아 왔던 근원적이고 구조적인 문제들을 살펴보았다. 본 장에서는 앞서 이루어졌던 동아시아 지역다자협력체의 경험에 대한 비교연구를 토대로 GTI의 성공적 추진을 가로막아 왔던 근원적이고 구조적인 문제들을 극복하기 위한 전략적 과제들을 제시하고자 한다.

(1) GTI를 둘러싼 지역정치 환경의 개선

GTI를 둘러싼 동북아시아의 지역정치 환경을 한 마디로 요약한다면, 그것은 “두려움”이다. 일본이 침략의 역사를 되풀이 할 수도 있다는 두려움, 중국의 정치, 경제, 군사적 팽창에 대한 두려움, 미국의 정치, 군사적 개입 가능성에 대한 두려움, 북한의 군사적 모험주의에 대한 두려움, 러시아의 극동 영향력 확대에 대한 두려움 등 지난 세기 식민지배, 침략, 전쟁, 이념과 체제 대결의 역사적 악몽이 여전히 동북아시아를 짓누르고 있다. GTI 협력개발의 진전 역시 이 두려움의 장벽에 갇혀 있는 것이 엄연한 현실이다.

두려움이 존재함에도 두려움이 없는 듯 덮어두는 것은 결코 해결책이 될 수 없다. 서로의 근심을 해소하고 서로에 대한 이해를 증진하기 위한 구체적이고 지속적인 노력들이 필요하고 또 그러한 노력들을 제도화하는 것도 절실하다. 그런 점에서 GTI와 별도로 동북아시아에서 정치군사적 긴장을 완화하고 상호신뢰를 회복하기 위한 “다자간 대화체제”의 구성을 추진할 필요가 있다. 박근혜대통령이 제안한 동북아 다자간 대화체제로서 “서울프로세스”가 좋은 예이다. 평화와 인권이라는 인류의 보편적 가치가 존중되는 동북아 평화체제 실현을 기본목표로, 동북아시아 지역의 이해당사자들(한국, 북한, 몽골, 미국, 중국, 러시아, 일본 등)을 비롯하여 전 세계의 평화, 인권단체들이 모두 참여하는 다자간 대화체제를 구성하는 것이 바람직하다. 이러한 대화체제에서는 동북아시아에서의 영토갈등의 완화, 군비경쟁의 통제, 역사인식의 공유, 경제협력의 증진, 한반도의 평화보장 등을 주요의제로 다룰 수 있다.

지난 20년 GTI의 경험은 동북아시아 국가들이 서로에 대한 신뢰를 회복하지 않는 한 경제적 협력 역시 진전을 이룰 수 없다는 사실을 보여주고 있다. 세계경제의 무게중심이 동북아시아로 옮겨 왔다고 할 정도로 경제적 상호의존성은 점점 커지고 있지만, 상호불신으로 인한 동북아시아 국가 간의 갈등은 오히려 점점 더 커지고 있는 상황(소위 “아시아 패러독스”)을 해소하지 않는 한 GTI의 성공적 추진을 기대할 수 없다는 것이다. GTI 참여국들이 동북아시아 대자 대화체제 구성을 위해 앞장서야 할 이유이다. 앞서 살펴본 것처럼 동아시아 지역다자협력체의 경험 역시 협력에 대한 두려움보다 협력에 대한 도전정신이 더 큰 이익과 평화를 가져다준다는 사실을 보여주고 있다.

(2) 북한의 참여를 위한 종합적 노력

앞서 살펴본 바와 같이 북한의 적극적 참여 없이 GTI의 성공적 추진을 기대하기 어렵다. 그런 점에서 북한의 참여를 위한 보다 집중적인 노력이 필요하다. 무엇보다 GTI 참여국들은 GTI에 대한 북한의 참여를 국제사회가 승인하고 지원할 수 있는 환경부터 조성해야 한다. 이를 위해서는 북한 핵문제에 대한 국제사회의 대응원칙에 대한 새로운 합의를 이끌어내야 한다. 현재의 북한 핵에 대한 국제사회의 대응 기조는 '핵문제의 해결 없이 북한에 대한 일체의 경제협력지원 불가'이다. 북한이 핵을 포기할 의사가 없는 조건에서 이러한 기조가 유지된다면 GTI의 정상적인 추진은 불가능한 상황이다. GTI 참여국을 중심으로 북한 핵문제를 경제협력개발과 분리하여 대응할 수 있는 합리적인 방안을 수립하여 미국과 일본을 비롯한 이해당사국들을 설득할 필요성이 있다. 이를 위해서는 국제사회가 북한 핵문제와 경제협력이 어떻게 공존할 수 있는지, 그리고 왜 공존하는 것이 바람직한지를 이해할 수 있도록 노력을 기울여야 한다. 북한의 핵개발 의지를 좌절시킬 수 있는 효과적인 "경제제재" 수단은 어떤 것들이 있는지, 그리고 북한의 변화를 이끌어낼 수 있는 건전한 "경제협력" 수단에는 어떤 것들이 있는지를 이해할 수 있도록 도와야 하는 것이다.

최근까지 미국이 주도한 대북제재의 내용을 들여다보면 한 가지 뚜렷한 특징을 확인할 수 있는데, 그것은 바로 북한의 비핵화를 위한 강제제재들이 권력핵심부를 정밀 겨냥하고 있다는 점이다. 이것은 북한 전체에 대한 경제적 압박은 오히려 북한 정권의 강화에 기여해왔다고 하는 그간의 제재경험을 반영한 결과이다.[20] 민주주의에서는 지도자들이 대중의 환심을 사야하지만, 독재정권에서는 핵심지지층의 지지만 구하면 된다. 경제가 어려워 온 국민이 고통을 받더라도 핵심지지층에게 풍요로운 삶을 제공할 수 있다면 정권유

20) Daniel Byman and Jennifer Lind, Pyongyang's Survival Strategy: Tools of Authoritarian Control in North Korea, International Security, Vol. 35, No. 1 (Summer 2010), pp.44~74.

지에 지장이 없기 때문이다. 그동안 북한에서는 경제적 어려움이 오히려 핵심지지층의 강화를 가져오는 역설적 현상이 벌어져 왔다. 가령 북한은 90년대 발생한 대기근 동안 소위 성분이 나쁜 주민들에게 모든 고통을 전가하는 정책을 시행했다. 기근으로 인한 대규모의 아사자 발생이 사실상 정치적 대학살이었던 것이다. 이런 나라에 대한 경제제재는 실효성이 없을 뿐 아니라 무고한 주민들을 죽음으로 내모는 반인권적인 것이기도 하다. 그런 점에서 국제사회가 무차별적인 경제제재를 자제하고 북한의 권력핵심부를 정밀 겨냥한 대북제재를 시행하고 있는 것은 바람직한 변화라고 할 수 있다.

그렇다면 북한 핵문제 해결에 도움을 줄 수 있고, 무고한 북한 주민들의 피해를 방지할 수 있는, 그리고 북한 권력핵심부를 정밀 겨냥한 경제제재와 공존할 수 있는 경제협력 방안은 어떤 것들이 있는가에 대한 논의가 필요하다. 가령, 북한 핵문제가 해결되지 않은 조건에서도 개성공단을 통한 남북경제협력은 지속되고 있고, 미국을 비롯한 이해당사국들도 이를 문제시 하지 않고 있다. 개성공단과 같은 "경제특구사업"은 핵문제와 분리되어 추진될 수 있는 성격의 경제협력이라고 하는 국제사회의 암묵적 합의가 이루어진 셈이다. 문제는 위와 같은 암묵적 합의를 북한 핵문제에 대한 국제사회의 공식적 합의로 끌어올리기 위해서는 개성공단과 같은 경제특구사업이 가지는 실효성과 정당성에 대한 국제사회와 이해당사자들의 수준 높은 확신이 필요하다는 점이다. 본고에서는 개성공단과 같은 방식의 경제특구사업이 가지는 실효성과 정당성에 대해 가장 기본적인 측면들을 살펴보고자 한다.

개성공단 식의 경제특구사업은 무역거래나 금강산관광 같은 경제협력과는 뚜렷한 차이가 있다. 가령 북한에서는 대외무역의 40%가 핵심세력의 지지확보를 위한 비자금 마련에 이용된다.[21] 금강산 관광사업의 경우에는 "수익"의 일정액을 북한 정권에 현금으로 납부하는 방식을 택함으로써 북한 지도자에게 바쳐지는 "조공"으로 전락하게 되었다. 그 수익이 북한 권력핵심부의 통치자금으로 이용된 것은 의심의 여지가 없다. 하지만 개성공단의 예에서 확인된 것처럼 경제특구사업은 외부의 기업과 북한의 노동자 사이에 사실상의 "직접접인 고용관계"를 형성함으로써 북한 노동자들에게 "북한 정권의 시혜(largess)"가 아닌 "노동의 정당한 대가(desert)"를 받을 수 있도록 보장한다. 이러한 외부 기업과 북한 주민 사이의 직접 고용관계는 주민들이 북한 체제로부터 일정한 독립성을 획득할 수 있도록 돕게 된다. 개성공단의 경우 현재 5만 명 정도의 북한 노동자를 직접 고용하고 있는데, 이러한 경제특구사업을 GTI 협력개발 지역인 나진·선봉으로 확대하여 북한 노동자에 대한 직접고용을 늘여갈 경우 북한 주민들의 체제 독립성과 북한 경제의 대외의존도는 획기적으로 높아질 수밖에 없다. 이러한 북한 주민의 체제독립성과 북한 경제의 대외의존성은 북한 권력핵심부의 주민 통제력을 제약하는 요소로 작동하게 될 것이다. 그런 점에서 직접고용방식을 중심으로 한 경제특구사업은 북한 핵문제 해결에 도움을 줄 수 있고, 무고한 북한 주민들의 피해를 방지할 수 있는, 그리고 북한 권력핵심부를 정밀 겨냥한 경제제재와 공존할 수 있는 유력한 경제협력 방안 가운데 하나가 될 수 있을 것으로 전망된다. GTI가 북한의 참여문제를 두고 국제사회와 합의할 수 있는 유력한 협력개발 방식

21) 전게서.

이 될 것임에도 틀림없다.

(3) 다자협력의 발전을 위한 양자협력의 강화

앞서 동아시아 지역다자협력체의 경험에서도 드러난 것처럼 다자협력도 핵심적인 양자협력 위에서만 성공할 수 있다. 이러한 교훈은 GTI의 경우 더욱 절실하다. 앞서 살펴본 것처럼 GTI는 지경학적 악조건에서 출발했다. GTI에는 투자와 개발을 주도할 중심세력도 부재했다. 특히 GTI는 북한이라는 핵심지역이 참여를 거부하고 있는 실정이다. GTI의 이와 같은 조건들 속에서는 두만강유역에 대한 집중개발로부터 주변으로 개발의 범위를 확대하는 "방사상" 개발전략이 유효할 수 없다. 각 참여국의 개별적 개발노력과 양자협력이 우선될 수밖에 없는 현실인 것이다. 몽골과 중국의 양자협력을 통한 교통망 기간시설의 확충, 중국과 러시아의 양자협력을 통한 동북연안지역 공동개발, 북중, 북러 협력에 한국이 중국과 러시아의 파트너로 결합하는 간접협력개발 방식 등이 다양하게 기획되고 추진되어야 하는 실정이다. 배후지역으로부터 중심을 향해 협력개발을 순차적으로 결집시키는 방식이 되어야 하는 것이다.

(4) GTI 사무국의 조정(Coordination)기능 중심의 재편

위에 살펴본 양자협력 중심의 개발방식에서는 중복투자와 통일성 부족으로 인한 비효율 등이 발생하기 쉽다는 점에서 GTI 사무국을 중심으로 한 종합 기획, 조정능력이 각별하게 요구된다. 5개의 전략적 사업 분야들을 중심으로 나눠진 운영체계를 각 참여국의 개별적인 개발사업과 양자협력 개발사업에 대한 "조정"기능에 중심을 둔 운영체제로의 전환이 필요하다. 특히 2005년 이후 GTI 대상

지역이 크게 확대된 점을 고려할 때, 각 참여국의 개발사업에 대한 모니터링 역량을 대폭 강화할 필요가 있다. 앞서 동아시아 지역다자협력체에 대한 비교연구에서 살펴본 것처럼 협력지역과 분야가 넓어질수록 더 강력한 조정기능이 요구된다. 거리는 협력의 자연적 장벽인 만큼 협력의 거리를 좁힐 수 있는 충분한 소통과 조정기능을 갖춘 사무국의 의의가 더욱 커졌다고 할 수 있다. 이러한 조정능력이 현대적 정보통신 기술의 활용을 통해 극대화될 수 있도록 각국의 개발동향이 실시간으로 업데이트, 공유될 수 있는 네트워크를 갖추는 노력도 필요하다.

(5) GTI 지역 내 인적자원 개발의 최우선 추진

어떠한 협력개발에서도 협력을 위한 자산과 동력은 제한을 받을 수밖에 없다. ADB와 같은 강력한 재정적 지원주체가 없는 GTI의 경우는 더욱 그러하다. GTI에서는 협력개발의 우선순위를 결정하는 일이 더 중요할 수밖에 없다. 그렇다면 GTI가 앞으로 최우선적으로 전개해야 할 공동협력개발의 최우선 추진과제는 무엇이어야 하는가? 본고에서는 동아시아 지역다자공동체의 경험으로부터 "인적자원개발"이 최우선 추진과제가 되어야 한다고 주장한다. 앞서 언급한 것처럼 현대 경제협력은 상당히 높은 수준의 지식과 훈육된 덕성을 갖춘 우수한 인력을 필요로 한다. 지역다자협력체가 가진 자연자원의 빈부는 성패와 무관하지만, 인적자원의 빈부는 성패와 직결되는 이유이다. 그런 점에서 GTI 중심지역에 최고 수준의 과학기술교육연구대학(가칭 GTI과학기술대학, GTIT)을 설립하는 일은 더 이상 미룰 수 없는 시급한 사업과제이다. 이러한 교육기관에서 육성한 각국의 인재들이 GTI의 소통과 교류, 협력개발의 주역이 될 것이다.

4. GTI를 중심으로 한·몽 양자관계에 대한 평가와 과제

앞의 3장에서는 GTI가 겪어온 사반세기에 걸친 장기적 침체의 원인과 이를 극복하기 위한 핵심적인 과제들을 검토하였다. 본장에서는 앞에서 논의된 내용들을 바탕으로 GTI 지역다자협력의 핵심 이해당사국인 한국과 몽골의 양자관계를 점검하고 이를 지속적으로 강화, 발전시켜 나가기 위한 방안들을 모색해보고자 한다.

현재 GTI 참여 주체 가운데 다른 어떤 나라들보다 더 절실하게 GTI의 성공적 발전을 염원하고 있는 나라가 있다면, 그것은 한국과 몽골일 것이다. 동족 사이의 첨예한 대결을 계속하고 있는 한국에게 북한과의 화해와 협력은 다른 무엇보다 절실하다. 국제사회로부터의 고립을 자초해온 북한과 그나마 협력관계를 지속해온 국가들이 몽골, 중국, 러시아임을 고려할 때, 이들 나라들과 함께 북한의 개혁과 개방을 위한 지역다자협력 사업에 한국이 발 벗고 나서는 것은 당연한 일이다.

몽골이 GTI에 거는 기대와 이해 역시 결코 한국에 뒤지지 않는다. 몽골은 바다와 접하지 않은 내륙(land locked)국가로서, 주변국과의 갈등으로 내륙 길이 막히면 세계와 단절되는 자연적 한계를 갖고 있다. 그런데 그런 몽골을 둘러싸고 외부 세계와의 통로를 장악하고 있는 국가들이 중국과 러시아이다. 역사적으로 몽골은 초원의 바람처럼 유라시아대륙을 휩쓸며 중국과 러시아를 지배했던 적

있었다. 하지만 그 후로 장기간 그 두 나라의 지배를 받으며 민족과 영토마저 외몽골과 내몽골로 분단되고 마는 극단적인 대결을 경험해야 했다. 이러한 지리적, 역사적 조건 속에서 몽골은 중국과 러시아의 자의적 지배와 간섭으로부터 자유로운, 안정적인 대외교통로의 확보를 국운을 좌우하는 핵심과제로 삼아왔다. 몽골이 GTI에 지대한 관심과 노력을 기울이는 배경도 여기에 있다. 중국과 러시아가 자의적으로 지배하거나 간섭, 변경하기 쉽지 않은 지역다자협력이라는 방식을 통해 바다로 나갈 수 있는 통로를 확보할 수 있기 때문이다.

민족의 평화와 통일을 열망하며 화해와 번영의 돌파구를 찾고자 하는 한국과 두 강대국 사이에 갇힌 채 국가의 자존과 번영을 위한 탈출구를 찾고자 하는 몽골, 이 두 나라가 양자관계의 발전과 다자협력에서의 공조를 통해 함께 개척해나갈 동북아의 평화와 공동번영의 길을 탐색하는 것이 본장의 목적이다.

1) GTI를 중심으로 한 한·몽 양자관계에 대한 평가

지금까지 한국과 몽골의 양자관계에 대해서는 크게 두 가지 차원의 접근들이 이루어져왔다. 첫째는 양국이 민족적 기원을 공유하고 있다는 사실에 입각한 문화역사적 접근이고,[22] 다른 하나는 양국 정치경제의 상호보완적 성격에 주목하여 광범위한 동반자적 협력전략을 모색하는 접근방법이다.[23] 본고에서 논의될 한·몽 양자

22) 대표적인 학자로 박원길을 꼽을 수 있다. 박원길, S. 촐몬, 『한국 몽골 교류사 연구』, 이매진, 2013. 등 다수의 저서들이 있다.

23) 대표적인 학자로 이재영을 꼽을 수 있다. 이재영, 이시영, 두게르 간바타르, 『신아시아 시대 한국과 몽골의 전략적 협력방안』, 대외경제정책연구원, 2010.

관계에 대한 분석은 커다란 테두리에서 후자인 정치경제적 접근방식에 속한다. 하지만 본고의 접근방식은 기존의 연구들과 협력전략을 모색하는 방향성에 차이가 있다. 기존 정치경제적 연구들이 한국과 몽골 두 나라의 "내부" 현황에 주목하며 상호보완적 정치경제에 기초한 협력전략을 탐색해왔다면, 본고에서는 두 나라를 둘러싼 "외부" 정세에 주목하여 두 나라의 정치경제적 공동이익을 정의하고 이러한 공동이익을 실현하기 위한 구체적 협력전략을 모색한다.

기존 연구들이 몽골의 풍부한 자원과 한국의 선진기술과 개발경험을 결합하는 호혜적 경제협력(타반톨고이 등 몽골 광산지역의 종합개발과 교통인프라 구축 프로젝트 공동추진 등)의 확대를 강조해왔다면, 본고는 두 나라가 모두 강대국에 둘러싸인 불리한 지정학적 조건 속에서 대외 의존성이 강한 취약한 정치경제구조를 공유하는 약소국이라는 점에 우선 주목한다. 기존의 연구들이 한국과 몽골의 양자관계를 두 나라 내부의 "차이점"을 중심으로 "선진국(선발개도국)과 후진국(후발개도국)"이라는 프레임을 통해 파악했다면, 본고에서는 한 · 몽 양자협력이 양자의 의지대로 이루어질 수 없는 지정학적 조건을 우선적으로 고려하여 두 나라 외부(국제환경)의 "공통점"을 중심으로 "강대국(지배적 영향력)과 약소국(제한적 영향력)"이라는 프레임을 통해 양자관계를 이해하며 현실적인 상호지지 방안을 모색하고자 한다.

등 다수의 저서들이 있다.

(1) 한 · 몽 양자협력의 한계

한국은 지난 40년 눈부신 경제성장을 이루었다. 2011년 들어 GDP기준 "1조 달러 클럽"에 이름을 올린 세계 9위의 경제규모를 자랑한다.[24] 어떤 기준을 놓고 보더라도 신흥 경제대국이다. 반면 몽골은 세계에서 19번째로 큰 국토를 가지고 있으면서도 인구가 3백만에도 미지지 못하는 인구 과소국이지만, 구리 세계 2위, 석탄 세계 4위 등 세계 10대 자원부국으로 풍부한 광물자원 바탕으로 2000년대 후반부터 10%대 넘는 지속적인 성장을 추구해온 신흥개발도상국이다.[25] 단기간에 기적적인 성장을 이뤄낸 신흥 경제대국으로 풍부한 개발경험을 가지고 있는 한국, 오랜 정체에서 깨어나 풍부한 자원을 바탕으로 비약적 경제성장을 꿈꾸는 몽골, 게다가 두 나라는 거리도 가깝고, 민족의 시원을 공유하는 문화적 동질성 갖고 있으며, 두 나라 모두 적극적인 양자협력 의지를 보이고 있다. 누가 보아도 환상의 협력파트너임에 틀림없다. 그럼에도 두 나라의 양자협력은 수년째 제자리걸음이다. 풍부한 양자협력의 가능성을 갖고 있음에도 협력의 돌파구를 찾지 못하고 있다.

전문가들은 이러한 정체의 원인을 교통 인프라의 절대적 미비와 금융부문의 낙후, 정부제도의 불안정성 등 몽골의 내부 여건에서 원인을 찾고 있다.[26] 하지만 한 · 몽 양자협력의 지체 원인을 몽골의 대내여건에서 찾는 것은 무리가 있다. 과거에 한국은 몽골과 매

---

24) GTI Secretariat, INTEGRATED TRANSPORT INFRASTRUCTURE AND CROSS-BORDER FACILITATION STUDY FOR THE TRANS-GTR TRANSPORT CORRIDORS: REGIONAL SUMMARY REPORT. 2013.

25) 한국수출입은행 해외경제연구소, 국가별통합정보, 몽골, 2015, http://keri.koreaexim.go.kr/site/program/board/basicboard/list?boardtypeid=212&menuid=007001001&boardtext2=TC0104. 2015년 10월 5일 방문.

26) 이재영, 유라시아 시대 한-몽 경제협력 방안, 대외경제정책연구원, 2015, p.27.

우 유사한 내부 여건을 가지고 있었음에도 미국, 일본, 독일 등과 성공적인 양자협력을 이끌어낸 경험이 있다. 몽골이 진정한 기회의 땅이라면 이러한 경험을 가지고 있는 한국의 기업들이 도전을 마다할 이유가 없다. 교통망 등 인프라가 부족하다면 그것은 거꾸로 대규모 인프라 건설 수요라는 투자유인 요소가 될 수 있고, 금융부문의 낙후도 마찬가지이다. 정부제도의 불안정성 역시 한국이 중앙아시아 지역 국가들과 대규모 자원협력개발을 성공적으로 진행했던 경우와 비교해 보더라도 설득력 있는 협력지체의 원인이 될 수 없다.[27] 그렇다면 한·몽 양자협력의 진취적 발전을 가로막는 근원적 요인 무엇일까?

우리는 대한석탄공사의 훗고르지역 탄광개발사업의 실패에서 한·몽 양자협력의 근원적 한계 요인을 발견할 수 있다. 대한석탄공사의 훗고르탄광개발사업은 몽골의 자원과 한국의 기술자본의 결합이라는, 기존 연구들이 제안해온 양자협력 방안을 실현할 수 있는 사실상 최초의 한·몽 자원협력개발 사례였다. 하지만 대한석탄공사는 2014년 7월 몽골 훗고르지역의 사업을 포기하고 철수했다. 한·몽 자원협력개발을 상징했던 사업이 좌초한 것이었다. 이 석탄광산의 사업에 대한 감사원 감사결과에 따르면 2011년 8만5921t, 2012년 1만9005t 등 모두 9만7826t의 석탄을 생산했는데, 이 기간 판매량은 생산량의 3.5% 수준인 3,431t에 불과했다.[28] 감사결과에서는 이 사업이 계획부터 시행까지 온통 부실이었다는 점을 상

27) 중앙아시아 자원협력개발과 관련해서는 이지은, 한국과 일본의 대(對)중앙아시아 자원외교정책 비교연구, 전략지역심층연구 논문집 III:중앙아시아, 몽골, 대외경제정책연구소, 2013.를 참조.

28) 감사원, 감사결과보고서: 공기업 재무 및 사업구조 관리실태(공개문), 2013. 5. p.140-1.

세히 지적하고 있지만, 사업주체측의 설명은 다르다. 다양한 원인이 있겠지만 사업주체측은 중국의 내륙통과운송에 대한 통제를 주된 이유로 꼽았다.[29] 중국은 WTO 가입국으로서 통관의 자유(Article of Freedom of Transit) 규정에 따라 자국을 경유하는 통과운송(Transit Traffic: 최종 종착지가 자국이 아닌 경유 화물)에 대해 지연 없는 통관을 보장하고, 가격과 운송조건 등에서 자국 화물과 동등한 대우를 할 의무가 있지만,[30] GTI 사무국의 실사보고서도 밝히고 있는 것처럼 자국을 경유하는 통과운송에 대해 차별적 통제를 실시하고 있다.[31] 특히 중국 정부는 석탄, 석유 등 화석원료를 전략자원으로 규정, 자국 내 개발을 제한하면서도, 몽골의 자원개발에 참여하는 중국기업에 대해서는 세제 및 금융 특혜지원을 통해 몽골 자원의 개발을 적극적으로 주도하고 있다. 특히 자국을 경유하여 제3국으로 판매되는 몽골의 자원에 대해서는 실질적인 운송허가제를 시행하여 제3국의 몽골 진출을 방해하고, 몽골에서 생산되는 자원의 대부분을(석탄의 경우 90% 이상) 사실상 독점적으로 수입하고 있다.[32]

이처럼 중국이 계속해서 몽골의 자원을 자국의 자원수급정책의 영향 아래 묶어두려 한다면, 몽골의 풍부한 자원과 한국의 선진기술, 개발경험을 결합하는 호혜적 양자협력은 좌초할 수밖에 없는 것이 현실이다.

29) 「중·러·몽골 대륙의 길 3각 협력: 몽골과 중국-석탄을 둘러싼 애증의 관계」, 〈한겨레 신문〉, 2014. 08. 06.
30) https://www.wto.org/english/res_e/booksp_e/gatt_ai_e/art5_e.pdf,
31) 전게서 (GTI Secretariat, 2013), p15.
32) 이재영, 몽골 광물자원 개발 현황과 한국의 진출방안, 대외경제정책연구원, 2011, pp.100-2.

(2) 한 · 몽 양자협력의 특수성과 다자제도(multilateral institutions)의 필요성

앞에서 살펴보았듯 한국과 몽골 사이의 양자협력은 두 나라의 의지만으로 실현될 수 없는 지정학적 특수성을 가지고 있다. 이러한 특수성을 고려하여 검토할 수 있는 협력방안이 다자주의에 기반을 둔 양자협력전략이다. 기존의 협력방안이 한국과 몽골 두 나라 국내조건의 "차이점"을 중심으로 "선진국(선발개도국)과 후진국(후발개도국)"이라는 프레임을 통해 접근했다면, 다자주의적 양자협력전략은 두 나라가 처한 국제환경의 "공통점"을 중심으로 "강대국(great powers)과 약소국(Small Powers)"이라는 프레임을 통해 양자관계를 이해하고 현실적으로 실현 가능한 상호협력 방안을 모색하는 것이다.

한국과 몽골을 "강대국과 약소국"의 프레임을 통해 바라보면 두 나라 모두 약소국이다. 약소국에 대한 정의는 다양할 수 있지만, 한 국가를 소위 "약소국"으로 규정하는 요인을 그 나라가 외부세계에 대해 가지고 있는 의존성에서 찾아볼 수 있다. 모든 국가는 크던 작던 다른 나라에 대한 의존성을 갖는다. 글로벌 시대로 불리는 현대에는 그러한 의존성이 더욱 강하고 복잡하다. 하지만 약소국의 가장 큰 특징은 국가의 안보위협에 대처할 수 있는 수단을 외부에 의존한다는 점이다.[33] 한국이 그런 경우이고, 몽골도 다르지 않다. 한국은 미국과의 동맹(alliance)에서 궁극적 안보 수단을 구하고 있고, 몽골의 경우는 중국과 러시아라는 두 강대국 사이에서 균형

---

33) Robert L. Rothstein, Alignment, Nonalignment, and Small Powers: 1945-1965, International Organization, Vol. 20, No. 3 (Summer, 1966), pp.397~418.

(balance)을 추구함으로써 어느 일방에 의한 안보위협을 타방이 억제하도록 유도하는 좀 더 복잡한 방식을 취한다. 이처럼 국가의 안보를 외부에 의존해야 하는 약소국은 자신의 운명에 대한 불확실성 속에서 국가정책의 "합리성"을 현저히 제약받게 된다. 국가의 합리성을 "타국의 이해보다는 자국의 이해를 우선시하고, 작은 이익보다는 큰 이익을 중시하는 경향성"[34]이라고 정의할 때, 약소국은 안보에서의 불확실성을 낮추기 위해 자국의 이해를 과도하게 희생하고, 장래의 큰 이익을 두고도 당장의 작은 이익을 선택하는 비합리성(time inconsistency problem)을 보이는 특성이 있다.[35]

이러한 비합리성의 대표적인 예로, 몽골이 서남부 고비사막에 위치한 타반톨고이 광산지역 개발하면서 이 지역에 생산된 석탄을 러시아 시베리아횡단 철도를 통해 제3국으로 운송하겠다는 계획을 들 수 있다. 중국으로 연결되는 최단거리의 종단철도를 두고도 중국에 대한 과도한 의존성을 낮추기 위해 장거리를 우회하는 동북부의 초이발산을 통해 러시아 치타의 시베리아횡단철도(TSR)로 연결하는 몽골 횡단철도 새롭게 신설하여 석탄을 운송하겠다는 것이다. 상식적으로 도저히 납득할 수 없는 정책 검토지만, 국가안보에 대한 불확실성이 만들어내는 불가피한 비합리성이라고 할 수 있다.[36]

한국의 경우, 경제적 지위 향상과 함께 비합리적 정책선택의 범위와 정도는 급격히 줄었지만, 최근 들어 미국과 중국의 이해관계가 충돌하는 사안들에서 자신의 최대 이익을 추구하지 못하고 정책

34) John Rawls, A Theory of Justice, Oxford: Oxford University Press, 1971.
35) Allison Carnegie, States Held Hostage: Political Hold-Up Problems and the Effects of International Institutions, American Political Science Review Vol. 108, No. 1 February 2014: 54-70. p.54.
36) 한겨레 신문, 전게 기사.

결정을 유보하는 경우들이 늘어나고 있다. 아시아인프라투자은행(AIIB)와 환태평양경제동반자협정(TPP) 참여 문제가 대표적인데, AIIB의 참여 문제의 경우, 미국과의 갈등유발을 우려하여 참여시기를 최대한 늦추는 바람에 지분율 등에서 참여이익을 극대화하지 못하는 결과를 초래했고, 반대로 TPP 참여의 경우에는 TPP가 사실상 일본과의 FTA라는 점을 우려하여 중국이 추진 중인 아세안(ASEAN) 10개국 등과의 역내포괄적경제동반자협정(RCEP)에서 일본과의 협상을 저울질하며 참여 결정을 최대한 늦추는 바람에 가입 시기를 놓치는 결과를 가져왔다. 미·중 간 방공식별구역 갈등, 중·일 간의 센카쿠 열도 영유권 분쟁, 세계 해양 운송의 절반이 통과하는 난사(南沙) 군도 일대의 남(南)중국해를 둘러싼 영유권 분쟁, 사드(THAAD · 고고도 미사일 방어체계) 주한미군 배치 등에서도 간접적(진영) 안보이익을 위해 중대한 경제이익을 희생할 수 있는 선택 딜레마에 빠져들고 있는 것이 사실이다.

한국과 몽골은 경제력에서 현격한 차이를 가지고 있지만, 자신의 안보위협을 외부의 수단에 의존한다는 점에서 약소국으로서의 지위를 공유하고 있다. 두 나라가 자신들의 필요와 의지에 따라 양자협력을 추진할 수 없는 제한적 상황도 약소국의 딜레마에서 궁극적 원인을 찾을 수 있다. 국제관계 이론에 따르면 약소국이 안보위협을 해소할 수 있는 전략적 선택은 두 가지이다.[37] "의존(alignment)"하거나 "중립(non-alignment)"을 추구하는 것이다. 과거 냉전 시기에 한국과 몽골 양국은 모두 강대국에의 "의존"을 선택했다. 동북아시아 냉전구조에서 두 나라의 지정학적 조건이 "중

37) Rothstein, 전게서.

립"을 허용하지 않았던 탓이다. 그렇게 생존을 위해 두 나라는 서로 반대 진영에 의존해 있었다. 하지만 냉전이 해체된 1990년대 이후 두 나라 모두 "중립"으로 이동해 왔다. 몽골은 매우 급속하게 "중립"으로 이동했지만, 인접 강대국인 중국과 러시아가 자신의 영토를 에워싼 지정학적 조건으로 인해 "중립"을 표명하면서도 "의존"을 실질적으로 인정할 수밖에 없는 상황에 처해있다. 한국의 경우는 인접 강대국인 중국의 경제적 영향력이 확대되면서 "의존"에서 "중립"으로 불가피하게 이동해 왔지만, 북한으로부터의 안보위협이 상존하는 조건으로 인해 "의존"과 "중립" 사이에서 모호한 자세를 취하고 있는 상황이다. 결국 한국과 몽골은 국제관계 이론에서 말하는 "의존"과 "중립"이라는 이분법적 구분에서도 그 어느 한 곳에 스스로를 위치 짓기 어려운 상황을 공유하고 있는 셈이다.

한국과 몽골처럼 "의존"도 "중립"도 선택할 수 없는 상황에 놓인 국가들을 위한 처방은 없는가? 미국이라는 강대국에 의존하지 않으면 자신에 대한 안보위협에 대처할 수 없는 한국, 그리고 중국과 러시아라는 두 강대국 사이에서 균형 잡힌 의존을 하지 않으면 안보위협에 노출되는 몽골 같은 나라가 취할 수 있는 방안은 없을까? 다르게 표현하면, '한국이나 몽골 같은 나라가 자신의 안보문제를 외부에 "의존"하면서도 자신의 이익추구에서는 "자율성"을 유지하는 것이 가능한가?'라는, 즉, "의존"하면서도 그 "반대급부(자율성의 양도)"를 지급하지 않는 방법을 묻고 있는 것이다.[38] 약소국의 입장에서 이러한 이상(ideal)을 주도적으로 실현하는 것은 사실상 불

38) James Morrow, "Alliances and Asymmetry: An Alternative to the Capability Aggregation Model of Alliances." *Journal of Political Science,* Vol. 35, No. 4, 1991: 904-933.

가능하다. 다만, 최근 발표된 두 학자들의 연구결과를 살펴보면 약소국의 이러한 이상이 실현될 수 있는 "조건"을 파악하는 것은 가능할 것으로 보인다. 물론 그러한 조건을 형성하는 결정력이 여전히 강대국들에게 있다는 점에서 약소국의 역할에는 한계가 주어질 수밖에 없지만, 그 조건의 성숙과 유지, 발전을 위해 노력하는 것은 약소국의 필요한 선택이자 책무임에 틀림없다.

"의존"과 "자율성"의 조화를 위한 조건에 대한 논의에 앞서 두 학자의 연구결과가 가지는 함의를 종합적으로 요약하면, "강대국 사이의 협력의지"를 "다자적 국제제도"로 정착시킬 수 있다면 그 협력제도화의 최대 수혜자는 약소국들이 될 수 있다는 것이다. 다시 말해, "강대국 사이의 협력의지의 다자적 국제제도화"가 이루어지면 약소국이 강대국에 "의존"의 대가로 치러야하는 "비용(자율성의 양도)"을 현저히 줄일 수 있다는 주장이다.

먼저, 헨리 키신저는 그의 최근 저서『중국론』에서 미국과 중국의 평화로운 공존 가능성을 제시했다. 그는 "공동 진화(coevolution)"이라는 개념을 통해 미국으로 대표되는 "자유주의적" 시장정치경제와 중국으로 대표되는 "권위주의적" 시장정치경제가 자신들 내부의 문제점들을 극복하는 자기 변화의 과정을 통해 보다 진화된 삶의 양식으로 발전해 나갈 수 있다고 주장한다. 특히 2차 대전 이후 서구세계가 평화로운 "대서양 공동체" 구축하는데 성공했듯, 21세기에는 미국과 중국이 대결이 아닌 협력을 기반으로 공동 번영의 "태평양 공동체"를 구성할 수 있다고 예견한다. 키신저는 이를 위해 무역, 영토, 군비 등 주요 분쟁 요인들을 논의할 수 있는 일상적인 대화통로를 마련해야 하고, 이러한 대화 노력을 북한 핵문제나 테러리즘과 같은 공동의 위협에 대처하기 위한 포괄적 협력체제로까지 발전시켜야 하며, 최종적으로 미국과 중국 양측이 서로에게 위협이 될 수 있는 적대적 진영(block) 대결을 해소하는 수준까지 나가야 한다고 제안하고 있다.[39)]

과연 국제관계에서 키신저가 말하는 이러한 이상적 변화가 가능할 것인가는 여전히 의문임에 틀림없다. 그럼에도 전 세계인, 특히 미국과 중국이 벌이는 세력 각축의 희생양이 될 수밖에 없는 동북아시아의 약소국가들에게는 이러한 변화가 필요를 넘어 절실하기까지 한 것도 또한 사실이다. 한국 같은 약소국은 충돌이 극단적으로 심화되는 단계에서조차 그 충돌을 부추기고 앞장서기 보다는, 안보를 위해 미국에 "의존"하는 동맹을 확고히 유지하면서도 충돌의 완화를 위해 최선의 노력을 다하는 것이 이익이기 때문이다.

다음으로 논의할 연구결과는 엘리슨 카네기 프린스턴 대학 교수가 미국정치학회보에 최근 발표한 「포획된 국가: 정치적 포획 문제와 국제제도의 영향력」이다. 카네기는 이 논문에서 "국제제도들(international institutions)"이 국가 사이의 경제적 협력과정에서 발생할 수 있는 "의존성"과 이에 따른 "정치적 속박 문제"를 해결하는 효과적인 수단임을 실증적 방법을 통해 밝히고 있다. 이 논문에 따르면 일반인들은 물론 심지어 많은 전문가들조차도 세계무역기구(WTO)와 같은 국제제도들이 강대국에게 일방적으로 유리하게 작용한다고 믿고 있지만, 그것은 사실과 다르다는 것이다. 국제제도들을 통해 자유로운 이익추구가 속박되는 국가는 오히려 강대국이고, 국제제도를 통해 가장 많은 수혜를 입는 국가는 다름 아닌 의존성이 발생할까 두려워 경제협력조차 피할 수밖에 없었던 약소국

---

39) Henry Kissinger, *On China,* New York: The Penguin Press, 2011, pp.514-530.

들이라는 것이다. 카네기는 이러한 다분히 역설적인 결과가 국제제도의 수립과 함께 가동되는 국제사회의 집단적 감시와 분쟁심판 기능 때문이라고 설명한다. 강대국들은 시장개방을 꺼리는 약소국들의 시장에 자유롭게 접근하기 위해 WTO와 같은 국제제도를 주도적으로 창설했지만, 이러한 다자체제를 통해 경제적 이익과 정치적 자율을 획득한 것은 약소국이라는 것이다.[40]

이러한 연구결과는 강대국에 "의존"하면서도 "자율성"을 지킬 수 있기를 바라는 한국과 몽골 같은 약소국들에게 중대한 정치적 함의를 제공한다. 약소국들이 다자적 감시와 분쟁심판 기능을 갖춘 국제제도나 다자체제를 보다 적극적으로 활용한다면, 강대국에 "의존"하면서도 그 "반대급부(자율성의 양도)"를 줄여나갈 수 있는 가능성을 보여주었기 때문이다. 특히, 양자의 협력의지만으로는 실현할 수 없었던 한 · 몽 양자협력에도 새로운 접근방안을 암시하고 있다는 점에서 커다란 의미가 있다. 예를 들어, 몽골이 현재의 자원별, 지역별 자원개발방식에서 탈피하여 WTO규약에 근거한 가칭 "몽골 자원개발 국제협력기구" 같은 다자적인 국제제도를 통한 자원개발방식을 채택한다면, 중국에 의한 실질적 자원독점을 저지함과 동시에 이러한 다자협력체의 틀 안에서 한 · 몽 양자협력을 비롯한 많은 나라와의 양자협력을 정상화 할 수 있을 것으로 기대된다.

2) GTI의 발전을 위한 한 · 몽 양자관계의 과제

앞에서 우리는 한 · 몽 양자관계에 대한 평가를 통해 두 나라 사

40) Carnegie, 전게서, pp.54~56.

이의 양자협력이 정체되어온 원인에 대한 새로운 이해의 틀을 제시하고, 이를 해소하기 위한 비전과 실천방향을 탐색하였다. 두 나라의 협력의지만으로는 협력을 발전시켜나갈 수 없는 한계를 확인하고, 그 원인을 두 나라가 약소국으로서 가지는 "제한된 자율성"에서 찾았다. 이러한 한계를 극복하기 위한 실천전략으로 약소국들이 의존에 대한 대가로 치러야 하는 자율성의 양도를 최소화 할 수 있는 "다자체제를 통한 협력의 제도화" 방안을 제안하였다. 본장에서는 위와 같은 한·몽 양자관계에 대한 평가에 기초하여, 두 나라가 "다자체제를 통한 협력의 제도화"를 추진하기 위해 필요한 과제들을 핵심적인 지역현안들을 중심으로 제시하고자 한다.

(1) 다자체제를 통한 협력의 제도화: 한·몽 양자협력 발전을 위한 핵심 지역현안

최근 들어 한·몽 두 나라의 양자협력에 지대한 영향을 미칠 수 있는 동북아시아지역의 정세가 요동을 치고 있다. 지난 3월에는 중국이 유라시아대륙의 경제통합을 목표로 하는 일대일로 계획을 공식적으로 발표했고, 최근 10월 5일에는 미국과 일본이 주도하는 환태평양경제동반자협정(TPP)이 공식 타결되었다. 미국이 주도하는 TPP와 중국이 주도하는 일대일로계획이 격돌하는 양상이다.

미국이 미주대륙을 몸통으로 대서양과 태평양이라는 두 날개를 펼쳐놓은 봉황의 기세라면, 중국은 미국과의 정면 대결을 피하면서 아시아로부터 유럽으로 뻗어나가 유라시아대륙을 휘감는 용의 자세를 취하는 형국이다. 미국의 오바마 대통령 역시 공개적으로 이러한 대결구도의 가능성을 부정하지 않고 있다. 오바마 대통령은 TPP 타결 직후 성명을 통해 "우리 고객의 95%가 해외에 있는 상황에서 중국과 같은 나라가 세계 경제 질서를 쓰게 할 수는 없다."고 주장하면서, "우리는 미국 상품이 진출할 수 있는 새 시장을 열고 노동자와 환경을 지키기 위한 높은 기준을 정하면서 그 질서를 써 나가야 한다."고 강조했다.[41)]

중국 역시 미국과의 정면 대립은 원하지 않지만 세계경제를 놓고 미국과의 주도권 경쟁을 피하지 않겠다는 의사를 분명히 하고 있다. 올해 3월 28일 국무원의 승인 아래 국가개발개혁위원회와 외교부가 공동으로 발표한 일대일로 계획(공식명칭, "비단길경제지대와 21세기 해양비단길 협력개발 계획", Jointly Building Silk Road Economic Belt and 21st-Century Maritime Silk Road)은 누가 보아도 세계 경제 질서를 주도하려는 중국의 대망을 위한 밑그림(architectural design)으로 해석된다.[42)] 과거 유비가 중국을 셋으로 나누는 계를 품고 서쪽으로 향했던 것처럼, 오늘날 중국 국가주석 시진핑의 일대일로 계획은 중국이 미국과의 정면대결을 피하면서 세계를 나누어 갖겠다고 하는 "천하양분의 서진정책"으로 보인다. 공식 발표된 일대일로계획의 내용을 들여다보면 그러한 중국의 의도가 숨김없이 드러나 있다. 총 5,600여 단어(영어버전 기준)로 이루어진 본문 가운데 미국, 일본, 한국, 북한, 특히 환태평양 연안에 위치하여 미국의 안보이익에 영향을 줄 수 있는 두만강 유역개발계획 등은 단 한 차례도 언급되지 않았다. 유럽이 13번, 러시아가 7번, 중앙아시아가 5번, 몽골이 2번 언급되고 이들과의 협력계획이 구체적으로 기술된 것과 매우 대조적이다.

---

41) http://www.newspim.com/view.jsp?newsId=20151006000013&fromurl=na, 2015년 10월 06일 방문

42) http://en.ndrc.gov.cn/newsrelease/201503/t20150330_669367.html, 2015년 4월 05일 방문.

동북아시아를 둘러싸고 펼쳐지는 미국과 중국의 이러한 움직임은 한 · 몽 양자협력에 중대한 영향을 미치는 사안으로, 두 나라의 면밀한 검토와 공동대응 방안의 수립이 요구된다. 앞서 평가한 대로 미국이 주도하는 TPP나 중국이 주도하는 일대일도계획이 다자체제를 통한 협력의 제도화로 발전할 수 있다면, 이러한 흐름은 표면적인 대결양상에도 불구하고 약소국으로서 한 · 몽 두 나라의 자율성을 높이고, 양자협력을 획기적으로 발전시킬 수 있는 기회가 될 수 있을 것이기 때문이다. 따라서 본고에서는 TPP와 일대일로계획에 대한 한 · 몽 공동대응 방안의 기본골격을 제시하고자 한다.

(2) TPP와 일대일로계획에 대한 한 · 몽 공동대응 원칙

앞서 논의한 약소국으로서 한 · 몽 양자협력 강화방안을 토대로, 두 나라는 TPP와 일대일로계획에 대한 양국의 공동대응에 있어 다음의 두 가지 핵심원칙을 견지하는 것이 요구된다.

첫째, 한 · 몽 양국은 미 · 중 사이의 대결 가능성을 완화하고 호혜적 협력을 촉진할 수 있는 "협력촉진자"의 역할에 주력한다.

물론 이러한 원칙이 한국과 몽골이 미국과 중국 사이의 대결 가능성을 완화할 수 있는 정치, 외교, 군사적인 힘이 있다는 것을 의미하는 것은 아니다. 또한 한 · 몽 두 나라가 미 · 중의 호혜적 협력을 주도할 현실적 힘도 미약한 것이 사실이다. 그럼에도 이 원칙이 강조하고자 하는 바는 미국과 중국의 양자관계가 결코 "주어진 운명"처럼 결정된 것이 아니라는 점이다. 일부 보수적인 국제정치학자들이 과거의 역사적 경험을 토대로 미국과 중국의 충돌과 대결은 필연적인 것으로 간주하고 있다.[43] 하지만 역사적 선례를 통해 다가올 역사를 예단하는 것만큼 어리석은 것은 없다. 따라서 위 원칙은 미국과 중국의 양자관계가 열린 과정(open process)이라는 전제 아래, 한국과 몽골이 자신들의 최선의 미래를 위해 미 · 중 사이의 호혜적 협력을 강화할 수 있는 정책들을 공동으로 추진해 나갈 필요성이 있다는 점을 강조하고 있는 것이다.

둘째, 한 · 몽 양국은 미 · 중이 주도하는 경제협력체가 "다자적 감시와 분쟁심판 기능을 갖춘 공정한 국제제도"로 발전할 수 있도록 기여한다.

미국과 일본이 주도하고 있는 TPP의 경우는 WTO와 같은 국제제도로 기능할 것이 분명해 보인다. 그런 점에서 앞서 언급된 카네기의 연구 성과를 토대로 본다면 TPP는 한국과 몽골 같은 약소국의 이해에 부합할 것으로 추정된다. 하지만 문제는 중국의 일대일로 계획이다. 중국이 공식 발표한 상세계획만을 놓고 보면, 중국의 일대일로 계획은 중국 주도의 협력개발이지 결코 국제제도는 아니다.[44] 중국이 양자관계나 다자관계를 통해 "주도" 한다는 것이지, 모든 참여주체가 대등한 권리와 의무를 가지는 국제협력개발 계획이 아닌 것이다. 앞서 카네기의 연구에서 확인한 것처럼, 국제제도가 약소국의 이해에 기여하는 것은 오직 "다자적 감시와 분쟁심판 기능"을 갖추고 있을 때만 가능한 것이다. 그런 점에서 위 원칙은 한국과 몽골 두 나라가 중국 일대일로 계획에 대한 협력 조건으로 제시하여야 기본 원칙을 제시하고 있다. 그것은 바로 일대일로가 중국의 "자의적" 결정에 의존하는 패권의 수단으로 악용되어서는 안 되며, 이러한 자의성을 배제할 수 있는 장치로서 다자적 감시와

43) John J. Mearsheimer, "Pull Those Boots Off The Ground." *Daily Beast*. 2008, December 30.

44) Scott Kennedy and David A. Parker, Building China's "One Belt, One Road", the Center for Strategic and International Studies, Apr 3, 2015.

분쟁심판 가능을 갖춘 국제제도화가 선행되어야 한다는 것이다.

(3) TPP와 일대일로계획에 대한 한 · 몽 공동대응 방안

위에서 제안한 두 가지 핵심원칙을 바탕으로 한 · 몽 양국은 다음과 같은 공동대응 방안을 모색할 수 있다.

첫째, 한 · 몽 양국은 미국 주도의 TPP와 중국 주도의 일대일로계획 모두에 참여하여 각각의 다자협력 틀 안에서 양자협력의 발전을 위한 공동의 노력을 기울인다.

둘째, 한 · 몽 양국은 GTI 산하에 가칭 "몽골 자원개발 국제협력기구 추진위원회"의 설치를 제안하고, 이러한 다자국제제도를 통한 몽골의 자원개발방식이 TPP와 일대일로계획 내부에서 제도적으로 승인되고 지원받을 수 있도록 공동의 노력을 기울인다.

셋째, 한 · 몽 양국은 한반도-중국-몽골-러시아를 연결하는 유라시아대륙교통로가 WTO 국제제도 규범과 기준에 부합하는 별도의 "국제협약"을 체결하는 방식을 통해 공정한 국제철도로 개발, 운영될 수 있도록 공동의 노력을 기울인다.

넷째, 한 · 몽 양국은 미국 주도의 TPP와 중국 주도의 일대일로계획이 환태평양지역과 유라시아대륙을 연결하는 범지구적 경제협력체로 발전할 수 있도록 여러 방면과 방식으로 공동의 노력을 기울인다. (예, GTI 협력개발계획에 한 · 일 간 해저터널 연결 계획을 포함하여 일본의 GT에 대한 참여이익과 TPP에 대한 협력이익을 높이는 방안을 추진할 수 있다.)

다섯째, 한 · 몽 양국은 몽골이 자국의 자원개발사업에서 북한의 인력을 우선적으로 채용하고, 북한의 젊은 세대를 초청하여 교육하는 등 북한-몽골 교류를 촉진할 수 있도록 공동의 노력을 기울인다.

5. 맺음말

본 연구는 동아시아 국가들 사이에서 추진되어온 다양한 지역다자협력체의 성과와 한계를 비교분석함으로써 오랜 기간 답보 상태에 머물러 있는 "광역 두만강 개발 계획(GTI)"의 성공과 한·몽 양자협력의 발전을 위한 이론적 동력을 제공하는 것을 목적으로 진행되었다.

비교연구의 경우, 1960년대부터 일본에 의해 주도된 동남아(Southeast Asia) 지역다자협력체들[광역 메콩 강 지역 경제협력체(GMS); 인도네시아-말레시아-태국 지역다자협력체(IMT-GT); 브루나이-인도네시아-말레시아-필리핀 동아세안 지역다자협력체(BIMP-EAGA)]과 1990년대부터 중국에 의해 본격적으로 추진된 동북아(Northeast Asia) 지역다자협력체들[남중국 지역다자협력체; 인도네시아-말레시아-싱가포르 지역다자협력체(IMS-GT); 황해 지역다자협력체]의 발전 경험을 대상으로 하였다. 일본이 주도하는 동남아시아 지역다자협력체들과 중국이 이끌어온 동북아시아 지역다자협력체들은 형성의 주체뿐 아니라 역사적 배경과 운영 방식, 발전 양상도 다르지만, 참여 국가들의 경제적 번영과 정치적 안정에 기여하면서 서로 다른 방식과 속도로 지역의 통합을 촉진하고 있었다. 특히, 동아시아에서 추진된 지역협력체들은 국경이라는 장벽을 허물려 시도하는 부정적(negative) 방식보다는, 지역공동체를 통해 이익을 창출, 조정, 분배할 수 있는 공동의 정책을 개발 시행하는 긍정적(positive) 방향으로 전개되고 있다는 공통점을 확인했다. 지역협력이 최소한 참여 국가들의 주권을 약화시키는 것이 아니라 오히려 강화시켜줄 것이라는 믿음을 주고 있는 것이 분명했다. 일본이 동아시아 지역다자협력체들을 이끄는 주도적 역할을 하고 있는 것도 사실이지만, 중국의 역할은 더욱 비약적으로 증대되었고, 두 세력이 인도차이나반도를 중심으로 지역협력사업의 주도권을 놓고 각축하는 현실도 확인되었다.

GTI는 출범의 역사적 배경과 시기, 목적에 있어서 GMS와 쌍둥이처럼 서로 닮았지만 두 지역다자협력체들의 성장 과정은 사뭇 달랐다. GMS가 일본이 주도하는 ADB의 선도적인 기획과 투자 아래 협력 성과를 착실하게 쌓아간 반면, GTI는 장밋빛 청사진 속에 출발했지만, 이렇다 협력 사업의 진전 없이 표류해왔다. GTI의 오랜 침체는 두만 강 유역을 둘러싼 역사적 갈등과 대결의 장벽과 상호불신의 골을 여실히 보여주고 있다. GTI는 불리한 지경학적 조건 속에서 무에서 유를 창조해야 하는 힘겨운 개발계획이었던 것이다. 동아시아의 지역다자공동체들의 예처럼 두만강유역과 같은 변방지역의 협력개발에는 다른 무엇보다 개발을 기획하고 주도해나갈 수 있는 강력한 "중심세력"이 개발의 성패를 결정하게 된다. 하지만 GTI에는 안타깝게도 GMS의 ADB와 같은 중심세력이 없었다.

특히, GTI는 형식적으로는 UNDP의 주도로, 국제사회의 공인 속에 출범하였지만, 실질적으로는 지역의 기존패권질서와 일정한 대립관계에 있었다. 냉전 이후의 세계질서가 미국과 그의 동맹국들이 구축한 질서이고, 이 패권질서가 추구하고자 하는 핵심이해(core interest)는 민주국가에 대한 비민주국가들의 도전을 억제하고, 자유로운 교역과 시장 접근을 보장하는 것에 있는 만큼 비민주국가들인 중국과 러시아가 GTI를 통해 환동해권에 대한 영향력을 강화해나갈 가능성이 있는 GTI는 기존패권질서에 대한 일정한 위협들을 내포하고 있었다. 북한의 핵개발 문제 역시 미국이 유지해온 국제질서에 대한 당면한 그리고 중차대한 도전이었다. 북한의 핵개발 위협이 해소되지 않는 상황에서 북한의 경제역량을 비약적으로 강화시켜줄 수 있는 대규모 경제협력이 추진된다는 것은 미국으로서 쉽게 받아들일 수 없는 현실이었다.

GTI의 핵심목표가 북한, 중국, 러시아 3국이 국경을 마주하고 있는 두만강유역에서 "다자협력을 통한 정치적 화해"를 추진하고, "유라시아 대륙의 관문도시를 건설"하여 협력이익을 공유하는 것이었다는 점에서 GTI의 성패 여부를 결정하는 가장 중요한 핵심 주체가 바로 북한이었다. 이런 북한이 미국주도의 국제질서와 대립하고 참여조차 거부하는 상황에서 GTI의 장기적 침체는 예고된 것이었다. GTI의 참여주체 문제를 논함에 있어 빠뜨릴 수 없는 또 다른 나라가 일본이었다. GTI의 핵심목표인 "유라시아 대륙의 관문도시 건설"과 관련해서도 일본의 참여는 필수적이었다. 일본의 유라시아 대륙 국가들과의 교역량을 고려한다면, 두만강유역이 유라시아대륙의 관문도시로 개발되었을 때, 최대 수혜자가 일본이라는 점을 고려하면 일본이 투자와 개발에 참여하지 않는 현 상황이야말로 GTI의 불확실한 미래를 보여주었다.

GTI를 둘러싼 동북아시아 지역은 "두려움"이 지배하고 있음을 지적하고, 지난 20년 GTI의 경험이 동북아시아 국가들이 서로에 대한 신뢰를 회복하지 않는 한 한 걸음의 지역협력도 내디딜 수 없다는 사실에 비추어, GTI 참여국들이 동북아시아에서의 신뢰회복을 위한 대자 대화체제 구성을 위해 앞장서야 할 필요성을 강조하였다. 또한 GTI에 대한 북한의 참여를 국제사회가 승인하고 지원할 수 있는 방안도 살펴보았다. 북한 핵문제 해결에 도움을 줄 수 있고, 무고한 북한 주민들의 피해를 방지할 수 있는, 그리고 북한 권력핵심부를 정밀 겨냥한 경제제재와 공존할 수 있는 경제협력 방안을 제시하고자 노력했다. 특히 GTI는 북한이 참여를 거부하는 실정에서 두만강유역에 대한 집중개발로부터 주변으로 개발의 범위를 확대하는 "방사상" 개발전략이 유효할 수 없다는 점을 지적하고, 참여국들이 개별적 개발노력과 양자협력을 우선적으로 추진하여 배후지역으로부터 중심을 향해 협력개발을 순차적으로 결집시키는 방식을 제안하였다.

마지막으로, GTI 지역다자협력의 핵심 이해당사국인 한·몽 양자관계에 대한 평가를 통해 두 나라 사이의 양자협력이 정체되어온 원인에 대한 새로운 이해의 틀을 제시하고, 이를 해소하기 위한 비전과 실천방향을 탐색하였다. 두 나라의 협력의지만으로는 협력을 발전시켜나갈 수 없는 한계를 확인하고, 그 원인을 두 나라가 약소국으로서 가지는 "제한된 자율성"에서 찾았다. 이러한 한계를 극복하기 위한 실천전략으로 약소국들이 의존에 대한 대가로 치러야 하는 자율성의 양도를 최소화 할 수 있는 "다자체제를 통한 협력의 제도화" 방안을 제안하였다. GTI 지역다자협력의 핵심 이해당사국인 한국과 몽골의 양자관계를 점검하고 이를 지속적으로 강화, 발전시켜 나가기 위한 방안들도 모색하였다.

한·몽 두 나라가 "다자체제를 통한 협력의 제도화"를 추진하기 위해 필요한 과제들을 핵심적인 지역현안들을 중심으로 제시하고자 노력했다. 미국이 주도하는 TPP나 중국이 주도하는 일대일도계획이 격돌하는 양상이지만, 이러한 경제협력구상들이 다자체제를 통한 협력의 제도화로 발전할 수 있다면 표면적인 대결양상에도 불구하고 약소국으로서 한·몽 두 나라의 자율성을 높이고, 양자협력을 발전시킬 수 있는 기회가 될 수 있음에 주목하면서TPP와 일대일로계획에 대한 한 · 몽 공동대응 방안의 기본골격을 제시하고자 했다.

한 · 몽 양국이 미 · 중 사이의 대결 가능성을 완화하고 호혜적 협력을 촉진할 수 있는 "협력촉진자"의 역할에 주력하고, 미 · 중이 주도하는 경제협력체가 "다자적 감시와 분쟁심판 기능을 갖춘 공정한 국제제도"로 발전할 수 있도록 기여해야 한다고 주장했다. 특히, 한 · 몽 양국이 TPP와 일대일로계획에 모두 참여하여 각각의 다자협력 틀 안에서 양자협력의 발전을 추진할 필요가 있다고 제안했다. 또한 한 · 몽 양국이 GTI 산하에 가칭 "몽골 자원개발 국제협력기구 추진위원회"의 설치를 제안하고, 이러한 다자국제제도를 통한 몽골의 자원개발방식이 TPP와 일대일로계획 내부에서 제도적으로 승인되고 지원받을 수 있도록 노력하는 방안도 제안했다. 이러한 제안들은 한 · 몽 양국이 미국 주도의 TPP와 중국 주도의 일대일로계획을 환태평양지역과 유라시아대륙을 연결하는 범지구적 경제협력체로 발전할 수 있도록 기여해야 한다는 점을 강조한 것이었다.

〈참고 문헌〉

국문 자료

감사원, 「감사결과보고서: 공기업 재무 및 사업구조 관리실태(공개문)」, 2013. 5.

김천규 외, 「동북아 평화번영을 위한 두만강유역 초국경협력 실천전략 연구」, 국토연구원, 2014.

박원길, S. 촐몬, {한국 몽골 교류사 연구}, 이매진, 2013.
이재영, 「몽골 광물자원 개발 현황과 한국의 진출방안」, 대외경제정책연구원, 2011.
이재영, 「유라시아 시대 한-몽 경제협력 방안」, 대외경제정책연구원, 2015.
이재영, 이시영, 두게르 간바타르, 『신아시아 시대 한국과 몽골의 전략적 협력방안』, 대외경제정책연구원, 2010.
이지은, 「한국과 일본의 대(對)중앙아시아 자원외교정책 비교연구」, 『전략지역심층연구 논문집 III:중앙아시아, 몽골』, 대외경제정책연구소, 2013.
한겨레 신문, [기획] 중 · 러 · 몽골 대륙의 길 3각 협력: 몽골과 중국-석탄을 둘러싼 애증의 관계, 2014. 08. 06.
한국수출입은행 해외경제연구소, 국가별통합정보, 몽골, 2015.

외국어 자료

Daniel Byman and Jennifer Lind, Pyongyang's Survival Strategy: Tools of Authoritarian Control in North Korea, International Security, Vol. 35, No. 1 (Summer 2010), pp. 44-74.
Katherine B. Burns, "Subnational Power and Regional Integration: The Case of Tumen River Development," MIT Japan Program Working Paper 94-10.
Cai Chen and Shuren Yuan, Northeast Asia Regional Cooperation and Tumen River Area Development (Changchun: Northeast Normal University Press, 1996).
Allison Carnegie, States Held Hostage: Political Hold-Up Problems and the Effects of International Institutions, American Political Science Review Vol. 108, No. 1 February 2014: 54-70.
China Statistical Bureau, China S tatistical Yearbooks, Beijing:

Zhongguo Tongji Chubanshe.

Victor J. Croizat, The Mekong River Development Project: Some Geographical, Historical and Political Considerations (Santa Monica: Rand Corporation, 1967).

Patrick M. Cronin, "Pacific Rim Security: Beyond Bilateralism?" The Pacific Review, Vol. 5, No. 3, 1992.

C. M. Dent, "The Asian Development Bank and Developmental Regionalism in East Asia", Third World Quarterly 29, no. 4, 2008: 767-86.

Christopher M. Dent and Peter Ritchter, Sub-Regional Cooperation and Developmental Regionalism: The Case of BIMP-EAGA, Contemporary Southeast Asia,Vol. 33, No. 1, April 2011, pp.29~55.

Jöhn Dosch and Oliver Hensengerth, Sub-regional Cooperation In Southeast Asia: The Mekong Basin, European Journal of East Asian Studies, Vol. 4, No. 2 (2005), pp.263~285.

Yoichi Funabashi, Michel Oksenberg, and Heinrich Weiss, An Emerging China in A World ofInterdependence: A Report to the Trilateral Commission, New York: The Trilateral Commission, 1994.

GMS Secretariat, REGIONAL INVESTMENT FRAMEWORK IMPLEMENTATION PLAN (2014-2018), 2014.

GTI Secretariat, INTEGRATED TRANSPORT INFRASTRUCTURE AND CROSS-BORDER FACILITATION STUDY FOR THE TRANS-GTR TRANSPORT CORRIDORS: REGIONAL SUMMARY REPORT. 2013.

GTI Secretariate, Strategic Review on Greater Tumen Initiative. GTI, Final Report, 19 September 2011.

Paul Handley, 'Shadow play', Far Eastern Economic Review, Vol. 156, No. 37 (1993).

Jin Hongfan, Chugoky Keizaiken: Tairiku, Honkon, Taiwan no Hokan to Kyoryoku, The China economic area: Growing ties among mainland China, Hong Kong, and Taiwan, Tokyo: The Simul Press, Inc. 1995.

Hiroshi Hori, The Mekong. Environment and Development (Tokyo: United Nations University Press, 2000)

John Ikenberry et al., INTRODUCTION: Unipolarity, State Behavior, and Systemic Consequences, World Politics 61, no. 1 (January 2009), 1-27.

Scott Kennedy and David A. Parker, Building China's "One Belt, One Road", the Center for Strategic and International Studies, Apr 3, 2015.

Henry Kissinger, On China, New York: The Penguin Press, 2011, pp.514~530.

John J. Mearsheimer, "Pull Those Boots Off The Ground." Daily Beast. 2008, December 30.

James Morrow, "Alliances and Asymmetry: An Alternative to the Capability Aggregation Model of Alliances." Journal of Political Science, Vol. 35, No. 4, 1991: 904-933.

Dajin Peng, Subregional Economic Zones and Integration in East Asia, Political Science Quarterly, Vol. 117, No. 4, Winter, 2002-2003, pp.613~641.

S. Kim, Philippe C. Schmitter, "THE EXPERIENCE OF EUROPEAN INTEGRATION AND POTENTIAL FOR NORTHEAST ASIAN INTEGRATION" Asian Perspective, Vol. 29, No. 2, 2005.

John Rawls, A Theory of Justice, Oxford: Oxford University Press, 1971.

Robert L. Rothstein, Alignment, Nonalignment, and Small Powers: 1945-1965, International Organization, Vol. 20, No. 3 (Summer, 1966), pp.397~418.

인터넷 자료

http://keri.koreaexim.go.kr/site/program/board/basicboard/list?boardtypeid=212&menuid=007001001&boardtext2=TC0104. 2015년 10월 5일 방문.

http://www.newspim.com/view.jsp?newsId=20151006000013&fromurl=na, 2015년 10월 06일 방문.

http://en.ndrc.gov.cn/newsrelease/201503/t20150330_669367.html, 2015년 4월 05일 방문.

https://www.wto.org/english/res_e/booksp_e/gatt_ai_e/art5_e.pdf.

북한의 해외 인력송출 실태와 함의[1]

-두만강 유역을 중심으로-

김광인(미래전략연구원)

1. 들어가는 말

북한경제가 어렵다는 말은 이제 식상한 얘기가 되어버렸다. 북한 경제는 식량난과 에너지난, 외화난이라는 이른바 삼난(三難)의 늪에 빠져있다. 1990년대 중후반과 같은 대규모 아사는 면했다고 하나 북한 주민들은 아직도 식량난에서 벗어나지 못하고 있다. 만성적인 에너지 결핍으로 북한의 수많은 공장·기업소들은 가동률 20-30% 선에서 겨우 명맥만 유지하고 있다. 일부 기계가 돌아가고 있는 공장은 민수부문의 인민경제가 아니라 일용직장과 같은 제2경제 소속의 군수생산 라인이다.

1) '동몽골 프로젝트'는 '역사·문화'·'정치·경제' 두 부문으로 나뉘어 기획되었고, 후자의 경우 다시 그 범위를 ① 두만강유역을 중심으로 한 소삼각(훈춘-나선-포시에트) ② 대삼각(연길-청진-블라디보스토크) ③ 중국의 동북삼성과 러시아 하바롭스크, 동몽골을 포괄하는 범위까지 단계적으로 확대하는 방식으로 구상, 진행되고 있다. 본 연구는 정치·경제 부문의 제1단계에 해당하며, 그 범위는 북한 인력송출이 집중되고 있는 두만강 유역의 투먼(圖們)·훈춘(琿春)이다.

공장·기업소의 노후한 기계·설비의 개선, 기술혁신을 통한 생산성 증대, 부족한 원료·자재 문제를 해결하기 위해서는 외화가 절실히 필요하지만 여력이 없다. 외화 자체가 부족하기도 하지만, 그나마 있는 외화도 인민경제나 민생에 우선적으로 투여되지 않고 있다. 인민경제와 민생이 외화 배분의 우선순위에서 뒤로 밀리고 있는 것이다.

북한은 1993년 12월 제3차 7개년계획(1987-1993)이 실패로 끝난 뒤 2010년까지 중장기 경제발전 계획을 제시하지 못한 채 '계획 없는 계획경제'를 이어왔다. 그러다가 2011년 1월 '국가경제개발 10개년 전략계획'에 관한 내각 결정을 채택했다. 또 실행과정에서 제기되는 문제들을 총괄하는 정부적 기구로서 국가경제개발총국을 설립해 경제문제 해결에 대한 의지를 드러냈다.

이어 내부적으로 식량난 해소와 농업생산 증대를 위해 6·28방침[2]과 5·30조치[3] 등을 추진하고 있다. 그러나 그것이 어떤 결과를 나타낼지 아직은 미지수다. 또 대외투자를 유치를 통해 경제회생의 발판을 마련해 보려는 시도로 2013년 5월 '경제개발구법'을 제정했다. 이를 근거로 그해 11월 13개의 지방급 경제개발구를 선정, 발표했고 이듬해 7월에는 6개 지역을 경제개발구로 추가 지정했다. 그러나 투자유치는 지지부진, 아직 구체적인 실효를 얻지 못하고 있다.

---

2) 북한이 2012년 6월 28일 김정은의 이름으로 내린 경제방침이다. 기존 10명-25명 정도인 협동농장 분조 규모를 줄여 가족단위로 운영하는 '포전담당책임제'가 핵심이다.

3) 김정은이 2014년 5월 30일 당·국가·군대의 책임일꾼과 한 담화 "현실발전의 요구에 맞게 우리식 경제관리방법을 확립할데 대하여"에 밝힌 경제관리 방식을 말한다. 공장·기업소 등 경제 주체의 경영 자율성 강화를 주요 내용으로 하고 있다.

상대적으로 외화가득이 용이한 관광특구도 만들었다. 2014년 6월 원산 · 금강산 지역을 국제관광지대로 지정했고, 2015년 2월 두만강 하구에 중국 · 러시아와 함께 비자 없이 이용하는 '국경 없는 국제관광구' 구상도 내놓았다. 4월에는 백두산 무동노동자구에 '무봉국제관광특구'를 만들기로 결정했다. 그러나 관광인프라가 제대로 구비되어 있지 않은 상황에서 얼마나 많은 외국인이 관광을 위해 북한을 찾을지 의문이다. 이에 앞서 2014년 6월에는 합영투자위원회와 국가경제개발위원회, 무역성을 통합해 내각 산하에 대외경제성을 신설, 외자유치 창구를 일원화하기도 했다.

이런 가운데 북한은 최근 해외 인력송출을 통한 외화벌이에 주력하고 있다. 해외 인력송출을 통한 외화벌이는 비단 어제오늘만의 일이 아니지만 규모나 숫자, 증가 추이 등에서 예전과 다른 양상을 보여주고 있다. 그리고 인력송출이 특정 국가(중국과 러시아)에 집중되고 있는 것도 새로운 특징이다. 이런 추세는 시기적으로 북한에서 김정은 정권이 등장한 시점과 궤를 같이하고 있다.

주목할 것은 북한의 해외 인력송출이 중국 동북삼성, 특히 북한과 중국, 러시아가 국경을 맞대고 있는 두만강 유역에 집중되고 있다는 사실이다. 이 지역은 유엔개발계획(UNDP) 주도하에 남북한과 중국, 러시아, 몽골, 일본 등 동북아시아국가들이 다자간 경제협력구상(TRADE)을 거쳐 광역두만강개발계획(GTI)을 추진해오고 있는 곳이다.

중국은 1978년 12월 개혁 · 개방 이후 주강삼각주(深圳, 第1極), 1990년대 초반 장강삼각주(上海, 第2極)와 1990년대 후반 발해안(天津, 第3極) 개발에 이어, 2000년대 들어서는 그동안 발전에서 소외되었던 동북지역(第4極) 개발에 관심을 돌리고 있다. 2003년 '동북노공업기지진흥(振興東北老工業基地)' 전략과 2009년 8월 국무원이 비준한 '창지투(長吉圖)개발개방선도구계획'은 그 구체적인 의지의 표현이다.

러시아도 푸틴 대통령 집권 2기 때인 2007년 극동 지역 경제와 사회발전을 주요 정책과제로 선언한 바 있다. 2012년 집권 3기 체제의 핵심정책으로 극동·연해주 개발에 역점을 두는 공세적 신동방정책에 박차를 가하고 있다.

우리 정부도 유라시아 대륙을 하나의 경제공동체로 묶으면서 북한의 개혁·개방을 유도하는 '유라시아 이니셔티브' 구상을 내놓고 있다. 박근혜 대통령은 '유라시아 이니셔티브'의 실현을 위해 유라시아 네트워크에 대한 공동연구를 수행할 전문가 그룹을 구성하고 그 첫 회의를 2016년 상반기 한국에서 개최하자고 제의[4]하기도 했다.

북한도 동북아 경제협력의 거점으로 두만강지역에 관심을 가지고 있음을 감추지 않고 있다.[5] 여기에 몽골과 일본 등도 깊은 관심을 가지고 적극 뛰어들고 있다. 두만강 유역이 21세기 동북아경제공동체의 중심무대로 부상하고 있는 것이다.

이 글은 중국 두만강 유역에 대한 북한 인력송출 실태를 파악하고, 그것이 내포하고 있는 시사점과 의미 구명을 통해 미래지향적 비전을 모색하는데 주안점을 두고 있다. 따라서 본 연구에서는 먼

4) 박근혜 대통령은 2015년 9월 10일 서울 중구 신라호텔에서 열린 '유라시아 교통 물류 국제 심포지엄 개막식' 기조연설을 통해 이 같은 제안을 내놓았다. 〈동아일보〉, 2015.9.11.

5) 최영옥 김일성종합대학 교수는 두만강국제학술회에 낸 논문에서 "외국투자를 적극 받아들이는 것은 나선경제무역지대 창설의 목적을 실현하기 위한 중요한 문제"라고 강조한 바 있다. 「통치 유지하며 경제성장한 싱가포르가 북한 롤모델」, 〈중앙일보〉, 2015.4.28.

저 김정은 정권이 해외 인력송출에 적극 나서고 있는 정치 · 경제적 배경을 살펴본 뒤, 북한의 해외 인력송출 정책과 구체적 실태를 천착한다. 이어 근래 인력송출이 폭발적으로 증가하고 있는 중국, 특히 두만강 유역의 투먼(圖們)과 훈춘(琿春)을 중심으로 이 지역의 인력송출 환경과 조건, 인력관리체계 등 전반적인 현황을 조명한다. 그리고 그것이 내포하고 있는 시사점과 의미를 찾고 과제를 제시하는 것으로 글을 마무리한다.

북한의 해외 인력송출 문제를 다룬 기존 연구물들은 인권적 차원에서 접근한 것들이 대부분이다. 일부 경제적 관점에서 접근한 것들이 없지 않지만 연구물이라기보다는 보고서 수준에서 그치고 있다.

따라서 이 주제에 대한 연구는 아직 불모에 가깝다. 본격적인 연구는 이제 시작일 뿐이다. 이 글도 하나의 시론(試論)에 해당한다고 하겠다. 자료접근의 본원적 한계를 안고 있는 북한연구의 해묵은 장벽이 본 연구에서도 고스란히 답습되었음을 미리 밝혀둔다.

2. 해외 인력송출 배경

북한이 최근 연간 해외 인력송출을 급격히 늘려나가고 있다. 김정은 정권이 공식 출범한 2012년에는 그 규모가 종전에 비해 두 배가까이 늘어났다. 이러한 증가 추세는 한동안 지속될 것으로 보인다.

북한이 이같이 해외 인력송출을 적극 추진하는 배경에는 만성적인 외화부족이 자리 잡고 있다. 외화의 쓰임새는 갈수록 늘어나는데 외화수입은 줄어들고 있기 때문이다. 특히 2000년대 후반 연이은 미사일 시험발사와 핵실험의 여파로 유엔과 국제사회가 대북제재[6]에 돌입하고, 우리 정부도 2010년 3월 천안함 폭침사건의 대응으로 대북제재('5 · 24조치'[7])에 들어가면서 무기 수출과 관광수입 등을 통한 외화유입에 차질이 빚어졌다.

북한이 해외 인력송출을 통한 외화벌이에 주력하는 까닭은 대외무역을 비롯한 다른 외화벌이 수단에 비해 상대적으로 쉽게 돈을 벌 수 있기 때문이기도 하다. 말하자면 자본이나 기술, 에너지, 원료 · 자재, 사업수완 등을 동원하지 않고 순수 노동력 투하만으로 외화를 벌 수 있는 것이다.

해외 인력송출을 통해 벌어들이는 외화 규모 역시 무시할 수 없는 요인이다. 북한당국이 해외 근로자를 통해 벌어들이는 돈의 액수는 정확히 확인되지 않는다. 다만 그 규모를 추정한 자료를 보면 최소한 연간 수억 달러[8]에 이른다. 많게는 12억-23억 달러(약 1조 3,000억-2조5,000억 원)에 달한다는 자료[9]도 있다. 이는 2010년 천안함 폭침사건으로 한국이 남북교역을 전면 중단한 이후 북한이 2013년까지 입은 외화 손실 22억 달러(약 2조4,000억 원)의 절반을

6) 유엔은 지난 2006년 7월 대포동 2호 미사일 시험발사 직후 채택한 안보리 결의(UNSCR) 제1695호를 비롯해 2013년 북한의 제3차 핵실험 직후 채택한 안보리 결의 제2094호까지 모두 6개의 대북제재를 가하고 있으며, 유럽연합(EU)를 비롯한 국제사회도 여기에 동참하고 있다. 송봉선, 「북한의 외화벌이 임금착취 실태」, 『북한』, 2015년 2월, p.62.

7) 5 · 24조치의 주요 내용은 ① 우리 국민의 방북 불허 ② 남북교역 중단 ③ 대북 신규투자 금지 ④ 대북지원 사업의 원칙적 보류 등이다.

8) 김석진, 「북한의 외화벌이 추세와 전망」, KINU 통일나침반 15-04, p.44.

9) 대한무역투자진흥공사, 〈북한의 대 UAE 및 중동 인력송출 현황과 시사점〉, 2015.1.14.

넘는 금액이다.

그러면 북한에서 외화는 어디에 어떻게 쓰이는 것일까. 북한에서 외화(국제태환화폐, 대개 달러)는 기본적으로 최고 통치자의 전유물이다. 북한에서 모든 외화는 김정은의 사금고로 알려진 노동당 중앙위원회 39호실[10](일명 중앙당 39호실)에 집결되며, 여기서 최고 통치자의 의사와 용도에 따라 배분된다. 참고로 인민경제를 책임진 사람은 내각 총리지만 그가 경제문제를 해결하기 위해 독자적으로 쓸 수 있는 외화는 거의 없다고 해도 과언이 아니다.

북한에서 외화의 용도와 쓰임새는 크게 다섯 부류로 나눌 수 있다.

① 최고지도자의 통치자금이다. 흔히 당자금·혁명자금으로 불린다. 김정은이 측근 간부들에게 베푸는 고가의 선물과 주말 파티 등에 소요되는 돈이 여기에 해당한다. 제한적이지만 국가시설이나 인민경제 부문의 설비·원료·자재 구입에 투여되는 외화도 포함된다.

② 핵무기와 미사일 등 대량살상무기, 전략무기 개발과 생산에 드는 비용이다.

③ 김정은 가계 우상화 시설과 선전물 조성·관리에 필요한 자금이다.

④ 김정은 일가의 의식주를 보장하고 호화사치 생활을 하는데 필요한 자금이다. 이른바 내탕금(內帑金) 성격의 돈이다. 여기에는

10) 김정일이 1974년 후계자로 지명된 직후 중앙당 직속기구로 신설한 부서이다. 산하의 무역기관인 대성총국(대성무역총회사), 대외결제은행인 대성은행과 결합해 경제연합체를 이루고 있다. 내각이나 군부의 간섭을 받지 않으며, 오직 최고 통치자의 통제와 관리를 받는다. 양문수, 북한의 계획경제와 시장화 현상, 통일부 통일교육원, 2013, p.45 참조.

북한 전역에 산재해 있는 김정은 별장을 유지·관리하는 비용도 포함된다.

⑤ 유사시 김정은과 가계 인물의 해외도피 등에 필요한 비자금[11]이다.

이처럼 외화의 용도와 쓰임새가 많지만, 외화가득 수단은 제한적이다. 이는 다시 공식적이고 합법적인 외화벌이와, 비공식적이고 불법적인 수단으로 나눌 수 있다. 공식적인 외화벌이 수단으로는 무역과 개성공단 사업, 노동력 송출과 관광[12]이 거의 전부이다. 그 밖에 무기거래와 불법활동(마약·외조지폐·위조담배·가짜 의약품의 생산 및 밀수출, 멸종위기 동식물, 보석, 불법 복제된 DVD, 포르노 등의 밀거래)이 주요 외화획득의 수단이 되고 있기도 하다.[13]

1) 무역을 통한 외화벌이

북한은 국제사회와의 교역을 통해 1991-2012년 22년 동안 모두 179억 달러(약 19조 6,000억 원)가 넘는 무역적자를 봤다. 특히 2005년 이후 북한의 무역수지 적자는 2011년을 제외하고 매년 10

---

11) 김정은의 해외 비자금은 김정일 사망 직전에 해외 3개 지역에 포트폴리오식으로 분산 배치한 것으로 전해지고 있다. 첫째는 벨기에·룩셈부르크·핀란드 등 미국 영향권에서 비교적 자유로운 북유럽 지역, 둘째는 싱가포르·인도네시아·말레이시아 등 북한에 거부감이 비교적 적은 동남아지역, 셋째는 홍콩·마카오와 상하이·주하이·항저우 등 중국 관내 지역이다.

12) 2014년 북한의 관광수입은 최소 3,069만 달러(한화 약 350억 원)에서 최대 4362만 달러(한화 약 497억 원)에 이를 것으로 추정되었다. 윤인주, 「김정은 시대 북한의 관광산업 평가 및 전망」, 2015.11 참조.

13) 쉬나 체스트넛 크라이튼스(Sheena Chestnut Greitens), 「북한 불법 외화벌이 활동의 변화」, KDI 북한경제리뷰, 2014년 6월.

억 달러를 넘어섰으며 2008년에는 사상 최대인 15억5,000만 달러에 달하는 것으로 추정되었다.[14]

2008년 6자회담 결렬과 2009년 5월 북한의 제2차 핵실험으로 인해 국제사회의 제재가 강화된 것이 외화수급에 영향을 미쳤다. 이 때문인지 2009년과 2010년 외화수급은 각각 마이너스 8,200만 달러와 마이너스 2,600만 달러를 기록했다. 북한의 2014년 대외무역 규모(남북교역 제외)는 전년대비 3.7% 증가한 76억1,000만 달러를 기록했다. 수출은 전년대비 1.7% 감소한 31억6,000만 달러, 수입은 7.8% 증가한 44억5,000만 달러로 집계됐다. 무역적자는 12억9,000만 달러로 2013년에 비해 41%나 급증했다. 품목별로는 전기·기계류·플라스틱 등의 수입이 증가했고, 의류와 부속품 수출이 크게 늘어났다. 최대 수출품은 석탄 등 광물성 연료였다. 금액은 11억 8,000만 달러로 전체 수출액의 37.2%를 차지했다.

〈표 1〉 북한의 연도별 대외무역 추이

(단위: $천)

구 분	2012년	2013년	2014년
수 출	2,880,104	3,218,382	3,164,650(↓1.7%)
수 입	3,931,173	4.126,404	4.446,231(↑7.8%)
합 계	6,811,277	7,344,786	7,610,881(↑3.6%)
무역수지	-1,051,069	-908,022	-1,281,581(↑41.1%)

※ ( )안은 전년대비 증감률. 자료원: KOTRA

최대 교역 상대국은 여전히 중국이었다. 무역규모는 68억6,000만 달러(수출 28억4,000만 달러, 수입 40억2,000만 달러)로 전년대

14) 장형수, 「북한의 외화수급 추정과 분석: 1991-2012」, 『통일정책연구』 제22권 2호, 2013, p.166.

비 4.9% 증가했다. 북한의 對중국 의존도는 2013년 89.1%에서 지난해 90.1%로 약간 올랐다.[15] 앞에서 언급한 대로 북한의 최대 교역 상대국은 중국이고, 수출 품목 가운데 가장 큰 비중을 차지하는 것이 광물자원, 곧 석탄(무연탄)이다. 북한의 대중국 석탄 수출 실적은 2014년 1,547만t을 기록해 2013년 1,654만9,000t보다 6.5%(107만 9,000t) 감소했다. 금액으로는 2013년 13억7,900만 달러(1조5,100억여 원)에서 2014년 11억3,500만 달러(1조2,400억여 원)로 줄었다. 이런 감소세는 중국 경기가 회복되지 않는 한 당분간 계속될 수밖에 없다.[16]

석탄이나 갈탄은 북한 내에서도 수요를 충족시키지 못하고 있는 형편이다. 그럼에도 불구하고 대외수출을 늘리는 것은 석탄을 비롯한 광물자원 외에 마땅히 수출할 물품이 없고, 외화사정이 빠듯하기 때문이다. 더욱 심각한 것은 북한 석탄의 수출단가가 2011년 t당 102달러를 기록한 이래 2012년부터 줄곧 하락하는 추세를 보이고 있다는 것이다. 2013년 t당 83.3달러하던 무연탄 단가는 2014년 73.4달러로 떨어졌고 2015년 3월 현재 62.4달러까지 떨어졌다.[17]

〈표 2〉 2014년 북한-중국 교역 실적

(단위: $천, %)

북한의 수출		북한의 수입		수출입 합계		무역수지
금액	증감률	금액	증감률	금액	증감률	금액
2,841,476	-2.5	4,022,515	10.7	6,863,991	90.2	-1,181,039

※ 자료원: KOTRA

15) 대한무역투자진흥공사, 〈2014년 북한 대외무역동향〉, 2015.6.
16) 최경수, 「북한 석탄생산량 추정과 전망」, 북한자원연구소, 2015.7.
17) 이종규, 「북한의 대중 무연탄 수출감소: 원인과 의미」, KDI FOCUS (2015.6.5. 통권 제57호) 참조.

한편 북한전문 인터넷매체인 데일리NK는 중국 당국이 북한산 석탄의 품질규정을 강화하면서 지난 해 t당 110달러에서 올 봄 47달러까지 폭락했다[18]고 보도한 바 있다. 북한에서 중국으로 석탄을 수출하는 주무기관은 인민무력부와 인민군 총정치국 산하 무역회사로 알려져 있다. 북한산 석탄을 실은 배가 남포항과 황해북도 송림항에서 중국 단둥의 둥장항에 도착하면 t수와 품질을 확인한 뒤 산둥성 등지로 유통된다.

북한산 석탄이 중국 세관에서 품질문제를 야기하는 데는 석탄의 품질문제 외에 다른 이유도 있다. 남포항이나 황해북도 송림항에는 중국으로 수출될 석탄을 쌓아두는 야적장이 있다. 여기에는 북한 각지로부터 채굴된 석탄이 속속 들어와 쌓인다. 그런데 야적장의 공간이 충분하지 못하고, 물류관리가 제대로 이루어지지 않아 각지 탄광으로부터 들어오는 석탄이 들어오는 순서대로 마구 섞이게 된다. 이렇게 섞인 석탄은 중국 현지 세관의 품질검사 때 계약 당시의 견본과 일치하지 않는 부작용을 낳는다.

품질검사에서 퇴짜를 맞으면 반송해야 한다. 하지만 이미 싣고 온 석탄을 되돌리게 되면 예정에 없던 물류비용까지 부담해야 하는 이중고를 결머지게 된다. 그래서 하는 수 없이 울며 겨자 먹기 식으로 계약 당시의 가격보다 훨씬 낮은 가격으로 판매하는 경우가 자주 발생하는 것이다. 이래저래 제값을 못 받고 파는 악순환이 되풀이되는 것인데 최근 중국당국의 품질규정 강화 조치는 북한으로서는 설상가상인 셈이다.

18) The DailyNK, 2015.4.27.

2) 개성공단과 무기판매

북한의 경제특구는 무역지대, 관광특구, 공업지구, 경제지대 등으로 불린다. 실질적으로 일정 규모 이상의 외화를 벌어들이고 있는 곳은 개성공단이 유일하다. 남북한은 2000년 8월 공단 출범에 합의하고 2003년 6월 착공한 뒤 2004년 12월 첫 제품을 출하했다. 이후 2013년 한때 가동 중단사태를 맞기도 했으나 10여 년 간 일정하게 가동되며 양적 성장을 이어왔다.

개성공단의 연간 생산액은 2005년 1491만 달러를 기록했고 이후 성장세를 계속 유지하다가 2013년 가동중단 사태를 맞으며 생산액이 전년대비 절반 이하로 떨어지기도 했다. 그러나 지난해에 2012년의 수준을 회복했다. 2015년 2월 현재 연간 생산액은 8,525만 달러, 누적 생산액은 27억5,499만 달러를 기록하고 있다.[19] 출범 당시 15개 업체가 입주했으나 2015년 2월 현재 124개 회사가 입주해 있으며, 북측 고용인원은 5만5,228명에 이른다. 북한이 개성공단에서 인건비 명목으로 벌어들이는 금액은 근로자 임금과 사회보험료를 포함해 연간 87,000만 달러(약 950억 원)이다.[20] 현대경제연구원은 개성공단이 지난 10년 간 남측에 32억6,000만 달러의 내수를 창출하고, 북측에 총 3억8,000만 달러의 외화수입을 가져다주었다[21]고 평가했다.

북한은 2015년 2월 개성공단 북측 근로자의 최저임금을 3월부터 70.35달러에서 74달러로 5.18% 인상하고 사회보험료도 올리겠다고

---

19) 개성공업지구지원재단 · 개성공업지구관리위원회 홈페이지.
20) 「개성공단, 南北화해의 상징서 '갈등의 화약고'로」, 한국경제, 2015.3.18.
21) 현대경제연구원, 개성공단 가동 10년 평가와 발전 방안, 2014.12.

우리 정부에 일방 통보했다. 이에 따라 이 문제가 남북한 간에 새로운 난제로 떠올랐다. 곡절 끝에 남측 개성공단관리위원회와 북측 중앙특구개발지도총국은 8월 중순 개성공단에서 임금협상을 갖고 3월 이후 개성공단 최저임금을 월 70.35달러에서 73.87달러로 5% 인상하기로 합의, 이 문제를 봉합했다. 개성공단 근로자 최저 임금의 최대 인상분은 매년 5%로 이는 남북한이 협의해 조정토록 되어 있다. 하지만 북측이 이를 어기고 임금인상을 일방적으로 강행한 것이다.

한편 개성공단 근로자의 최저 임금 일방 인상 조치가 해외 송출 근로자의 임금수준과 관련이 있을 수 있다는 주장도 있다.[22)]

무기거래는 한 때 북한의 외화획득 수단 가운데 두 번째로 높은 비중을 차지할 정도로 호황을 누렸다. 품목도 핵물질에서부터 탄약에 이르기까지 다양하다. 핵물질은 종래 원자력총국 산하 4월기업소를 통해 주로 우라늄 정광(yellowcake) 형태로 판매됐다. 주요 거래처는 이란이며, 1960-70년대에는 소련이 독점 구매했다.

일반 무기거래는 크게 세 갈래로 이루어져 왔다. 첫 번째는 중앙당 군수공업부 산하의 제2경제위원회와 제2자연과학원이다. 이들 두 기관은 소속 무역회사를 통한 무기판매나 군사대표단 파견 등을 통해 외화를 벌어들였다. 제2경제위원회는 미사일을 비롯한 상용무기와 탄약 등의 판매를, 제2자연과학원은 제2경제위원회가 판매한 무기의 기술점검과 품질개선 등을 주로 담당한다.

두 번째는 우리의 국방부에 해당하는 인민무력부로 산하 무역회사를 통해 무기 판매에 나서고 있다. 방사포와 기관총, 소총 등 총

---

22) 홍양호(前개성공업지구 관리위원회 위원장), 서평포럼, 2015.2.23.

포류를 주로 판매한다. 세 번째는 정찰총국 작전부가 산하 무역회사를 통해 무기를 판매하는 것인데 지대공미사일, 휴대용미사일, 수류탄, 소형 어뢰정, 쾌속정 등 품목이 다양하다.

무기판매를 통해 벌어들인 외화는 제품 생산에 소요된 비용과 기관 자체의 재생산을 위한 금액을 제외한 나머지를 중앙당 39호실 소속 단천무역은행에 입금한다. 북한이 무기거래에서 특수를 누렸던 시기는 이란-이라크 전쟁(1980.9-1988.8)이 한창이던 1980년대였다. 이 때 이란에 스커드미사일을 주로 팔았는데 사거리 1km에 1만 달러가 공정가격이었다. 사거리가 400km이면 400만 달러가 되는 것이다. 이 시기 북한은 연간 10억 달러에 가까운 판매 수익을 올렸던 것으로 알려져 있다.

그러나 2000년대 중후반 미사일 시험발사와 핵실험의 여파로 유엔을 비롯한 국제사회가 대북제재에 들어가면서 북한의 무기거래는 상당히 위축된 상태이다. 여기에 주요 무기 구매처이자 분쟁지역이었던 중동지역의 수요가 감소하고, 북한 무기류의 품질과 기술력이 시대적 추세를 따라가지 못하면서 무기 수출은 주춤하고 있다. 특히 2013년 7월 청천강호의 파나마 억류사건이후 북한은 해외에서 무기거래를 통한 외화벌이를 상당 부분 포기한 상태에 있다. 이에 따라 새로운 무기판매 시장 개척과 무기거래 루트의 개발에 주력하고 있다.

이와 함께 중동과 중남미, 아프리카 지역의 친북국가들을 중심으로 컴퓨터 소프트웨어·무선기기 등과 북한산 무기를 결합하는 새로운 패키지상품 개발에도 관심을 기울이고 있는 것으로 전해지고 있다. 금괴 수출도 외화벌이의 한 부분을 차지하고 있다. 금괴는 중앙당 39호실이 독점 관리하고 있으며, 산하의 조광무역을 통해 한 번에 수백kg씩 내다팔아 외화를 벌어들였다. 주로 고려항공 여객기를 이용해 마카오로 반출한 뒤 현지에서 밀매해 왔으며, 그 규모는 1년에 1-2t 안팎이라고 한다.

이 밖에 마약 · 위조지폐 · 위조담배 · 가짜 의약품의 생산 및 밀수출 등의 불법 활동을 통한 외화벌이도 꾸준히 이어지고 있으나 그 수익은 2000년 이전에 미치지 못하는 것으로 알려지고 있다. 2012년 4월 현재 무기수출 1억 달러, 금(金) 수출이 7,000-8,000만 달러이고 위폐제작 2,000만 달러, 마약밀매 수입 1-2억 달러이다.[23)]

3. 해외 인력송출 정책과 실태

1) 시대별 인력송출 정책 변화

북한의 해외 인력송출 정책은 크게 외화벌이와 해외 인력에 대한 북한당국의 전략으로 인한 것이다. 이러한 목적을 달성하기 위해 각 기관 혹은 부서에 해외 인력송출을 장려하며 '당의 방침'을 받은 곳은 이를 수행하기 위해 해외 인력송출을 진행해 왔다.[24)]

북한의 해외인력 송출은 1940년대 중후반부터 시작되었다. 당시 북한을 점령하고 통치하던 소련은 극동지역과 사할린에서 필요한

23) 조선일보, 2012.4.27.

24) 윤여상 · 이승주, 「북한 해외 노동자 현황과 인권실태」, 북한인권정보센터, 2015, p.6.

노동력을 확충하기 위해 북한 노동력을 활용했다. 소련의 지배하에 있던 북한 지도부는 블라디보스토크, 나홋카 및 사할린에 건설노동자, 광부, 탄부, 어부 등의 직종으로 북한 근로자들을 선발하여 파견하였는데 1946년부터 1949년 사이에 사할린에 파견된 북한 근로자만 약 2만6,000여 명에 달했다.[25]

이 시기의 인력송출은 북한지역을 실질적으로 통치했던 소련의 정책의지가 반영된 것이며, 북한 지도부는 거기에 순응한 것으로 보인다. 소련은 북한 인력을 자국에서 필요한 노동력으로 활용하려고 했고, 북한 지도부는 이런 소련의 의도를 거스르지 못했다. 게다가 송출 인력이 주로 정치범이나 중범죄자여서 송출을 거부할 명분이 약했던 측면도 있었다.

북한정권은 6·25전쟁 이후에도 소련에 노동력을 파견했으며, 1960년대 말까지는 정치범과 중범죄자들을 소련 극동지역의 체크도민(하바롭스크주)과 틴다(아무르주) 등의 지역에 벌목공으로 파견했다.[26] 이때의 인력송출에는 이전과는 다른 차원의 정치적 판단과 전략적 고려가 작용했다. "김일성이 6·25전쟁 직후 남한과 전쟁 시에 대비하여 소련 원동지역이 중요하다는 교시를 내려서 북한 노동자를 연해주 지역에 집중적으로 파견했다"는 것이다. 즉 "북한이 전쟁 수행 시 원동지역을 근거지로 두고 활용할 상황을 대비하여 해외 파견자를 보내 이 지역을 관리했다"[27]고 한다.

1970년대 들어 북한은 중동의 사우디아라비아와 리비아 등에 건설노동자들을 파견하기 시작했다. 러시아에 보내는 벌목공들도 범

25) 이재원·김승철·허만호, 「북한 해외파견 근로자의 인권실태와 개선방안에 관한 연구」, 미래한국재단 연구보고서 14-1, 2014, p.37.

26) 위의 글, pp.37~38.

27) 윤여상·이승주, 앞의 글, p.34.

죄자가 아니라 정치·사상적으로 검증절차를 거쳐 엄선된 근로자들을 파견했다. 이때부터 북한은 순수 외화벌이 차원에서 인력을 해외에 내보기 시작한다. 1980년대는 북한경제가 본격적으로 침체와 균열을 드러내고 인민생활이 어려워지기 시작한 시기이다. 경제가 어려워지자 외화결핍은 더욱 심화되었고, 이에 발맞춰 북한의 인력송출도 늘어났다. 소련과 동유럽, 중동 등지에 의사와 태권도 사범 등 전문 인력이 파견되기도 했다.

경제난이 급격히 악화된 1990년대에 북한은 인력송출 대상 국가를 확대하고, 송출인력의 직종을 다양화했으며, 그 규모와 숫자도 늘렸다. 좀 더 많은 인력을 내보내기 위해 선발기준을 완화하기도 했다. 이를테면, 종래 당원들만이 해외에 나갈 수 있었다면 1990년대 중반부터는 비당원도 나갈 수 있도록 기준을 낮춘 것이다.

2000년대 들어 북한의 해외 인력송출은 더욱 활발해졌다. 2000년대 중반 인력송출 대상국이 45개에 이르렀으나 최근에는 16개국으로 줄었다. 반면 숫자는 3만 명에서 두 배 가까이 크게 늘어났다. 특히 러시아와 중국에 대한 인력송출이 급증했다.

2007년 정부 한 기관의 비공개 자료에 따르면, 북한은 동시베리아를 비롯해서 중국과 동남아시아, 중동, 아프리카에 이르기까지 全세계 45개국에 근로자를 파견했으며, 그 숫자는 3만 명에 이르는 것으로 파악됐다.[28] 2013년 1월 외교부가 국회 외교통일위원회에 제출한 '해외 파견 북한 근로자 현황 추정치' 자료는 북한이 중국과 러시아, 몽골, 아프리카 등 全세계 40여 개 나라에 4만6,000여 명의 근로자를 파견한 것으로 밝히고 있다.[29] 북한인권정보센터는 최근 언

28)「북한 노동인력의 해외 진출현황」 제목의 비공개 정부 기관 보고서.
29) 주간동아, 2014.5.21(제938호).

론보도와 각종 자료를 근거로 북한의 해외 인력송출 규모를 5만-6만여 명으로 추정했다.[30)]

국가별로 구체적으로 살펴보면, 러시아 2만여 명, 중국 1만9,000여 명, 쿠웨이트 4,000-5,000여 명, 아랍에미리트연합 2,000여 명, 몽골 2,000여 명, 카타르 1,800여 명, 앙골라 1,000여 명, 그 외 폴란드 400-500여 명, 말레이시아 400여 명, 오만 300여 명, 리비아 300여 명, 나이지리아 200여 명, 알제리 200여 명, 적도기니 200여 명, 에티오피아 100여 명 등 세계 각 국에 넓게 분포되어 있다.[31)]

2) 중국과 러시아에 인력송출 집중

북한이 러시아와 중국에 송출한 인력 규모는 집계 시점에 따라 크게 차이를 보이고 있다. 우선 2015년 3월말 현재 러시아에 송출한 인력이 4만7,000여 명을 넘는 것으로 밝혀졌다. 러시아 노동부가 내놓은 외국인 고용허가증 발급 현황에 따르면, 2015년 1분기 러시아에서 고용허가를 받은 북한 노동자는 4만7,364명으로 전년동기보다 27% 늘었다.[32)] 이는 현재 러시아 정부로부터 노동허가증을 받은 외국인 규모에서 중국(8만622명)과 터키(5만4,730명)에 이어 세 번째로 많은 숫자이다. 중국으로 입국하는 북한 주민은 2010년 약 12만 명에서 2013년 약 21만 명으로 지난 4년간 연평균 21.3%씩 급증하고 있다. 이 가운데 근로 목적의 입국자 비중은 2014년 상반기 현재 전체의 약 48%를 차지하는 등 근로자의 비중

30) 윤여상 · 이승주, 앞의 글, p.22.
31) 조선일보, 2014.11.24., A12면.
32) 연합뉴스, 2015.4.30.

이 매우 높다.[33)]

〈표 3〉 북한 주민 중국 입국자 수(數) 추이

(단위: 만 명)

	2007	2008	2009	2010	2011	2012	2013	2014	2015(상반기)
입국자 수	11.4	10.2	10.4	11.6	15.2	18.2	20.7	18.4	9.0
취업 목적	5.4	4.7	5.2	5.4	7.5	8.0	9.3	8.9	4.7

자료: 中國國家旅遊局 웹사이트 http://www.cnta.cn "旅遊數据" 항목 중 'Foreign Visitor Arrivals by Purpose'

북한이 중국에 송출한 인력 규모와 관련해 국내 한 인터넷 매체는 "북한 인력의 중국 송출이 급증하고 있는데 2013년 기준 취업비자를 발급받아 중국을 방문한 사람이 9만 명에 이른 것으로 파악됐다"고 보도했다.[34)] 또한 중국의 한 매체는 "중국 시장에 유입된 북한 노동력이 2010년에 5만4,000명에서 2013년에는 9만3,000명으로 19.9% 증가했다"면서 "2014년 상반년까지 중국 경내에 들어온 북한 사람은 9만2,000명, 이 가운데 47.8%인 4만4,000명이 노동자"라고 전했다.[35)]

그런데 상기 매체가 밝힌 수치가 중국에 나와 일정 기간 상주하면서 일하는 사람의 숫자인지, 취업목적으로 입국한 연인원을 말하는 것인지 명확하지 않다. 중국에 나와 일하는 노동자 가운데는 취업비자가 1개월짜리라 한 달에 한 번씩 북한에 들어갔다가 나오기를 되풀이하는 사람들도 꽤 있다. 실제로 필자는 단둥에서 신의주

33) 이해정, 「최근 북중 경제협력 현황과 시사점」, 현대경제연구원, 『현안과 과제』, 15-30호, 2015.

34) 「북한급변사태와 통일전략」, The DailyNK, 2015.2.23.

35) 「雇負賺取人民幣的使命, 中國朝鮮勞動者三年增幅近20%」, 澎湃國際, 2014.11.12.

쪽으로 들어가기 위해 출국장에 단체로 대기 중이던 북한 노동자들을 현장에서 목격한 바 있다. 이쪽 사정에 밝은 한 현지 인사는 단둥에서 북한으로 들어가는 노동자들이 일단 강을 건너 북한으로 들어간 뒤 신의주에서 하룻밤만 묵고 재입국한다고 귀띔했다. 매달 한 번씩 이런 일이 정례적으로 되풀이된다는 것이다.[36)]

아무튼 집계 기준이 분명하지는 않지만 전후 사정과 맥락을 고려해 볼 때, 북한이 해외에 송출한 전체 인력규모는 최소 15만 명에서 20만 명에 이를 것으로 보이며, 이러한 증가 추세는 당분간 지속될 것으로 보인다.

한편 북한의 해외송출 인력은 노동자, 농장원, 광부, 탄부, 의사, 체육인, 미술가, 조각가, IT전문가, 웨이터, 매춘 등 아주 다양하다. 국가나 지역별로도 나름의 특성을 지니고 있다. 중국에서는 식당이나 봉제(의류), 러시아에서는 벌목과 건설, 중동에서는 건물·정유공장·도로·수로 등의 건설현장에서 주로 일하고 있다. 아프리카 국가에서는 대통령 궁·각종 기념관·대형 조형물·군사시설 건설과 의료 분야에 주로 종사한다. 동유럽에는 단순 임가공에 종사하는 여성이 많으며, 동남아에서는 건설 분야가 많다. 몽골에서는 임가공·광업 등이 주류를 이루고 있다. 최근에는 컴퓨터·정보기술(IT) 분야나 애니메이션 제작 등에 전문 인력 송출을 적극 추진 중이다.

인력송출 방법은 개인이 외국에 나가 일거리를 찾는 것이 아니라, 북한당국이 상대 국가와 협약을 맺어 인력을 송출하는 식으로

---

36) 북한당국이 노동자들의 사상변질을 우려해 사상총화를 실시하려고 매달 한 번씩 불러들이는 것이라고 한다. 좋은 벗들, 오늘의 북한 소식, 제432호, 2011.12.14.

운영되고 있다.[37] 임금도 근로자들이 송출된 현지 국가나 기업으로부터 직접 받는 것이 아니라, 북한당국이 일괄 받아 근로자들에게 지급하고 있다. 이 과정에서 임금의 80-90%는 충성자금, 보험료, 숙식비 등 각종 명목으로 떼이고, 실제 근로자들의 손에 들어가는 것은 10-20%에 불과하다고 한다.

한때 송출 인력의 조직이탈과 현지 탈법·범법 행위 등이 빈발하자 선발과정에서 더욱 엄격한 검증기준을 내놓기도 했다. 하지만 김정은이 2011년 당 간부들을 모아놓고 "한두 놈 탈북해도 상관없으니 외화벌이 노동자를 최대한 파견하라"고 지시[38]한 뒤 이 기준은 무색해졌다. 이런 분위기 속에 향후 북한의 해외 인력송출은 중국·러시아[39]·몽골[40] 등을 중심으로 더욱 늘어날 전망이다. 이들 국가가 생산성이 높고 값싼 북한 노동력을 선호하는데다 북한 또한 외화벌이를 위해 인력송출에 적극적이기 때문이다.

---

37) 신창훈·고명헌, "Beyond the UN COI Report on Human Rights in DPRK,"(2014.11.21., 미국 워싱턴).

38) 북한전략센터-코리아정책연구원, 「북한의 해외인력송출 실태」, 2012.12, p.18.

39) 일례로, 막심 셰레킨 러시아 극동개발부 차관은 리아 노보스티통신과 가진 회견(2015.4.8.)에서 "북한 노동자들이 극동지역에 파견된 중국인 노동자를 점차 대체할 전망이라며 북한이 값싼 노동력을 무제한적으로 러시아에 제공할 준비가 돼 있다"고 말했다. RFA, 2015.4.10.

40) 미국 헤리티지재단의 통상전문가 앤서니 김(Anthony Kim) 연구원은 "국제적인 대북제재로 노동자송출이 북한의 유일한 외화벌이 수단이라면서 몽골을 통한 노동자 송출이 늘어날 것"이라고 전망했다. RFA, 2010.8.18. 한편 북한과 몽골은 2008년 북한 노동자 파견 및 고용과 관련한 세부사항을 담은 기본협정을 체결한 바 있다.

4. 對중국 인력송출 현황: 두만강 유역을 중심으로

1) 중국내 노동력 수급환경 변화

최근 연간 중국의 경제성장 속도가 둔화되면서 일자리를 찾지 못한 농민공(農民工)들이 상당수 귀향하고 그에 따라 도시 노동력 수급에 차질이 빚어지고 있다. 또한 노동력 부족은 근로자들의 임금 상승을 불러와 중국내 저임금 장점(merit)이 사라지고 있다. 이러한 상황에서 중국에 진출한 노동집약적 제조업 분야의 외자기업들이 속속 중국을 떠나 공장을 동남아시아 등의 지역으로 이주하거나 이주를 심각히 고려하고 있다. 특히 근로자 임금상승은 외자기업뿐만 아니라 중국 기업에도 큰 부담으로 작용하고 있다.

생산성 높고 값싼 북한 노동력은 중국 내 기업들에게 상당히 매력적인 대상이 아닐 수 없다. 외화벌이를 위해 세계 각 국에 사람들을 내보내고 있는 북한으로서도 중국은 지리적으로나 심리적으로 가까운 인방이고, 인력관리가 상대적으로 용이한 장점을 가지고 있다. 따라서 중국에 대한 북한의 인력송출은 노동력 수급이 어려운 중국 국내 상황과, 외화벌이가 절실한 북한의 요구가 맞아떨어진 결과라고 할 수 있다.

이런 분위기와 추세에 힘입어 북한은 중국에 대한 인력송출을 크게 확대하고 있다. 특히 김정은 정권이 출범한 2012년을 전후해 증가세는 가파르게 오르고 있다. 중국으로 입국하는 전체 북한 인력은 2010년까지 10만 명 안팎이었다. 그러나 2011년에 들어서면서 큰 폭으로 증가했다. 2010년 총 11만6,000명에 불과했으나 2013

년에는 20만7,000명으로 거의 2배 가까이 증가해 사상 최대치를 기록했다. 북한의 대중국 투자가 연간 수백만 달러(2013년 268만 달러)에 불과한 점을 고려할 때 중국의 대부분 북한 근로자는 북한 투자와 무관한 곳에 근무하는 것으로 추정된다.[41]

중국내 북한인력 입국자 수 증가는 2012년에 북한이 중국 접경 도시와 대규모 인력파견 협의서를 체결한 것이 중요한 계기가 되었다. 북한은 2012년에 랴오닝성 단둥, 지린성 투먼·훈춘 등에 각각 2만 명의 노동자를 공급하기로 하는 협약을 맺었다.[42] 그러나 중국 전체는 말할 것도 없고, 투먼·훈춘 지역에서 일하는 북한 노동자 규모가 어느 정도인지 정확히 알져지지 않고 있다. 중국과 북한 모두 이와 관련한 통계자료[43]를 내놓지 않고 있기 때문이다.

당시 북한 인력의 1인당 인건비는 1인당 월 170달러 정도였다. 이 가운데 40-50%는 북한당국이 사회보장금 명목으로 공제하는 것으로 알려졌다. 다만 단둥과 투먼 등지에 나와 있던 1만-2만 명 정도의 S/W인력은 기술자로 인정받아 월 300달러의 비교적 높은 임금을 받았다.

북한 인력의 인건비는 지역과 직종에 따라 다르다. 일례로 여성 인력이 많은 투먼의 조선공업원 내 북한 근로자 인건비는 1인당 월 200-300달러(1,300-1,900위안) 정도였다. 평균적으로 보면 1,500위안 수준이라 할 수 있다. 조선공업원과 북한당국이 체결한 노동협

---

41) 한국무역협회 북경지부, 〈중국내 북한 노동자의 입국 현황과 시사점〉, 2014.10.

42) 위의 글.

43) 필자가 2015년 6월 연변지역을 방문했을 때 현지의 한 관계자는 "투먼과 훈춘을 포함한 옌벤지역 전체에서 일하는 북한 근로자 수가 약 2만 명 정도 되며, 그 중 70% 정도가 투먼과 훈춘에서 일하고 있을 것"이라고 추정한 바 있다.

약에 따라 북한 노동자의 월급 가운데 60%는 북한 측 인력송출 업체가 가져가고 40%만 노동자들에게 지급되었다.[44)]

초기 북한 인력의 중국 입국은 산업연수가 목적이었다. 그러나 지금은 거의 외화벌이 목적으로 전환되었다. 또 초기 중국으로 나가는 인력은 대부분 평양 출신이었지만, 지금은 평양에 국한되지 않고 전국적으로 고른 분포를 보이고 있다. 이는 기본적으로 중국으로 나가는 인력의 규모가 커진데 따른 현상이다.

북-중 국경지역은 '사실상의 분계선'이라고 할 정도로 예민한 지역이다. 북한당국으로서는 외화벌이도 좋지만 근로자 이탈이나 외부문화가 북한 내부로 유입되는 것을 걱정하지 않을 수 없다. 따라서 여타 지역 주민들에 비해 상대적으로 안정성이 높다고 판단되는 평양 사람들을 우선적으로 내보낼 수밖에 없었을 것이다.

중국에 송출된 북한 노동력은 양질이면서도 저렴하다는 특장(特長)을 지니고 있다. 성실하고 근면한 근무태도 역시 북한 노동력이 가진 커다란 매력이다. 반면 북한 특유의 폐쇄적 인력관리와, 끊임없이 제기되고 있는 인권문제는 치명적인 한계이자 반드시 해결해야할 과제이기도 하다. 이들이 일하는 직종은 식당과 같은 서비스업과, 의류 · 생필품 · 가전제품을 생산하는 제조업, 애니메이션과 IT제품을 제작하는 기술분야 등 다양하다. 많지는 않지만 중국 건설현장에서 일하는 노동자도 있다. 이들 가운데 일부는 흑공(黑工), 즉 불법취업자들이다.

북한 인력은 게으름을 피우지 않고 열심히 일해 현지 기업들에게 인기가 높다. 하지만 이들을 고용하는 것이 쉽지만은 않다. 의

44) "朝鲜劳工来华: 六成工资上缴组织 不许谈恋爱," 21ccom.nat, 2012.7.24.

류나 식품 가공, S/W업종 등은 북한 인력을 고용할 수 있는 범위가 제한적이며, 고용업체가 1년치 이상의 세금 납부증명서를 제출해야 한다. 또 투자자본금이 100만 달러 정도는 되어야 하는 등 고용조건이 상당히 까다롭다.[45)]

2) 두만강 유역 투먼·훈춘[46)]에 대한 인력 송출

인력난이 심화되고 근로자들의 임금이 큰 폭으로 상승하는 현상은 지리적으로 북한과 가까운 중국 동북삼성도 예외가 아니다. 특히 지린성 옌볜조선족자치주는 인력문제를 해결하기 위해 북한인력 활용을 적극 모색하고 있다. 이 지역 가운데서도 북한 인력이 집중적으로 인입되고 있는 곳은 지린성 옌볜조선족자치주의 투먼(圖們)과 훈춘(琿春)이다.

투먼과 훈춘은 동북아 경제공동체의 중심지로 떠오르고 있는 두만강 유역의 거점도시로 다 같이 옌볜조선족자치주가 경제특구로 개발하고 있는 곳이다. 하지만 제조업이나 산업기반이 매우 취약하다. 이 지역은 워낙 인구가 많지 않고 젊은이들이 꿈과 희망을 좇아 한국이나 대도시로 떠나버려 젊고 쓸 만한 노동력을 구하기가 쉽지 않다. 그나마 남아있는 젊은이들도 3D업종에서 일하기를 기

---

45) 아주경제, 2012.7.25.

46) 필자는 본 논문 작성과 관련해 지난 6월 6일 투먼의 조선공업원과 훈춘의 국제합작시범구를 직접 방문하여 현지사정을 살펴보았다. 필자가 탄 승용차가 투먼의 조선공업원에 들어가는 데는 별다를 제지나 방해를 받지 않았다. 그러나 북한 여성근로자들이 단체로 움직이는 장면을 카메라에 담으려 하자 집단적으로 거칠게 항의하는 등 민감하게 반응하였다. 훈춘의 국제합작시범구에서는 각종 공사가 활발히 진행되고 있어 개발의 열기를 느낄 수 있었다. 그러나 북한 근로자들을 직접 접촉하지는 못해 아쉬움을 남겼다.

피하고 있다.

투먼은 옌볜조선족자치주 안에 있는 도시로 이곳 투먼경제개발구는 북-중경제무역합작의 전초기지이자 중국의 대북경제협력 창구이다. 투먼경제개발구는 창춘-지린-훈춘 고속도로 투먼 톨게이트 바로 옆에 위치해 있으며, 면적은 5.73㎢. 1992년 지린성의 비준을 받은 성급 경제개발구이다. 북한의 함북 온성과 마주하고 있고, 북한 경제특구인 나선까지는 160km 떨어져 있다. 투먼시는 2010년 10월 접경지역 북한 주민들이 통행증만 있으면 자유롭게 오가며 무관세로 교역을 하는 호시(互市)무역시장을 개장하기도 했다.

투먼에서 북한 인력을 집중 고용하고 있는 곳은 투먼 조선공업원(朝鮮工業園, 북한공업구)이다. 북한과 중국 지린성 정부가 합작한 공장구역으로 투먼경제개발구 안에 있다. 조선공업원은 중국에서 유일하게 북한 노동력 고용이 공식 허용된 공단이다. 투먼시 정부는 2011년 8월 중국 최초로 이 공단 설립을 승인받았으며, 그해 10월 북한 인력 2만 명을 고용한다는 계약을 조선합영투자위원회와 체결했다.[47]

조선공업원의 입주 기업 유치와 관리는 하북(河北)성 기업(基業)그룹이 맡고, 공업원에서 생산된 제품의 북한 내 판매는 북한 라선시가 담당하고 있다. 투먼시 경제개발위원회의 위탁을 받은 옌볜금추전자과학기술유한회사는 2010년 10월 북한 무역성·선봉무역회사 등과 북한 근로자 고용을 위한 노무협약을 체결, 우선 100명의 북한 인력을 들여오기로 합의했다.[48]

---

47) 「김정일 원수님의 유훈… 칼바람 속 北주민들 조문 행렬」, 주간동아, 제928호(2014.3.10.).

48) 연합뉴스, 2011.8.12.

그러나 조선공업원에 가장 먼저 들어온 북한 인력은 능라도무역회사(중앙당 38호실), 신흥회사(국가안전보위부), 조선컴퓨터센터(중앙당 기계공업부) 등 3개 회사 소속 625명의 노동자 · 기술자들이었다. 2015년 2월 현재 이곳에서 일하는 북한 근로자는 6,000명[49], 인근의 옌지(延吉)과 훈춘에서 일하는 노동자까지 합하면 2만 명[50]에 이르는 것으로 알려졌다. 이곳 공장에서 일하는 북한 노동자의 상당수는 20대 초반의 여성이며, 남성은 20-30% 정도이다. 출신 지역은 의외로 평안도와 황해도 출신이 많다[51]고 한다.

조선공업원에서는 주로 북한 시장에서 필요로 하는 식품, 의류, 생필품, 가전제품 등을 생산하며, 북한 인력이 고용돼 제조업과 기술부문에서 일하고 있다. 2014년 말 현재 이곳에 입주한 각종 기업은 112개에 달하며, 그중 일정 규모이상 공업기업이 27개가 있다.[52]

조선공업원에서 일하는 북한 근로자들은 기숙사와 공장 사이를 단순 왕복하는 다람쥐 쳇바퀴 도는 생활을 하고 있다. 이들은 공장에서 일할 때 이외에는 기숙사에 갇혀있다시피 하며, 기자는 물론 일체 외부인의 접촉을 차단당하고 있다. 심지어 중국인들과의 접촉도 금지되어 있다. 일터에서도 전체 근로자가 하나의 작업장(車間)에서 일하는 엄격한 질서를 유지하고 있다.

이와 관련해 중국의 한 매체는 이곳에서 일하는 북한 노동자들의 특징을 네 가지로 요약하기도 했다.[53] ① 신비한 고학력 인재

49) 「북한 거쳐 백두산에 오르면 얼만 좋을까」, 오마이뉴스, 2015.2.11.
50) 대한무역투진흥공사 다롄무역관, 〈투먼지역 북한인력 활용 사례〉, 2014.11.21.
51) KBS뉴스, 2013.11.26.
52) 「투먼개발구 중조경제합작 전초기지로 부상」, GK창의문화센터, 2015.1.20.
53) 「朝鲜劳工来华: 六成工资上缴组织 不许谈恋爱」, 21ccom.nat, 2012.7.24.

(神秘的高學歷人才)이고 ② 반드시 동일한 작업장에서 일하며(必須在同一車間工作) ③ 공장에서 나갈 수 없고(不出廠門) ④ 중국인과 교제할 수 없는 것(不如中國人交往) 등이다.

더욱 흥미로운 것은 이곳에서 일하는 북한 근로자, 예컨대 그들이 100명이라면 그 가운데 10-20명은 북한 보위부 요원이라는 점이다.[54] 근로자의 10-20%가 북한이 파견한 보위부 요원이라는 것이다. 이들은 각각 작업장의 반장 또는 조장의 직무를 담당하는데, 이는 북한 인민군의 정치위원에 해당한다고 한다. 근로자들 속에서 그들의 일상생활과 사상활동을 감시·감독하는 것이다.

凤凰周刊은 이러한 북한 특유의 노동자 관리방식을 '북한식 노동자관리모델(朝式劳工管理模式)', '북한 고유의 반(半)군사적 노동자 관리모델(朝鲜这种固有的半军事化劳工管理模式)'이라며, 이는 시베리아 벌목시대 때부터 시작되었다고 지적했다.[55]

한편 투먼경제개발구는 투먼공업원의 조속한 개발을 위해 최근 식당과 목욕탕·오락실·경비실·의무실 등을 갖춘 2만1,000㎡의 시설을 완공했다. 또 조선공업원 안에서 북한 노동자·기술자들에게 필요한 생필품과 식품, 계절에 맞는 피복까지 지급하도록 규정했다. 이 밖에도 북한 인력을 고용하기 위한 몇 가지 방안을 추진하고 있다.[56]

첫째, 2015년까지 추가로 9,000㎡의 숙소를 건설할 예정이다. 둘째, 인력의 안전관리제도를 완비한다. '폐쇄적 관리'를 가능케 하기 위해 북한 노동자·기술자 인입과 관리 및 취업, 위생, 안전 등 15

---

54) 「探秘2万朝鲜劳工入境内情(2)」, 凤凰周刊, 2013.2.18.
55) 위의 글.
56) 「图们经济开发区多举措助推朝鲜工业园快速发展」, 中國投資指南, 2015.2.11.

개 항목의 '조선공업원 관리체계'를 구비한다. 안전관리기구는 중국 공안이 맡아 담당하되 CC-TV 설치를 비롯해 철저한 폐쇄적 관리·운영체제를 유지한다. 셋째, 북한 노동자·기술자의 생활습관과 명절·세시풍속을 존중하며, 북한의 전통명절 외에 국가명절(2·16, 4·15, 7·27, 9·9, 10·10 등)에 특색 있는 식품을 제공한다. 마지막으로 북한 노동자·기술자를 채용할 중국 측 기업을 엄격히 선정한다.

중국은 동북삼성의 풍부한 지하자원을 동해를 거쳐 상하이(上海)나 연해지역으로 운송하는 수송로 개척을 원하고 있다. 동북삼성 가운데 요령성에는 다롄(大連)을 비롯한 몇 개의 항구가 있지만, 지린성과 헤이룽장성·내몽골자치구에는 항구가 없다. 이 지역의 지하자원을 동해를 거쳐 상하이나 연해지역으로 운송하려면 출구는 북한의 나진항밖에 없다. 당장은 아니지만 장차 이 지역의 경제가 활성화돼 대량의 상품이 유럽이나 동남아 등지로 나가더라도 나진항이 최적이다.

나진항은 거리상 동북삼성에서 가장 가까운 곳에 있고, 그 길목에 훈춘이 자리 잡고 있다. 중국 중앙정부나 지린성, 옌볜조선족자치주가 훈춘을 '물류의 거점'으로 개발하려는 이유가 여기에 있다. 실제로 중국과 북한의 합의에 따라 2011년 2월 훈춘의 석탄을 나진항을 거쳐 상하이로 운반하는 작업이 사상 처음으로 이루어졌다. 훈춘은 남북한 동시 개방지역으로, 이곳에는 중국의 변경도시 가운데 유일한 국가급 경제특구인 훈춘 국제합작시범구가 있다. 훈춘 국제합작시범구는 중국 정부가 훈춘을 동북아시아 무역전진기지·물류거점으로 키운다는 구상 아래 공을 들이고 있는 곳이다.

중국 국무원은 2013년 4월 훈춘 국제합작시범구(이하 시범구)

설립을 비준했고, 그해 5월 훈춘에서 시범구 착공식을 가진 뒤 본격적인 개발을 시작했다. 2020년까지 90㎢ 면적에 조성할 시범구에는 △국제산업합작구역 △국경무역합자구역 △북·중 훈춘경제합작구역 △중·러 훈춘경제합작구역 등 4개 구역이 들어선다.[57] 러시아, 북한과 국경을 접한 두만강 하구에 위치한 시범구에는 150만㎡(45만 평) 규모의 포스코현대 국제물류단지도 건설 중에 있다. 옌볜조선족자치는 훈춘 국제합작시범구에 한국인이 무비자로 15일간 체류할 수 있게 하는 사증 면제정책 도입을 추진할 계획도 가지고 있다.[58]

훈춘에는 3개의 성급(省級) 개발구도 있다. △훈춘변경경제합작구 △훈춘중·러상호무역구 △훈춘수출가공구가 그것이다. 중국 한 매체의 보도[59]에 따르면, 훈춘수출가공구 안에는 세 종류의 가공기업이 있고, 그 중 두 종류가 주도적 역할을 하고 있다. 하나는 목재가공기업으로 원료는 러시아로부터 들여오고 있다. 다른 하나는 수산품가공기업이다. 수산품은 털게·대왕게·낙지·잉어 등으로 주로 북한과 러시아에서 들여오고 있다. 훈춘수출가공구에는 2013년 4월 현재 이런 기업이 10여 개 있는데, 당장 3,000여 명의 노동인력이 필요할 정도로 노동력 수급에 애를 먹고 있다. 이들 기업의 가장 큰 과제는 노동력 수급으로 북한 노동력을 채용하는데 큰 관심을 가질 수밖에 없다.

일례로 북한 노동자들을 채용한 훈춘의 한 편직공장은 인력관리를 폐쇄적으로 하고 있다. 그러나 임금이 현지 인력에 비해 상대적

57) 「옌볜자치주 훈춘, 신흥물류전초기지로 도약」, 아주경제, 2014.3.30.
58) 연합뉴스, 2015.1.26.
59) 「中朝邊境琿春外貿企業不憂朝鮮憂招工」, 中國與世界, 2013.4.16.

으로 낮고 노동자들이 부지런한데다, 북한 측에서 시간외 작업도 능동적으로 요구하고 있어 기업으로서는 반기는 입장이다. 북한이 폐쇄적 인력관리를 요구하고 있음에도 불구하고 다른 공장이나 기업들도 북한 노동력을 적극 유치하려는 입장이어서 이 지역으로 북한 노동력이 몰려들고 있다.

훈춘시는 현지 중국 기업이 북한 내 노동력을 이용해 제품을 생산하는 임가공(出境加工)도 시도하고 있다.[60] 훈춘운달복장유한공사(琿春運達服裝有限公司)·지린특래방직유한공사(吉林特來紡織有限公司)·훈춘홍풍의류제의유한공사(琿春弘豊制衣有限公司)·소도의료(훈춘)복장유한공사(小島衣料(琿春)服裝有限公司) 등 4개의 기업이 첫 북한 내 임가공 시범기업으로 선정돼 사업을 시작했다. 이들 기업은 북한 내 임가공을 통해 1차적으로 1,500만 벌의 의류를 생산, 1억4,000만 달러의 수익을 올린다는 목표를 세웠던 것으로 전해진다. 2013년 1월부터 2년 기한으로 시작한 이 시범 사업이 얼마나 성과를 거뒀는지는 확실하지 않다. 분명한 것은 이런 임가공 사업이 활기를 띠며 확대되고 있다는 사실이다.

그러나 현재 훈춘에 북한 노동력이 얼마나 들어와 일하고 있는지는 확실하지 않다. 이와 관련해 한 매체는 "훈춘시에는 북한 근로자 1,000여 명이 각이한 업종에서 고된 노동에 내몰리고 있다"면서 "이들 중 200여 명은 나선특별시 소재 '대흥무역회사'에서 외화벌이를 위해 파견한 노동자들"이라고 현지 소식통을 인용해 보도한 바 있다.[61] 한편 훈춘에는 한국 기업들도 일부 영업을 하고 있다. 휴럼녹즙기, 아디다스, 쌍방울 등이 대표적이다. 이들 기업은 현지

60) 「中國第一筆對朝鮮'出境加工'業務獲簽批准」, 長春日報, 2013.2.28.
61) RFA, 「중 훈춘시 북 노동자 월급 50달러」, 2015.11.5.

법인자격을 얻거나 하청업체를 운영하는 방식 등 각기 조금씩 다른 형태로 영업을 하고 있다. 이들 기업도 값싸고 부지런한 북한 노동력에 관심을 갖고 가능한 범위에서 활용방안을 모색하고 있는 것으로 전해지고 있다.

5. 맺는말: 시사점과 과제

중국내 인력난 심화와 임금상승, 그에 맞닿은 북한 인력의 중국으로 유입 증가는 앞으로 한동안 지속될 전망이다. 중국 기업은 생산성이 높고 값싼 북한 노동력을 선호하고 있고, 북한도 외화획득을 위해 인력송출에 적극성을 보이고 있기 때문이다.

이에 힘입어 현재 랴오닝성 단둥이나 지린성 옌지, 두만강 유역의 투먼·훈춘 등 북-중 경협 지역에서 북한 인력을 활용해 노동집약적 제품을 생산하는 제조공장이 활기를 띠고 있다. 이렇게 생산된 제품은 'made in china'의 꼬리표를 달고 전 세계로 수출되고 있다. 국내에도 적지 않은 물량이 들어오고 있다.

하지만 북한 인력이 중국에 쏟아져 들어와 연간 10만 명을 웃돌고 있는 현상에 대해 중국 내에서도 곱지 않은 시선들이 적지 않다. 북한 노동력은 인력수급에 어려움 겪고 있는 중국 현지 기업들에게는 환영할 만한 일이지만, 반드시 긍정적인 측면만 있는 것이 아니기 때문이다. 북한 인력의 대규모 중국내 유입이 북한의 대(對)중국 투자와 연계되지 않고 있는데다, 중국인의 일자리를 잠식하는 효과가 있다. 또 북한 인력의 중국내 대량 유입은 중국 노동시장을 교란하고 혼란시킬 수도 있다. 이 때문에 중국 정부도 북한 인력의 대거 입국에 대해 우려하며, 이 문제를 신중히 바라보고 있다고 한다. 이에 기술자를 제외한 일반 노동자의 비자발급에 신중을 기해야 한다는 의견이 부상하고 있다.[62)]

그러나 이 문제를 놓고 중앙정부가 직접 나설지는 예단하기 어렵다. 외화획득이 절실한 북한의 처지를 외면하기가 쉽지 않다. 가뜩이나 소원해진 양국관계가 더 멀어질 수 있기 때문이다. 어차피 입국 숫자를 줄일 의도라면 성(省)·시(市) 차원에서 북한 근로자 입국 조건을 강화하거나, 중국내 기업의 북한 인력 고용조건을 까다롭게 해 문제를 어느 정도 해결할 수도 있다. 실제로 과거 중국 중앙정부가 북한 근로자를 적극 채용하라는 지시를 내려도 지방 정부가 해당지역 중국 근로자들의 고용에 악영향을 끼친다는 이유로 북한 근로자 입국에 까다로운 조건을 붙여 채용을 차일피일 미루기도 했다.

문제는 중국 현지에 투자하고 있는 우리 기업들이다. 지린성 안에 있는 한국기업들은 원가상승과 노동력 부족으로 인해 이미 2010년부터 지린성 당국에 북한 노동력 채용을 요구해 왔다. 그러나 이 문제는 그렇게 단순하지 않다.

첫째, 한국기업은 5·24조치의 벽부터 넘어야 한다. 2010년 3월 천안함 폭침사건 이후 한국정부는 대북제재(5·24조치) 차원에서 남북교역을 금지하고 있다. 한국기업이 북한 노동자를 고용하려면 먼저 한국 정부의 허가부터 받아야 한다.

둘째, 한국기업은 원칙적으로 북한 기업을 활용할 수 없다. 한-

62) 한국무역협회 북경지부, 앞의 글.

중 합자·합작기업도 활용이 불가능하기는 마찬가지이다.[63]

셋째, 한국기업에 대한 북한당국의 거부감도 큰 걸림돌이다. 북한은 정책적으로 한국기업에 인력을 공급하지 않는 것을 원칙으로 삼고 있다. 폐쇄적인 인력관리체계를 고집하며 중국인들조차도 접촉을 금지하는 북한당국이 한국기업에 틈이라도 열어주기란 쉽지 않을 것이다.

그렇다고 저렴하고 양질의 북한 인력을 지척에 두고 다른 자구책을 찾는 것은 더욱 상상하기 어려운 일이다. 어려움은 있지만 현지 한국기업들이 북한 인력을 활용하는 방법이 아주 없지는 않은 모양이다. 실제로 상기 관문을 우회하기 위해 많은 한국 기업들이 중국 현지법인 자격을 얻어 한-중 합작기업[64]을 만들거나 중국인을 법인 대표로 내세우는 등 다양한 대응책을 모색하고 있다고 한다. 물론 이것은 합법적인 테두리 안에서 이루어지는 하나의 실례에 불과하다.

투먼경제개발구를 직접 취재한 일본 아사히신문 현지 탐방기사[65]는 "(북한) 여공들이 출근하는 개발구 내외의 기업은 한국투자 혹은 미국투자 기업들"이라고 밝혀 한국 또는 미국이 투자한 기업이 북한 근로자를 고용하고 있음을 시사했다. 다만 일본 기업의 경우 소비자 혹은 무역대상국의 반감을 우려해 관망하는 자세를 유지하고 있다고 한다.

북한 내 노동력을 이용하는 임가공(出境加工)[66]도 고려해볼만

63) 대한무역투자진흥공사 다롄무역관, 앞의 글.
64) 「赴華打工的朝鮮勞工」, 朝日新聞(中文網), 2013.1.25.
65) 위의 글.
66) 중국이 인력난과 근로자 최저임금 상승 분위기 속에서 "가장 우선적으로 고려하고 있는 것이 원부자재를 북한으로 내보내 완제품이나 반제품을 만들어 수

하다. 아직은 걸음마 단계에 머물고 있지만 시간이 지나면 다변화·다양화의 가능성이 없지 않다. 다만 단순 노동에 의존하고 있고, 품목이 일부에 국한되어 있는 것이 하나의 제약 요인이긴 하다. 꽉 닫힌 북한 땅에서 수많은 북한 근로자들이 다른 나라로 나와 일을 하고 돈을 번다는 것은 그 자체로 상당히 긍정적이다. 북한 근로자들이 현장에서 익히는 작업능력과 숙련도, 업무감각 등은 향후 북한의 개혁·개방에 긍정적이고 적극적인 영향을 미칠 것이다.

이는 장차 남북한 경제통합은 물론 동북아경제공동체 형성에도 소중한 자산이 될 수 있다. 그들이 일하는 무대가 남북한은 물론 중국과 러시아·몽골·일본 등의 자본과 기술, 상품과 물류가 역동적으로 움직이는 동북아경제공동체의 한복판이라면 더욱 그렇다.

남북 교류와 경제협력은 남북한 간의 정치정세 변화의 영향으로 자유로울 수 없다. 그것은 한반도 안에서든 밖에서든 마찬가지이다. 당장은 북한의 핵실험과 군사적 도발 등으로 남북관계가 다소 고착되어 있지만 이런 국면이 영속적인 것은 아니다. 어떤 계기로든 남북관계가 호전되면 남북경협은 다시 탄력을 받을 수 있다. 어쩌면 그 움직임은 두만강 유역과 같은 나라밖에서부터 먼저 일어날지도 모른다.

장차 북한이 정책변화를 시도하여 부분적이나마 '개방'으로 방향을 선회한다면 나선특구가 있는 두만강 유역은 변화의 물결을 탈 가능성이 그 어느 곳보다 높다. 그렇게 되면 이 일대는 자본과 물류, 노동력이 활발하게 움직이는 교류와 교역의 중심무대로 떠오를 것이다. 양질에다 값싼 북한 노동력은 남북 교류와 경제협력의 중

입하는 임가공 방식"이라고 한다. 최용민, 「중국, 쌍방향 북한 인력활용에 힘쓴다!」, 한국무역협회, *BRICs INSIDE*(2014년 12월호), pp.6~9.

요한 매개체가 될 수 있다.

남북경협과 '유라시아 이니셔티브'를 연계해 새로운 시너지를 만들어내는 발상과 인식도 가져볼 만하다. 남북 경협을 양자 간 협력으로 인식하는 것이 아니라, 유라시아 경제공동체 형성으로 나아가기 위한 중간 단계로 바라보는 시각의 전환이 필요[67]하다는 말이다. 남북경협이 반드시 한반도라는 특정 울타리 안에서만 이루어져야 할 이유는 없다. 그런 맥락에서 두만강 유역으로 송출되는 북한 인력은 남북경협의 중요한 모멘텀이 될 수 있다.

해결해야 할 과제도 있다. 폐쇄적인 '북한식 노동자관리모델', '북한 고유의 半군사적 노동자관리모델'이라고 하는 인력관리체계가 그 하나다. 물론 이는 비단 중국에서만 나타나는 독특한 현상은 아니다. 북한 근로자들이 일하는 해외 곳곳에서 공통적으로 발견되는 폐습이다. 인력 선발과정에서부터 발생하고 있는 갖가지 인권문제(임금착취, 노동력착취, 고도의 감시와 통제, 뇌물과 부패 등)와 체류국에서 벌어지고 있는 북한 근로자의 일탈행위·범죄행위 등도 반드시 개선되어야 할 또 다른 과제이다.

〈참고 문헌〉

김석진, 「북한의 외화벌이 추세와 전망」, KINU 통일나침반 15-04,

대한무역투자진흥공사, 〈2014년 북한 대외무역동향〉, 2015.6.

대한무역투자진흥공사, 〈북한의 대 UAE 및 중동 인력송출 현황과 시사점〉, 2015.1.14.

---

67) 이해정, 전게서, p.6.

대한무역투자진흥공사 다롄무역관, 〈투먼지역 북한인력 활용 사례〉, 2014.11.21.

북한전략센터-코리아정책연구원, 북한의 해외인력송출 실태, 2012.12,

송봉선, 「북한의 외화벌이 임금착취 실태」, 월간 『북한』, 2015년 2월.

쉬나 체스트넛 크라이튼스(Sheena Chestnut Greitens), 「북한 불법 외화벌이 활동의 변화」, KDI 북한경제리뷰, 2014년 6월.

신창훈 · 고명헌, 「Beyond the UN COI Report on Human Rights in DPRK」, (2014.11.21., 미국 워싱턴).

양문수, 「북한의 계획경제와 시장화 현상」, 통일부 통일교육원, 2013.

윤여상 · 이승주, 「북한 해외 노동자 현황과 인권실태」, 북한인권정보센터, 2015.

윤인주, 「김정은 시대 북한의 관광산업 평가 및 전망」, 2015.11.

이재원 · 김승철 · 허만호, 「북한 해외파견 근로자의 인권실태와 개선방안에 관한 연구」, 미래한국재단 연구보고서 14-1, 2014.

이종규, 「북한의 대중 무연탄 수출 감소: 원인과 의미」, KDI FOCUS (2015.6.5. 통권 제57호).

이해정, 「최근 북중 경제협력 현황과 시사점」, 현대경제연구원, 현안과 과제(15-30호, 2015.9).

장형수, 「북한의 외화수급 추정과 분석: 1991-2012」, 『통일정책연구』 제22권 2호, 2013,

좋은 벗들, 오늘의 북한 소식, 제432호, 2011.12.14.

최경수, 「북한 석탄생산량 추정과 전망」, 북한자원연구소, 2015.7.

최용민, 「중국, 쌍방향 북한 인력활용에 힘쓴다!」, 한국무역협회, BRICs INSIDE(2014년 12월호)

한국무역협회 북경지부, 〈중국내 북한 노동자의 입국 현황과 시사점〉, 2014.10.

현대경제연구원, 「개성공단 가동 10년 평가와 발전 방안」, 2014.12.

아주경제, 2012.7.25.; 2014.3.30.

연합뉴스, 2015.1.26.; 2015.4.30.

오마이뉴스, 2015.2.11.

주간동아, 제928호(2014.3.10.); 2014.5.21(제938호).

KBS뉴스, 2013.11.26.

The DailyNK, 2015.2.23.; The DailyNK, 2015.4.27.

"雇負賺取人民幣的使命, 中國朝鮮勞動者三年增幅近20%," 澎湃國際, 2014.11.12.

"图们经济开发区多举措助推朝鲜工业园快速发展," 中國投資指南, 2015.2.11.

"朝鲜劳工来华: 六成工资上缴组织 不许谈恋爱," 21ccom.nat, 2012.7.24.

"中朝邊境琿春外貿企業不憂朝鮮憂招工," 中國與世界, 2013.4.16.

"中國第一筆對朝鮮 '出境加工' 業務獲簽批准," 長春日報, 2013.2.28.

"探秘2万朝鲜劳工入境内情(2)," 凤凰周刊, 2013.2.18.

"赴華打工的朝鮮勞工," 朝日新聞(中文網), 2013.1.25.

부록 답사기

코리(Khori)족의 전설이 흐르는 할힌골

백정우(미래전략연구원)

2015년 7월 8일: 몽골비사 성립지를 향해

〈동몽골 프로젝트〉 1차년도 동몽골 지역 답사 구성원은 연구책임자 박원길, 공동연구원 우실하, 오영주, 이안나, 연구보조원 백정우이다. 답사 일행은 몽골인 운전사 2명 및 가이드 1명과 함께 도요타 랜드크루저 차량 2대에 나누어 타고 7월 8일 오전 10시 경 세미나 숙박 장소였던 울란바타르의 선진그랜드호텔을 출발했다.

답사의 초반 루트는 1195년(또는 1196년) 칭기즈칸과 옹칸 연합군의 타타르 정벌 루트를 따라가는 것이다. 따라서 첫 답사지는 '허더아랄'(Khuduu Araal) 인근, 즉 『몽골비사(The Secret History of Mongols, 元朝秘史)』의 성립지로 알려진 곳이다. 답사 일행은 시내에서 생필품을 구입한 후 울란바타르와 언더르항(Өндөрхаан; Ondorkhaan)을 잇는 포장도로를 통해 2시간여(140km)를 동쪽으로 달려 바가노르 광산 부근을 지났다.

터브(Төв; Tov) 아이막(Аймаг; Aimag: 우리의 도(道)에 해당하는 행정 단위)과 헨티(Хэнтий; Khentii) 아이막의 경계인 헤를렌강의 다리 부근에서 잠시 휴식을 취한 후 다시 출발한 일행의 차량은 동남쪽으로 꺾어 비포장 산길로 접어든다. 울란바타르와 언더르항 두 도시를 잇던 옛길이다. 일행은 이 길로 2시간여(100km)를 달려 3시 20분경 허더아랄 인근의 평원에 도착하여 현지 유목민의 게르에서 점심식사를 했다.

이 평원에는 헤를렌강의 지류인 맑은 시냇물이 흐르고 주변에 푸른 목초지가 펼쳐져 있으나 가뭄 때문인 듯 그 푸르름이 선명하지는 않았다. 그러나 이곳은 3개의 봉우리산과 '7개의 별'이라 불리는 일곱 봉우리 사이에 펼쳐진 대평원으로서 칭기즈칸과 역대 칸들의 즉위가 이루어졌으며 후대의 명 영락제(15세기)와 청 강희제(17세기)가 경략했던 전쟁터이기도 하다.

식사 후 일행은 일곱 봉우리 중 한 봉우리의 오보(OBOO; OVOO)가 있는 정상에 올랐다. 이곳에서는 강이 구부러지며 흐르는 허더아랄의 평원이 한눈에 내려다보인다. 본래 평원이 가장 푸르른 때라고 하나 역시 가뭄이 심한 관계로 강물은 줄어 있고 갈색 지역이 군데군데 보였다.

몽골비사 성립지 평원의 유목민 게르

돌로드 산 앞에 보이는 바얀-에르헤트 산. 영락제가 삼봉산으로 명명했다.

몽골비사 성립지의 돌로드 '일곱 봉우리'

일행은 다시 3시간 이상 북동쪽으로 이동하여 울란바타르-언더르항(칭기스 시) 포장도로에 합류한 후 오후 9시 즈음 언더르항 여행자 게르 캠프에 도착하여 저녁 식사를 했다. 언더르항 시(市)는 현재 '칭기스'(Chinggis) 시로 이름이 바뀌어 있는데 그 이유는 언더르항 시 부근에서 1195년 칭기즈칸-옹칸 연합군의 대(對) 타타르 전쟁 승리를 기념하는 석각문(石刻文)이 1986년과 1991년에 발견되었기 때문이다. 일행은 게르 캠프의 주인인 M. 에르데네 씨가 그

몽골비사 성립지 돌로드산의 오보

위치를 잘 알고 있기 때문에 다음 날 일찍 그의 안내로 현지의 유적을 답사하기로 하고 잠이 들었다.

7월 9일: 세르벤하알가 승전의 기록을 새기며 샤만의 숙영지로 가다

일행은 오전 7시에 기상했다. 초원의 아침은 '바람의 나라'라고 할 만큼 모래 섞인 바람이 거셌다. 바람을 뚫고 일행은 7시 20분에 세르벤하알가(Serven Khaalga) 칭기즈칸 승전 석각 유적을 향해 출발하여 8시에 도착했다. 석각 유적의 정확한 소재지는 헨티 아이막 바양호닥 (Баянхутаг; Bayankhutag) 솜(Sum: 우리의 군(郡)에 해당하는 행정 단위) 이다. 칭기즈칸 승전 석각(이하 '석각')은 구봉석각(九峰石刻)이라는 별칭답게 대평원 사이에 솟아 있는 아홉 개 가량의 바위구릉 중 하나에 한문(漢文)과 여진어(Zurchid)로 1196년 올자강(the river Ulza)에서 벌어진 칭기즈칸-옹칸 연합군의 타타르 정벌 전투 승전 기록이 새겨져 있는 것을 말한다.

석각 앞의 안내판 비석에는 1986년 몽골의 Ts. 샤다수렝 교수가 석각 우측의 여진어 부분을, 1991년 몽골의 D. 체벤도르지 교수와 일본의 카토 박사가 좌측의 한문 부분을 발견했다고 기록되어 있다. 안내판은 또 이 석각이 '중앙아시아 유목 민족의 문자 기록 가운데 가장 큰 것이며, 칭기즈칸의 생애와 활동에 대한 동몽골 지역

세르벤하알가 칭기즈칸 승전 석각이 있는 봉우리

세르벤하알가 칭기즈칸 승전 석각

3개의 문 평원

의 특별한 문화유적'이라고 표현하고 있다. 석각에 대한 조사가 끝난 후 일행은 부근 초원에 칭기즈칸-옹칸 연합군의 진군로(路)로 추정되는 평원 일대로 이동했다. '3개의 문'이라는, 마치 판타지 소설 속에 들어온 것 같은 이름을 가진 이 평원을 지나갔을 대군(大軍)의 행렬을 생각하며 일행은 잠시 감흥에 잠겼다.

게르 캠프로 복귀한 일행은 몽골식 볶음면인 초이왕으로 아침식사를 하고 잠시 휴식을 취했다. 오전 11시 쯤 느지막하게 게르 캠프를 떠난 일행은 11시 30분 칭기스(언더르항) 시내의 칭기즈칸 기념비를 둘러본 후, 부근에 있는 헨티 아이막 박물관으로 향했다. 사원 건물을 이용해 헨티 지역의 역사 유물들을 전시한 이 박물관에서는 13세기 몽골 제국 시대의 군사 및 생활 유물들을 일목요연하게 살펴볼 수 있었다. 몽골 등 북방 유목 왕조의 지배와 영향력이 미쳤던 지역에는 양식과 표현이 다양한 석인상들이 무수히 보고되고 있는데, 헨티 박물관의 석인상들 역시 그러한 고대 석상들인지 또는 현대의 위작인지는 알 수 없었다.

헨티박물관을 둘러본 일행은 마침 언더르항 시 운동장에서 열리고 있던 나담(наадам; Naadam) 축제의 씨름 종목 경기를 잠시 구경하고 생필품을 구입한 후, 칭기즈칸의 진군로를 따라 밟아 동북

헨티 아이막 북부의 초원

쪽으로 방향을 틀어 칭기즈칸-옹칸 연합군의 공격을 받은 타타르족의 숙영지(宿營地)가 있다는 바얀오보(Баян-Овоо; Bayan-Ovoo) 솜으로 출발했다. 바얀오보 솜으로 가는 길 역시 비포장인 것은 물론 상당한 흙길로 사륜구동 차량이 아니면 견디기 힘들다. 몽골의 발전에 우선 가장 필요한 것이 도로와 철도 인프라가 아닐까 하는 생각을 떠올리는 한편으로 그렇게 되면 아름다운 자연과 풍경이 제대로 남겨질 수 있을지를 생각했다. 햇볕이 뜨거운 오후, 사방에 펼쳐진 초원을 보는 기회가 다시 있을지 알 수 없어 잠시 휴식을 취하는 시간에 파노라마 사진을 찍었다.

오후 3시 즈음 도로 변 냇물 가에 멈춰 챙겨온 고기와 라면을 조리하여 점심 식사를 해결한 일행은 오후 8시가 넘어서야 몽골 북부 러시아와의 국경에 가까운 바얀오보 솜에 도착했다. 여러 색깔의 지붕을 가진 서양식 나무집들이 모여 있는 알록달록한 마을은 하얗고 둥근 게르가 많은 몽골의 일반적인 마을과는 사뭇 다른데, 몽골의 여러 부족 중 하나인 부리야트(Buryat)족의 마을로 이들은 러시아식 가옥들을 즐겨 짓고 솜씨도 좋다고 한다.

일행의 목적지는 마을이 아니라 근처에 있다는 타타르 부족의 숙영지였지만 석양이 짙게 드리우고 있다. 하지(夏至)가 갓 지난데다 몽골은 서머타임을 실시하고 있는지라, 오후 9시가 다 되어도 아직 해가 넘어가지는 않았으나 우선은 숙소까지 가야 한다. 숙소는 '하르히라 여행자 캠프'로 본래 부리야트 샤만이 굿을 하는 굿당이라고 했다. 13세기 타타르 부족의 숙영지를 보기 이전에 '샤만의 숙영지'로 가는 셈이다. 일행의 차량은 마을을 떠나 제법 짙푸른 숲속 산길을 달린다. 하얀 껍질을 가진 자작나무들이 가로수인양 옆을 스치며 시베리아의 풍광을 보여준다. 한참을 달린 후 해가 거의 넘어갈 쯤에야 제법 넓은 분지와 언덕이 나타나고 큰 게르와 러시아식 가옥 여러 채가 나타난다. 하르히라 캠프에 도착. 시계를 보니 오후 9시 50분. 일행의 숙소는 샤만 캠프 후방 언덕에 접한 러시아식 가옥의 방들인데 일종의 펜션 형태였다.

오후 10시가 넘은 늦은 저녁 식사. 일행은 놀랍게도 여기서 한국식 '닭도리탕'을 대접받았는데 심지어 직접 조리했다고 하며, 맛도 한국식에 가까웠다. 여기에 러시아식 빵 등이 곁들여지니, '몽골 제국의 문화 교류와 융합'이 현대에 다른 모양으로 나타나고 있는 것이 아닌가 하는 생각이 스쳐간다. 식사 후, '샤만의 숙영지'에 신세를 지게 되었으니 이곳의 '천군(天君)'이라 할 '큰샤만'을 뵐 차례이다. 일행 중 동북아시아 전통 '수(數)의 문화'를 탐구하는 우실하 교수와 몽골의 서사 문학에 천착하고 있는 이안나 박사가 이곳의 큰샤만을 인터뷰하게 되었는데 감사하게도 동석할 기회를 얻게 되었다. 이미 큰샤만의 거처를 시작으로, 한 변 9개의 직사각형 모양으로 늘어서 있는 81개의 나무기둥, 사당이 있는 큰 게르가 일렬로 늘어서 있는 구조부터 범상치 않았는데, 큰 게르에 들어서서 그를 뵈었다.

파란 게르 안에는 제례에 쓰이는 북이 수없이 걸려 있고 신상(神像) 몇 개가 바라보고 있었으며, 남성인 큰샤만이 신상 오른쪽에 앉아 일행을 맞았고 신상 왼쪽에는 어린 남자 샤만 교육생 몇 명이 둘러 앉아 있었고 들락날락거리기도 했다. 큰샤만은 신내림을 받은 강신무(降神巫)인 동시에 대를 이어 샤만을 맡는 세습무(世襲巫)로 한국 무속인들과도 교류가 있으며, 일정 기간마다 부리야트 샤만들을 모아 교육하고 제사를 지낸다고 했다. 다만 큰샤만은 이 캠프의 사진이나 위치가 많이 알려지는 것을 꺼려했고, 캠프의 사진을 찍을 때 캠프 종사자들로부터 여러 번 제지당했다. 매우 독특한 경험을 한 흥분을 뒤로 하고 숙소 가옥으로 돌아와 잠이 들었다.

7월 10일: 타타르 부족의 숙영지를 지나 코리를 찾아서-부리야트로부터의 증언

부리야트 숲속의 아침이 밝자 일행은 기상하여 주변을 둘러보았다. 캠프 옆 언덕에 있는 파란 천이 둘린 오보에 오르자 캠프 전경이 한 눈에 보인다. 푸른 산으로 둘러싸인 숲 속 분지에 아늑하게 모여 있는 게르와 건물들은 과연 샤만뿐만 아니라 군대가 숨어있어도 될 '숙영지'라는 표현에 손색이 없다.

빵과 샐러드, 과일 등의 러시아식과 밥, 김치 등의 한식이 어우러진 아침 식사를 마친 일행은 큰샤만께 인사를 드리고 출발했다. 큰샤만은 일행 각각에게 몽골 전통의복 델(deel) 한 벌씩을 선물로 주었고, 일행은 이들을 앞으로 인터뷰하거나 안내를 해줄 몽골 현지 분들에게 드리기로 했다.

일행은 바얀오보 솜으로 다시 가서 박원길 박사와 친분이 있는 현지 학자 분의 도움을 받아 타타르 부족의 숙영지를 찾았다. 칭기즈칸-옹칸 연합군의 공격을 받은 타타르 부족의 숙영지는 짙푸른 풀밭과 산으로 이루어져 있어 대군의 보급과 매복에 알맞아 보였다. 칭기즈칸은 그의 일생을 통해 팽팽한 긴장감 속에 항상 적과의 일전을 벌일 전략을 수도 없이 검토했을 것이다.

조금만 북쪽으로 가면 몽골-러시아 국경. 이제 칭기즈칸의 진군로를 따라 밟아온 길을 접고 동몽골 프로젝트 1차 년도 연구주제 중 하나인 코리(Khori)족의 흔적과 이동로를 찾아갈 차례이다. 부여와 고구려의 기원으로『북사(北史)』등에 기록된 고리국(槀離國)과 연관되었을 것으로 추정 가능한 코리족, 그 코리족 이야기가 전해지는 호리-부리야트(Hori-Buryat)족의 거주지를 찾아가는 길이다. 몽골 동북부와 러시아 바이칼호 주변에 분포하는 부리야트족은 DNA상으로 한국인과 매우 큰 친연성을 가지는 것으로 알려져 있고, 호리-부리야트는 그 일파이다. 일행은 동쪽으로 방향을 틀어 몽골국 도르노드(Дорнод, Dornod) 아이막에 들어선 후 코리족 이야기를 해주실 알탄 게렐(Altan Gerel) 노인을 뵙고자 바얀동(Баяндун; Bayandun) 솜으로 향했다.

도르노드 아이막은 면적이 123,597㎢나 되어 북한 면적과 맞먹지만, 2011년 통계에 의하면 인구가 69,552명에 불과하고, 주도(州都)인 초이발상(Чойбалсан, Choibalsan)시의 인구도 4만여 명 정도로 인구 밀도가 대단히 희박하다. 도르노드 아이막의 부리야트인 인구는 2000년도 센서스 기준 17,196명으로 22.8%의 비중을 차지한다고 한다.

6,237㎢이나 되는 면적에 인구가 2,936명(2011년 추계)에 불과한 바얀동 솜의 중심지는 일종의 군청(郡廳) 소재지라지만 희박한 인구밀도 탓에 우리나라 면 소재지 규모 정도의 마을로 호리-부리야

바얀동 솜 부근 부리야트 '자양 나와' 노래비

트족의 주요 거주지이다. 도착 시간은 오후 12시 30분, 점심 식사를 겸하여 인터뷰를 하기 위해 몽골식 칼국수인 '고릴태셜'이 주 메뉴인 음식점에 들어섰다.

음식이 나올 즈음 알탄 게렐 노인이 음식점에 들어오셨고 인터뷰가 시작되었다. 그는 박원길 박사의 여러 저서와 논문에서 언급되었던 코리족 이동설화를 상세히 알고 있는 분이다. 이 분은 부리야트와 호리-부리야트의 기원과 계보를 매우 상세히 기술했는데, 무려 20대에 이르는 호리-부리야트의 계보를 읊어주셨고 지금의 이란 고원에서 현재 위치로 이동했다고 이야기했다. 또한 호리-부리야트와 코리족, 한국인은 동일한 민족이라는 점을 계속 강조했다. 이러한 이야기의 사실 여부를 떠나, 그러한 기억과 동족의식(同族意識)을 멀리 떨어지고 단절된 곳에서 대대로 유지하고 있다는 점은 매우 흥미로웠다.

식사와 인터뷰가 끝나고 알탄 게렐 노인과 작별을 나눈 후 일행은 주변에 있는 호리-부리야트의 고니 설화 여신상(女神像)과 기념비를 둘러보았다. 특히 기념비에는 부리야트, 호리-부리야트의 각 부족의 현황과 토템 동물을 표시해두는 등 심혈을 기울여 부리야트의 정체성을 표현하고 있는 것을 알 수 있었다. 또한 바얀동 솜을 벗어난 후 아도니촐로라는 지역에서 만난 부리야트 노래비(자양나와) 또한 그러한 노력을 알려주고 있었다.

칭기즈칸의 흔적은 바얀동 솜에도 남아 있었다. 부리야트 여신상과 기념비에서 조금 떨어진 곳에 '나란볼락(태양의 샘)'이라는 샘이 있는데 이곳은 1196년 칭기즈칸과 옹칸의 공격을 받은 타타르 부족의 숙영지이다. 이곳에서 시키-코토코라는 타타르 부족의 갓난아이가 발견되어 칭기즈칸의 어머니에게 양육되었다. 샘의 물은 매우 차갑고 맑아 마침 따가운 햇볕에 괴로워하던 일행에게 큰 위안이 되었다. 또 샘 옆에는 '시키-코토코 오보'가 있어 신앙의 장소이자 명소임을 나타내고 있었다.

일행은 동남쪽으로 길을 잡아 몽골 제2의 도시 초이발상(Choibalsan)으로 향했다. 3시간여를 달리자 '칭기즈칸 장성(Wall of Chinggis Khaan)'으로 불리곤 하는 성벽의 유지(遺地)를 볼 수 있었다. 흔적으로만 남아 있는 이 성벽은 기실 칭기즈칸이 쌓은 것은 아니고 여진족의 금(金, 1115-1234) 왕조가 몽골족을 방어하기 위해 쌓은 것으로 추정되며, 몽골 학계 일부는 거란의 요(遼) 왕조(916-1125)가 건설한 것으로 보기도 한다. 금 왕조가 몽골과 타타르의 적대 관계를 이용하는 이이제이(以夷制夷) 정책이 유명한데, 그 정책을 깨뜨리고 몽골이 부상한 사건이 바로 칭기즈칸의 타타르 정벌(1196년)이다. 이 방벽의 망루 위에서 전쟁을 지켜봤을 금의 병사들은 어떤 불안한 기운이 다가오는 것을 느끼지 않았을까. 금 왕조는 칭기즈칸-옹칸 군의 승리 후 '오랑캐 토벌'의 공을 인정하여 칭기즈칸에게 '자오드 코리(Ja'ud Khori)'의 칭호를 내리며 회유하지만 두 나라의 관계는 13세기에 접어들어 칭기즈칸이 몽골을 통일(1206)하자 그 우열 관계가 역전되게 된다.

'칭기즈칸 장성'을 떠나 비포장 흙길로 3시간을 더 달려서야 초이발상 시에 도착했다. 석양이 지기 시작한 가운데 시내 북부 초입에 단선 기찻길이 보여 황급히 사진을 찍었다. 아직까지 몽골의 철도 노선은 단 두 길. 울란바타르를 지나 러시아와 중국에 연결되는 대륙횡단철도 남북 노선, 그리고 초이발상과 러시아 보르짜(Borzya)를 연결하는 단선 화물노선 두 가지로, 사진의 노선은 후자로 그나마 지금은 사용되고 있지 않다. 이러한 단선 노선뿐만 아니라 울란바타르에서 초이발상을 지나 중국 내몽골까지 연결되는 동서 포장도로와 철도가 시원스럽게 뚫릴 날이 오기를 바래보았다.

일행은 오랜만에 제대로 된 호텔에 묵어 쉬기로 했다. 그러나 초이발상 호텔 식당에서 오후 8시가 넘어 늦은 몽골식 저녁 식사를 하는 중, 다음날에는 예정보다 3시간은 일찍 새벽에 출발해야 동몽골의 할흐골(Khalhgol)로 향하여 제대로 된 일정을 소화할 수 있다는 현지로부터의 연락을 받았다.

7월 11일: 전사의 무리 지나가던 대초원에선 포성도 들려

7월 11일, 일행은 동트기 직전 5시에 기상하여 곧바로 차량에 나눠 타고 초이발상 호텔을 떠났다. 시내의 아스팔트길은 지나면서 곧 예의 흙길로 바뀌고 이제는 익숙한 차량의 덜컹거림에 일행은 졸다 깨다를 반복한다. 뜨는 해를 마주하고 이런 길을 370km가 넘게 가야 비로소 오늘의 목적지 할흐골(Халхгол; Khalhgol)에 도착할 수 있다. 말도 거의 없이 이런 길을 하루 종일 운전한 운전사님들에게 경의와 감사를 드린다.

한참을 지나 사방에 구릉조차 보이지 않고 지평선이란 게 무엇인가를 느낄 수 있는, 야생파가 지천에 깔린 초원지대에 다다르자 일행은 휴식을 취하며 아침식사를 했다. 초원의 야생파는 곧바로 뜯어서 라면에 넣어도 제법 파의 향을 낼 정도로 신선했다. 요기를 하고 다시 출발한 일행은 11시 정도에 메넹긴탈(Мэнэнгийн тал) 초원의 유전(油田) 지대를 지나게 되었다. 이 유전 지대는 이미 중국 자본에 의해 개발되고 있음을 알 수 있었다. 간간이 보이는 물웅덩이 사이를 지나고 빗방울이 떨어지기도 하는 흐려진 날씨 속에 3시간여를 더 달리자, 솟대라도 되는 양 높이 솟은 탑이 있는 언덕 아래 제법 큰 마을이 보인다. 드디어 할흐골에 도착한 것이다.

다시 맑아진 날씨 속에 일행의 차량은 할흐골 마을로 내려와 할흐골 전쟁기념관에 들어선다. 일행을 맞아준 분은 전쟁기념관의 관장으로 이전에 30년 넘게 할흐골 솜의 '군수'를 지낸 먀그마르수렝 씨. 이 지역의 실력자인 그의 아들은 도르노드 아이막의 선출직 '도지사'를 지내고 있다고 하니, 가히 할흐골 일대의 '신지(臣智)'라 할 만하다.

할흐골에는 전쟁기념관과 일행이 지나온 높은 전승탑도 있다. 즉 이 곳은 역사적 사건이 벌어진 장소로 이 사건을 몽골과 러시아는 '할힌골 전투(몽골어 Халхын голын байлдаан; 러시아어 бои на реке Халхин-Гол; Battles of Khalhyn Gol)', 일본은 '노몬한 사건'

(ノモンハン事件)이라고 부른다.

1939년 5월 11일 당시 일본의 만주 지역 괴뢰 국가인 만주국을 지배하던 일본 관동군(關東軍)이, 소련에 이어 세계에서 두 번째로 성립된 사회주의 국가이던 몽골의 정찰 기병대를 두 나라의 국경 근처 할흐강 기슭에서 기습하면서 시작된 이 전투는 곧 소련-몽골 연합과 일본의 치열한 국제전으로 비화되었다. 기갑 전력을 포함하여 양측의 극동 지역 육군과 공군 전력이 총동원된 이 대전투는 동년 9월 15일이 돼서야 양측 합의로 종료되지만, 일본군과 소련-몽골군 각 2만 여 명의 사상자를 발생시키고 양측 각 200여 대의 전투기가 파괴될 정도로 치열했다. 그러나 이 전투의 결과는 소련-몽골 측의 전략적인 승리로 평가되는데, 이 전투에서 입은 막대한 피해로 인해 일본의 몽골-시베리아 지역에 대한 북벌 계획에 제동이 걸렸고 곧 벌어질 유럽 지역의 제2차 세계대전에서 스탈린의 소련이 극동 지역에 대해 근심을 덜 수 있게 한 성공적 방어 전투였다는 것이다. 특히 몽골로서는 국운을 건 전투로서 일본의 침략을 막아냈다는 것에 느꼈을 커다란 자부심이 할힌골 전쟁기념관의 전시에서도 느껴졌다.

흥미로운 점은 몽골인들은 할힌골 전투의 승리에 칭기즈칸의 부인으로서 역사에 남은 버르테(Бөртэ үжин, Börte)의 가호가 있었다고 여겨 전쟁기념관 내에 큰 석상을 세워놓은 것이다. 할흐골과 일행의 다음 날 목적지인 보이르노르 호수(Буйр нуур; Buir Nuur; Lake Buir) 주변은 내몽골 지역까지 포함하여 버르테와 그의 일족인 옹기라드(Onggirad) 부족의 고향이다. 즉 초이발상 호텔 부근에서 일행이 본 동상에서도 알 수 있듯이, 버르테는 동몽골 지역 일대에서 여신(女神)의 지위를 가지고 있었다.

일행은 먀그마르수렝(Мягмарсүрэн) 관장의 초대를 받아 할흐 강변에 있는 그의 자택에서 저녁 식사를 하고 부근에서 야영을 하기로 했다. 가옥 몇 채가 있는 목장으로 생각보다는 작았지만, 할흐 강(Халх гол)이 내려다보이는 언덕에 자리한 아름다운 풍경은 과연 '신지(臣智)'의 거처다웠다. 일행은 먀그마르수렝 관장의 가족 및 친척분들과 인사를 나눴다.

석양이 지는 가운데 보드카 몇 잔은 기본으로 기울이는 시끌벅적한 환영 파티 후 먀그마르수렝 관장은 양 한 마리를 잡아 찐 요리를 대접해주겠다고 했다. 양을 잡는 과정을 고스란히 볼 수 있어 몽골의 음식 문화를 연구주제로 잡은 오영주 교수의 관심이 집중되었다.

저녁 식사가 준비되는 동안 일행은 먀그마르수렝 관장 자택 옆 잔디밭 할흐 강이 바라다보이는 언덕 바로 앞 풀밭에 텐트를 쳤다. 석양 속 할흐 강의 풍광은 매우 아름다웠다.

어둠이 내린 후 양고기와 보드카, 먀그마르수렝 관장의 어린 손자가 낚시 솜씨를 자랑하며 잡은 할흐 강의 생선으로 이루어진 저녁식사가 시작되었다. 일행은 이 자리에 초대된, 다음 날 일정의 길잡이를 맡아주실 현지인 두 분을 소개받았다. 두 분의 이름은 아리옹 자나(Ариун занаа: '성스러운 음모'라는 뜻)와 툽신 밤자이치(түвшин бамбайч: '평화로운 전사'라는 뜻)이다. 모순되는 두 단어로 이루어진 이름이 매우 인상에 남았다. 밤이 깊고 술기운으로 어질한 가운데 별빛 비치는 강가에서 잠이 들었다.

7월 12일: 아름다운 호수 기슭 여신의 고향은 석상들이 지킨다

아침, 야영 텐트를 걷고 맞이한 아침 식사는 남은 양고기와 온갖 양 부위, 몽골 치즈와 보드카가 어우러져 길게 이어진 브런치(brunch)가 되었고, 먀그마르수렝 관장 일가와의 작별 인사는 포옹과 사진 찍기를 반복하며 오랫동안 계속되었다. 먀그마르수렝 관장 일가와 아쉬움을 나눈 일행은 정오가 한참 넘어서야 다음 행선지로 출발할 수 있었다. 할흐골 전경이 보이는 언덕으로 다시 오른 일행은 할힌골 전투 전승기념탑에 잠시 들렀다.

'성스러운 음모' 씨와 '평화로운 전사' 씨 두 분의 안내를 받아 일행의 차량은 몽골의 동쪽 끝, 중국 내몽골과의 국경 지대로 군사구역이자 자연보호구역인 너므럭(Нөмрөг; Numrug) 부근으로 들어선다. 도중에 '평화로운 전사' 씨는 예전 자신이 이 지역에서 동몽골 루트로 넘어오던 탈북인들을 도운 적이 있다고 했다. 그가 자신의 이름에 참으로 어울리는 역할을 했었다는 느낌에 고마움이 느껴졌고 감탄했다. 하지만 안타깝게도 동몽골 탈북 루트는 한국 언론에 의해 상세한 길이 공개되는 바람에 목숨을 걸고 탈출하는 탈북인들이 이용하기 힘들게 된 것이 주지의 사실이다.

일행의 목적지 두 곳이 국경 지대에 있어 2주 전 이상 이전에 사전 허가를 받아 현지에 도착하면 여권을 확인해야 했는데 한 곳은 일행 중 우실하 교수님의 연구 관심 지역이던 너므럭의 무명 적석총(積石塚) 지대, 또 한 곳은 19세기 불교 유적으로 '토왕(土王)'이라는 별칭을 가진 '이흐 부르항'(Ikh Burkhant) 석불 부조(石佛 浮

彫)이다. 그런데 전자는 사전 허가를 받지 못하는 바람에 부득이하게 일정을 취소할 수밖에 없었고, 후자인 '토왕' 방문으로 그 아쉬움을 달래야 했다. 적석총 지대는 동몽골과 이어진 요서 지역의 고대 문화와 관련하여, 또 '코리족'의 이동과도 관련 있을 매우 중요한 탐사지임에 틀림없으나 다음을 기약할 수밖에 없게 되었다.

예의 초원을 얼마간 달리자 국경 수비대의 막사와 옆에 있는 넓은 부조 사원이 보인다. 여권을 확인 받은 일행은 '이흐 부르항 토왕불'을 둘러보았다. 길이가 30m에 달하는 이 토왕불은 1864년 조성되었으며, 경사진 평평한 언덕 너럭바위에 큰 불상이 새겨져 있고 주변은 담장이 둘러쳐져 있었다. 토왕불 옆쪽 국경 수비대를 지나 멀리 언덕을 넘으면 중국 내몽골이고, 5세기 후반 고구려 장수왕과 유연(柔然)의 분할 협약(479)으로 유명한 옛 지두우(地豆于) 지역이다. 19세기, 이런 큰 불상 부조는 청(淸)의 지배자인 만주(滿州)와의 경계를 표시하는 몽골 수호신의 역할이 있었다고 한다.

토왕불을 떠난 일행은 서북쪽으로 방향을 틀어 보이르노르(Buir Nuur) 호수 부근을 향한다. 이 곳 마을에는 박원길 박사의 연구에

이흐 부르항 토왕불 사원(왼쪽)과 토왕불 부조(오른쪽)

서 자주 언급된 '코리왕 석상'이 있고, 그 전승(傳承) 이야기를 알고 있는 분이 살고 있다. 이 분의 이름은 '알탄수렝'(Altansuren)이다. 그 노인은 지금은 돌아가신 마을의 원로이자 역사의 증언자인 잠수렌수렝(Jamsurensuren)이 말한 코리족 이야기의 증언자로서 박원길 박사와 25년에 이르는 인연을 가지고 있었다.

오후 2시 즈음 일행은 보이르노르 호수 인근 마을에 도착하여 알탄수렝 노인의 환대를 받았다. 일행은 우선 '코리왕 석상'으로 향했다. 노인의 안내를 받아 근처에 있는 석인상에 도착했다. 넓은 벌판에 홀로 서 있는 이 석인상은 몽골 복식을 하고 의자에 앉아 한 손에 술잔을 들고 있는 모습으로, 현재 있는 것은 복제된 석상이고 원본은 울란바타르에 있는 몽골역사박물관에 전시되어 있다. 이 석인상은 그 양식으로 보아 13세기 정도의 것이지만, 예부터 대대로 내려온 '코리왕 전설'이 나중에 덧입혀진 듯하다.

'코리왕 전설'은 코리 족속의 이동 경로를 추측하게 하는 이야기로 그 내용은 다음과 같다(박원길, 『배반의 땅, 서약의 호수』, 민속원, 2008, pp.148~149).

> 이 할힌골 유역은 농경과 어로, 수렵과 목축을 모두 겸해서 할 수 있는 곳이다. 또한 이 지방은 중국이나 만주로 통하는 길목 역할을 하고 있다. 따라서 옛날부터 수많은 민족이 이 지방을 거쳐갔다. 아주 오랜 옛날에 코리 사람들이 이곳에 살았다. 보이르 호숫가에는 지금도 코리왕의 초상이라고 하는 석인상이 남아 있다. 이 석인상을 경계로 동쪽에는 코리사람이 서쪽에는 몽골사람이 살았다. 이 곳 할힌골에 살고 있는 몽골인과 코리족간에는 왕래가 잦았으며 서로 결혼을 하기도 하였다. 예컨대 초원에서 양족의 여자들이 오줌을 누다

> 서로 만나면 몽골여자들은 왼쪽 손을 코리족 여자들은 오른쪽 손을 흔들어 서로 간에 우의를 표시했다. 코리인들은 할힌골에 성을 쌓고 살았다. 그 성터의 흔적이 지금도 남아있다. 전에 그 성터가 어딘가에 있다고 들었는데 지금은 잊어버려 기억을 할 수가 없다. 그러나 코리사람들은 이곳에 오랫동안 머무르지 않고 동남쪽으로 이동해 갔다.

즉 이 석인상을 경계로 몽골과 코리 두 족속이 나눠졌다는 것이다. 바얀동 솜 '알탄 게렐' 노인과 보이르노르 '잠수렌수렝' 노인의 이야기를 종합하면 일행은 '코리족'의 남하 이동 경로를 그대로 밟은 셈이니 매우 흥미로운 전설임에 틀림없다.

'코리왕 석인상' 인근에는 무명의 석인상 하나가 더 서 있는데 좌우가 바뀐 같은 포즈를 취하고 있으나 머리가 없는 등 훼손이 심했다. 석상 답사 후 일행은 알탄수렝 노인의 집에 초대받아 '몽골 칼국수'인 고릴태셜로 점심 식사를 했다. 아직 몽골의 국가와 지역 축제인 '나담'(наадам; Naadam) 기간으로 TV에서는 말 경주, 활, 몽

동몽골 '코리왕' 석인상(현지 소재 복제본)

동몽골 '코리왕' 석인상 인근 무명의 석인상

골 씨름의 국가 나담 세 종목을 중계해주고 있었고 TV 옆에 둘러 앉은 분들의 화제 역시 나담에 집중되었다.

식사 후 알탄수렝 노인 부부와 작별 인사를 나눈 일행은 어느덧 석양이 드리우기 시작한 가운데 야영지인 보이르노르 호숫가로 향했다. 이 호수 역시 중국 내몽골과의 국경을 이룬 자연보호 구역으로 여권 확인이 필요했다. 일행은 오랜만에 만난 물가에 텐트를 치고 드문드문 보이는 야영객 외에 인적이 극히 드문 호수의 물에 뛰어들어 휴식을 취했다. 말떼 한 무리가 호수 한 켠에 옹기종기 모여 물에 무릎까지 담그고 쉬고 있었다. 해가 완전히 지기 전에 일행은 물에서 나와 저녁식사를 준비했다. 곧 거의 완전한 적막과 어둠이 주위를 둘러쌌다.

7월 13일: 석양이 깃들 때 만난 초원의 옛 성터

다음날 아침이 밝았다. 기러기인 듯한 새 떼가 쉼 없이 일행의 눈앞 호수 수면 위로 이어지는 장관을 볼 수 있었다. 아침 식사 후 일행은 텐트를 접고 차량에 나눠 탔다. 이제부터는 줄곧 1,000km 가까이 떨어진 울란바타르로 돌아가는 길이다. 먼 거리이기는 하지만 꼬박 이틀을 잡아야 하다니, 인프라의 필요성을 다시금 절감했다.

익숙해진 흙길 질주였지만 인내심을 시험받는 시간이 다시 시작되었다. 할흐골 방향으로 갈 때의 역순으로 유전 지대, 그리고 사방에 구릉조차 보이지 않는 메넹긴탈 초원을 거쳤다. 중간에 종종 휴식을 취해가며 '몽골 제2의 도시' 초이발상에 도착한 시간은 이미 오후 3시. 일행은 시내의 '중식' 식당에서 점심식사를 하며 얼마간 휴식을 취하고, 일행 차량 한 대의 타이어 교체 문제를 해결한 후 초이발상을 출발했다. 이미 석양이 지기 시작했고, 초원 멀리 점처럼 보이던 석탑 하나가 점점 커져 보이기 시작한다. 일행의 답사 목적지 중 하나인 '거란 석탑'이다. 마치 실크로드 지역의 석탑인 양 이국적인 모양새를 가진 이 석탑은 헤를렌 강변에 있으며, 마침 보수 중인 듯 했다.

도르노드 아이막 차강오보(Tsagaan-Ovoo) 솜에 있는 이 석탑의 안내판은 이 석탑이 8-9세기 거란의 '헤를렌바르스(Kherlenbars)'라는 큰 마을의 일부였다고 전한다. 과연 석탑 옆에는 성벽 터의 흔적이 남아 있다.

퉁구스와 몽골의 혼혈족으로 알려진 거란(契丹, Qitan)은 '말갈',

차강오보 솜 거란 석탑 전경

'여진' 등과 함께 한국사와도 관련이 많은 민족이다. 5세기에 세워진 광개토태왕비의 '비려 정벌' 기록을 비롯하여, 7세기 말 발해가 건국될 때에도 고구려 유민들과 요서 지역에서 동거하다가 당 왕조에 대항하여 일으킨 '이진충의 난'(696)이 유명하다. 결국 만주 동부로 이동한 발해 건국세력과 동모산에서 마지막 전투를 벌여(698) 패한 당의 장수도 거란 출신 항장(降將) 이해고(李海固)였다. 또한 10세기 초에 발흥한 거란은 요(遼) 왕조를 세우며 발해를 멸망시켰고(926), 이후 동북아시아의 패권을 확립하고자 고려를 세 차례에 걸쳐 침입하다 패한 것은 잘 알려져 있다. 12세기 초 여진이 발흥하여 금(金) 왕조를 세우자 서역으로 이동하여 서요(西遼: 1132-1211)를 세우지만 곧 몽골 제국에 흡수되고, 야율초재(耶律楚材) 등 거란 왕족 출신으로 몽골 제국에서 출세한 이들이 알려져 있다.

거란의 석탑이 이 지역에 있었다는 것은 거란 세력의 서북 변경이 최소한 동몽골 지역의 깊숙한 곳에 이르렀다는 점을 말해준다.

고대의 '코리족' 이동부터 5세기 고구려, 유연, 지두우, 10-12세기 거란, 13세기 이후 몽골, 19세기 이후 몽골, 청, 러시아, 일본까지 동몽골 지역에서 다양한 세력이 각축을 벌인 역사에 대한 탐사를 마무리할 장소로서 '거란 석탑'은 잘 어울린다는 생각이 들었다.

이미 해는 기운 후였기 때문에 일행은 이곳에서 또 야영을 하기로 했다. 옛 성터 옆 강변 초원에서 별을 바라보는 야영은 대단히 운치 있는 경험이었다.

7월 14일: 모래바람 이는 신작로를 하염없이 달리다

초원의 아침이 밝자 일행은 다시 야영지를 정리하고 아침 식사를 마친 후 출발했다. 이 날이야말로 하염없이 길을 재촉하는 것 외에는 다른 일정을 가질 수 없었다. 출발한 후 얼마 지나지 않아 초이발상에서 언더르항(칭기스)을 향하는 포장도로가 나타나자 반가울 정도였지만, 1km 정도마다 흙무더기를 쌓고 통행을 막아놓아 흙길과 포장도로를 드나들기를 반복해야 했다. 아직 완공되지 않아 통행을 금지시킨 것인지, 어떤 현지 이슈가 제기되어 통행이 막힌 것인지는 알 수 없었으나, 인프라의 구축은 물론 그 활용에 대한 선진적인 제도와 법률문제도 중요하다는 점을 느낄 수 있었다.

일행은 언더르항 여행자 캠프에 들러 점심식사를 겸한 휴식 시간을 가진 후 다시 차량에 올랐다. 답사 시작 때에는 일부러 지나가지 않았지만, 언더르항에서 울란바타르를 잇는 335km의 길은 제대로 된 포장도로이다. 이 날도 가는 길에 모래바람이 심했다. 답사 시작 때 허더 아랄 평원에 들렀을 때부터 보이던 현상이지만, 아름답기로 유명한 몽골의 여름은 갈수록 가물어 퇴색해가고 있다는 것이 일행 중 연구자 분들의 판단이었다. 기후 변화의 문제도 몽골에 닥치고 있는 또 하나의 근심거리가 될 것이다.

울란바타르 경계에 들어선 것은 오후 7시가 조금 넘어서였다. 이제 다 왔다고 생각했는데 교통체증이 제법 심했다. 숙소인 선진그랜드호텔에 도착했을 때는 이미 오후 9시 15분. 식사와 휴식을 취한 후 잠이 들었다.

7월 15일: 비극의 사연 품은 사원에서 답사의 끝을 준비하다

답사의 마지막 날, 일행은 체크아웃을 한 후 울란바타르 남쪽에 있는 불교 사원인 만주쉬르 사원(Манзушри Хийд, Manjushir Monastery)으로 향했다. 만주쉬르 사원(寺院)은 1733년 세워진 라마 불교 사원이다. 창건 후 세월이 지나면서 이 사원은 몽골 전국에서 가장 큰 사원 집합체가 되어, 20개의 사원과 300여 명의 승려들을 거느렸다. 이렇게 번영을 누리던 사원은 1921년 몽골에 사회주의 국가가 성립된 후 승려들이 추방되는 등 탄압받기 시작했다. 1937년 몽골의 스탈린주의 군사독재자인 호로긴 초이발상(Kholoogiin Choibalsan, '초이발상 시(市)'는 그의 이름을 딴 것이다) 정권에 의해 끝까지 남아 있던 53명의 노(老)라마승들이 체포되어 총살당했고 사원들은 파괴되었다. 1990년대 민주화 이후 사원

만주쉬르 사원 경내의 돌궐 석인상들

의 몇 건물이 복원되었고 박물관으로 사용되고 있다.

이 사원의 주변은 그러나 비극의 역사를 품었다고 생각하기 힘들도록 아름다운 경치를 자랑하고 있었다. 폐허가 대부분이지만 한때 몽골 최대의 규모를 가졌다는 점을 알려주는 듯 광대했다. 일행은 사원을 둘러보면서 사원 경내에 널려 있는 불상과는 다른 석인상들과 원형 돌무덤인 듯한 돌무더기들에 시선을 두기도 했다.

몽골 전역에는 아직도 이름 모를 석상들이나 돌무덤들이 저마다의 사연을 가진 채 고고학자와 역사학자들의 관심을 기다리고 있다는 점을 다시 확인하며, 일행은 점심 식사를 한 후 다시 시내로 향했다. 이제 본 프로젝트의 동몽골 답사는 끝나고 명실 공히 '현재'의 '일상'으로 돌아갈 차례이다. 울란바타르 시내로 돌아와 서점을 둘러보고, 국립극장에서 몽골의 문화예술을 집약적으로 보여주는 전통예술 공연을 관람하며 일행은 기억을 정리하고 귀국, 그리고 앞으로의 공부와 연구를 준비한다. 동몽골의 과거와 현재를 보고 미래를 생각하는 시간으로서 이번 프로젝트 답사는 오래도록 기억에 남을 것이다.

편저자(가나다순)
구해우, 김광인, 김보라, 김장구, 박원길, 박환영, 백정우
손용후, 오영주, 우실하, 윤은숙, 이성규, 이안나, 최기호

동몽골의 가치와 미래

2016년 12월 15일 초판 인쇄
2016년 12월 20일 초판 발행

엮은곳 | 단국대학교 몽골연구소
펴낸이 | 장호성
기　획 | 이재석
제　작 | 정진형
편　집 | 성두현
마케팅 | 박보혜
펴낸곳 | 단국대학교출판부
등　록 | 1968.2.27 : No. 제03-00095호
주　소 | 경기도 용인시 수지구 죽전로 152번지
전　화 | 031-8005-2405
팩　스 | 031-8021-7154

[값 25,000원]

ISBN 978-89-7092-573-8 93060

• 이 저서는 동북아역사재단의 지원을 받아 수행된 연구임(동북아 2015-기획-4)